ESTADO E CONTRATO

JOSÉ GUILHERME GIACOMUZZI

ESTADO E CONTRATO

Supremacia do Interesse Público "versus" Igualdade

Um estudo comparado sobre a exorbitância no contrato administrativo

MALHEIROS EDITORES

ESTADO E CONTRATO
SUPREMACIA DO INTERESSE PÚBLICO "VERSUS" IGUALDADE
Um estudo comparado sobre a exorbitância
no contrato administrativo

© JOSÉ GUILHERME GIACOMUZZI

ISBN: 978-85-392-0044-3

Direitos reservados desta edição por
MALHEIROS EDITORES LTDA.
Rua Paes de Araújo, 29, conjunto 171
CEP 04531-940 – São Paulo – SP
Tel.: (11) 3078-7205 – Fax: (11) 3168-5495
URL: www.malheiroseditores.com.br
e-mail: malheiroseditores@terra.com.br

Composição
Acqua Estúdio Gráfico Ltda.

Capa
Criação: Vânia L. Amato
Arte: PC Editorial Ltda.

Impresso no Brasil
Printed in Brazil
04.2011

SUMÁRIO

Prefácio de JOSHUA IRA SCHWARTZ 9
Nota Preliminar sobre o Texto e Agradecimentos 15
Introdução 19

Capítulo I – Raízes da "Exorbitância" no Direito dos Contratos Administrativos nos Estados Unidos, França e Brasil 32

1. Uma visão geral da exorbitância no direito dos contratos administrativos 41
   1.1 Exorbitância interna ou direta 45
   1.2 Exorbitância externa ou indireta 52
2. Perspectiva comparada 56
3. Exorbitância comparada. Do que estamos realmente falando? 71

Capítulo II – Contratos Administrativos no Contexto dos Direitos Norte-Americano, Francês e Brasileiro 83

1. Diferenças na estrutura de pensamento ("mentalités") e a noção de contratos públicos 95
   1.1 Empirismo "versus" Racionalismo 97
   1.2 Pensamento sistemático "versus" não-sistemático 100
2. Direito público "versus" direito privado no contexto dos contratos administrativos: a exorbitância vista no âmbito da dicotomia 112

2.1 As questões "ontológica" e "teleológica" da dicotomia . 118
2.2 A função epistemológica da dicotomia nos contratos administrativos 131

Capítulo III – Responsabilidade do Estado por Atos Soberanos .. 146

1. Responsabilidade do Estado por "atos soberanos": "sovereign immunity 'versus' responsabilité de la puissance publique" – Duas concepções diferentes de Estado e de indivíduo 156
    1.1 Concepções opostas sobre Estado e indivíduo 161
        1.1.1 "State societies 'versus' stateless societies" 163
        1.1.2 Concepções positiva e negativa de Individualismo 185
    1.2 Combinando os dois fatores. Breves exemplos 195
2. A responsabilidade do Estado comparativamente contextualizada 203
    2.1 Os Estados Unidos e o permanente espírito da imunidade soberana 207
        2.1.1 A "Sovereign Acts Doctrine" 214
        2.1.2 "Unmistakability Doctrine" 222
        2.1.3 "U. S. ' v.' Winstar Corp." (1996) e sua importância ao Direito Comparado 232
    2.2 A França e a "responsabilité sans faute": "fait du prince" e "imprévision" 243
        2.2.1 "Responsabilité sans faute" e a concepção francesa de Estado 247
        2.2.2 Léon Duguit e as ideias da "solidarité sociale" e do "service public". O "ethos" social francês "versus" o Individualismo norte-americano 254
        2.2.3 "Fait du prince" e "imprévision": teorias para proteger o contratado, com base no "équilibre financier" do contrato, mas sob a justificava do "intérêt général" 261
            2.2.3.1 "Fait du prince" 261

2.2.3.2 "Imprévision" 280
2.2.3.3 "L'équilibre financier du contrat administratif" 292
2.3 Brasil: fato do príncipe, teoria da imprevisão e equilíbrio financeiro contextualizados 296
    2.3.1 O caráter estatal (ou francês) do Direito Brasileiro e sua relevância aos contratos administrativos 298
    2.3.2 Fato do príncipe, teoria da imprevisão e equilíbrio econômico-financeiro do contrato no Direito Brasileiro 315

Capítulo IV – A Extinção do Contrato Administrativo por Interesse Público 326

1. Estados Unidos: "termination for convenience" 329

2. França: "pouvoir de résiliation unilatérale sans faute" 339

3. Brasil: rescisão unilateral do contrato em nome do interesse público 346

Conclusão 359

Referências Bibliográficas 371

*PREFÁCIO**

É com enorme prazer que recomendo o trabalho que o leitor tem em mãos. Este é um vibrante e importante trabalho, que representa o que há de mais avançado e moderno na pesquisa acadêmica contemporânea no campo do direito do contrato administrativo.

Vivemos num mundo de distâncias encurtadas. Os crescimentos sociais e econômicos num país rapidamente têm consequências sentidas de um lado a outro do Globo. As economias nacionais e ecologias nas quais vivemos estão intimamente entrelaçadas, e as vidas dos cidadãos de cada Estado são fortemente afetadas pelos problemas e políticas de outras Nações. Além disso, o ritmo da interação acelerou dramaticamente, e o impacto dos crescimentos numa Nação ricocheteia de um lado a outro do Globo, na velocidade dos nossos mercados eletronicamente conectados. Se fosse necessária outra prova, certamente a grande recessão mundial de 2008-2009 dramaticamente sublinhou a conexão dos nossos mercados e os desafios dos nossos governos nacionais em termos de políticas públicas.

Nesse cenário, estudos comparados sobre contratos administrativos requerem a atenção de *scholars* sérios e dos responsáveis pela definição de políticas públicas em todas as Nações. Essa é uma tarefa importante dos contratos administrativos enquanto ramo do direito público, importante nos investimentos em nossas economias entrelaçadas, e esse é também o papel crítico dos estudos comparados neste mundo de distâncias encurtadas em que vivemos. Assim, o presente estudo é um avanço extremamente oportuno para a compreensão dos nossos sistemas jurídicos de contratos públicos.

* Traduzido do Inglês pelo autor.

Neste estudo, José Giacomuzzi empreende uma comparação de três sistemas, examinando o direito dos contratos administrativos no Brasil, França e Estados Unidos, com um foco no fenômeno da *exorbitância*. "Exorbitância" é o tratamento especial que o direito dos contratos administrativos dá ao Estado nas suas relações contratuais com entidades privadas – tratamento que diverge das normas que governam as relações contratuais privadas. Como explica o Dr. Giacomuzzi aqui, a exorbitância – claramente refletida no Direito de cada uma das Nações estudadas – é "a essência do direito dos contratos administrativos". Esse ponto é convincentemente documentado pelo estudo de casos feito por Giacomuzzi e das doutrinas que governam a responsabilidade do Estado por atos soberanos durante a execução dos contratos e pelo poder do Estado de rescindi-los unilateralmente em cada uma das três Nações. Esse estudo de casos e a comparação derivada das doutrinas paralelas dos três países já são por si sós importantes contribuições ao entendimento de cada um dos três sistemas de direito contratual público. O trabalho de Giacomuzzi convincentemente demonstra o valor de estudar outros sistemas jurídicos como um meio de entender o nosso próprio Direito. Mas esse é somente o ponto de partida do empreendimento de Giacomuzzi neste trabalho. Mais que simplesmente registrar os importantes paralelos doutrinários que podem ser encontrados no estudo dos três sistemas jurídicos, o Autor empreende a tarefa jusfilosófica mais árdua de desvendar como a exorbitância se originou no contexto das características atitudes mentais (*mentalités*) fundamentais que estão na base desses sistemas jurídicos nacionais.

A importância contemporânea dos contratos administrativos à sociedade é evidentemente crescente em todos os países. Os contratos administrativos ocupam parcela grande e crítica do produto interno bruto nacional. De fato, como poderia ser diferente? Habitamos um mundo no qual a eficácia e a eficiência dos mercados como um meio de prover os bens e serviços mais essenciais têm sido largamente reconhecidas. Porém, ao mesmo tempo, a insuficiência da atividade privada autônoma em assegurar o atendimento das finalidades públicas cruciais é igualmente clara. Consequentemente, o uso dos contratos administrativos para, por meio das entidades privadas e do mercado, alcançar as finalidades públicas vitais é uma característica definidora das sociedades modernas.

Assim sendo, não surpreende que a última década tenha testemunhado um crescimento dramático de estudos acadêmicos e sobre políticas públicas, que se esforçam para investigar a operação dos contratos administrativos de diferentes Nações. Esse corpo de trabalhos doutrinários começou a identificar uma convergência notável em várias das características principais dos regimes de contratos públicos em diferentes Estados nacionais. O presente estudo, entretanto, representa um avanço importante e pioneiro nos estudos do Direito Comparado dos contratos administrativos. Porque o estudo rejeita, como insuficiente, a abordagem descritiva dos trabalhos jurídicos comparados, que se satisfazem com uma enumeração de características doutrinárias funcionalmente comparáveis. Claro, essa abordagem descritiva tem atrativos significativos, porque, como o Dr. Giacomuzzi demonstra aqui, há fortes elementos funcionais comuns que suportam a conclusão de que a exorbitância deve ser considerada como a essência do direito dos contratos administrativos. Entretanto, o Autor transcende esses elementos funcionais comuns, para penetrar no "*como* os operadores jurídicos norte-americano, francês e brasileiro pensam sobre a essência do direito dos contratos administrativos, o fenômeno da 'exorbitância'". Dessa forma, o Autor procura entender como a abordagem exorbitante que define o direito dos contratos administrativos emerge nas distintas mentalidades dos diferentes sistemas jurídicos. Assim, argumenta o Autor, a exorbitância no sistema dos contratos públicos dos Estados Unidos emerge de uma resposta circunstancial às exigências dos contratos militares, os quais dominaram o ramo dos contratos públicos federais na sua fase crítica de formação. Em contraste, explica o Dr. Giacomuzzi, a exorbitância nos contratos administrativos da França e do Brasil reflete o papel central do Estado na estrutura da sociedade e dos Direitos Francês e Brasileiro.

Reconhecidas as diferentes origens conceituais da exorbitância nos contratos públicos da França e do Brasil, quando comparadas com os Estados Unidos, compreendem-se reais consequências. Nos Estados Unidos, sustenta o Dr. Giacomuzzi, o tratamento preferencial do Estado ao contratar está em tensão com a norma da igualdade de todos perante a lei, uma norma que geralmente impõe o regime da "congruência", no qual ao Estado deveriam ser negados os poderes exorbitantes em relação ao contratado. Assim, a tensão entre a norma geral da congruência e as exigências práticas que suportaram uma significativa exorbitância doutrinária no regime dos contratos públicos é central ao entendimento do direito dos contratos públicos nos Estados Unidos. Em contraste, na França e no Brasil a exorbitância nos contratos administrativos nasce organicamente de um sistema jurídico dual que compreende, em pé de igualdade, *droit privé* e *droit public*. Nesse sentido, o direito exorbitante dos contratos administrativos não é um obstáculo ou uma contracorrente ao funcionamento geral do sistema jurídico, mas uma parte integrante desse sistema, o direito público.

Cada sistema também gera conflitos característicos e desafia o *status quo*. Quanto aos Estados Unidos a questão proeminente é se os importantes exemplos de exorbitância às normas gerais de igualdade que governam as controvérsias entre contratos privados são adequadamente justificados e, nesse caso, quão amplos devem ser esses "desvios" exorbitantes. Na França e no Brasil, explica o Dr. Giacomuzzi, o sistema de direito público produziu doutrinas – independentes das encontradas no direito privado – que, entretanto, protegem os contratados de circunstâncias imprevisíveis e de contratos destituídos de equilíbrio econômico-financeiro. Uma questão característica a esses sistemas jurídicos é, assim: quão bem sucedida essa criatividade doutrinária tem sido em atingir os fins pretendidos? Além disso, na França, e talvez agora também no Brasil, críticos têm questionado a própria estrutura dual do sistema jurídico, argumentando que ele é um resto das origens autoritárias do Estado. Consequentemente, o questionamento à exorbitância e o argumento em prol da igualdade, nesses regimes jurídicos continentais, representam um questionamento mais profundo sobre as bases do sistema jurídico. O mesmo questionamento nos Estados Unidos indaga sobre um desvio dos princípios fundamentais.

Como todas as pesquisas acadêmicas mais avançadas e modernas, este estudo fornece aos pesquisadores uma agenda para novos estudos. Qual sistema protege melhor os contratantes? Qual acomoda melhor a proteção do interesse público de garantir um tratamento justo aos contratantes? O trabalho do Dr. Giacomuzzi proporcionará um fundamento sólido para futuras pesquisas comparadas, empíricas ou teóricas.

No nível da metacomparação, um ponto extraordinário emerge deste estudo. Os juristas brasileiros e franceses consideram a exorbitância no direito dos contratos administrativos como sendo uma característica fundamental da ordem natural do ordenamento jurídico. Os operadores do direito dos contratos administrativos nos Estados Unidos, assim como alguns *scholars* acadêmicos, entendem a exorbitância do regime dos contratos públicos como um fundamental desvio das normas do ordenamento. Entretanto, apesar das diferentes mentalidades sociais e ideológicas das quais emerge o direito contratual público nas Nações aqui estudadas, um dever central confrontado por todos os regimes é a necessidade de acomodar o interesse público com uma eficaz e eficiente provisão de bens e serviços públicos com o objetivo de tratar com equidade os indivíduos e empresas que contratam com o Estado para fornecer esses bens e serviços. Essa acomodação assume diferentes formas, que respondem a traços característicos dos sistemas jurídicos nacionais e culturas. Mas todos esses sistemas de contratos públicos devem responder a desafios similares de balancear a exorbitância e a igualdade.

Neste estudo, José Giacomuzzi forneceu-nos importantes *insights* sobre como diferentes regimes nacionais de contratos públicos abordam esse processo de acomodação. O Autor claramente ilumina os desafios comuns desse balanceamento entre a exorbitância e a igualdade, bem como as distintas mentalidades a partir das quais as Nações com diferentes tradições jurídicas lidam com o dever central dos modernos regimes jurídicos de contratos administrativos. Esta é, assim, uma contribuição superior ao estudo tanto dos regimes jurídicos de contratos públicos nacionais quanto uma evolução desse direito além das fronteiras nacionais.

Washington, D.C., maio/2009
JOSHUA IRA SCHWARTZ
Professor of Law GWU Law School Washington, D.C./USA

NOTA PRELIMINAR SOBRE O TEXTO E AGRADECIMENTOS

O presente trabalho é a minha tradução, com algumas modificações de forma e conteúdo, da tese de doutorado que apresentei em julho/2007 à Banca Examinadora na *George Washington University Law School*, em Washington, D.C./Estados Unidos, como requisito parcial à obtenção do grau de Doutor em Ciências Jurídicas (*Doctor of Juridical Science* – S.J.D.). Adaptei o texto original ao leitor brasileiro: suprimi pequenas partes e elaborei melhor e diferentemente alguns temas, principalmente no que toca ao Direito pátrio, acrescendo bibliografia e jurisprudência atualizadas e refinando alguns argumentos. A ideia central do estudo, porém, permanece a mesma.

Salvo nas poucas vezes em que razões de clareza ou estilo recomendaram diversamente, traduzi os termos *government contract* ou *government procurement* para "contrato administrativo" ou "público". Mas a tradução literal de *contract* ou *procurement* para "contrato" é imprecisa, e o rigor conceitual recomendaria manter os termos no original. A ideia anglo-americana de *contract* difere da ideia francesa ou brasileira de *contrat* ou "contrato": enquanto o inglês *contract* carrega a ideia de um "encontro de mentes" (*meeting of minds*), o francês *contrat* e o português "contrato" carregam a ideia de um "encontro de declarações".*

---

* No mesmo sentido, examinando particularmente (entre outros) o problema do termo "contrato" e sustentando ser impróprio traduzir o inglês *contract* para o francês *contrat*, cf. Sacco, *La Comparaison Juridique au Service de la Connaissance du Droit*, Paris, Economica, 1991, Capítulo 3. Cf. também Legrand, *Le Droit Comparé*, Paris, Presses Universitaires de France/PUF, 1999, pp. 23-26 e 106-108. Para uma comparação entre a noção francesa do contrato e a noção de *contract* na *common law*, cf. Tallon, "L'évolution des idées en matière de contrat: survol comparatif", *Droits* 12/81-91, Pa-

Optei por uma tradução uniforme para deixar o texto mais linear. Já a palavra *government*, quando isolada, foi na maioria das vezes traduzida por "Estado", e não por "governo", embora a tradução seja também imprecisa e os conceitos sabidamente não se confundam; além disso, mantive sempre a maiúscula em "Estado", ainda que os norte-americanos costumem, não por acaso, grafar *state* com minúscula. Para facilitar ao leitor, utilizei, quando possível, as traduções de algumas obras já vertidas ao Português. De resto, todas as traduções neste trabalho são minhas, salvo quando indicado diversamente.

Nas notas de rodapé fiz as seguintes adaptações, que me parecem dar maior fidelidade à indicação das fontes e deixar a leitura mais fluida: o "cf." ("conferir") antes do nome ou sobrenome do autor indica que a ideia desenvolvida teve como fonte o autor indicado; o "cf., genericamente", indica que o autor mencionado na fonte traz a ideia apresentada no texto de forma aproximada, indireta. Quando a obra indicada suporta a alegação do texto de alguma outra maneira, isso é referido expressamente na nota de rodapé. Quando há outra data entre colchetes na citação, cuida-se da data original da obra.

Neste espaço devo também agradecer a pessoas e instituições, por diferentes motivos. Inicio agradecendo à CAPES, por ter-me concedido bolsa de estudos ao doutorado pleno no exterior para o período 2003-2007, e ao Ministério Público do Estado do Rio Grande do Sul, por ter-me possibilitado longo tempo de ausência.

Pela recomendação feita à CAPES em meados de 2002, o que me possibilitou iniciar o caminho, sou grato aos professores da Universidade Federal Rio Grande do Sul Almiro do Couto e Silva, Luís Afonso Heck e Cláudio Michelon. A este devo muito também pela amizade de anos e pelos ensinamentos no decorrer da jornada. Anoto um agradecimento especial a Humberto Ávila, pelo incentivo inicial e por conselhos dados, bem como a Vera Fradera, que me abriu portas na Sorbonne em 2004.

---

ris, 1990. Na doutrina brasileira, cf. Tavares, "O espírito da *common law* e os contratos", *Revista Brasileira de Direito Comparado* 18/41-45, Rio de Janeiro, janeiro/2000. Sobre traduções em Direito mais genericamente, cf. Sacco, *Introdução ao Direito Comparado*, trad. de Vera Jacob de Fradera, São Paulo, Ed. RT, 2001, § 2º, pp. 51-65; Schroth, "Legal translation", *The American Journal of Comparative Law Supplement* 34/47-65, 1986. Sobre "Direito Comparado e linguagem", cf. Curran, "Comparative Law and language", in Mathias Reimann e Reinhard Zimmer (eds.), *The Oxford Handbook of Comparative Law*, Oxford, Oxford University Press, 2008, pp. 676-707.

Na França, sou grato à gentileza de dois professores da Universidade de Paris I (Panthéon-Sorbonne): Etienne Picard, pela acolhida no verão de 2004, e, principalmente, Laurence Lalliot-Folliot, a quem encontrei ainda no início do doutorado na *GWU Law School*. Laurence foi oficiosamente minha coorientadora, e o trabalho não teria terminado sem sua generosidade, simpatia e conhecimento sobre o Direito Francês. A ela devo igualmente a possibilidade de ter pesquisado na Universidade de Paris II (Panthéon-Assas) na primavera de 2006.

Nos Estados Unidos, serei sempre grato à *George Washington University*. Lá fiz amigos desde 2001, e o primeiro que devo mencionar é James Ferrer Jr., que, sem saber, foi para mim como um pai desde então. Devo um especial obrigado também a Kevin Kellbach, pelo incansável auxílio em muitos momentos. Na *GWU Law School*, agradeço antes de todos a Bob Cottrol, que confiou em mim desde o princípio e me ensinou boa parte do que sei sobre o Direito Norte-Americano. Também devo muito a Shehernaz Joshi, pelo incentivo incondicional durante todo o tempo. À professora Sheryll Block agradeço pelos ensinamentos, pelo carinho e pela carta de recomendação ao S.J.D. Devo à professora Dalia Tsuk Mitchell bem mais do que ela pode imaginar. Dalia tornou tudo mais interessante, intenso, histórico, mostrando-me caminhos que eu jamais encontraria sozinho. Agradeço também aos professores Joshua Mitchell, o homem mais culto que conheci, do Departamento de Governo da *Georgetown University*, por ter-me permitido ouvir suas aulas na disciplina intitulada "History of Political Thought" no outono de 2004; John Mikhail, da *Georgetown Law School*, pelos ensinamentos, conselhos e indicações bibliográficas no seminário sobre *Law, Human Rights, and Cognitive Science* na primavera de 2005; Alejandro Garro, por ter me aceitado como pesquisador visitante junto à *Columbia Law School* no outono de 2005, assim possibilitando um semestre acadêmico de estudos em Nova York; e Ronald Dworkin, da *New York University Law School*, por ter-me permitido a honra do assento, como ouvinte, no seminário de seu *colloquium* sobre *Law, Philosophy and Political Theory*, também no outono de 2005.

Não tenho palavras, nem mesmo em Português, para agradecer ao meu orientador, Joshua Ira Schwartz, pelo convívio e pela oportunidade que me concedeu de crescer como pessoa por quatro intensos anos. Seu exemplo, sua paciência, humanidade e honestidade intelectual na orientação dispensada a um estrangeiro que lhe tomou tempo e em troca podia oferecer-lhe pouco além de esforço e boa vontade serão sempre guardados como determinantes de uma das melhores, intensas e enriquecedoras fases da minha vida.

Se meu coração falasse, ele gritaria *many thanks* para Michael John Paleudis, um irmão que ganhei nesta jornada, por tudo. Devo mais do que posso expressar a Melissa Leibman, que pacientemente revisou a tese em Inglês. Na revisão bibliográfica da versão em Português, que ora apresento, agradeço à amiga e anjo da guarda de minhas pesquisas Jaqueline Butelli, sempre. De Nova York, o carinho e a amizade de Luís Eduardo (que também me auxiliou na melhor tradução de termos técnicos) e Ana Cristina Krieger, bem como do pequeno Eric, foram cruciais durante todo o período. Do Brasil, amigos como Tiago Conceição e Patrícia Cunha tornaram menos difícil minha tarefa.

Algumas pessoas merecem especial menção. Na maior parte do tempo de doutorado, um oceano uniu-me a Jorge Cesa Ferreira da Silva e sua esposa, Carolyne, que estavam na Alemanha; ambos caminharam comigo do início ao fim, e sei que eles entendem minha gratidão. Jorge continua sendo meu guru em tudo que diz com o direito civil. Convivo com Danilo Knijnik há 20 anos, e isso não cessou quando eu quis dar passos maiores que minhas pernas num doutorado no exterior; tenho a honra de chamá-lo de amigo, e como amigo considerá-lo. O apoio e a compreensão incondicionais de Clóvis Bonetti, desde os tempos de Caxias do Sul no século passado, foram sempre além do que pedi e muito mais do que mereci. Cláudio Ari Mello, irmão mais velho que não tive, colega e compadre, foi quem mais me incentivou nessa longa trilha; Cláudio Ari é também, de certa forma, o responsável por eu ter dado os primeiros passos na direção de um estudo mais sistemático do Direito Norte-Americano há mais de uma década, e muito do que penso ter aprendido sobre o Direito e sobre a vida devo a ele, com quem debati boa parte do que aqui está escrito.

Deixo para o final as pessoas mais importantes, a quem dedico este trabalho: minha mãe, Maria Teresa, amor em tudo; meu pai, Vladimir, exemplo em tudo; minha irmã, Silvana, superação em tudo; e Cláudia, a minha Maggie – ela sabe por quê.

Menino Deus, Porto Alegre, setembro de 2010

JGG

INTRODUÇÃO

"Você diz que o Direito é aquilo que os tribunais proclamam. Isso é correto; mas não é menos importante saber quais são as fontes de onde o Direito provém." (Harold Laski, em carta a Oliver Wendell Holmes Jr. em 8.12.1917[1])

"Os aspectos para nós mais importantes das coisas estão ocultos, devido à sua simplicidade e familiaridade (e isto porque não se repara no que está sempre diante dos olhos)." (Ludwig Wittgenstein[2])

"O século XXI verá, espero, a erradicação do nacionalismo jurídico cego em favor do valor superior da ciência do Direito." (Denis Tallon[3])

Era primavera de 2004 nos Estados Unidos. Eu terminara o LL.M. (*Master of Laws*) e havia sido aceito a cursar o doutorado em Direito, ou S.J.D. (*Doctor of Juridical Science*), na *George Washington University Law School*, em Washington/D.C., e estava no gabinete do professor Joshua Ira Schwartz para termos uma primeira conversa após ele ter concordado, para a minha honra, em ser meu Orientador.

Localizado no 4º andar de um dos vários e recentemente renovados prédios da *GWU Law School*, no centro da cidade, o *office* do professor

---

1. Mark DeWolfe Howe (ed.), *Holmes-Laski Letters: the Correspondence of Mr. Justice Holmes and Harold J. Laski*, 1916-1935, vol. 1, Cambridge/Mass., Harvard University Press, 1953, p. 116.
2. Wittgenstein, *Tratado Lógico-Filosófico – Investigações Filosóficas*, 3ª ed., trad. de M. S. Lourenço, Lisboa, Fundação Calouste Gulbenkian, 2002 [1953], § 129, p. 263.
3. Tallon, "Quel Droit Comparé pour le XXIᵉ siècle?", *Uniform Law Review/ Revue de Droit Uniforme* 3/709, n. 2/3, 1998.

Schwartz mede 20 por 18 "pés" (ou algo assim – eu nunca entendi muito bem essa forma de pensar em *feet*, *inches* e *pounds*) e tem um pé-direito de mais ou menos 8 ou 9 pés, no qual se acomodam várias estantes de livros. Na maioria das *law schools* americanas cada professor dispõe de um *office*, em regra repleto de livros e decorado com objetos pessoais. Os vidros duplos isolam o local do vento, do frio e do barulho; o moderno sistema de calefação e o ar condicionado mantêm uma temperatura constante durante todo o ano; e as facilidades eletrônicas, de modernos computadores a telefones, encurtam distâncias, fazendo cada *office* um ambiente de trabalho privado e agradável.

Como estrangeiro, eu havia experimentado, no ano acadêmico de 2003-2004, uma forma totalmente diferente de pensar sobre e compreender o Direito; uma forma, a mim estranha, de perceber o mundo jurídico. Os encontros anteriores com meu orientador durante o LL.M. revelavam que nós pertencíamos a diferentes sistemas jurídicos e que trabalhávamos com diferentes assunções, não somente sobre o direito dos contratos administrativos, mas também sobre o Direito como um todo. Entretanto, o tema escolhido para a tese – qual seja, um estudo comparado do "excepcionalismo" (ou "exorbitância", para usar um termo que nós, continentais, compreendemos melhor) nos contratos administrativos norte-americano, francês e brasileiro – parecia familiar a nós dois. Ao menos eu assim pensei.

O professor Joshua Schwartz escrevera que nos Estados Unidos existia "uma tradição de 'excepcionalismo', a qual enfatiza que, em razão de sua posição soberana, das funções únicas e das responsabilidades específicas, o Estado, como parte contratante, não está sujeito a todas as normas legais e responsabilidades às quais as partes privadas estão sujeitas".[4] Essa "tradição de excepcionalismo" seria oposta à "tradição de

---

4. J. Schwartz, "Liability for sovereign acts: congruence and exceptionalism in government contracts law", *The George Washington Law Review* 64/637, n. 4, abril/1996. A expressão *exceptionalism* foi cunhada no Direito Norte-Americano por J. Schwartz no referido artigo de 1996. A ideia vem sendo usada e desenvolvida pelo autor desde então. Cf. J. Schwartz, "Assembling 'Winstar': triumph of the ideal of congruence in government contracts law?", *Public Contracts Law Journal* 26/481-565, n. 4, 1997; "The *status* of sovereign acts and unmistakability doctrines in the wake of 'Winstar': an interim report", *Alabama Law Review* 51/1.177-1.237, n. 3, Tuscaloosa, 2000; "Learning from the United States' procurement law experience: on 'law transfer' and its limitations", *Public Procurement Law Review* 11/115-125, n. 2, 2002; "Pu-

congruência", a qual abarcaria "a tendência de interpretar as obrigações e os deveres contratuais do Estado em conformidade com as obrigações e deveres que têm as partes privadas em contratos puramente privados".[5] Tendo recebido minha formação no Brasil, sistema de Direito Continental e herdeiro do sistema jurídico francês, principalmente na parte do direito administrativo, logo intuí que a ideia do excepcionalismo nos contratos administrativos norte-americanos poderia ter algo a ver com a dicotomia "contrato administrativo *versus* contrato privado", da cultura jurídica continental. Imaginei que a ideia norte-americana de excepcionalismo poderia equivaler à ideia continental da exorbitância e carregar uma teleologia similar à do chamado "princípio da supremacia do interesse público", e concluí que "excepcionalismo" e "supremacia" do interesse público eram noções que se aproximavam. Eu havia, então, encontrado uma ligação entre o que podíamos pensar meu Orientador e eu acerca do contrato administrativo, ou quiçá um ponto de partida a explorar. Assim pensei, ao menos.

Com isso em mente, fui logo afirmando o seguinte ao professor Schwartz: "No meu entender, a sua ideia sobre 'excepcionalismo' no contrato administrativo norte-americano tem a mesma função do que nós, juristas continentais, chamamos de 'supremacia do interesse público'". Para minha surpresa e desânimo, meu Orientador franziu a testa e respondeu: "Eu *nunca* sugeri qualquer superioridade do interesse público, e isso não é o que eu penso ou quis dizer sobre 'excepcionalismo'"!

Dois meses depois eu estava em Paris. Meu objetivo era começar a "parte francesa" da pesquisa *in loco* e fazer contatos com alguns professores. Eu havia marcado um encontro com o Dr. Etienne Picard, Professor de Direito Público na Universidade de Paris I (Panthéon-Sorbonne). O professor Picard generosamente esperava por mim na entrada de uma

---

blic contracts specialization as a rationale for the Court of Federal Claims", *The George Washington Law Review* 71/863-878, ns. 4/5, Washington/D.C., 2003; *The Centrality of Military Procurement: Explaining the Exceptionalist Character of United States Government Procurement Law*, Washington/D.C., George Washington University Law School, 2005. Na maioria das vezes preferi o termo "exorbitância", já consagrado no Direito Brasileiro, ao termo "excepcionalismo".

5. J. Schwartz, "Assembling 'Winstar': triumph of the ideal of congruence in government contracts law?", *Public Contracts Law Journal* 26/490; *The Centrality of Military Procurement: Explaining the Exceptionalist Character of United States Government Procurement Law*, p. 2.

sala no 2º andar da majestosa *Université*, cujo prédio tem hoje mais de 800 anos e se localiza atrás do Panthéon, no charmoso *Quartier Latin*. Na Sorbonne, a mais prestigiada universidade francesa, os professores não têm gabinetes particulares; as *salles* em sua maioria são tão públicas e impessoais quanto o são todas as universidades francesas. O professor Picard gentilmente nos conduziu a uma *salle* vazia de livros, estantes, computador ou telefone. O contraste com o *office* do meu Orientador nos Estados Unidos era revelador: a *salle*, com seis por sete metros quadrados, tinha um pé-direito com não menos de nove metros de altura (medi com os olhos – aquela se parecia com várias das salas da Universidade Federal do Rio Grande do Sul, onde me graduei em Direito em 1993 e concluí o Mestrado em 2000). Nada além de duas pesadas cadeiras e uma mesa de madeira decoravam o sóbrio ambiente, e pude perceber que várias gerações de professores e estudantes haviam experimentado a atmosfera impessoal e tradicional daquele lugar. Embora eu nunca houvesse estado naquela específica sala antes, uma vez lá dentro, senti uma espécie de estranha intimidade.

Tentei, então, explicar ao professor Picard, a quem eu encontrava pela primeira vez, o tema da minha tese. Sem qualquer surpresa, isso foi uma tarefa fácil. Como se sabe, o Brasil importou da França, além de outros aspectos culturais, a noção de direito administrativo, seus conceitos-chave, axiomas e corolários, entre eles a noção de contrato administrativo, e logo *senti* por que sempre me fora ensinado que franceses e brasileiros compreendiam o direito (público) de maneira parecida. Em suma, o professor Picard e eu "falávamos a mesma língua".

A certa altura da conversa, decidi fazer o papel de "advogado do diabo": referi que uma professora portuguesa tinha escrito um livro, na década de 1990, que se tornou bem conhecido no Brasil entre os administrativistas; o livro sugeria que a ideia francesa segundo a qual o contrato administrativo seria algo totalmente diferente do contrato de direito privado não passava de um acidente histórico, um mito, e que todos os esforços feitos por mais de um século pela doutrina e jurisprudência francesas no sentido de encontrar um critério certo e único para distinguir contratos privados e contratos administrativos haviam se revelado inúteis.[6] O pro-

---

6. Cf. Estorninho, *Réquiem pelo Contrato Administrativo*, Coimbra, Livraria Almedina, 1990, *passim*, especialmente p. 183.

fessor Picard, que até então falava um Inglês perfeito, para gentilmente compensar meu Francês básico, curvou-se em minha direção e disse claramente, em sua própria língua: "Il faut que vous compreniez que la France est un État administratif!" ("É preciso que você compreenda que a França é um Estado administrativo!").

Essas duas estórias pessoais são o ponto de partida deste trabalho: em ambos os encontros, minhas provocações atingiram premissas e assunções sacrossantas de cada professor, premissas nas quais se baseiam os sistemas jurídicos norte-americano e francês. Um norte-americano não deixa de estranhar a ideia de que se possa pensar numa "supremacia do interesse público" sobre o particular, assim como um francês instintivamente reage quando alguém põe em xeque a distinção entre um contrato administrativo e um contrato de direito privado. Meu objetivo nas páginas que seguem é explicitar as raízes dessas assunções, enfatizando a noção de "exorbitância" nos contratos administrativos. Tentarei mostrar que as reações intuitivas dos meus interlocutores revelam pré-juízos ou, em termos hermenêuticos, pré-compreensões não somente sobre o direito dos contratos administrativos, senão sobre o Direito em geral.[7] Mais que isso, minha intenção é mostrar que essas intuições comandam, silenciosa e inconscientemente, o discurso nesses dois sistemas jurídicos. Explorar suas razões ajudará na melhor compreensão do direito brasileiro dos contratos públicos, que até hoje recebeu entre nós pouco estudo teórico para além da mera repetição acrítica de doutrinas alienígenas, em regra francesas.

Seja nos Estados Unidos, seja na França ou no Brasil, o Estado é tratado diferentemente quando contrata com partes privadas – isso é um fato.[8] Nesses três sistemas jurídicos o Estado tem o poder de unilateral-

---

7. Sobre *pré-compreensão*, cf. Gadamer, *Truth and Method*, 2ª ed., Londres, Continuum, 2004, pp. 268-278 (uso a 2ª ed. revisada da tradução ao Inglês do clássico *Wahrheit und Methode*, mais confiável que a tradução brasileira). É vasta e conhecida a bibliografia nacional sobre a importância da obra de Gadamer à interpretação jurídica. No Direito Norte-Americano merece especial atenção o *Symposium* sobre Hermenêutica Filosófica publicado na *Chicago-Kent Law Review* 76, n. 2, 2000, especialmente o artigo de Hutchinson, "Work-in-progress: Gadamer, tradition and the common law" (pp. 1.105-1.082). Cf. também Eskridge, "Gadamer/Statutory Interpretation", *Columbia Law Review* 90/609-681, n. 3, 1990.

8. Essa diferença de tratamento parece existir em todos os sistemas jurídicos. Roland Drago escreveu: "Os contratos administrativos têm, em todos os países do

mente modificar ou, mesmo, rescindir o contrato. O Estado também tem o poder de supervisionar a execução do contrato e de aplicar sanções ao contratado sem recorrer ao Poder Judiciário. Ademais, quando age com seu "poder soberano", o Estado livra-se de algumas responsabilidades contratuais, enquanto as partes privadas ficam quase sempre sujeitas aos seus deveres contratuais. Em suma, o Estado goza de "privilégios" que se afastam dos parâmetros do direito privado; nesse sentido, esses privilégios são excepcionais, exorbitantes – daí a ideia de *excepcionalism*, ou exorbitância, noção muito familiar aos juristas francês e brasileiro, embora menos ao norte-americano, como se verá.

O fenômeno da exorbitância, porém, é aceito sem maiores reflexões teóricas por uns e outros, particularmente no Direito Brasileiro. A exorbitância é causada pela presença do Estado na relação contratual, e parece intuitivo que o grau e o significado dessa exorbitância variam de acordo com a noção ou ideia de Estado sustentada por cada sistema jurídico. Aqui entra um fator histórico importante na determinação do objeto e dos limites deste estudo, que em certo sentido diz com o tema dos contratos administrativos apenas mediatamente. Nas últimas duas décadas o Brasil vem passando por uma profunda reformulação da sua concepção política de Estado. Essa reformulação é causa e também consequência da reviravolta principiológica que hoje domina o Direito Brasileiro. Nossa doutrina juspublicista estruturava-se até ontem na dicotomia "direito público *versus* direito privado", ramos aos quais se aplicariam princípios jurídicos diversos. No que diz com os contratos administrativos, aliás, os diplomas legais gerais que regem a matéria desde 1986 referem que os contratos ali disciplinados se regulam "pelas suas cláusulas e pelos preceitos de direito público, aplicando-se-lhes, supletivamente, os princípios da teoria geral dos contratos e as disposições de direito privado"[9] – sugerindo claramente a existência de uma diferença principiológica entre dois ramos jurídicos.

Seguindo esse passo, sempre se afirmou que o direito público brasileiro – no qual se insere a temática deste trabalho – é ancorado no que se convencionou chamar de "princípio da supremacia do interesse pú-

---

mundo, um regime específico, e isso é normal" ("Le contrat administratif aujourd'hui", *Droits* 12/117, 1990).

9. Art. 54 da Lei federal 8.666/1993, o qual repete o art. 44 do revogado Decreto-lei 2.300/1986.

blico", o qual de certa maneira *decorre* da dicotomia "direito público *versus* direito privado". Ocorre, porém, que esse pilar vem sendo questionado entre nós, ao menos desde o final do século passado.[10] Hoje, ao contrário do que sempre se deu no Brasil e a despeito da afirmação (ou mera retórica?) ainda prevalente na doutrina[11] e na jurisprudência[12] no

10. O vento começou a mudar de direção com a publicação do artigo iconoclasta de Humberto Ávila em 1998 (cf. "Repensando o princípio da supremacia do interesse público sobre o particular", in Daniel Sarmento (org.), *Interesses Públicos "versus" Interesses Privados: Desconstruindo o Princípio da Supremacia do Interesse Público*, Rio de Janeiro, Lumen Juris, 2005 [1998], pp. 171-215), questionando, sob um viés analítico, a existência *a priori* do princípio e inaugurando uma linha de pensamento que passou a ser seguida por vários doutrinadores desde então. Cf., por exemplo: a coletânea de artigos organizada por Sarmento, *Interesses Públicos "versus" Interesses Privados: Desconstruindo o Princípio da Supremacia do Interesse Público*, 2005; Baptista, *Transformações do Direito Administrativo*, Rio de Janeiro, Renovar, 2003, pp. 187-191; Binenbojm, *Uma Teoria do Direito Administrativo: Direitos Fundamentais, Democracia e Constitucionalização*, Rio de Janeiro, Renovar, 2006, pp. 29-34; Justen Filho, "Conceito de interesse público e a 'personalização' do direito administrativo", *RTDP* 26/115-136, São Paulo, Malheiros Editores, 1999. Para uma linha diversa de argumentos, cf.: Alves, *As Prerrogativas da Administração Pública nas Ações Coletivas*, Rio de Janeiro, Lumen Juris, 2007, pp. 24-50; Faria, "A definição de interesse público", in Carlos Alberto de Salles (org.), *Processo Civil e Interesse Público: o Processo como Instrumento de Defesa Social*, São Paulo, Ed. RT, 2003, pp. 79-90.

11. Cf., por exemplo: C. A. Bandeira de Mello, *Curso de Direito Administrativo*, 27ª ed., São Paulo, Malheiros Editores, 2010, pp. 55-56 e 69-73; Di Pietro, *Direito Administrativo*, 23ª ed., São Paulo, Atlas, 2010, pp. 27, 36-38, 64-67; Meirelles, *Direito Administrativo Brasileiro*, 36ª ed., São Paulo, Malheiros Editores, 2010, pp. 105-106; Gasparini, *Direito Administrativo*, 13ª ed., São Paulo, Saraiva, 2009, p. 20; Spitzcovisk, "Princípios do direito administrativo econômico", in José Eduardo Martins Cardozo, João Eduardo Lopes Queiroz e Márcia Walquíria Batista dos Santos, *Curso de Direito Administrativo Econômico I*, São Paulo, Malheiros Editores, 2006, p. 61; Figueiredo, *Curso de Direito Administrativo*, 9ª ed., São Paulo, Malheiros Editores, 2008, pp. 67-68. Sem advogar uma abstrata supremacia do interesse público, Justen Filho refere que essa supremacia é a "concepção prevalente entre nós", alertando depois para os "problemas insuperáveis que dela advêm" (*Curso de Direito Administrativo*, 2ª ed., São Paulo, Saraiva, 2006, pp. 36-7). No direito tributário, cf., por exemplo, Amaro, *Direito Tributário Brasileiro*, 15ª ed., São Paulo, Saraiva, 2009, p. 5. O assunto é central a este estudo, e será aprofundado do decorrer do trabalho.

12. Cf., por exemplo, algumas decisões recentes envolvendo contratos públicos. *No STJ*: 1ª Turma, RMS 20.264-RO (Centro de Patologia Clínica e Hemoterapia do Norte Ltda. contra Estado de Rondônia), rel. Min. Luiz Fux, j. 6.2.2007, *DJU* 1.3.2007; 5ª Turma, REsp 492.905-MG (Edimilson C. Barbosa contra Município de Pavão/MG), rel. Min. Arnaldo E. Lima, j. 7.11.2006, *DJU* 27.11.2006; 2ª Turma,

sentido de que o princípio da supremacia do interesse público domina as relações de direito público-administrativo, boas obras introdutórias ao estudo direito administrativo já questionam a existência do referido princípio,[13] sugerindo uma mudança de paradigma no Direito pátrio. Isso não é pouco.

Assim, fundada a exorbitância do contrato administrativo brasileiro numa suposta supremacia do interesse público,[14] é fácil ver que,

REsp 406.712-MG (Viação Serra Verde Ltda. contra DER/MG), rel. Min. João Otávio Noronha, j. 3.8.2006, *DJU* 18.8.2006; 1ª Turma, REsp 403.905-MG (Transrosa Ltda. e outros contra DER/MG), rel. Min. José Delgado, j. 26.4.2002, *DJU* 6.5.2002; 5ª Turma, REsp 187.904-SC (INSS contra Márcia Raquel Tschumi), rel. Min. Gilson Dipp, j. 19.4.2001, *DJU* 4.6.2001.

No TJMG, cf., por exemplo: 2ª Câmara Cível, ACi 1.0000.00.333646-8/000 (Emitur Empresa Ita Turismo Ltda. e outros contra DER/MG), rel. Des. Nilson Reis, j. 25.5.2004, *DJE* 18.6.2004.

13. Cf., por exemplo, a obra coordenada por Sundfeld e Monteiro, *Introdução do Direito Administrativo*, São Paulo, Saraiva, 2008. Já no primeiro capítulo fica claro que a proposta do trabalho é questionar o princípio da supremacia do interesse público como "fundamento imprescindível" do direito administrativo. Mais que isso, a obra inicia com a exposição e a análise de casos concretos, bem ao estilo norte-americano de ensino e contrariando a metodologia da manualística pátria. Não é casual o nome da série da qual a obra é parte: GV*Law*.

14. Exemplifico com alguns autores das últimas quatro décadas. Nos anos 1970, cf. Meirelles, *Licitação e Contrato Administrativo* (1ª ed., São Paulo, Ed. RT, 1973, pp. 181-193; 34ª ed., São Paulo, Malheiros Editores, 2010, p. 248) (explicando que o contrato administrativo é caracterizado pela "supremacia de poder" da Administração, a "supremacia estatal"). Nos anos 1980, cf. Barros Jr., *Contratos Administrativos*, São Paulo, Saraiva, 1986, pp. 9-23 (analisando as doutrinas de Jèze e de Laubadère e justificando a existência de contratos de direito público na supremacia do interesse público); Araújo, *Contrato Administrativo*, São Paulo, Ed. RT, 1987, p. 9 ("a pedra angular do direito administrativo é sua sujeição a regime jurídico de direito público, ... o que, em última análise, nada mais é que a consagração do princípio da predominância do interesse público sobre o interesse individual"). Nos anos 1990, cf. C. A. Bandeira de Mello, *Elementos de Direito Administrativo* [2ª ed., São Paulo, Ed. RT, 1991, pp. 204-218; 27ª ed., com o título de *Curso de Direito Administrativo*, São Paulo, Malheiros Editores, 2010, pp. 615 e ss.] (sugerindo a vassalagem brasileira à doutrina francesa e afirmando a desigualdade das partes e a supremacia do interesse público); Pellegrino, "Os contratos da Administração Pública", *RDA* 179-180/68-91, Rio de Janeiro, janeiro-junho/1990 (atestando a influência francesa sobre nosso Direito e afirmando a supremacia do interesse público e do poder do Estado); Tácito, "Contrato administrativo", in *Temas de Direito Público (Estudos e Pareceres)*, vol. 1, Rio de Janeiro, Renovar, 1997, pp. 618-619 (afirmando a supremacia do interesse público e a desigualdade das partes, citando a mais significativa doutrina francesa). Mais recentemente:

questionado o princípio, a própria essência do contrato administrativo – e, em certo sentido, de todo o direito público – passa a ser também questionada.[15] É bem reveladora dessa mudança de paradigma a alteração principiológica recentemente elaborada por um dos comentadores da temática dos contratos administrativos mais citados pelas Cortes do país. Até 2004, em obra de referência obrigatória, o autor ainda fundava a exorbitância dos contratos públicos na supremacia do interesse público.[16] Em 2005, porém, essa supremacia passou a ser relativizada,[17] e na edição de 2008 a tese da supremacia do interesse público é *rejeitada*, em nome do "único valor supremo", qual seja, a "dignidade humana";[18]

Cretella Jr., *Das Licitações Públicas*, 18ª ed., Rio de Janeiro, Forense, 2006, p. 128; Di Pietro, *Direito Administrativo*, 2010, 23ª ed., p. 256; J. R. Pimenta Oliveira, *Os Princípios da Razoabilidade e da Proporcionalidade no Direito Administrativo Brasileiro*, São Paulo, Malheiros Editores, 2006, p. 403; Sarmento, "Interesses públicos *versus* interesses privados na perspectiva da teoria e da filosofia constitucional", in Daniel Sarmento (org.), *Interesses Públicos "versus" Interesses Privados: Desconstruindo o Princípio da Supremacia do Interesse Público*, Rio de Janeiro, Lumen Juris, 2005, p. 24; Tanaka, *Concepção dos Contratos Administrativos*, São Paulo, Malheiros Editores, 2007, *passim*; Figueiredo, "Contratos administrativos: a equação econômico-financeira do contrato de concessão. Aspectos pontuais", in *Direito Público: Estudos*, Belo Horizonte, Fórum, 2007, p. 95.

15. Sob esse aspecto, portanto, está correto o *insight* de Paulo Schier ao questionar, sob o ângulo da supremacia do interesse público, a existência do contrato administrativo pela via do questionamento da dicotomia "direito público *versus* direito privado" (cf. "Ensaio sobre a supremacia do interesse público sobre o privado e o regime jurídico dos direitos fundamentais", in Daniel Sarmento (org.), *Interesses Públicos "versus" Interesses Privados: Desconstruindo o Princípio da Supremacia do Interesse Público*, p. 239).

16. Cf. Justen Filho, *Comentários à Lei de Licitações e Contratos Administrativos*, 10ª ed., São Paulo, Dialética, 2004, *passim*. No seu livro *Teoria Geral das Concessões de Serviço Público* (São Paulo, Dialética, 2003) o autor reconhece expressamente o princípio ("Em um Estado Democrático, a Administração Pública não pode ignorar o interesse privado, ainda que se reconheça a superioridade do interesse público"; "A supremacia e indisponibilidade do interesse público exigem a alteração das cláusulas originais" (do contrato de concessão); "O cotejo entre os princípios conduz à convicção de que a obrigatoriedade da licitação apresenta relevância menos extensa que a supremacia do interesse público" (pp. 168 e 444-445).

17. Cf. Justen Filho, *Comentários à Lei de Licitações e Contratos Administrativos*, 11ª ed., São Paulo, Dialética, 2005, p. 45, nota de rodapé 55.

18. Justen Filho, *Comentários à Lei de Licitações e Contratos Administrativos*, 12ª ed., São Paulo, Dialética, 2008, p. 59: "[...] rejeita-se a tese tradicional da 'supremacia' do interesse público. O único valor supremo é a dignidade humana. A expres-

o que é mantido nas mais recentes edições da obra.[19] Em síntese, essa mudança desloca, em certo sentido, o fundamento do contrato administrativo – e, quiçá, indiretamente, do próprio direito público – do domínio público para o privado, tendência que se constata em vários campos do direito administrativo.

Sendo o contrato administrativo uma figura-chave na estrutura do direito público brasileiro, investigar as raízes do fenômeno da exorbitância pareceu-me um bom caminho para tentar explicar e melhor compreender, histórica e culturalmente, no que se fundamentam um e outro paradigma.

A escolha dos sistemas norte-americano, francês e brasileiro para um estudo comparado não é casual. O Direito de uma dada comunidade reflete a cultura na qual está inserido,[20] e o direito dos contratos públicos nos sistemas jurídicos escolhidos é um bom exemplo dessa genérica afirmação. Entre as culturas ocidentais mais influentes, os dois sistemas jurídicos mais contrastantes são o francês e o norte-americano – sistema, este, que, aliás, ao contrário do que se dá na França e no Brasil, não se estrutura na dicotomia "direito público *versus* direito privado". Também não por acaso, o sistema jurídico brasileiro talvez seja o que mais claramente revele a influência – e as contradições que daí surgiram – das culturas anglo-americana e francesa.[21] Como a influência aparece,

são 'interesse público' não apresenta conteúdo próprio, específico e determinado. Costuma ser invocada para a satisfação dos interesses escolhidos pelo governante, o que é absolutamente incompatível com a ordem jurídico-constitucional vigente". É digno de nota que o autor, que desde 1999 já questionava o princípio da supremacia do interesse público (cf. "Conceito de interesse público e a 'personalização' do direito administrativo", *RTDP* 26/115-136, São Paulo, Malheiros Editores, 1999, pp. 115-136), somente em 2008 tenha feito constar dos seus *Comentários* a mudança de paradigma da "supremacia do interesse público" para a "dignidade humana".

19. Cf. Justen Filho, *Comentários à Lei de Licitações e Contratos Administrativos*, 13ª ed., São Paulo, Dialética, 2009, p. 60; 14ª ed., São Paulo, Dialética, 2010, p. 62.

20. Na teoria do Direito Comparado, cf., por exemplo, Legrand, *Le Droit Comparé*, Paris, PUF, 1999; "Comparer", *Revue Internationale de Droit Comparé* 2/279-318, 1996.

21. Uma boa fonte de estudo sobre a influência intelectual das ideias anglo-americanas e principalmente francesas no Brasil encontra-se no clássico de Cruz Costa, *Contribuição à História das Ideias no Brasil*, Rio de Janeiro, Livraria José Olympio, 1956. Sobre a influência intelectual francesa no Brasil, cf. os artigos publicados em Perrone-Moisés, *Do Positivismo à Desconstrução: Ideias Francesas na América*, São Paulo, EDUSP, 2004. No que toca à influência dos modelos de Estado francês e norte-americano no modelo jurídico da Administração Pública brasileira, cf. Bucci, *Di-*

em particular, no direito dos contratos administrativos, como os sistemas norte-americano e francês se apoiam em ideias opostas sobre os contratos públicos e sendo o fenômeno da exorbitância – insisto – central à temática desses contratos, um estudo comparado das culturas jurídicas que mais influenciaram o Direito Brasileiro pode auxiliar a melhor compreender nosso direito (dos contratos administrativos).

"Eu é um outro" – dizia Rimbaud,[22] conduzindo o pensamento à noção de *alteridade*.[23] Se aplicada ao contexto jurídico, alteridade significa, entre outras coisas, que, para compreender qualquer área do direito, o estudo de *outra* cultura jurídica, que opere numa perspectiva diferente, é não somente útil, mas também frequentemente necessário.[24] O conhecimento do Direito, portanto, beneficia-se da comparação. Isso implica dizer que a melhor razão para empreendermos um estudo jurídico em perspectiva comparada é a compreensão do nosso próprio sistema jurídico.[25] Antoine Garapon é claro: "A melhor maneira de se abs-

reito Administrativo e Políticas Públicas, São Paulo, Saraiva, 2002, pp. 41-91. Em Inglês, para um estudo da influência do direito constitucional norte-americano no sistema jurídico brasileiro, cf. Dolinger, "The influence of American constitutional law on Brazilian legal system", *The American Journal of Comparative Law* 38/803-837, n. 4, 1990.

22. "Je est un autre", na citação literal feita por Curran, "Cultural immersion, difference and categories in U. S. Comparative Law", *The American Journal of Comparative Law* 46/43, n. 1, 1998.

23. Sobre a essencialidade da noção de "alteridade" (*altérité*) no Direito Comparado, cf., por exemplo, Legrand, *Le Droit Comparé*, pp. 32-49, e "The same and the different", in Pierre Legrand e Roderick Munday (eds.), *Comparative Legal Studies: Traditions and Transitions*, Cambridge/UK, Cambridge University Press, 2003, pp. 240-311; Frankenberg, "Critical comparisons: re-thinking Comparative Law", *Harvard International Law Journal* 26/411-456, n. 2, 1985. A importância do outro (*alter*) para o conhecimento de si mesmo foi sublinhada na filosofia por MacIntyre, *Justiça de Quem? Qual Racionalidade?*, 2ª ed., trad. de Marcelo Pimenta Marques, São Paulo, Loyola, 1991, Capítulo 20.

24. Cf. Curran, "Cultural immersion, difference and categories in U. S. Comparative Law", *The American Journal of Comparative Law* 46/45; Frankenberg, "Critical comparisons: re-thinking Comparative Law", *Harvard International Law Journal* 26/413-414, e, na p. 441: "Comparações críticas requerem uma grande sensibilidade quanto à relação entre o eu [*self*] e o outro [*the other*] ao invés de mera sofisticação intelectual".

25. Cf. Geoffrey Samuel, *Epistemology and Method in Law*, 2003. Para argumentos em favor da necessidade de estudos comparativos para a compreensão do Direito, cf. também Curran, "Cultural immersion, difference and categories in U. S.

trair da sua cultura é observá-la do exterior, confrontando-a com outras culturas".[26] O presente trabalho ancora-se nessa ideia.

Comparative Law", *The American Journal of Comparative Law* 46/43-92, 1998, e "Dealing in difference: Comparative Law's potential for broadening legal perspective", *The American Journal of Comparative Law* 46/657-668, n. 4, 1998; Legrand, *Le Droit Comparé*, 1999; "Comparer", *Revue Internationale de Droit Comparé* 2/279-318, 1996; Samuel, "Comparative law as a core subject", *Legal Studies* 21/444-459, n. 3, 2001, e " Comparative Law and jurisprudence", *International and Comparative Law Quarterly* 47/817-836, n. 4, 1998. Em termos gerais, comungo do etos dessa visão, bem como da opinião dos autores que proclamam a importância do Direito Comparado para a compreensão do Direito. No entanto, não levo essa posição ao extremo de pensar que o Direito Comparado é *indispensável* ao conhecimento jurídico. Portanto, o conhecimento jurídico "beneficia-se da", mas não "requer" a comparação. Na doutrina brasileira, cf. Dimoulis, *Positivismo Jurídico: Introdução a uma Teoria do Direito e Defesa do Pragmatismo Jurídico-Político*, São Paulo, Método, 2006, p. 32 (enfatizando a importância da comparação à Teoria do Direito).

26. Garapon, *Bem Julgar: Ensaio sobre o Ritual Judiciário*, trad. de Pedro Filipe Henriques, Lisboa, Instituto Piaget, 1999, p. 156.

Capítulo I
RAÍZES DA "EXORBITÂNCIA" NO DIREITO DOS CONTRATOS ADMINISTRATIVOS NOS ESTADOS UNIDOS, FRANÇA E BRASIL

1. Uma visão geral da exorbitância no direito dos contratos administrativos: 1.1 Exorbitância interna ou direta – 1.2 Exorbitância externa ou indireta. 2. Perspectiva comparada. 3. Exorbitância comparada. Do que estamos realmente falando?.

"*Dois povos, se quiserem verdadeiramente entender um ao outro, devem primeiro contraditar um ao outro. A verdade é filha do debate, não da simpatia.*" (Gaston Bachelard[1])

"*A identidade sem diferença não seria absolutamente nada.*" (Hans-Georg Gadamer[2])

"*É esse tipo fundamental de informação sobre a alteridade-no-direito que os comparatistas estão especialmente aptos a prover e que devem tentar disseminar, deixando as novidades técnicas aos juristas práticos especializados em determinado ramo do Direito estrangeiro.*" (Pierre Legrand[3])

---

1. G. Bachelard, *apud* Bourdieu, "The peculiar history of scientific reason", *Sociological Forum* 6/3, n. 1, 1991.
2. Gadamer, *La Dialéctica de Hegel: Cinco Ensayos Hermeneuticos*, 6ª ed., trad. de Manuel Garrido, Madri, Cátedra, 2005, p. 82.
3. Legrand, "Public law, Europeanisation and convergence: can comparatists contribute?", in Paul Beaumont *et al.* (eds.), *Convergence and Divergence in European Public Law*, Oxford, Hart Publishing, 2002, p. 230.

Afirma-se há muito, e com razão, que "o pensamento humano se desenvolve por antagonismo".[4] Em qualquer ramo jurídico, as teorias, sendo produto do pensamento humano, desenvolvem-se da mesma forma. Quanto mais diferentes forem ou pareçam ser dois ou mais sistemas jurídicos e as teorias que os sustentam, maior será a possibilidade de enriquecermos nosso conhecimento sobre esses mesmos sistemas jurídicos se estudarmos cuidadosamente essas diferenças teorias. A diferença é tão importante quanto a identidade – esta é impossível sem aquela.[5]

A melhor forma de comparar dois ou mais sistemas jurídicos é estudar os fundamentos das culturas aparentemente antagônicas nas quais os sistemas jurídicos se inserem. Ao compará-los, o operador do Direito pode dar-se conta de que as similitudes porventura encontradas ao início da pesquisa existem somente na superfície (talvez até na solução de problemas práticos), mesmo sendo as raízes culturais muito diferentes. Pode ocorrer que uma eventual similitude na resolução prática de questões jurídicas resulte, por vezes, da aplicação de teorias que respondam a diferentes necessidades de cada cultura e se baseiem em diferentes filosofias. Entretanto, independentemente desses resultados práticos, quanto mais díspares forem ou pareçam ser os fundamentos de dois ou mais sistemas jurídicos, maior deve ser o interesse do jurista em estudar o tema, e é bem provável que uma melhor compreensão do outro siste-

---

4. Watson, "The critical philosophy and idealism", *The Philosophical Review* 1/9, n. 1, 1892. No mesmo sentido, cf. o texto clássico de Dante Moreira Leite, *O Caráter Nacional Brasileiro: História de uma Ideologia*, 6ª ed., São Paulo, UNESP, 2002 [1968], p. 22. O *leitmotif* dessa ideia introdutória encontra-se na dialética hegeliana (positiva). Assim, não se deve pensar a dialética como uma metodologia *a priori*, aplicável a qualquer temática em qualquer tempo, mas sim como algo historicamente situado e condicionado que se desenvolve a partir do objeto de estudo. Cf. Beiser, *Hegel*, Londres, Routledge, 2005, Capítulo 7. Essa concepção dialética permeará todo o trabalho.

5. Cf., por exemplo: Curran, "Cultural immersion, difference and categories in U. S. Comparative Law", *The American Journal of Comparative Law* 46/46-47, n. 1, 1998; Jansen, "Comparative Law and comparative knowledge", in Mathias Reimann e Reinhard Zimmer (eds.), *The Oxford Handbook of Comparative Law*, Oxford, Oxford University Press, 2008, p. 310; Legrand, *Le Droit Comparé*, Paris, PUF, 1999, e "Comparer", *Revue Internationale de Droit Comparé* 2/279-318, 1996; L. Schmidt, *Understanding Hermeneutics*, Stocksfield, Acumen, 2006, p. 104. Em Antropologia a ênfase no estudo da diferença é defendida por Marcel Mauss e um discípulo deste, Louis Dumont (*Individualismo: uma Perspectiva Antropológica da Ideologia Moderna*, trad. de Álvaro Cabral, Rio de Janeiro, Rocco, 1985 [1983], p. 12).

ma nos conduza a uma melhor compreensão do nosso próprio Direito.[6] Por essa razão, o presente estudo quer justamente isto: comparar as diferentes raízes da "exorbitância" no direito dos contratos administrativos nos Estados Unidos, França e Brasil, para melhor compreender nosso sistema jurídico.

Por "fundamentos ou raízes da exorbitância" quero dizer as *razões pelas quais* o Estado é tratado diferentemente quando contrata com o particular. Como referi na "Introdução", a exorbitância é um fenômeno comum ao direito dos contratos administrativos norte-americano, francês e brasileiro. Também afirmei que é a presença do Estado na relação contratual que causa a exorbitância. Mas as razões pelas quais ela existe, as funções que a exorbitância exerce, suas origens e sua amplitude nos três sistemas jurídicos variam e são ao mesmo tempo fluidas e, principalmente, pouco estudadas. De toda forma, quaisquer que sejam essas razões, o que distingue os contratos públicos dos contratos privados é – repito – precisamente o caráter exorbitante de algumas normas relativas aos contratos administrativos. Nesse sentido, a exorbitância é a razão de ser do direito dos contratos administrativos, isto é, a exorbitância é a razão pela qual um contrato público deve (ou não) ser considerado diferente de um contrato privado. Daí que investigar os fundamentos da exorbitância é investigar o coração, a *essência* do direito dos contratos administrativos. Noutras palavras, a exorbitância *constitui* o direito dos contratos administrativos, e qualquer debate acerca da substância dessa exorbitância é um debate que não somente toca o coração do tema, mas que também pode gerar diferentes paradigmas,[7] ancorando a interpretação jurídica e guiando o raciocínio jurídico no mesmo sentido.[8]

---

6. Essa ideia é lugar-comum a todo comparatista. Cf., por todos, Michaels, "The functional method of Comparative Law", in Mathias Reimann e Reinhard Zimmer (eds.), *The Oxford Handbook of Comparative Law*, p. 342.
   7. Cf., genericamente, Waldron, "Vagueness in Law and language: some philosophical issues", *California Law Review* 82/529, n. 3, 1994.
   8. Cf. Dworkin, *O Império do Direito*, trad. de Jefferson Luiz Camargo, São Paulo, Martins Fontes, 1999, pp. 88-9 ("Temos também paradigmas jurídicos, proposições jurídicas como as leis de trânsito, que consideramos verdadeiros; uma interpretação que os negasse seria profundamente suspeita. Esses paradigmas dão forma e utilidade aos debates sobre o Direito"). Cf. também, genericamente, Samuel, *Epistemology and Method in Law*, 2003, p. 34.

Nas diversas culturas jurídicas ocidentais o direito dos contratos administrativos parece ter sido objeto de estudos comparados apenas esporadicamente.[9] Exceto em alguns esforços recentes no que toca à

9. Tenho conhecimento de um único livro na literatura anglo-americana tratando especificamente do direito dos contratos públicos em perspectiva comparada. Trata-se da tese de doutoramento de J. D. B. Mitchell, *The Contracts of Public Authorities. A Comparative Study* (Londres, University of London, 1954), na qual o autor estuda os sistemas inglês, norte-americano e francês. Antes disso o autor escrevera artigos sobre o tema, todos úteis ao comparatista (cf. J. D. B. Mitchell, "Limitations on the contractual liability of public authorities", *The Modern Law Review* 13/318-339, n. 3, 1950, e "The treatment of public contracts in the United States", *University of Toronto Law Journal* 9/194-249, n. 2, 1952). Colin Turpin escreveu o capítulo referente aos contratos públicos ("Public contracts") na *International Encyclopedia of Comparative Law* (vol. 7, "Contracts in General", Tübingen, J. C. B. Mohr, 1982, Capítulo 4), e focou principalmente nos sistemas inglês, norte-americano e francês. Em periódicos, sejam em Inglês ou Francês, o tema aparece raramente. Consultei os trabalhos de Auby, "Les problèmes poses par le developpement du contrat en droit administratif compare", in Guylain Clamour e Marion Ubaud-Bergeron, *Contrats Publics: Mélanges en l'Honneur du Professeur Michel Guibal*, vol. 1, Montpellier, Faculté de Droit de Montpellier, 2006, pp. 411-426; Hadfield, "Of sovereignty and contract: damages for breach of contract by government", *Southern California Interdisciplinary Law Journal* 8/467-537, n. 2, 1999 (brilhante estudo examinando os sistemas norte-americano e canadense); Langrod, "Administrative contracts: a comparative study", *The American Journal of Comparative Law* 4/325-364, n. 3, 1955 (justa análise das distinções entre os sistemas norte-americano e continental – principalmente o francês – do direito dos contratos administrativos); Mairal, "Government contracts under Argentine Law: a Comparative Law overview", *Fordham International Law Journal* 26/1.716-1.753, n. 6, 2003 (interessante comparação entre os sistemas norte-americano e argentino, expondo a influência francesa no sistema argentino de contratos administrativos); Mewett, "The theory of government contracts", *The McGill Law Journal* 5/222-246, n. 4, 1959 (estudo útil, considerando a teoria dos contratos administrativos na França, Inglaterra e Estados Unidos); Pfander, "Government accountability in Europe: a comparative assessment", *George Washington International Law Review* 35/611-652, n. 3, 2003 (comparação das instituições e do direito da responsabilidade do Estado, ou *government accountability*, na Inglaterra, França e Romênia, mas reservando menos de uma página ao tema da responsabilidade do Estado nos contratos públicos). O último trabalho de fôlego de J. Schwartz (*The Centrality of Military Procurement: Explaining the Exceptionalist Character of United States Government Procurement Law*, Washington/D.C., George Washington University Law School, 2005) também se encaixaria aqui. No Direito Continental, Marco D'Alberti estudou o direito dos contratos públicos no sistema jurídico inglês e tocou muito superficialmente o assunto (*I "Public Contracts" nell'Esperienza Britannica*, Nápoles, Jovene 1984). Em Português, dois estudos de professores portugueses merecem especial atenção, por se terem baseado substancialmente em fontes estrangeiras: M. J. Estorninho escreveu um excelente e provocativo livro apresentando pesquisa comparativa,

com viés histórico, sobre a teoria dos contratos administrativos, mas não fez qualquer menção à tradição da *common law* (*Réquiem pelo Contrato Administrativo*, Coimbra, Livraria Almedina, 1990); Sérvulo Correia empreendeu longa pesquisa sobre o tema, mas igualmente sem fazer menção ao sistema da *common law* (*Legalidade e Autonomia Contratual nos Contratos Administrativos*, Coimbra, Livraria Almedina, 1987). Por outro lado, os livros sobre contratos administrativos na França, em regra, mencionam muito superficialmente o Direito estrangeiro. Cf., por exemplo, Richer, *Droit des Contrats Administratifs*, 6ª ed., Paris, Librairie Générale de Droit et de Jurisprudence/LGDJ, 2008, p. 34 (dedicando um pequeno parágrafo ao sistema norte-americano). No Brasil a tônica é, quando muito, uma citação descontextualizada do Direito estrangeiro, mesmo na doutrina especializada. Cf., por exemplo: Cretella Jr., *Direito Administrativo Comparado*, 3ª ed., Rio de Janeiro, Forense, 1990 (esboçando genéricas considerações sobre o contrato em visão comparada); Meirelles, *Licitação e Contrato Administrativo*, 14ª ed., 2ª tir., São Paulo, Malheiros Editores, 2007-2008 (meramente alertando que o Direito estrangeiro sobre as concessões é diferente do Direito Brasileiro); Franco Sobrinho, *Contratos Administrativos*, São Paulo, Saraiva, 1981, Capítulo XV (apresentando análise superficial de sistemas estrangeiros). Posto que não aprofunde a análise dos sistemas estrangeiros, Justen Filho cita fontes úteis e é, de certa forma, exceção à regra geral, principalmente no que toca ao sistema francês (cf. *Comentários à Lei de Licitações e Contratos Administrativos*, 14ª ed., São Paulo, Dialética, 2010, e *Teoria Geral das Concessões de Serviço Público*, São Paulo, Dialética, 2003). O poder do Estado de alterar o contrato administrativo estudado por Fernando Guimarães (*Alteração Unilateral do Contrato Administrativo (Interpretação de Dispositivos da Lei 8.666/1993)*, São Paulo, Malheiros Editores, 2003 – importante trabalho que bem demonstra a forte influência que o Direito Francês exerceu sobre o sistema jurídico brasileiro dos contratos administrativos, com apropriada utilização da clássica bibliografia francesa) e por Fernanda Palermo (*Regime Jurídico Público e Privado nos Contratos Administrativos: Pontos de Aproximação e Afastamento*, Rio de Janeiro, Lumen Juris, 2008 – tentando aproximar e distinguir, embora superficialmente e de forma confusa, a visão dos contratos privados e públicos, usando, entretanto, bibliografia pobre, tanto no Direito Francês quanto, principalmente, no Direito dos Estados Unidos da América). Sônia Tanaka empreendeu mais recentemente estudo sobre o contrato administrativo, repetindo a doutrina estrangeira em afanosas citações (*Concepção dos Contratos Administrativos*, São Paulo, Malheiros Editores, 2007). Na doutrina clássica, Caio Tácito é referência indispensável (cf. "O equilíbrio financeiro na concessão de serviço público", in *Temas de Direito Público (Estudos e Pareceres)*, vol. 1, Rio de Janeiro, Renovar, 1997 [1960], pp. 199-255). Oswaldo Aranha Bandeira de Mello escreveu sucintamente sobre os sistemas alemão, italiano e francês ao explicar a "natureza" dos contratos administrativos (cf. "Contrato de direito público ou administrativo", *RDA* 88/15-33, Rio de Janeiro, abril-junho/1967).

Coletâneas de artigos sobre contratos públicos em perspectiva comparada foram publicadas em Inglês, Francês e Espanhol: cf. Sue Arrowsmith e Martin Trybus (eds.), *Public Procurement: the Continuing Revolution*, The Hague, Kluwer Law International, 2003; Yvonne Fortin (ed.), *Le Contractualisation dans le Secteur Public des Pays Industrialisés Depuis 1980*, L'Harmattan, 1999; Juan Carlos Cassagne e Enrique Rivero y Sern (orgs.), *La Contratación Pública*, ts. 1 e 2, Buenos Aires, Hammurabi, 2006. No entanto, nenhuma dessas obras empreende a perspectiva teórica que é desenvolvida aqui.

chamada globalização dos contratos públicos,[10] o estudo do direito dos contratos administrativos tem sido paroquial.[11] Minha intenção é que o

10. Cf., por exemplo, a coleção de artigos citada na nota de rodapé anterior, *Public Procurement: the Continuing Revolution*, 2003, particularmente J. Schwartz, "On globalization and government procurement" (pp. 23-45). Esse fenômeno não será examinado neste trabalho.
11. O Direito (Comparado) Norte-Americano é ainda tido por paroquial (cf. Glendon, Gordon e Osakwe, *Comparative Legal Traditions: Texts, Materials and Cases*, 2ª ed., West Group, 1994, p. 1; Hoeflich, *Roman & Civil Law and the Development of Anglo-American Jurisprudence in the Nineteenth Century*, Atenas/Georgia, Georgia University Press, 1997, p. 131 – afirmando que "uma das marcas do direito da *common law* tem sido um orgulho quase perverso de seu paroquialismo e de sua insularidade"; Reimann, "Stepping out of the European shadow: why Comparative Law in the United States must develop its own agenda", *The American Journal of Comparative Law* 46/644, n. 4, 1998; Zekoll, "Kant and Comparative Law. Some reflections on a reform effort", *Tulane Law Review* 70/2.720, n. 6, 1996 – explicando a "história de relevância marginal" que o Direito Comparado exerce na maioria das Universidades norte-americanas", orientação, essa, que reflete e é refletida na atitude dos norte-americanos, somada a uma "falta de interesse em línguas estrangeiras", e referindo que "os estudantes norte-americanos, em contraste com os europeus, raramente estudam fora dos Estados Unidos"). Para um estudo brilhante explicando a histórica insularidade do Direito Inglês, cf. Kelley, "History, English Law and the Renaissance", *Past and Present* 65/24-51, novembro/1974. A situação parece não ser muito diferente na Europa, particularmente na França. Como disse Legrand, o surgimento da União Europeia "demonstrou a qualidade pobre do trabalho produzido sobre Direito Comparado nas últimas décadas" ("How to compare now", *Legal Studies* 16/233, n. 2, julho/1996). Devo referir, entretanto, que trabalhos recentes começam a alterar o cenário, ao menos quanto ao Direito Comparado. Cf., por exemplo, a coleção de artigos editada por Legrand e Munday, *Comparative Legal Studies: Traditions and Transitions*, Cambridge/UK, Cambridge University Press, 2003.

Embora haja um debate recente na Suprema Corte norte-americana sobre o uso do Direito estrangeiro como fonte argumentativa para decisões judiciais nos Estados Unidos da América, é justo afirmar que nos dias de hoje as Cortes nos Estados Unidos não costumam citar fontes estrangeiras a fim de interpretar a Constituição ou as leis americanas (cf. Drobnig, "The use of Comparative Law by Courts", in Ulrich Drobnig e Sjef van Erp (eds.), *The Use of Comparative Law by Courts – XIVth International Congress of Comparative Law*, The Hague/Boston, Kluwer Law International, 1999, p. 21). É revelador, no entanto, o fato de que tal paroquialismo não era característico do Direito Norte-Americano antes da Guerra Civil, quando as Cortes se referiam ao Direito Romano, ao Direito Continental e ao Direito Inglês com maior frequência (cf. Clark, "The use of Comparative Law by american Courts", in Ulrich Drobnig e Sjef van Erp (eds.), *The Use of Comparative Law by Courts – XIVth International Congress of Comparative Law*, p. 297). Cf. também: Fontana, "Refined comparativism in constitutional law", *University of California Law Review* 49/574-591, n. 2, dezembro/2001 (demonstrando que não somente os "pais fundadores" da Constituição americana,

presente trabalho contribua para preencher essa lacuna no que toca à comparação dos Direitos Brasileiro, Norte-Americano e Francês.

mas também as primeiras decisões da Suprema Corte faziam alusão ao estudo comparativo); Gordley, "Comparative legal research: its function in the development of harmonized Law", *The American Journal of Comparative Law* 43/558, n. 4, 1995 (chamando a atenção para o fato de que no início do século XIX as Cortes americanas e os tratadistas faziam abundante uso do Direito Continental); Pound, "The revival of Comparative Law", *Tulane Law Review* 5/1-2, n. 1, dezembro/1930 (anotando que nos primeiros anos de formação do Direito Norte-Americano o Direito Comparado era "um importante instrumento no arsenal do advogado americano" e lamentando que a matéria tenha "perdido seu lugar" e que tenha "deixado de ter interesse para os professores de Direito americanos"). O conhecimento do Direito estrangeiro tampouco foi negligenciado por alguns dos mais influentes realistas jurídicos norte-americanos, que estavam atentos ao Direito Europeu. Além de Pound (talvez o primeiro comparatista americano; seu primeiro artigo sobre Direito Comparado parece ter sido "The influence of French Law in America", *Illinois Law Review* 3/354-363, n. 6, Chicago, publicado em 1909, sustentando que entre os sistemas jurídicos estrangeiros havia sido o sistema francês, que mais influenciara o Direito Americano), devem ser citados Cardozo (valendo-se massivamente de fontes alemãs e francesas) e Llewellyn, que escreveu dois livros e inúmeros artigos em Alemão e derivou muito de sua produção do Direito Alemão. Sobre Llewellyn e o Direito Alemão, cf. Ansaldi, "The German Llewellyn", *Brooklyn Law Review* 58/705-777, n. 3, 1992. Isso não significa que o realismo jurídico norte-americano tenha contribuído para o aumento de qualidade do Direito Comparado nos Estados Unidos. Para um argumento de que o Realismo fez pouco esforço nesse sentido, cf. Gerber, "System dynamics: toward a language of Comparative Law?", *The American Journal of Comparative Law* 46/725, n. 4, 1998. Sobre as raízes do Realismo Jurídico norte-americano e suas relações com o Direito Alemão, v., em Português, Giacomuzzi, "As raízes do Realismo norte-americano: breve escorço acerca de dicotomias, ideologia e pureza no Direito dos USA", *RDA* 239/359-388, Rio de Janeiro, janeiro-março/2005. Nos Estados Unidos o direito constitucional tem sido, em tempos recentes, a honrosa exceção à insularidade, seja na literatura acadêmica, seja nas Cortes. Cf., por exemplo, Fontana, "Refined comparativism in constitutional law", *University of California Law Review* 49/539-623, n. 2 (sustentando e explicando por quê, como e quando os juízes americanos deveriam fazer uso do Direito Comparado – o que Fontana chama de "comparatismo refinado", a fim de decidir "casos difíceis"). Embora aludindo à relutância da doutrina constitucional norte-americana em lidar com fontes estrangeiras, Fontana menciona a literatura jurídica mais relevante e as mais importantes decisões da Suprema Corte sobre direito constitucional comparado (ob. cit., pp. 541-542 e 545-549). Mas o autor faz interessante comentário sobre o provincianismo americano: "Embora os americanos há muito se tenham disposto a dar sugestões constitucionais aos outros, eles muito raramente têm-se disposto a ouvir os outros" (p. 544). Não é preciso referir que isso é o oposto do que ocorre na jurisprudência brasileira, muitas vezes recheada de um verniz de erudição, com inúmeras citações de obras e jurisprudência estrangeiras.

A fim de empreender essa tarefa, não darei tanta ênfase às decisões judiciais ou a questões práticas, como talvez fosse esperado por um operador do direito da *common law*,[12] cujo Pragmatismo e a aversão à teoria afetam muito especialmente o direito dos contratos administrativos, notadamente nos Estados Unidos.[13] William Rehnquist, falecido Ministro-Presidente (*Chief Justice*) da Suprema Corte norte-americana, referiu-se sugestivamente ao "algo mundano direito dos contratos administrativos".[14] Em contraste com a França[15] e (em muito menor grau)

12. Embora este estudo tenha sido dirigido primeiramente à qualificação doutoral em uma Universidade norte-americana.
13. Está correto Mairal, "Government contracts under Argentine Law: a comparative law overview", *Fordham International Law Journal* 26/1.716, n. 6: "O tema dos contratos administrativos não parece, ao observador estrangeiro, gerar grande debate intelectual nos círculos jurídicos dos Estados Unidos". Nos anos 50 do século passado, Langrod observou que os sistemas jurídicos, exceto o francês, "exibem praticamente nenhuma questão teórica neste campo: [*dos contratos administrativos*] prevalece o mero Empirismo"; e que "nenhuma teoria dos contratos administrativos apareceu nos países anglo-americanos" ("Administrative contracts: a comparative study", *The American Journal of Comparative Law* 4/330 e 333, n. 3). Isso nada mais é que o reflexo do Empirismo inglês e do Pragmatismo norte-americano. Para um observador estrangeiro, os mais importantes exemplos de esforço teórico no campo dos contratos administrativos são os trabalhos de Joshua I. Schwartz ("Liability for sovereign acts: congruence and exceptionalism in government contracts law", *The George Washington Law Review* 64/633-702, n. 4, abril/1996; "Assembling 'Winstar'. triumph of the ideal of congruence in government contracts law?", *Public Contracts Law Journal* 26/481-565, n. 4, 1997; "The status of sovereign acts and unmistakability doctrines in the wake of 'Winstar': an interim report", *Alabama Law Review* 51/1.177-1.237, n. 3, Tuscaloosa, 2000; "Learning from the United States' procurement law experience: on 'law transfer' and its limitations", *Public Procurement Law Review* 11/115-125, n. 2, 2002; "Public contracts specialization as a rationale for the Court of Federal Claims", *The George Washington Law Review* 71/863-878, ns. 4/5, Washington/D.C., 2003; *The Centrality of Military Procurement: Explaining the Exceptionalist Character of United States Government Procurement Law*). Cf. também Graf, "The determination of property rights in public contracts after 'Winstar vs. Unites States': where has the Supreme Court left us?", *Natural Resources Journal* 38/197-276, n. 2, 1998.
14. "U.S. *vs.* Winstar Corp.", 518 U.S. 839, 932 (1996) (C. J. Rehnquist, voto vencido).
15. Na França é vasta a literatura jurídica sobre contratos administrativos desde o final do século XIX. O primeiro livro sobre o assunto foi escrito por E. Perriquet (*Les Contrats de l'État*, Paris, LGDJ, 1884). O primeiro estudo sistemático, entretanto, é o trabalho de quatro volumes de Gaston Jèze, *Les Contrats Administratifs de l'État, des Départements, des Communes et des Établissements Publics* (M. Giard, 1927-1936). Logo após o trabalho de Jèze, Georges Péquignot consagrou uma tese ao

o Brasil,[16] nos Estados Unidos tem havido pouco esforço no sentido de construir uma teoria do contrato administrativo baseada em princípios abstratos.[17] Embora não se possa negligenciar as decisões judiciais e

tema (*Théorie Générale du Contrat Administratif*, Paris, Pedone, 1945). Para uma análise da importância histórica dos trabalhos de Jèze e Péquignot para a teoria dos contratos administrativos, cf. Plessix, *L'Utilisation du Droit Civil dans l'Élaboration du Droit Administratif*, Paris, Panthéon-Assas, 2003, pp. 740-742. Em 1956 André de Laubadère publicou um tratado de três volumes combinando os esforços anteriores de Jèze e Péquignot (*Traité Théorique et Pratique des Contrats Administratifs*, Paris, LGDJ). O trabalho de Laubadère foi atualizado e aprimorado por Franck Moderne e Pierre Delvolvé e transformou-se, em 1983-1984, na 2ª edição da obra, em dois volumes, a qual desde então tem sido indicada como clássica (*Traité des Contrats Administratifs*, Paris, LGDJ). Para uma mais completa bibliografia no Direito Francês, cf. Richer, *Droit des Contrats Administratifs*, 6ª ed., pp. 21-24. Um estudo histórico sobre os contratos de empreitada e de serviços públicos foi feito por Bezançon (*Essai sur les Contrats de Travaux et de Services Publics*, Paris, LGDJ, 2001). Grégory Kalflèche escreveu em 2004 uma tese de doutoramento, ainda não publicada, sobre os *marchés publics*, e enfatizou o aspecto histórico (*Des Marchés Publics à la Commande Publique. L'Évolution du Droit de Marchés Publics*, Universidade de Paris II, Panthéon-Assas). Langrod observou que o estado da matéria na França, à época, "não encorajou o desenvolvimento de um real arcabouço teórico" ("Administrative contracts: a comparative study", *The American Journal of Comparative Law* 4/330, n. 3). Essa afirmação crítica era exagerada ao tempo em que foi feita. Duvido que hoje alguém concorde com ela.

16. Em certo sentido, grande parte da doutrina pátria somente reproduz a doutrina francesa, conforme será depois exposto. O trabalho de Fernando Guimarães é a exceção (*Alteração Unilateral do Contrato Administrativo (Interpretação de Dispositivos da Lei 8.666/1993*). É sintomático que muitos autores brasileiros, com exceção de Guimarães e Justen Filho, citem, ainda hoje, a 1ª edição da obra de Laubadère (*Traité Théorique et Pratique des Contrats Administratifs*, 1956), quando ela foi, como dito na nota de rodapé anterior, substancialmente melhorada na 2ª edição, vols. 1 e 2, 1983-1984, revista por Franck Moderne e Pierre Delvolvé. Uma obra recente e específica sequer menciona qualquer das edições da principal obra francesa: cf. Palermo, *Regime Jurídico Público e Privado nos Contratos Administrativos: Pontos de Aproximação e Afastamento*, 2008).

17. O primeiro livro sobre o assunto de que se tem notícia foi publicado em 1919 por Robert Preston Shealey (*The Law of Government Contracts*, Nova York, Ronald Press Co., 1919). Shealey sequer esboça uma teoria dos contratos administrativos. O livro é, em suma, uma explanação ordenada por assunto das decisões judiciais mais relevantes até então. A 3ª e última edição do livro, publicada em 1938 (Washington/ D.C., Federal Publishing Co.), embora mais elaborada que as anteriores, difere estruturalmente pouco da 1ª edição no que toca ao esforço teórico e, em suma, somente oferece um maior número de casos ao leitor. Em 1922 James Francis Donnelly escreveu um "tratado" sobre o assunto (*A Treatise on the Law of Public Contracts*, Boston,

sua importância, vou enfatizar, aqui, a abordagem teórica, e não meramente comentar casos práticos e deles tentar retirar algum princípio.[18] Isso porque, se quisermos compreender o fenômeno da exorbitância, ou qualquer fenômeno jurídico, devemos fazer mais que simplesmente criticar analiticamente as decisões judiciais existentes a fim de prevermos as decisões futuras, ou simplesmente pôr lado a lado leis e regulamentos de onde eventuais semelhanças ou diferenças possam emergir. O jurista não deve contentar-se com a busca de decisões análogas que alegadamente poderiam explicar o que é o Direito (dos contratos administrativos) numa dada sociedade.[19] Essa abordagem analítica, mais usual na *common law*, equivale a tentar entender a floresta olhando somente para as árvores. Ao invés disso, devemos investigar as fontes culturais, em regra submersas, das quais deriva o Direito, para assim tentar compreender os aspectos teóricos do fenômeno jurídico.[20]

Little Brown) e seguiu o mesmo caminho não-teórico. A situação não se alterou muito desde então, ao menos no que toca aos livros básicos. As obras de referência são Cibinic e Nash, *Formation of Government Contracts* (3ª ed. Washington/D.C., George Washington University, 1998) e Cibinic, Nash e Nagle, *Administration of Government Contracts* (4ª ed., Washington/D.C., George Washington University, 2006). Em que pese a serem úteis, esses livros consistem mais numa exposição cuidadosa das decisões judiciais e administrativas sobre a matéria que numa elaboração teórica de uma "doutrina" dos contratos administrativos.

18. Essa observação pode soar trivial ao jurista continental, mas não é assim nos Estados Unidos. Basta ver, na doutrina norte-americana, a proposta de Dworkin sobre teoria e prática, em artigo intitulado "In praise of theory", publicado em 1997 e republicado em 2006. Segundo Dworkin, uma abordagem prática (a qualquer questão jurídica), que "parece tão sensata, sensível, *tão americana*" [grifo nosso], deve ser rejeitada, porque ela "sofre de um básico defeito: ela é totalmente não-prática". A abordagem teórica "é não somente atrativa, mas inevitável" ("In praise of theory", in *Justice in Robes*, Cambridge/Mass., Harvard University Press, 2006, pp. 50-51).

19. Cf. Dworkin, "In praise of theory", in *Justice in Robes*, p. 69. V. nota de rodapé abaixo.

20. Kant é um expoente dessa postura: "Mas mesmo onde o talento natural para o juízo está presente, pode ainda haver uma carência de premissas. [...]. É, portanto, não uma falha da teoria se ela tem pouca importância prática. A falha é que não há *teoria suficiente*" (*Political Writings*, 2ª ed., trad. de H. B. Nisbet, editado por H. S. Reiss, Cambridge/UK, Cambridge University Press, 1991, p. 61). As palavras definitivas de Kant são bem conhecidas: "Ninguém pode fingir ser praticamente versado em algum campo do conhecimento e ao mesmo tempo tratar a teoria com desprezo sem expor o fato de que ele é um ignorante no assunto" (p. 62). Em *A Metafísica dos Costumes* (trad. de José Lamego, Lisboa, Fundação Calouste Gulbenkian, 2005 [1797], p. 42), Kant observa: "[...] o critério geral para reconhecer tanto o justo como

Essa metodologia necessita ser explicitada, mas postergo a tarefa para o item seguinte, quando explicarei no que consiste a perspectiva comparada a ser empreendida neste estudo. Antes disso, devo apresentar uma visão geral da exorbitância, a fim de descrever melhor o tratamento especial recebido pelo Estado nas relações contratuais e, mais importante, para delinear o escopo deste trabalho.

1. Uma visão geral da exorbitância no direito dos contratos administrativos

"O que é notável e misterioso na comparação de dois sistemas jurídicos são as formas em que eles são semelhantes e as formas em que eles são diferentes." (Karl Llewellyn[21])

---

o injusto [*iustum et iniustum*] permanecer-lhe-á em absoluto oculto se ele não abandonar por algum tempo aqueles princípios empíricos e se não buscar as fontes daqueles juízos na mera razão (mesmo que essas leis possam para tal servir perfeitamente como um fio condutor) como único fundamento de uma legislação positiva possível. Uma doutrina do Direito meramente empírica é (tal como a cabeça de madeira da fábula de Fedro) uma cabeça que pode ser bela, mas que, lamentavelmente, não tem cérebro".

Na Filosofia, cf. Gadamer, *Elogio da Teoria*, trad. de João Tiago Proença, Lisboa, Edições 70, 2001, pp. 23-40. Entre os comparatistas, P. Legrand refere: "Alguns [*comparatistas*] [...] irritam-se totalmente pela simples *sugestão* da necessidade de uma teoria. Em resumo, [*eles afirmam que*] o Direito é de ser encontrado nos textos legislativos e nas decisões judiciais. E é *isso* que os 'comparatistas' enfaticamente estudam. Entretanto, sua convicção não é o resultado de uma ontologia do Direito" ("How to compare now", *Legal Studies* 16/235, n. 2, 1996). Depois, o autor põe a pergunta necessária: "Como podem os acadêmicos se esquecer do significado das preocupações teóricas?" (p. 239). Cf. também: Frankenberg, "Critical comparisons: re-thinking Comparative Law", *Harvard International Law Journal* 26/416-417, n. 2, 1985; Legrand, "Comparer", *Revue Internationale de Droit Comparé* 2/285-287; Pfersmann, "Le Droit Comparé comme interprétation et comme théorie du Droit", *Revue International de Droit Comparé* 53/286-287, n. 2, abril-junho/2001 (o autor, depois de aludir, sugestivamente, à contribuição de Dworkin à abordagem teórica, refere que "o Direito Comparado é ... o mais importante catalisador de questões teóricas"). No Direito Norte-americano, além dos trabalhos de J. Schwartz, Steven Schooner também empreendeu esforço teórico a fim de esclarecer as políticas subjacentes ao direito dos contratos administrativos (cf. "*Desiderata*: objectives for a system of government contract law", *Public Procurement Law Review* 11/103-110, n. 2, 2002, e "Fear of Oversight", *American University Law Review*, vol. 50, n. 3, 2001).

21. Llewellyn, *The Case Law System in America*, p. 1.

> *"[Os] problemas [jurídicos] verdadeiramente importantes são também os menos provincianos."* (James Gordley[22])
>
> *"As crenças dogmáticas são mais ou menos numerosas conforme os tempos. Elas nascem de diferentes maneiras e podem mudar de forma e de objeto; mas não há como fazer que não existam crenças dogmáticas, isto é, opiniões que os homens recebem com confiança e sem discutir. Se cada um tratasse de formar por si próprio todas as suas opiniões e buscar isoladamente a verdade nos caminhos desbravados apenas por si, não é provável que um grande número de homens viesse a se reunir em alguma crença comum."* (Alexis de Tocqueville[23])

A exorbitância vai da formação do contrato administrativo até sua execução. Se comparado ao contrato de direito privado, o Estado, na fase de formação do contrato administrativo, tem deveres e obrigações adicionais. O mais importante dever, particularmente nos Estados Unidos e no Brasil, é o de promover a mais aberta e livre competição para a escolha do contratado, de modo que a liberdade do Estado de escolher com quem irá contratar é consideravelmente diminuída. No Brasil é digno de nota que a necessidade de competição via licitação entre os possíveis contratados tenha sido elevada ao patamar constitucional (art. 37, XXI, da CF/1988). No Direito Norte-Americano a exigência de uma total e aberta competição (*full and open competition*) está prevista em regulamentos.[24] Steven Schooner explicita o motivo: "Promovemos a *competição* porque acreditamos no poder do mercado".[25] Por sua vez, na França a Administração tem, em nível legislativo, uma maior liber-

---

22. Gordley, "Comparative legal research: its function in the development of harmonized Law", *The American Journal of Comparative Law* 43/567, n. 4.
23. Tocqueville, *A Democracia na América*, vol. 2, trad. de Eduardo Brandão, São Paulo, Martins Fontes, 2004 [1840], p. 488.
24. 10 U.S.C. § 2304(a)(1)(A) (relativa aos contratos militares e da NASA); 41 U.S.C. § 253(a) (relativa aos contratos da maioria das agências civis). Na doutrina, cf. J. Schwartz, *The Centrality of Military Procurement: Explaining the Exceptionalist Character of United States Government Procurement Law*, p. 4.
25. Schooner, *Desiderata*, 2002, p. 104. Em nota de rodapé, Schooner aduz: "Acreditamos que o mercado prospera em razão do auto-interesse do ser humano, o qual se comprova ser bem mais eficaz que políticas legislativas ou regulatórias".

RAÍZES DA "EXORBITÂNCIA" NO DIREITO DOS CONTRATOS ADMINISTRATIVOS 43

dade de contratar.[26] Sobre a necessidade de licitação (*concurrence*), o Conselho de Estado francês decidiu, em 1984, que não há um princípio geral determinando que as pessoas jurídicas públicas procedam à *concurrence* a fim de contratar, devendo a obrigação de realização de uma *concurrence* ser estabelecida por lei ou regulamento.[27] Entretanto, essa liberdade não é absoluta.[28] Breves exemplos dos dois mais importantes contratos administrativos franceses confirmam essa afirmação. Desde 1993 a formação do contrato de delegação de serviço público (os dois mais importantes tipos de *délégation* são a *concession* e a *affermage*)[29] é sujeita a algumas regras formais que não existiam no passado.[30] Os *contrats des marchés publics* (isto é, os contratos administrativos em

26. Sobre a liberdade contratual da Administração, cf.: Richer, *Droit des Contrats Administratifs*, 6ª ed., p. 137 (citando CE, "Union des Transports Publics Urbains et Régionaux", j. 2.2.1983; e CE, "Société Borg Warner", j. 28.1.1998); Guettier, *Droit des Contrats Administratifs*, 2ª ed., Paris, PUF, 2008, pp. 141-142 (citando e comentando "Borg Warner").

27. CE, "Chambre Syndicale des Agents d'Assurance des Hautes-Pyrénées", j. 12.10.1984, citado por Richer, *Droit des Contrats Administratifs*, 6ª ed., p. 425 (este autor, no entanto, entende que a sujeição à *concurrence* é a consequência principal da qualificação de um contrato como o *marché public*); e por Lichère, *Droit des Contrats Publics*, Paris, Dalloz, 2005, p. 59. Cf. também Laubadère, Moderne e Delvolvé, *Traité des Contrats Administratifs*, 2ª ed., vol. 1, § 629, p. 654.

28. Cf. Guettier, *Droit des Contrats Administratifs*, 2ª ed., pp. 162-167. Cf. também: Dufau, *Les Sujétions Exorbitantes du Droit Commun en Droit Administratif: l'Administration sous la Contrainte*, Paris, L'Harmattan, 2000, p. 121; Laubadère, Moderne e Delvolvé, *Traité des Contrats Administratifs*, 2ª ed., vol. 1, § 553, p. 581.

29. Cf. também, para as similitudes e diferenças entre ambos, Richer, *Droit des Contrats Administratifs*, 6ª ed., pp. 536-542. Em Inglês, cf. Brown e Bell, *French Administrative Law*, 5ª ed., Oxford, Oxford University Press, 1998, p. 204. Na França a concessão (*concession*) é, por vezes, chamada *l'affermage*. Há dois tipos de concessão: *concession de travaux et service public*, na qual o *concessionnaire* constrói e depois explora o serviço, e *concession de service sans travaux* – por exemplo, a concessão de transporte público. Para uma explicação didática, cf. Lichère, *Droit des Contrats Publics*, p. 37. A principal diferença entre a *concession* e a *affermage* é que naquela o poder público é responsável pelas *dépenses de premier établissement*, isto é, pelas despesas da obra, concedendo-se depois a operação do serviço, como ocorre, em regra, com o fornecimento de água. Cf. Richer, *Droit des Contrats Administratifs*, 6ª ed., p. 542.

30. Para um resumo das exigências formais à delegação dos serviços públicos na França, cf. Lichère, *Droit des Contrats Publics*, pp. 75-78. Cf. também Dufau, *Les Sujétions Exorbitantes du Droit Commun en Droit Administratif: l'Administration sous la Contrainte*, pp. 130-133.

geral, com a exceção da concessão), que parecem melhor servir à comparação com o contrato administrativo brasileiro regido pela Lei federal 8.666/1993 e o *public procurement* norte-americano,[31] são disciplinados pelo *Code des Marchés Publics*, instituído pelo *Décret* 2006-975, de 1.8.2006, em vigor desde 1.9.2006. Esta espécie de contrato administrativo, que foi a primeira a ser minudentemente regulamentada e é hoje a espécie menos jurisprudencial, no sentido de pouco depender das decisões da Cortes administrativas,[32] tem várias de suas normas dirigidas à fase de formação do contrato (*passation*).[33] Ademais, há várias normas impondo limites ao conteúdo dos *contrats administratifs*.[34]

Essas e outras limitações à liberdade contratual do Estado podem ser chamadas de "exorbitância ao reverso", ou "exorbitância positiva", uma vez que impõem ao Estado deveres e obrigações adicionais.[35] A exorbitância positiva, porém, não será objeto do presente estudo, o qual tratará somente das prerrogativas do Estado nos contratos administrativos.[36] A preocupação aqui, portanto, é somente com a exorbitância en-

31. Cf. Brown e Bell, *French Administrative Law*, 5ª ed., p. 204.
32. Cf. Richer, *Droit des Contrats Administratifs*, 6ª ed., pp. 25 e 357-358.
33. Cf. Lichère, *Droit des Contrats Publics*, pp. 59-60. Para um resumo claro e atualizado dos requisitos necessários à formação dos três principais contratos administrativos na França – nomeadamente: *marchés publics*, *contrats de partenariats* e *délégations de service publics* –, cf. Lichère, ob. cit., pp. 60-78. Para estudos mais elaborados, cf., por exemplo: Bréchon-Moulènes, "Liberté contractuelle des personnes publiques", *L'Actualité Juridique – Droit Administratif*, 1998, pp. 643-650; Maugüé, "Les variations de la liberté contractuelle dans les contrats administratifs", *L'Actualité Juridique – Droit Administratif*, 1998, pp. 694-700; Picard, "La liberté contractuelle des personnes publiques constitue-t-elle un droit fondamental?", *L'Actualité Juridique – Droit Administratif*, 1998, pp. 651-666; Hastings-Marchadier, "Les contrats de droit privé des personnes publiques et la liberté contractuelle", *L'Actualité Juridique – Droit Administratif*, 1998, pp. 683-700.
34. Para uma visão geral deste tópico, cf. Guettier, *Droit des Contrats Administratifs*, 2ª ed., pp. 143-179.
35. Cf. J. Schwartz, *The Centrality of Military Procurement: Explaining the Exceptionalist Character of United States Government Procurement Law*, p. 5. O autor delineia e comenta brevemente as regras básicas do reverse exceptionalism nas pp. 30-43.
36. Nos Estados Unidos os livros básicos usualmente tratam dos requisitos previstos na regulação para a formação dos contratos administrativos. Cf., por exemplo, Cibinic e Nash, *Formation of Government Contracts*, 3ª ed., Capítulos 3-7. No Brasil, a Lei 8.666/1993 trata do assunto nos arts. 20-53. Na França, Dufau fez um estudo mais sistemático dos deveres e obrigações do Estado Francês não só em relação aos

quanto privilégio conferido ao Estado durante a execução do contrato administrativo.[37] Passo a expor, brevemente, o que chamarei de exorbitância "interna" ou "direta" e "externa" ou "indireta".

1.1 Exorbitância interna ou direta

Na *International Encyclopedia of Comparative Law*, Colin Turpin inicia sua análise sobre as "prerrogativas das autoridades públicas" nos contratos administrativos afirmando que o elemento "interesse público" é "significativamente mais proeminente na esfera dos contratos públicos" que no campo dos contratos entre partes privadas.[38] De acordo com Turpin, as prerrogativas conferidas ao Estado devem-se ao claro interesse em assegurar que o dinheiro público destinado à compra de bens públicos e à prestação de serviços seja utilizado com eficiência e parcimônia.[39] Turpin, então, delineia "as principais prerrogativas conferidas à Administração" como sendo o direito de "(1) controle ou direção do contrato (incluindo a variação das condições do contrato); (2) extinção unilateral do contrato; e (3) [aplicar] sanções ao contratado (incluindo o reajustamento do preço do contrato ou a compensação de lucros excessivos)".[40] Em termos gerais, essa lista de exemplos é acurada.[41] Podemos chamar os exemplos de Turpin de exorbitância "interna" ou "direta", uma vez que eles são todos, de alguma forma, relacionados ao

---

contratos administrativos, estudo que bem se enquadraria num "excepcionalismo ao reverso" (*Les Sujétions Exorbitantes du Droit Commun en Droit Administratif: l'Administration sous la Contrainte*, 2000).

37. Cf. J. Schwartz, *The Centrality of Military Procurement: Explaining the Exceptionalist Character of United States Government Procurement Law*, p. 5). Na doutrina brasileira, Cretella Jr. escreveu que a Administração assemelha-se "a um gigante, 'em posição vertical', com privilégios, quando comparada ao particular, por outro lado se identifica a um 'anão algemado', adstrito a *sujeições*, que lhe limitam a iniciativa" (*Das Licitações Públicas*, 18ª ed., Rio de Janeiro, Forense, 2006, p. 52).

38. Turpin, "Public contracts", *International Encyclopedia of Comparative Law*, vol. 7, p. 36.

39. Idem, ibidem.

40. Idem, p. 37.

41. Os exemplos aplicam-se bem ao Direito Brasileiro, que prevê as mesmas prerrogativas. Mas as particularidades de um dado sistema jurídico e as preferências pessoais de cada autor podem fazer a lista mais ou menos longa, embora não substancialmente diferente.

poder do Estado exercido *internamente* ao contrato, no sentido de que a *variação* do contrato é interna à relação contratual mesma. É digno de nota que a exorbitância interna é relativamente semelhante em todos os sistemas jurídicos, ao menos num primeiro e superficial juízo.

Nos Estados Unidos, por exemplo, a *Federal Acquisition Regulation* (FAR), em vigor desde 1.4.1984, é a fonte da maioria das normas aplicáveis aos contratos administrativos. A cláusula-padrão sobre alteração dos contratos na FAR prevê que "o *Contracting Officer* pode, a qualquer tempo, por ordem escrita e sem a intimação prévia do garantidor, se existente, fazer alterações no contrato, respeitado o seu escopo geral",[42] especificando, após, as circunstâncias em que o contrato pode ser alterado.[43] Mas, se as alterações "causam aumento ou diminuição" no custo ou no tempo de execução do contrato, o *Contracting Officer* "deve fazer o ajustamento equitativo [*equitable adjustment*] no preço do contrato, no prazo de entrega ou ambos, e deve modificar o contrato".[44]

Na França não há lei ou regulamento expressamente tratando do problema da alteração do contrato administrativo. No entanto, desde o caso "Cie. Nouvelle du Gaz de Deville-Lès-Rouen", decidido pelo Conselho de Estado em 1902,[45] e especialmente depois do caso "Cie. Géné-

---

42. 48 C.F.R. § 52.243-1(a) (1987). Sobre alteração do contrato administrativo no Direito Norte-Americano, cf.: Cibinic, Nash e Nagle, *Administration of Government Contracts*, 4ª ed., pp. 381-481; J. Schwartz, *The Centrality of Military Procurement: Explaining the Exceptionalist Character of United States Government Procurement Law*, pp. 17-18. O *Contracting Officer* é uma figura *sui generis* no Direito Norte-Americano, sem correspondente nos Direitos Brasileiro e Francês. O *Contracting Officer* é quem, nas agências norte-americanas, tem o poder de contratar em nome do Estado (41 C.F.R. §§ 1.601).
43. Cf. 48 C.F.R. § 52.243-1(a)(1-3)(1987). Artigo análogo regulamenta os *fixed-price construction contracts* (48 C.F.R. § 52.243-4) (1987).
44. 48 C.F.R. § 52.243-1(b) (1987).
45. Cf. Long et al., *Les Grands Arrêts de la Jurisprudence Administrative/GAJA*, 16ª ed., Paris, Dalloz, 2007, n. 9, pp. 57-60. O *GAJA*, como é chamado na França, é um livro organizado por alguns dos mais eminentes administrativistas, os quais comentam os mais importantes casos decididos pelas Cortes francesas em matérias de direito administrativo. A 1ª edição foi publicada em 1956, e desde então a obra vem sendo atualizada. O *GAJA* é assim organizado: a parte principal da decisão (por exemplo, sobre "alteração do contrato administrativo") aparece no início da seção; as seções são numeradas, e o tema é, então, comentado pelos doutrinadores. Assim: "9. *Contrats Administratifs – Mutabilité – Exécution*", seguindo-se as "*Observations*",

rale Française des Tramways", de 1910,[46] o poder de fazer alterações unilaterais (*pouvoir de modification unilatérale*) tem sido conferido à Administração, desde que as alterações não afetem as "cláusulas financeiras" do contrato, ficando a Administração sujeita à compensação dos prejuízos que causar ao contratado.[47] É verdade que houve anos de discussão doutrinária e ambíguas decisões sobre o tema.[48] No entanto, o poder de alteração unilateral do contrato administrativo foi reconhecido pelo Conselho de Estado em 2.2.1983 no caso "Union des Transports Publics Urbains et Régionaux".[49] Assim como nos Estados Unidos, as alterações não podem afetar as "condições essenciais" (*conditions essentielles*) do contrato.[50]

isto é, os comentários doutrinários. No presente trabalho, quando houver referência simplesmente a "*GAJA*, 2007" significa que a citação ou menção se refere à decisão da Corte; quando houver referência a "M. Long *et al.*, *GAJA*, 2007" significa que a citação ou menção se refere ao comentário dos doutrinadores à decisão (mas não se sabe ao certo, porque não é indicado, qual o doutrinador responsável pelo comentário). Para facilitar a conferência do leitor, sempre indicarei o número da seção ("n.") antes da página.

46. Cf. *GAJA*, 2007, n. 22, pp. 134-140. Cf. também Laubadère, Moderne e Delvolvé, *Traité des Contrats Administratifs*, 2ª ed., vol. 2, § 1.173, p. 396. O caso "Cie. Générale Française des Tramways" será analisado no subitem 2.2.3.3 do Capítulo III, *infra*.

47. Cf. Richer, *Droit des Contrats Administratifs*, 6ª ed., pp. 261-263. Cf. também Guettier, *Droit des Contrats Administratifs*, 2ª ed., p. 392; Laubadère, Moderne e Delvolvé, *Traité des Contrats Administratifs*, 2ª ed., vol. 2, §§ 1.177-1.178, pp. 406-408.

48. Para um inventário completo da doutrina francesa e suas tendências, bem como um breve escorço das decisões tomadas antes de 1983 sobre o poder de alteração dos contratos administrativos, cf. Llorens, "Le pouvoir de modification unilatérale et le principe de l'équilibre financier dans les contrats administratifs (commentaire de l'arrêt du Conseil d'État du 2.2.1983, 'Union des Transports Publics Régionaux et Urbains')", *Revue Française de Droit Administratif*, maio-junho/1984, pp. 45-51. Cf. também: Guettier, *Droit des Contrats Administratifs*, 2ª ed., pp. 390-396; Richer, *Droit des Contrats Administratifs*, 6ª ed., pp. 261-263; Lichère, *Droit des Contrats Publics*, pp. 90-91; Laubadère, Moderne e Delvolvé, *Traité des Contrats Administratifs*, 2ª ed., vol. 2, § 1.174, pp. 398-402. Na doutrina brasileira, sobre o Direito Francês, cf. Guimarães, *Alteração Unilateral do Contrato Administrativo (Interpretação de Dispositivos da Lei 8.666/1993)*, pp. 111-122.

49. Cf. Laubadère, Moderne e Delvolvé, *Traité des Contrats Administratifs*, 2ª ed., vol. 2, § 1.173, p. 396. Cf. também: Richer, *Droit des Contrats Administratifs*, 6ª ed., p. 263; Guettier, *Droit des Contrats Administratifs*, 2ª ed., p. 391.

50. Cf.: Richer, *Droit des Contrats Administratifs*, 6ª ed., pp. 264-265 (citando várias decisões); Guettier, *Droit des Contrats Administratifs*, 2ª ed., pp. 390-396. Para

Da mesma forma, no Brasil, a Lei federal 8.666/1993, chamada "Lei Geral de Licitações e Contratos Administrativos", no art. 58, I, confere à Administração o poder de modificar unilateralmente o contrato, "para melhor adequação às finalidades de interesse público, respeitados os direitos do contratado". E o art. 65, I, qualifica a regra geral anterior e refere as duas situações em que pode haver a alteração unilateral do contrato: (a) quando houver modificações do projeto para melhor adequação técnica aos seus objetivos e (b) quando for necessário alterar o valor do contrato em razão de acréscimo ou diminuição quantitativa do seu objeto, obedecendo aos limites da lei.[51]

Outra exorbitância interna comum aos três sistemas jurídicos é o poder do Estado de inspecionar a execução do contrato administrativo. Nos Estados Unidos a FAR confere ao Estado tal poder, aplicável às várias espécies de contratos públicos.[52] Na França poder similar é compreendido pelo chamado *pouvoir de direction et de contrôle*,[53] o qual é aceito e reconhecido pela maioria da doutrina, uma vez que seria inerente às "regras gerais aplicáveis ao contrato administrativo", sendo ca-

---

uma discussão mais elaborada sobre o problema do poder de modificação unilateral no Direito Francês, cf. Laubadère, Moderne e Delvolvé, *Traité des Contrats Administratifs*, 2ª ed., vol. 2, §§ 1.167-1.178, pp. 388-408. Em Inglês, sobre o Direito Francês, cf.: Brown e Bell, *French Administrative Law*, 5ª ed., p. 207; J. D. B. Mitchell, *The Contracts of Public Authorities. A Comparative Study*, pp. 186-188; Turpin, "Public contracts", *International Encyclopedia of Comparative Law*, vol. 7, pp. 38-39. Em Português, sobre o Direito Francês, cf. Guimarães, *Alteração Unilateral do Contrato Administrativo (Interpretação de Dispositivos da Lei 8.666/1993)*, pp. 147-151.

51. O art. 65, § 1º, da Lei 8.666/1993 diz que o contratado é obrigado a aceitar os acréscimos ou supressões até 25% do valor inicial atualizado do contrato de obras, serviços e compras, e até 50% no caso de reforma de edifício ou equipamento. O art. 65, § 6º, prevê que, no caso de alteração que aumente os encargos do contratado, a Administração deverá restabelecer o equilíbrio econômico-financeiro do contrato. Sobre o *equilíbrio econômico-financeiro do contrato administrativo* no Direito Brasileiro cf. o subitem 2.3.2 do Capítulo III. A obra de referência no Brasil é: Guimarães, *Alteração Unilateral do Contrato Administrativo (Interpretação de Dispositivos da Lei 8.666/1993)*, Capítulo 5.

52. 48 C.F.R. § 52.246-2 (1996) (para os *fixed-price supply contracts*); 48 C.F.R. § 52.246-42 (1996) (para os *fixed-price service contracts*); 48 C.F.R. § 52.246-12 (1996) (para os *fixed-price construction contracts*). Sobre o poder de inspeção no contrato no Direito Norte-Americano, cf. Cibinic, Nash e Nagle, *Administration of Government Contracts*, 4ª ed., pp. 775-814.

53. Cf. Lichère, *Droit des Contrats Publics*, p. 87.

bíveis "direção e controle" mesmo se não houver expressa previsão contratual.[54] Vale lembrar que as Cortes, no entanto, parecem relutantes em admitir tal poder diante do silêncio do contrato[55] ou ausência de previsão legal ou regulamentar.[56] O Brasil segue, em linhas gerais, o modelo francês: o poder de inspecionar é tido como parte da prerrogativa maior do Estado de controlar a execução do contrato; poder, esse, entendido como inerente à Administração e, portanto, implícito a todos os contratos administrativos.[57] Ademais, esse poder é expressamente conferido pelo art. 58, III, da Lei 8.666/1993, que usa o termo aberto "fiscalizar" a execução do contrato.[58]

Além disso, nos Estados Unidos a FAR prevê uma cláusula geral que dispõe sobre rescisão do contrato por culpa do contratado, chamada *default termination*.[59] O elemento central à exorbitância neste caso é a assim chamada "doutrina da conformidade estrita" (*strict compliance doctrine*), a qual sustenta, basicamente, que o Estado não é obrigado a aceitar a obra

54. Richer, *Droit des Contrats Administratifs*, 6ª ed., p. 267. Richer menciona o debate doutrinário francês e enfatiza que a quase unânime posição da doutrina tradicional é favorável ao *pouvoir de contrôle* (pp. 258-259). Para uma ideia mais completa do *pouvoir de contrôle et de direction* no Direito Francês, cf. Laubadère, Moderne e Delvolvé, *Traité des Contrats Administratifs*, 2ª ed., vol. 2, §§ 383-387, pp. 411-424. Cf. também: Guettier, *Droit des Contrats Administratifs*, 2ª ed., pp. 386-390; Péquignot, *Théorie Générale du Contrat Administratif*, pp. 306-319. Em Inglês, sobre o Direito Francês, cf. J. D. B. Mitchell, *The Contracts of Public Authorities. A Comparative Study*, pp. 184-185.
55. CE, "Ville de Mascara", j. 3.4.1925, citado por Lichère, *Droit des Contrats Publics*, p. 87, e por Richer, *Droit des Contrats Administratifs*, 6ª ed., p. 269.
56. CE, "Cie. des Chemins de Fer PLM et Autres", j. 18.7.1930, citado por Guettier, *Droit des Contrats Administratifs*, 2ª ed., p. 389; Richer, *Droit des Contrats Administratifs*, 6ª ed., p. 268; e Lichère, *Droit des Contrats Publics*, p. 87.
57. Cf., por exemplo, Meirelles, *Licitação e Contrato Administrativo*, 14ª ed., 2ª tir., p. 214.
58. No Direito Anglo-Americano, J. D. B. Mitchell, ao examinar o Direito Francês, notou que a falha do Estado em controlar os *contrats administratifs* era uma falha no *dever* do Estado para com os cidadãos (*The Contracts of Public Authorities. A Comparative Study*, p. 185). É interessante notar que Mitchell admirava o sistema francês, e incentivou a ideia de um "direito público", sendo um crítico da filosofia de Albert V. Dicey, o corifeu da *rule of law* na Inglaterra. Sobre Dicey, cf. Capítulo III, subitem 1.1.1, *infra*.
59. 48 C.F.R. 52.249-8 (1984) (para os *fixed-price supply e services contracts*). Sobre a *default termination* nos Estados Unidos, cf. Cibinic, Nash e Nagle, *Administration of Government Contracts*, 4ª ed., pp. 883-969.

ou o serviço que não esteja estritamente conforme as especificações do contrato. Assim, é possível ao Estado rescindir o contrato por culpa do contratado mesmo que haja execução substancial do contrato e que a imperfeição porventura existente não seja essencial.[60] No Brasil, normas análogas encontram-se nos arts. 58, IV, e 77 da Lei 8.666/1993, que conferem ao Estado o poder de sancionar o contratado pela inexecução total ou parcial do contrato administrativo.[61] O Direito Francês também se alinha com essa perspectiva. O poder da Administração de resolver o contrato por culpa do contratante, chamado de *pouvoir de résiliation pour faute*, em regra está presente nos contratos administrativos, e as Cortes entendem ser ele aplicável mesmo no silêncio do contrato.[62] Ademais, quando o contrato administrativo enumera os motivos da *résiliation pour faute*, o juiz toma essa enumeração por exemplificativa, e não taxativa.[63]

No entanto, o mais forte exemplo de exorbitância interna, a "mais radical das prerrogativas especiais da Administração", é o poder do Estado de rescindir o contrato unilateralmente – o que, segundo Turpin, é "uma característica muito difundida nos sistemas de contratos públicos nacionais".[64] Nos Estados Unidos o instituto chama-se *termination for convenience*, cuja cláusula-padrão confere ao Estado, em linguagem aberta, o direito de rescindir o contrato quando isso for "do interesse do Estado" (*in the Government's interest*).[65] E, mesmo que o contrato silen-

---

60. Cf. J. Schwartz, *The Centrality of Military Procurement: Explaining the Exceptionalist Character of United States Government Procurement Law*, pp. 18-20.
61. No Direito Brasileiro, cf., por exemplo: Justen Filho, *Comentários à Lei de Licitações e Contratos Administrativos*, 14ª ed., pp. 830–862; Meirelles, *Licitação e Contrato Administrativo*, 14ª ed., 2ª tir., pp. 259-268.
62. CE, "SAR.L. Comexp.", j. 30.9.1983, citado por Richer, *Droit des Contrats Administratifs*, 6ª ed., p. 256.
63. Cf. Richer, *Droit des Contrats Administratifs*, 6ª ed., p. 256. Sobre rescisão unilateral por culpa do contratante no direito administrativo francês, cf. Laubadère, Moderne e Delvolvé, *Traité des Contrats Administratifs*, 2ª ed., vol. 1, §§ 763-765, pp. 756-761.
64. Turpin, "Public contracts", *International Encyclopedia of Comparative Law*, vol. 7, p. 40. J. Schwartz afirmou que a *termination for convenience* é "talvez o exemplo mais notável do fenômeno do excepcionalismo, e aquele que mais claramente reflete suas características" (*The Centrality of Military Procurement: Explaining the Exceptionalist Character of United States Government Procurement Law*, p. 26).
65. 48 C.F.R. § 52.249-1 (1984) até 52.249-7 (1984). Cada cláusula é concebida para um tipo diferente de contrato, desde o *fixed-price* até o *fixed-price engineer con-*

cie sobre essa prerrogativa, as Cortes entendem que a cláusula deve ser lida como constante do contrato; orientação, essa, que foi chamada de "Doutrina G. L. Christian", porque estabelecida no caso "G. L. Christian and Associates *v*. U. S.", de 1963.[66] De forma similar, no Brasil, o art. 58, II, combinado com o art. 78, XII, da Lei 8.666/1993 permite a rescisão unilateral do contrato por "razões de interesse público, de alta relevância e amplo conhecimento, justificadas e determinadas pela máxima autoridade da esfera administrativa a que está subordinado o contratante e exaradas no processo administrativo a que se refere o contrato". Tal como ocorre nos Estados Unidos, essa rescisão pode ocorrer ainda que não prevista em lei ou não constante do contrato.[67] Na França o *pouvoir de résiliation unilatérale sans faute* em nome do "interesse geral" tem sido há muito reconhecido como regra geral aplicável aos contratos administrativos.[68] Era 1945, quando Georges Péquignot referiu que esse era "um dos menos contestados direitos da Administração Pública na matéria".[69] Na França esse direito é, como nos Estados Unidos, conferido à Administração Pública mesmo que o contrato não o preveja expressamente.[70]

---

tract. Cf. Henderson, "Termination for convenience and the termination costs clause", *The Air Force Law Review* 53/104, 2002, nota de rodapé 3.

66. "G. L. Christian and Associates *vs*. U. S.", 312 F.2d 418; 160 Ct. Cl. 1 (1963), *reh'g den*., 320 F.2d 345, 160 Ct. Cl. 1160 Ct. Cl. 58, *cert. den*., 382 U.S. 821 (1965). A "G. L. Christian Doctrine" é aplicável não só nos casos que digam com a aplicação da cláusula da *termination for convenience*, mas também nos casos que se referem a todas as demais cláusulas ditas "obrigatórias" (*mandatory clauses*), que devem ser lidas como constantes do contrato mesmo que tenham, por equívoco, sido omitidas. Cf.: Cibinic e Nash, *Formation of Government Contracts*, 3ª ed., p. 77; J. Schwartz, *The Centrality of Military Procurement: Explaining the Exceptionalist Character of United States Government Procurement Law*, pp. 24 e 67-69. Antes do caso "G. L. Christian", entretanto, o Estado poderia ser condenado por inadimplemento se rescindisse o contrato por sua "conveniência" na ausência de uma lei ou regulamento ou no silêncio do contrato. Cf. Beauregard, "Termination for convenience as breach of a government contract", *Boston College Industrial and Commercial Law Review* 7/259, n. 2, 1966.

67. Cf., por todos, Meirelles, *Direito Administrativo Brasileiro*, 36ª ed., São Paulo, Malheiros Editores, 2010, pp. 217 e 227.

68. Cf. Richer, *Droit des Contrats Administratifs*, 6ª ed., p. 249 (citando casos de meados do século XIX).

69. Péquignot, *Théorie Générale du Contrat Administratif*, p. 391.

70. Cf.: Laubadère, *Traité Théorique et Pratique des Contrats Administratifs*, t. 3, § 1.030, p. 155; Richer, *Droit des Contrats Administratifs*, 6ª ed., p. 249. Em Inglês, cf. Mewett, "The theory of government contracts", *The McGill Law Journal* 5/229; Turpin, "Public contracts", *International Encyclopedia of Comparative Law*, vol. 7, p. 41.

Como sabido, as normas e doutrinas acima mencionadas divergem significativamente daquelas aplicadas aos contratos privados em circunstâncias análogas – por isso são excepcionais, ou exorbitantes. No Capítulo IV será examinado com mais vagar o último exemplo mencionado, isto é, a rescisão do contrato por interesse público.

Mas há ainda outros exemplos de exorbitância a serem considerados. Para o comparatista esses outros exemplos são mais significativos, porque são mais abrangentes em escopo que as normas e doutrinas antes mencionadas. Eles suscitam questões mais fundamentais, seja em termos epistemológicos, seja no que concerne à Teoria do Direito. Passo a expor tais exemplos brevemente, porque eles serão objeto de mais profunda análise ao longo deste trabalho.

1.2 Exorbitância externa ou indireta

Sob o título de "dano indireto à execução" (*indirect impairment of performance*), a análise comparativa de Colin Turpin explica que uma alteração da execução regular do contrato administrativo pode também resultar de atos do Estado que sejam, em sua natureza, externos à relação contratual. Esses riscos – explica Turpin – a que o contratado está exposto são inerentes ao contrato público, porque o Estado, quando contrata, nunca abandona sua posição de soberano, nem suas responsabilidades de perseguir o bem comum.[71]

Imagine-se, por exemplo, que uma nova lei passe a dispor sobre produção, transporte e armazenamento de determinados produtos considerados perigosos à saúde pública e que o Estado tenha contratado, sob as regras antigas, com uma ou várias empresas, para que elas fizessem alguma ou todas as atividades elencadas acima, as quais, agora, estão sob a égide da lei nova. Considere-se que nenhuma dessas atividades estava regulamentada (ou estava regulamentada de forma diferente) ao tempo do contrato original e que a nova lei claramente piora a situação dos contratados em relação ao contrato original. Noutra hipótese, suponhamos que o Estado, visando ao legítimo interesse de defender sua economia interna, adote uma política de comércio exte-

---

71. Cf. Turpin, "Public contracts", *International Encyclopedia of Comparative Law*, vol. 7, p. 39.

rior proibindo, por determinado período de tempo, a importação de certos produtos agrícolas, dessa forma afetando ou, mesmo, impedindo a execução de todos os contratos administrativos cujo objeto era a entrega de comida a pessoas carentes ou às tropas militares que se encontram em guerra no estrangeiro. Ficaria o Estado responsável pelos danos resultantes dessa alteração na execução do contrato administrativo? Se positiva a resposta, em que medida o Estado é responsável? Sua responsabilidade tem algo a ver com a política pública adotada? Considere-se que a política adotada responde a uma necessidade ditada por um desastre natural ou que seja ditada porque o Estado está em guerra ou em período de grave crise econômica e altíssima taxa inflacionária. Essas circunstâncias fazem alguma diferença na determinação de eventual responsabilidade do Estado? O que dizer sobre alterações contratuais ditadas por razões político-ideológicas, como as que dizem com o papel do Estado na economia? Pensemos em todos os planos econômicos (normalmente baseados em diferentes concepções sobre o papel do Estado no desenvolvimento da sociedade), ditados às vezes abruptamente pelos governos, geralmente na transição de um governo a outro; esses planos, em tese sempre concebidos visando ao bem comum, acabam por prejudicar os contratados, sejam eles pessoas jurídicas com fortíssimo poder econômico e político, sejam as mais simples empresas que eventualmente tenham contratos com o Estado. Em todos esses exemplos hipotéticos, que poderiam ser facilmente multiplicados em forma e complexidade,[72] quando e em que medida o Estado tem o dever de compensar o contratado? Há alguma diferença se o "ato soberano" emana do poder executivo e não do poder legislativo? Quais são, se existem, os critérios ou *standards* que os tribunais devem usar quando se defrontam com esses problemas?

Questões desse gênero suscitam o complexo problema da responsabilidade do Estado por "atos soberanos", não tão raros no dia a dia dos tribunais. Em termos jurídicos, um ato soberano do Estado não é um ato específico, direcionado a um contratante certo, causado pelo poder do Estado de internamente alterar o contrato administrativo (exorbitân-

---

72. Para exemplos no Direito Norte-Americano, cf. Cibinic, Nash e Nagle, *Administration of Government Contracts*, 4ª ed., pp. 361-365 (citando casos nos quais a *Sovereign Acts Doctrine* foi utilizada para escudar o Estado de sua responsabilidade de ressarcir danos ao contratante).

cia interna), mas uma alteração indireta ao contrato causada por atividade regular, lícita e externa ao contato. O ato estatal soberano interfere no curso normal do contrato – o que nos leva ao velho e tormentoso tema da *responsabilidade sem culpa do Estado*. O problema da exorbitância externa deve, portanto, ser analisado nesse contexto.

Nos Estados Unidos as questões postas acima são compreendidas pela "Doutrina dos Atos Soberanos" (*Sovereign Acts Doctrine*, ou *Sovereign Acts Defense*) e sua variante, a "Doutrina da Inequivocabilidade" (*Unmistakability Doctrine*). Em poucas palavras, pode-se dizer que a *Sovereign Acts Doctrine* é tida como uma defesa, um escudo que protege o Estado de eventual responsabilidade contratual no caso de "atos praticados na condição soberana".[73] Essa doutrina foi reconhecida pela Suprema Corte em 1924, no caso "Horowitz *v*. U. S.", no qual foi decidido que o Estado não era responsável por danos contratuais que resultassem de "atos públicos e gerais na condição de soberano" (*public and general acts as a sovereign*).[74] Aplicando princípios similares acerca da soberania, a *Unmistakability Doctrine*, articulada em 1982 pela Suprema Corte no caso "Merrion *v*. Jicarilla Apache Tribe"[75] e em 1986 no caso "Bowen *v*. Public Agencies Opposed to Social Security Entrapment (POSSE)",[76] sustenta que os contratos do Estado "devem ser interpretados, se possível, a fim de evitar o impedimento do exercício da autoridade soberana"[77] e que "o poder soberano, mesmo quando não exercido, é permanente e governa todos os contratos sujeitos à jurisdição do soberano, permanecendo intacto a menos que renunciado em termos inequívocos".[78]

Na França e no Brasil o "equivalente funcional" da *Sovereign Acts Doctrine* e da *Unmistakability Doctrine* parece ser a teoria do fato do

---

73. Latham, "The Sovereign Act Doctrine in the law of government contracts: a critique and analysis", *University of Toledo Law Review* 7/30, n. 1, 1975.
74. "Horowitz *vs*. U. S.", 267 U.S. 458 (1924), p. 461. Cf. também Turpin, "Public contracts", *International Encyclopedia of Comparative Law*, vol. 7, p. 40.
75. "Merrion *vs*. Jicarilla Apache Tribe", 455 U.S. 130 (1982).
76. "Bowen *vs*. POSSE", 477 U.S. 41 (1986).
77. "Bowen *vs*. POSSE" (1986), pp. 52-53.
78. "Bowen *vs*. POSSE" (1986), p. 52 (citando "Merrion *vs*. Jicarilla Apache Tribe", 455 U.S. 130, 148 [1982]).

príncipe (*fait du prince*)⁷⁹ e, por uma teoria análoga, a teoria da imprevisão (*imprévision*), ambas amplamente conhecidas. Embora concebidas para ter papel similar àquele das doutrinas norte-americanas,⁸⁰ a asserção de "equivalência" é um tanto enganadora, como explicarei adiante. Por ora, é importante notar, breve e genericamente, que em nenhum dos três sistemas jurídicos o contratante terá direito a compensação se o ato for considerado como "público e geral". Nesse sentido amplo, todas as teorias em análise são similarmente estruturadas,⁸¹ e mesmo uma análise da jurisprudência nos três sistemas jurídicos aponta para as mesmas ambiguidades e semelhanças. Nada obstante isso, por estar o tema dos atos soberanos no coração da exorbitância – e, consequentemente, no coração dos contratos administrativos –, ele será a principal preocupação deste estudo e ocupará a maior parte do trabalho.⁸²

Antes de tratar desse tema, é necessário dizer algo sobre a perspectiva hermenêutica comparada, aqui empreendida. Na próxima seção mostrarei que a noção de alteridade, a abordagem teórica e a perspectiva comparada são ideias que se implicam.

79. Traduzida por Turpin como *Act of Sovereignty* ("Public contracts", *International Encyclopedia of Comparative Law*, vol. 7, pp. 40 e 44-45). Trato abaixo dos "equivalentes funcionais" no Direito Comparado.
80. Cf. Turpin, "Public contracts", *International Encyclopedia of Comparative Law*, vol. 7, p. 40. Turpin não usa o termo "equivalente funcional" (*functional equivalent*), mas trata das teorias *Sovereign Acts Doctrine* e *Fait du Prince* no mesmo item, intitulado "Indirect Impairment of Performance". No entanto, Turpin trata mais cuidadosamente da teoria do fato do príncipe em outro tópico, chamado sugestivamente de "Relief of the Contractor", talvez consciente de que a equivalência entre a *Sovereign Acts Doctrine* e o fato do príncipe seria enganosa, como adiante será visto.
81. Cf. Turpin, "Public contracts", *International Encyclopedia of Comparative Law*, vol. 7, pp. 44-45 (examinando somente o Direito Francês).
82. Não admira que o problema dos "atos soberanos" apareça no título e permeie todo o primeiro estudo de J. Schwartz sobre o assunto, sugestivamente chamado de "Liability for sovereign acts: congruence and exceptionalism in government contracts law" (*The George Washington Law Review* 64, n. 4, 1996), que se constitui no primeiro esforço empreendido no Direito Norte-Americano buscando um melhor entendimento teórico sobre a natureza do contrato administrativo. Da mesma forma, no seu último artigo de fôlego sobre o tema, J. Schwartz referiu-se à *Sovereign Acts Doctrine* e à *Unmistakability Doctrine* como sendo "a verdadeira apoteose do excepcionalismo" (*The Centrality of Military Procurement: Explaining the Exceptionalist Character of United States Government Procurement Law*, p. 26). Repito a citação ao longo do trabalho.

2. Perspectiva comparada

"*É conveniente que se saiba alguma coisa dos costumes de diferentes povos para que melhor julguemos os nossos e não achar que tudo o que contraria os nossos hábitos seja ridículo e contrário à razão, como soem proceder os que nada viram.*" (René Descartes[83])

"*A lei é, em geral, a razão humana, visto que governa todos os habitantes da Terra; as leis civis e políticas de cada Nação deveriam ser apenas os casos particulares em que se aplica a razão humana.*

"*Deveriam ser de tal maneira adaptadas ao povo para o qual são concebidas que seria um grande acaso se as leis de uma Nação servissem para a outra.*" (Montesquieu[84])

"*Pode-se comparar sem medo de ser injusto.*" (Charles Perrault[85])

O debate sobre o escopo, o papel e a função do Direito Comparado é um empreendimento sem fim,[86] e a metodologia do Direito Com-

---

83. Descartes, *Discurso sobre o Método*, trad. de Márcio Pugliesi e Norberto de Paula Lima, São Paulo, Hemus, 1998 [1637], p. 19.
84. Montesquieu, *O Espírito das Leis*, in Clarence Morris (org.), *Os Grandes Filósofos do Direito*, São Paulo, Martins Fontes, 2002 [1748], p. 160.
85. "[L]'on peut comparer sans craindre d'être injuste" (Perrault, *apud* Roderick Munday, "Accounting for an Encounter", in Pierre Legraand e Roderick Munday (editors), *Comparative Legal Studies: Traditions and Transitions*, Cambridge University Press, 2003, p. 3).
86. Em ordem cronológica, cf., por exemplo: Gutteridge, "The value of Comparative Law", *Journal of the Society of Public Teachers of Law*, 1931, pp. 26-32; Mehren, "An academic tradition for Comparative Law?", *The American Journal of Comparative Law* 19/624, n. 4, 1971; Kamba, "Comparative Law. A theoretical framework", *International and Comparative Law Quarterly* 23/485, Londres, 1974; Willig, "Some observations on comparative legal education", 27 *Comp. Jurídica Rev.* 87, 1990; Valcke, "Comparative Law as comparative jurisprudence: the compatibility of legal systems", *The American Journal of Comparative Law* 52/713-715, n. 3, 2004. Uma ideia sucinta sobre o Direito Comparado no Brasil encontra-se em Tavares, "A crescente importância do Direito Comparado", *Revista Brasileira de Direito Comparado* 19/159-167, Rio de Janeiro, 2001.

parado não é menos problemática.⁸⁷ Como esforço intelectual, o Direito Comparado é tido como carente de uma coerência mínima, e alguns autores têm, mesmo, negado que o Direito Comparado seja uma disciplina autônoma.⁸⁸ Um comparatista norte-americano influente referiu

87. Cf. Ponthoreau, "Le Droit Comparé en question(s) entre pragmatisme et outil épistémologique", *Revue International de Droit Comparé* 57/8, n. 1, janeiro-março/2005 (advogando que o método no Direito Comparado não é tema muito debatido). Cf. também: Frankenberg, "Critical comparisons: re-thinking Comparative Law", *Harvard International Law Journal* 26/416 (aludindo ao papel marginal da teoria e do método no Direito Comparado); Gerber, "System dynamics: toward a language of Comparative Law?", *The American Journal of Comparative Law* 46/719-737; Mattei, "An opportunity not to be missed: the future of Comparative Law in the United States", *The American Journal of Comparative Law* 46/709-718, n. 4, 1998 (sustentando que uma metodologia nova e um esforço interdisciplinar devem ser feitos a fim de desenvolver o Direito Comparado nos Estados Unidos); V. V. Palmer, "From Lerotholi to Lando: some examples of Comparative Law methodology", *The American Journal of Comparative Law* 53/262, n. 1, 2005 ("Alguns dos livros mais lidos em Direito Comparado não têm virtualmente nada a dizer sobre metodologia"); Pfersmann, "Le Droit Comparé comme interprétation et comme Théorie du Droit", *Revue International de Droit Comparé* 53/275 (referindo que o Direito Comparado é baseado na "mais fraca epistemologia"). A partir dos anos 1990, comparatistas têm aludido a um contraste entre "textualismo" e "contextualismo", com algumas variações de significado dos conceitos. Por exemplo, em artigo brilhante, William Ewald criticou ambos, textualismo (*rules in books*) e contextualismo (*rules in action*). Ewald identifica o textualismo com o estudo do assim chamado "texto puro" (*black-letter text*) e o contextualismo com o estudo "da forma em que as regras funcionam nos contextos social e econômico". Ambos os métodos estariam equivocados (*misconceived*) – diz Ewald –, porque compartilham a visão de que o Direito Comparado "é concebido para servir às necessidades dos advogados", o que leva a um mero estudo das normas sob um ponto de vista externo, não prestando qualquer atenção à dimensão filosófica (e dworkiniana) dos princípios. "O Direito Comparado então se torna uma questão de amontoar certa quantidade de informações fáticas, seja sobre regras ou sobre contextos fáticos" ("Comparative jurisprudence (I): what was it like to try a rat?", *University of Pennsylvania Law Review* 143/1.894-1.896, 1995). Na França, Sefton-Green aludiu recentemente à dicotomia "texto *versus* contexto" como sendo "clássica". A autora sustenta que os *contextualistes* "explicam o Direito Comparado em termos de fatores ambientais: sociedade, economia, política etc.". Para Sefton-Green a concepção do "Direito como Cultura", mais profunda e que exige mais trabalho do jurista, poderia ser enquadrada no "contextualismo" (*Compare and contrast*: monstre a deux têtes", *Revue International de Droit Comparé* 54/86, n. 1, janeiro-março/2002).

88. Por exemplo, Yves Gaudemet disse, em colóquio sobre direito administrativo comparado em Paris, em 1989, citando Jean Rivero, que "todos de fato sabem que o Direito Comparado não é um direito (*droit*), mas um método que M. Rivero assim

que o Direito Comparado é ainda "admitidamente uma preocupação marginal dos juristas por toda parte".[89] Entre nós, um jurista experiente disparou, ainda ontem: "Não é da tradição jurídica brasileira fazer Direito Comparado. As Faculdades de Direito não cuidam desse assunto".[90] Essa posição secundária e não-essencial ocupada pelo Direito Comparado tem raízes profundas, e talvez os próprios comparatistas mereçam boa parte da responsabilidade nesse quadro, por duas razões principais.

A primeira e mais importante razão é que o Direito Comparado tem sido muito mais "descritivo",[91] e não culturalmente,[92] filosoficamente,[93]

definiu: 'o estudo paralelo de regras ou de instituições jurídicas a fim de lançar-lhes luz por meio da comparação' (*Droit Administratif Comparé* 1955-1956, p. 6)" ("Le droit administratif en France", *Revue Internationale de Droit Comparé* 4/899, 1989). No Brasil, S. J. Porto sustentou que o Direito Comparado "é, em si, método, e não direito, na medida em que lhe falta substantividade" ("Considerações sobre a estrutura do Direito nos sistemas jurídicos comparados", *Estudos Jurídicos* 5/6, n. 12, São Leopoldo, janeiro/1975).

89. Fletcher, "Comparative Law as a subversive discipline", *The American Journal of Comparative Law* 46/684, n. 4, 1998. Cf. também: Frankenberg, "Critical comparisons: re-thinking Comparative Law", *Harvard International Law Journal* 26/416-419; Valcke, "Comparative Law as comparative jurisprudence: the compatibility of legal systems", *The American Journal of Comparative Law* 52/713-714. Mas cf. Frankenberg, "Stranger than paradise: identity & politics in Comparative Law", *Utah Law Review* 1997, n. 2, p. 261 (sustentando que na era pós-socialista as verdadeiras intenções políticas do Direito Comparado emergiram, e que o interesse na matéria aumentou junto com a sociedade de mercado liberal).

90. Silva, *Um Pouco de Direito Constitucional Comparado: Três Projetos de Constituição*, São Paulo, Malheiros Editores, 2009, p. 15.

91. Essa é a conhecida doutrina de Zweigert e Kötz, *Introduction to Comparative Law*, 3ª ed., trad. de Tony Weir, Oxford, Clarendon Press, 1998, p. 11. Isso não significa dizer que a ideia dos autores sobre o Direito Comparado é restrita à perspectiva descritiva, como anotado abaixo.

92. Como Frankenberg, Legrand e Samuel propõem em seus artigos mencionados ao longo deste trabalho. Grossfeld escreveu que "a única forma de fazer" Direito Comparado é tomá-lo como "sendo a comparação de culturas jurídicas" (*The Strength and Weakness of Comparative Law*, Oxford, New York, Clarendon Press, Oxford University Press. 1990, p. 8).

93. Como, por exemplo, William Ewald advoga no seu principal artigo sobre o tema ("Comparative jurisprudence (I): what was it like to try a rat?", *University of Pennsylvania Law Review* 143), seguido por Valcke ("Comparative Law as comparative jurisprudence: the compatibility of legal systems", *The American Journal of Comparative Law* 52/713-740).

teoricamente embasado.[94] Por ter, ao longo do tempo, enfatizado a descrição "neutra"[95] e acrítica dos sistemas jurídicos, diz-se pejorativamente, embora sem muita precisão terminológica, que o Direito Comparado tem sido "positivista".[96] De fato, a pesquisa comparada considerada "tradicional"[97] tem consistido muito mais numa enumeração e num mero

94. Nos Estados Unidos, cf. Merryman, Clark e Haley, *The Civil Law Tradition: Europe, Latin America, and East Asia. Cases and Materials*, LexisNexis, 1994, p. 1 ("A maior parte do que se ensina e estuda em Direito Comparado poderia ser mais propriamente chamada de 'Direito estrangeiro', uma vez que a sua intenção principal é descrever sistemas jurídicos estrangeiros"). Cf. também: Bermann, "Comparative Law in Administrative Law", in *L'État de Droit: Mélanges en l'Honneur de Guy Braibant*, Paris, Dalloz, 1996, p. 31 (afirmando que o Direito Comparado "tende a ser altamente descritivo"); Legrand, "How to compare now", *Legal Studies* 16/234 (dizendo que comparar não é contrastar). Como afirmou Geoffrey Samuel, o Direito Comparado "raramente instiga o teórico do Direito" ("Comparative Law and Jurisprudence", *International and Comparative Law Quarterly* 47/820, n. 4, outubro/1998). Na França, cf. Pfersmann, "Le Droit Comparé comme interprétation et comme Théorie du Droit", *Revue International de Droit Comparé* 53/280-283 (criticando a abordagem meramente descritiva e dizendo que o Direito Comparado não é nem pode restringir-se ao estudo de sistemas legais estrangeiros).

95. O problema, aqui, é de sentido das palavras. Teorias jurídicas não são nem podem ser "neutras". Cf., por exemplo, Moore, "Theories of areas of Law", *San Diego Law Review* 37/735, n. 3, 2000. Isso nada tem a ver, porém, com a possibilidade de a Filosofia do Direito ser descritiva.

96. Sabino Cassese refere que "a comparação jurídica deve necessariamente ser antipositivista" (*La Construction du Droit Administratif: France et Royaume-Uni*, trad. de Jeannine Morvillez-Maigret, Paris, Montchrestien, 2000, p. 20) – afirmação com a qual concordariam também Legrand (*Droit Comparé*, p. 68) e Frankenberg ("Critical comparisons: re-thinking Comparative Law", *Harvard International Law Journal* 26/424). Se entendermos o positivismo meramente como um método "neutro" de "descrever" um determinado objeto de estudo, então, o presente trabalho não é "positivista". O problema é saber o que se entende, aqui, por "positivismo" – problema que foge em muito ao escopo deste estudo. No Direito Brasileiro a mais contundente e competente defesa do positivismo jurídico (ou de uma versão deste) é o trabalho de Dimoulis, *Positivismo Jurídico: Introdução a uma Teoria do Direito e Defesa do Pragmatismo Jurídico-Político*, São Paulo, Método, 2006. Na ciência política, Voegelin abordou criticamente o legado de concepções positivistas "livre de valores" (*value-free*) para uma verdadeira epistemologia da matéria (*The New Science of Politics: an Introduction*, Chicago, University of Chicago Press, 1987 [1952], pp. 2-26). Anote-se que Voegelin criticava o positivismo lógico.

97. Cf., por exemplo, Van Hoecke e Warrington, "Legal cultures, legal paradigms and legal doctrine: towards a new model for Comparative Law", *International and Comparative Law Quarterly* 47/496, n. 3, julho/1998.

elencar de regras similares presentes em dois ou mais sistemas jurídicos.[98] Esse modelo de estudo de regras (*rule-model*) é uma forma de conhecimento jurídico "descritivo";[99] ou, num termo mais preciso, "enumerativo". Assim, o estudo comparado tradicional torna-se reducionista e menos interessante. Em contrapartida, o estudo torna-se ao mesmo tempo menos fastidioso e mais fácil de ser empreendido.[100] A simples

98. Cf. Legrand, "Comparative legal studies and commitment to theory", *Modern Law Review* 58/263, n. 1, janeiro/1995: "[O] espaço discursivo tradicionalmente ocupado pelo trabalho comparativo [...] move-se em torno de dois temas: a exposição das famílias de sistemas jurídicos e a justaposição de regras (em geral de direito privado)". Nos Estados Unidos, Roscoe Pound advertia que "um método puramente comparativo, desvinculado da análise da História ou da Filosofia, seria estéril"; e que "um Direito Comparado útil, embora se dirigindo ao elemento jurídico dos sistemas legais em diferentes países, deve fazer bem mais que colocar lado a lado seções de códigos ou de leis gerais" ("Comparative Law in space and time", *The American Journal of Comparative Law* 4/72 e 75, n. 1, 1955). Na verdade, Pound foi o real precursor de uma abordagem cultural e teórica ao Direito Comparado nos Estados Unidos. Cf. também: Frankenberg, "Critical comparisons: re-thinking Comparative Law", *Harvard International Law Journal* 26/429-434 (criticando o que o autor chama de modelo "justaposição-plus" de Direito Comparado); Sacco, *La Comparaison Juridique au Service de la Connaissance du Droit*, Paris, Economica, 1991, p. 74.

99. Cf., por exemplo: Legrand, "Comparer", *Revue Internationale de Droit Comparé* 2/17-23; Samuel, "Comparative Law and jurisprudence", *International and Comparative Law Quarterly* 47/820-825. Para uma crítica consistente da epistemologia da argumentação pelo modelo de regras, cf. Samuel, "Ontology and dimension in legal reasoning", in Zenon Bankowski, Ian White e Ulrike Hahn (eds.), *Informatics and the Foundations of Legal Reasoning*, Dordrecht, Kluwer Academic, 1995, pp. 205-224. A característica meramente descritiva do Direito é uma das principais teses dos dois mais eminentes positivistas do século XX, H. L. A. Hart e Hans Kelsen – visão, essa, que encontra em Dworkin, como se sabe, severo crítico (in *Justice in Robes*, Capítulo 6). Na Filosofia do Direito, porém, o debate sobre sua metodologia avançou muito. É preciso melhor compreender o sentido de "descrever", conforme alertou Dickson ("Methodology in jurisprudence: a critical survey", *Legal Theory* 10/117-156, 2004). Uma defesa consistente da tese positivista sobre a possibilidade de a Filosofia do Direito ser descritiva encontra-se em Leiter, "Beyond the Hart/Dworkin debate", in *Naturalizing Jurisprudence: Essays on American Legal Realism and Naturalism in Legal Philosophy*, Oxford, Oxford University Press, 2007, pp. 153-181. Nenhuma "descrição" é realmente neutra – com o que concordam, aliás, vários positivistas consequentes.

100. J. H. Merryman, respondendo à questão de Pierre Legrand, disse que o mero "comparar de regras" é "um tipo de atividade muito confortável" (Legrand, "John Henry Merryman and comparative legal studies: a dialogue", *The American Journal of Comparative Law* 47/4, n. 1, 1999). Cf. também Ewald, "Comparative jurisprudence (I): what was it like to try a rat?", *University of Pennsylvania Law Review* 143/1.894.

menção descontextualizada e muitas vezes descabida de um texto ou doutrinador estrangeiro em qualquer peça jurídica transforma essa peça em um trabalho "comparado".[101]

Por outro lado, o estudo comparativo tradicional é reducionista, porque ele meramente oferece uma lista de similitudes e diferenças entre os sistemas jurídicos. Essa enumeração de dados pode até ter alguma utilidade ao operador prático do Direito que esteja interessado em respostas prontas para um caso concreto específico, mas interessa pouco a quem pretende compreender as origens e os fundamentos do Direito.[102] Regras são frágeis, porque são efêmeras e contingentes.[103] Conceitos representam realidades que pertencem a contextos específicos, sendo as realidades necessariamente relativas e subjetivas.[104]

101. Na doutrina brasileira, Dimoulis afirma, com razão, que o Direito Comparado é "disciplina pouco desenvolvida" e que "[m]uitos juristas e estudantes pensam que fazem Direito Comparado, mas, na realidade, só apresentam, de maneira superficial, a legislação de outros países, sem reflexão sistemática sobre as influências e as estruturas do Direito" (*Manual de Introdução ao Direito*, 3ª ed., São Paulo, Ed. RT, 2010, p. 55).

102. Cf. Legrand, "Comparative legal studies and commitment to theory", *Modern Law Review* 58/265 ("Seria absurdamente reducionista entender as práticas jurídicas como uma mera formulação de regras"). Cf. também Legrand, "Public Law, Europeanisation and convergence: can comparatists contribute?", in Paul Beaumont *et al.* (eds.), *Convergence and Divergence in European Public Law*, pp. 226-227; e *Le Droit Comparé*, 1999, p. 8 (citando várias passagens de comparatistas que criticamente alcunharam o Direito Comparado de "repetitivo", "superficial", "grosseiramente empobrecido", "medíocre", ramo "falido" do Direito, que sofre de "pobreza teórica" e que "empobreceu a tradição acadêmica"). Em amarga crítica, Legrand aduz que a proliferação de trabalhos de Direito Comparado nos últimos anos somente comprovou que "a análise comparativa é desorientada e não-substancial" e que os estudos de Direito Comparado deveriam avançar para "além do seu arraigado a-historicismo" ("Public law, Europeanisation and convergence: can comparatists contribute?", in Paul Beaumont *et al.* (eds.), *Convergence and Divergence in European Public Law*, p. 244).

103. Cf. Legrand, "European legal systems are not converging", *International and Comparative Law Quarterly* 45/55, n. 1, janeiro/1996. Como dizem Van Hoecke e Warrington ("Legal cultures, legal paradigms and legal doctrine: towards a new model for Comparative Law", *International and Comparative Law Quarterly* 47/495): "Está-se tornando muito evidente que os comparatistas não podem limitar-se a simplesmente comparar regras".

104. Cf. Legrand, "European legal systems are not converging", *International and Comparative Law Quarterly* 45/56. Para uma crítica similar do "modelo de regras", cf. Hoecke e Warrington, "Legal cultures, legal paradigms and legal doctrine: towards a new model for Comparative Law", *International and Comparative Law*

De que vale a um operador do Direito norte-americano saber como o Conselho de Estado francês decidiria determinado caso sobre, por exemplo, responsabilidade civil do Estado, se o *lawyer* não faz ideia de que na França a temática é desenvolvida em resposta a um conceito de Estado completamente diferente da filosofia de Estado anglo-americana? De que vale a um operador do Direito brasileiro saber se o Estado Norte-Americano também goza de prerrogativas aparentemente semelhantes às conferidas ao Estado Brasileiro quando contrata com partes privadas, se esse jurista não tem consciência de que tais prerrogativas respondem a diferentes necessidades e que as semelhanças, em verdade, escondem diferenças fundamentais no que toca aos valores mais básicos da sociedade? Se o Direito deriva da História e da experiência cultural e se responde a diferentes necessidades e abraça diferentes valores em cada país, o comparatista que negligencia as raízes culturais, históricas, sociológicas e filosóficas de um sistema jurídico só poderá enxergar a superfície do sistema que estuda. Mas, se quiser, o comparatista acabará sempre encontrando semelhanças, as quais ele apresentará como evidência suficiente de que os sistemas tendem a uma mesma solução jurídica.

Em oposição ao estudo comparado tradicional, porém, e a fim de se tornar uma disciplina mais crítica, que tente contribuir a uma verdadeira compreensão do Direito, um estudo de Direito Comparado (como qualquer outro estudo jurídico) deve empreender ampla investigação filosófica, sociológica e histórica; ou, numa palavra, uma perspectiva cultural,[105]

Quarterly 47/449-450. Sobre o assunto, cf. também, mais genericamente, Collins, "Methods and aims of comparative contract law", *Oxford Journal of Legal Studies* 11/404-405, Oxford, 1991.

105. Cf. Ewald, "Comparative jurisprudence (I): what was it like to try a rat?", *University of Pennsylvania Law Review* 143, *passim*. Ewald enfatiza a parte filosófica, dizendo que "o primeiro objetivo do Direito Comparado deveria ser [*estudar*] os princípios *filosóficos* que estão por trás da superfície das regras. Esse fato estabelece uma conexão particularmente íntima entre o Direito Comparado e a Filosofia do Direito", e depois que "um estudo dos fundamentos do Direito Comparado leva diretamente aos profundos problemas filosóficos" (pp. 1.896 e 2.041). Endosso as ideias de Ewald sobre o Direito Comparado, bem como suas implicações e interdependência com a Filosofia. Mas as genéricas simplificações e os ácidos comentários do autor sobre o trabalho dos comparatistas norte-americanos parecem exagerados, *principalmente* se comparados aos trabalhos (ou ausência deles) dos "comparatistas" brasileiros. Para uma crítica do artigo seminal de Ewald, acima citado, cf. Zekoll, "Kant

a qual vem sendo desenvolvida na melhor doutrina comparada.[106] O modelo tradicional de regras deve ser posto de lado; ele pode até servir

and Comparative Law. Some reflections on a reform effort", *Tulane Law Review* 70/2.719-2.750. Sobre a necessidade de uma mais ampla perspectiva no estudo do Direito Comparado, cf. também: Curran, "Cultural immersion, difference and categories in U. S. Comparative Law", *The American Journal of Comparative Law* 46/1 ("Assim, o exame válido de outra cultura jurídica requer a imersão nos contextos políticos, históricos, econômicos e linguísticos que moldaram o sistema, e nos quais o sistema opera"); Glendon, Gordon e Osakwe, *Comparative Legal Traditions: Texts, Materials and Cases*, 2ª ed., p. 12 ("Normas jurídicas não podem ser inteiramente compreendidas sem algum conhecimento sobre suas fontes; seus objetivos políticos, sociais e econômicos; o meio no qual operam; o papel da profissão jurídica; a forma de proceder dos tribunais"); Friedman, "Some thoughts on comparative legal culture", in David Clark, *Comparative and Private International Law: Essays in Honor of John Henry Merryman on his Seventieth Birthday*, Berlim, Duncker & Humblot, 1990, pp. 49-50 e 52 (enfatizando o aspecto cultural do Direito e criticamente sustentando que "o Direito Comparado tradicional ... faz vistas grossas a tudo que está além da superfície" e que um "Direito vivo não é uma coleção de doutrinas, regras, termos e frases. Não é um dicionário, mas uma cultura; e deve ser estudado como tal"); Hill, "Comparative Law, Law reform and legal theory", *Oxford Journal of Legal Studies* 9/114, 1989 (concluindo que "o Direito Comparado pode revelar – mais vivamente que o estudo de um só sistema jurídico – a relação entre Direito, Política e valores morais"); Legrand, *Le Droit Comparé*, p. 20 (enfatizando a complexa hermenêutica do Direito Comparado); "European legal systems are not converging", *International and Comparative Law Quarterly* 45/59 (sustentando que os discursos cultural, histórico, social e econômico não são de modo algum "materiais periféricos ou irrelevantes" e que perceber e aceitar isso é talvez "o grande desafio intelectual do comparatista"); "Comparative legal studies and commitment to theory", *Modern Law Review* 58/263 (criticando a "inércia intelectual dos estudos jurídicos comparados" e propondo uma mudança "para além das fronteiras enunciativas", chamadas pelo autor de "objetivos minimalistas" do Direito Comparado); e "Public Law, Europeanisation and convergence: can comparatists contribute?", in Paul Beaumont *et al.* (eds.), *Convergence and Divergence in European Public Law*, pp. 229-231 (instando os comparatistas a comparar culturas); Mehren, "An academic tradition for Comparative Law?", *The American Journal of Comparative Law* 19/624-632 (propondo um mais amplo entendimento do Direito Comparado e relacionando-o com a cultura na qual ele se insere, enfatizando que o Direito Comparado pode, como a Filosofia do Direito, ser usado para uma melhor compreensão filosófica das tradições intelectuais do Direito no Ocidente); Sacco, *Introdução ao Direito Comparado*, trad. de Vera Jacob de Fradera, São Paulo, Ed. RT, 2001, pp. 77-78 (dizendo que a perspectiva do Direito Comparado é, por excelência, histórica).

106. Sobre o declínio do "funcionalismo" e a ascensão de um método hermenêutico e cultural (*cultural turn*) no Direito Comparado, cf. Michaels, "The functional method of Comparative Law", in Mathias Reimann e Reinhard Zimmer (eds.), *The Oxford Handbook of Comparative Law*, p. 354.

como ponto de partida à comparação jurídica,[107] mas não pode ser mais que isso.[108]

A segunda razão mais importante que explica por que o Direito Comparado tem sido até então uma disciplina não-essencial é a seguinte: a maioria dos comparatistas presta mais atenção às semelhanças que às diferenças entre os sistemas jurídicos.[109] Isso em si não é um problema, porque um estudo comparado pode legitimamente querer enfatizar as semelhanças. O problema surge quando são ocultadas as razões pelas quais se pretende encontrar somente semelhanças. Em outras palavras, se me agrada uma determinada solução jurídica, eu procuro – e encontro – outro sistema jurídico que adota a mesma solução.

Pretendo elucidar essa afirmação contrastando o ponto de vista dos comparatistas que procuram e privilegiam as semelhanças com o ponto de vista daqueles que buscam e exaltam as diferenças. Podemos chamar essas visões de "comparação integrativa" e "comparação diferencial".[110] Aqueles que procuram semelhanças têm um aparato epistemológico construído para encontrá-las. Eles começam e terminam o pensamento presumindo similitudes (*praesumptio similitudinis*), ou seja, seu racio-

107. Cf. Samuel, "Comparative Law and jurisprudence", *International and Comparative Law Quarterly*, v. 47, n. 4, pp. 817-836, outubro/1998, p. 832.

108. Como disseram Zweigert e Siehr, "tais 'dados jurídicos estrangeiros' não são Direito Comparado" ("Jhering's influence on the development of comparative legal method", *The American Journal of Comparative Law* 19/220, n. 2, 1971). Cf. também Zweigert e Kötz, *Introduction to Comparative Law*, 3ª ed., p. 43. Legrand escreve que "essas compilações picotadas" são "equivalentes a manuais mecânicos para automóveis" ("Public law, Europeanisation and convergence: can comparatists contribute?", in Paul Beaumont et al. (eds.), *Convergence and Divergence in European Public Law*, p. 228). William Ewald também usa uma metáfora jocosa: "De fato, a julgar das palavras dos próprios comparatistas, pode às vezes parecer que o espírito animador do Direito Comparado tem sido a Musa Trivia – a mesma Deusa que inspira os colecionadores de selos, contadores e armazenadores de estatísticas de *baseball*" ("Comparative jurisprudence (I): what was it like to try a rat?", *University of Pennsylvania Law Review* 143/1.892).

109. Para uma visão instrutiva sobre o debate entre a comparação de similitudes ou diferenças, cf. Dannemann, "Comparative Law: study of similarities or differences?", in Mathias Reimann e Reinhard Zimmer (eds.), *The Oxford Handbook of Comparative Law*, pp. 383 e ss.

110. Tomo a ideia de Ponthoreau, que fala em *comparaison intégrative* e *comparaison différentielle* ("Le Droit Comparé en question(s) entre pragmatisme et outil épistémologique", *Revue International de Droit Comparé* 57/10).

cínio jurídico presume que "os resultados práticos são similares".[111] Problemas similares merecem soluções similares em todos os sistemas jurídicos.[112] O papel do comparatista seria unificar o Direito.[113] Na busca por semelhanças presumidas, o comparatista encontra (ou fabrica) um "equivalente funcional" como ponto de partida à comparação. Em outros termos, a fim de solucionar um problema similar, usam-se esquemas jurídicos aparentemente diferentes para alcançar resultados iguais ou ao menos parecidos.[114] Entre os comparatistas parece haver uma convenção em dar a essa visão o nome de "funcionalismo",[115] embora

111. Zweigert e Kötz, *Introduction to Comparative Law*, 3ª ed., p. 40.
112. Idem, pp. 39-40. Os autores afirmam categoricamente, acerca da *praesumptio similitudinis*: "Como regra básica de trabalho, isso é muito útil, em dois sentidos. No início do estudo comparado, [*a presunção*] serve como princípio heurístico – ela nos diz onde investigar no Direito estrangeiro a fim de descobrir similitudes e substitutos. E, ao final, a mesma presunção atua como instrumento para checar nossos resultados: o comparatista deve ficar satisfeito quando todo seu material de pesquisa levou à conclusão de que os sistemas que ele comparou chegam a resultados práticos idênticos ou similares [...]".
Para uma crítica já clássica dessa visão, cf. Frankenberg, "Critical comparisons: re-thinking Comparative Law", *Harvard International Law Journal* 26/36-40. Mais recentemente, entretanto, Kötz recomendou cautela no presumir a similitude entre sistemas jurídicos, sustentando que a presunção é relativa (*rebuttable presumption*) e incitando os membros do *Common Core Project of European Private Law* a "não negligenciar as diferenças entre os sistemas jurídicos dos países europeus e, onde essas diferenças existirem, a investigar suas razões" ("The Trento Project and its contribution to the Europeanization of private law", in Mauro Bussani e Ugo Mattei (eds.), *The Common Core of European Private Law*, The Hague/Nova York, Kluwer Law International, 2003, p. 212).
113. Cf. Zweigert e Kötz, *Introduction to Comparative Law*, 3ª ed., p. 24 (advogando que a função última do Direito Comparado é ajudar a preparar uma unificação internacional do Direito e induzir os sistemas jurídicos a adotar princípios jurídicos comuns).
114. Cf., por exemplo, Sefton-Green, "*Compare and contrast*: monstre a deux têtes", *Revue International de Droit Comparé* 54/91-92 (comparando o conceito inglês de *promissory estoppel* com a noção francesa de "obrigação natural" – *obligation naturelle* –, os quais seriam institutos diferentes que performariam objetivos similares).
115. Cf. Zweigert e Kötz, *Introduction to Comparative Law*, 3ª ed., pp. 32-47. A melhor exposição crítica sobre o "funcionalismo" é a de Michaels, "The functional method of Comparative Law", in Mathias Reimann e Reinhard Zimmer (eds.), *The Oxford Handbook of Comparative Law*, pp. 339-382. Cf. também: Frankenberg, "Critical comparisons: re-thinking Comparative Law", *Harvard International Law Journal* 26/434-440; Graziadei, "The functionalist heritage", in Pierre Legrand e Roderick Munday (eds.), *Comparative Legal Studies: Traditions and Transitions*, Cambridge/

esse termo seja fluido o suficiente para conduzir a confusões, uma vez que há várias concepções de funcionalismo.[116]

Seja como for, em contraste com o funcionalismo, aqueles que procuram e preferem as diferenças partem de uma visão segundo a qual as dessemelhanças culturais entre as sociedades e sistemas jurídicos são tão acentuadas que todo esforço em unificá-los é vão. Pierre Legrand, o corifeu deste grupo de comparatistas, pergunta: "Qual o propósito do Direito Comparado se tudo o que os comparatistas veem são semelhanças?".[117] Os comparatistas que presumem similitudes – aduz Legrand – confundem a pesquisa jurídica comparada.[118] "A presença de similaridades entre os 'sistemas' jurídicos pode existir somente no nível mais superficial, e [as similaridades] são, portanto, destituídas de valor epistemológico."[119] Não há ganhadores e perdedores nessa querela, e não é difícil ver que tudo passa por saber qual o *propósito* da comparação jurídica.

Este trabalho, como corolário das duas premissas antes estabelecidas acerca da importância da alteridade e da abordagem teórica do tema, enfatiza o contexto[120] e os princípios relacionados às origens do Direito, e não o texto ou as regras, ou mesmo os casos concretos. Mais que isso, embora o item anterior do estudo tenha já indicado e se vá ainda explorar as similitudes entre os três sistemas jurídicos, usando a

UK, Cambridge University Press, 2003, pp. 100-130. Dannemann refere que o funcionalismo dominou na maior parte do século XX ("Comparative Law: study of similarities or differences?", in Mathias Reimann e Reinhard Zimmer (eds.), *The Oxford Handbook of Comparative Law*, p. 386).

116. Cf. Michaels, "The functional method of Comparative Law", in Mathias Reimann e Reinhard Zimmer (eds.), *The Oxford Handbook of Comparative Law*, pp. 343-363.

117. Citado por Sefton-Green, "*Compare and contrast*: monstre a deux têtes", *Revue International de Droit Comparé* 54/86.

118. Cf. Legrand, "Public law, Europeanisation and convergence: can comparatists contribute?", in Paul Beaumont *et al.* (eds.), *Convergence and Divergence in European Public Law*, p. 225.

119. Idem, ibidem. Cf. também p. 228 (advogando que, ao se recusar a analisar o aspecto cultural do jurídico, a retórica do Direito Comparado destitui-se de validade epistemológica). Samuel também prefere as diferenças às similitudes (*Epistemology and Method in Law*, pp. 35-36).

120. "O Direito Comparado emana do trabalho de reconstrução de contextos" (Pfersmann, "Le Droit Comparé comme interprétation et comme Théorie du Droit", *Revue International de Droit Comparé* 53/285).

ferramenta do "equivalente funcional" como ponto de partida à comparação, este trabalho realça as diferenças entre os sistemas, tentando entendê-los, dialeticamente,[121] por meio dessas diferenças.[122] O trabalho também tenta, por um viés hermenêutico, dizer o não dito para, "talvez, conseguir conhecer o desconhecido",[123] trazendo luz a "processos que não são, ou não são exclusivamente, racionais".[124] O propósito que anima o estudo é o de *compreender* a essência do contrato administrativo por meio da comparação, estendendo a cognição para além do que dizem os textos legais e as decisões judiciais nos três sistemas jurídicos em foco.

Daí que o leitor não encontrará neste trabalho respostas práticas e imediatas para um problema específico.[125] Deliberadamente, não busco prover os operadores do Direito com fórmulas ou conceitos destinados a ajudar a solucionar casos práticos no futuro.[126] Mais que isso, parece-me duvidoso que qualquer estudo de Direito Comparado possa "retirar o coelho da cartola" e oferecer soluções mágicas a casos concretos. Nem tem o Direito Comparado capacidade de inventar novas teorias para re-

---

121. Cf. Frankenberg, "Critical comparisons: re-thinking Comparative Law", *Harvard International Law Journal* 26/413-414.

122. Ao expor seu entendimento sobre o "comparatismo refinado" (*refined comparativism*) no direito constitucional, Fontana reconhece que "olhar para outros países pode auxiliar um tribunal a entender as assunções não ditas e os argumentos que estão por trás das decisões" ("Refined comparativism in constitutional law", *University of California Law Review* 49/568). A cautela é recomendável, aqui. Como alerta James Whitman, "os que percebem apenas 'diferença' no mundo tendem a ficar um pouco maníacos, um pouco vacilantes em suas bases de estudo" ("The neo-romantic turn", in Pierre Legrand e Roderick Munday (eds.), *Comparative Legal Studies: Traditions and Transitions*, p. 314).

123. Frankenberg, "Critical comparisons: re-thinking Comparative Law", *Harvard International Law Journal* 26/411.

124. Kaufmann, *Filosofia do Direito*, trad. de António Ulisses Cortês, Lisboa, Fundação Calouste Gulbenkian, 2004, p. 96.

125. Cf. Legrand, *Le Droit Comparé*, p. 13 (criticando a enorme preocupação com os interesses presentes no dia-a-dia no escritório de Advocacia e nas instituições públicas, interesses que buscam "soluções perfeitas e acabadas" a questões jurídicas e que causam "uma crise na capacidade compreensiva dos estudos de Direito Comparado").

126. "[A] abordagem filosófica do Direito Comparado é, algo surpreendentemente, de maior utilidade que a abordagem que tenta prestar um imediato serviço a supostas necessidades de operadores práticos do Direito" (Ewald, "Comparative jurisprudence (I): what was it like to try a rat?", *University of Pennsylvania Law Review* 143/2.045).

solver casos difíceis (*hard cases*),[127] pelo quê não pretendo "extrair respostas epigramáticas do Direito estrangeiro".[128] O que faço é somente tentar explicitar as diferenças epistemológicas entre os três sistemas de Direito aqui analisados, examinando as razões pelas quais os operadores do Direito de cada sistema pensam da forma que pensam (e teriam dificuldade de pensar de outra forma).[129] Assim, faço escolhas deliberadas enquanto interpreto e exponho conceitos jurídicos e culturas.[130] Espero ter deixado claras essas opções ao longo do texto.

Ademais, o trabalho não é neutro num sentido mais pessoal e hermenêutico: minha formação jurídica básica deu-se no Brasil, um dos três sistemas aqui estudados. Embora o sistema de Direito norte-americano tenha tido alguma influência no sistema jurídico brasileiro (isso sendo, hoje, bem mais visível), nosso sistema faz parte do o Direito Continental. É com os aparatos cognitivos deste sistema que opero, e não posso, sem mais, dispensar minha bagagem cultural, identidade e muitas limitações.[131] Vista sob este aspecto, a neutralidade no trato do

---

127. Cf.: Pfersmann, "Le Droit Comparé comme interprétation et comme Théorie du Droit", *Revue International de Droit Comparé* 53/276-277; Grossfeld, *The Strength and Weakness of Comparative Law*, 1990, pp. 12-3 ("o Direito Comparado tem óbvias limitações, porque ele não tem nenhum poder de estabelecer regras e não tem nada a dizer que seja de imediata utilidade ao julgador").

128. Legrand, "Public law, Europeanisation and convergence: can comparatists contribute?", in Paul Beaumont *et al.* (eds.), *Convergence and Divergence in European Public Law*, p. 229.

129. Cf.: Legrand, "Public law, Europeanisation and convergence: can comparatists contribute?", in Paul Beaumont *et al.* (eds.), *Convergence and Divergence in European Public Law*, p. 229; Jansen, "Comparative Law and comparative knowledge", in Mathias Reimann e Reinhard Zimmer (eds.), *The Oxford Handbook of Comparative Law*, p. 324.

130. Cf. Legrand, *Le Droit Comparé*, p. 56 ("Mesmo se o comparatista não tem o dever de decidir casos (*juger*), comparar é sempre decidir"). Cf. também Frankenberg, "Critical comparisons: re-thinking Comparative Law", *Harvard International Law Journal* 26/424.

131. Cf. Frankenberg, "Critical comparisons: re-thinking Comparative Law", *Harvard International Law Journal* 26/415-416 e 444. Aqui simplesmente sigo a lição de Gadamer, *Truth and Method*, 2ª ed., Londres, Continuum, 2004, pp. 271-272: "Uma pessoa tentando entender algo não renunciará a confiar em suas pré-compreensões [...]. Mas esse tipo de sensibilidade não envolve nem 'neutralidade' quanto ao conteúdo nem a supressão do eu da pessoa, mas a colocação em primeiro plano e apropriação das próprias pré-compreensões e pré-conceitos. *O importante é estar consciente dos pré-conceitos*" [grifos nossos].

Direito é impossível, e nenhuma interpretação pode separar-se das pré-compreensões do intérprete e de suas inclinações, conscientes ou não.[132] Significa dizer que eu ofereço aqui uma interpretação muito pessoal de *como* os operadores jurídicos norte-americano, francês e brasileiro pensam sobre a essência do direito dos contratos administrativos, para assim *compreender por que* eles resolveram determinado caso (e tendem a resolver outros casos semelhantes) com este ou aquele argumento. Se fui bem-sucedido nesse propósito, cabe ao leitor avaliar.

Devo ainda dizer algo sobre a perspectiva comparada a ser aqui empreendida, mesmo que pareça óbvio o ponto. No mais das vezes o comparatista corre o risco de parecer superficial e incompleto.[133] Não se pode pretender saber tudo sobre seu próprio sistema jurídico, quanto mais sobre dois ou três sistemas. O Direito Comparado torna-se, então, *mais geral que específico*. Consequentemente, meus argumentos, aqui, são comparativos, e nunca absolutos.[134] Vou comparar, e não pontificar. As palavras de James Whitman merecem toda a atenção:

> É precisamente a capacidade do comparatista de identificar as diferenças relativas que confere ao Direito Comparado seu valor especial.

Na Filosofia do Direito, cf. também Kaufmann, *Filosofia do Direito*, pp. 68 e 132. Legrand também enfatiza que o conhecimento de *outro* sistema jurídico é sempre mediado pelo próprio entendimento que o sujeito tem do mundo: "É impossível evitar distorções na análise de outras tradições jurídicas: isso é um fato inescapável da vida, porque o processo de comparação não pode jamais tornar-se suficientemente objetivo" ("Comparative legal studies and commitment to theory", *Modern Law Review* 58/266-267). Cf. também Legrand, *Le Droit Comparé*, pp. 57 e 90. Para um trabalho brilhante sobre a influência da hermenêutica no Direito Comparado moderno, cf. Whitman ("The neo-romantic turn", in Pierre Legrand e Roderick Munday (eds.), *Comparative Legal Studies: Traditions and Transitions*, pp. 312-344).

132. Cf.: Gadamer, *Truth and Method*, 2ª ed., p. 295; Betti, *Interpretação da Lei e dos Atos Jurídicos*, trad. de Karina Jannini, São Paulo, Martins Fontes, 2007 [1948], p. XLI; Jansen, "Comparative Law and comparative knowledge", in Mathias Reimann e Reinhard Zimmer (eds.), *The Oxford Handbook of Comparative Law*, p. 314.

133. Cf. Tallon, "L'évolution des idées en matière de contrat: survol comparatif", *Droits* 12/81-91, Paris, 1990.

134. Cf. Whitman, *Harsh Justice: Criminal Punishment and the Widening Divide between America and Europe*, Oxford, Oxford University Press, 2003, p. 16. Sobre os Estados Unidos serem uma sociedade "de mercado" e a França ser uma sociedade "de Estado", cf. o interessante artigo de Reitz no qual o autor aborda as consequências dessa ideia para o direito público ("Political economy as a major architectural principle of public law", *Tulane Law Review* 75/1.121-1.157, n. 4, 2001).

Nunca uma alegação descritiva absoluta sobre algum sistema jurídico será verdadeira. A sociedade humana é muito complexa para tanto; sempre há exceções. Se fizermos a afirmação genérica, por exemplo, de que o Direito Norte-Americano promove os valores do livre mercado, estamos dizendo algo falso: há várias exceções. Por outro lado, se afirmamos que o Direito Norte-Americano promove os valores do livre mercado *mais* que a maioria dos sistemas jurídicos comparáveis, [*ao sistema norte-americano*] estamos dizendo algo verdadeiro e extremamente importante. Como esse exemplo sugere, as alegações relativas podem ser, em boa medida, mais reveladoras que as absolutas. Nisso está a singular força do Direito Comparado. É precisamente porque trabalham com alegações relativas que os comparatistas podem escalar a montanha rumo ao entendimento dos sistemas jurídicos, como têm tentado fazer desde Montesquieu.[135]

O leitor deve levar essas palavras a sério. Ao longo deste trabalho comparações genéricas serão feitas, e nenhuma pode ser tomada como absoluta. Por exemplo, afirmo no item 1 do Capítulo III, *infra*, que os norte-americanos creem em e vivem sob uma concepção *positiva* de Individualismo, enquanto que os franceses e brasileiros entendem o Individualismo *negativamente*. Também emprego a conhecida distinção entre "sociedade sem Estado" (*stateless society*), como os Estados Unidos, e "sociedades de Estado" (*State societies*), como a França e o Brasil. Essas afirmações podem não ser válidas a todos os norte-americanos, franceses ou brasileiros, e o que pensa cada indivíduo sobre Individualismo ou sobre o papel do Estado pode variar entre norte-americanos, franceses e brasileiros. É possível e até provável que na Louisiana ou no interior do Texas, no Alabama ou mesmo em Nova York haja uma comunidade que sustente e viva sob valores comunitários muito mais sólidos que um grupo de empresários em Bordeaux ou São Paulo. Seria

---

135. Whitman, *Harsh Justice: Criminal Punishment and the Widening Divide between America and Europe*, pp. 16-17. Não é casual que Aristóteles tenha iniciado a *Ética a Nicômaco* afirmando, sobre o estudo da ciência política, que deveríamos contentar-nos "com a apresentação da verdade sob forma rudimentar e sumária; [...] não devemos aspirar a conclusões mais precisas. [...] os homens instruídos se caracterizam por buscar a precisão em casa classe de coisas somente até onde a natureza do assunto permite" (Livro I, 1.094b). Cf. também Voegelin, *The New Science of Politics*, p. 5.

também possível apontar diferentes concepções de indivíduo ou de Estado dentro de uma mesma cultura, e essas concepções podem, inclusive, variar dentro de uma mesma comunidade. O comparatista não pode, entretanto, descer a tamanho detalhe, porque assim correria o risco de perder o "fio vermelho" do que pretende comparar. Generalizações, desde que acuradas, são um componente necessário do Direito Comparado.

Qualquer "método" somente se justifica *a posteriori*.[136] É sempre importante, no entanto, saber exatamente do que estamos falando. Por isso, passo a delimitar melhor o escopo deste trabalho, explicitando como os argumentos serão organizados.

3. Exorbitância comparada. Do que estamos realmente falando?

"*É deveras artificial imaginar que afirmações caem do céu azul e podem ser submetidas a um escrutínio analítico sem que se leve em consideração por que elas foram feitas e em que medida elas são respostas a algo. Essa é a primeira, básica e infinitamente profunda exigência requerida em qualquer compreensão hermenêutica.*" (Hans-Georg Gadamer[137])

"*A fonte das diferenças encontradas em instituições e soluções jurídicas a problemas de diferentes sistemas de Direito bem como a explicação das formas específicas de resolvê-los devem ser encontradas não na ordem jurídica formal, mas nas assunções, atitudes e na perspectiva prevalente sobre o Direito naquela cultura jurídica particular. O desdobramento racional dos sistemas jurídicos dentro dessas culturas deriva de diferentes abordagens do Direito e do Homem. Atitudes e assunções são corolários.*" (Esin Örücü[138])

---

136. Cf. Beaud, *La Puissance de l'État*, Paris, PUF, 1994, p. 14. A hermenêutica não é um método; ela apenas indica os pressupostos sob os quais se pode compreender algo, inclusive o Direito (cf. Kaufmann, *Filosofia do Direito*, pp. 67-68). Daí as aspas no texto.

137. Gadamer, *Gadamer in Conversation: Reflections and Commentary*, trad. de Richard E. Palmer, Yale University Press, 2001, p. 107.

138. Örücü, "An exercise on the internal logic of legal systems", *Legal Studies* 7/314-315, n. 3, novembro/1987.

> *"O comparatista deve, portanto, concentrar-se na estrutura cognitiva de uma dada cultura jurídica e, mais especificamente, nos fundamentos epistemológicos dessa estrutura cognitiva."* (Pierre Legrand[139])

Mencionei antes, no item 1 deste capítulo, os principais exemplos de exorbitância nos contratos públicos dos três países estudados. Dessa lista de exemplos alguém poderá concluir – não sem boa dose de razão – que são várias as semelhanças entre os três sistemas jurídicos. Fosse o Direito Comparado mera justaposição de regras, este trabalho poderia simplesmente passar a elencar alguns casos concretos, aduzir alguns comentários e ensaiar uma conclusão. Já expliquei, entretanto, que tal abordagem do Direito (Comparado) é superficial, embora frequente; ela serviria para muito pouco além da constatação trivial de que nos três sistemas jurídicos há regras similares, oriundas de fonte legislativa ou jurisprudencial, as quais conferem ao Estado semelhantes prerrogativas exorbitantes em relação às normas que regem os contratos privados.[140] Poder-se-ia mesmo conceder, sem maiores questionamentos, que as prerrogativas conferidas ao Estado nos três sistemas jurídicos existem "a fim de que o interesse público seja protegido";[141] e, da análise dos casos, poder-se-ia facilmente concluir que em todos os três sistemas a linguagem é fluida o suficiente, não oferecendo ao intérprete claras soluções, as quais parecem sempre mais ou menos arbitrárias. Mas para uma constatação desse nível não é necessária uma tese de doutoramento, ou mesmo um artigo de doutrina; é que, dada uma temática específica, todos os sistemas jurídicos ocidentais apresentam pontos de semelhança e diferença em maior ou menor grau.

---

139. Legrand, "European legal systems are not converging", *International and Comparative Law Quarterly* 45/60.

140. J. Schwartz alerta para o perigo de comparar o grau de excepcionalismo ou congruência de dois ou mais sistemas jurídicos sem previamente fazer um estudo desses fenômenos dentro do próprio sistema jurídico que servirá de base à comparação (cf. *The Centrality of Military Procurement: Explaining the Exceptionalist Character of United States Government Procurement Law*, p. 13).

141. Turpin, "Public contracts", *International Encyclopedia of Comparative Law*, vol. 7, p. 36.

A fim de *compreender* os contratos públicos, é necessária uma análise mais acurada; e um estudo comparado sobre os princípios teóricos desses contratos pode ajudar muito. Como referiu J. Schwartz, "o espectro excepcionalismo/congruência tem o potencial de ser um mecanismo particularmente útil para estudos comparados sobre contratos públicos, transcendendo algumas dificuldades convencionais associadas à comparação isolada de partes aparentemente similares de sistemas jurídicos díspares".[142] Neste trabalho, vou aproveitar o espectro excepcionalismo/congruência – ou, na linguagem continental, exorbitância/igualdade – para demonstrar que, embora à primeira vista, e num nível superficial, as normas que regem os contratos administrativos nos Estados Unidos, França e Brasil pareçam similares, seus fundamentos são díspares.

Mas no que interessam essas diferenças para o Direito? O que elas significam para uma análise jurídica comparada? Significam que os três sistemas de contratos públicos diferem no nível mais fundamental, qual seja, na forma como advogados e juristas *percebem* e *entendem* o mundo e o Direito (dos contratos administrativos), isto é, diferem no nível epistemológico. Numa palavra: os *lawyers* norte-americanos e os juristas franceses e brasileiros[143] têm diferentes mentali-

---

142. J. Schwartz, *The Centrality of Military Procurement: Explaining the Exceptionalist Character of United States Government Procurement Law*, p. 7. Cf. também pp. 11-15.

143. O uso do termo "juristas", e não "advogados" (*lawyers*), para referir operadores do Direito franceses e brasileiros não é casual. Os *lawyers*, e não os juristas, tiveram grande influência na formação dos sistemas anglo-americanos. A diferença é tão sutil quanto reveladora. Enquanto os juristas foram muito influentes em vários países de Direito Continental, como Prússia, Portugal e França, os *lawyers* foram cruciais à formação dos dois principais países da *common law*, Inglaterra e Estados Unidos. Essa diferença foi sugerida no Brasil por José Murilo de Carvalho (*A Construção da Ordem: a Elite Política Imperial – Teatro de Sombras: a Política Imperial*, 2ª ed., Rio de Janeiro, Civilização Brasileira, 2006, p. 36). O argumento é simples, e tem raízes histórico-culturais: os juristas, com seu pensamento abstrato, foram treinados no Direito Romano; seu objetivo era justificar a tradição romana e apresentar argumentos que justificassem, primeiro, o poder imperial e, depois, o poder estatal e a burocracia – os juristas da Sorbonne e de Coimbra tinham esse papel. Em contraste, os *lawyers*, com sua concepção pragmática de mundo, treinados nas *Inn Courts* inglesas, eram nada mais que o produto da cultura liberal e empírica anglo-americana. Quanto mais forte a sociedade (não o Estado) fosse, maior se tornaria, naturalmente, a influência de operadores práticos do Direito (*practical lawyers*), e não de juristas abstratos.

dades (*mentalités*)[144] – noção explicitada abaixo.[145] Explico agora, brevemente, o que será exposto com mais cuidado depois, já no contexto dos contratos públicos.

Imaginemos um problema sobre a "exorbitância" (ou qualquer outro problema jurídico). Por exemplo, pensemos se o Estado pode rescindir unilateralmente o contrato administrativo em nome do interesse público caso silente o contrato nesse tocante; ou, noutro exemplo, havendo prazo para o Estado rescindir o contrato, imaginemos se a compensação deverá incluir lucros antecipados. Diante desses casos, um operador do Direito norte-americano analisará o problema sob uma filosofia do "direito comum" (*common law*), na qual *valores individualistas* tendem a dominar,[146] a menos que este *lawyer* seja minimamente treinado em contratos administrativos. Neste caso, o *lawyer* intuirá que o Estado deve ser tratado diferentemente, e sua ideia básica sobre o assunto mudará levemente, mas não a ponto de fazer prevalecer uma "filosofia de direito público" – é dizer, a epistemologia da dicotomia "direito público *versus* direito privado" não controlará a mente do aplicador do Direito. Esse *lawyer* treinado em contratos públicos provavelmente desenvolveria um raciocínio pragmático apto a justificar o especial tratamento a ser dado ao Estado, mas não classificaria o caso – nem operaria mentalmente – como um problema "de direito público", como certamente faria um jurista francês ou brasileiro.

Os cientistas políticos diriam que o *lawyer* opera, cognitivamente, numa "sociedade sem Estado" (*stateless society*), ao invés de uma "so-

---

144. Não vou manter o termo em francês, *mentalité*, como fazem Legrand e Samuel. Mas é bom repetir que o português "mentalidade" (ou o inglês *mentality*) parece denotar um significado algo mais restrito. Nesse sentido, Furet afirma que a palavra francesa *mentalité* "não tem equivalente em outras línguas" (*In the Workshop of History*, Chicago, University of Chicago Press, 1984, p. 16). Michel Vovelle reconhece que "o conceito [*de "mentalité", que na edição brasileira vem traduzido*] está longe de ser universalmente aceito: basta verificar com que dificuldade historiadores de fora da França conseguiram adaptar a noção ou mesmo traduzir o termo" (*Mentalidades e Ideologias*, 2ª ed., trad. de Maria Júlia Cottvasser, São Paulo, Brasiliense, 2004, p. 14).

145. Cf. item 1 do Capítulo II, *infra*.

146. William Lucy sugestivamente considerou *common law* e *private law* como sinônimos (cf. "The common law according to Hegel", *Oxford Journal of Legal Studies* 7/685-704, n. 4, Oxford, 1997).

ciedade de Estado" (*State society*), como faz o jurista continental.[147] Para um operador do Direito norte-americano qualquer filosofia "social" ou "comunitária" soa, em princípio, estranha – ou excepcional, exorbitante, se quisermos.[148] Em regra, a estrutura teórica do *lawyer* é previamente concebida para lidar com casos de "direito privado" e de "direito público" da mesma forma – ou seja, à maneira da *common law*. Essa estrutura desenvolveu-se num mundo no qual o "programa mental coletivo"[149] do operador do Direito louva a *igualdade entre as partes* – e os *lawyers* orgulham-se disso. O operador do Direito da *common law* sabe, desde *Sir* Edward Coke na Idade Média, que os conceitos de "soberania" e *rule of law* são incompatíveis.[150] A visão analítica de Albert Venn Dicey (1835-1922) de que Estado e indivíduos deveriam submeter-se ao *mesmo e comum* Direito é, para a maioria dos operadores jurídicos da *common law*, uma assunção, um pressuposto.[151] Se o *lawyer* é minimamente versado em Direito Comparado, saberá também que, segundo Dicey, o tratamento diferenciado do direito em "público" e "privado" é algo

147. Essas são expressões comuns na teoria política. Cf., por exemplo: Dyson, *The State Tradition in Western Europe: a Study of an Idea and Institution*, Nova York, Oxford University Press, 1980, pp. 51-58 (desenvolvendo uma ideia que contrasta "*state societies* versus *stateless societies*"); Stuart Jones, *The French State in Question: Public Law and Political Argument in the Third Republic*, Cambridge/UK, Cambridge University Press, 1993, Capítulo 1 (explicando os conceitos de *state* e *stateless cultures*, ao contrastar as culturas políticas continental e anglo-americana). Nettl refere que a "relativa 'falta de estado' (*statelessness*) das ciências sociais americanas coincide com a relativa falta de Estado (*statelessness*) dos Estados Unidos" ("The State as a conceptual variable", *World Politics* 20/561, n. 4, julho/1968). Legrand usa as palavras *State-led societies versus society-led State* para contrastar as sociedades continental e britânica ("Public law, Europeanisation and convergence: can comparatists contribute?", in Paul Beaumont *et al.* (eds.), *Convergence and Divergence in European Public Law*, p. 246).

148. Essa ideia "comunitária" será depois relacionada às ideias francesas de *solidarité social*, *responsabilité devant les charges publiques* e *responsabilité sans faute*.

149. Isto é, a *mentalité*. Cf. Legrand, "European legal systems are not converging", *International and Comparative Law Quarterly* 45/60. Essa generalização pode soar injusta a muitos norte-americanos. Mas não creio que o seja para a maioria.

150. Cf. Friedrich, "The deification of the State", *The Review of Politics* 1/20, n. 1, janeiro/1939. Trato do pensamento de Coke e sua relevância ao tema da exorbitância no subitem 1.1.1 do Capítulo III, *infra*.

151. Trato no subitem 1.1.1 do Capítulo III, *infra*, sobre o pensamento de Dicey e sua pertinência ao tema da exorbitância.

horrendo, que somente pode ser aplicado em "países desventurados do Continente, especialmente a França".[152]

Assim, operadores jurídicos norte-americanos encaram a hipótese acima sobre a rescisão unilateral do contrato administrativo por interesse público como um problema prático entre duas partes iguais que suscita solução pragmática, e não teorias abstratas, previamente sistematizadas em um esquema teórico; teorias, para a maioria dos *lawyers*, são vistas como virtualmente inúteis.[153] Mais que isso, o aparato cognitivo do *lawyer* é treinado para "usar descontínuas ideias indutivas capazes de funcionar somente dentro de esferas fáticas limitadas".[154] Por isso, não é crucial ao *lawyer* médio saber se a decisão alcançada se enquadra dentro de um pensamento mais "sistemático"; o raciocínio do *lawyer* desenvolve-se por analogias, e tudo que o juiz necessita é encontrar a autoridade de um precedente que suporte sua decisão.[155] Ademais, uma vez que os norte-americanos não operam dentro dos padrões epistemológicos da dicotomia "direito público *versus* direito privado", herdada do Direito Romano,[156] eles são inclinados – e *assumem* isso – a aplicar o mesmo Direito indistintamente a todos, Estado e cidadãos. Nesse tocante, nosso *lawyer* pode, inclusive, ter recentemente ouvido Loren A. Smith, *Senior Judge* e ex-Presidente da *Court of Federal Claims* dos Estados Unidos, reafirmar o seguinte credo: "O verdadeiro significado da *rule of law* é que as normas jurídicas obrigam a todos, Estado e cidadãos,

---

152. Shklar, "Political theory and the rule of law", in Allan C. Hutchinson e Patrick Monahan (eds.), *The Rule of Law: Ideal or Ideology*, Toronto, Carswell, 1987, p. 6. A autora qualifica a concepção de Dicey sobre a *rule of law* como um "desafortunado ímpeto do paroquialismo anglo-americano".

153. Cf., genericamente, Legrand, "European legal systems are not converging", *International and Comparative Law Quarterly* 45/65-67. Relembro aqui a admoestação de Dworkin feita em nota anterior sobre a "tão americana" abordagem pragmática do Direito ("In praise of theory", in *Justice in Robes*, pp. 50-51).

154. Legrand, "European legal systems are not converging", *International and Comparative Law Quarterly* 45/65. Cf. também Garapon, *Bem Julgar: Ensaio sobre o Ritual Judiciário*, trad. de Pedro Filipe Henriques, Lisboa, Instituto Piaget, 1999, p. 175.

155. Cf., genericamente, Legrand, "European legal systems are not converging", *International and Comparative Law Quarterly* 45/65-67.

156. O *lawyer* médio vê a dicotomia "público *versus* privado", na melhor das hipóteses, como um debate acadêmico entre "realistas" (*legal realists*) e os "clássicos" (*classical legal thinkers*). Trato do assunto ao longo do trabalho.

em seus atos".[157] Com raras exceções, o operador do Direito norte-americano naturalmente repetirá, conscientemente ou não, essa peroração.

Portanto, o *lawyer* médio norte-americano, mesmo se for versado em contratos administrativos e conhecedor dos casos que vêm conferindo ao Estado um tratamento "excepcional" pelos tribunais, muito provavelmente compreenderá o caso e resolverá nosso problema hipotético dentro de um paradigma de "direito privado", "comum" – a *common law*. Não é que o *lawyer* não perceba diferença alguma entre um contrato privado e um contrato administrativo. Ele o faz – afinal, há normas diferentes regendo esses dois contratos. Em termos genéricos, entretanto, a *formação cultural* do operador do Direito na *common law* favorece, facilita, a igualdade (congruência) e prefere esta à exorbitância. O comparatista deve entender a ideia que o operador do Direito norte-americano faz dos contratos administrativos, bem como do seu espectro "excepcionalismo/congruência", dentro dessa perspectiva epistemológica.

O paradigma no qual o jurista francês ou o brasileiro operam é diferente, porque suas assunções epistemológicas sobre o mundo (jurídico) são diferentes.[158] Em termos genéricos, o jurista francês (ou brasi-

157. Smith, "Why a Court of Federal Claims?", *George Washington Law Review* 71/774, ns. 4/5, setembro-outubro/2003. A *Court of Federal Claims* é, no sistema jurídico norte-americano, um Tribunal Federal com jurisdição originária para conhecer e julgar questões nas quais o Estado é parte.

158. A afirmação de que os juristas do Direito Continental pensam diferentemente dos operadores do Direito da *common law* não é, nem de longe, novidade. Já em 1934 *Lord* MacMillan proferiu palestra na Universidade de Cambridge intitulada "Two ways of thinking" na qual ele explicou os contrastes entre o pensamento dedutivo dos juristas da *civil law* e o método indutivo usado na *common law*; contrastes perceptíveis, claro, não somente no Direito, mas na Religião, na Economia e na Filosofia. Falando sobre os sistemas continental (*code law*) e anglo-americano (*case law*), "os dois sistemas de Direito que assim dividem o mundo civilizado", MacMillan referiu que eles "exemplificam os *dois principais tipos de mente*, o tipo que procura por princípios e o tipo que procede via precedentes. Os dois métodos são resultado de *temperamentos amplamente divergentes*" (*Law & Other Things*, Cambridge/UK, Cambridge University Press, 1937, p. 81) [grifos nossos]. Tardieu, contrastando o temperamento norte-americano e o francês, seguiu a mesma linha: "[A] hierarquia de *valores* [*norte-americanos*] é essencialmente diferente dos existentes na França. *Nós não pensamos da mesma forma*. Os eixos em torno dos quais nos movemos não estão apontados na mesma direção" (*France and America: some Experiences in Cooperation*, Nova York, Houghton Mifflin Co., 1927, p. 64) [grifos nossos]. Também Rheinstein referiu que: "Os hábitos da mente da *common law* são diferentes daqueles da

leiro) louva o Estado antes do indivíduo. França e Brasil são "sociedades de Estado" (*State societies*), e o patrocínio da causa liberal em direção aos valores individualistas soa como um convite ao egoísmo à maioria dos juristas franceses e brasileiros, porque eles foram criados em uma cultura na qual o Estado é tido como responsável (se não *o* responsável) pela sorte da Nação. Ademais, o aparato cognitivo dos juristas brasileiros e franceses herdou a *summa divisio* romana "direito público *versus* direito privado", que facilitou uma concepção de Direito na qual a desigualdade entre o Estado e o indivíduo é não só um lugar-comum no discurso jurídico, mas também um ponto de partida metodológico, como adiante será explorado. Ainda que isso possa estar hoje, no caso brasileiro, começando a mudar – muito em função da maior proximidade dos juristas brasileiros, teóricos e práticos, com o estudo do Direito Norte-Americano –, os estudantes de Direito franceses e brasileiros há muito vêm aprendendo, desde o primeiro semestre da Faculdade, que o direito administrativo, do qual o direito dos contratos administrativos é parte fundamental, é, juntamente com o direito constitucional, o coração do direito público, chamado, reveladoramente, de *droit politique* por muitos, na França.[159]

Sendo o conhecimento e o ensino do Direito *também* uma forma de reprodução e transferência de cultura e de uma determinada visão de mundo, os estudantes de Direito franceses e brasileiros, ao aprenderem que o "direito político" germinou na Idade Média e é governado por normas que diferem das normas de "direito privado" (o *droit commun* ou *ius commune*),[160] assumem e aceitam sem maiores questionamentos que o *droit administratif*, e não o *ius commune*, deve ser aplicado à Administração Pública. O estudante ouve dos professores e lê na doutrina e na jurisprudência que o Estado sempre age, ou deve agir, em nome do "interesse público", que lhe é "indisponível"; e que o interesse público não é a soma dos interesses privados, sendo sempre superior ao

---

mente da *civil law*" ("Comparative Law – Its functions, methods, and usages", *Arkansas Law Review* 22/421, n. 3, 1968).

159. Cf., por exemplo, Goyard-Fabre, *Os Princípios Filosóficos do Direito Político Moderno*, trad. de Irene A. Paternot, São Paulo, Martins Fontes, 1999, p. 1.

160. Cf., genericamente: Bigot, *Introduction Historique au Droit Administratif Depuis 1789*, Paris, PUF, 2002, pp. 18-26; Mestre, *Introduction Historique au Droit Administratif Français*, Paris, PUF, 1985.

interesse individual, este último equivalendo ao interesse egoísta. Essa é, em termos muito genéricos, a semente que se transforma no princípio da *supremacia do interesse público sobre o particular*, o qual governa a mentalidade do jurista francês ou brasileiro em qualquer problema de direito público. Assim, o direito administrativo torna-se *exorbitante*, a Administração Pública agindo sempre em nome de um interesse público superior. Para o jurista francês ou o brasileiro, assim é e deve ser – e o jurista orgulha-se disso.

Em contraste com seu colega norte-americano, o juiz francês ou o brasileiro que se deparam com nosso hipotético caso sobre rescisão do contrato administrativo encaram o problema que deve ser resolvido de forma "sistemática". O caso deve enquadrar-se em um arcabouço teórico mais amplo, um "esquema intelectual que vai além da crua classificação de decisões em torno de fatos evidentes".[161] Os fatos dão lugar a princípios abstratos. O juiz tentará apreender a questão jurídica em jogo,[162] entender quais os princípios que estão por trás do problema e, finalmente, organizar seu pensamento de forma a que a solução possa ser deduzida de uma teoria lógica e coerente.[163] Embora eles não os negligenciem, a *primeira preocupação* do juiz francês ou do brasileiro não será escrutinar os fatos. Seu aparato cognitivo vai antes classificar o problema como um caso de direito público, o que se constitui em sua primeira e fundamental assunção – o juiz, claro, é sabedor de que o Estado, o "público", tem interesse "superior", e o caso em suas mãos deve ser acomodado dentro desse paradigma.[164]

Essas premissas, que aqui parecem óbvias e, mesmo, exageradas, ancoram-se em uma filosofia política nem sempre consciente;[165] igno-

---

161. Legrand, "European legal systems are not converging", *International and Comparative Law Quarterly* 45/65. Sobre a importância do pensamento sistemático ao fenômeno da "exorbitância", cf. item 1.2 do Capítulo II.
162. Cf. Legrand, "European legal systems are not converging", *International and Comparative Law Quarterly* 45/66.
163. Cf., genericamente, Bergel, *Méthologie Juridique*, Paris, PUF, 2001, p. 137. Para uma comparação do ensino jurídico nos Estados Unidos e na Europa, cf. Stith, "Can practice do without theory? Differing answers in western legal education", *Indiana International & Comparative Law Review* 4/1-14, n. 1, 1993.
164. Cf. Bigot, *Introduction Historique au Droit Administratif Depuis 1789*, p. 47.
165. Depois de citar Dicey, tido como corifeu da *common law*, Jouvenel (*On Power: the Natural History of its Growth*, trad. de J. F. Huntington, Indianápolis, Li-

rá-las, no entanto, impedirá que compreendamos como o jurista francês ou o brasileiro percebem o espectro "exorbitância/igualdade" nos contratos administrativos. Mais que isso, se negligenciarmos essas premissas, não entenderemos o coração da temática, isto é, *as razões pelas quais o Estado é tratado diferentemente das partes privadas nos contratos públicos*; e, mais importante, não compreenderemos *quais são as consequências desse tratamento díspar*. Por outro lado, se captarmos esses valores por vezes não explicitados, e se os compararmos com as diferentes assunções dos diferentes operadores do Direito, poderemos melhor compreender a extensão e o escopo da exorbitância nos três sistemas jurídicos.

Razões de espaço impedem que este trabalho englobe todos os exemplos de exorbitância acima mencionados. Ademais, tal empreitada seria desinteressante ao leitor, se não for inútil e contraditória com o que foi acima sustentado sobre a maior importância do conhecer os fundamentos dos sistemas jurídicos (dos contratos administrativos) e suas diferenças epistemológicas. Por isso, somente um dos exemplos de "exorbitância interna" será analisado, nomeadamente o problema da rescisão do contrato em nome do interesse público (*termination for convenience of the government*, no Direito Americano). E isso somente no último capítulo, e de forma breve. Em contraste, será tratada com mais vagar e profundidade a "exorbitância externa", isto é, as doutrinas dos atos soberanos (*Sovereign Acts Doctrine* e *Unmistakability Doctrine*), juntamente com os equivalentes funcionais continentais, quais sejam, as teorias do fato do príncipe e da imprevisão.

Embora a escolha dessas teorias, e não de outras, pareça um tanto arbitrária, posso justificá-la minimamente. Como anotou J. Schwartz no contexto norte-americano, a *termination for convenience* e a *Sovereign Acts Doctrine* (que equivaleriam ao poder da Administração Pública de rescindir unilateralmente o contrato administrativo e às teorias do fato do príncipe e da imprevisão) são "as doutrinas mais dramaticamente

---

berty Fund, 1993 [1945], p. 345) traçou a linha que divide as filosofias políticas da *common law* e francesa: enquanto aquela põe o Direito sobre o Poder, esta põe o Poder sobre o Direito. Essa observação, um tanto exagerada, deve ser tomada com cautela, mas é um ponto de partida correto de análise. Cf. também, genericamente, Loughlin, *Sword & Scales: an Examination of the Relationship between Law & Politics*, Oxford, Hart Publishing, 2000.

exorbitantes",[166] merecendo, por isso, maior atenção. Há ainda, entretanto, outra razão mais forte para comparar as doutrinas escolhidas: como elas tocam o coração da exorbitância mais diretamente, um estudo de sua estrutura é o melhor meio de compreender as diferenças fundamentais entre os três sistemas jurídicos e, consequentemente, melhor compreender o direito dos contratos administrativos.

Este trabalho desenvolve-se da seguinte forma. No Capítulo II explicarei o que chamei de "assunções epistemológicas" do direito dos contratos administrativos, isto é, tratarei das diferentes mentalidades sobre o tema nos Estados Unidos, França e Brasil. Nesse capítulo, que pode ser chamado de "estrutural", conecto a temática da exorbitância com o problema da dicotomia "direito público *versus* direito privado", que é, como foi referido, fundamental para entender as diferenças na estrutura de pensamento anglo-americana e continental, incluindo, obviamente, a ideia que se faz sobre os contratos públicos. No Capítulo III trato do problema da responsabilidade do Estado por atos "soberanos", isto é, do problema que foi chamado antes de "exorbitância externa". Essa é a parte central e mais longa do trabalho. No Capítulo IV, e último, cuido da "exorbitância interna" mas restrinjo a análise, como referido antes, ao problema da rescisão unilateral do contrato administrativo por interesse público. Segue, ao final, uma Conclusão enfatizando a importância de uma abordagem teórica mais estruturada do fenômeno dos contratos públicos, hoje negligenciada e limitada a cansativas repetições acríticas de doutrinas estrangeiras aplicadas fora de contexto e de lugar.

---

166. J. Schwartz, *The Centrality of Military Procurement: Explaining the Exceptionalist Character of United States Government Procurement Law*, p. 29. Em trabalho anterior J. Schwartz escreveu que a *Sovereign Acts Doctrine* é, "em seu núcleo, profundamente excepcionalista" ("Assembling Winstar: triumph of the ideal of congruence in Government Contracts Law?" *Public Contracts Law Journal*, v. 26, n. 4, pp. 481-565, *Summer*/1997).

Capítulo II
CONTRATOS ADMINISTRATIVOS NO CONTEXTO DOS DIREITOS NORTE-AMERICANO, FRANCÊS E BRASILEIRO

1. Diferenças na estrutura de pensamento ("mentalités") e a noção de contratos públicos: 1.1 Empirismo "versus" Racionalismo – 1.2 Pensamento sistemático "versus" não-sistemático. 2. Direito público "versus" direito privado no contexto dos contratos administrativos: a exorbitância vista no âmbito da dicotomia: 2.1 As questões "ontológica" e "teleológica" da dicotomia – 2.2 A função epistemológica da dicotomia nos contratos administrativos.

"*A formação nacional de um povo é governada por suas características distintivas. Composição física, inclinação moral, ritmo de crescimento, volume de produção, tudo isso molda uma Nação. Nesses aspectos, o mundo não oferece nada análogo ao que se tem nos Estados Unidos. Mas, se procurarmos a antítese, [*desses aspectos*] a França a providencia.*"
(André Tardieu[1])

"*Por trás das doutrinas características, ideias e técnicas do operador do Direito da common law há uma significativa estrutura de pensamento. É uma estrutura de pensamento que habitualmente vê as coisas no [*plano*] concreto, não em abstrato; que põe sua fé na experiência ao invés da abstração. É uma estrutura de pensamento que prefere avançar cuidadosamente com base na experiência deste ou daquele caso ao próximo, como a justiça em cada caso parece requerer, ao invés*

---

1. Tardieu, *France and America: some Experiences in Cooperation*, Nova York, Houghton Mifflin Co., 1927, p. 13.

de procurar ancorar todas as coisas em supostos universais. É uma estrutura de pensamento que não deseja deduzir a decisão do caso de uma decisão formulada universalmente, como se alguém nunca tivesse concebido o problema com o qual o tribunal é confrontado. É uma estrutura de pensamento ancorada no seguro hábito anglo-saxão de lidar com as coisas à medida que elas aparecem, ao invés de antecipá-las por meio de fórmulas universais abstratas." (Roscoe Pound[2])

"*Os princípios de uma moral são sempre os princípios de uma determinada prática social. Se existem formas opostas de prática social, a discordância só pode ser definida com base numa discussão racional entre princípios antagônicos e um choque entre estruturas sociais contrastantes.*" (Alasdair MacIntyre[3])

Em 2.11.1930 o jusfilósofo socialista inglês Harold Laski escreveu ao *Justice* Oliver Wendell Holmes Jr., da Suprema Corte norte-americana:

Também li um tratado muito interessante sobre o direito constitucional francês, escrito por [*Maurice*] Hauriou. É curiosa a completa diferença mental em comparação com Dicey. Você jamais pensaria que eles discutem o mesmo *fonds* [*conteúdo*]. Os comentários de Hauriou mostram que ele próprio, tendo lido Dicey, ficou completamente desnorteado pelo *empiricisme anglais*. Ele não pode entender uma Constituição que não estabelece princípios gerais e não está, por assim dizer, aí à mostra para que se possa filosofar sobre ela. Ele procura metafísica e não pode encontrá-la em Dicey, e é claro que [*Hauriou*] fica sinceramente aborrecido.[4]

---

2. Pound, "What is the common law?", *The University of Chicago Law Review* 4/186-187, n. 2, Chicago, fevereiro/1937.
3. In Borradori, *A Filosofia Americana: Conversações com Quine, Davidson, Putnam, Nozick, Danto, Rorty, Cavell, MacIntyre, Kuhn*, trad. de Álvaro Loencini, São Paulo, UNESP, 2003, p. 197.
4. In Howe, *Holmes-Laski Letters: the Correspondence of Mr. Justice Holmes and Harold J. Laski, 1916-1935*, vol. 2, Cambridge/Mass., Harvard University Press, 1953, p. 1.223. Minha atenção ao conteúdo desta carta em específico foi atraída por Cassese, *La Construction du Droit Administratif: France et Royaume-Uni*, trad. de Jeannine Morvillez-Maigret, Paris, Montchrestien, 2000, p. 72.

Laski tocou num ponto crucial, cuja importância em Direito (Comparado) nunca pode ser subestimada, embora o seja amiúde: há uma *diferença mental* entre o jurista francês (ou brasileiro) e o anglo-americano, tanto assim que, ainda quando se está tratando do mesmo tema, "você não pensaria jamais que eles discutem o mesmo conteúdo". Essa diferença mental, ou diferença de mentalidade, é clara quando alguém compara o Direito (dos contratos administrativos) norte-americano, francês e brasileiro. Algumas dessas diferenças foram mencionadas no último item do Capítulo I, e serão agora tratadas com mais cuidado, porque elas embasam todo o raciocínio que segue.

Inúmeros fatores conjugados contribuem para formar as diferenças epistemológicas antes mencionadas. Primeiro, há uma diferença de origem, ou de *causa*, na exorbitância dos contratos públicos nos três sistemas. Nos Estados Unidos o que "provocou" a exorbitância foi um fenômeno *específico*, o das circunstâncias e exigências especiais causadas pela guerra;[5] enquanto na França e no Brasil essas circunstâncias tiveram papel ínfimo ou nenhum. Ao invés disso, nesses países continentais a exorbitância é um fenômeno que permeia *toda a estrutura do Direito*, como veremos depois.

Joshua Schwartz ensinou que o excepcionalismo no regime dos contratos públicos nos Estados Unidos é intimamente conectado à centralidade histórica dos contratos administrativos militares (*military procurements*). Segundo o autor, foi em resposta a necessidades militares especiais provocadas em tempo de guerra (ou pela cessação de hostilidades) que normas excepcionais surgiram e se desenvolveram; todos os casos seminais que originalmente conferiram prerrogativas especiais ao Estado Norte-Americano ou surgiram no bojo de casos que envolviam *military procurements* ou foram de alguma forma influenciados por circunstâncias de guerra.[6] É verdade que o excepcionalismo depois se es-

---

5. É a tese de Schwartz (*The Centrality of Military Procurement: Explaining the Exceptionalist Character of United States Government Procurement Law*, Washington/D.C., George Washington University Law School, 2005, pp. 50-54), baseada em estudo histórico de Nagle (*A History of Government Contracting*, 2ª ed., Washington/D.C., GWU Press, 1999). Entretanto, o estudo de Nagle é eminentemente *descritivo*. A conexão causal entre as circunstâncias de guerra e o "excepcionalismo" no *government procurement law* dos Estados Unidos só foi afirmada expressamente e explorada teoricamente por J. Schwartz.

6. Cf. J. Schwartz, *The Centrality of Military Procurement: Explaining the Exceptionalist Character of United States Government Procurement Law*, pp. 49-83.

praiou, nas palavras de J. Schwartz, "como um cavalo de Troia", aos contratos públicos civis (*civilian government procurements*), isto é, contratos públicos não-militares. E é também verdade que o sistema norte-americano de contratos administrativos é hoje, em geral, um sistema jurídico unitário.[7] De toda forma, originariamente, foi *em resposta a circunstâncias de guerra* que o excepcionalismo floresceu nos contratos públicos dos Estados Unidos.[8] Nesse sentido, a exorbitância do sistema de contratos públicos norte-americano é, ao menos em sua origem, "circunstancial", e não "estrutural".

Como sabemos, as origens da exorbitância na França e no Brasil são diferentes e, num certo sentido, mais amplas em seu alcance.[9] Nesses dois países, como antes referido, as normas ditas exorbitantes têm direta relação como o papel central exercido pelo Estado na cultura jurídica e na sociedade. Os contratos administrativos obedecem a normas exorbitantes não em razão de uma circunstância de guerra excepcional,

7. Idem, p. 86. Cf. também p. 44.
8. O peso desse fator histórico na estruturação do *government procurement law* nos Estados Unidos é uma questão interessante, importante e discutível. Por exemplo, em "Torncello *vs*. U.S.", 681 F.2d (1982), um caso seminal no problema da rescisão unilateral do contrato por interesse público (*termination for convenience*), a histórica "circunstância de guerra" como origem do "excepcionalismo" teve enorme influência no resultado do processo, que foi contrário ao Estado, privilegiando a "congruência". "Torncello" não era um caso do "tempo de guerra" (*wartime case*), mas sim um caso do pós-guerra (*post-war case*). De acordo com o argumento causal e histórico apresentado por J. Schwartz, que vincula "excepcionalismo" a "circunstâncias de guerra", se "Torncello" fosse um *wartime case* a decisão provavelmente teria sido diferente. Outro ponto pode ser levantado em favor do argumento histórico de Schwartz acerca da centralidade do *military procurement* no desenvolvimento da "tradição de excepcionalismo" no *government procurement law* e também em favor da tese deste trabalho sobre o *caráter circunstancial* desse direito: o *government procurement law* dos Estados-membros nos Estados Unidos não cuida dos *military procurements*, matéria exclusivamente federal; nos Estados-membros o *government procurement* é consideravelmente "menos exorbitante" que em nível federal. Em resumo, *se não fossem* as circunstâncias militares, o *government procurement law* talvez fosse totalmente dominado pela filosofia da "congruência". Agradeço ao professor J. Schwartz por ter me chamado a atenção para este ponto.
9. Pode soar simplista e errôneo tratar indistintamente os sistemas francês e brasileiro. Entretanto, no que toca às razões da "exorbitância" o tratamento conjunto não compromete, porque o Brasil seguiu a ideia francesa da dicotomia "direito público *versus* direito privado" e importou da França a estrutura do *droit administratif*. Volto ao tema logo abaixo.

mas porque toda a estrutura jurídico-social desenvolveu "exorbitando" as normas jusprivadas. De fato, a Administração sempre "precisou" de normas especiais a fim de exercer seu poder (*puissance publique*), um poder que era, de certa forma, *requerido* e em larga medida *aceito* pela sociedade.[10] E, ao contrário do que afirmam alguns autores que negligenciam a pesquisa histórica, essas normas especiais têm sido desenvolvidas desde *antes* da Revolução Francesa,[11] e no caso brasileiro desde o Império. Essas normas formam um ramo sistemático do Direito, o direito administrativo, que é parte do direito público. Como tal, diz-se que todo o direito administrativo é "exorbitante", no sentido de que é construído sobre princípios essencialmente diferentes dos que governam o *droit commun* ou privado.[12]

Na França a ideia central é a de que o interesse geral (*intérêt général*), representado pelo Estado, deve prevalecer sobre o interesse privado, impondo um regime especial o qual somente juízes especiais (*le juge administratif*) podem implementar.[13] Em poucas palavras, o soberano (*l'État*) está sujeito a normas especiais (*droit public*, *droit administratif*, *contrat administratif*), que são aplicadas por juízes especiais, os quais têm assento em Cortes especiais (*les jurisdictions administratives*), cujo ápice é o *Conseil d'État*. A melhor elucidação desse excepcionalismo estrutural foi feita por Vivien já em 1849 perante uma comissão encarregada de examinar projeto acerca das funções do *Conseil*:

> As normas e os contratos administrativos pertencem a uma ordem de princípios, ideias e interesses *completamente estranhos à jurisdição ordinária*; a fim de aplicar essa gama de normas é necessário o conhecimento prático, o estudo jurídico que não encontramos na jurisdição or-

10. França e Brasil são "sociedades de Estado" (*State societies*), conforme explicitado ao longo deste trabalho.
11. Cf., genericamente: Bigot, *Introduction Historique au Droit Administratif Depuis 1789*, Paris, PUF, 2002, pp. 13 e 18-26; Mestre, *Introduction Historique au Droit Administratif Français*, Paris, PUF, 1985; Plessix, *L'Utilisation du Droit Civil dans l'Élaboration du Droit Administratif*, Paris, Panthéon-Assas, 2003, pp. 355-374.
12. Cf., por todos, na doutrina comparada brasileira, Cretella Jr., *Direito Administrativo Comparado*, 3ª ed., Rio de Janeiro, Forense, 1990, p. 243. Na literatura anglo-americana, cf. Bell, "Comparing public law", in Andrew Harding e Esin Örücü, *Comparative Law in the 21st Century*, Nova York, Kluwer Academic Publishers, 2002, p. 236.
13. Cf. Sandevoir, *Études sur le Recours de Pleine Jurisdiction*, Paris, LGDJ, 1964, pp. 303-305.

dinária. Seria perigoso à Administração submeter-se a juízes que não estão cientes das necessidades da Administração, seus usos, [juízes] que, por obrigação, estão preocupados quase que exclusivamente com o direito privado, e cuja incursão no domínio administrativo cedo destruiria o princípio controlador da separação de Poderes.[14]

O *ethos* dessa ideia tem, hoje, sabor de lugar-comum. No que toca aos contratos administrativos, o *Rapport Public du Conseil d'État* de 1999 publicou o seguinte na rubrica "L'Intérêt Général", p. 279:

[a] relação desigual entre as partes no contrato [...] constitui uma das especificidades do contrato administrativo em comparação com o contrato privado. É em nome do interesse geral que a Administração contratante dispõe de certos meios de ação unilaterais, como o poder de modificar o contrato e de aumentar os encargos do contratante, aí compreendidos no plano financeiro, ou ainda o poder de rescindir unilateralmente o contrato no interesse do serviço.[15]

É nesse cenário que o problema da exorbitância deve ser compreendido no sistema francês e, de certa forma, também no sistema brasileiro, ainda que neste não haja uma justiça administrativa nos moldes franceses. Como mostrou Benoît Plessix em estudo brilhante, mesmo a ideia do contrato administrativo como algo diverso do contrato de direito privado desenvolveu-se muito antes da chamada "Idade de Ouro" do direito administrativo; e o contrato de direito civil, novamente ao contrário do que se tem pregado, nunca exerceu papel fundamental no desenvolvimento da teoria do contrato administrativo.[16] Assim se entende melhor o porquê de a teoria do contrato administrativo estar no centro do *droit administratif* e, em última análise, no centro do sistema juspublicista francês (e brasileiro).[17]

14. Citado por Burdeau, *Histoire de l'Administration Française. Du 18ᵉ au 20ᵉ Siècle*, Paris, Montchrestien, 1989, p. 290 [grifos nossos].
15. *Études & Documents* 50, La Documentation Française, Paris, 1999, *apud* Vidal, *L'Équilibre Financier du Contrat dans la Jurisprudence Administrative*, Bruxelas, Bruylant, 2005, p. 880 (ressalte-se que o autor critica essa visão).
16. Cf. Plessix, *L'Utilisation du Droit Civil dans l'Élaboration du Droit Administratif*, p. 318.
17. Cf. Laubadère, Moderne e Delvolvé, *Traité des Contrats Administratifs*, 2ª ed., vol. 1, Paris, LGDJ, 1983, § 179, p. 235. Sobre os critérios para distinguir os dois tipos de contrato, cf. §§ 84-182, pp. 126-240.

A exorbitância é, portanto, historicamente *constitutiva* de uma estrutura maior, o "direito público". Nesse sentido, a exorbitância francesa é mais "estrutural" que "circunstancial". Daí que qualquer debate acerca da natureza do contrato administrativo ou acerca da "existência" de contratos administrativos como entidades essencialmente diferentes dos contratos privados é necessariamente um debate sobre a estrutura de todo o sistema jurídico francês.[18] Consequentemente, questionar a existência de uma estrutura teórica diferente ao contrato administrativo equivale a questionar a essência de todo um sistema jurídico.[19] O Brasil seguiu, em

18. Cf., genericamente: Drago, "Le contrat administratif aujourd'hui", *Droits* 12/119, Paris, 1990; Enterría, "La figura del contrato administrativo", in *Studi in Memoria di Guido Zanobini*, vol. 2, Milão, Giuffrè, 1965, p. 652.

19. Minha questão ao professor Picard referida na "Introdução" do presente estudo era conscientemente dirigida ao âmago do sistema jurídico francês, e não somente ao conceito (estéril, para uns) de *contrat administratif*. Dizer a um professor de direito público francês que o *contrat administratif* é fruto de um "acidente histórico" é acertar-lhe o coração com um tiro; é questionar a base de todo o sistema de *droit administratif*, a identidade jurídica francesa; é atacar todo o "sistema exorbitante" sobre o qual a França não somente se ergueu como país, mas como Nação. "É preciso que você compreenda que a França é um Estado Administrativo!" – foi a resposta que mereci. Como eu ousava contestar a noção francesa do *contrat administratif*?!
  Como será enfatizado nas páginas que seguem, minha perspectiva é diferente daquela empreendida por J. Schwartz (*The Centrality of Military Procurement: Explaining the Exceptionalist Character of United States Government Procurement Law*), na qual o autor sugere, não sem o prudente cuidado de alertar para a necessidade de futuras análises comparativas, que o sistema norte-americano, *em razão* de suas "origens militares" e de todo o legado que essas origens deixaram aos contratos públicos civis (*civilian public procurements*), enfatiza o excepcionalismo mais intensamente do que o fazem os sistemas jurídicos continentais. A tendência nestes sistemas (J. Schwartz não especifica quais) seria a "congruência". Essa opinião necessitaria ser qualificada e suscita maior cuidado dos comparatistas, como J. Schwartz reconhece ao longo do estudo (ob. cit., pp. 15, 49, 56, 85 e 88). Minha análise, entretanto, difere da visão de J. Schwartz, na medida em que minha pesquisa foca primordialmente nas diferenças culturais e epistemológicas entre os regimes de contratos administrativos nos países confrontados. Sob essa luz epistemológica, a genérica afirmação de que o regime de *government contracts* nos Estados Unidos enfatiza o excepcionalismo mais intensamente que os sistemas jurídicos continentais é discutível, ao menos no que toca aos sistemas francês e brasileiro. Não questiono a iluminadora ideia de J. Schwartz sobre a centralidade do *military procurement* no sistema norte-americano (ao contrário, parto dela, porque está correta), nem questiono a singularidade dessa característica dos *public contracts* nos Estados Unidos *vis-à-vis* dos regimes francês e brasileiro. Entretanto, questiono se o sistema norte-americano de *public procurement* é essencialmente mais "exorbitante" que os sistemas francês e brasileiro. A questão não é frívola,

linhas gerais, o modelo francês, mas com algumas nuanças. Claro, é difícil, se não impossível, aferir se, no dia a dia da feição e execução dos contratos administrativos, ou mesmo na sua interpretação consciente pelos juristas ou aplicação pelos tribunais, essas diferentes "origens históricas" jogam algum papel mais direto – e essa não será a minha preocupação principal.[20] É certo, entretanto, que elas fazem necessariamente parte da estrutura mental dos operadores jurídicos franceses e brasileiros.

O segundo fator a ser mencionado é a dicotomia "direito público *versus* direito privado". Há uma oposição indisputável entre as funções exercidas pela dicotomia nos sistemas norte-americano e francês (ou brasileiro).[21] Em termos gerais, enquanto no mundo da *common law* a dicotomia tem tido um papel ínfimo ou, mesmo, inexistente na episte-

nem trata somente de um rótulo ("mais ou menos exorbitante"); a questão gira em torno do *conteúdo* da exorbitância e, principalmente, sobre paradigmas jurídicos. Ao final deste trabalho ver-se-á, no entanto, que a posição de J. Schwartz pode, *na prática*, ser correta, isto é, talvez o sistema norte-americano termine por favorecer mais o Estado nos casos concretos – o que é de causar espanto a qualquer jurista continental. Mas isso pode ser *contingente*, e não estrutural. Entra aqui, mais uma vez, a dialética.

20. Uma pesquisa complementar, talvez interdisciplinar, seria necessária para confirmar, por exemplo, as seguintes hipóteses. Enquanto os americanos tenderiam a aceitar o excepcionalismo somente quando um "assunto militar" estivesse envolvido no contrato (do contrário a filosofia da "igualdade" deveria prevalecer), franceses e brasileiros tenderiam a aceitar toda a estrutura dos contratos administrativos como governada por princípios exorbitantes, derivados que são do papel excepcional do Estado na sociedade. Uma pesquisa empírica que investigasse as atividades dos contratados em qualquer dos países poderia revelar, digamos, que as alterações unilaterais (ou qualquer das "exorbitâncias") nos contratos administrativos são mais facilmente conduzidas e levadas a termo, ou um acordo é mais facilmente alcançado, em tempos de guerra que em tempos de paz nos Estados Unidos, ao passo que essas circunstâncias não teriam qualquer papel (ou teriam diferente ênfase) na França e no Brasil.

21. Não é coincidência que J. D. B. Mitchell, Professor de Direito Constitucional e autor do primeiro trabalho comparado sobre contratos públicos (*The Contracts of Public Authorities. A Comparative Study*, Londres, University of London, 1954), fora um admirador do sistema francês e um crítico das ideias de Albert V. Dicey, este tido como o "modelo" de jurista da *common law* e ferrenho opositor da dicotomia francesa "direito privado *versus* direito público" (cf. Mitchell, "The causes and effects of the absences of a system of public law in the United Kingdom", *Public Law* 1965, pp. 95-118). Sobre o pensamento de Mitchell, bem como sobre Dicey e sua influência no mundo da *common law*, cf. os trabalhos de Loughlin, *Public Law and Political Theory*, Oxford, Oxford University Press, 1992, pp. 191-197 e 140-165; *Sword & Scales: an Examination of the Relationship between Law & Politics*, Oxford, Hart Publishing, 2000, pp. 102-103; *The Idea of Public Law*, Oxford, Oxford University Press, 2003, pp. 131-134.

mologia jurídica, o contrário ocorre nos sistemas de Direito Continental, sendo o sistema francês o exemplo paradigmático. O Brasil segue o modelo francês – o que ajuda a explicar muitos aspectos do sistema dos contratos administrativos brasileiro, como depois será visto. Posta assim de forma simples, essa diferença é corretamente assumida na literatura comparada, mas suas implicações são, com pouquíssimas exceções, frequentemente negligenciadas ou mal compreendidas tanto na *common law* quanto no Direito Continental.[22] Como esse tema é um fator-chave para uma melhor compreensão de como operadores do Direito da *common law* e continentais pensam sobre o direito dos contratos administrativos nos Estados Unidos, França, e Brasil, vou enfrentá-lo com mais cuidado adiante, neste capítulo.

O terceiro fator a ser lembrado influencia e é influenciado pelos dois primeiros: as concepções de "Estado" e de "indivíduo" são diferentes nos três países. Em breves palavras, enquanto nos Estados Unidos o Estado é *em regra* visto de forma negativa, e o indivíduo de forma positiva, na França ocorre o oposto. O Brasil, em meio às suas muitas contradições culturais, aparece nalgum lugar *entre* os dois modelos, mas ainda mais próximo do polo francês. Se o que faz o contrato público diferente do contrato privado é a presença do Estado na relação contratual, seria surpreendente que sistemas jurídicos que sustentam diferentes ideias de Estado e a ele conferem diferentes funções pudessem embasar seus regimes de contratos públicos em fundamentos similares e pudessem compreender de forma semelhante o direito dos contratos administrativos.

Finalmente, os sistemas de responsabilidade do Estado nos três países têm sido construídos sobre pilares distintos.[23] Essa diferença é um

---

22. Há exceções, as quais serão mencionadas no devido tempo. Devo desde já, entretanto, referir a mais proeminente delas. Edwin M. Borchard, em estudo impressionante feito nos anos 1920, prestou inestimável serviço à Teoria do Direito em oito artigos sobre a responsabilidade extracontratual (*torts*) do Estado. Seis deles serão utilizados no presente trabalho (os sete primeiros estudos levam o nome de "Government responsibility in tort"; o último chama-se "Theories of governmental responsibility in tort"). Em 1928 o autor já registrara que o papel da dicotomia "direito público *versus* direito privado" havia sido crucial para a construção, na França, de um sistema de "responsabilidade pública" que diferia em muito do "parâmetro anglo-americano do direito privado" ("Governmental responsibility in tort: VII", *Columbia Law Review* 28/604, n. 5, maio/1928). Esse ponto será explorado no Capítulo III deste trabalho.

23. Cf. subitem 1.1.1 do Capítulo III, *infra*.

corolário do fator anterior. Tais tópicos são delicados, e o comparatista deve ter cuidado desde o início ao abordá-los.[24] Embora eu trate do problema da responsabilidade do Estado com mais vagar no Capítulo III, adianto aqui breves observações. Nos Estados Unidos o fantasma da "imunidade soberana" (*sovereign immunity*) é ainda uma presença real, sendo influente nos tribunais e na doutrina e estruturando o pensamento de juristas teóricos e práticos; enquanto na França e no Brasil a imunidade soberana perdeu força muito cedo, e hoje não tem qualquer aplicação. Nesses países as normas que estabelecem a responsabilidade (contratual ou extracontratual) do Estado são tais que a responsabilidade objetiva ou sem culpa do Estado é largamente aceita (entre nós, é norma constitucional). Uma diferente concepção de Estado facilitou a criação e o desenvolvimento, na França e no Brasil, de normas de direito público exorbitantes, as quais têm sido reconhecidas, paradoxalmente, por muitos *scholars* anglo-americanos como promovedoras de *melhor proteção* ao indivíduo que as normas do sistema da *common law*,[25] incluin-

24. Para um estudo histórico-político-filosófico dos fundamentos do complexo problema da responsabilidade do Estado, cf. os artigos de Borchard citados na nota de rodapé 22, *supra*. Embora já ultrapassados em alguns pontos, os trabalhos são insuperáveis do ponto de vista histórico. Nenhuma outra teoria significante sobre a responsabilidade do Estado foi desenvolvida no mundo anglo-americano desde o último estudo de Borchard, publicado em 1928 ("Theories of governmental responsibility in tort", *Columbia Law Review* 28/734-775, n. 6, junho/1928). Esse estudo oferece uma espécie de resumo das principais teorias francesas sobre o tema até o final da década de 1920, quando a chamada "Idade de Ouro" da geração de publicistas franceses iniciou seu declínio. Depois desse período, nada de genuinamente novo desenvolveu-se no direito administrativamente francês, e boa parte do que a doutrina francesa vem fazendo desde então é reproduzir e explicar as ideias que Borchard expôs em 1928.

25. Borchard e Harold Laski são os melhores exemplos. Já referi sobre Borchard na nota de rodapé 22, *supra*. Em 13.7.1917 Laski escreveu outra carta a Holmes expondo suas impressões sobre o direito administrativo, referindo que mergulhara neste ramo do Direito, que se impressionara com a qualidade dos trabalhos dos autores franceses e que ficara "absolutamente admirado pela atrapalhação de Dicey sobre o assunto" (in Howe, *Holmes-Laski Letters: the Correspondence of Mr. Justice Holmes and Harold J. Laski, 1916-1935*, vol. 1, p. 93). Poucos meses depois, em 28.11.1917, Laski escreveu novamente a Holmes: "Estou convencido de que o sistema de direito administrativo francês é hoje *infinitamente superior* em seus resultados no que toca à liberdade dos cidadãos que a *rule of law* de Dicey, a qual é hoje tão teórica e tão coberta de exceções por todos os lados que se torna dificilmente aplicável" (idem, p. 113) [grifos nossos]. Laski, um socialista inglês, admirava e conhecia a fundo a cultura e o Direito franceses. Laski escreveu, em 1919: "No geral, as provas nas quais as

do as normas dos contratos administrativos. Meu objetivo, aqui, não será provar que este ou aquele sistema é "melhor" (melhor para quem?). Entretanto, um estudo sobre as razões pelas quais um ou outro sistema seria preferível pode ajudar, dialeticamente, a melhor definir a essência do direito dos contratos administrativos.

Seja como for, não se pode compreender "a verdadeira apoteose do excepcionalismo" norte-americano,[26] nomeadamente a *Sovereign Acts Doctrine* e a *Unmistakability Doctrine*, se desvincularmos essas doutrinas da concepção "negativa" de Estado existente na cultura norte-americana; menos ainda se as desvincularmos do cânone medieval da *sovereign immunity*, cujo espírito – repito – ressurge das cinzas sempre que o Estado suscita – e ele *sempre* o faz – suas "defesas soberanas" (*sovereign defenses*) nos tribunais. Em breves palavras, o ponto que pretendo sustentar é que, em casos envolvendo contratos públicos norte-americanos, a *sovereign immunity* aparece com nomes diferentes – *Sovereign Acts Doctrine* ou *Unmistakability Doctrine* –, mas um mesmo papel.[27] Em suma, meu argumento é este: em perspectiva comparada, o espírito da

---

conclusões [*deste livro*] se baseiam são francesas [...] porque [...] é na França, sobretudo, que os ideais que tentei descrever estão expostos na mais clara e sugestiva luz" (*Authority in the Modern State*, New Haven, Yale University Press, 1919, p. IX). No mesmo ano Laski co-traduziu o livro de Léon Duguit escrito em 1913 e intitulado *Les Transformations du Droit Public* (a tradução recebeu o nome *Law in the Modern State*). Laski foi também o único jurista não-francês convidado a escrever um artigo sobre a obra de Duguit nos *Archives de Philosophie du Droit et de Sociologie Juridique*, que em 1932 dedicaram um duplo volume especialmente a estudos sobre Duguit, falecido em 1928. Nesse estudo, intitulado "La conception de l'État de Léon Duguit" (*Archives de Philosophie du Droit et de Sociologie Juridique* 1-2/121-134, 1932), Laski sugeriu que Duguit havia influenciado uma geração tanto quanto fizera Montesquieu dois séculos antes (cf. p. 121) e reconheceu expressamente que ele, Laski, também fora "profundamente influenciado pelas concepções [*de Duguit*]" (p. 122). Sobre a influência de Duguit na obra de Laski, cf. também Allison, *A Continental Distinction in the Common Law: a Historical and Comparative Perspective on English Public Law*, Oxford, Oxford University Press, 1996, p. 82. Sobre o livro de Maurice Hauriou intitulado *Droit Administratif*, Laski escreveu a Holmes: "É um dos livros mais sugestivos que já li" (in Howe, *Holmes-Laski Letters: the Correspondence of Mr. Justice Holmes and Harold J. Laski, 1916-1935*, vol. 1, p. 93).

26. J. Schwartz, *The Centrality of Military Procurement: Explaining the Exceptionalist Character of United States Government Procurement Law*, p. 26.

27. Cf. Sisk, *Litigation with the Federal Government: Cases and Materials*, 4ª ed., Filadélfia/PA, ALI-ABA, 2006, pp. 321-326.

sovereign immunity pode ser visto como um fator de compensação ao extremamente forte Individualismo que reina na cultura norte-americana. Em sentido muito lasso, a *sovereign immunity* serve como um veículo para introduzir, de forma quase imperceptível, no regime da *common law*, o que os juristas continentais, principalmente franceses e brasileiros, aceitaram veicular com maior facilidade pela ideia da "supremacia do interesse público",[28] expressão que carrega um *ethos* coletivo e abstrato incompatível e de certa maneira ofensivo à mentalidade norte-americana. O desenvolvimento e a força do princípio da supremacia do interesse público foram facilitados na França e no Brasil pela dicotomia "direito público *versus* direito privado", a qual tem forte papel na epistemologia jurídica de ambos os países. O contrário ocorre nos Estados Unidos, onde a mesma dicotomia não teve maior papel, e uma ideia de supremacia do interesse público mereceu, *ao menos sob este nome*, atenção consideravelmente menor, se é que mereceu alguma. As doutrinas dos *Sovereign Acts* e da *Unmistakability* introduzem efetivamente, pela porta dos fundos, um sentido de "estatalidade" ao direito norte-americano dos *government procurements*.

De forma similar, as doutrinas francesa e brasileira da responsabilidade sem culpa (*responsabilité sans faute*) não podem ser entendidas separadas de uma visão "positiva" do Estado ou de uma perspectiva mais "comunitária" da responsabilidade estatal. Se os franceses (e, em menor grau, os brasileiros) foram capazes de construir um sistema minimamente coerente a fim de proteger os direitos individuais, sistema, esse, que é visto – não de hoje, quiçá de forma confusa e talvez com certo exagero – por muitos *scholars* da *common law* como sendo superior ao sistema individualista anglo-americano, o jurista não deve jamais esquecer que essa admirável construção teórica se baseou em uma filosofia política que, em linhas gerais, sempre conferiu um poder significativo ao Estado. Em termos largos, as fundações ideológicas do direito

---

28. Minha afirmação ao professor J. Schwartz, reportada na "Introdução", de que o "excepcionalismo" faria as vezes do princípio da "supremacia do interesse público" era governada pela minha mentalidade continental. Tivesse eu a mentalidade do meu Orientador, jamais teria feito tal observação, à qual a única reação que se esperaria de um professor de direito da *common law* foi a que ouvi de J. Schwarz: "Eu *nunca* sugeri qualquer superioridade do interesse público, e isso não é o que eu penso ou quis dizer sobre 'excepcionalismo'!".

administrativo e do contrato administrativo oscilaram entre as noções de "poder público" (*puissance publique*) e "serviço público" (*service public*) – portanto, entre limites públicos.[29] As teorias do fato do príncipe e da imprevisão, as quais, diferentemente da *Sovereign Acts Doctrine* e da *Unmistakability Doctrine*, foram construídas para proteger os contratados sob a ideia pública da necessidade de continuidade do serviço público, representam, de certa forma, uma resposta ou o contraponto a uma filosofia do Estado poderoso e atuante. Numa palavra: esse poder do Estado deveria ser "compensado". Claro que tais afirmações sobre um tema tão complexo requerem qualificação, que apresento no Capítulo III. Acredito, entretanto, que o leitor já pode ver, a partir dessa visão geral, as diferentes assunções epistemológicas sobre a "exorbitância" nos três sistemas jurídicos. E, nesse sentido, o leitor poderá perguntar-se se os operadores do Direito norte-americano, francês e brasileiro estão realmente falando sobre o mesmo *conteúdo* quando discutem sobre a "exorbitância" no direito dos contratos administrativos.

A fim de compreender essas diferenças, aquilatar quão pronunciadas elas são e discernir quais consequências (se há alguma) brotam delas para o entendimento do direito dos contratos administrativos, o presente capítulo está dividido em dois itens. No primeiro (item 1) considero, de forma ampla, as estruturas das mentalidades no mundo da *common law* e do Direito Continental.[30] Faço breve alusão ao papel da tradição no ra-

---

29. Sobre os fundamentos ideológicos do direito administrativo, cf. o estudo indispensável de Chevallier, "Les fondements idéologiques du droit administratif français", in Jacques Chevallier (org.), *Variations Autour de l'Idéologie de l'Intérêt Général*, vol. 2, Paris, PUF, 1979, pp. 3-57. Chevallier apresenta o direito administrativo como um produto da interação ideológica entre as ideias de poder (*puissance*) e serviço (*service*), que operaria num movimento de oposição dialética (*un mouvement d'opposition dialectique entre les idées de puissance et service*). Essa visão será explorada adiante. Por ora, devo chamar a atenção à reveladora e interessante oposição proposta pelo autor entre serviço público e poder público, porque ela dá o tom ao debate francês desde o início: o "movimento de oposição dialética" ocorre *dentro de um espaço público*. Ou seja, ao não colocar a questão em termos de "público *versus* privado", ou "Estado *versus* indivíduo", Chevallier revela a ideologia francesa melhor que ninguém. Porque na França as ideias de *puissance* e *service* são ambas acompanhadas pelo adjetivo *public*. O *droit administratif*, então, move-se nas fronteiras do "público".

30. Uma vez que o direito público francês e o brasileiro tem raízes epistemológicas semelhantes, considero ambos sem distinção neste trabalho.

ciocínio jurídico e depois ligo a ideia de mentalidade ao quadro mais amplo em que o direito dos contratos administrativos está inserido. Aí comparo a visão não-sistemática, ou, melhor, menos sistemática do Direito Norte-Americano com os "mais sistemáticos" sistemas jurídicos francês e brasileiro. Depois, no segundo item (item 2), exploro a importância da dicotomia "direito público *versus* direito privado" no contexto dos Direitos Norte-Americano, Francês e Brasileiro. Os dois outros fatores mencionados antes, nomeadamente as diferentes concepções de "Estado" e "indivíduo", serão explorados no Capítulo III deste trabalho.

1. Diferenças na estrutura de pensamento ("mentalités") e a noção de contratos públicos

> "[Uma mentalité] dita atitudes, orienta escolhas, funda preconceitos. [Ela é] fruto de legados distantes, de crenças, de medos, de antigas ansiedades." (F. Braudel[31])

> "[D]eve ficar claro que uma das dificuldades dos operadores jurídicos ingleses [ou norte-americanos] para entender o Direito Francês é o fato de que esse Direito é francês e não simplesmente que ele contém tecnicalidades estranhas a ingleses [ou norte-americanos]." (Geoffrey Wilson[32])

> "Uma das ideias (insights) da moderna hermenêutica é que toda afirmação deve ser vista como uma resposta a alguma questão e que a única forma de entender uma afirmação é bem apanhar a questão à qual a afirmação é uma resposta." (Hans-Georg Gadamer[33])

John Bell disse que as "técnicas legais e a estrutura do pensamento jurídico para alcançá-las são o traço mais importante da diferença entre

---

31. Braudel, *Grammaire des Civilizations*, 1993, p. 60, *apud* Legrand, "Public law, Europeanisation and convergence: can comparatists contribute?", in Paul Beaumont *et al.* (eds.), *Convergence and Divergence in European Public Law*, Oxford, Hart Publishng, 2002, p. 234.

32. Wilson, "English legal scholarship", *The Modern Law Review* 50/831, n. 6, outubro/1987.

33. Gadamer, *Gadamer in Conversation: Reflections and Commentary*, trad. de Richard E. Palmer, Yale University Press, 2001, p. 106.

os sistemas jurídicos".[34] Já referi que essa observação é correta e particularmente importante quando são comparados os Direitos (públicos) Norte-Americano, Francês e Brasileiro, especialmente o direito dos contratos administrativos. "Estrutura do pensamento jurídico" (*way of legal thinking*) é uma expressão que pode ser substituída pela palavra "mentalidade" (*mentalité*),[35] no sentido de "programa mental

34. Bell, "Comparing public law", in Andrew Harding e Esin Örücü, *Comparative Law in the 21st Century*, p. 237.
35. No Direito Comparado a noção de *mentalité* é explorada principalmente por Pierre Legrand ao longo dos seus trabalhos, alguns deles mencionados neste estudo. Cf. especialmente, Legrand, "Antiqui Juris Civilis Fabulas", *University of Toronto Law Journal* 45/311-362, n. 3, 1995, e "European legal systems are not converging", *International and Comparative Law Quarterly* 45/60-64, n. 1, janeiro/1996. O autor usa palavras fortes: "[A]s diferenças existentes entre as *mentalités* da *common law* e da *civil law* em nível epistemológico são invencíveis" ("European legal systems are not converging", *International and Comparative Law Quarterly* 45/62). A noção de *mentalité* é "inevitavelmente situada socialmente, historicamente, culturalmente e epistemologicamente" (Legrand, "How to compare now", *Legal Studies* 16/238, n. 2, julho/1996). O mais recente e extenso estudo comparativo de Legrand entre as *mentalités* está em "A diabolical idea", in Arthur Hartkamp *et al.* (eds.), *Towards a European Civil Code*, 3ª ed., Boston, Kluwer Law International, 2004. Nunca é demais enfatizar a relação entre a ideia de *mentalité* e a noção hermenêutica de "pré-compreensão". Para uma ênfase correta dessa ligação, cf. Curran, "Cultural immersion, difference and categories in U. S. Comparative Law", *The American Journal of Comparative Law* 46/51, n. 1, 1998. Geoffrey Samuel também deriva da noção de *mentalité* frequentemente ("Comparative Law and jurisprudence", *International and Comparative Law Quarterly* 47, n. 4, outubro/1998, pp. 817-836). A noção de *mentalité* não é simples e é até ambiciosa, tendo-se originado na história intelectual no século XX em trabalhos de historiadores, franceses em sua maioria, os quais começaram a estudar a *histoire des mentalités*. Cf., genericamente, Hutton, "The history of mentalities: the new map of cultural history", *History and Theory* 20/237-259, n. 3, outubro/1981 (identificando as origens da *histoire des mentalités* nos trabalhos de Lucien Febvre e Marc Bloch, bem como explorando as influências da ideia nos trabalhos de Philippe Ariès, Norbert Elias – o único não-francês – e Michel Foucault). Segundo Hutton, a ideia de *mentalité* pode ser genericamente entendida como um "código para o que costumava chamar de cultura" (ob. cit., p. 237). Legrand reconhece que "estudar uma *mentalité* é um trabalho de longa duração na tentativa de pôr a nu as estruturas intangíveis – também conhecidas como 'cultura' – que determinaram a identidade de uma particular comunidade jurídica enquanto *comunidade*" ("A diabolical idea", in Arthur Hartkamp *et al.* (eds.), *Towards a European Civil Code*, 3ª ed., p. 313). Para um estudo sobre a *mentalité* enquanto ideia histórica e sociológica, cf. Furet, *In the Workshop of History*, Chicago, University of Chicago Press, 1984, pp. 1-23. Para os propósitos do presente trabalho, o que importa é enfatizar que a ideia de *mentalité* engloba as

coletivo" ou "estrutura cognitiva de uma dada cultura jurídica" – para usar expressões de Pierre Legrand.[36] Em resumo, a mentalidade "é um estado da mente, uma forma de ver o mundo".[37] Alguns pontos refletem essa diferença mental de forma clara. Lembro aqui, brevemente, duas dicotomias.

1.1 Empirismo "versus" Racionalismo

> "Agora, o que quero é fatos. Ensine a estes meninos e meninas somente fatos. Somente fatos são necessários na vida. Não estabeleçam mais nada e arranquem todo o resto pela raiz. Você só pode construir as mentes de animais pensantes sobre fatos: nada mais terá de alguma valia." (Charles Dickens[38])

A forma de raciocínio dos operadores jurídicos norte-americanos é o melhor exemplo de como funciona a mente na *common law*.[39] Essa forma de pensar vê o Direito como uma técnica para resolver problemas práticos, os tribunais existindo, como já referi, para resolver disputas entre as partes.[40] Em geral os *lawyers* consideram bem-vinda um teoria somente na medida em que ela se mostra, na experiência da vida, útil para resolver o problema posto ao tribunal, um problema que aos *lawyers* aparece como e desde a perspectiva dos fatos. Pierre Legrand pôs corretamente as coisas: a questão proposicional da *common law* é *quid*

---

noções de "hábitos da mente", "forma de pensamento" e "pré-compreensão", estando também relacionada com a ideia de cultura.
   36. Cf. Legrand, "European legal systems are not converging", *International and Comparative Law Quarterly* 45/60.
   37. Samuel, *Epistemology and Method in Law*, 2003, p. 64.
   38. Dickens, *Hard Times*, Nova York, Barnes & Noble Classics, 2004 [1854], p. 9: "Now, what I want is facts. Teach these boys e girls nothing but facts. Facts alone are wanted in life. Plant nothing else, e root out everything else. You can only form the minds of reasoning animals upon facts: nothing else will ever be of any service to them".
   39. Cf. Mattei, *"Common Law"*. *Il Diritto Anglo-Americano*, Turim, UTET, 1992, p. 4 (sustentando que o Direito Norte-Americano é o melhor representante da *common law*, hoje).
   40. Cf. Legrand, "European legal systems are not converging", *International and Comparative Law Quarterly* 45/66.

facti?; como consequência, a *common law* é principalmente *reativa*.[41] Ao contrário, a mente do jurista continental – da qual o jurista francês é, talvez, o melhor exemplo – tenta construir uma teoria abstrata antes de decidir qualquer caso. Os juristas continentais primeiro se perguntam sobre os princípios, sendo a questão proposicional *quid iuris?*; como consequência, a mente continental é mais *proativa* ou *projetiva*.[42]

Essas diferenças são comumente aceitas hoje.[43] Elas representam não somente uma forma diferente de pensar, mas também diferentes "visões do mundo" (*Weltannschauungen*).[44] Em termos genéricos, a

41. Idem, ibidem. Cf. também: Fairgrieve e Watt, *"Common Law" et Tradition Civiliste*, Paris, PUF, 2006, pp. 30-31; Garapon, *Bem Julgar: Ensaio sobre o Ritual Judiciário*, trad. de Pedro Filipe Henriques, Lisboa, Instituto Piaget, 1999, pp. 176-178. A ênfase no *fato* como característica do Empirismo é lugar-comum na Filosofia. Cf. Abbagnano, *Dicionário de Filosofia*, 5ª ed., trad. de Alfredo Bosi e Ivone Castilho Bendeti, São Paulo, Martins Fontes, 2007, verbete "Empirismo", p. 378.

42. Cf. Legrand, "European legal systems are not converging", *International and Comparative Law Quarterly* 45/66.

43. Tocqueville apreendera a diferença em 1835: "O legista inglês ou norte-americano procura saber o que foi feito, o legisla francês o que deveria ter sido feito; um quer decisões; o outro, razões" (*A Democracia na América*, vol. 1, trad. de Eduardo Brandão, São Paulo, Martins Fontes, 2001 [1835], p. 313). O original em francês é este: "Le légiste anglais ou américain recherche ce qui a été fait, le légiste français ce qu'on a du vouloir faire; l'un veut des arrêts, l'autre des raisons" (Tocqueville, *De la Démocratie en Amérique*, vol. 1, Paris, Gallimard, 2005 [1835], p. 397). Gerald E. Bevan traduz *légiste* por *lawyer* (in *Democracy in America*, Londres, Penguin Books, 2003 [1835], p. 311). Uma das ideias principais de Tocqueville era a de que a parte sempre reflete o todo (cf. Boesche, "Why could Tocqueville predict so well?", *Political Theory* 11/80-81, n. 1, fevereiro/1983. Essa ideia está bem presente no conceito de *mentalité*.

44. Essas visões englobam concepções filosóficas e políticas. Legrand acerta o ponto (*Le Droit Comparé*, Paris, PUF, 1999, p. 6): "Consequentemente, não é por acaso que o Direito Inglês, como o conhecemos hoje, livre do pensamento sistemático e das regras de pensamento, mas concreto e pragmático, dependente como ele é da regularidade e da concordância prática, tenha sido construído no país de John Stuart Mill e Herbert Spencer, que não é nem o país de Descartes nem o de Kant". Cf. também Legrand, "Comparer", *Revue Internationale de Droit Comparé* 2/282, 1996.

A forma de filosofar de "analíticos" e "continentais" foi contraposta por D'Agostini (*Analíticos e Continentais: Guia à Filosofia dos Últimos Trinta Anos*, trad. de Benno Dischinger, São Leopoldo, Unisinos, 2003). Diz a autora: "[...] porque entre analíticos e continentais está em jogo sobretudo uma questão de *ethos*, língua, estilo, mentalidade, ou mesmo a natural 'impureza' da lógica filosófica, ou, caso se queira, o *common law* e o Direito Continental podem ser vistos como veículos, respectivamente, da forma "empirista" ou "racionalista" de vida, aquela "significando seu amor pelos fatos em toda sua variedade crua", esta "significando sua devoção por princípios eternos e abstratos".[45] Na figura contrastante de Martin Logoff, "a tradição francesa [*ou brasileira*] premia o pensamento abstrato com a correspondente falta de atenção ao detalhe empírico", enquanto "o Pragmatismo norte-americano tem uma desconfiança instintiva na abstração e valora a experiência real".[46]

---

desaguar da Filosofia no inconceitual e no extrafilosófico" (p. 23). E, ainda: "Estão em jogo duas culturas, mais que dois estilos de argumentação e dois tipos de práticas filosóficas" (p. 36). Sabine contrapôs "as duas tradições de Democracia", ou seja, a tradição anglo-americana (inspirada em Locke) e a francesa ou continental (inspirada em Rousseau), contextualizando-as histórica e filosoficamente ("The two democratic traditions", *The Philosophical Review* 61/451-474, n. 4, outubro/1952).

45. William James, "Pragmatism", in *Pragmatism and the Meaning of Truth*, Cambridge/Mass., Harvard University Press, 1975 [1907], p. 12. Abbagnano refere que opor Racionalismo a Empirismo tornou-se esquema tradicional na história da filosofia (*Dicionário de Filosofia*, 5ª ed., verbete "Racionalismo", p. 967). Legrand enfatiza que "a *common law* quer evitar o culto a um legalismo absolutista e centralizado que prevalece no mundo da *civil law*. Ao invés disso, [a *common law*] quer promover as virtudes do particularismo e do localismo" ("How to compare now", *Legal Studies* 16/240). Na tradição da *civil law*, diz Legrand que "os fatos são imediatamente inscritos em uma ordem teórica preexistente na qual eles logo desvanecem. É essa mesma ordem – e certamente não os fatos – que é vista como a fonte do conhecimento jurídico; a ênfase é [*posta*] nos universais" ("European legal systems are not converging", *International and Comparative Law Quarterly* 45/69). Entre nós, Nelson Saldanha refere que "talvez a conotação empírica dessa acepção [*da palavra "epistemologia"*] tenha condicionado o pendor dos ingleses, *sempre antimetafísicos*, a reduzir o epistemológico ao gnosiológico" ("Epistemologia jurídica", in Vicente de Paulo Barreto (coord.), *Dicionário de Filosofia do Direito*, Rio de Janeiro, Renovar, 2006, p. 269) [grifo nosso]. Cf. também: Betti, *Interpretação da Lei e dos Atos Jurídicos*, trad. de Karina Jannini, São Paulo, Martins Fontes, 2007 [1948], p. L (referindo que os anglo-saxões têm "resistência às ideias e aos princípios gerais"); Hall, "Culture, Comparative Law and jurisprudence", in *Studies in Jurisprudence and Criminal Theory*, Nova York, Oceana Publications, 1958, p. 111 (explicando que o *lawyer*, para quem "os casos são de suma importância", "se sentiria, se não completamente perdido, ao menos incerto e inseguro se ele tivesse que depender somente das amplas generalizações de um código ou uma lei"). Tocqueville escreveu: "O espírito norte-americano se afasta das ideias gerais; não é voltado para as descobertas teóricas" (*A Democracia na América*, vol. 1, p. 355). Cf. também Fairgrieve e Watt, *"Common Law" et Tradition Civiliste*, p. 27.

46. Logoff, "A comparison of constitutionalism in France and the United States", *Maine Law Review* 49/27, 1997.

Claro, a dicotomia "Empirismo *versus* Racionalismo" não pode ser simplificada em demasia, nem explica tudo. O próprio William James nunca a superestimou: "Ninguém pode viver uma hora sem ambos, fatos e princípios, pelo quê se trata de uma diferença de *ênfase*; mas é uma diferença que provoca cáusticas *antipatias* entre aqueles que colocam a ênfase diferentemente".[47] As palavras em itálico são importantes, no sentido de que elas agem nos Direitos Norte-Americano, Francês e Brasileiro como ímãs: o operador do Direito norte-americano foca *principalmente* nos fatos e presta menos atenção a princípios e teorias abstratas, enquanto o jurista continental foca *principalmente* nos princípios e se inclina a negligenciar os fatos.[48] A mentalidade anglo-americana tem antipatia pelo pensamento abstrato, sistemático, enquanto a mentalidade continental tem antipatia por fatos. Não pode surpreender que essa diferença se reflita também no Direito (dos contratos administrativos), e é claro que essas formas de pensar não caíram do céu azul, sendo antes o reflexo de duas grandes linhas filosóficas distintas, que desembocaram na conhecida oposição entre "analíticos *versus* continentais".[49]

1.2 Pensamento sistemático "versus" não-sistemático

> *"Os* lawyers *ingleses [*e norte-americanos*] têm sido orgulhosamente pragmáticos ao invés de serem teóricos e sistemáticos."* (J. F. Allison[50])

---

47. William James, "Pragmatism", in *Pragmatism and the Meaning of Truth*, p. 12 [grifos nossos].
48. Idem, p. 13. No que toca à Filosofia do Direito americana, o "realismo jurídico" (*legal realism*), talvez a única contribuição genuinamente norte-americana à Filosofia do Direito, sustenta, segundo Leiter, que, "ao decidir casos, os juízes respondem primeiramente ao estímulo dos fatos" ("Rethinking legal realism", in *Naturalizing Jurisprudence: Essays on American Legal Realism and Naturalism in Legal Philosophy*, Oxford, Oxford University Press, 2007, p. 15).
49. Cf. D'Agostini, *Analíticos e Continentais: Guia à Filosofia dos Últimos Trinta Anos*, 2003.
50. Allison, *A Continental Distinction in the Common Law: a Historical and Comparative Perspective on English Public Law*, p. 127.

Outra diferença a ser notada é o caráter não-sistemático,[51] ou, melhor, menos sistemático da *common law*[52] em oposição ao ideal mais sistemático do Direito buscado pelos juristas continentais.[53] Isso tem raízes históricas profundas. A mentalidade menos sistemática na *common*

51. A marca da *common law* de ser pouco sistemática foi apresentada por Karl Llewellyn em suas *Lectures* dadas na Faculdade de Direito de Leipzig em 1928-1929, publicadas em Alemão em 1933 sob o título *Präjudizienrecht und Rechtsprechung in Amerika*, como já foi lembrado. No começo das *Lectures* Llewellyn enfatizou o "notoriamente assistemátco caráter" do direito substantivo norte-americano, referindo que "o que foi escrito – nas decisões mesmas, em geral – não foi sistemático. Ao invés, [*o Direito Norte-Americano*] consiste em fragmentos dispersos e assistemáticos, construídos *ad hoc* para prover de fundamentos, na verdade justificar, as decisões" (*The Case Law System in America*, trad. de Michael Ansaldi, Chicago, University of Chicago Press, 1989, pp. 1-2). Creio que o direito dos contratos administrativos norte-americano é um exemplo paradigmático desse pensamento pouco sistemático.

52. Cf. Ost e Kerchove, *The Legal System between Order and Disorder*, trad. de Iain Stewart, Oxford, Oxford University Press, 1994, p. XI ("Embora, claro, os países da *common law* tenham seguido caminhos diferentes dos países do Direito Continental, a necessidade de sistematização não pode ser tida lá como desimportante"). Llewellyn também usou a ideia de "sistemas jurídicos" "mais ou menos "sistemáticos", referindo que o sistema "menos sistemático" do *case law* norte-americano levou as instituições jurídicas dos Estados Unidos a ter "contornos mais fluidos" (*The Case Law System in America*, p. 95).

53. Para uma posição notando o mais "óbvio papel" da ideia de sistema nos países de Direito Continental, mas reconhecendo a importância do pensamento sistemático em específicas disciplinas no Direito Norte-Americano, como a História do Direito, cf. Gerber, "Idea-systems in law: images of nineteenth-century Germany", *Law & History Review* 10/167, n. 1, 1992. Nesse artigo Gerber salienta corretamente o significado político do pensamento sistemático (ou *idea-system*, como ele prefere), enquanto conduta teórica (pp. 165-167). Não estou, aqui, apoiando ou indo contra a crítica, de caráter abertamente político, ao "formalismo" (muitas vezes livremente associado com um "sistema inexorável de Direito") feita pela escola dos *critical legal studies* nos Estados Unidos, cujo trabalho histórico questionou o alegadamente "neutro" e "apolítico" sistema jurídico norte-americano dos séculos XVIII e XIX. Cf., genericamente, por exemplo, Horwitz, *The Transformation of American Law, 1780-1860*, Cambridge/Mass., Harvard University Press, 1977, Capítulo 8 (focando na "ascensão do formalismo jurídico" no Direito Norte-Americano do século XVIII e relacionando-o ao "alto grau de generalidades", argumentando que um sistema abstrato de Direito serviu a propósitos político conservadores dos "homens do comércio e da indústria" de não distribuição de riqueza). Mas cf. Simmonds, *The Decline of Juridical Reason: Doctrine and Theory in the Legal Order*, Dover, N.H./USA, Manchester University Press, 1984, Capítulo 6 (criticando a visão de Horwitz).

law pode ser encontrada em Bracton (século XIII),[54] enquanto o pensamento sistemático continental, que culminou com os movimentos codificatórios no século XIX,[55] tem sementes plantadas no Direito Romano. Assim, a falta de sucesso do movimento codificatório[56] no mundo an-

54. Em perspectiva histórica, Holdsworth refere que no final do século XIII as Cortes inglesas, ao contrário do Direito Francês, abandonaram a influência de Bracton, o qual usava as fontes romanas para construir um sistema de Direito. Dali em diante os juízes ingleses voltaram-se ao contato com juristas práticos no dia-a-dia das Cortes, perdendo contato com o ensino do Direito Continental, isolando-se no próprio sistema jurídico (*Sources and Literature of English Law*, Buffalo/Nova York, William S. Hein & Co., 1983 [1925], pp. 29-30). Por essa razão, "um desenvolvimento próprio da *common law* foi assegurado; mas o resultado foi que, no séculos XIV e XV, o Direito [*Inglês*] tendeu a tornar-se cada vez mais técnico, e cada vez menos racional" (p. 30). Cf. também: Atiyah, *Pragmatism and Theory in English Law*, Londres, Stevens & Sons, 1987, pp. 3-6; Legrand, *Le Droit Comparé*, p. 74; Tubbs, *The Common Law Mind: Medieval and Early Modern Conceptions*, Baltimore, John Hopkins University Press, 2000, Capítulo 2.

55. O direito privado alemão tem sido desde então visto como a mais fértil fonte de pensamento sistemático. Sobre a ciência jurídica alemã (*Rechtswissenschaft*) e a codificação no século XIX, cf.: Jouanjan, "Science juridique et codification en Allemagne (1850-1900)", *Droits* 27/65-86, n. 2, Paris, 1998; Reimann, "The nineteenth century German legal science", *Boston College Law Review* 31/837-897, n. 4, julho/1990. A maior atenção geralmente dada à doutrina alemã de forma alguma deve diminuir a importância da noção de "sistema" no pensamento jurídico francês, mas é importante notar que a origem intelectual das noções francesa e alemã de "sistema" é diferente. Sobre isso, cf. Gordley, "European codes and American restatements: some difficulties", *Columbia Law Review* 81/142-145. Para um estudo ligando a codificação com a tradição intelectual sobre o Estado, cf. Dyson, *The State Tradition in Western Europe: a Study of an Idea and Institution*, Nova York, Oxford University Press, 1980, p. 112.

56. Há mais de uma forma de sistematização, mas a codificação é certamente a "mais eficiente". Ost e Kerchove, *The Legal System between Order and Disorder*, p. 72. Cf. também Legrand, "A diabolical idea", in Arthur Hartkamp *et al.* (eds.), *Towards a European Civil Code*, 3ª ed., p. 322 ("Um código é uma cosmologia. ... Com um código, a realidade é abstraída por meio de um processo de ordem mental: a realidade é temporalizada e espacializada"). Nos Estados Unidos também houve um movimento de codificação na primeira metade do século XIX. Conquanto sério, o movimento não teve êxito. O que é chamado nos Estados Unidos de *code* é nada mais que a compilação de leis e regulamentos em ordem cronológica (cf. Legrand, ob. cit., p. 323). Sobre a codificação no sistema anglo-americano, cf., genericamente: Cook, *The American Codification Movement: a Study of Antebellum Legal Reform*, Westport/Conn., Greenwood Press, 1981; Pound, "Codification in Anglo-American Law", in Bernard Schwartz (ed.), *The Code Napoléon and the Common Law World*, Nova York/USA, New York University Press, 1956; Reimann, "The historical school against codifica-

glo-americano é somente a mais recente manifestação desse contraste cultural.⁵⁷ Embora comumente notada,⁵⁸ a importância dessa diferença na forma de pensar tem sido negligenciada. David Gerber corretamente escreveu: "A proporção em que as ideias numa dada cultura jurídica estão sistematicamente ligadas umas às outras pode ter uma influência bem maior na característica daquela cultura do que é geralmente imaginado".⁵⁹

tion: Savigny, Carter, and the defeat of the New York Civil Code", *The American Journal of Comparative Law* 37/95-119, n. 1, 1989; Tallon, "La codification dans les système de common law", *Droits* 27/39 e ss., Paris, 1998. Para uma comparação entre a codificação e o pensamento sistemático francês e inglês, cf. Allison, *A Continental Distinction in the Common Law: a Historical and Comparative Perspective on English Public Law*, Capítulo 6 (relacionando o processo codificatório francês ao pensamento sistemático e sustentando que a falta da codificação na Inglaterra contribuiu para um Direito menos teórico e um pensamento menos sistemático dos *lawyers* ingleses). O estudo comparativo de Allison pode ser aplicado à comparação dos sistemas jurídicos da França e dos Estados Unidos. O autor corretamente afirma que "a preocupação inglesa tradicional com os *remedies* encorajou uma casuística orientada ao fato, a qual negligencia a importância de um sistema classificatório" (p. 128). O *American Restatements of Contracts* dos Estados Unidos pode ser visto como uma tentativa de sistematizar o direito contratual (privado). Para uma comparação entre os Códigos francês e alemão com os *restatements* norte-americanos, cf. Gordley, "European codes and American restatements: some difficulties", *Columbia Law Review* 81/140-157.

57. Sève diz que a ideia moderna dos juristas de Direito como um "sistema" tem origem histórica na ideia de códigos ("Système et code", *Archives de Philosophie du Droit* 31/81, Paris, 19861). "Mas os *scholars* continentais – diz, com acerto, Gordley – eram sistemáticos antes de terem códigos" ("Codification and legal scholarship", *University of California Davis Law Review* 31/735, n. 3, 1998). Não admira que Sève encontre na filosofia de Hegel a inspiração para a codificação. Hegel explicitamente clamou pela codificação, a qual proveria os indivíduos com um sistema coerente (cf. Hegel, *Princípios de Filosofia do Direito*, trad. de Norberto de Paula Lima, São Paulo, Ícone, 1997 [1821], § 211).

58. Örücü esquematicamente enumera e explica as assunções comumente feitas sobre o contrate entre o direito e as culturas continental e da *common law* (e as socialistas). A "filosofia da sistematização" dos continentais opõe-se à filosofia "empírica" dos *lawyers*. Örücü indica outras dicotomias, algumas das quais serão implícita ou explicitamente tratadas neste trabalho, como "estrutura pronta" *versus* "indivíduo livre"; "legislador paternalista" *versus* "sociedade liberal"; "direito dita regras de conduta" *versus* "direito usado mais para resolver disputas"; "códigos" *versus* "*remedies*" (*An Exercise on the Internal Logic of Legal Systems*, 1987, pp. 313-318).

59. Gerber, "Idea-systems in law: images of nineteenth-century germany", *Law & History Review* 10/153.

Uso a ideia de "sistema" no sentido forte em que os juristas continentais têm entendido o termo desde, ao menos, o processo codificatório do século XIX; isto é, não somente como um conjunto de princípios, regras e conceitos inter-relacionados e internamente coerentes, consistentes e hierarquicamente ordenados, do quais os juristas "deduzem" o Direito,[60] mas também como "a única maneira possível por que o espírito cognoscente pode assegurar-se da verdade".[61] É dizer que para os juristas continentais o pensamento sistemático é uma *condição essencial* para entender o Direito. Na *common law*, em contraste, os operadores do Direito dificilmente consideram a ideia de sistema como uma *conditio sine qua non*. As palavras de Legrand, embora exageradas, são dignas de nota: "A *common law* não foi jamais sistematizada nem nunca aspirou a sê-lo".[62]

60. Para uma noção muito similar, Cf. Örücü, "An exercise on the internal logic of legal systems", *Legal Studies* 7/310, n. 3, 1987. Meu ponto não é definir ou criticar esta ou aquela teoria sobre o que seja um "sistema jurídico". Na literatura anglo-americana, cf. Raz, *The Concept of a Legal System: an Introduction to the Theory of Legal System*, 2ª ed., Oxford, Oxford University Press, 1980 (criticando analiticamente as teorias de Bentham, Austin, Kelsen e Hart e apresentando uma teoria geral aplicável a todos os sistemas jurídicos), e *Practical Reason and Norms*, Oxford, Oxford University Press, 1975, Capítulo 5. Cf. também Ost e Kerchove, *The Legal System between Order and Disorder*, 1994.

61. Larenz, *Metodologia da Ciência do Direito*, 3ª ed., trad. de José Lamego, Lisboa, Fundação Calouste Gulbenkian, 1997, p. 21. O já citado artigo de Dworkin intitulado "In praise of theory", publicado em 1997 e republicado em 2006 (in *Justice in Robes*, Cambridge/Mass., Harvard University Press, 2006, Capítulo 2), se não toda a sua Teoria do Direito, tem muito em comum com o pensamento jurídico continental, a despeito das quase inexistentes citações de Dworkin e da reveladora insularidade de suas ideias. Na doutrina brasileira essa proximidade entre Dworkin e os continentais foi notada por Lima Lopes ("Juízo jurídico e a falsa solução dos princípios e regras", *Revista de Informação Legislativa* 160/49-64, 2003), que, no entanto, injusta e erradamente refere que Dworkin jamais mencionou Gadamer: ora, basta ler *O Império do Direito* (trad. de Jefferson Luiz Camargo, São Paulo, Martins Fontes, 1999, trad. de *Law's Empire*, 1986) para ver que Dworkin deriva expressamente de Gadamer e o cita expressamente, sempre com aplauso, duas vezes no texto (pp. 67 e 75) e mais uma vez em extensa nota de rodapé (nota 2, p. 63). É interessante e iluminadora a sugestão de Lima Lopes de que não há muita novidade, para os continentais, na teoria dworkiniana. Mas talvez o próprio Dworkin não questione essa afirmação, uma vez que ele baseia sua teoria da *adjudication* em Gadamer. Para um artigo abordando as influências de Gadamer na *common law*, mormente na teoria de Dworkin, cf. Hutchinson, "Work-in-progress: Gadamer, tradition and the common law", *Chigago-Kent Law Review* 76/1.015-1.082, n. 2, 2000.

62. Legrand, "European legal systems are not converging", *International and Comparative Law Quarterly* 45/65. Cf. também: Legrand, *Le Droit Comparé*, p. 74;

A noção de sistema implica as noções de coerência e de consistência. Para evitar confusão comum neste tópico multifacetado, devo dizer algumas palavras sobre o tema. É claro que todos os sistemas jurídicos buscam coerência e consistência em algum grau.[63] Ao dizer que a *common law* é menos sistemática que o Direito Continental não estou sugerindo que ela é propositadamente incoerente, nem que *lawyers* não buscam ter um "sistema de Direito" mais ou menos coerente. Nem estou, aqui, tomando partido no conhecido debate havido na Filosofia do Direito anglo-americana entre aqueles que, como Dworkin, entendem o Direito, ou, melhor, a decisão judicial, como uma empreitada necessariamente coerente e aqueles que, como os *critical legal scholars*, pensam ser a coerência algo inatingível no discurso jurídico,[64] seja em razão do caráter político do Direito e dos interesses conflitantes da sociedade, seja em razão do chamado caráter coercitivo do Direito.[65] Entendo que a "coerência" é melhor entendida como uma aspiração necessária que o jurista emprega no seu raciocínio jurídico que uma *característica intrínseca* do Direito; é um *propósito*, um projeto ao qual nos lançamos a fim de dar melhor sentido aos textos legais, decisões judiciais ou opiniões doutrinárias, ou qualquer outra fonte de Direito em dada sociedade.[66]

Fairgrieve e Watt, *"Common Law" et Tradition Civiliste*, p. 28. Tal visão sobre o sistema da *common law* é a visão que tem a maioria dos juristas continentais. No começo dos anos 1950 Bernard Schwartz fez observação similar sobre a *administrative law* norte-americana, dizendo que até então não houvera "qualquer tentativa real de sistematização e síntese pelos doutrinadores" ("French and anglo-american conception of administrative law", *Miami Law Quarterly* 6/433, n. 3, abril/1952).

63. "Coerência" é, aqui, usado no seu "valor familiar", isto é, no sentido de "inteligibilidade" (cf. Raz, "The relevance of coherence", *Boston University Law Review* 72/276-277, n. 2, março/1992). Sobre coerência, cf. Alexy e Peczenik, "The concept of coherence and its significance for discursive rationality", *Ratio Juris* 3/130-147, *Issue* 1, março/1990.

64. A teoria de Dworkin do "Direito como integridade" é bom exemplo (*O Império do Direito*, Capítulos 6-7). Entre os *critical legal scholars*, cf., por exemplo, Unger, "The critical legal studies movement", *Harvard Law Review* 96/571, n. 3, Cambridge, janeiro/1983 (dizendo que "seria estranho se os resultados de uma teoria normativa coerente e ricamente desenvolvida coincidissem com a maior parte de qualquer ramo do Direito" e duvidando de que uma "implausível santificação do atual" possa representar qualquer teoria coerente do Direito).

65. Cf. Raz, "The relevance of coherence", *Boston University Law Review* 72/297.

66. Cf., genericamente, Balkin, "Understanding legal understanding: the legal subject and the problem of legal coherence", *Yale Law Journal* 103/105, 1993.

Meu foco, portanto, há de ser posto no propósito que o sistema jurídico quer atingir e, num segundo passo, nas consequências que um "pensamento menos sistemático" pode gerar. O ponto, aqui, é, mais uma vez, de ênfase. O "excepcionalismo circunstancial" norte-americano e a "exorbitância estrutural" francesa ou brasileira são ideias intimamente ligadas ao maior ou menor grau de "sistematicidade" das mentalidades anglo-americana e continental, devendo ser entendidos nesse contexto.

Nessa linha, é possível afirmar que a construção de um sistema perfeitamente coerente de direito dos contratos administrativos não tem sido o primeiro objetivo da *common law*, porque construir um corpo de normas coerentes *a priori* para resolver casos concretos vai contra a mentalidade anglo-americana.[67] Em termos genéricos, o primeiro foco dos *lawyers* não é a lógica do sistema, mas a solução prática do caso. Portanto, um corpo de normas *a priori* menos coerente e menos sistemático[68] no campo dos contratos públicos é somente o corolário de uma atividade mental que rejeita abstrações,[69] o resultado necessá-

---

67. Cf.: Legrand, "European legal systems are not converging", *International and Comparative Law Quarterly* 45/65; Garapon, *Bem Julgar: Ensaio sobre o Ritual Judiciário*, p. 175. Sobre as fontes históricas da abordagem pragmática na *common law*, cf., por exemplo, Samuel, "L'esprit de non-codification: le *common law* face au Code Napoléon", *Droits* 41/123-138, Paris, 2005.

68. Raz parece reconhecer que, embora alguns sistemas jurídicos possam mostrar considerável coerência, certamente não há uma razão geral para supor que todos o fazem (cf. "The relevance of coherence", *Boston University Law Review* 72/283).

69. Diz-se genericamente na Filosofia que o Pragmatismo norte-americano rejeita "abstrações". William James referiu que "um pragmatista vira as costas resolutamente e de uma vez por todas para muitos hábitos inveterados queridos a filósofos profissionais. Ele expulsa abstrações e insuficiências, soluções verbais, más razões *a priori*, princípios fixos, sistemas fechados e pretensas origens absolutas" ("Pragmatism", in *Pragmatism and the Meaning of Truth*, p. 31). Para um argumento opondo as epistemologias de James e Kant, cf. Kloppenberg, *Uncertain Victory: Social Democracy and Progressivism in European and American Thought, 1870-1920*, Oxford, Oxford University Press, 1986, pp. 57-59. Claro, a forma de pôr a questão assim contrastando "práticos *versus* abstratos" ou "Pragmatismo *versus* Idealismo" é uma simplificação – o tema é muito mais rico e complexo. É suficiente dizer que o Idealismo alemão não foi um movimento unívoco; ele englobou uma versão "subjetiva" ou "formal", com Kant e Fichte, e uma versão contrária, "objetiva" ou "absoluta", com os chamados "Românticos" (Hölderlin, Novalis, Schlegel, Schelling e o jovem Hegel). Para um argumento recente questionando a visão comum sobre um supostamente existente subjetivismo no Idealismo alemão (trabalho de onde derivei esta nota), cf. Beiser, *German Idealism: the Struggle Against Subjectivism, 1781-1801*, Cambridge/

rio de uma forma específica de entender o Direito.[70] Antoine Garapon acerta o ponto mais uma vez: "Esta maior consideração pela prática ou pela teoria condiciona um modo de produção do Direito".[71] Daí que não é de estranhar a existência de decisões muito discrepantes no Direito Norte-Americano no tema dos contratos públicos, como será visto.

Nessa linha de pensamento, é possível perceber que, quando a coerência e a sistematicidade não são feitas por normas abstratas *a priori*, como quer (muitas vezes sem sucesso) o Direito Continental, o sistema jurídico passa a buscar a coerência *a posteriori*, por meio das decisões judiciais, o que é certamente mais difícil. De certa forma, é como se a razão ou a racionalidade da lei se transmudassem para a razão ou racionalidade da decisão judicial.[72] Não é casual, portanto, que o sistema

Mass., Harvard University Press, 2002, p. 11. Sobre as relações do Idealismo alemão com o Pragmatismo, cf., genericamente: Bowie, *Introduction to German Philosophy: From Kant to Habermas*, Cambridge/UK, Polity, 2003, Capítulo 5 (expondo a crítica do Romantismo ao Idealismo e sugerindo uma conexão entre os Românticos e o Pragmatismo contemporâneo); Kuklick, *A History of Philosophy in America, 1720-2000*, Oxford, Oxford University Press, 2001, Capítulos 8-9 (argumentando que os pensamentos de Charles S. Peirce e William James são em parte tributários do Idealismo alemão). Em 1910 – portanto, logo após as famosas *Lectures* de William James sobre o Pragmatismo dadas em Boston e em Nova York em 1907 – o filósofo do Direito francês J. Charmont salientou as relações entre Pragmatismo e as doutrinas anteriores como Empirismo, Utilitarismo, Positivismo, Kantismo, Voluntarismo e Fideísmo ("Recent phases of french legal philosophy", in *Modern French Legal Philosophy*, by Alfred Fouillée *et al.*, Nova York, MacMillan, 1921 [1910], pp. 102-103). Sobre o Pragmatismo no direito constitucional brasileiro, cf. Pogrebinschi, "A normatividade dos fatos, as consequências políticas das decisões judiciais e o Pragmatismo do Supremo Tribunal Federal (comentários à ADI 2.240-7-BA)", *RDA* 247/181-193, São Paulo, janeiro-abril/2008.

70. Em suma, está-se tratando de um problema de Filosofia do Direito, aqui. Cf., genericamente, Balkin, "Understanding legal understanding: the legal subject and the problem of legal coherence", *Yale Law Journal* 103/105 e ss.

71. Garapon, *Bem Julgar: Ensaio sobre o Ritual Judiciário*, p. 175.

72. Não estou, obviamente, diminuindo a autoridade dos tribunais *qua tale*, mas somente opondo o "argumento de autoridade" ao "argumento de razão", no sentido comum de "autoridade *versus* razão". Cf., genericamente: Fletcher, "What Law is like?", *Southern Methodist University Law Review* 50/1.599-1.600, n. 5, julho-agosto/1997; Haarscher, "Autorité et raison en Philosophie", in Patrick Vassart *et al.* (eds.), *Arguments d'Autorité et Arguments de Raison en Droit*, Bruxelas, Nemesis, 1988, pp. 249-258. Sobre essa oposição no direito público francês, cf. Troper, "Autorité et raison en droit public français", in *Pour une Théorie Juridique de l'État*, Paris, PUF, 1994, pp. 107-126.

jurídico francês empreste maior autoridade à lei que à decisão judicial (embora essa afirmação seja contestável no campo do direito administrativo), e o contrário seja próprio do sistema jurídico norte-americano. Para os propósitos deste estudo, vale ainda lembrar a importância da tradição no pensamento jurídico.[73] O conceito de "mentalidade" também carrega uma ideia de "passado" (*pastness*), no sentido empregado por Martin Krygier para explicar a ideia de Direito como tradição.[74] "Em todo sistema de Direito o passado é central para o presente jurídico"; e em Direito esse passado, representado por "crenças, opiniões, valores, mitos, rituais", é "depositado sobre as gerações" e é também "institucionalizado", sendo quase "sacralizado".[75] A presença do passado, a qual Krygier chama de "presença de autoridade", é "frequentemente despercebida pelos participantes"; é vista como "óbvia" e "natural",[76] sendo, então, "transmitida" ao longo das gerações.[77] Esse

---

73. Cf. Glenn, *Legal Traditions of the World: Sustainable Diversity in Law*, Oxford, Oxford University Press, 2000, p. 2 (afirmando que a História nos ensina que fazemos parte de uma tradição, a qual é "uma característica comum de sociedades e leis, e trabalhar com a tradição nos permite trabalhar com um fator comum").

74. Cf. Krygier, "Law as tradition", *Law and Philosophy* 5/237-262, 1986. De acordo com Krygier, a ideia de passado (*pastness*) é o primeiro elemento de toda tradição (pp. 240-245). Sobre *pastness* como um elemento da tradição, cf. também Glenn, *Legal Traditions of the World: Sustainable Diversity in Law*, pp. 4-6. Glenn ecoa a opinião de Elliot: "O elemento mais óbvio e genericamente aceito da tradição é o que T. S. Elliot chamou de seu 'passado' (*pastness*)" (p. 4). Dworkin reconhece essa visão quando refere a interpretação, tema central da sua teoria: "Não nego o que é óbvio, isto é, que os intérpretes pensam no âmbito de uma tradição interpretativa à qual não podem escapar totalmente" (*O Império do Direito*, pp. 74-75). E logo depois, em ligação pouco notada pelos comentadores de Dworkin, este recorre "mais uma vez a Gadamer, que acerta em cheio ao apresentar a interpretação como algo que reconhece as imposições da História ao mesmo tempo que luta contra elas" (p. 75). Para uma perspectiva mais ampla, ligando o caráter histórico inerente ao Direito com a história da Filosofia, cf. Villey, *Leçons d'Histoire de la Philosophie du Droit*, Paris, Dalloz, 1962, pp. 17-21.

75. Krygier, "Law as tradition", *Law and Philosophy* 5/241.

76. Idem, p. 246. A *authoritative presence* é o segundo elemento de toda tradição (cf. pp. 245-250).

77. "Transmissão" (*transmission*) é o terceiro e último elemento das tradições (cf. Krygier, "Law as tradition", *Law and Philosophy* 5/250-251). Como Gadamer escreveu, "as pessoas que acreditam terem se livrado do seu entrelaçamento com sua história efetiva [*Wirkungsgeschichte*] estão simplesmente erradas" (*Truth and Method*, 2ª ed., Londres, Continuum, 2004, p. 45).

parece ser o caso do sentido dado pela maioria da literatura anglo-americana à Doutrina da "Imunidade Soberana" (*Sovereign Immunity Doctrine*),[78] cujo equivalente funcional no direito dos contratos públicos é a *Sovereign Acts Doctrine*, o mais forte exemplo do excepcionalismo no sistema jurídico norte-americano, como já foi referido. Nos sistemas francês e brasileiro o princípio (ou mera retórica?) da *supremacia do interesse público* segue a mesma lógica da tradição.[79]

Por fim, uma última observação deve ser feita. Foi mencionado que a ideia de "sistema" é originariamente relacionada à codificação, o que poderia sugerir estar o pensamento sistemático relacionado, nos sistemas jurídicos continentais, somente ao direito privado, e não ao direito público, porque a noção de "ciência do Direito", adequada que é à ideia de "sistema", está originariamente relacionada aos conceitos jusprivados.[80] Isso seria, porém, um erro grosseiro, tanto histórico quanto jusfilosófico. A própria ideia de *Rechtsstaat* na Alemanha ou de *État de Droit* na França é produto do pensamento racionalista e de teorias

78. Davis, "Sovereign immunity must go", *Administrative Law Review* 22/384, 1970 ("O mais forte suporte à *sovereign immunity* é fornecido por time de quatro escudeiros frequentemente encontrados – acidente histórico, hábito, uma tendência natural a favorecer o que é familiar e a inércia"); Randall, "Sovereign immunity and the uses of History", *Nebraska Law Review* 81/6, 2002 ("O tempo e a tradição, claro, incrustaram o erro da *sovereign immunity* em nossa cultura").

79. Um caso julgado no TJRS parece indicar a força retórica da ideia da supremacia do interesse público sobre o particular, afirmada expressamente no julgamento: 1º Grupo Cível, EI 70006033989, Município de Porto Alegre contra Ministério Público do Rio Grande do Sul, rel. Des. Carlos Roberto L. Caníbal, j. 5.12.2003.

80. Cf., por exemplo, Simmonds, *The Decline of Juridical Reason: Doctrine and Theory in the Legal Order*, Capítulos 2 e 9. A sistematização do direito privado tem raízes facilmente identificáveis no *Digesto* de Justiniano, depois escrutinado pela pandectística alemã, formada sobremodo pelo direito privado romano e por excertos e fragmentos de afirmações de juristas do século II e IV em relação ao direito de família, pessoas, coisas, direito de herança, contratos e outros assuntos. Em Inglês, cf. Ullmann, *Medieval Political Thought*, Baltimore, Penguin Books, 1975, p. 55. É certo que o Direito Romano não tinha preferência por sistematização, no entanto. Antes, pelo contrário (cf. Villey, *La Formation de la Pensée Juridique Moderne*, Paris, PUF, 2003 [1968], p. 476). Mas é igualmente correto afirmar que o método casuístico do Direito Romano "jamais teria influenciado tão profundamente o mundo ocidental" se esse método "não tivesse sido temperado pela consciência da necessidade de alguma espécie de sistema ordenado" (Jones, *Historical Introduction to the Theory of Law*, Westport, Greenwood Press, 1970, p. 5).

sistemáticas.[81] Assim, a noção de "sistema" tornou-se tão forte no Direito Continental que ela é parte da ideia de Direito como um todo.[82] O direito público francês é um bom exemplo.[83] Na França a sistematização do direito público é empreendida não somente pelo Conselho de Estado, que vem dando forma e conteúdo ao direito administrativo desde meados do século XIX,[84] mas também pela doutrina, que tem desde sempre, e principalmente desde 1880, um papel decisivo na sistematização do direito administrativo.[85] Toda a noção de contrato administrativo, cuja *raison d'être* é a "exorbitância", deve ser sistematicamente entendida dentro do conceito mais amplo de direito administrativo, com suas várias implicações epistemológicas. Embora de forma mais pobre, o Direito Brasileiro também se encontra sistematizado, influenciado que foi pelo Direito (público) Francês (e também pelo direito privado alemão).[86]

81. Sobre o direito constitucional alemão, cf. Ewald, "Comparative jurisprudence (I): what was it like to try a rat?", *University of Pennsylvania Law Review* 143/2.046-2.065, 1995 (explicando que o *Rechtsstaat* alemão é subproduto do Racionalismo kantiano e seu sistema moral *a priori*). Kant foi também influente na chamada "Idade de Ouro" do direito administrativo francês, que durou, *grosso modo*, de 1880 a 1930, anos em que os mais importantes conceitos de direito administrativo foram construídos, tendo largamente influenciado o conceito de Estado naquele período. Para Dyson o Idealismo de Hegel tornou-se influente na França depois de 1920 (cf. *The State Tradition in Western Europe: a Study of an Idea and Institution*, p. 160).
82. G. F. Puchta (1798-1846), que inventou a ideia da "pirâmide dos conceitos", o mais influente autor alemão da chamada "jurisprudência dos conceitos" (que é a quintessência do sistema lógico), elaborou uma metodologia utilizável tanto no direito privado quanto no direito público (cf. Whitman, *The Legacy of Roman Law in the German Romantic Era: Historical Vision and Legal Change*, Princeton, Princeton University Press, 1990, p. 121). A "pirâmide dos conceitos" foi depois imortalizada no direito continental público por Kelsen. Sobre Puchta e a jurisprudência dos conceitos, cf. Larenz, *Metodologia da Ciência do Direito*, 3ª ed., pp. 21-29.
83. Cf., por exemplo, Cassese, *La Construction du Droit Administratif: France et Royaume-Uni*, p. 27.
84. Entre os poucos doutrinadores anglo-americanos que souberam ver isso, cf. Langrod, "The french Council of State: its role in the formulation e implementation of administrative law", *The American Political Science Review* 49/673-692, n. 3, setembro/1955.
85. Cf., genericamente: Fortsakis, *Conceptualisme et Empirisme en Droit Administratif Français*, Paris, LGDJ, 1987; Plessix, *L'Utilisation du Droit Civil dans l'Élaboration du Droit Administratif*, pp. 309-486.
86. Na doutrina brasileira, sobre a ideia de sistema, cf. Martins-Costa, *A Boa-Fé no Direito Privado*, São Paulo, Ed. RT, 1999, pp. 39-270.

O comparatista deve, então, ter cautela, para não estereotipar o direito administrativo como um direito jurisprudencial,[87] porque isso pode induzir a acreditar que o direito administrativo é tão pouco sistemático quanto a *common law*. Essa visão é enganosa. O direito administrativo e, consequentemente, o contrato administrativo têm sido influenciados por ambos, Empirismo e Conceitualismo.[88] Nada obstante isso, foi o Conceitualismo que parece ter predominado. O enorme esforço doutrinário feito pelo Conselho de Estado e pelos publicistas franceses para sistematizar e ultimamente construir o direito administrativo nunca teria sido possível se a mentalidade dos juristas franceses não preferisse a sistematização ao raciocínio prático.[89] O direito administrativo brasileiro e a teoria do contrato administrativo no Brasil, tendo sido influenciados pela matriz francesa, seguiram o mesmo caminho.

87. Cf., por exemplo: Brown e Bell, *French Administrative Law*, 5ª ed., Oxford, Oxford University Press, 1998, pp. 2-3 (aludindo ao caráter jurisprudencial do *droit administratif*, mas anotando que o direito administrativo é também "um sistema jurídico totalmente desenvolvido"); Bernard Schwartz, ("French and anglo-american conception of administrative law", *Miami Law Quarterly* 6/436 ("O juiz [*administrativo francês*] confrontou-se com uma *tabula rasa*, muito como os criadores da *common law*"). Cf. também J. D. B. Mitchell, *The Contracts of Public Authorities. A Comparative Study*, p. 167.
88. Cf. Fortsakis, *Conceptualisme et Empirisme en Droit Administratif Français*, p. 36.
89. Cf., genericamente, Fortsakis, *Conceptualisme et Empirisme en Droit Administratif Français*, pp. 285-286. Cf.: Bienvenu, "Tendences de la doctrine contemporaine en droit administratif", *Droits* 1/159, Paris, 1985 ("Se o direito administrativo é incontestavelmente um direito do caso, pode-se sem muito paradoxo aduzir que ele é também um direito doutrinário"); Burdeau, *Histoire du Droit Administratif*, Paris, PUF, 1995, pp. 329-358. Jacques Chevallier sublinhou a importância da doutrina na construção do *droit administratif* ao afirmar que neste campo há uma "hipertrofia da função doutrinal", a qual é explicada "evidentemente pelas condições históricas da formação do direito administrativo" ("Doctrine or science?", *L'Actualité Juridique – Droit Administratif* 57/603, ns.7-8, julho/agosto/2001). Sobre a importância da doutrina no Direito Francês como um todo, cf.: Duxbury, *Jurists and Judges: an Essay on Influence*, Portland, Hart Publishing, 2001, Capítulo 4; Goutal, "Characteristics of judicial style in France, Britain and the USA", *The American Journal of Comparative Law* 24/64-65, n. 1, 1976; Pinto Correia, *Responsabilidade do Estado e Dever de Indenizar do Legislador*, Coimbra, Coimbra Editora, 1998, pp. 69-74. Mas cf. também Monnier, "Justice administrative", *Droits* 34/105, Paris, 2001 (sugerindo que a Justiça Administrativa francesa é "banalmente concreta").

2. Direito público *"versus"* direito privado no contexto dos contratos administrativos: a exorbitância vista no âmbito da dicotomia

> *"Seria um sério erro imaginar que a distinção entre direito público e direito privado é meramente um esquema classificatório que pode ser usado ou descartado conforme pareça mais conveniente. A distinção é um elemento de uma teoria política muito mais ampla, e sua aceitação ou rejeição como categoria doutrinária válida depende de como a ordem jurídica será construída filosoficamente."* (Nigel Simmonds[90])

> *"Com efeito, o nosso sistema de valores determina toda a nossa paisagem mental. Vejamos o exemplo mais simples. Suponha-se que a nossa sociedade e a sociedade observada apresentam ambas, em seus respectivos sistemas de ideias, os mesmos elementos A e B. Basta que uma subordine A a B e a outra B a A para que resultem diferenças consideráveis em todas as concepções. Por outras palavras, a hierarquia interna da cultura é essencial para a comparação."* (Louis Dumont[91])

Entre todas as coisas interessantes que atraem a atenção dos juristas continentais quando estudamos o sistema da *common law*, particularmente o sistema norte-americano,[92] poucas podem ser vistas como

---

90. Simmonds, *The Decline of Juridical Reason: Doctrine and Theory in the Legal Order*, p. 121.
91. Dumont, *Individualismo: uma Perspectiva Antropológica da Ideologia Moderna*, trad. de Álvaro Cabral, Rio de Janeiro, Rocco, 1985 [1983], p. 18.
92. A doutrina inglesa tem prestado maior atenção à dicotomia do que presta a doutrina norte-americana, e construiu recentemente uma espécie de "versão inglesa" da dicotomia. Cf., genericamente, Allison, *A Continental Distinction in the Common Law: a Historical and Comparative Perspective on English Public Law*, especialmente Capítulo 5. A partir da década de 1970 o debate doutrinário sobre a adoção, ou não, da dicotomia teve lugar. Cf., por exemplo: Fredman e Morris, "The cost of exclusivity: public and private re-examined", *Public Law* 1994, pp. 69-85 (contrários à dicotomia); Harlow, "'Public' and 'private' law: definition without distinction", *Modern Law Review* 43/241, 1980 (idem); J. F. Garner, "Public law and private law", *Public Law* 1978, pp. 230-238, 1978 (a favor da dicotomia); Samuel, "Public and private law: a private lawyer's response", *The Modern Law Review* 46/558-583, n. 5, setembro/1983 (idem). Para uma visão geral do tema no Direito Inglês, cf. Freedland,

mais fundamentais que a falta de um emprego metodológico da dicotomia entre direito público e direito privado. De fato, o que impressiona os juristas continentais é o fato de que a dicotomia está no centro da sua forma de pensar sobre o Direito em qualquer problema jurídico,[93] ao passo que o operador do Direito norte-americano quase negligencia a mesma dicotomia.[94] Mais que isso, nas poucas vezes em que o *lawyer* não a negligencia, ele empresta à dicotomia um conteúdo diferente e dela retira diferentes consequências. Para um propósito comparativo, é crucial entender por que essa diferença existe e discernir as implicações que daí seguem para a compreensão da exorbitância nos contratos públicos.

Os juristas continentais, ao longo dos séculos, têm pensado e compreendido o direito público *a partir* e *por meio da* dicotomia "direito público *versus* direito privado".[95] Embora a dicotomia tenha sido muito criticada ao menos desde a década de 1950, as palavras de John Henry Merryman são ainda válidas:

"O estudante no Direito Continental, encontrando essa genérica divisão no início de sua carreira, tende a absorvê-la acriticamente. Ela

---

"The evolving approach to the public/private distinction in English Law", in Jean-Bernard Auby e Mark Freedland (eds.), *The Public Law/Private Law Divide: une Entente Assez Cordiale?*", Portland, Hart Publishing, 2006, pp. 93-112. Penso que o debate doutrinário inglês errou o alvo: ao invés de focar no *propósito* da dicotomia, o debate concentrou-se no *ter ou não* a dicotomia.

93. Na doutrina francesa, cf., por exemplo, Auby, "Le rôle de la distinction du droit public et du droit privé dans le Droit Français", in Jean-Bernard Auby e Mark Freedland (eds.), *The Public Law/Private Law Divide: une Entente Assez Cordiale?*", p. 12. Na doutrina comparada brasileira, cf., por exemplo, Porto, "Considerações sobre a estrutura do Direito nos sistemas jurídicos comparados", *Estudos Jurídicos* 5/7, n. 12, São Leopoldo, janeiro/1975.

94. Obviamente esse pensamento tem raízes fundas na *common law*. No Direito Inglês, cf. J. D. B. Mitchell, "The causes and effects of the absences of a system of public law in the United Kingdom", *Public Law* 1965. Allison sublinhou que Bracton, *Sir* Matthew Hale, Blackstone, Austin, Markby, Holland, Pollock e Dicey em regra ignoraram, rejeitaram ou deram pouca importância à dicotomia (cf. *A Continental Distinction in the Common Law: a Historical and Comparative Perspective on English Public Law*, pp. 4-12 e 77-81).

95. Auby refere: "A distinção estrutura completamente o ensino francês do Direito e da pesquisa jurídica francesa" ("Le rôle de la distinction du droit public et du droit privé dans le Droit Français", in Jean-Bernard Auby e Mark Freedland (eds.), *The Public Law/Private Law Divide: une Entente Assez Cordiale?*", p. 12).

rapidamente se torna básica à sua *Rechtsanschauung* [*percepção do Direito*]".[96] E, apesar de criticada a dicotomia, o estudante "*sabe* que direito público e direito privado são *essencialmente* diferentes".[97] Em nítido contraste, Merryman continua: "Os *lawyers* norte-americanos, o Direito e a doutrina jurídica norte-americanos parecem progredir sem qualquer uso consciente da divisão direito público e privado".[98]

96. Merryman, "The public law-private law distinction in European and American Law", *Journal of Public Law* 17/3, 1968. O artigo de Merryman demonstra que a distinção já estava se tornando nebulosa na década de 1960. Ela é, no entanto, ainda válida hoje. Cf. também: Allison, *A Continental Distinction in the Common Law: a Historical and Comparative Perspective on English Public Law*, p. 70 (asseverando que, apesar das reservas expressadas por muitos contra a dicotomia, ela é ainda muito difundida no Direito Continental); Merryman e Pérez-Perdomo, *The Civil Law Tradition: an Introduction to the Legal Systems of Europe e Latin America*, 3ª ed., Stanford, Stanford University Press, 2007, p. 2.

97. Merryman, "The public law-private law distinction in European and American Law", *Journal of Public Law* 17/3 [grifos nossos]. Cf. também David, *French Law: its Structure, Sources, and Methodology*, Baton Rouge/Louisiana, State University Press, 1972, p. 98; Reitz, "Political economy as a major architectural principle of public law", *Tulane Law Review* 75/1.141-1.142, n. 4, março/2001.

98. Merryman, "The public law-private law distinction in European and American Law", *Journal of Public Law* 17/4. Esse pensamento é lugar-comum no Direito Anglo-Americano. Cf., por exemplo: Allison, *A Continental Distinction in the Common Law: a Historical and Comparative Perspective on English Public Law*, p. 1 ("Até o século, [XX] a distinção era pouco conhecida na Inglaterra"); Borchard, "Governmental responsibility in tort: VII", *Columbia Law Review* 28/604, 1928 ("Essas distinções [*direito público-privado*] podem parecer estranhas ao operador do Direito norte-americano e inglês, acostumado ao controle judicial dos atos dos cidadãos privados e dos servidores públicos, [*operador do Direito*] a quem o termo 'direito público' é ainda uma classificação exótica"); Pierce, Shapiro e Verkuil, *Administrative Law and Process*, 3ª ed., Foundation Press, 1999, p. 3 ("Apesar da considerável influência que a distinção direito público e direito privado teve em países do Direito Continental, essa distinção tem pouco impacto nas jurisdições da *common law*"); Fairgrieve e Watt, *"Common Law" et Tradition Civiliste*, p. 39; Pollock, "The contact of public and private law", *Cambridge Law Journal* 1/256, n. 3, Grã-Bretanha, 1923 (referindo que a distinção "era desconhecida para a maioria dos operadores do Direito ingleses antes do tempo presente, e é bem possível viver sem qualquer uso verbal desses termos"); Pound, "What is the common law?", *The University of Chicago Law Review* 4/187 (aludindo ao direito público como "algo muito desconhecido da *common law*"); Geoffrey Samuel, *Epistemology and Method in Law*, 2003, p. 243 ("Pode-se dizer com relativa confiança, portanto, que em nível geral não é possível distinguir direito privado de direito público na Inglaterra"); Bernard Schwartz, "The Code and public law", in *The Code Napoléon and the Common Law World: the Sesquicentennial Lectures Delivered at the Law Center of New York University, December 13-15, 1954*, Nova

Efetivamente, ao contrário do que se passa nos países continentais, os estudantes norte-americanos não são introduzidos à chamada "grande dicotomia",[99] a *summa divisio*, que estrutura o pensamento jurídico continental em qualquer situação, sendo apresentada ao estudante já nos primeiros dias de aula, para que os *oriente* desde o princípio. Mais que isso, enquanto os juristas continentais têm retirado da dicotomia um senso de *prevalência* do direito público sobre o direito privado, os norte-americanos, nas raras ocasiões em que consideram a dicotomia, usualmente invertem os polos e sustentam a predominância do direito privado (a *common law*) sobre o direito público (o *droit politique*). Em resumo, os norte-americanos parecem ou desdenhar o ponto de partida do raciocínio jurídico empreendido no Direito Continental, ou "inverter

York, New York University Press, 1956, p. 250 ("No mundo da *common law*, como bem se sabe, não houve uma nítida distinção entre direito público e direito privado" – citando "Garner *vs*. Teamsters Union", 346 U.S. 485, 495 (1953)); Martin Shapiro, "From public law to public policy, or the 'public' in 'public law'", *Political Science* 5/411, n. 4, 1972 ("Em geral, a distinção direito público/direito privado parece ser estranha aos operadores do Direito ingleses e ao Direito Inglês"); Slesser, *The Law*, Londres, Longmans, Green & Co., 1936, p. 79 ("É uma característica da comunidade britânica, singular em sua Filosofia do Direito, que não se encontre em seu sistema jurídico qualquer diferença essencial entre direito público e direito privado"). *Contra*, mas por razões teleológicas muito diferentes, Morris Cohen, "Property and sovereignty", *Cornell Law Quarterly* 13/8, n. 1, dezembro/1927 ("Essa distinção entre direito público e direito privado é uma característica arraigada no *curriculum* de nossas *law schools*"). Cf. também Craig Lawson, "The family affinities of common law and civil law legal systems", *Hastings Internationl and Comparative Law Review* 6/112-113, n. 1, 1982 (sustentando que a distinção não era mais tão forte quanto costumava ser nos sistemas jurídicos continentais e que os sistemas estariam convergindo). Para uma erudita apreciação sobre a inexistência da dicotomia no Direito Inglês (a qual pode ser aplicada ao cenário norte-americano), cf. Geoffrey Samuel, "Governmental liability in tort and the public and private law distinction", *Legal Studies* 8/277-302, n. 3, novembro/1988. Entretanto, dizer que os operadores jurídicos norte-americanos trabalham no seu dia-a-dia sem a dicotomia não significa dizer que ela não teve ou tem *nenhum* papel no Direito local. Nos Estados Unidos a dicotomia "direito público *versus* direito privado" é, em regra, relacionada a um período específico da história do Direito Norte-Americano, invocada por um grupo especial de juristas, os quais tinham uma específica proposta política em mente, como mostrarei adiante, no texto. O que surpreende é que, em regra, os operadores jurídicos norte-americanos não pensam nem resolvem os casos a partir da dicotomia.

    99. Cf. Bobbio, *Estado, Governo, Sociedade*: *para uma Teoria Geral da Política*, 4ª ed., trad. de Marco Aurélio Nogueira, Rio de Janeiro, Paz e Terra, 1992, Capítulo 1.

o significado" da dicotomia. Qual a importância dessa diferença? Que valores estão por trás dela?

Em suma, essa diferença revela que juristas e *lawyers* assumem *diferentes valores políticos e morais*, valores sobre os quais foram construídos seus respectivos sistemas de Direito. Jacques Chevallier anotou corretamente que a dicotomia público-privado "aparece como uma categoria de pensamento na imaginação das sociedades ocidentais" e que ela "é expressada pela submissão de cada esfera a diferentes *sistemas de valores* e diferentes *sistemas normativos*".[100] Chevallier também salienta que esse contraste de valores "é, sem dúvida, mais ou menos marcante de acordo com o país: fortemente marcado na Europa Continental, *notavelmente na França*, ele é menos claro nos países anglo-saxões, *notavelmente nos Estados Unidos*".[101] Assim, não é casual que a França seja o país do Direito Continental no qual a dicotomia "direito público *versus* direito privado" tenha recebido maior atenção,[102] ao passo que os Estados Unidos sejam o país da *common law* no qual a dicotomia tenha tido a menor atenção.[103]

---

100. Chevallier, "Presentation", in Jacques Chevallier (org.), *Public/Privé*, Paris, PUF, 1995, pp. 6 e 7, respectivamente. Cf. também Bobbio, *Estado, Governo, Sociedade: para uma Teoria Geral da Política*, 4ª ed., p. 13.

101. Chevallier, "Presentation", in Jacques Chevalliers (org.), *Public/Privé*, p. 7 [grifos nossos].

102. Cf., por exemplo, Beaud, "La distinction entre droit public et droit privé: un dualisme qui résiste aux critiques", in Jean-Bernard Auby e Mark Freedland (eds.), *The Public Law/Private Law Divide: une Entente Assez Cordiale?*, pp. 22-23 (sustentando que a dicotomia é na França uma "divisão científica do direito", a qual é reforçada pela forma que os franceses ensinam o Direito e pela maneira que os professores de Direito são recrutados na França, onde os candidatos a professor se submetem a concurso público, chamado *concours d'agrégation*, ou para direito público ou para direito privado, chamando-se, então, ou *publicistes* ou *privatistes*); Caillosse, "Droit public-privé: sens et portée d'un partage académique", *L'Actualité Juridique – Droit Administratif* 20.12.1996, pp. 955-957 (sublinhando a função central da *summa divisio* no Direito Francês em contraste com outros sistemas jurídicos continentais ou da *common law*). Cf. também Plessix, *L'Utilisation du Droit Civil dans l'Élaboration du Droit Administratif*, pp. 15-16.

103. No Direito Norte-Americano, além da histórica crítica feita pelos *critical legal scholars* sobre a dicotomia (abaixo analisada no texto), ela tem sido debatida dentro da filosofia do direito feminista (*feminist jurisprudence*). Cf., por exemplo, Ruth Gavison, "Feminism and the public/private distinction", *Stanford Law Review* 45/1-45, novembro/1992 (examinando a crítica feminista à dicotomia). No Direito

O tema da dicotomia "direito público *versus* direito privado" é multifacetado, porém. Ele pode ser visto de diferentes ângulos, e cada ponto de abordagem suscita diferentes críticas. Para o propósito deste trabalho o que importa na dicotomia "direito público *versus* direito privado" não é *se* um dado sistema jurídico reconhece ou não a dicotomia, mas sim *por que* esse dado sistema a sustenta ou negligencia. Em outras palavras, o ponto é *para qual propósito* um sistema de Direito suporta ou dispensa a dicotomia "direito público *versus* direito privado".

Já referi que a dicotomia teve e tem grande papel nos regimes jurídicos dos contratos administrativos na França e no Brasil, enquanto no regime norte-americano isso não ocorre. Como veremos, o *propósito* da dicotomia em ambos os países continentais foi o de facilitar e veicular a ideia de uma superioridade do interesse público, que está intimamente ligada à ideia de contrato administrativo, enquanto nos Estados Unidos o debate sobre a dicotomia, muito restrito e paroquial, é influenciado pela visão oposta, isto é, pela filosofia liberal, que enfatiza o interesse privado em detrimento do interesse público. No Liberalismo anglo-americano (Liberalismo que mantenho em maiúscula para indicar que aqui incluo ambos, o Liberalismo e o Conservadorismo norte-americanos) é a filosofia do direito privado que prevalece. O tema da dicotomia "direito público *versus* direito privado" engloba, portanto, um debate político e moral.

Por outro lado, a análise da dicotomia pode ser exposta, no que nos interessa, de duas perspectivas: como um conceito *a priori* do Direito (visão "ontológica") e como um *instrumento* para alcançar objetivo político específico (visão "teleológica"). Explico a seguir por que somente a visão teleológica nos interessará mais de perto. Depois exploro as implicações da dicotomia na teoria dos contratos administrativos.

Brasileiro, cf. Sabadell, *Manual de Sociologia Jurídica: Introdução a uma Leitura Externa do Direito*, 3ª ed., São Paulo, Ed. RT, 2005, pp. 234-235. O debate sobre a dicotomia também aparece na arena do direito constitucional com respeito à correta identificação do que seria uma "ação estatal" (*state action*), em oposição à "ção privada" (*private action*). Cf., por exemplo, Alexander, "The public/private distinction and constitutional limits on private power", *Constitutional Commentary* 10/361-378, n. 2, 1993 (sustentando que uma crítica conceitual à dicotomia não leva ao seu colapso normativo). Nenhum desses aspectos da dicotomia será analisado no presente estudo.

2.1 As questões "ontológica" e "teleológica" da dicotomia

> *"Formas de instituição, organização e prática sociais são sempre, em maior ou menor grau, teorias socialmente incorporadas e, como tais, mais ou menos racionais, de acordo com os padrões daquele tipo de racionalidade pressuposto pela pesquisa constituída pela tradição."* (Alasdair MacIntyre[104])

> *"Civil law e common law representam, portanto, não somente os dois sistemas mais importantes da civilização ocidental, mas também duas diferentes inclinações da natureza humana."* (Alexander Pekelis[105])

> *"[Que] adoráveis propósitos aqueles dos juristas que nos dizem: 'O Estado é isso, a Nação, aquilo'. Lá vão eles com a fita métrica na mão: 'Cintura, tanto... Ombros, tanto...!'. Acabada a roupa, grito de triunfo: 'Como cai bem!'. Ora, o que é, no entanto, que cai?"* (Lucien Febvre[106])

Como foi dito, a mentalidade dos juristas continentais vê na dicotomia "direito público *versus* direito privado" uma *summa divisio*, a "grande dicotomia". Há muito é lugar-comum que, historicamente, a dicotomia vem do *Corpus Iuris* do Imperador Justiniano (reinado 527-565 d.C). As *Instituições*, 1.1.4, e o *Digesto*, 1.1.1.2, definiam com idênticas palavras os direitos público e privado – *Publicum ius est quod ad statum rei Romanae spectat, privatum, quod ad singulorum utilitatem pertinet* ("Direito público é o que se refere à República Romana; privado é o direito que versa interesses dos particulares").[107]

---

104. MacIntyre, *Justiça de Quem? Qual Racionalidade?*, 2ª ed., trad. de Marcelo Pimenta Marques, São Paulo, Loyola, 1991, pp. 418-419.
105. Pekelis, "Legal techniques and political ideologies: a comparative study", *Michigan Law Review* 41/692, n. 4, Ann Arbor, fevereiro/1943.
106. Febvre, *Honra e Pátria*, trad. de Eliana Aguiar, Rio de Janeiro, Civilização Brasileira, 1998 [1945-1947], p. 28. Cf. ideia semelhante nas pp. 53-55.
107. Cf. Bobbio, *Estado, Governo, Sociedade: para uma Teoria Geral da Política*, 4ª ed., p. 13. A tradução é de Cretella Jr. e Cretella, *Institutas do Imperador Justiniano*, 2ª ed., São Paulo, Ed. RT, 2005, p. 22.

Entretanto, o significado da dicotomia não tem sido o mesmo através dos séculos.[108] Por exemplo, entre os séculos V e XVI a dicotomia foi negligenciada e tinha somente um papel didático.[109] Sustentar que uma clara visão sobre os limites do *ius privatum* e do *ius publicum* sempre existiu é ignorar um infindável debate sobre tema complexo.[110] Mas traçar as raízes históricas e o significado da dicotomia ajuda na compreensão do Direito de hoje.[111] Para os propósitos deste trabalho é im-

108. J. W. Jones refere que Gutvicht teria mencionado 104 soluções sugeridas (*Historical Introduction to the Theory of Law*, p. 140). Paul Roubier menciona 17 critérios. Muitas razões contribuíram para a mudança de significado no que deveria ser considerado como direito "público" ou "privado" (*Théorie Générale du Droit: Histoire des Doctrines Juridiques et Philosophie des Valeurs Sociales*, Paris, Dalloz, 2005 [1951], p. 295). Essa pesquisa não será feita aqui. Para o assunto, cf., sobre o antigo Direito Francês: Chevrier, "Remarques sur l'introduction et les vicissitudes de la distinction du *jus privatum* et du *jus publicum* dans les œuvres des anciens juristes françaises", *Archives de Philosophie du Droit* 1/5-77, Paris, 1952; Rigaudière, "Pratique politique et droit public dans la France des XIV et XV siècles", *Archives de Philosophie du Droit* 41/83 e ss., 1997.

109. Cf. Chevrier, "Remarques sur l'introduction et les vicissitudes de la distinction du *jus privatum* et du *jus publicum* dans les œuvres des anciens juristes françaises", *Archives de Philosophie du Droit* 1/6-11. Cf. também: Allison, *A Continental Distinction in the Common Law: a Historical and Comparative Perspective on English Public Law*, pp. 42-49; Roubier, *Théorie Générale du Droit: Histoire des Doctrines Juridiques et Philosophie des Valeurs Sociales*, p. 300. Allison, citando Jolowicz, menciona que mesmo nos tempos de Roma a dicotomia "não tinha qualquer importância técnica aos juristas romanos", aduzindo que esses, em função do seu Pragmatismo, somado ao fato de não conceberem o Direito como um todo, sistematicamente "eram incapazes de separar o Direito em categorias público e privado" (idem, pp. 110-111). O quão importante a dicotomia foi para os romanos ou qual o papel da dicotomia ao longo dos séculos são tópicos discutíveis. A despeito disso, não resta dúvida de que ao senso comum do jurista continental a dicotomia sugeriu, ao menos desde a Alta Idade Média em diante, uma implicação mútua das duas esferas, não deixando espaço a um terceiro campo, uma espécie de *tertium no datur* – o espaço público termina onde começa o espaço privado, e se aquele aumenta este deve diminuir, e vice-versa. Cf. Bobbio, *Estado, Governo, Sociedade: para uma Teoria Geral da Política*, 4ª ed., p. 14.

110. Cf., genericamente, por exemplo: Birocchi, "La distinzione *ius publicum/ ius privatum* nella dottrina della Scuola Culta (François Connan, Hugues Doneau, Louis Charondas Le Caron)", *Ius Commune* 23/139-176, 1996; Merryman e Pérez-Perdomo, *The Civil Law Tradition: an Introduction to the Legal Systems of Europe e Latin America*, 3ª ed., p. 95.

111. Como escreveu Gordley, uma boa razão para ler livros antigos é entender o Direito moderno ("Why look backward", *The American Journal of Comparative Law* 50/657, n. 4, 2002).

portante ressaltar a conexão entre direito público e as ideias de Estado e de supremacia do interesse público, por meio das quais se pode melhor entender o contraste entre as culturas jurídicas continental e anglo-americana.

Se prestarmos atenção na relação entre o Estado e a dicotomia "direito público *versus* direito privado", vê-se que quando o conceito de Estado não existe, ou é fraco, como na Europa feudal, a dicotomia é também fraca ou inexistente. Noutras palavras, se a noção de Estado é fraca, como era na Idade Média, a dicotomia também é fraca.[112] Desse

112. Cf.: Rigaudière, "Pratique politique et droit public dans la France des XIV et XV siècles", *Archives de Philosophie du Droit* 41/83 (sustentando que "a oposição entre *jus privatum* e *jus publicum* perdeu progressivamente seu inteiro valor na sociedade medieval", porque o costume gradualmente tomou o lugar das regras emanadas das então dispersas e contestadas autoridades que as produziam); Troper, "La distinction public-privé et structure de l'ordre juridique", in *Pour une Théorie Juridique de l'État*, Paris, PUF, 1994, p. 193; Ullmann, *Medieval Political Thought*, p. 137 ("O conceito de Estado era tão ausente da mente na Alta Idade Média quanto a máquina a vapor e a eletricidade"). Cf. também: Allison, *A Continental Distinction in the Common Law: a Historical and Comparative Perspective on English Public Law*, pp. 112-114; Jean Gaudemet, "*Dominium – Imperium*. Les deux pouvoirs dans la Rome Ancienne", *Droits* 22/16, Paris, 1995; Jolowicz, *Modern Foundations of Modern Law*, Greenwood Press, 1978 [1957], p. 52; J. W. Jones, *Historical Introduction to the Theory of Law*, pp. 141 e 143; Plessix, *L'Utilisation du Droit Civil dans l'Élaboration du Droit Administratif*, p. 399; Radbruch, *Filosofia do Direito*, trad. de Marlene Holzhausen, São Paulo, Martins Fontes, 2004 [1932], p. 188; Samuel, "Governmental liability in tort and the public and private law distinction", *Legal Studies* 8/278; Simmonds, *The Decline of Juridical Reason: Doctrine and Theory in the Legal Order*, p. 123. Entre os historiadores, cf. Senellart, *As Artes de Governar: do Regime Medieval ao Conceito de Governo*, trad. de Paulo Neves, São Paulo, Editora 34, 2006, p. 155. Na literatura nacional, cf. Pires, *Direito Adquirido e Ordem Pública: Segurança Jurídica e Transformação Democrática*, Belo Horizonte, Del Rey, 2005, pp. 358-359. O estudo de Norbert Elias mostrou que na Idade Média, principalmente no início, as forças descentralizadoras sobrepujaram as tendências centralizadoras (*O Processo Civilizador*, vol. 2, trad. de Ruy Jungmann, Rio de Janeiro, Jorge Zahar, 1993 [1939], pp. 25-36). H. Legohérel anota que na França dos séculos IX a XII, diferentemente de Alemanha e Inglaterra, "o florescimento da feudalidade foi acompanhado por um declínio do poder real e da autoridade central" e que "a noção de Estado e a ideia de soberania passaram por um longo eclipse; o que resta é encontrado na mais simples noção de patrimônio" (*Histoire du Droit Public Français, des Origines à 1789*, 2ª ed., Paris, PUF, 1991, p. 30). Não admira, portanto, que na Idade Média a dicotomia tivesse um papel muito menor no Direito. Por tudo isso, parece evidente por que o caráter feudal da *common law* seja sua pedra-de-toque, conforme lembrado no texto a seguir: é que, historicamente, sempre foi assim. Nessa perspectiva, é revelador que Portugal

ponto de vista, a conhecida ligação moderna entre o caráter medieval ou feudal da *common law*[113] e a pouca atenção da *common law* à *summa divisio* não é uma coincidência. Assim, também não é uma surpresa que uma "sociedade sem Estado" como a norte-americana tenha dedicado pouco esforço a construir sua própria teoria do Estado e tenha construído seu sistema jurídico sem prestar muita atenção à *summa divisio*. Tudo isso é "programado" na mentalidade norte-americana e deve ser levado em consideração quando o comparatista se defronta com um problema envolvendo a "exorbitância" dos contratos públicos.

Em contraste, o Direito Continental – e o Direito Francês em particular (seguido pelo Direito Brasileiro) – tem apresentado, historicamente, uma visão oposta do fenômeno. A moderna ideia de Estado, considerado, aqui, arbitrariamente como tal desde o século XVII em diante (mas cuja semente foi plantada nos tempos romanos e fermentada desde o século XIV),[114] serviu como veículo ao fortalecimento da dicotomia "direito público *versus* direito privado".[115] Como disse corretamente Otto von Gierke, a separação do *ius publicum* do *ius privatum*, a qual "tinha uma vez parecido [*aos homens*] dificilmente mais que uma questão de palavras", tornou-se, com a ideia da superioridade do Estado, "ainda mais decisivamente um esquema principal no projeto fundamental de toda a Teoria do Direito".[116] Desde as revoluções do Iluminismo,

---

não tenha conhecido o feudalismo. Sobre isso, cf. Faoro, *Os Donos do Poder: Formação do Patronato Político Brasileiro*, 3ª ed., São Paulo, Globo, 2001, p. 33.

113. Cf.: Pound, *The Spirit of the Common Law*, New Brunswick/NJ, Transaction Publishers, 1999 [1921], Capítulo 1; Pound, "What is the common law?", *The University of Chicago Law Review* 4/176-189, *passim*. Cf. também: Dyson, *The State Tradition in Western Europe: a Study of an Idea and Institution*, p. 115; Heuschling, *État de Droit, Rechtsstaat, Rule of Law*, Paris, Dalloz, 2002, p. 419; Radbruch, *Lo Spirito del Diritto Inglese*, trad. de Alessandro Baratta, Milão, Giuffrè, 1962, p. 5; Roubier, *Théorie Générale du Droit: Histoire des Doctrines Juridiques et Philosophie des Valeurs Sociales*, p. 300. Duas características muito conhecidas do feudalismo eram a descentralização e a privatização do poder político. No Direito Brasileiro, cf. Comparato, *Ética: Direito, Moral e Religião no Mundo Moderno*, São Paulo, Cia. das Letras, 2006, p. 185.

114. Cf., genericamente, Creveld, *The Rise and Decline of the State*, Cambridge, Cambridge University Press, 1999, Capítulo 2.

115. Cf. J. W. Jones, *Historical Introduction to the Theory of Law*, p. 145.

116. Gierke, *Political Theories of the Middle Age*, Cambridge/UK, Cambridge University Press, 1900 [1881], pp. 83-84.

o debate sobre a ideia de Estado, suas funções e sua relação com o Direito controla a dicotomia "público *versus* privado",[117] cuja importância é tamanha que alguns a consideraram, até muito recentemente, um *a priori*.[118] Nesse sentido, a dicotomia seria parte da essência do Direito. Disse Gustav Radbruch, o corifeu dessa visão: "De fato, a distinção entre direito público e direito privado está ancorada no próprio conceito de Direito".[119]

Não nos importa, aqui, investigar se conceito de Direito deve, ou não, conter a dicotomia. E para uma análise comparada da exorbitância nos contratos públicos não me parece central a questão de saber se ela "está ancorada" no conceito de Direito.[120] O que interessa é que os ju-

---

117. Em 1894, quando a *Revue de Droit Public et de la Science Politique* apareceu na França, o fundador do periódico (o qual se tornou famoso o suficiente para tornar-se uma das melhores publicações jurídicas francesas), Fernand Launarde, então Professor de Direito Público Geral na Faculdade de Direito de Paris, disse que o Estado era um elemento decisivo na definição do direito público e que o objeto de estudo da nova *Revista* era a estrutura do Estado e suas relações com os particulares (cf. Beaud, "La distinction entre droit public et droit privé: un dualisme qui résiste aux critiques", in Jean-Bernard Auby e Mark Freedland (eds.), *The Public Law/Private Law Divide: une Entente Assez Cordiale?*, pp. 33-34. "É ... sempre útil – disse Fernand Launarde, alguns anos depois – estudar o Estado, porque é ele o sujeito principal, de primeiro plano, do quadro que forma o direito público" (*Les Méthodes Juridiques. Le Droit Public, sa Conception, sa Méthode*, 1909, p. 13, citado por Beaud, ob. cit., p. 34). H. Kantorowics escreveu: "[O] Estado é um dos conceitos elementares da Filosofia do Direito, e é intimamente ligado ao mais alto conceito da ciência jurídica, nomeadamente o próprio conceito de Direito" ("The concept of the State", *Economica* 35/1, fevereiro/1932). Ao identificar as razões para a (falta da) dicotomia "direito público *versus* direito privado" nos Direitos Francês e Inglês, Allison corretamente enfatiza que o conceito de Estado, bem desenvolvido na França pós-revolucionária, era e ainda é inexistente na Inglaterra (cf., genericamente, Allison, *A Continental Distinction in the Common Law: a Historical and Comparative Perspective on English Public Law*, Capítulos 4 e 5).

118. Cf. Radbruch, *Filosofia do Direito*, p. 182. Cf. também: Máynez, *Introducción al Estudio del Derecho*, 51ª ed., Ciudad de México, Editorial Porrúa, 2000 [1940], p. 131 (citando Radbruch); Pires, *Direito Adquirido e Ordem Pública: Segurança Jurídica e Transformação Democrática*, pp. 359-361 (analisando a filosofia de Radbruch). Essa ideia é lugar-comum no Brasil. Cf., por exemplo, Porto, "Considerações sobre a estrutura do Direito nos sistemas jurídicos comparados", *Estudos Jurídicos* 5/9.

119. Radbruch, *Filosofia do Direito*, pp. 183-184.

120. Mesmo Radbruch menciona que o antigo Direito Alemão desconhecia a dicotomia (cf. *Filosofia do Direito*, p. 182). A maioria dos juristas continentais, hoje, parece rejeitar essa ideia. Assim, sustentar que a dicotomia é um *a priori* seria no mínimo simplista. Sobre a história da dicotomia e seu declínio, cf. Estorninho, *A Fuga*

ristas franceses e brasileiros pensam sobre o Direito *como se* este englobasse a dicotomia, não importando o quão maleável ela se tenha tornado ou quão fortes tenham sido os ataques a ela. Essa realidade é um fato, quase um dogma. Nesse sentido, a dicotomia tem sido não só instrumento, mas tem, sim, sido tratada como essencial à ideia de Direito. Nessa esteira, a dicotomia foi e é essencial também à epistemologia do contrato administrativo, como será depois explicitado.

Por outro lado, a dicotomia também pode ser vista como mero instrumento para alcançar objetivos políticos específicos.[121] A ênfase, aqui, é na *teleologia* da dicotomia – e esse é o aspecto que nos importa mais de perto. Nada há de novo na presente análise.[122] Estou somente dando curso ao que tem sido chamado pelos juristas que buscam o critério distintivo dos direitos público e privado de "teoria do interesse".[123] Usarei um exemplo retirado do Direito Norte-Americano, não só para exemplificar a maior importância da *instrumentalidade* da dicotomia, mas também para elucidar minha tese anterior no sentido de que a dicotomia se corporificou nos Estados Unidos em apoio a um argumento utilizado

para o Direito Privado: Contributo para o Estudo da Actividade de Direito Privado da Administração Pública, Coimbra, Livraria Almedina, 1999, pp. 139-158. Cf. também, genericamente, Raiser, "Il futuro del diritto privato", in *Il Compito del Diritto Privato*, trad. de Marta Graziadei, Milão, Giuffrè, 1990. Sobre as origens da dicotomia no Direito Francês, cf. Chevrier, "Remarques sur l'introduction et les vicissitudes de la distinction du *jus privatum* et du *jus publicum* dans les œuvres des anciens juristes françaises", *Archives de Philosophie du Droit* 1/5-77. Sobre sua dimensão axiológica, cf. Chevallier, "Les fondements idéologiques du droit administratif français", in Jacques Chevallier (org.), *Variations Autour de l'Idéologie de l'Intérêt Général*, vol. 2, pp. 12-13. Em outro contexto, e com outros propósitos, tratei da dicotomia "direito público *versus* direito privado" e referi a fluidez dos seus contornos no Direito atual (cf. Giacomuzzi, *A Moralidade Administrativa e a Boa-Fé da Administração Pública: o Conteúdo Dogmático da Moralidade Administrativa*, São Paulo, Malheiros Editores, 2002, pp. 255-265).

121. Cf., genericamente, Máynez, *Introducción al Estudio del Derecho*, 51ª ed., p. 135.

122. Cf. o estudo de Bobbio, "A grande dicotomia", in *Da Estrutura à Função: Novos Estudos de Teoria do Direito*, trad. de Daniela Beccaccia Bersiani, Barueri/SP, Manole, 2007, no qual ele oferece outros argumentos aos já conhecidos apresentados no Capítulo 1 de *Estado, Governo, Sociedade: para uma Teoria Geral da Política*, 4ª ed., 1992.

123. Cf. Klinghoffer, "Direito público e direito privado (resumo da teoria de Hans Kelsen)", *RF* 39/395-396, n. 89, fevereiro/1942.

por alguns acadêmicos que tinham um alvo político em mente, e não como uma característica epistemológica que estruturasse a mentalidade jurídica dos operadores jurídicos. Refiro-me à história, bem conhecida entre os historiadores do Direito Norte-Americano, contada pelos chamados "Críticos" (os *critical legal scholars*),[124] segundo a qual a dicotomia "público *versus* privado" era uma arma ideológica utilizada no final do século XIX pelo "formalismo" pregado pelo chamado "pensamento jurídico clássico" (*classical legal thought*) a fim de evitar mudanças sociais na sociedade norte-americana.[125]

Em suma, os Críticos dizem que a dicotomia era usada pelos conservadores para proteger os direitos subjetivos (*rigths*) "privados", "não-políticos", daqueles que detinham o poder (os *haves*). Para o *classical legal thought* esses *rights* seriam "naturais"; eles estariam confinados ao "direito privado", e, como tais, não poderiam ser infringidos pelo poder político, isto é, pelo "direito público". Em suma, a dicotomia "público *versus* privado" – dizem os Críticos – era empregada pela elite norte-americana a fim de manter o *status quo*.[126] Definindo a esfera privada, na qual o indivíduo, e não o Estado, teria direitos naturais e absolutos, e evitando uma abordagem interdisciplinar em nome de um Direito "puro",[127] a elite tentava não somente manter o Estado fora da

---

124. Para uma ideia geral do *critical legal studies* enquanto "movimento", "escola", ou "teoria do Direito", cf. Duncan Kennedy, *A Critique of Adjudication*, Cambridge, Harvard University Press, 1997, pp. 8-13.

125. Os chamados "críticos" comumente ligam o *classical legal thought* à figura de Christopher Columbus Landgell, antigo diretor da *Harvard Law School*. Sobre a estrutura do *classical legal thought* e para uma crítica juspolítica, cf. Horwitz, *The Transformation of American Law, 1780-1860*, pp. 9-31. Em Português, cf. Giacomuzzi, "As raízes do realismo americano: breve escorço acerca de dicotomias, ideologia e pureza no Direito dos *USA*", *RDA* 239/363-379, Rio de Janeiro, janeiro-março/2005.

126. Cf., genericamente, por exemplo: Gordon, "Legal thought and legal practice in the age of american enterprise, 1870-1920", in *Professions and Professional Ideologies in America*, N.C.U. Press, 1983, p. 73; Horwitz, *The Transformation of American Law, 1870-1960: the Crisis of Legal Orthodoxy*, 1992, pp. 10-11; Duncan Kennedy, "The stages of the decline of the public/private distinction", *University of Pennsylvania Law Review* 130/1.349-1.357, n. 6, junho/1982. Para uma crítica desse ponto de vista, cf. Leiter, "Rethinking legal realism", in *Naturalizing Jurisprudence: Essays on American Legal Realism and Naturalism in Legal Philosophy*, p. 273. Volto ao tema abaixo, no texto.

127. Cf. Gordon, "Legal thought and legal practice in the age of american enterprise, 1870-1920", in *Professions and Professional Ideologies in America*, p. 74.

esfera econômica e o populacho (trabalhadores) alijado do lucro das empresas, mas também evitava qualquer distribuição de riqueza. Segundo um dos mais influentes autores Críticos, a "distinção entre direito público e direito privado era em parte a culminação de um longo esforço do pensamento jurídico conservador de separar os campos público e privado no pensamento político e jurídico americano".[128]

Há, entretanto, uma assunção político-ideológica implícita nessa história. A dicotomia, na *common law*, é usualmente ligada ao "Liberalismo",[129] e essa é justo a filosofia combatida pelos Críticos.[130] Aqui, a

128. Horwitz, *The Transformation of American Law, 1870-1960: the Crisis of Legal Orthodoxy*, Nova York, Oxford University Press, 1992, p. 11. Cf. também Tsuk Mitchell, *Architect of Justice: Felix S. Cohen and the Founding of American Legal Pluralism*, Ithaca, Cornell University Press, 2007, p. 39. O tema pode tornar-se mais nuançado, e deve ficar claro ao leitor que a apresentação feita é uma simplificação. Por exemplo, no direito das empresas (*corporations*) a dicotomia "direito público *versus* direito privado" é fundamental para compreender a história do Direito Norte-Americano. Entretanto, a ideia de que os conservadores empregavam a dicotomia a fim de proteger a propriedade privada aplica-se sempre. Para um estudo brilhante sobre o assunto, cf. Frug, "The city as a legal concept", *Harvard Law Review* 93/1.101-1.105 e 1.129/1.149, n. 6, Cambridge, abril/1980 (sou grato à professora Dalia Tsuk Mitchell por ter me chamado a atenção a este ponto).

129. Cf., por exemplo: Cane, "Public law and private law: a study of the analysis and use of a legal concept", in John Eekelaar e John Bell (eds.), *Oxford Essays in Jurisprudence: Third Series*, Oxford, Oxford University Press, 1987, p. 57; Kramer, "In praise of the critique of the public/private distinction", in *In the Realm of Legal and Moral Philosophy: Critical Encounters*, Nova York, St. Martin's Press, 1999, p. 112. Obviamente, há várias formas de Liberalismo. Sobre isso, cf. Bellamy, *Liberalismo e Sociedade Moderna*, trad. de Magda Lopes, São Paulo, Editora da UNESP, 1994 [1992]. No presente estudo refiro-me a "Liberalismo" como sendo a filosofia política e econômica comprometida com os valores do mercado livre, do Estado limitado, do governo representativo, do pluralismo, com uma sociedade que cultiva principalmente a propriedade e a liberdade. O Liberalismo norte-americano, entretanto, é diferente do Liberalismo francês (cf. *infra*, subitem 2.2.1 do Capítulo III). Para um estudo recente sobre o Liberalismo norte-americano de um ponto de vista francês, cf. Alain Laurent, *Le Libéralisme Américain: Histoire d'un Détournement*, Paris, Les Belles Lettres, 2006.

130. É conhecida a crítica de Karl Marx à dicotomia "direito público *versus* direito privado" – crítica, essa, tida por adotada pelos *critical legal scholars*. Cf., genericamente, por exemplo, Gerald Turkel, "The public/private distinction: approaches to the critique of legal ideology", *Law & Society Review* 22/801-823 (special issue: "Law and Ideology"), n. 4, 1988. Anote-se que Kelsen também refutava a dicotomia, atribuindo-lhe caráter ideológico, o qual contaminava a pureza da Teoria do Direito (cf. Kelsen, *Teoria Pura do Direito*, 6ª ed., trad. de João Baptista Machado, São Paulo,

doutrina de Radbruch é, uma vez mais, iluminadora.[131] Radbruch explicou, já em 1932, a relação entre o Liberalismo e a dicotomia "direito público *versus* direito privado". Para o Liberalismo "o direito privado é o coração de todo o direito; o direito público apenas uma estreita moldura protetora colocada em torno do direito privado, e em especial ao redor da propriedade privada".[132] A ideia liberal do contrato social – ele continua –, tentando "reduzir a subordinação e supraordenação no Estado a uma associação de indivíduos originalmente iguais", significa "dissolver fictamente o direito público no privado".[133] Essa, em palavras cruas, é a visão da maioria dos anglo-americanos sobre Direito, e é essa visão que os Críticos querem combater.[134] A crítica, portanto, não é direcionada à dicotomia "público *versus* privado", enquanto tal. Os Críticos sabem que a dicotomia foi somente um *instrumento* para atingir fins específicos. A dicotomia em si é pouco relevante; mas ela se torna muito relevante enquanto instrumento de proteção de interesses políticos da elite usado para manter o *status quo*, e *por esse motivo* a dicotomia deve ser criticada.[135] Em suma, os *critical legal scholars* ar-

Martins Fontes, 1998 [1960], pp. 312-315). Para um resumo da teoria de Kelsen nesse tocante, cf. Klinghoffer, "Direito público e direito privado (resumo da teoria de Hans Kelsen)", *RF* 39/395-399.

131. É digno de nota que a obra de Radbruch tenha sido negligenciada pela doutrina norte-americana que tratou da dicotomia. A exceção é Pound, "Public law and private law", *Cornell Law Quarterly* 24/469-482, n. 4, junho/1939 (considerando e criticando a visão de Radbruch sobre a dicotomia).

132. Radbruch, *Filosofia do Direito*, p. 184.

133. Idem, p. 185. Pode-se objetar que essa ligação entre Liberalismo e a dominância do direito privado (o "coração de todo o direito") é justa *somente se* considerarmos o Liberalismo novecentista, o qual era representado no Direito Norte-Americano pelo "Formalismo". Se considerarmos, entretanto, Roscoe Pound (um crítico ferrenho das ideias de Radbruch, cf. o texto) como um antiformalista e como um precursor do *Legal Realism*, veremos que meu ponto permanece e que ele não é um jogo de palavras vazias.

134. Pound notou já em 1939 que os "realistas céticos" concordariam com Radbruch (Pound, "Public law and private law", *Cornell Law Quarterly* 24/472). Cf. também Eskridge e Peller, "The new public law movement: moderation as a postmodern cultural form", *Michigan Law Review* 89/717-719, n. 4, Ann Arbor, fevereiro/1991.

135. Em 1927, quando Morris Cohen escreveu sobre propriedade e soberania, ligando essas ideias aos conceitos de *dominium* e *imperium*, seu objetivo era criticar o *laissez-faire* liberal, que via a propriedade como um valor absoluto e defendia que a autoridade pública deveria abster-se de intervir na esfera privada (cf. "Property and sovereignty", *Cornell Law Quarterly* 13/8-30). Para M. Cohen nem mesmo os contra-

gumentam contra a dicotomia "público *versus* privado" porque eles a veem como um *instrumento* usado para desenvolver e sustentar uma filosofia com a qual eles não estão de acordo.

A teleologia dessa crítica é a chave para melhor compreender a importância epistemológica da dicotomia "público *versus* privado" ao raciocínio jurídico. Na mentalidade da cultura liberal reinante nos Estados Unidos, sempre que a dicotomia aparece no debate jurídico ela aponta de antemão para uma preeminência da esfera privada sobre a esfera pública. Para o comparatista esse é ponto crucial, porque aqui se nota claramente que o problema é de *hierarquia interna* dos *valores acolhidos* entre as culturas, para o qual chama a atenção a citação de Louis Dumont na epígrafe deste item: *basta inverter a hierarquia interna de valores numa cultura para que resultem consideráveis diferenças em todas as concepções*. Em outras palavras, a dicotomia em si não é boa ou má *per se*; o que interessa é o *uso* que dela se faz e *para que fins* ela é empregada.

Se concedermos que a dicotomia pode ter diferentes propósitos, como de fato teve e tem na história do Direito, veremos que a dicotomia pode ser usada não somente para proteger a propriedade privada, mas também para ajudar na implementação de políticas redistributivas. Como lembrou Peter Cane, "não se deveria pensar que a distinção público-privado encontre lugar somente na visão daqueles popularmente chamados 'liberais'".[136] Tudo depende da pré-compreensão que temos sobre a dicotomia e de quais são os objetivos políticos que queremos alcançar.

Como anotou Radbruch, os pontos de vista "supraindividualista conservador" e "individualista-social" também suportam a dicotomia,

---

tos privados eram independentes das políticas públicas e teorias políticas. A dicotomia, que era usada para separar *dominium*/propriedade/direito privado de *imperium*/soberania/direito público, era somente criticada de forma indireta pelo autor. Ou, dito de outra forma, a dicotomia era criticada *enquanto instrumento*. Para uma crítica recente da visão de M. Cohen, cf. Kramer, "In praise of the critique of the public/private distinction", in *In the Realm of Legal and Moral Philosophy: Critical Encounters*, pp. 112-134; e o já mencionado estudo de Leiter, "Rethinking legal realism", in *Naturalizing Jurisprudence: Essays on American Legal Realism and Naturalism in Legal Philosophy*, p. 273.

136. Cane, "Public law and private law: a study of the analysis and use of a legal concept", in John Eekelaar e John Bell (eds.), *Oxford Essays in Jurisprudence: Third Series*, p. 57.

mas invertem o pólo prevalente. Aqui, o "direito privado surge tão somente como uma liberdade de movimentos concedida no âmbito do direito público universal à iniciativa privada, provisória e revogável, permitida na expectativa de um uso segundo as normas, mas passível de cassação tão logo essa expectativa não se cumpra".[137] Da mesma forma, contrariamente às assunções do Liberalismo, a "concepção jurídico-social" do Direito enfatiza o "direito público" sobre o direito privado.

[A concepção jurídico-social] substitui o pensamento liberal da igualdade pelo pensamento social do igualamento, põe em relevo a justiça comutativa em vez da distributiva e, uma vez que a igualação pela justiça distributiva pressupõe necessariamente uma entidade acima dos indivíduos, substitui a autodefesa pela defesa da sociedade organizada, *particularmente pela defesa do Estado*. Mas isso significa que, também por trás de todas as mais privadas relações jurídicas dos indivíduos e das pessoas privadas que nelas participam, surge como terceiro e *principal interessado* a figura da sociedade organizada, *quer dizer, o Estado*, observando, pronto a intervir e frequentemente intervindo, que também a mais privada das relações jurídicas é concebida como um assunto não só das pessoas que nela participam, *mas também um assunto social*, quer dizer, como uma *relação jurídica de direito público*.[138]

A questão-chave, portanto, não é se a dicotomia é algo dado *a priori*, ou se um sistema jurídico a conhece ou negligencia. O que importa é saber *por que* a dicotomia é defendida ou atacada; e, no caso de ela vigorar em um dado sistema jurídico, o que interessa é saber qual esfera

---

137. Radbruch, *Filosofia do Direito*, pp. 185-186.
138. Idem, pp. 186-187 [grifos nossos]. Novamente as coisas podem ser mais nuançadas. A explanação de Radbruch sobre o direito social enfatiza o mesmo ponto realçado pelos *critical legal scholars* acerca da dicotomia, sugerindo que, numa concepção jurídico-social da relação entre direito público e privado, estes não se encontrariam lado a lado, separados por limites estreitos, mas sim "em situação de deslocamento recíproco". O autor, então, exemplifica com os direitos trabalhista e econômico (idem). Morris Cohen e os *Critics* certamente aplaudiriam essa visão. O ponto, aqui, entretanto, é salientar que a ideia de Radbruch é muito útil para mostrar que a chave da questão é saber qual o propósito da dicotomia. Roscoe Pound parece ter sido o único *scholar* norte-americano que, embora criticando, deu a devida importância aos *insights* de Radbruch (cf. Pound, "Public law and private law", *Cornell Law Quarterly* 24/469-482).

é tida como preeminente e, principalmente, *por quais razões* é predominante. Bobbio resume bem o ponto:

> Nunca será demais insistir, de fato, que a esfera do direito privado e a esfera do direito público são dominadas por duas imagens diferentes de Direito. Para os privatistas o Direito é uma espécie de árbitro que é chamado a dirimir conflitos; para os publicistas o Direito assume, sobretudo, a figura de comandante que coordena os esforços da sua tropa para vencer a batalha.[139]

Ao contrário do Liberalismo norte-americano, nas "sociedades de Estado", como a francesa e a brasileira, os juristas ao longo dos anos vêm entendendo e aceitando a dicotomia como um instrumento de exaltação do poder do Estado, o qual é, no dizer de Radbruch, o "principal interessado" na "igualação pela justiça distributiva", uma entidade "acima dos indivíduos". Essa visão é baseada, correta ou incorretamente, em uma concepção mais "social" do Direito, para tomar novamente emprestada a influente ideia de Radbruch. Portanto, ao contrário dos *critical legal scholars*, a maioria dos juristas franceses e brasileiros que atacam a dicotomia apoia a filosofia liberal. Sobre isso é bem conhecida entre nós a lição de Bobbio segundo a qual a dicotomia, originariamente, era usada para promover a esfera pública. Não surpreende que Bobbio cite o texto romano:

> De fato, a originária diferenciação entre o direito público e o privado *é acompanhada da supremacia do primeiro sobre o segundo*, como é atestado por um dos princípios fundamentais que regem todo ordenamento em que vigora a grande divisão – o princípio segundo o qual *ius publicum privatorum pactis mutari non potest* (*Digesto*, 38, 2, 14) ou *privatorum convention iuri publico non derogat* (ibidem, 45, 50, 17).[140]

---

139. Bobbio, "A grande dicotomia", in *Da Estrutura à Função: Novos Estudos de Teoria do Direito*, p. 152.
140. Bobbio, *Estado, Governo, Sociedade: para uma Teoria Geral da Política*, 4ª ed., p. 15 [grifos nossos]. Jean-Louis Mestre cita as mesmas partes do *Digesto* (*D.*, 2.14.38) para exemplificar "a superioridade da utilidade pública sobre as convenções privadas" (*Introduction Historique au Droit Administratif Français*, p. 128). Batiffol também anota que os romanos sabiam bem que a noção de *publica utilitas* deveria se sobrepor à ideia de *privatorum commode* (*Problèmes de Base de Philosophie du Droit*, Paris, LGDJ, 1979, pp. 377-378). Mas cf. Troper, "La distinction public-privé

Essa noção é tão simples quanto crucial. Como referiu Bobbio, em todo "ordenamento em que vigora a grande divisão" – é dizer, na maioria dos países de Direito Continental, e *especificamente na França e no Brasil* – a seguinte implicação seguirá: *sustenta-se que "existe" no direito público uma alegada supremacia do interesse público sobre o interesse privado*.[141] Essa *supremacia* é a principal consequência, implícita ou explícita, consciente ou não, do uso da dicotomia nos sistemas francês e brasileiro; e essa consequência está ausente no sistema jurídico anglo-americano.

Até onde sei, Roscoe Pound foi, na doutrina norte-americana, quem melhor percebeu a nuança. Ele referiu, corretamente, que a ideia de Radbruch de que o direito público era um "direito de subordinação",[142] sobreposto ao direito privado, um direito que subordinaria "o indivíduo

et structure de l'ordre juridique", in *Pour une Théorie Juridique de l'État. La Distinction Public-Privé et Structure de l'Ordre Juridique*, p. 189 (referindo que a dicotomia não tinha qualquer efeito no Direito Romano, no qual a dicotomia era somente pedagógica). Michel Troper é um positivista, que, influenciado por Kelsen, nega a existência da dicotomia. O intérprete vê no Direito Romano somente o que quer ver.

141. Como escreveu Nannerl Keohane (*Philosophy and the State in France: the Renaissance to the Enlightenment*, Princeton University Press, 1980, p. 156): "A máxima *utilitas publica prefertur utilitate privatae* [...] tem sido invocada por inúmeros escritores desde Tácito até São Tomás. Algumas vezes a frase continha uma vaga admoestação para prestar atenção ao bem-estar geral; em outros casos ela parecia uma formulação completa do que mais tarde ficou conhecido como *raison d'état*. Em todo caso, foi genericamente aceito antes do século XVII que a utilidade pública – fosse a utilidade do maior número de indivíduos, fosse o bem de alguma entidade maior que a soma dos indivíduos – teria preferência sobre a utilidade privada quando ambas estivessem em conflito direto".

142. Pound, "Public law and private law", *Cornell Law Quarterly* 24/471. A ideia da subordinação permeia o Direito Continental. Com o fim de explicar a dicotomia, Maria Estorninho refere que a doutrina alemã desenvolveu a "teoria da subordinação ou da sujeição", também conhecida como "teoria da infraordenação e da supraordenação" (*Subjektionstheorie*) (cf. *A Fuga para o Direito Privado: Contributo para o Estudo da Actividade de Direito Privado da Administração Pública*, p. 144). Segundo essa teoria – diz Forsthoff –, "o direito público é fundamentalmente o direito de subordinação, e o direito privado, direito de coordenação" (*Lehrbuch des Verwaltungsrechts*, vol. 1, 1972, p. 13, citado por Estorninho, idem, ibidem). Claro que essa ideia iria também influenciar a teoria do contrato administrativo, visto por muitos como uma relação de subordinação. Para uma exposição dessa ideia entre nós, cf. Tanaka, *Concepção dos Contratos Administrativos*, São Paulo, Malheiros Editores, 2007, pp. 68-71.

ao interesse público", era contrária à *common law*.[143] Falando sobre as ideias de Radbruch, Pound descreve a Filosofia do Direito alemã como se ela "[tivesse] revertido a concepção da *common law* na qual o rei governa sob as regras de Deus",[144] assim fazendo todos iguais. Para Pound a *common law* jamais aceitou a ideia de um direito subordinador (ou direito público). Por isso, a *common law* seria historicamente refratária à ideia de uma supremacia *a priori* do interesse público ou supremacia do Estado sobre o particular. Para a mentalidade da *common law*, qualquer ideia de "subordinação" ou de "direito público" liga-se a uma tradição estranha, facilmente vinculável à ideia de "Absolutismo". Pound conclui insinuando que a ideia de Radbruch sobre o direito público e o direito privado encampava uma "revivificação do Absolutismo".[145] O espírito da crítica de Pound a Radbruch faz parte da mentalidade dos norte-americanos em qualquer caso em que o Estado é parte. Não seria diferente no direito dos contratos administrativos.

2.2 A função epistemológica da dicotomia nos contratos administrativos

> *"Os contratos públicos não são diferentes dos contratos privados. As obrigações que cada um suporta estão sob a tu-*

---

143. Pound, "Public law and private law", *Cornell Law Quarterly* 24/472.

144. Idem, ibidem. "Dado que era a missão da Reforma – escreveu Pound em 1921 – 'dar vida à liberdade individual', liberdade individual por meio do Estado e da sociedade era tanto um meio de atingir essa missão quanto uma exaltação anglo-americana da abstrata liberdade do indivíduo *sobre o Estado e sobre a sociedade*" (Pound, *The Spirit of the Common Law*, p. 38 – grifos nossos). A relação entre Liberalismo e Individualismo não é casual, e não é um acidente que Pound, ao escrever sobre o "Puritanismo e o Direito", tenha ligado a singularidade da *common law* com um ultraindividualismo. "Porque Individualismo [...] não tem sido peculiarmente inglês ou peculiarmente norte-americano. O que é peculiar ao pensamento jurídico anglo-americano, e sobretudo a este, é o *ultraindividualismo, uma inflexível insistência sobre os interesses individuais e propriedade individual como o ponto de foco da Filosofia do Direito*" (idem, p. 37 – grifos nossos). Essa ideia é central ao meu argumento. Cf. também Cassese, *La Construction du Droit Administratif: France et Royaume-Uni*, p. 29. Sobre o Individualismo, cf. subitem 1.1.2 do Capítulo III, *infra*.

145. Pound, "Public law and private law", *Cornell Law Quarterly* 24/482 ("Nossa tradição prevaleceu sobre as teorias governamentais absolutistas da Revolução Inglesa de 1688. Ela prevaleceu novamente na Revolução Norte-Americana e na era formativa das nossas instituições que a seguiram").

tela do Direito, e os contratos públicos são governados pelos mesmos cânones de interpretação aplicados aos contratos entre pessoas naturais." (James Donnelly[146])

"De qualquer forma, a elaboração científica do direito dos contratos administrativos foi inteiramente marcada pela sua autonomia [em relação aos contratos privados]." (Benoît Plessix[147])

"O problema central que segue sendo posto em torno do contrato administrativo é até que ponto a sua construção se independiza das normas e princípios do direito civil." (Juan Carlos Cassagne[148])

Não pretendo exagerar a importância da função heurística das teorias, nem quero retirar das classificações jurídicas mais do que elas podem oferecer. Mas é preciso reconhecer que, para além da função didática, as teorias e as classificações têm também uma *função produtiva de sentido*,[149] buscando um fim específico. Como Geoffrey Samuel corretamente afirmou, "a classificação jurídica não se limita a dividir e categorizar áreas do Direito. É um processo muito mais sutil, que alcança o coração de cada tópico".[150] No que toca ao direito dos contratos admi-

---

146. Donnelly, *A Treatise on the Law of Public Contracts*, Boston, Little Brown, 1922, p. 273 (citações internas omitidas).
147. Plessix, *L'Utilisation du Droit Civil dans l'Élaboration du Droit Administratif*, p. 741.
148. Cassagne, "La superveniencia de la figura del contrato administrativo y su categorización jurídica", in Juan Carlos Cassagne e Enrique Rivero y Sern (orgs.), *La Contratación Pública*, t. 1, Buenos Aires, Hammurabi, 2006, p. 60.
149. É esse o ensinamento de Canaris; fazer parte de uma teoria ou classificar um fato desta ou daquela maneira pode ser crucial para a interpretação do caso concreto (cf., genericamente, Canaris, *Función, Estructura y Falsación de las Teorías Jurídicas*, trad. de Daniela Brückner e José Luiz de Castro, Madri, Civitas, 1995, pp. 30-34).
150. Samuel, *Epistemology and Method in Law*, 2003, p. 263. Cf. também p. 220-33. Classificação, sistematização e conceitualização são cruciais ao Direito Continental, cuja história, lembra Samuel é uma história da *scientia iuris* (Samuel, "Classification of obligations and the impact of constructivist epistemologies", 1997, p. 448). Entretanto, a classificação não é um tópico qe tenha atraído a atenção dos aplicadores do Direito na *common law*. Sobre a importância da classificação jurídica, cf., na França, Bergel, *Méthologodie Juridique*, 2001, pp. 102-15. No Brasil, cf. Lima Lopes, *Direitos Sociais*, 2006, p. 296.

nistrativos na França e no Brasil essa afirmação é particularmente verdadeira no que diz com a dicotomia "contratos administrativos *versus* contratos privados da Administração",[151] uma vez que as consequências dessa classificação se estendem para muito além de saber qual o juízo competente para o julgamento do feito, justamente *em razão* dos diferentes valores e princípios jurídicos aplicáveis ao direito público e ao direito privado.[152] Ora, o arcabouço teórico dessa classificação entre contratos administrativos e contratos privados da Administração foi pavimentado durante anos pela dicotomia "direito público *versus* direito privado". A dicotomia, nesse sentido, facilita e induz a aplicação de princípios jurídicos distintos a cada ramo do Direito, assim dando à classificação jurídica conteúdo e sentido específicos.

151. A controvérsia doutrinária sobre a natureza contratual dos contratos administrativos não nos interessa aqui, embora o tema seja ínsito ao presente estudo. Tampouco interessa discutir se os contratos privados da Administração são regidos pelo direito privado ou pela Lei 8.666/1993, ou qual o alcance do art. 54 desse diploma legal. Na França, devido à dualidade de jurisdição, a distinção "contrato administrativo *versus* contrato privado" da Administração tem, para além da inegável importância teórica e principiológica, a consequência prática relevante de fixar a competência em uma Corte judicial ou administrativa. Sobre os dois tipos de contratos no Direito Francês, cf., por exemplo, Gaudemet, *Traité de Droit Administratif*, 16ª ed., t. 1, Paris, LGDJ, 2001, §§ 1.405-1.431, pp. 671-683. Na doutrina clássica brasileira, cf., por exemplo, Cretella Jr., *Das Licitações Públicas*, 18ª ed., Rio de Janeiro, Forense, 2006, pp. 60-62. Quem quiser um inventário recente do assunto na doutrina pátria sobre o tema, cf. Tanaka, *Concepção dos Contratos Administrativos*, pp. 11-49. No Brasil o problema da jurisdição não se põe, como sabido. V., ainda, a nota de rodapé abaixo.

152. Cf., por exemplo, Lúcia Valle Figueiredo, *Curso de Direito Administrativo*, 9ª ed., São Paulo, Malheiros Editores, 2008, p. 524. A explicação da autora mais confunde que aclara o problema teórico ínsito à dicotomia "contrato público *versus* contrato privado" no âmbito da Administração Pública. Ao afirmar que não há grande importância no Direito Brasileiro em separar contratos públicos e privados da Administração, "pois todos vão se submeter a uma única jurisdição", a autora sugere que a razão de ser da distinção está em saber quem decide o problema, se a Justiça Administrativa ou a Justiça Comum, problema que só existiria na França, onde há dualidade de jurisdição. Se bem compreendido, porém, o problema não é *somente* de jurisdição, mas *principalmente* de princípios e valores aplicáveis, isto é, saber se são aplicáveis normas privadas ou públicas aos contratos firmados pela Administração. Mas esse problema a autora já resolveu antes, ao afirmar que, na sua opinião, "inexistem *contratos privados da Administração*", mas sim, "*contratos da Administração Pública* ora sob maior influxo de regras do direito público, ora de direito privado". Na verdade, a má compreensão do problema passa pela má compreensão (histórica) acerca da razão de ser da exorbitância, suas causas e consequências.

Ao contrário dos sistemas jurídicos francês e brasileiro, que sistematizaram uma classificação dicotômica entre "contratos administrativos *versus* contratos privados" da Administração, nenhuma distinção classificatória ou conceitual entre contratos públicos e contratos privados aparece no Direito Norte-Americano, onde não somente reverbera a ideia de igualdade, mas também impera um pensamento menos sistemático do Direito. É claro, como já se viu, que há no Direito Norte-Americano normas distintas aplicáveis aos contratos públicos, mas não se produziu um sistema teórico coerente de Direito embasado em princípios estruturantes distintos. Numa palavra, o *lawyer* não pensa o direito dos contratos administrativos como governado por um "sistema jurídico" diferente. Embora seja possível explicar essa unidade dos contratos do Estado Norte-Americano pela já aludida mentalidade empírica e menos sistemática do operador do Direito da *common law*, parece agora claro que a inexistência da dicotomia "direito público *versus* direito privado" – e de seu corolário, a supremacia do interesse público – influencia em muito a mentalidade dominante no cenário norte-americano, no qual reina a ideia da *igualdade*. A função epistemológica da inexistência da dicotomia "direito público *versus* direito privado" está justamente aí.

É, aliás, sintomático que, ao comentar a relação "direito público *versus* direito privado" na concepção do Liberalismo, Radbruch tenha usado justamente o exemplo do contrato administrativo: "A controvertida figura do contrato de direito público significa que nele o Estado se coloca no mesmo plano jurídico que o indivíduo".[153] O meu ponto é sempre o mesmo: a estrutura do Direito Continental facilita, pela via da dicotomia "direito público *versus* direito privado", a ideia de que há diferença de princípios e valores nos contratos administrativos, enquanto o Direito Norte-Americano, de base igualitária, não dispõe desse arcabouço teórico estrutural. Não admira que os juristas continentais que advogam o colapso da concepção teórica do contrato administrativo, tentando fundi-la na teoria do contrato jusprivado, contestem a dicotomia; para esses juristas a dicotomia está esvaecendo, conforme explico adiante. Faço um breve apanhado histórico acerca do que venho de afirmar.

---

153. Radbruch, *Filosofia do Direito*, p. 185.

A Suprema Corte norte-americana consubstanciou a força da filosofia igualitária desde cedo. O conhecido e sempre citado caso "Lynch v. Estados Unidos",[154] decidido em 1934, é um bom exemplo da filosofia prevalente na *common law*: "Quando os Estados Unidos se envolvem em relações contratuais, seus direitos e deveres são aí geralmente governados pelo Direito aplicável aos contratos entre indivíduos privados".[155] Mas "Lynch" é somente o coroamento histórico dessa filosofia, que tem sido invocada desde o início do século XIX pelas Cortes norte-americanas;[156] fato que chamou a atenção da doutrina (sempre pouco sistemática) ao menos desde o início do século XX.

Robert Shealey afirmou em 1919 que, "em termos gerais e sujeito a limitações legais, os Estados Unidos, quando contratam com seus cidadãos, são controlados pelas mesmas leis que governam os cidadãos em condições similares, e todas as obrigações que seriam inferidas contra os cidadãos nas mesmas circunstâncias serão inferidas contra o Estado".[157] Três anos depois, James Donelly escreveu:

> Quando o soberano envolve-se em negócios e em iniciativas comerciais e contrata com indivíduos, quando tais contratos chegam ao tribunal para interpretação, os direitos e obrigações das partes devem ajustar-se

---

154. 292 U.S. 571 (1934).
155. 292 U.S. 579. Retomarei depois o estudo de "Lynch" e sua importância ao tema deste estudo.
156. Cf.: "U. S. *vs*. Tingey", 5 Peters 115 (1831); "U. S. *vs*. Bradley", 10 Peters 343 (1836); "U. S. *vs*. Bostwick", 94 U. S. 53 (1876); "U. S. *vs*. Whiteside", 93 U. S. 247 (1876); "U. S. *vs*. North American Co.", 74 Fed. 145 (1896); "Hollerbach *vs*. U. S.", 233 U.S. 165, 34 Sup. Ct. 553, 58 L. Ed. 898 (1914); "McArthur Bros. Co. *vs*. U. S.", 258 U.S. 6, 42 S. Ct. 225, 66 L. Ed. 433 (1922); "Luckenbach S. S. Co. *vs*. The Thekla", 266 U.S. 328, 45 Sup. Ct. 112, 69 L. Ed. 313 (1924); "U. S. *vs*. Oklahoma Gas & Elec. Co.", 297 Fed. 575 (1924); "U. S. *vs*. Dewart Milk Products Co.", 300 Fed. 448 (1924); "Maxwell *vs*. U. S.", 3 Fed. (2d) 906 (1925); "U. S. *vs*. Warren Transportation Co.", 7 Fed. (2d) 161 (1925). Todos esses casos são tomados de Shealey, *The Law of Government Contracts*, 3ª ed., Washington/D.C., Federal Publishing Co., 1938, p. 4. J. Schwartz lembra que "U. S. *vs*. Tingey", o primeiro caso citado nesta nota, refletiu uma "significativa e distinta aplicação da abordagem da congruência, ao invés da abordagem excepcionalista" (*The Centrality of Military Procurement: Explaining the Exceptionalist Character of United States Government Procurement Law*, pp. 60-61).
157. Shealey, *The Law of Government Contracts*, 1919, p. 4. Mas o autor também alertava para o fato de que havia "várias limitações à regra" e que em certos casos "o Estado, quando aparece como contratante, é visto bem diferentemente de partes privadas".

aos mesmos princípios como se ambas as partes fossem pessoas privadas. Ambas baseiam-se na igualdade perante o Direito, e o soberano transforma-se em comerciante, contratado e requerente.[158]

O que impressiona é que a clara afirmação de Donnelly foi feita na seção da obra que trata da "rescisão contratual", tema que é hoje batizado, sugestivamente, de *termination for convenience*.[159] No início dessa seção Donnelly escreve, citando um caso apropriado, que "entes públicos não têm o direito soberano de rescindir acordos ao seu bel-prazer. Tais contratos só podem ser rescindidos sob as mesmas condições e sujeitos às mesmas responsabilidades das pessoas naturais".[160]

Essa afirmação é extremamente reveladora para o comparatista. Ela mostra claramente que a filosofia jusprivatista está por trás da cena,[161] predominando sobre a filosofia continental do direito público, que governa os sistemas francês e brasileiro. É verdade que hoje a *termination for convenience of the government* está presente tanto no *military* quanto no *civilian procurement*. Mas é importante ressaltar que na década de 1920, quando Donnelly escreveu seu tratado, a Suprema Corte já havia decidido o caso "U. S. v. Corliss Steam-Engine Corp.",[162] de 1875, no qual a Corte reconhecia a prerrogativa do Estado de rescindir o contrato administrativo em nome do interesse público.[163] Por que, en-

---

158. Donnelly, *A Treatise on the Law of Public Contracts*, p. 353 (citando "People vs. Stephens", 71 nota Y. 549; e "People ex. rel. Graves vs. Sohmer", 207 nota Y. 450, 101 nota E. 164). Cf. também: Herman G. James, *The Protection of the Public Interest in Public Contracts*, Chicago, Public Administration Service, 1946, p. 3; Turpin, "Public contracts", in *International Encyclopedia of Comparative Law*, vol. 7, Tübingen, J. C. B. Mohr, 1982, pp. 31-32 (citando, entre outros casos nos Estados Unidos, "Lynch vs. U. S.").

159. Cf. o item 1 do Capítulo IV, *infra*.

160. Donnelly, *A Treatise on the Law of Public Contracts*, p. 353 (citando "People ex rel. Graves vs. Sohmer"). Exploro melhor a ideia no Capítulo IV.

161. "Nosso conceito de Estado é fundado no princípio do *individualismo*" (Donnelly, *A Treatise on the Law of Public Contracts*, p. 50 – grifo nosso). Repito esta citação no Capítulo IV.

162. 91 U.S. 321 (1875). Sobre a importância de "Corliss" para o excepcionalismo nos Estados Unidos, cf. J. Schwartz, *The Centrality of Military Procurement: Explaining the Exceptionalist Character of United States Government Procurement Law*, pp. 56-57.

163. A Corte afirmou (91 U.S. 322): "O cumprimento do dever transferido ao secretário necessariamente exige que ele firme contratos para a prestação do serviço

tão, "Corliss" não se tornou o *leading case* da matéria (*termination for convenience*) nos Estados Unidos?

Uma explicação possível é que "Corliss" era claramente um caso no qual o contexto militar era preeminente, e como tal sua "exorbitância" não poderia ser estendida ao contrato público não-militar (*civilian government procurement*).[164] Em outras palavras, uma vez que a exorbitância de "Corliss" era um subproduto de circunstâncias de guerra (a Guerra Civil Americana), "Corliss" não poderia servir de precedente a outros casos que envolvessem contratos administrativos não-militares. Ainda, como mostra a história jurisprudencial, nas palavras do *Judge* Bennet, integrante da Corte de Apelação (*Court of Claims*) no caso "Torncello *v.* U. S.",[165] julgado em 1982, a *termination for convenience* permaneceu restrita ao *military procurement* por quase um século.[166] Para o comparatista outra razão pode ser aduzida: a forte filosofia igualitária jusprivada que governa o Direito Norte-Americano. O seguinte dado é impressionante: foi somente com a promulgação da FAR, em

público; e o poder para suspender o serviço contratado, seja na construção, armamento ou equipamento de navios de guerra, *quando por alguma razão o interesse público requerer essa suspensão*, deve necessariamente recair sobre ele" [grifos nossos]. J. Schwartz cita a mesma parte da decisão de "Corliss" (*The Centrality of Military Procurement: Explaining the Exceptionalist Character of United States Government Procurement Law*, p. 60).

164. Cf. Schwartz, *The Centrality of Military Procurement: Explaining the Exceptionalist Character of United States Government Procurement Law*, 2005, pp. 59-63 (texto não publicado). Quarenta anos depois, a Suprema Corte decidiu "U. S. *vs.* Purcell Envelope Co.", 249 U.S. 313 (1919), no qual a Corte, segundo J. Schwartz, "estabelece uma das principais doutrinas pró-congruência no que toca à formação dos contratos administrativos: a de que uma oferta do co-contratante, somada à aceitação pelo agente do Estado com autoridade para tanto, resulta em um contrato que obriga os Estados Unidos". "A Corte em 'Purcell' – J. Schwartz conclui –, em um contrato administrativo civil usual, não encontrou razão para distanciar-se do regime de direito privado no qual uma oferta e uma aceitação levam a um contrato" (*The Centrality of Military Procurement: Explaining the Exceptionalist Character of United States Government Procurement Law*, pp. 63-64).

165. 681 F.2d 756 (1982).

166. J. Schwartz refere que a decisão do Juiz Bennet em "Torncello" permanece como o único registro acurado da história do desenvolvimento da doutrina da *termination for convenience* (cf. *The Centrality of Military Procurement: Explaining the Exceptionalist Character of United States Government Procurement Law*, p. 65, nota 101). O voto do Juiz Bennet explora a história da *termination for convenience* em 681 F.2d 764-766.

1984, isto é, somente via regulamento – portanto, uma imposição expressa do Estado –, e não pela via do processo "natural" originado do "espírito da *common law*", que o sistema jurídico norte-americano incorporou a *termination for convenience* nos casos envolvendo um *civilian government procurement*.

Sem dúvida, a falta da dicotomia "direito público *v.* direito privado" – ou, melhor, da sua teleologia – e a preeminência da filosofia igualitária jusprivada nos Estados Unidos, opondo-se à filosofia da preeminência do interesse público, tiveram grande papel nesse cenário. Se quisermos aproximar teoria e prática, o fato de a *termination for convenience* ter sido aceita nos contratos públicos não-militares somente via regulamentação estatal é um revelador exemplo estrangeiro da aplicação da tese defendida hoje por uma parte da doutrina brasileira, segundo a qual somente uma norma positivada pode conferir a prevalência do interesse público sobre o particular.[167] Essa tese contrasta com a jusfilosofia francesa, copiada pelo Direito Brasileiro, a qual sustentava, pelas Cortes administrativas e pela doutrina já desde a metade do século XIX, que *le pouvoir de résiliation unilatérale sans faute*, isto é, o poder de rescindir o contrato em nome do "interesse público", o *intérêt général*, deveria ser admitido como norma geral aplicável aos contratos administrativos, *mesmo sem que esse poder tenha sido positivado*.

É que os sistemas de direito público francês e brasileiro sustentaram o princípio da supremacia do interesse público desde muito cedo, o que formou a mentalidade dos juristas nesses países. Este ponto crucial é negligenciado pelos que se apegam a uma abordagem meramente analítica do fenômeno jurídico – e *por isso* essa abordagem se torna vazia.[168] É preciso entender *por que* os juristas franceses e brasileiros, e afinal o Direito desses países, opera dessa forma.

Na Idade Média, quando as sementes do *droit administratif* foram plantadas, a peroração em favor da distinção conferida ao Estado era a

---

167. É a tese de Ávila, "Repensando o princípio da supremacia do interesse público sobre o particular", *RTDP* 24/159-180, São Paulo, Malheiros Editores, 1998.

168. O problema é filosófico. "A filosofia analítica começa com o respeito pela argumentação. O problema é que logo depois começou a fazer só isso, e não se soube mais sobre o que argumentar. [...]. O problema, bem mais grave, é que a filosofia analítica é vazia" (Donald Davidson, in Borradori, *A Filosofia Americana: Conversações com Quine, Davidson, Putnam, Nozick, Danto, Rorty, Cavell, MacIntyre, Kuhn*, p. 98).

marca do Direito Francês, como será visto com mais vagar depois.[169] Com o passar dos anos, na França, a chamada "privatização" das normas de direito administrativo, embora tentada e discutida, nunca prevaleceu, e o sistema jurídico francês sempre considerou que princípios especiais e originais eram necessários para governar o *droit public*.[170] Historicamente, as noções de *police* e *politique* foram invocadas, e de algum modo confundidas, no século XIV por Boutillier e no século XVI por Bodin e Domat a fim de diferenciar o *droit public* do *droit privé*.[171] Depois da Revolução, o Barão Joseph-Marie Gérando (1772-1842), em 1819 nomeado o primeiro professor de Direito Administrativo na Universidade de Paris,[172] lembrou que no âmbito do *droit administratif* as relações entre interesses públicos e privados, as obrigações e os direitos recíprocos eram governados por "normas especiais, e não pelas normas ordinárias".[173] Essa máxima tem sido repetida desde então. Mais recentemente, Pièrre Sandevoir escreveu que "a preeminência do interesse geral sobre o interesse privado requer um tratamento especial do processo administrativo que os juízes dos tribunais civis não podem proporcionar".[174] Um doutrinador norte-americano chegou a referir, embora com exagero: "O 'direito público' francês instrui os juízes a favorecer o interesse público do Estado sobre os interesses dos indivíduos quando brotam conflitos entre ambos".[175]

169. Cf. subitem 1.1.1 do Capítulo III, *infra*. Para compreender essa temática, além dos estudos históricos de Mestre, Burdeau e Bigot, aqui abundantemente citados, é indispensável ao presente estudo a brilhante exposição de Plessix in *L'Utilisation du Droit Civil dans l'Élaboration du Droit Administratif*, a qual desmonta alguns dogmas até então vigentes (inclusive discordando em muitos pontos dos outros autores aqui citados).
170. Cf. Mestre, *Introduction Historique au Droit Administratif Français*, pp. 159-160.
171. Cf., genericamente, Mestre, *Introduction Historique au Droit Administratif Français*, pp. 162-163. Lembre-se que os primeiros *publicistes* na França, aqueles que tentaram sistematizar o *droit public*, estavam a serviço do poder do Estado (cf. Plessix, *L'Utilisation du Droit Civil dans l'Élaboration du Droit Administratif*, p. 314).
172. Cf. Burdeau, *Histoire du Droit Administratif*, p. 107.
173. Gérando, *Institutes du Droit Administratif Français, ou Éléments du Code Administratif, Réunis et Mis en Ordre*, vol. 1, Paris, Nève, 1829, p. 63.
174. Sandevoir, *Études sur le Recours de Pleine Jurisdiction*, p. 303.
175. M. Shapiro, *Courts: a Comparative and Political Analysis*, Chicago, University of Chicago Press, 1981, p. 33.

De fato, o direito público francês há muito abraçou a ideia de partes desiguais, considerando o Estado como "superior" ao indivíduo.[176] O *droit administratif* – e, consequentemente, os *contrats administratifs* – historicamente tem sido considerado, e o é ainda hoje, como um "direito do privilégio" (*droit de privilège*), uma vez fundado numa relação desigual entre a Administração e o administrado.[177] Devo lembrar aqui as ideias centrais já mencionadas: o interesse geral deve prevalecer sobre o interesse privado; o Estado deve submeter-se ao direito público

176. Cf. Gérando, *Institutes du Droit Administratif Français, ou Éléments du Code Administratif, Réunis et Mis en Ordre*, vol. 1, pp. 62-63 – justificando o caráter especial do *droit administratif*, baseado na ideia de que a Administração Pública está encarregada de buscar o interesse geral e prover os serviços públicos; por essa razão, o *droit administratif*, quando cuida de conflitos entre interesses públicos e privados, deve ser governado por leis especiais (*lois spéciales*), e não pelas regras do direito comum (*règles du droit commun*). Cf. também: Plessix, *L'Utilisation du Droit Civil dans l'Élaboration du Droit Administratif*, p. 282; Bigot, "Les mythes fondateurs du droit administratif", *Revue Française de Droit Administratif* 16/532, n. 3, maio-junho/2000; Guglielmi, *La Notion d'Administration Publique dans la Théorie Juridique Française: de la Révolution à l'Arrêt 'Cadot' (1789-1889)*, Paris, LGDJ, 1991, p. 213 (referindo-se à noção de Administração Pública do segundo terço do século XIX como um "centro de imputação desigual" – *centre d'imputation inégalitaire* – resultante da teoria do direito público dominante à época). Em Inglês, cf.: Allison, *A Continental Distinction in the Common Law*, p. 35 ("[Na França, o]nde a igualdade formal dos indivíduos é assumida no direito privado, a substantiva desigualdade de poder é a principal preocupação do direito público"); P. Chatenet, "The civil service in France", in William A. Robson (ed.), *The Civil Service in Britain and France*, Londres, Hogarth Press, 1956, p. 162 (argumentando que na França, como consequência das noções históricas de *imperium* e *potestas*, "existe uma fundamental desigualdade entre a Administração e o administrado. Porque a Administração francesa descansa sobre a autoridade do Estado e essa autoridade permeia simultaneamente as relações da Administração com os indivíduos privados e a estrutura interna da própria Administração"). Cf. também Merryman e Pérez-Perdomo, *The Civil Law Tradition: an Introduction to the Legal Systems of Europe e Latin America*, 3ª ed., p. 94.

177. Cf. Chevallier, "Le droit administratif, droit de privilège?", *Pouvoirs* 46/57-70, 1988 (explicando por que o *droit administratif* é *ainda* caracterizado por uma relação desigual entre a Administração e o administrado). Cf. também: Caillosse, "Droit public-privé: sens et portée d'un partage académique", *L'Actualité Juridique – Droit Administratif*, 20.12.1996, p. 957; Y. Gaudemet, *Traité de Droit Administratif*, 16ª ed., t. 1, pp. 3-4. Quanto à desigualdade no direito dos contratos administrativos, a melhor explanação, hoje, é o vasto estudo de Vidal, *L'Équilibre Financier du Contrat dans la Jurisprudence Administrative*, pp. 730-731 e 757-778; na doutrina anglo-americana, cf. Langrod, "Administrative contracts: a comparative study", *The American Journal of Comparative Law* 4/330, n. 3, 1955.

(ao direito administrativo, ao contrato administrativo), o qual é de ser aplicado por juízes especiais, que têm assento em tribunais especiais. Daí segue o seguinte raciocínio dedutivo: a filosofia da supremacia do interesse público predomina no direito público; essa filosofia é intimamente ligada à dicotomia "direito público *versus* direito privado"; os contratos administrativos, na medida em que são públicos, e não privados, devem ser interpretados segundo o mesmo princípio.

No Direito Brasileiro a mesma lógica reinou até muito recentemente, se não prevalece ainda hoje. O princípio da supremacia do interesse público tem sido abertamente proclamado desde os primeiros anos após a Independência. Durante o Império, período no qual o modelo seguido era principalmente francês, virtualmente todos os administrativistas seguiam a doutrina francesa.[178] O Marquês de São Vicente, José Antônio Pimenta Bueno (1803-1878), comentador por excelência da primeira Constituição brasileira, de 1824, escreveu claramente no seu principal trabalho, *Direito Público Brasileiro e Análise da Constituição do Império*, de 1857:

> O direito público, *jus publicum, quod ad statum reipublicae spectat*, tem por domínio todas as relações do cidadão para com o Estado, relações de interesse geral, e que por isso mesmo não pertencem à ordem privada. Ele organiza as posições do bem-ser comum; seu norte é o *salus publica suprema lex*; atende e protege especialmente o interesse coletivo, *bene esse civitatis*, e por amor dele despreza o direito individual nos casos em que lhe é subordinado, pois que fora desses casos deve respeitá-lo como um direito reconhecido e independente.[179]

Não é sem razão que Pimenta Bueno comece exatamente com a citação da *summa divisio* de Justiniano e que ainda mantenha o Latim. No parágrafo seguinte o autor define o direito privado (direito particular) novamente usando o latim: "*Jus privatum, quod ad singulorum utilitatem spectat*, tem por domínio as relações [...] entre os indivíduos [...]

---

178. Cf. Moreira Neto, *Curso de Direito Administrativo*, 14ª ed., Rio de Janeiro, Forense, 2005, p. 60.
179. Pimenta Bueno, *Direito Público Brasileiro e Análise da Constituição do Império*, Brasília, Senado Federal, 1978 [1857], p. 6 [grifos nossos]. Cf. também Lima Lopes, *As Palavras e a Lei*, São Paulo, Editora 34, 2004, p. 236 (citando a mesma passagem).

e não se ocupa do bem-ser geral, senão secundariamente".[180] Essas palavras poderiam ser proferidas por um jurista francês ainda hoje. Baseado numa clara divisão entre direito público e privado, Pimenta Bueno imediatamente explica que, "desta importante classificação e divisão dos dois interesses, ou do direito público e particular [...] nasce desde logo a diversa competência, a dupla existência do poder administrativo e do poder judicial, e com ela a separação profunda de suas atribuições, que não podem jamais ser confundidas".[181] Em suma, o direito administrativo, como parte do direito público, cuida dos interesses superiores, os quais seriam facilmente ligados ao interesse do Estado, ou por este representados.

A mesma ideia foi sustentada pelo primeiro grande administrativista brasileiro do Império,[182] Paulino José Soares de Souza (1807-1866), o Visconde do Uruguai. Após ter viajado à Europa e visitado principalmente a França e a Inglaterra, o Visconde do Uruguai revelou sua inclinação pelas ideias francesas no "Preâmbulo" do livro, um dos primeiros escritos no Brasil sobre o direito administrativo: "Reuni e estudei, se não todos, quasi todos os escritores que escreveram sôbre o direito administrativo da

---

180. Pimenta Bueno, *Direito Público Brasileiro e Análise da Constituição do Império*, p. 6. Cf. também Lima Lopes, *As Palavras e a Lei*, p. 237. Um dado curioso e revelador sobre o Latim: o art. 2º do Projeto de Regulamento ou Estatutos para o Curso Jurídico criado pelo Decreto de 9.1.1825, organizado pelo Conselheiro de Estado Visconde de Cachoeira e mandado observar provisoriamente nos cursos jurídicos de São Paulo e Olinda pelo art. 10 da Lei de 11.8.1827, que criou os referidos cursos, rezava o seguinte: "Juntarão [*os estudantes*] tambem certidão de exame e approvação das línguas latina e franceza; de Rhetorica, Philosophia Racional e Moral, Arithmetica e Geometria". O art. 3º trazia a justificação: o Latim deveria ser dominado, porque em Latim "está escripto o *Digesto*, o Codigo, Novellas, as *Institutas*, e os bons livros de Direito Romano"; o Francês, porque nessa língua "se acham também escritos os melhores livros de direito natural publico, e das gentes, marítimo, e commercial, que convem consultar, maiormente entrando estas doutrinas no plano de estudos do curso juridico [...]" (retirado de Mota, *Os Juristas na Formação do Estado-Nação Brasileiro*, São Paulo, Quartier Latin, 2006, p. 291). A leitura desse documento revela muito sobre a forma de ensino jurídico no Brasil até hoje.
181. Pimenta Bueno, *Direito Público Brasileiro e Análise da Constituição do Império*, p. 7.
182. O Visconde do Uruguai era "considerado o autor mais significativo do período imperial" (Diogo Moreira Neto, *Curso de Direito Administrativo*, 14ª ed., p. 60). Para José Murilo de Carvalho, o Visconde do Uruguai "foi o principal pensador do Conservadorismo monárquico" ("Entre a liberdade dos antigos e a dos modernos: a República no Brasil", in *Pontos e Bordados: Escritos de História e Política*, Belo Horizonte, UFMG, 2005, p. 91).

França, *que é o mais completo e desenvolvido*".[183] A dicotomia "público *versus* privado" e seu corolário, a supremacia do interesse público, são claros ao longo do trabalho. O autor inicia o livro com um capítulo intitulado "Definições – Divisões – Distinções", no qual define, *à la française*, as esferas pública e privada do Direito, enfatizando que aquela trata da coisa pública.[184] Seguindo a doutrina de Adolphe Chauveu (1802-1868), o Visconde do Uruguai sustentava que "querer aplicar [...] as máximas do direito civil, os empecilhos da jurisdição ordinária, seria desconhecer as regras mais vulgares da conservação da sociedade"; submeter o Estado às leis ordinárias seria sucumbir ao "estéril egoísmo, sacrificar a nossa grandeza nacional, a nossa fôrça interior, e a nossa posição exterior".[185] A Administração Pública deve subordinar-se aos princípios do direito público e cuidar do interesse público, o qual deve sobrepor-se aos interesses privados.[186] O autor salientava, ainda, que em todas as sociedades há um número de necessidades comuns "as quais o poder público deve satisfazer" e que a finalidade, o *fim* da Administração Pública, é "prover a essas necessidades coletivas, e dirigir esses interesses sociais, quer gerais, quer locais".[187] O direito administrativo, "direito público propriamente dito"[188]

183. Visconde do Uruguai (Paulino José Soares de Souza), *Ensaio sobre o Direito Administrativo*, Rio de Janeiro, 1960 [1862], p. 8 [grifos nossos].
184. Idem, pp. 16-17. O autor usa a mesma fórmula romana *ad statum reipublicae spectat*, citando Laferrière. O Visconde do Uruguai expressamente diz que adota a definição de Laferrière de *droit administratif*, porque é a que lhe "parece mais compreensiva e satisfatória" (*Ensaio sobre o Direito Administrativo*, p. 19). Louis Firmin Lafferrière (1778-1861), Professor da Universidade de Rennes, escreveu o *Cours Théorique de Droit Public et Administratif*, publicado em 1849. Lafferrière era, *entre* os muitos emergentes professores franceses de *droit administratif*, aquele que, à época, começou a escrever sobre o tema. Outros eram Émile-Victor Foucart (Professor em Poitiers), Adolphe Chaveau (Toulouse), François Alfred Trolley (Caen), além de Alexis Desiré Dalloz, Louis Pierre Cabantous, Alfred-Pierre Blanche, Jean Chantagrel, R. Gandillot e J. M. Boileux, ao lado de Joseph-Marie de Gérando e Louis-Antoine Macarel, respectivamente primeiro e segundo professores da disciplina na Universidade de Paris. É impressionante que o Visconde do Uruguai tenha citado todos esses autores e tenha afirmado haver lido todos os seus livros a fim de escrever o seu *Ensaio*. Sobre o florescer da literatura sobre o *droit administratif* na França, cf. Burdeau, *Histoire du Droit Administratif*, pp. 108-110.
185. Visconde do Uruguai, *Ensaio sobre o Direito Administrativo*, p. 61. Essa ideia iria frutificar.
186. Idem, p. 56.
187. Idem, p. 22.
188. Idem, p. 18.

– dizia o Visconde do Uruguai –, trata dos "interesses sociais", enquanto o direito privado trata dos interesses privados.[189]

Embora não sem sobressaltos, a filosofia da supremacia do interesse público sobreviveu ao longo do século XX na França e no Brasil como princípio básico do direito administrativo.[190] Entre nós, muito embora a força da tendência de alteração desse paradigma no meio doutrinário, mencionada logo na "Introdução" deste estudo, manuais de direito administrativo – que não só introduzem o aluno no assunto, mas também são muito citados pela Cortes – continuam ofertando, na primeira lição, a ideia da dicotomia "direito público *versus* direito privado", com todos os seus corolários[191] – o que também já foi salientado.

É claro que a própria existência de uma diferença conceitual entre "contratos administrativos" e "contratos privados da Administração" decorre dessa concepção teórica dual entre os ramos jurídicos. O critério usualmente utilizado, o da existência das chamadas "cláusulas exorbitantes" (*clauses exorbitantes*) – ou seja, cláusulas usualmente não encontráveis do direito privado[192] –, nada mais é que o resultado da sistematização doutrinária da matéria para fins também didáticos, mas que em realidade revela muito da cultura jurídico-política de ambos os países.

Fixadas as mentalidades nos três sistemas jurídicos em análise, bem como esclarecido o papel da estrutura jurídica nesses sistemas, passo ao capítulo central do estudo.

189. Idem, p. 36. Impressiona que, ao longo de toda sua obra, o Visconde do Uruguai não cita qualquer caso concreto.
190. Na França, cf., por exemplo, Y. Gaudemet, *Traité de Droit Administratif*, 16ª ed., t. 1, §§ 1-77, pp. 3-44. No Brasil, cf., por exemplo, os autores e as decisões citados nas notas de rodapé 11 e 12 da "Introdução".
191. Cf., por exemplo, Gasparini, *Direito Administrativo*, 13ª ed., São Paulo, Saraiva, 2009, pp. 1-2.
192. No Direito Francês, cf., por exemplo, Chapus, *Droit Administratif General*, 15ª ed., t. 1, Paris, Montchrestien, 2001, §§ 722-727, pp. 549-555. O trabalho clássico sobre as cláusulas exorbitantes no Direito Francês é de Georges Vedel, "Remarques sur la notion de clause exorbitante", in *L'Évolution du Droit Public: Études Offertes à Achille Mestre*, Paris, Sirey, 1956, pp. 527-560. Em Inglês, explicando o Direito Francês (mas igualmente aplicável ao Direito Brasileiro), cf. Brown e Bell, *French Administrative Law*, 5ª ed., pp. 141-143 (citando os casos clássicos nos quais o critério das cláusulas exorbitantes foi estabelecido). Na doutrina brasileira sobre as cláusulas exorbitantes um inventário foi feito mais recentemente por Tanaka, *Concepção dos Contratos Administrativos*, pp. 29, 61-67 e 102-107 (afirmando não existirem cláusulas exorbitantes, mas sim prerrogativas da Administração).

Capítulo III

RESPONSABILIDADE DO ESTADO POR ATOS SOBERANOS

1. Responsabilidade do Estado por "atos soberanos": "sovereign immunity 'versus' responsabilité de la puissance publique" – Duas concepções diferentes de Estado e de indivíduo: 1.1 Concepções opostas sobre Estado e indivíduo: 1.1.1 "State societies 'versus' stateless societies" – 1.1.2 Concepções positiva e negativa de Individualismo – 1.2 Combinando os dois fatores. Breves exemplos. 2. A responsabilidade do Estado comparativamente contextualizada: 2.1 Os Estados Unidos e o permanente espírito da imunidade soberana: 2.1.1 A "Sovereign Acts Doctrine" – 2.1.2 "Unmistakability Doctrine" – 2.1.3 "U. S. ' v.' Winstar Corp." (1996) e sua importância ao Direito Comparado – 2.2 A França e a "responsabilité sans faute": "fait du prince" e "imprévision": 2.2.1 "Responsabilité sans faute" e a concepção francesa de Estado – 2.2.2 Léon Duguit e as ideias da "solidarité sociale" e do "service public". O "ethos" social francês "versus" o Individualismo norte-americano – 2.2.3 "Fait du prince" e "imprévision": teorias para proteger o contratado, com base no "équilibre financier" do contrato, mas sob a justificava do "intérêt général": 2.2.3.1 "Fait du prince" – 2.2.3.2 "Imprévision" – 2.2.3.3 "L'équilibre financier du contrat administratif" – 2.3 Brasil: fato do príncipe, teoria da imprevisão e equilíbrio financeiro contextualizados: 2.3.1 O caráter estatal (ou francês) do Direito Brasileiro e sua relevância aos contratos administrativos – 2.3.2 Fato do príncipe, teoria da imprevisão e equilíbrio econômico-financeiro do contrato no Direito Brasileiro.

> *"A ideia de soberania era a ideia de que há uma autoridade política final e absoluta na comunidade; e tudo que precisa ser aduzido para completar essa definição é aduzido se a afirmação é seguida das seguintes palavras: 'e nenhuma autoridade final e absoluta existe noutro lugar'."* (F. Hinsley[1])

---

1. F. Hinsley, *apud* Beaud, "La notion d'État", *Archives de Philosophie du Droit* 35/134, 1990.

> "*Os juristas contemporâneos têm sido particularmente suscetíveis a tais formas de pensar [sobre a "soberania do Direito"]. Tendo crescido sob a influência do Positivismo, há o perigo de esquecer que os fundamentos da ordem jurídica são políticos.*" (Martin Loughlin[2])

> "*Qualquer análise comparada do Direito é, portanto, [...] um estudo do poder.*" (Pierre Legrand[3])

Já foi lembrado, mas não examinado, que o Estado pode unilateralmente alterar o contrato administrativo durante sua execução, contanto que as alterações permaneçam dentro do "escopo geral" ou das "condições essenciais" do contrato administrativo – expressões comumente usadas para permitir as alterações unilaterais. Esse problema permanecerá inexplorado. Ao invés, meu tópico, sob o nome genérico "atos soberanos", é mais amplo e também consideravelmente mais complexo. Trato, aqui, do problema que surge quando um ato, administrativo ou legislativo, praticado na esteira da atividade regular e lícita do Estado, acaba por influenciar na execução do contrato administrativo, causando ao contratado algum prejuízo. Por isso o tema é chamado de "dano indireto" (*indirect impairment*) do contrato, ou "exorbitância externa".

Como referi no Capítulo I, duas teorias tratam do problema nos Estados Unidos: a *Sovereign Acts Doctrine*, ou *Sovereign Acts Defense*, e a *Unmistakability Doctrine*, as quais são, segundo J. Schwartz, "a verdadeira apoteose do excepcionalismo".[4] Também referi que na França e no Brasil os "equivalentes funcionais" dessas doutrinas são as teorias do fato do príncipe e da imprevisão.[5] O ponto, aqui, é sempre este:

---

2. Loughlin, *The Idea of Public Law*, Oxford, Oxford University Press, 2003, p. 133. Cf. também Freund, "Droit et Politique. Essai de définition du Droit", *Archives de Philosophie du Droit* 16/15-33, Paris, 1971.

3. Legrand, "Public law, Europeanisation and convergence: can comparatists contribute?", in Paul Beaumont et al. (eds.), *Convergence and Divergence in European Public Law*, Oxford, Hart Publishng, 2002, p. 237.

4. J. Schwartz, *The Centrality of Military Procurement: Explaining the Exceptionalist Character of United States Government Procurement Law*, Washington/D.C., George Washington University Law School, 2005, p. 26.

5. O Direito Brasileiro, como se sabe, importou da França as teorias do fato do príncipe (*fait du prince*) e da imprevisão (*imprévision*). Cf. *infra*, subitem 2.3 deste capítulo. Por isso, a presente seção refere-se somente à noção francesa, embora isso

se o Estado é, ou não, responsável pelos danos causados ao contratado por atos lícitos praticados em nome do interesse público e na sua condição soberana.[6]

Quem examina os três sistemas jurídicos valendo-se da noção de "equivalentes funcionais" e procura pelas similitudes eventualmente presentes nos ordenamentos pode facilmente concluir que o problema da responsabilidade do Estado por atos soberanos recebe tratamento muito parecido nos Estados Unidos, na França e no Brasil. De fato, os três sistemas jurídicos parecem seguir, em termos gerais, a mesma linha estrutural de argumentos para saber se o Estado é responsável por um ato soberano que causa prejuízo ao contratado: investiga-se se o ato é "público e geral",[7] perquirindo-se também se o dano causado ao contratado é "especial". Se o ato é público e geral e se o dano não é tido por especial, então, o contratado não tem direito a qualquer indenização – o ato é, assim, soberano. Nesse cenário, o "único" problema nos três sistemas jurídicos é saber o que é um ato "público e geral" e o que significa um dano "especial".

No entanto, se fizermos uma breve pesquisa na doutrina e na jurisprudência dos três sistemas jurídicos perceberemos que não há fórmula clara para determinar o que seria um "ato soberano". As expressões "ato

não signifique que ambas as teorias signifiquem, hoje, o mesmo na França e no Brasil. Mais adiante, neste capítulo, mostro que para parte da doutrina francesa o *fait du prince* pode também encampar o que chamei de alteração "interna" do contrato administrativo, isto é, o *fait du prince* seria o gênero do qual o *pouvoir de modification unilatérale* seria a espécie – como pensava, por exemplo, Saroit Badaoui, que em seu livro clássico examinou as alterações internas na Parte I e as externas na Parte II da obra (*Le Fait du Prince dans les Contrats Administratifs en Droit Français et en Droit Égyptien*, Paris, LGDJ, 1955). Badaoui, entretanto, usava a mesma ideia de modificação "interna" e "externa" para tratar do mesmo fenômeno do qual trato aqui. No presente trabalho refiro-me ao fato do príncipe somente com respeito às modificações externas do contrato administrativo. O tópico será desenvolvido *infra*, subitem 2.2.3.1.

6. "Soberania" e "Estado" são conceitos conexos (cf.: Beaud, *La Puissance de l'État*, Paris, PUF, 1994, p. 13; Heuschling, *État de Droit, Rechtsstaat, Rule of Law*, Paris, Dalloz, 2002, p. 419; Loughlin, *The Idea of Public Law*, p. 73 – citando Charles Loyseau).

7. A "qualidade genérica do ato" é tida por ser "o fator mais importante" a ser analisado para estabelecer ou negar a responsabilidade contratual (cf. Schwartz, "Liability for sovereign acts: congruence and exceptionalism in government contracts law", *The George Washington Law Review* 64/698, n. 4, abril/1996).

público e geral" e "dano especial" são vagas e não vêm acompanhadas de qualquer critério balizador de interpretação – em suma, o "único" problema não está resolvido, e é difícil que o seja. Nos Estados Unidos, por exemplo, o *standard* "público e geral" tem sido invocado "mecanicamente",[8] e a Suprema Corte não conseguiu ainda fornecer argumentos minimamente esclarecedores sobre o que seria um ato *public and general*. Na França a situação não é diferente.[9] A doutrina francesa e a jurisprudência continuam a investigar a "natureza" do ato do Estado a fim de determinar se ele estaria livre da obrigação de indenizar, mas nenhum guia claro é fornecido. O Brasil segue o mesmo caminho.

Mas é também possível notar que, apesar de ser uma área de trabalho complexa e sem critérios objetivos para determinar o que seria um ato soberano, os três sistemas jurídicos resolvem os casos práticos, aparentemente, com *standards* muito similares. Por exemplo, no Direito Norte-Americano as Cortes geralmente consideram como sendo um "ato soberano" a promulgação de uma lei ou regulamento que altere as regras ou proíba o controle de preços, ou que estabeleça novo salário-mínimo, ou que implemente nova política fiscal ou monetária.[10] Portanto, se o Estado Norte-Americano pratica qualquer desses atos (externos) durante a execução de um *public procurement*, nenhuma compensação é devida ao contratado mesmo que ele sofra comprovados prejuízos. A consequência prática desses atos soberanos é, em termos gerais, parecida tanto na França quanto no Brasil, como veremos. O que difere radicalmente é a epistemologia por trás dos resultados práticos. Essa epistemologia é o que deve ocupar o comparatista, porque a *compreensão* dos resultados práticos somente é possível se entendermos as assunções e as inclinações culturais dos operadores do Direito, as quais o comparatista deve tentar desvendar.

---

8. J. Schwartz, "Liability for sovereign acts: congruence and exceptionalism in government contracts law", *The George Washington Law Review* 64/666.

9. Cf., genericamente, Guettier, *Droit des Contrats Administratifs*, 2ª ed., Paris, PUF, 2008, pp. 417-419.

10. Eu somente adaptei alguns exemplos de Latham, "The Sovereign Act Doctrine in the law of government contracts: a critique and analysis", *University of Toledo Law Review* 7/34, n. 1, 1975, p. 34 (citando várias decisões judiciais e administrativas). Cf. também Cibinic, Nash e Nagle, *Administration of Government Contracts*, 4ª ed., Washington/D.C., George Washington University, 2006, pp. 361-369.

Começo por dizer que a asserção de *equivalência* entre as doutrinas norte-americanas da *Sovereign Acts Doctrine* ou *Unmistakability* e as franco-brasileiras "fato do príncipe" e "imprevisão" é, de algum modo, equívoca, devendo ser bem entendida. De fato, o próprio uso de "equivalentes funcionais" no direito público é mais arriscado que no direito privado, ramo do Direito no qual a noção se desenvolveu.[11]

11. O tema dos "equivalentes funcionais" é, em alguma medida, relacionado com o debate clássico entre os comparatistas Alan Watson e Otto Kahn-Freund sobre o desenvolvimento dos sistemas jurídicos e os "transplantes jurídicos". A tese de Watson é a de que a forma mais comum de mudança em um sistema jurídico é via importação de normas de outro sistema ("Legal change: sources of law and legal culture", 131 *U. Pa. Law Review*1.121, 1983, *passim*, especialmente p. 1.125). Watson desenvolveu sua teoria em inúmeros trabalhos. Para uma citação vasta dessas obras e um resumo das idéas de Watson, cf. Ewald, "The american revolution and the evolution of Law", *American Journal of Comparative Law Supplement* 42/1-14, 1994. Kahn-Freund sustentava o oposto (cf. "On uses and misuses of Comparative Law", *The Modern Law Review* 37/1-27, n. 1, janeiro/1974). Com respeito ao direito público, Kahn-Freund referia que "as normas que organizam instituições constitucionais, legislativas, administrativas, judiciais e processuais são designadas para alocar poder, elaboração de normas, tomada de decisões e, acima de tudo, poder de elaborar políticas públicas"; e que "essas são as normas que mais resistem ao transplante jurídico" (ob. cit., p. 17). Ewald conclui, corretamente, que "a teoria de Watson parece adaptar-se muito melhor às mudanças no direito privado que no direito público" (ob. cit., p. 14). Embora dirigidas especificamente à aplicabilidade da tese de Watson à revolução americana, as palavras de Ewald podem ser generalizadas a todo o cenário da dicotomia "direito público *versus* direito privado". Em outras palavras, mesmo que a teoria de Watson acerca dos "transplantes jurídicos" possa eventualmente fazer sentido em algum ponto no direito privado, a teoria tem menos aplicabilidade no direito público, no qual os elementos sociais, econômicos e políticos interagem de tal forma que fazem mais difícil o "transplante". Pode-se dizer em favor da tese de Watson que seu impressionante trabalho não é dirigido ao direito público. Sobre o debate Watson/Kahn-Freund, cf. Allison, *A Continental Distinction in the Common Law: a Historical and Comparative Perspective on English Public Law*, Oxford, Oxford University Press, 1996, pp. 13-16 (questionando a teoria de Watson e dizendo-a "defeituosa", bem como referindo serem "inconvincentes" as evidências apresentadas). Cf. também Vanderbilt, "The reconciliation of the civil law and the common law", in Bernard Schwartz (ed.), *The Code Napoléon and the Common Law World*, Nova York, New York University Press, 1956, p. 394 (reconhecendo que as diferenças entre a *common law* e a *civil law* são particularmente mais importantes no campo do direito público). Para uma crítica mais profunda e consistente da teoria de Watson, cf.: Ewald, "Comparative jurisprudence (I): what was it like to try a rat?", *University of Pennsylvania Law Review* 143/1.889-2.150, 1995; Legrand, "The impossibility of 'legal transplants'", *Maastricht Journal of European and Comparative Law* 4/111 e ss., n. 2, 1997. Para uma bibliografia francesa sobre os "transplantes jurídicos" (*emprunts juri-*

O direito privado dirige sua atenção principalmente para partes, em tese, iguais, tratando das chamadas relações jurídicas de "coordenação jusprivatista",[12] e é concebido principalmente para tratar de problemas de justiça corretiva.[13] Em contraste, o direito público é mais "intimamente conectado à política nacional e ao processo administrativo"[14] e trata principalmente de casos de justiça distributiva.[15] Pierre Legrand diz corretamente que o direito público é "ainda mais específico na sua regionalidade que o direito privado, na medida em que é mais intimamente ligado na política distintiva que prevalece ao nível local".[16]

diques), cf. Plessix, *L'Utilisation du Droit Civil dans l'Élaboration du Droit Administratif*, Paris, Panthéon-Assas, 2003, p. 12, nota de rodapé 4. Embora sem discutir especificamente o tema, nossa doutrina juspublicista parece ciente de que os transplantes jurídicos não podem dar-se automaticamente. Cf., por exemplo: Justen Filho, *Teoria Geral das Concessões de Serviço Público*, São Paulo, Dialética, 2003, p. 366, e *O Direito das Agências Reguladoras Independentes*, São Paulo, Dialética, 2002, p. 53; Conrado Mendes, "Reforma do Estado e agências reguladoras: estabelecendo os parâmetros de discussão", in Carlos Ari Sundfeld (coord.), *Direito Administrativo Econômico*, 1ª ed., 3ª tir., São Paulo, Malheiros Editores, 2006, pp. 138-139; Pondé, "A doutrina e a jurisprudência na elaboração do direito administrativo", in Antônio A. Queiroz Telles e Edmir Netto de Araújo (coords.), *Direito Administrativo na Década de 90: Estudos Jurídicos em Homenagem ao Professor José Cretella Jr.*, São Paulo, Ed. RT, 1997, p. 42.

12. Radbruch, *Filosofia do Direito*, trad. de Marlene Holzhausen, São Paulo, Martins Fontes, 2004 [1932], p. 185. Na doutrina brasileira, cf., por exemplo, Loureiro Filho, "Evolução e fundamentos da responsabilidade pública no Direito Brasileiro", *RTDP* 36/203, São Paulo, Malheiros Editores, 2001.

13. Concedo que essa afirmação é uma simplificação grosseira de um tema complexo. Claro, tenho em mente a clássica lição aristotélica sobre justiça corretiva e justiça distributiva (*Ética a Nicômaco*, 4ª ed., trad. de Mário da Gama Cury, Brasília, UnB, 2001, Livro V). O direito privado seria o campo próprio da justiça corretiva na visão de Aristóteles, o primeiro filósofo a apresentar a justiça corretiva nas relações jurídico-privadas. Cf., sobre isso, Weinrib, *The Idea of Private Law*, Cambridge/ Mass., Harvard University Press, 1995, Capítulo 3. Mas em toda relação jusprivada há necessariamente, antes, uma distribuição. Isolar as relações jusprivadas de qualquer elemento de justiça distributiva (direito público) é virtualmente impossível. Minha intenção é somente enfatizar que assuntos *políticos* se amoldam *mais* – e não unicamente – ao direito público que ao direito privado.

14. Bell, "Comparing public law", in Andrew Harding e Esin Örücü, *Comparative Law in the 21st. Century*, Nova York, Kluwer Academic Publishers, 2002, p. 244.

15. Cf. Plessix, *L'Utilisation du Droit Civil dans l'Élaboration du Droit Administratif*, pp. 494-498 e 303.

16. Legrand, "Public law, Europeanisation and convergence: can comparatists contribute?", in Paul Beaumont *et al*. (eds.), *Convergence and Divergence in European*

O direito público trata com temas políticos mais intimamente e reflete, como vimos, a filosofia política e as disputas políticas mais claramente que o direito privado. Não é por acaso que os juristas franceses se referem ao direito público como *droit politique*, expressão ainda usada por muitos, como antes lembrado.[17] Assim, a função das teorias jurídicas no direito público torna-se mais "politizada" que no direito privado. Martin Loughlin enfatiza o ponto ao dizer que o direito público "é simplesmente uma forma sofisticada do discurso político" e "as controvérsias na seara [*do direito público*] são simplesmente a extensão de disputas políticas".[18] Se aceitarmos essa premissa, devemos concluir que a classificação do direito em "público" ou "privado" é crucial, ao menos no que toca às fontes reais do direito público. Nos próximos parágrafos apresento uma visão geral da tese e dos argumentos que emprego nas próximas páginas deste capítulo.

A imunidade do Estado por atos soberanos não é uma ideia que "caiu do céu azul". A *Sovereign Acts Doctrine* e a *Unmistakability Doctrine*, assim como as teorias do fato do príncipe e da imprevisão, respondem a necessidades de cada cultura jurídica. Elas revelam diferentes ideias sobre o Estado e, consequentemente, sobre a responsabilidade do Estado. Em termos muito genéricos, pode-se dizer que os Estados Unidos enaltecem o indivíduo em detrimento do Estado, enquanto a França e o Brasil (em menor grau) enaltecem o Estado em detrimento do indivíduo. Mais que isso, enquanto a dicotomia "direito público *versus* di-

Public Law, p. 246. Cf. também Pinto Correia, *Responsabilidade do Estado e Dever de Indenizar do Legislador*, Coimbra, Coimbra Editora, 1998, p. 91. Claro, o direito privado também tem suas particularidades históricas e culturais. Meu ponto é somente este: o direito público é "mais político" que o direito privado.

17. Martin Loughlin escreveu: "As dimensões jurídicas da ordem constitucional só podem ser entendidas ressuscitando uma concepção de Direito que recorre às afinidades entre o Direito e a Política – isto é, adotando um conceito de público como *droit politique*" (*The Idea of Public Law*, p. 71). Cf. também Samuel, "'Le droit subjectif' and English Law", *Cambridge Law Journal* 46/281, n. 2, julho/1987.

18. Loughlin, *Public Law and Political Theory*, Oxford, Oxford University Press, 1992, p. 4. Mais recentemente, o autor afirmou: "O direito público, [...] longe de transcender a política, é um aspecto da prática política" (*The Idea of Public Law*, p. 132). Cf. também: Triepel, *Derecho Público y Política*, trad. de José Luis Carro, Madri, Civitas, 1986 [1926]; Samuel, "'Le droit subjectif' and English Law", *Cambridge Law Journal* 46/281; Caillosse, "Sur les enjeux idéologiques et politiques du droit administratif", *La Revue Administrative* 208/365, julho-agosto/1982.

reito privado" não integra a epistemologia jurídica anglo-americana, na França e no Brasil a dicotomia está no centro da cena jurídica. Aos propósitos deste estudo, a consequência mais importante é esta: enquanto na França e no Brasil a dicotomia deu vazão à máxima romana *utilitas publica prefertur utilitate privatae* – isto é, "o interesse público tem preferência sobre o interesse privado" –, nos Estados Unidos essa máxima é *percebida* como fora de propósito. Portanto, para um jurista francês ou brasileiro, temas de direito público devem obedecer a diferentes princípios, princípios que *reconhecem* uma alegada *superioridade* da posição do Estado. Essa lógica é estranha ao operador do Direito norte-americano.[19] Para ele os princípios jurídicos do direito público e do direito privado são similares, embora não necessariamente idênticos, e o Estado não é superior ao indivíduo.[20] A *Sovereign Acts Doctrine* e a *Unmistakability Doctrine* são teorias que, admitidamente, "destoam" da filosofia dominante num sistema jurídico que em regra favorece a congruência e a igualdade das partes; ao revés, as teorias do fato do príncipe e da imprevisão são teorias inseridas em sistemas jurídicos que separaram conceitualmente o direito público do privado, assim criando um ramo especial, o direito administrativo, o qual é em tudo exorbitante, favorecendo a desigualdade entre as partes. Assim, em princípio os sistemas francês e brasileiro, teoricamente, tenderiam a favorecer o Estado em detrimento do indivíduo, enquanto o Direito Norte-Americano tenderia ao contrário. Esse parece ser o senso comum sobre as relações entre Estado e indivíduo nos três sistemas jurídicos aqui estudados. Nada obstante isso, alguns comparatistas viram no direito administrativo francês um sistema mais protetivo ao indivíduo que o sistema anglo-americano.

De fato, a França desenvolveu, desde o final do século XIX, um sistema relativamente coerente de responsabilidade estatal, contratual

---

19. Cf. item 2 do Capítulo I, *supra*.
20. Nos Estados Unidos há uma Corte especial, a *Court of Claims*, para julgar os casos que envolvem o Estado (*the government*). Mas a filosofia implícita que inspirou a criação da *Court of Claims* nada tem a ver com as razões, bastante conhecidas, que provocaram a criação, na França, dos tribunais administrativos, que não pertencem ao Poder Judiciário, mas ao Poder Executivo. Para uma interessante comparação histórica entre os regimes de "jurisdição administrativa" nos sistemas anglo-americano e francês, cf. Diamant, "The French Council of State; comparative observations on the problem of controlling the bureaucracy of the Modern State", *The Journal of Politics* 13/562-588, n. 4, novembro/1951.

ou extracontratual.[21] Com o crescimento do Capitalismo, o aumento da atividade econômica estatal e a rápida mudança da sociedade no início do século XX, todos os sistemas jurídicos estavam envolvidos com o problema da responsabilidade do Estado. Nesse período, aproximadamente entre 1880 a 1930, a chamada "Idade de Ouro" (*l'Âge d'Or*) do direito administrativo francês, o Conselho de Estado e alguns publicistas construíram um sistema de responsabilidade do Estado que tem sido aplaudido ao redor do mundo e servido de modelo a vários países,[22] incluindo o Brasil. Em contraste, o Direito Norte-Americano permaneceu e permanece relativamente fiel à máxima medieval inglesa de que "o rei não pode errar" (*the king can do no wrong*), cujo espírito ainda ecoa em alguns casos nos quais o Estado é parte.[23] Em outros termos, o direito público francês construiu um complexo sistema normativo que é tido por alguns comparatistas anglo-americanos – os poucos que ousaram quebrar a famosa insularidade da *common law* e têm mostrado profunda admiração pelo Conselho de Estado francês e pelo sistema de direito público francês – como apto a oferecer melhor proteção ao indivíduo que o sistema jurídico anglo-americano. Ao lado dos já mencionados Borchard e Laski, esse é o caso de Neville Brown e John Bell,[24]

---

21. Quanto às relações contratuais, cf. Terneyre, *La Responsabilité Contractuelle des Personnes Publiques en Droit Administratif*, Paris, Economica, 1989. No "Prefácio" do livro de Terneyre, Franck Moderne refere que "um dos méritos da tese de M. Terneyre – e ele não é negligenciável – é ter mostrado que o Conselho de Estado conseguiu elaborar, discretamente, um verdadeiro 'sistema' de responsabilidade contratual das pessoas públicas" (p. III).

22. Cf., genericamente, Pinto Correia, *Responsabilidade do Estado e Dever de Indenizar do Legislador*, pp. 56-62. Cf. também Pondé, "A doutrina e a jurisprudência na elaboração do direito administrativo", in Antônio A. Queiroz Telles e Edmir Netto de Araújo (coords.), *Direito Administrativo na Década de 90: Estudos Jurídicos em Homenagem ao Professor José Cretella Jr.*, p. 41. M. Shapiro escreveu que "o modelo para a maioria dos países europeus é o *Conseil d'État*" (*Courts: a Comparative and Political Analysis*, Chicago, University of Chicago Press, 1981, p. 153).

23. Cf. subitem 2.1 deste capítulo, *infra*.

24. Brown e Bell, *French Administrative Law*, 5ª ed., Oxford, Oxford University Press, 1998, pp. 1 e 25 (expressamente anotando a "profunda admiração" dos autores pelo sistema francês; escrevendo sobre o *droit administratif*, os *scholars* ingleses referem que, "a despeito das suas origens totalitárias, [*o direito administrativo francês*] sobreviveu para fornecer uma das mais sistemáticas garantias das liberdades do indivíduo contra o Estado conhecidas nos dias de hoje").

Martin Loughlin,[25] John David Mitchell,[26] Martin Shapiro.[27] Com respeito especificamente aos contratos públicos, Georges Langrod escreveu já em 1950 que, "ao contrário das opiniões que suportam a *common law*, é na França, por meio do *régime administratif*, e não nos países anglo-americanos, que foram encontradas formas genuínas de proteção aos indivíduos que contratam com o Estado, consistentes com uma razoável salvaguarda do interesse público".[28]

Entre esses comparatistas, John Rohr apreendeu acuradamente as implicações da *sovereign immunity* e do sistema francês de responsabilidade do Estado. Comentando o tópico dos direitos individuais e da responsabilidade civil do Estado (*state liability in torts*), Rohr refere o famoso caso "Blanco", decidido em 1873,[29] o qual estabeleceu o princípio geral da responsabilidade do Estado: "Esse é um princípio que até

---

25. Loughlin, *Public Law and Political Theory*, p. 161 ("Quase todos os estudos feitos sobre o sistema francês de *droit administratif* lançaram dúvidas sobre a superioridade da abordagem britânica e concluíram que o sistema francês oferece maior proteção [*ao indivíduo*] que o nosso [*sistema inglês*]").

26. J. D. B. Mitchell, *The Contracts of Public Authorities. A Comparative Study*, Londres, University of London, 1954, pp. 164-165 (observando que o caráter especial do sistema francês de Cortes administrativas "resultou em muito maior boa vontade em admitir a possibilidade de compensação por danos resultantes de atos administrativos e legislativos dos entes estatais" e que sob o sistema francês "o indivíduo recebe provavelmente melhor tratamento que nas jurisdições da *common law*, tendo sempre sido feita a reclamação de que algumas decisões favorecem indevidamente o indivíduo").

27. Martin Shapiro, *Courts: a Comparative and Political Analysis*, p. 154 ("O Conselho de Estado francês tem uma excelente reputação como guardião do povo contra a ilegalidade administrativa. Na sua invenção da doutrina do desvio de poder, muitos observadores jurídicos professam ver uma restrição muito mais forte aos desvios administrativos que no mais próximo equivalente do mundo da *common law*, o abuso 'de discricionariedade' (*abuse of discretion*)").

28. Langrod, "Administrative contracts: a comparative study", *The American Journal of Comparative Law* 4/334, n. 3, 1955.

29. Como sabido, *l'arrêt Blanco* foi julgado pelo *Tribunal de Conflits* em 8.2.1873 e representa o *leading case* da responsabilidade do Estado na França. É impossível exagerar a importância do caso "Blanco" para o direito público francês. Cf., por exemplo, Chapus, "Signification de l'arrêt *Blanco*", in *L'Administration et son Juge*, Paris, PUF, 1999, pp. 29-36. Em Inglês, cf., por exemplo: Allison, *A Continental Distinction in the Common Law: a Historical and Comparative Perspective on English Public Law*, pp. 171-73; Brown e Bell, *French Administrative Law*, 5ª ed., p. 183.

os dias de hoje não foi estabelecido nos Estados Unidos por causa da *sovereign immunity*".[30]

Um *lawyer* norte-americano pode objetar que essa afirmação é equivocada ou, pior, que é um erro grosseiro, sendo, portanto, um falso ponto de partida à comparação. O *lawyer* poderá, mesmo, citar leis e casos em suporte à tese de que a *sovereign immunity* nos contratos administrativos foi abandonada ao menos em relação a algumas espécies de contratos desde há muito. De fato – diria o argumento –, com a criação da *Court of Claims* em 1855,[31] e mais genericamente com a promulgação do *Tucker Act* em 1887,[32] o Estado Norte-Americano teria renunciado à sua imunidade em casos envolvendo contratos públicos. De acordo com essa objeção, a referida renúncia à *sovereign immunity* desmentiria o ponto de partida do meu argumento, porque a imunidade não poderia mais ter qualquer papel significativo no sistema jurídico dos contratos administrativos dos Estados Unidos.

Essa objeção, porém, é tão linear quanto equivocada. Como explica Gregory Sisk, a *sovereign immunity* "está por trás" de todos os casos que envolvem o Estado: "Mesmo quanto o Estado tenha renunciado à imunidade soberana por meio de uma lei, a doutrina [*da "sovereign immunity"*] influencia a maneira pela qual as Cortes interpretam e aplicam essas leis".[33] O espírito da *sovereign immunity* está certamente ainda vivo nos Estados Unidos,[34] apesar da vacilação da Suprema Corte na

---

30. Rohr, *Founding Republics in France and America: a Study in Constitutional Governance*, Lawrence/Kansas, Kansas University Press, 1995, p. 243.

31. Cf.: Krent, "Reconceptualizing sovereign immunity", *Vanderbilt Law Review* 45/1.564-1.565, n. 6, novembro/1992; Sisk, *Litigation with the Federal Government: Cases and Materials*, 4ª ed., Filadélfia/PA, ALI-ABA, 2006, p. 299.

32. 28 U.S.C. § 1491(a)(1). Cf. Krent, "Reconceptualizing sovereign immunity", *Vanderbilt Law Review* 45/1.565. Para uma visão histórica sobre os processos contra o Estado Norte-Americano, cf. Shimomura, "The history of Claims Against the United States: the evolution from a legislative to a judicial model of payment", *Louisiana Law Review* 45/625-700, n. 3, 1985.

33. Sisk, *Litigation with the Federal Government: Cases and Materials*, 4ª ed., p. 73. Cf. também, genericamente, Jackson, "Suing the federal government: sovereignty, immunity, and judicial independence", *George Washington International Law Review* 35/569-570, 2003.

34. Cf., genericamente, Rohr, *Founding Republics in France and America: a Study in Constitutional Governance*, pp. 242-245. Brown e Bell referem que o princípio *the king can do no wrong* ainda prevalece na doutrina inglesa (cf. *French Administrative Law*, 5ª ed., p. 184).

interpretação da doutrina,[35] cujo "significado é contestado e contestável".[36] Em contraste, na França e no Brasil, como se sabe, a *sovereign immunity* há muito não sobrevive, tendo dado lugar à ideia contrária, isto é, à ideia da responsabilidade objetiva.

Aqui se tem um paradoxo aparente: *Sovereign Acts Doctrine* e *Unmistakability Doctrine* são teorias que operam num sistema que em regra privilegia os indivíduos, um sistema governado pela justiça corretiva do direito privado e desenhado para proteger o particular contra o Estado. Esse mesmo sistema, entretanto, tem sido historicamente relutante em admitir a responsabilidade do Estado por seus atos ilícitos (ou lícitos). Em contrate, as teorias do fato do príncipe e da imprevisão operam em culturas jurídicas que, embora tenham historicamente favorecido o poder do Estado contra o indivíduo, construíram um sistema de responsabilidade do Estado e proteção dos interesses individuais tido por muitos como razoável. Essas aparentes contradições podem, entretanto, ser explicadas, ao menos em nível teórico. Para fazê-lo devo passar à análise da questão central do problema, isto é, dos diferentes fundamentos da responsabilidade do Estado nos sistemas norte-americano e francês (ou brasileiro).

1. Responsabilidade do Estado por "atos soberanos": "sovereign immunity 'versus' responsabilité de la puissance publique" – Duas concepções diferentes de Estado e de indivíduo

> *"[Nas Repúblicas da França e dos EUA,] tudo exceto o rótulo é diferente: a formação da liberdade civil; a definição dos direitos do indivíduo; sua proteção contra a tirania da*

---

35. Cf., genericamente, por exemplo, Pierce Jr., *Administrative Law Treatise*, 5ª ed., vol. 3, Aspen Law & Business, 2010, pp. 1.748-1.813. Para uma perspectiva ampla da *Sovereign Immunity Doctrine*, cf. os vários artigos publicados no vol. 35 da *George Washington International Law Review* (2003), particularmente Jackson, "Suing the federal government: sovereignty, immunity, and judicial independence", e Sisk, "The tapestry unravels: statutory waivers of sovereign immunity and Money Claims against the United States", *George Washington International Law Review* 71/602-707, ns. 4/5, setembro-outubro/2003.

36. Jackson, "Suing the federal government: sovereignty, immunity, and judicial independence", *George Washington International Law Review* 35/523.

maioria; a atitude do cidadão em relação ao regime e à religião; a relativa importância dos fatores econômicos e políticos; a organização dos partidos; a posição dos cidadãos. Se confiarmos em uma alegada identidade para um entendimento mútuo, certamente confiaremos em vão!" (André Tardieu[37])

"A ideia deve ser estudada não como um conceito, mas como um símbolo que deriva sua vida dos sentimentos; a ideia cresce e morre com os sentimentos que engendram sua formulação e, com os grandes pensadores, sua integração no sistema de pensamento, aproximando a assíntota da racionalidade. Somente na medida em que a ideia é entendida como expressão aproximadamente racional na vida dos sentimentos é que podemos entendê-la como uma entidade histórica."
(Eric Voegelin[38])

"Um juiz alemão ou francês [...] inclina-se mais a reconhecer-se como um funcionário do Estado do que um juiz norte-americano, o qual se inclina facilmente a ver o Estado como um Leviatã contra quem o cidadão deve ser protegido."
(Max Rheinstein[39])

O tema da responsabilidade do Estado é muito vasto e pode ser estudado por vários ângulos, desde o histórico ou o filosófico ao "puramente jurídico". Mesmo se confinado ao aspecto normativo, poder-se-ia dividir o tópico em subcategorias, como responsabilidade contratual e extracontratual, responsabilidade por atos lícitos ou ilícitos, responsabilidade por atos legislativos, executivos ou judiciais – cada subcategoria podendo ser governada por diferentes princípios e sugerindo diversas abordagens. Pode-se pensar em imprimir a cada tópico uma perspectiva comparada, ou mesmo encará-los, todos, sob a ótica do

---

37. Tardieu, *France and America: some Experiences in Cooperation*, Nova York, Houghton Mifflin Co., 1927, pp. 49-50.
38. Voegelin, *Crisis and the apocalypse of man*, vol. VIII da *History of Political Ideas* (vol. 26 de *The Collected works of Eric Voegelin*), Columbia, Missouri University Press, 1999, p. 81.
39. Rheinstein, "Comparative Law – Its functions, methods, and usages", *Arkansas Law Review* 22/423, n. 3, 1968.

Direito Internacional. Isso seria um sem-fim, levando o presente estudo a todos e a nenhum lugar. Este trabalho limita-se à responsabilidade do Estado em suas relações contratuais internamente consideradas, isto é, relações de cada Estado com o seu contratado privado.[40] Para alcançar as origens da exorbitância, ao invés de oferecer ao leitor uma detalhada análise das várias formas e tipos de responsabilidade porventura existentes em cada sistema, ou mesmo um cuidadoso elenco dos casos mais importantes, vou privilegiar os aspectos culturais e históricos de cada sistema jurídico.

Para o comparatista do direito público, no que toca ao tema da responsabilidade do Estado, a primeira proposição essencial é esta, tão trivial e óbvia quanto fundamental: uma vez que o conceito de Estado difere entre os sistemas jurídicos em análise, seria surpreendente se os Estados Unidos e a França (ou o Brasil)[41] adotassem os mesmos pontos de partida epistemológicos. Enquanto o sistema jurídico norte-americano ainda confere força normativa à ideia da *sovereign immunity* e de alguma forma privilegia a não-responsabilidade do Estado, os sistemas jurídicos francês e brasileiro desenvolveram-se, desde fins do século XIX, sobre a filosofia oposta, ou seja, a da responsabilidade do Estado. Essa afirmação é muito genérica, e precisa ser explicitada.

Para o jurista continental a diferença mais intrigante entre o tratamento da responsabilidade do Estado pelos sistemas norte-americano e francês (ou brasileiro) é o difuso papel que a "misteriosa"[42] doutrina da

40. Para estudos acerca da responsabilidade civil extracontratual do Estado em perspectiva comparada, cf. os artigos publicados em Fairgrieve *et al.* (orgs.), *Tort Liability of Public Authorities in Comparative Perspective*, British Institute of International & Comparative Law, 2002.
41. A menos que indicado de outra forma, o tratamento dado aqui ao Direito Francês aplica-se em geral ao nosso Direito.
42. A expressão é de Borchard, "Government responsibility in tort", *Yale Law Journal* 34/4, n. 1, New Haven, novembro/1924, repetida por Rohr, *Founding Republics in France and America: a Study in Constitutional Governance*, p. 242. As Cortes americanas têm registrado o "misterioso" caráter da máxima. Cf. o voto do Min. Traynor em "Muskopf *vs.* Corning Hospital District", 359 P.2d 457 (1961). No caso "Owen *vs.* City of Independence", 445 U.S. 622 (1980), o *Justice* Brennan referiu expressamente (citação da p. 645): "Embora nunca se tenha entendido como a doutrina da imunidade soberana tenha sido adotada na Democracia americana, a doutrina aparen-

sovereign immunity, de proveniência constitucional "obscura"[43] e alegadamente originada da máxima medieval inglesa de que "o rei não pode errar" (*the king can do no wrong*), ainda tem no Direito dos Estados Unidos.[44] Isso servirá como um ponto de partida para uma análise do direito dos contratos administrativos no sistema jurídico norte-americano.[45] Juristas ao redor do mundo, incluindo a vasta maioria nos Estados Unidos, têm reconhecido e criticado essa peculiaridade,[46] a qual em princípio vai de encontro ao *ethos* individualista que reina na sociedade norte-americana.[47] No entanto, minha tese é que a *sovereign immunity* – e seus corolários, como a *Sovereign Acts Doctrine* e a *Unmistakability Doctrine* – deve ser vista como "necessária" para proteger o

temente provém da imunidade pessoal do monarca inglês expressada na máxima *the king can do no wrong*. Tem-se sugerido, entretanto, que o significado tradicionalmente atribuído a essa frase é uma irônica perversão da sua intenção original: 'A máxima somente significava que o rei não tinha o privilégio de errar'. Se os seus atos eram contrários ao Direito, eles eram *injuriae* (ilícitos). Bracton, embora ambíguo em suas várias afirmações sobre a relação entre o rei e o Direito, não pretendia transmitir a ideia de que o rei era insuscetível de cometer um ilícito".

A citação entre aspas é do trabalho de Borchard, "Government responsibility in tort", *Yale Law Journal* 34/1-45, 1924. Minha atenção a este caso foi despertada por Randall, "Sovereign immunity and the uses of History", *Nebraska Law Review* 81/4, 2002, nota 2.

43. Jackson, "Suing the federal government: sovereignty, immunity, and judicial independence", *George Washington International Law Review* 35/522.

44. Idem, pp. 527 e 540. Cf. também, genericamente, Krent, "Reconceptualizing sovereign immunity", *Vanderbilt Law Review* 45/1.529-1.580.

45. Cf., genericamente, Hadfield, "Of sovereignty and contract: damages for breach of contract by government", *Southern California Interdisciplinary Law Journal* 8/471, n. 2, 1999.

46. Nos Estados Unidos, um crítico de primeira hora da *sovereign immunity* é o decano dos administrativistas, o falecido professor K. C. Davis (cf. "Sovereign immunity must go", *Administrative Law Review* 22/383-406, 1970). Mais recentemente, a mais poderosa crítica à doutrina da imunidade soberana foi feita por Randall, "Sovereign immunity and the uses of History", *Nebraska Law Review* 81/1-114 (sustentando que a *sovereign immunity* nos Estados Unidos é uma sucessão de erros feitos pelas Cortes, doutrina e legisladores). Um dos poucos defensores da doutrina é Harold Krent, "Reconceptualizing sovereign immunity", *Vanderbilt Law Review* 45/1.529-1.580 (sustentando, em suma, que a *sovereign immunity* protege a Democracia e as políticas majoritárias).

47. Como será sustentado depois, essa ideia é equivocada. Na verdade, passa-se o contrário: o Individualismo norte-americano é *causa* da irresponsabilidade do Estado e serve de base à *sovereign immunity*.

"interesse público" em uma cultura que não "entende" a dicotomia "direito público *versus* direito privado" e seu principal corolário, a "supremacia do interesse público".[48]

Em contraste, o sistema jurídico francês abandonou totalmente a análoga máxima *le roi ne peut mal faire* e deu forma à ideia oposta, a da responsabilidade objetiva (*la responsabilité sans faute de la puissance publique*). Na França a responsabilidade do Estado é uma das mais notáveis construções do Conselho de Estado pelo menos desde 1873.[49] O Brasil, por seu turno, estabeleceu na Constituição de 1934 a regra da responsabilidade solidária do Estado e seus funcionários em caso de culpa destes,[50] e a atual Constituição Federal de 1988 prevê a responsabilidade objetiva do Estado como regra (art. 37, § 6º).

Portanto, enquanto nos Estados Unidos o Estado ainda é, em princípio, imune ao processo – e, assim, irresponsável – sem que tenha previamente consentido,[51] na França ou no Brasil ocorre o oposto. As doutrinas que iremos estudar devem ser vistas nesse contexto e sob essa perspectiva de oposição dialética. Essas filosofias contrastantes derivam de ideias contrárias sobre Estado e indivíduo, ideias que examino a seguir.

---

48. Meu propósito não é defender ou criticar a doutrina da *sovereign immunity* ou suas variantes. Pretendo somente contextualizá-las e explicar por que uma "sociedade sem estado" e ultraindividualista como a norte-americana precisa dessas teorias, enquanto "sociedades de Estado", como a francesa ou a brasileira, não.
49. Com respeito à responsabilidade extracontratual, o famoso caso "Blanco", julgado pelo *Tribunal de Conflits* em 1973, é a primeira e principal referência. Na área dos contratos administrativos, entretanto, a renúncia à imunidade ocorreu ainda antes, conforme atesta Terneyre, *La Responsabilité Contractuelle des Personnes Publiques en Droit Administratif*, p. 7.
50. Cf. Aguiar Dias, *Da Responsabilidade Civil*, 10ª ed., vol. 2, Rio de Janeiro, Forense, 1995, p. 570. Nenhuma das Constituições brasileiras do século XIX consagrou a responsabilidade do Estado (cf. Loureiro Filho, "Evolução e fundamentos da responsabilidade pública no Direito Brasileiro", *RTDP* 36/225-226).
51. Cf. Jackson, "Suing the federal government: sovereignty, immunity, and judicial independence", *George Washington International Law Review* 35/523 ("[A] *sovereign immunity* da União Federal (*federal government*) é aceita hoje como sendo 'o Direito aplicável' (*the law*)"). Cf. também Krent, "Reconceptualizing sovereign immunity", *Vanderbilt Law Review* 45/1.529.

1.1 Concepções opostas sobre Estado e indivíduo

"*As palavras são parte do comportamento humano. São categorias mentais que representam parte do mundo, impondo-lhe intencionalidade e coerência. A linguagem não é somente uma atividade intelectual distinta da realidade do mundo material. A linguagem é parte da estrutura social e política; ela releva a política da sociedade.*" (Kenneth Dyson[52])

"*Se toda língua é uma visão de mundo, isso não se dá primeiramente porque se trata de uma particular espécie de língua (da forma com que os linguistas veem a língua), mas sim em função do que é dito ou transmitido nessa língua.*" (Hans-Georg Gadamer[53])

"*Não se pode adivinhar como é que uma palavra funciona. Tem que se olhar para a sua aplicação e aprender a partir daí.*

"*Mas a dificuldade consiste em ultrapassar o preconceito que se opõe a esta aprendizagem. Não é um preconceito estúpido.*" (Ludwig Wittgenstein[54])

---

52. Dyson, *The State Tradition in Western Europe: a Study of an Idea and Institution*, Nova York, Oxford University Press, 1980, p. 1.
53. Gadamer, *Truth and Method*, 2ª ed., Londres, Continuum, 2004, pp. 438-439. Logo após, Gadamer cita Whilhelm von Humboldt: "Somente porque sempre de alguma forma transportamos totalmente nossa visão de mundo, mesmo nossa própria visão da linguagem, para uma língua estrangeira, esse entendimento [*da linguagem estrangeira*] não é experimentado de modo puro e perfeito" (p. 439). A importância da ideia de Humboldt – enfatiza Gadamer – é mostrar "que a *visão da linguagem* é uma *visão de mundo*" (p. 440). Cf. também: Richard Palmer, *Hermenêutica*, trad. de Maria Luíza Ribeiro Ferreira, Lisboa, Edições 70, 2006 [1969], pp. 207-211; Pitkin, *Wittgenstein and Justice*, Los Angeles/CA, University of California Press, 1993, p. 3. Essa ideia tem raízes hegelianas e muito a ver com a noção de *mentalité*, que exploro ao longo do trabalho. A influência de Hegel na hermenêutica de Gadamer é confessa (cf. *Truth and Method*, 2ª ed., pp. 336-371). Cf. também Richard Palmer, *Hermenêutica*, pp. 21 e 217. Tratando do caráter epistemológico da linguagem na doutrina francesa, cf. Atias, *Épistémologie Juridique*, Paris, Dalloz, 2002, p. 84.
54. Wittgenstein, *Tratado Lógico-Filosófico – Investigações Filosóficas*, 3ª ed., trad. de M. S. Lourenço, Lisboa, Fundação Calouste Gulbenkian, 2002 [1953], § 340, p. 376.

"Devemos começar com o fato de que a mesma palavra, ou o mesmo conceito na maioria dos casos, significa coisas muito diferentes quando usada por pessoas situadas em contextos diferentes."[55] Em termos muito amplos, as palavras "cultura" e "civilização" talvez sejam os melhores exemplos desse fenômeno. Norbert Elias mostrou, de forma brilhante, que esses termos significaram (e podemos pensar que ainda signifiquem) coisas muito diferentes na Inglaterra, Alemanha, e França.[56] Mais que isso, algumas palavras são tão poderosas que parecem levar consigo uma cultura inteira. Como referiu Yehoshua Arieli, essas palavras "fazem parte da imagem que o indivíduo e a sociedade fazem deles mesmos e do mundo ao seu redor. Como tais, elas são instrumentos de orientação e ação, normas de comportamento e guias para atitudes sociais e individuais".[57] Palavras como "Estado" e "indivíduo", ou "Individualismo", são exemplo disso.

De fato, "Estado" e "Individualismo" são palavras que encampam fortes ideias, as quais vêm sendo usadas pelo menos desde os séculos XVIII (Estado) e XIX (Individualismo) por historiadores, filósofos, juristas e sociólogos para representar uma forma de pensamento, para estereotipar povos, para criticar ou aplaudir atitudes, sustentar teorias sociais, jurídicas e filosóficas. Em resumo, essas palavras têm moldado culturas e, consequentemente, o Direito. Elas encerram conceitos, os quais carregam significados capazes de se tornarem forças efetivas de coesão social e ação.[58] Como Karl Mannheim habilmente sugeriu, "pertencemos a um grupo porque percebemos o mesmo sentido no mundo".[59]

---

55. Karl Mannheim, *Ideology and Utopia*, 1960, p. 245, *apud* Lukes, "The meanings of 'Individualism'", *Journal of the History of Ideas* 32/45, n. 1, janeiro-março/1971. Cf. também Legrand, "Public law, Europeanisation and convergence: can comparatists contribute?", in Paul Beaumont *et al.* (eds.), *Convergence and Divergence in European Public Law*, p. 232 (aludindo à visão de Mannheim de que "o pensamento que brota de uma comunidade não é um produto dos indivíduos, mas de um grupo que desenvolveu um particular 'estilo de pensamento'"; aduzindo que o pensamento é "culturalmente constituído em um sentido muito significativo").
56. Cf. Elias, *O Processo Civilizador*, vol. 1, trad. de Ruy Jungmann, Rio de Janeiro, Jorge Zahar, 1993 [1939], Capítulo 1.
57. Arieli, *Individualism and Nationalism in American Ideology*, Cambridge/Mass., Harvard University Press, 1964, p. 2.
58. Idem, pp. 2-3.
59. Mannheim, *Ideology and Utopia*, 1936, p. 22, *apud* Arieli, *Individualism and Nationalism in American Ideology*, p. 3. Cf. também Bourdieu, *A Distinção: Crí-*

1.1.1 "State societies 'versus' stateless societies"

> *"Por mais de mil anos [...] existiu a França somente porque havia o Estado, um Estado para reconciliá-la, para organizá-la, para fazê-la crescer, para defendê-la não somente contra ameaças externas, mas também contra egotismos de grupos e rivalidades. Hoje, mais que nunca, a força do Estado é indispensável não somente para assegurar o futuro da Nação e sua segurança, mas também para assegurar ao indivíduo sua liberdade."* (Presidente Georges Pompidou aos seus ex-colegas do Conselho de Estado em 1970[60])

> *"Os valores privados devem estar no centro das políticas públicas."* (Presidente Ronald Reagan em discurso ao Congresso norte-americano em fevereiro/1986[61])

> *"O que acontece é que o próprio Direito não tem o mesmo sentido. Em França o Direito formaliza a vontade do soberano; além-Mancha, protege dessa mesma vontade."* (Antoine Garapon[62])

As palavras do Presidente Georges Pompidou ofenderiam a sensibilidade anglo-americana,[63] a quem elas poderiam parecer até ilusórias. Aos franceses, no entanto, as mesmas palavras soaram e ainda soam sensatas.[64]

---

tica Social do Julgamento, trad. de Daniela Kern e Guilherme J. F. Teixeira, São Paulo/Porto Alegre, EDUSP/Zouk, 2008, p. 444.

60. Citado por Dyson, *The State Tradition in Western Europe: a Study of an Idea and Institution*, pp. 83-84.

61. *New York Times* de 5.2.1986, apud Wolin, *The Presence of the Past: Essays on the State and the Constitution*, Baltimore, Johns Hopkins University Press, 1989, p. 25.

62. Garapon, *Bem Julgar: Ensaio sobre o Ritual Judiciário*, trad. de Pedro Filipe Henriques, Lisboa, Instituto Piaget, 1999, p. 170.

63. Na literatura norte-americana um recente *best-seller* bem apanhou esse contraste: "A ideia de estado (*l'état, the state*) e seus representantes, os *altos funcionários* (*hauts fonctionnaires*), tem uma significação na França que é incompreensível aos norte-americanos, para os quais o estado é, na melhor das hipóteses, o correio" (Gopnik, *Paris to the Moon*, Nova York, Random House, 2000, pp. 113-114) (Gopnik, um norte-americano, mantém a palavra "estado" com minúscula).

64. De acordo com Günter Frankenberg, "o Estatismo ainda prevalece na França, defendendo o 'interesse geral' como que representado pelo Estado contra as pre-

Por outro lado, a frase do Presidente Ronald Reagan parece estranha a um cidadão francês, enquanto ao norte-americano ela sempre foi e ainda é familiar. Tendo por certo que, "em grande medida, a identidade coletiva é criada e perpetuada por meio do discurso público",[65] os dizeres dos dois Presidentes são reveladores.

Entre os países desenvolvidos o sentido de "estatalidade" (*stateness*) na França é talvez mais forte que em qualquer outra Nação democrática ocidental,[66] ao passo que nos Estados Unidos ocorre o oposto. Em termos de teorias política e constitucional, a França tem desenvolvido uma teoria do "Estado" ou uma "ciência política" *par excellence* pelo menos desde o século XVI.[67] André Tardieu escreveu em 1927 que "na França toda a história do país tem sido construída ao redor do e pelo Estado. [...]. Depende-se do Estado e conta-se com ele em todo ato da vida pública ou privada". Logo depois o autor contrastou o modelo francês com o desgosto norte-americano pelo Estado: "Longe de considerar o governo central como uma providência vigilante, o norte-americano dá um toque de desconfiança, a pouca consideração que faz do Estado", isso refletindo aquilo que deve ser reconhecido como "dois mundos políticos essencialmente diferentes".[68]

O tempo encarregou-se de sedimentar como truísmos essas observações entre os comparatistas, fossem juristas, cientistas sociais ou políticos, franceses ou norte-americanos. Em 1985 Laurent Cohen-Tanugi, um crítico do Estado Francês, contrastou os dois modelos de regulação

---

tensões de ampla participação no governo pelos cidadãos" ("Remarks on the philosophy and politics of public law", *Legal Studies* 18/185, n. 2, março/1998).

65. Wolin, *The Presence of the Past: Essays on the State and the Constitution*, p. 9. Na mesma página escreve o autor: "O discurso público consiste em vocabulário, ideologias, símbolos, imagens, memórias e mitos que vieram constituir a forma que pensamos e falamos sobre nossa vida política".

66. "O conceito de Estado aplicado à área política europeia é historicamente informado pelos Estados europeus ocidentais, *especialmente o desenvolvimento do modelo continental da França*" (Voegelin, *The Authoritarian State: an Essay on the Problem of Austrian State*, Columbia, Missouri University Press, 1999 [1936] (*The Collected Works of Eric Voegelin*, vol. 4), p. 49 [grifos nossos].

67. Cf. Voegelin, *The Authoritarian State: an Essay on the Problem of Austrian State*, p. 53.

68. Citações neste parágrafo de Tardieu, *France and America: some Experiences in Cooperation*, p. 39.

estatal e enfatizou que na França "a sociedade é estruturada inteiramente pelo e em torno do Estado, que tem um papel de impulsão e exerce em contrapartida sua força opressora sobre a sociedade". Em contraste – aduz o autor –, os Estados Unidos oferecem o "outro modelo", no qual a sociedade se auto-regula. "Num tal modelo, a sociedade tem uma vida autônoma em relação ao Estado e dispõe de seus próprios instrumentos de regulação."[69] Em 1995 John Rohr escreveu que, "em Francês, a apalavra 'Estado' (*state*, *l'État*) tem uma poderosa força normativa raramente encontrada no seu equivalente em Inglês".[70] Mais recentemente, James Whitman, escrevendo sobre a sanção criminal nos Estados Unidos e na Europa, notou que os Estados Unidos, "de todos os países ocidentais, é o que mais consistentemente suspeita da autoridade do Estado",[71] enfatizando, logo após, que a França tem "uma ideia muito mais forte do Estado que nós [*norte-americanos*]".[72] As expressões *State societies* ou *State culture* e *stateless societies* ou *stateless cultures* falam por si e são aplicáveis aqui. Elas refletem uma oposição entre duas diferentes visões de mundo que têm raízes fundas e antigas. Mais importante ao nosso tema, a oposição tem também profundas consequências no direito dos contratos administrativos, particularmente na ideia que se faz sobre a exorbitância. Suas raízes podem ser traçadas nos tempos medievais e ligam-se a duas concepções muito diferentes sobre soberania.[73] Essa diferença persiste hoje e está no coração das culturas francesa e brasileira; não surpreende que esteja também no centro das noções de direito público e, consequentemente, de contrato administrativo desses países.

69. Cohen-Tanugi, *Le Droit sans l'État. Sur la Démocratie en França et en Amérique*, 3ª ed., Paris, PUF, 1985, p. 5.
70. Rohr, *Founding Republics in France and America: a Study in Constitutional Governance*, p. 24. É revelador que o autor use a maiúscula em *État* mas a minúscula em *state*. Quanto às diferenças sobre a ideia de Estado entre França e Estados Unidos, cf., genericamente, Rohr, ob. cit., pp. 24-29.
71. Whitman, *Harsh Justice: Criminal Punishment and the Widening Divide between America and Europe*, Oxford, Oxford University Press, 2003, p. 4.
72. Idem, p. 13.
73. Cf., genericamente: Beauté, "La théorie anglaise de la couronne", *Droits* 15/114-115, Paris, 1992; García-Villegas, "Comparative Sociology of Law: legal fields, legal scholarships, and social sciences in Europe and the United States", *Law & Social Inquiry* 31/369, 2006.

Embora o conceito moderno de Estado não existisse na Idade Média,[74] uma breve alusão aos contrastes históricos daquela época é útil à compreensão das raízes culturais dos países ditos "com" e "sem" Estado.[75] Dois fatores conexos devem ser mencionados. O primeiro é a diferença entre os modelos monárquicos, os quais iriam influenciar a ideia de soberania nas culturas anglo-americana e francesa. O segundo é a falta de influência, ou a menor influência, do Direito Romano no sistema jurídico anglo-americano.

Uma sociogênese da cultura inglesa na Idade Média revela que a sociedade anglo-saxã nunca abandonou os valores do pluralismo, o respeito pelas individualidades e pela diversidade. A Inglaterra (e depois os Estados Unidos) tem sido relutante em aceitar qualquer tipo de centralização do poder; o cidadão anglo-americano tem mostrado aversão a qualquer privilégio estatal e exibido uma forte tendência à perpetuação de algumas ideias e instituições "medievais", como a difusão do poder, a confiança na prática dos costumes e na herança sócio-cultural, ao invés de confiar em princípios abstratos ordenados.[76] Ao contrário da "Monarquia teocrática" francesa, a "Monarquia feudal" inglesa – para usar a terminologia de Walter Ullmann – teve de trabalhar *com o consenso* do conselho dos barões e magnatas, apesar dos resultados ineficientes.[77]

---

74. Não interessa, aqui, o problema da periodização do Estado Moderno. Para isso, cf. Brum Torres, *Figuras do Estado Moderno*, São Paulo, Brasiliense, 1989, pp. 40-47.

75. Para um estudo brilhante da sociogênese do Estado Medieval e sobre a formação do Estado Moderno na Europa, cf. Elias, *O Processo Civilizador*, vol. 2, pp. 187-362.

76. Essa afirmação é lugar-comum na literatura jurídico-política comparada. Cf. Dyson, *The State Tradition in Western Europe: a Study of an Idea and Institution*, p. 52. Cf. também: Allison, *A Continental Distinction in the Common Law: a Historical and Comparative Perspective on English Public Law*, Capítulo 5; Beauté, "La théorie anglaise de la couronne", *Droits* 15/114; García-Villegas, "Comparative Sociology of Law: legal fields, legal scholarships, and social sciences in Europe and the United States", *Law & Social Inquiry* 31/370; Fairgrieve e Watt, *"Common Law" et Tradition Civiliste*, Paris, PUF, 2006, pp. 38-45.

77. Cf. Ullmann, *Medieval Political Thought*, Baltimore, Penguin Books, 1975, pp. 154-155. Cf. García-Villegas, "Comparative Sociology of Law: legal fields, legal scholarships, and social sciences in Europe and the United States", *Law & Social Inquiry* 31/370 ("na Inglaterra, a ideia de Constituições variadas (*mixed Constitutions*) era um antídoto ao conceito de soberania"). Cf. também Legrand, *Le Droit Comparé*, Paris, PUF, 1999, p. 39. Entre nós, cf. Brum Torres, *Figuras do Estado Moderno*, pp. 169-174.

O "Estado" Medieval Inglês nunca sucumbiu ao assim chamado "Absolutismo" reinante na França.[78] A fonte última do Direito era o *consenso*, implícito ou explícito, e não a vontade do rei,[79] a qual sempre foi limitada na Inglaterra.[80] Essa prática – refere Ullmann – sugere uma relativa igualdade entre o rei, os lordes e os vassalos e implica a ideia de que a autoridade do rei não advinha da sua posição ou de seu interesse *superior*, mas sim da sua qualidade de *membro da comunidade*.[81]

O século XVII apresentou uma justa imagem do que acima chamei de "duas visões de mundo". Para juristas como *Sir* Edward Coke (1552-1634), o "mais típico *lawyer* inglês",[82] a ordem social seria um *Cosmos*; essa ordem brotaria espontaneamente da sociedade, amadurecendo ao longo do tempo.[83] Na Revolução Gloriosa (1685-1689) a ideia da *common law*, cuja autoridade se baseava na supremacia do Direito, e não na vontade do rei,[84] enterrou a tentativa dos Stuart de importar o modelo da Monarquia francesa, consagrando a ideia de direitos individuais (*individual rights*), e não do poder político, como a fonte real do poder.[85]

---

78. Cf. Beauté, "La théorie anglaise de la couronne", *Droits* 15/114. Cf. também: Giesey, "State building in early modern France", *The Journal of Modern History* 55/192, n. 2, junho/1983; Bobbio, *O Positivismo Jurídico: Lições de Filosofia do Direito*, trad. de Márcio Pugliesi, Edson Bini e Carlos E. Rodrigues, São Paulo, Ícone, 1995, p. 33.

79. Cf. Dyson, *The State Tradition in Western Europe: a Study of an Idea and Institution*, p. 114.

80. Cf. Beauté, "La théorie anglaise de la couronne", *Droits* 15/113.

81. Cf., genericamente, Ryan, "Freedom, Law, and the medieval State", in Kent Skinner e Bo Stråth, *States & Citizens: History, Theory, Prospects*, Cambridge/UK, Cambridge University Press, 2003, pp. 56-57.

82. Cohen, "On Absolutism in legal thought", *University of Pennsylvania Law Review* 84/697, n. 6, Filadélfia, 1936.

83. Cf. Heuschling, *État de Droit, Rechtsstaat, Rule of Law*, p. 175. Cf. também Legrand, *Le Droit Comparé*, pp. 42-43.

84. Cf. Baranger, *Écrire la Constitution Non-Écrite: une Introduction au Droit Politique Britannique*, Paris, PUF, 2008, p. 38.

85. Cf. García-Villegas, "Comparative Sociology of Law: legal fields, legal scholarships, and social sciences in Europe and the United States", *Law & Social Inquiry* 31/370. Charles I (1625-1649), o segundo Rei da Dinastia Stuart, seguindo a James I (1603-1625), foi decapitado em 9.2.1649. Cf., por exemplo, Beauté, "La théorie anglaise de la couronne", *Droits* 15/118. Quando examinou a ideia de Radbruch sobre o direito "subordinador", isto é, o direito público, Roscoe Pound lembrou, reveladoramente, que "[c]ertamente Bacon, James I e Charles I teriam concordado com [Radbruch]" ("Public law and private law", *Cornell Law Quarterly* 24/472, n. 4, junho/1939).

Para outro grupo, formado por gente como o rei Jacques I, seu conselheiro Francis Bacon (1561-1626), Thomas Hobbes (1588-1679) e, nalguma medida, mesmo John Locke (1632-1704), a sociedade seria uma *Taxis*; ela seria concebida pelo homem mesmo, talvez por um único homem, e teria regras axiomaticamente dedutíveis de princípios abstratos extraídos da Razão.[86] O Cartesianismo, que forjou fortemente a filosofia jurídica e política de Jean Domat,[87] inspirava este grupo.[88]

Portanto, o elemento *contratual*, antes do elemento político, era a força motriz nas relações entre rei, lordes e súditos. *Esse elemento contratual permaneceu como fundamento do direito público anglo-americano*.[89] O mesmo elemento está ainda no centro da mentalidade norte-americana sobre o direito dos contratos públicos. As sementes da igualdade (*congruence*, na terminologia do *government procurement law*) na sociedade norte-americana, sua paixão pela equivalência de forças em questões processuais (a chamada *adversary litigation*), a aversão a qualquer "supremacia do interesse público" concebida *a priori* – o rei não estava *sobre* lordes ou vassalos, mas sim *com estes, lado a lado* –, devem ficar claras aqui. Nesse modelo contratual o que prevalece são os valores da igualdade, da congruência, do livre arbítrio e, se quisermos, da justiça corretiva, a qual pode ser tida como a filosofia-matriz do direito privado.

Com esse quadro em mente, perceberemos que a Monarquia *teocrática* francesa apresentou um contraste impressionante.[90] É verdade que do século IX ao século XIII, com o declínio do poder real e da autoridade central, ao lado do longo eclipse da ideia de Estado, a Monar-

---

86. Cf. Heuschling, *État de Droit, Rechtsstaat, Rule of Law*, p. 175. Obviamente, isso é uma simplificação. Nem Hobbes nem Locke entendiam a Razão como sendo a única fonte de onde brotam os princípios sociais. Cf. o brilhante trabalho de Joshua Mitchell, *Not by Reason Alone: Religion, History, and Identity in Early Modern Political Thought*, Chicago, University of Chicago Press, 1993, Capítulos 2 e 3.

87. Cf. Church, "The decline of the french jurists as political theorists, 1660-1789", *French Historical Studies* 5/16-22, n. 1, 1967.

88. Cf. Heuschling, *État de Droit, Rechtsstaat, Rule of Law*, p. 175.

89. Cf., genericamente, Pound, "Law and the State: jurisprudence and politics", *Harvard Law Review* 57/1.195, n. 8, Cambridge, outubro/1944. Para uma comparação entre os modelos francês e inglês de Estado, cf. Cassese, *La Construction du Droit Administratif: France et Royaume-Uni*, trad. de Jeannine Morvillez-Maigret, Paris, Montchrestien, 2000, pp. 14-20.

90. Cf.: Ullmann, *Medieval Political Thought*, p. 155; Pound, "Law and the State: jurisprudence and politics", *Harvard Law Review* 57/1.218-1.219.

quia teocrática estava ausente mesmo na França.[91] Depois desse período, entretanto, a tendência à centralização e uma crescente inclinação a confiar no poder do Estado tornaram-se a marca distintiva da França.[92] Posto de forma simplificada, a França tem sido, desde a Idade Média, o modelo de uma "sociedade de Estado", na qual um governo centralizado movimenta e orienta o país em todos os níveis.

O feudalismo francês foi dominado pelo assim chamado "soberano teocrático" (*theocratic ruler*), e não pelo "suserano feudal" (*feudal overlord*) – este último, próprio do feudalismo inglês.[93] "Certamente não é surpreendente descobrirmos que o moderno conceito de soberania tem seu lugar de nascimento na França" – escreveu Walter Ullmann.[94] Nenhum *consenso* entre reis e súditos aparece na pesquisa histórica francesa. Ao contrário, os reis franceses, sugestivamente chamados de "reis sagrados da França",[95] encarnavam uma espécie de autoridade *su-*

---

91. Cf.: Elias, *O Processo Civilizador*, vol. 2, pp. 257-261; Loughlin, *The Idea of Public Law*, p. 73.

92. Não é possível entender a cultura francesa ou o Direito (público) Francês sem atentar ao fenômeno da centralização do Estado. Para uma visão histórica do fenômeno nas duas primeiras décadas do século passado, cf. James Garner, "Administrative reform in France", *The American Political Science Review* 13/17-46, n. 1, fevereiro/1919 (sustentando que a ideia napoleônica de consolidar e perpetuar seu poder pessoal por meio da criação de uma superestrutura estatal de governo – com departamentos, distritos (*arrondissements*), comunas, prefeituras e autoridades locais sujeitas à tutela da Administração Central – permaneceu, até aquele ponto na História, quase inalterada). Citando fonte doutrinária francesa, James Garner escreve: "Um ministro em Paris, do seu gabinete pode apertar um botão e dar ordens a 89 prefeitos, 276 subprefeitos, 36.000 *maires*, centenas de promotores e mais de meio milhão de outros servidores públicos" (ob. cit., p. 19). Tem-se dito que a situação não se alterou muito desde então, ao menos até as últimas duas décadas do século passado. Cf. Négrier, "The changing role of french local government", in Robert Elgie (ed.), *The Changing French Political System*, Londres, Frank Cass, 2000, p. 120 (escrevendo sobre a "tradição jacobina", a qual "desconfiava das autoridades locais" – fenômeno que começou a mudar com as reformas descentralizadoras no início dos anos 1980).

93. Cf. Dyson, *The State Tradition in Western Europe: a Study of an Idea and Institution*, p. 53.

94. Ullmann, "The development of the medieval idea of sovereignty", *The English Historical Review* 64/14, n. 250, janeiro/1949. Cf. também: Jacques Chevallier, *Science Administrative*, 3ª ed., Paris, PUF, 2002, p. 141; Voegelin, "The later middle ages", in *History of Political Ideas*, vol. 3, Columbia, Missouri University Press, 1998 (*The Collected Works of Eric Voegelin*, vol. 21), pp. 57-58.

95. Ullmann, *Medieval Political Thought*, p. 155.

perior, da qual o mesmo rei era a única fonte.⁹⁶ O rei na França feudal, que não por acaso foi desde muito cedo assimilado ao imperador de Roma,⁹⁷ "gozava de certas vantagens místicas negadas a monarcas menos desenvolvidos, tais como a habilidade de fazer milagres, especialmente aqueles de variedade taumatúrgica".⁹⁸ Acreditava-se que o rei francês "levava 'todas as leis em seu peito'".⁹⁹ O rei francês (e depois o Estado Francês), porém, deveria agir não arbitrariamente, mas candidamente, com prudência e moderação – numa e mais importante palavra, a figura do rei francês era aceita, querida e vinculada com a justiça, e esta era associado ao bem comum.¹⁰⁰ *Isso é crucial para entendermos o*

96. Cf. David Parker, "Sovereignty, Absolutism and the function of the Law in seventeenth-century France", *Past and Present* 22/38, fevereiro/1989. "É somente de mim – disse Luís XV (reinado de 1715 a 1774) ao Parlamento de Paris – que as minhas Cortes derivam sua existência e autoridade [...] e é somente a mim que o supremo e indiviso Poder Legislativo pertence" (M. Antoine, *Le Conseil du Roi sous Louis XV*, Paris e Genebra, 1970, p. 9, *apud* Parker, idem, ibidem). Cf. o trecho mais longo traduzido por Brum Torres em *Figuras do Estado Moderno*, p. 90.

97. Cf. Weidenfeld, "Le modèle romain dans la construction d'un droit public médiéval: 'assimilations et distinctions fondamentales' devant la Justice aux XIVe et XVe siècles", *Revue Historique de Droit Français et Étranger* 81/481-482, n. 4, outubro-dezembro/2003. também Keohane, *Philosophy and the State in France: the Renaissance to the Enlightenment*, Princeton University Press, 1980, p. 55 ("O rei francês foi sempre tido como o mais antigo e preferido filho da Igreja Romana").

98. Keohane, *Philosophy and the State in France: the Renaissance to the Enlightenment*, p. 55. Walter Ullmann também menciona os "chamados poderes taumatúrgicos, isto é, poderes milagrosos e benevolentes que a mística real consideravelmente promoveu" (*Medieval Political Thought*, p. 155). Foi dito do Rei Clóvis que ele batizava com um óleo santo "trazido dos céus" (idem, ibidem). "O direito do poder supremo tinha sido adquirido pelos reis franceses: *jus summae superioritate in regno suo totaliter acquisitum*" (Ullmann, "The development of the medieval idea of sovereignty", *The English Historical Review* 64/14). Sobre a Monarquia taumatúrgica francesa, cf. também: Voegelin, "The later middle ages", in *History of Political Ideas*, vol. 3, pp. 57-59; Brum Torres, *Figuras do Estado Moderno*, pp. 161-166.

99. Ullmann, *Law and Politics in the Middle Ages: an Introduction to the Sources of Medieval Political Ideas*, Ithaca/NY, Cornell University Press, 1975, p. 156. Pound atribuiu uma frase similar a Bonifácio VIII no século XIV, mas falando sobre o Papa (*The Spirit of the Common Law*, New Brunswick/NJ, Transaction Publishers, 1999 [1921], p. 39: "'O Papa', disse Bonifácio VIII no século XIV, 'leva todas as leis no seu peito'").

100. "É notório, portanto, que esta associação do bem comum à justiça concebida como principal responsabilidade régia é uma constante ideológico-doutrinária que atravessa e se mantém durante todo o período de consolidação das instituições monárquicas" (Brum Torres, *Figuras do Estado Moderno*, p. 139).

Direito Francês, e liberais de todos os matizes costumam esquecer essa parte da História.

Não nos enganemos, portanto, com o senso comum negativo que a palavra "Absolutismo" sugere, e menos ainda com a constantemente propagada visão de que o rei francês era confundido com o Estado.[101] E, embora não se possa negar que o povo francês fosse composto em sua maioria por iletrados,[102] é uma simplificação grosseira e descontextualizada supor que todo o poder e a autoridade real provinham do rei *porque esta era a sua vontade*. Como adverte Brum Torres, o "poder real está ancorado, na verdade, numa ordem política que o ultrapassa e que se dissimula à força de levá-lo e mantê-lo sempre à boca de cena".[103] Há todo um *ethos* cultural por trás da ideia "absolutista" de que a pessoa do rei francês encarnava e representava o *bem comum*: há vontades várias, de cima e de baixo, há aceitação popular, doutrina, ideologia, representação, simbolismo, formas institucionalizadas de poder.[104] Seria um erro colossal negligenciar todo esse caldo histórico e pensar que tudo o que se passou no período medieval em termos juspolíticos devesse ser esquecido e alterado, porque arbitrário e "absolutista".

Aliás, a melhor historiografia político-jurídica revela que todo esse aparato cultural do Medievo francês se fazia possível não somente porque era aceito pelo povo, mas também porque era suportado (talvez não inteiramente e não tanto na sua concepção alegadamente "divina", mas certamente no que toca à sua finalidade) pelos denominados legistas,[105] que formavam a elite rica e tinham, ao menos desde

---

101. Cf. Elias, *A Sociedade de Corte: Investigação sobre a Sociologia da Realeza e da Aristocracia de Corte*, trad. de Pedro Süssekind, Rio de Janeiro, Jorge Zahar, 2001, Capítulo 6, principalmente p. 147.

102. P. Goubert, citado por Greenberger, estima que "[t]alvez quatro quintos da população francesa em 1685 fossem completamente ignorantes" ("Lawyers confront centralized government: political thought of lawyers during the reign of Louis XIV", *The American Journal of Legal History* 23/146, n. 2, abril/1979).

103. Brum Torres, *Figuras do Estado Moderno*, p. 91. Cf. também Elias, *A Sociedade de Corte: Investigação sobre a Sociologia da Realeza e da Aristocracia de Corte*, Capítulo 6, principalmente pp. 146-148.

104. Cf., genericamente, Brum Torres, *Figuras do Estado Moderno*, pp. 127-166.

105. Cf. Brum Torres, *Figuras do Estado Moderno*, pp. 142-147.

o século XII, um papel crucial na Europa Ocidental, particularmente na França.[106]

Nos séculos XVI e XVII publicistas franceses como Barthélemy de Chasseneux sustentavam que o direito do príncipe deveria prevalecer sobre pessoas e propriedade; o príncipe tinha, portanto, o direito de decidir se e quando os impostos eram necessários ao Estado, podendo agir nessa direção.[107] Charles Loyseau (1564-1627), o primeiro publicista francês notável, exaltava a soberania e dizia que ela era a única *ségneurie* do Estado, assim tornando-se a "senhoria pública suprema" (*ségneurie publique suprême*); escrevendo na época feudal, Loyseau habilmente reconhecia que outras senhorias também tinham poder (*potestas*), mas queria sutilmente dissociar o poder supremo do Estado de todos os demais poderes, que passavam a ser subordinados ao Estado.[108] Cardin Le Bret (1558-1655), no seu livro *De la Souveraineté du Roy*, publicado em 1632 – em verdade, uma peroração em favor da glória dos direitos da Monarquia –, comparou o rei a um pastor que conduz e protege o povo.[109] Jean Domat (1625-1696), usualmente tido como "o maior jurista francês durante o reino de Luís XIV"[110] e autor das *Loix Civiles dans leur Ordre Naturel* – à época, o mais influente trabalho sobre os princípios filosóficos do Direito –, discutia a autoridade real invocando o poder do soberano "para manter a justiça e a tranquilidade pública".[111] Cristão convicto, Domat imaginava que todo poder legítimo emanava de Deus, e assim enumerava as várias prerrogativas do rei,

---

106. Cf., genericamente, Greenberger, "Lawyers confront centralized government: political thought of lawyers during the reign of Louis XIV", *The American Journal of Legal History* 23/144-156. Greenberger explica que muitos juristas não compartilhavam da visão de que os reis agiam em nome de Deus, mas todos acreditavam na capacidade dos reis de fazer o bem e agir com justiça em nome do interesse público.

107. Cf. Keohane, *Philosophy and the State in France: the Renaissance to the Enlightenment*, p. 55. Cf. também Brum Torres, *Figuras do Estado Moderno*, pp. 131-132.

108. Cf. Plessix, *L'Utilisation du Droit Civil dans l'Élaboration du Droit Administratif*, pp. 321-323.

109. Idem, p. 323. Cf. também, genericamente, Borchard, "Government responsibility in tort, VI", *Yale Law Journal* 36/1.048, n. 8, New Haven, junho/1927.

110. Church, "The decline of the french jurists as political theorists, 1660-1789", *French Historical Studies* 5/13.

111. *Apud* Parker, "Sovereignty, Absolutism and the function of the Law in seventeenth-century France", *Past and Present* 22/47.

entre elas o poder de editar leis; não sem lembrar, entretanto, que o soberano deveria ser não só prudente e moderado, mas também agir "para a boa ordem do Estado".[112] A posição do rei – dizia Domat – "obriga-o a subordinar seu interesse pessoal ao bem comum do Estado, o qual o rei vê como seu para sua própria glória".[113] Todos esses trabalhos foram sintetizados por Claude Fleury (1640-1723), que exemplificou melhor que ninguém o papel de um publicista na defesa do poder.[114] Seus livros principais, *Institutions du Droit Français* e *Droit Public de France*, foram dirigidos à "educação dos príncipes", e sua obsessão era a mesma de Loyseau: separar propriedade e soberania.[115]

Domat e seus contemporâneos não sentiam necessidade de falar sobre a supremacia do Legislativo,[116] tal com um inglês o faria; era Deus – dizia Domat – que delegava Seus poderes aos reis franceses, e "é em nome Dele que os reis governam".[117] A famosa frase de Ulpiano *Quod prince placuit legis habet vigorem* (*Digesto*, 1.4.1) – isto é, "O que agrada ao príncipe tem força de lei" – ganhou força na França[118] – e depois no Brasil[119] –, mas permaneceu odiosa na Inglaterra.[120] Essa má-

---

112. Apud Plessix, *L'Utilisation du Droit Civil dans l'Élaboration du Droit Administratif*, p. 324.
113. Domat, *Le Droit Public*, Bk. 1, Tít. I, Sect. 3, nota 14, apud Church, "The decline of the french jurists as political theorists, 1660-1789", *French Historical Studies* 5/21.
114. Cf. Plessix, *L'Utilisation du Droit Civil dans l'Élaboration du Droit Administratif*, pp. 324-325.
115. Idem, p. 325.
116. Cf. Parker, "Sovereignty, Absolutism and the function of the Law in seventeenth-century France", *Past and Present* 22/47.
117. Idem, ibidem. Cf. também Plessix, *L'Utilisation du Droit Civil dans l'Élaboration du Droit Administratif*, pp. 324-325.
118. O efeito dessa máxima, ao lado da conhecida *Princeps legibus solutus est*, era, segundo Keohane (*Philosophy and the State in France: the Renaissance to the Enlightenment*, p. 57), colocar o rei acima da lei, que passou a ser um instrumento de governo. Keohane anota as revolucionárias implicações dessa concepção, que diferenciavam em muito da ideia do Direito Medieval, o qual era entendido como costume, como o senso moral e tradição social de uma comunidade, desenvolvendo-se e mudando de forma quase imperceptível.
119. Cf. a análise acurada de Chauí, *Brasil: Mito Fundador e Sociedade Autoritária*, São Paulo, Fundação Perseu Abramo, 2000, pp. 79-87.
120. Cf. Borchard, "Government responsibility in tort, VI", *Yale Law Journal* 36/1.066, 1927.

xima romana serviu de fonte para o adágio francês *Si veut le roi, si veut la loi; car tel est notre plaisir* – isto é, "O que o rei quer, a lei quer; porque tal é nossa vontade".[121] Tudo isso sugere não uma *coordenação* de movimentos entre o rei (depois, o Estado) e seus súditos (depois, cidadãos), mas, sim, uma *superioridade* da vontade real (depois, interesse do Estado, ou interesse público) sobre a vontade dos súditos (depois, interesse privado). Assim as coisas, visto por muitos como o representante de Deus, superior em poder e com uma visão mais clara de mundo, disposto a agir em nome do bem comum, o interesse do rei francês,[122] e não o consentimento inglês, era visto "naturalmente" como fonte do Direito.

Mais que isso, é importante salientar que nos primeiros tempos de sua concepção a noção de "interesse" tinha pouco ou nada a ver com o interesse do homem comum, ligando-se somente ao discurso sobre Estados.[123] Em capítulo sugestivamente intitulado "Public Utility Preferred to Private: Mercantilism and *Raison d'État*" (algo como "O Interesse Público Prevalece sobre o Privado: Mercantilismo e Razão de Estado"), Nannerl Keohane escreveu: "As formulações mais comuns eram os 'interesses do príncipe' e os 'interesses do Estado', tomados como sinônimos, e usados para promover o poder nacional e a glória".[124] Keohane explica que desde o século XVI a expressão *les intérêts publiques* – assim como termos mais antigos como *le salut public* e outros usados para designar o antigo *bonum publicum* – era empregada como sinônimo de "interesses do príncipe" ou "interesse do Estado".[125]

---

121. Cf. Loughlin, *The Idea of Public Law*, p. 75.

122. Cf. Keohane, *Philosophy and the State in France: the Renaissance to the Enlightenment*, pp. 174-175. De acordo com Richelieu, em seu *Testament Politique*, no qual ele torna claro seu conceito de *intérêts publiques*, somente "o monarca e seus conselheiros podem apreender o interesse público; e é assunto do rei garantir o interesse público sobre os demais em todos os tempos". "O interesse público tem uma realidade objetiva em si, visível por aqueles encarregados por Deus com a responsabilidade do Estado" (Keohane, ob. cit., pp. 175-176).

123. Cf. Greenberger, "Lawyers confront centralized government: political thought of lawyers during the reign of Louis XIV", *The American Journal of Legal History* 23/154.

124. Keohane, *Philosophy and the State in France: the Renaissance to the Enlightenment*, p. 154.

125. Idem, ibidem. O autor aduz: "Em alguns contextos, os 'interesses públicos' eram confundidos com o 'bem-estar público'; mas para muitos publicistas o novo termo era mais concreto e significativo em suas referências que os termos antigos"

No século XVIII Nicolas Delamare (1639-1723), no seu *Traité de la Police*, um trabalho de quatro volumes publicado em 1705, com a última edição em 1938, deu o tom ao que se tornaria o Estado Francês: um Estado administrativo centralizado, unificado e hierarquizado, no qual o "direito público" *serviria* para alcançar o bem comum.[126] Como referiu Delamare, o objetivo do direito público era "o bem comum e geral da sociedade"; o *droit de la police* era parte do direito público, cujo "único objeto consiste em conduzir o homem à mais perfeita felicidade que ele pode ter na vida".[127] Sobre a famosa noção jurídica de *police*, aliás, é bom não esquecer que, na sua origem, a noção teve sempre uma conotação *positiva*, ligada à promoção do bem comum – visão em tudo e por tudo reproduzida pelos legistas do século XIX, que viam na ação administrativa a "polícia do bem-estar";[128] polícia e administração confundiam-se.[129]

Para os publicistas franceses, portanto, a autoridade do Estado, e não o seu caráter autoritário, encontrava-se na base do poder real e fundava o *droit public* ou "direito político". O rei era legislador e administrador, porque era, *antes* de tudo, justo.[130] Mesmo sob o reinado de Luís XIV, o Rei-Sol, suposto autor da frase "O Estado sou eu", a noção de poder público jamais deixou de significar que "era o dever do rei servir ao interesse público, ao bem comum, e não ao seu 'próprio' interesse".[131]

(idem, ibidem). Cf. também Chevrier, "Remarques sur l'introduction et les vicissitudes de la distinction du *jus privatum* et du *jus publicum* dans les œuvres des anciens juristes françaises", *Archives de Philosophie du Droit* 1/16, Paris, 1952.

126. Cf. Plessix, *L'Utilisation du Droit Civil dans l'Élaboration du Droit Administratif*, pp. 336-342. Sobre Nicolas Delamare e sua influência na formação do *droit administratif*, cf. Plessix, "Nicolas Delamare ou les fondations du droit administratif français", *Droits* 38/113-133, Paris, 2003. "Você deve entender – disse o professor Picard a mim – que a França é um Estado administrativo!".

127. Citado por Plessix, *L'Utilisation du Droit Civil dans l'Élaboration du Droit Administratif*, p. 340. Para Plessix, Delamare escreveu "um verdadeiro tratado de direito administrativo" ("Nicolas Delamare ou les fondations du droit administratif français", *Droits* 38/115).

128. Cf., genericamente, Plessix, *L'Utilisation du Droit Civil dans l'Élaboration du Droit Administratif*, pp. 326-331 e 369-371.

129. Cf. Brum Torres, *Figuras do Estado Moderno*, p. 147 (citando R. Mousnier).

130. Cf. Plessix, *L'Utilisation du Droit Civil dans l'Élaboration du Droit Administratif*, p. 347.

131. Rowen, "'L'État c'est moi': Louis XIV and the State", *French Historical Studies* 2/88, n. 1, 1961.

É um truísmo lembrar que a frase, fora do contexto histórico, engana muito.[132] O caráter simbólico da frase, em verdade, representa uma atitude *esperada* por todos; por trás dela há um reconhecido *e querido* prestígio do rei e do seu poder, símbolos que passaram – como explica Norbert Elias – a ter o caráter de fetiches de prestígio; fetiche, esse, que "continuou determinante para a política da França, de tempos em tempos, até os dias de hoje. Contudo, transferiu-se para a Nação como valor autêntico, ou para pessoas que acreditam incorporá-lo".[133] Nessa perspectiva, podemos desconfiar não ter sido o acaso que fez uma francesa pôr na boca de Adriano, o Imperador Romano, a seguinte frase, encontrada numa das mais sublimes obras da literatura ocidental moderna: "Somos funcionários do Estado, não somos Césares".[134] Assim postas as coisas, não nos deve causar espanto a reveladora constatação de Skinner de que Hobbes encontraria na França a brilhante companhia intelectual que sempre lhe faltaria na Inglaterra.[135]

Esse caráter da Monarquia francesa, ou essa crença em seus atributos, sobreviveu ao tempo, e depois de algumas metamorfoses históricas, que não lhe alteraram a essência, permaneceu como base do *droit politique* e na mentalidade do povo francês. Com a Revolução, o rei foi destronado, e a "Nação" foi posta em seu lugar. Mas a filosofia do *Ancien Régime*, de que haveria um "interesse superior" do Estado, permaneceu.

Seja como for, para o propósito comparativo deste trabalho o importante é ter em mente o que a Monarquia francesa pretendia ser. Ela

132. Para dois estudos brilhantes e indispensáveis para a contextualização, explicação *e justificação* da frase de Luís XIV, cf.: Brum Torres, *Figuras do Estado Moderno*, pp. 89-166, *passim* (partindo de frase análoga de Luís XV ao Parlamento de Paris em 1766; cf. p. 90); Elias, *A Sociedade de Corte: Investigação sobre a Sociologia da Realeza e da Aristocracia de Corte*, pp. 147-148.

133. Elias, *A Sociedade de Corte: Investigação sobre a Sociologia da Realeza e da Aristocracia de Corte*, p. 148.

134. Marguerite Yourcenar, *Memórias de Adriano*, trad. de Martha Calderaro, Rio de Janeiro, Nova Fronteira, 2005 [1974], p. 124.

135. Skinner, "Thomas Hobbes and his disciples in France and England", *Comparative Studies in Society and History* 8/153, n. 2, janeiro/1966. Hobbes sugestivamente escreveu que o cargo do soberano "consiste no fim pelo qual lhe foi confiado o poder soberano, nomeadamente a obtenção da *segurança do povo*, ao qual está obrigado pela lei de natureza e do qual tem de prestar contas a Deus, o autor dessa lei, e a mais ninguém além dele" (*Leviatã*, trad. de João Paulo Monteiro e Maria Beatriz Nizza da Silva, São Paulo, Martins Fontes, 2003 [1668], p. 283).

queria servir como máquina de guerra contra o regime feudal, o qual abarcava muitos privilégios e era contrário à soberania do Estado.[136] O Estado centralizado, com sua força e soberania, conjugado com o divino poder dos reis, os quais, abençoados com a prudência e a tendência a fazer o bem em nome de todos, compunha uma visão totalmente diferente da filosofia individualista da grande maioria dos operadores do Direito da *common law*. Essas ideias, como já referi, atravessaram os séculos e alcançaram os tempos modernos. Uma visão histórica desapaixonada mostra que essas ideias se mantiveram substancialmente inalteradas.

Assim, as sementes do direito administrativo francês – e, consequentemente, dos contratos administrativos – vêm das concepções de Estado e de direito público presentes na Idade Média.[137] É, portanto, um erro grosseiro pensar o direito administrativo ou o Estado Francês como se eles tivessem sido inventados "por milagre" em 1789.[138] É preciso saber pelo menos que no começo do direito administrativo na Idade Média um cordão umbilical ligava o direito público (*droit administratif*) à ideia de soberania,[139] de justiça e de bem comum. *Essa visão o Conselho de Estado francês ajudou a manter viva ao longo dos séculos.*[140]

Nada disso significa que a Revolução de 1789 não tenha alterado a cultura francesa. Como explicou Sheldon Wolin, "uma revolução pre-

---

136. Cf. Plessix, *L'Utilisation du Droit Civil dans l'Élaboration du Droit Administratif*, p. 325.

137. Cf., genericamante, Plessix, *L'Utilisation du Droit Civil dans l'Élaboration du Droit Administratif*, pp. 319-349. Cf. também Mestre, *Introduction Historique au Droit Administratif Français*, Paris, PUF, 1985, p. 17.

138. Na França ficou famosa a ideia de que o direito administrativo era fruto de um "milagre" (Prosper Weil); essa ideia, equivocada do ponto de vista histórico, tem sido muito repetida no Brasil. Cf., por exemplo, Baptista, *Transformações do Direito Administrativo*, Rio de Janeiro, Renovar, 2003, pp. 1-4.

139. Cf. Plessix, *L'Utilisation du Droit Civil dans l'Élaboration du Droit Administratif*, p. 332. No seu impressionante e estudo, de leitura indispensável, Plessix é enfático ao concluir que os modernos autores do direito administrativo nada fizeram senão "perpetuar a grande tradição da *science de la police*, inaugurada pelo ilustre Delamare" (p. 373).

140. Cf.: Keohane, *Philosophy and the State in France: the Renaissance to the Enlightenment*, p. 55; Plessix, *L'Utilisation du Droit Civil dans l'Élaboration du Droit Administratif*, p. 323.

tende começar a História, não continuá-la".[141] E essas palavras são particularmente verdadeiras no caso da Revolução Francesa.[142] Todos reconhecem a ideia "liberal" inspiradora da Revolução de 1789,[143] e ninguém duvida do impacto da Revolução na França e no mundo, inaugurando, de certa forma, uma "nova era" no direito público e no direito administrativo.[144] Que a História, ou a história do Direito, tenha rupturas não significa, porém, que a história do pensamento jurídico e a história das mentalidades não tenham continuidade.[145] Uma quebra total e abrupta com toda uma cultura do passado, porém, é impossível ao homem. Ninguém esvazia o espírito humano por decreto; e golpes de guilhotina, se separam brutalmente cabeça e corpo, não são suficientes para separar os hábitos mentais de várias gerações.[146] A História, portanto, não deve ser acomodada em blocos dissociados e separados para que alguns homens, necessitando organizar seus pensamentos, possam, quem sabe, encontrar um novo começo. Por isso tem-se dito que a Revolução Francesa de algum modo reviveu o passado, sem alterar completamente a concepção de Estado[147]

141. Wolin, *The Presence of the Past: Essays on the State and the Constitution*, p. 2.

142. "Em 1789 os franceses fizeram o maior esforço jamais empreendido por um povo para dissociar-se do seu passado e cavar um abismo entre o que eles haviam sido e o que eles pretendiam tornar-se" (Tocqueville, *The Old Regime and the Revolution*, vol. 1, Chicago, University of Chicago Press, 1998 [1856], p. 83).

143. Cf., por exemplo: Burdeau, *Histoire du Droit Administratif*, Paris, PUF, 1995, p. 106; Plessix, *L'Utilisation du Droit Civil dans l'Élaboration du Droit Administratif*, p. 354 ("A Revolução faz o triunfo do pensamento liberal e individualista").

144. Cf.: Burdeau, *Histoire du Droit Administratif*, p. 42; Plessix, *L'Utilisation du Droit Civil dans l'Élaboration du Droit Administratif*, pp. 351-353.

145. Cf. Plessix, "Nicolas Delamare ou les fondations du droit administratif français", *Droits* 38/125.

146. Benoît Plessix expõe a querela atual entre os historiadores do Direito Francês acerca dos fundamentos do *droit administratif*: de um lado estão aqueles que entendem ter havido uma ruptura com a Revolução, de outro estão os que entendem ter havido continuidade (cf. Plessix, "Nicolas Delamare ou les fondations du droit administratif français", *Droits* 38/113-133, advogando pela continuidade).

147. Cf. Lucien Jaume, "Tocqueville dans le débat entre le Droit de l'État et le Droit de la Société", in Manuel Carius, Charles Coutel e Tanguy Le Marc'Hadour (eds.), *La Pensée Juridique d'Alexis de Tocqueville*, Arras, Artois Université Press, 2005, p. 29. François Burdeau escreveu que os primeiros revolucionários cultivavam uma doutrina "ainda mais estatista" que a que a antiga Monarquia defendia (*Histoire du Droit Administratif*, p. 44). Cf. também Plessix, *L'Utilisation du Droit Civil dans l'Élaboration du Droit Administratif*, pp. 364-369.

ou, mesmo, hábitos, sentimentos e até algumas ideias, como sugeriu Tocqueville, de forma brilhante.[148]

O segundo fator a ser mencionado é lugar-comum em estudos jurídicos comparados, mas é também importante. Enquanto a cultura anglo-americana viveu sem grande influência da tradição jurídica romana,[149] nas culturas francesa e brasileira deu-se o contrário. Embora muito geral, a seguinte observação é crucial: sendo herdeira do Direito Romano, a cultura francesa incorporou uma série de máximas e princípios ligados ao "público" – *res publica*, Estado, interesse público, *imperium* – que se desenvolveram e se tornaram cruciais à sociedade francesa, passando a fazer parte da mentalidade do povo e dos juristas, permeando todo o raciocínio jurídico desde sempre. O francês percebe

148. A tese bem conhecida de Tocqueville em *O Antigo Regime e a Revolução*, explicitada no "Prefácio" do livro, é a de que a França havia retido a maioria dos sentimentos, hábitos e, mesmo, ideias do Antigo Regime que ajudaram a fazer a Revolução; e, nada obstante isso, esses mesmos fatores terminaram por construir a nova sociedade (cf. *The Old Regime and the Revolution*, vol. 1, p. 83). Cf. também Plessix, *L'Utilisation du Droit Civil dans l'Élaboration du Droit Administratif*, p. 351, e "Nicolas Delamare ou les fondations du droit administratif français", *Droits* 38/113-115.

149. Não estou sugerindo que o Direito Anglo-Americano não tenha recebido influência do Direito Romano ou Continental. Esse tópico é vasto, e não estou preparado a enfrentá-lo aqui. Um simpósio em 1992 tratou do assunto da relação entre o Direito Romano, a *common law*, e o moderno Direito Continental (cf. *Tulane Law Review* 66/1.587 e ss., 1992), principalmente o artigo de R. H. Helmholz, "Use of civil law in post-revolutionary american jurisprudence" (*Tulane Law Review* 66/1.649). Para um estudo sobre a influência do Direito Romano e da *civil law* em várias obras de *scholars* anglo-americanos (de John Austin a Roscoe Pound), cf. Hoeflich, *Roman & Civil Law and the Development of Anglo-American Jurisprudence in the Nineteenth Century*, Atenas/Georgia, Georgia University Press, 1997. Para a resistência dos *lawyers* ingleses a aceitar a influência do Direito Romano ou por ser "não-democrático" ou ter "conotações absolutistas", cf. Kelley, "History, English Law and the Renaissance", *Past and Present* 65/30-40, novembro/1974. Para um estudo apresentando uma visão equilibrada da influência do Direito Romano no Direito Inglês, cf. Allison, *A Continental Distinction in the Common Law: a Historical and Comparative Perspective on English Public Law*, pp. 122-128. Cf. também: Legrand, *Le Droit Comparé*, pp. 44-47 e 83-102, e "Comparer", *Revue Internationale de Droit Comparé* 2/280, 1996; Samuel, *Epistemology and Method in Law*, 2003, p. 152. Na doutrina brasileira, cf. Tavares, "Paralelismos na construção do Direito Romano clássico e do Direito Inglês", *Revista Brasileira de Direito Comparado* 16/66-89, Rio de Janeiro, janeiro/1999. O que estou sugerindo é que a forte retórica romana a favor do Estado e do interesse público ou da *res publica* ou de qualquer ideia que tenha uma conotação de "estatalidade" sempre foi ausente do mundo anglo-americano.

o mundo através de lentes públicas, especialmente no que toca às relações do Estado com os cidadãos, isto é, nas relações de direito público. O Direito Norte-Americano, ao revés, permaneceu hostil a tudo isso, insistindo nos princípios jusprivados da *common law*.

De fato, a tradição romana implantou muito da retórica estatal no Direito Francês.[150] A distinção entre *res publica* e *res privata*, entre *imperium* e *dominium*,[151] das quais se pode de certa forma derivar a dicotomia "direito público *versus* direito privado", moldou a mente jurídica dos franceses. Ao contrário dos *lawyers*, os juristas franceses têm operado por séculos com uma mentalidade que tende a pensar em termos de conexões abstratas entre Estado e indivíduo, construindo sua teoria jurídica fora dos domínios jusprivados e utilizando a noção de *imperium* para moldar o direito público.[152] A ênfase na noção de *imperium* (como na França), ao invés de enfatizar o *dominium* (como no mundo da *common law*), eleva, de algum modo, a importância do grupo, do coletivo, do Estado.[153] Lembremos as palavras de Jhering, na sua obra monumental sobre o espírito do Direito Romano: "Nossa relação atual com o Estado é fria; em Roma era ardente, profunda. O Estado aparece-nos como uma entidade abstrata oposta ao indivíduo, enquanto para o romano era a unidade superior que abraçava os indivíduos, e seus interesses os mesmos".[154]

A literatura pode ajudar aqui mais uma vez, ainda que de forma, obviamente, aproximada. Seja-me permitida a longa citação, novamente, do Imperador Adriano, pela pena de Marguerite Yourcenar:

150. Para um estudo recente sobre o modelo romano do direito público medieval, cf. Weidenfeld, "Le modèle romain dans la construction d'un droit public médiéval: 'assimilations et distinctions fondamentales' devant la Justice aux XIVe et XVe siècles", *Revue Historique de Droit Français et Etranger* 81/479-502.

151. Para um estudo brilhante das noções de *dominium* e *imperium* no antigo direito romano, cf. Jean Gaudemet, "*Dominium – Imperium*. Les deux pouvoirs dans la Rome Ancienne", *Droits* 22/3-17, Paris, 1995.

152. Cf., genericamente, Samuel, "Governmental liability in tort and the public and private law distinction", *Legal Studies* 8/281-283, n. 3, novembro/1988. Cf. também Fairgrieve e Watt, "*Common law" et Tradition Civiliste*, p. 38.

153. Cf. Samuel, "Comparative Law and jurisprudence", *International and Comparative Law Quarterly* 47/835, n. 4, outubro/1998. Cf. também, genericamente, Cohen-Tanugi, *Le Droit sans l'État. Sur la Démocratie en França et en Amérique*, 3ª ed., pp. 5-28.

154. Jhering, *El Espíritu del Derecho Romano*, Madri, Marcial Pons, 2005 [1858], § 39, pp. 162-163.

Sim, Atenas continua bela e eu não lamentava ter imposto as disciplinas gregas à minha vida. [...] Mas acontecia-me dizer a mim mesmo que a seriedade um tanto pesada de Roma, seu sentido de continuidade, seu gosto pelo concreto, haviam sido necessários para transformar em realidade o que permanecia na Grécia um admirável conceito do espírito, um belo impulso da alma. Platão escreveu *A República* e glorificou a ideia do Justo; éramos nós, porém, que, instruídos por nossos próprios erros, nos esforçávamos penosamente por fazer do Estado uma máquina apta a servir aos homens, correndo o menor risco de esmagá-los.[155]

Os juristas franceses da Idade Média – Domat à frente – usaram os preceitos do Direito Romano para construir as ideias de Estado e de soberania.[156] Uma vez aceita e incorporada essa estrutura teórico-linguística, não foi difícil ligar o Estado ao bem-estar público.[157] "O administrar estava em preocupar-se com o cuidado e a custódia da *res publica*, do comum e do interesse público."[158] Essa ideia atravessou os séculos. Dizia Durkheim aos seus alunos na Sorbonne, em 1902-1903:

Entre a França de hoje e a França de outrora existem diferenças, sem dúvida, mas são diferenças de idade. Nós envelhecemos, e com isso certos traços de nossa fisionomia foram modificados, do mesmo modo que os traços de nossa fisionomia individual também se modificam à medida que avançamos na vida. E, no entanto, entre a França atual e aquela da Idade Média existe uma identidade pessoal que ninguém pode ignorar.[159]

155. Marguerite Yourcenar, *Memórias de Adriano*, pp. 216-217.

156. Cf., genericamente, Church, "The decline of the french jurists as political theorists, 1660-1789", *French Historical Studies* 5/16. Cf. também Weidenfeld, "Le modèle romain dans la construction d'un droit public médiéval: 'assimilations et distinctions fondamentales' devant la Justice aux XIVe et XVe siècles", *Revue Historique de Droit Français et Etranger* 81/480-481.

157. Um autor da *common law* registrou essa ligação já em 1885: "Os Romanos viam a real função do Estado no bem-estar público (*public welfare*). As expressões romanas *res publica* e *salus publica* são conectadas tanto lógica como verbalmente; elas são, de fato, tanto substância e qualidade quanto potencialidade e realização" (Bluntschli, *The Theory of the State*, Oxford, Oxford University Press, 1885, p. 299).

158. Cf. Dyson, *The State Tradition in Western Europe: a Study of an Idea and Institution*, p. 115.

159. Durkheim, *A Educação Moral*, trad. de Raquel Weiss, Petrópolis/RJ, Vozes, 2008 [1963], pp. 74-75.

O Direito Anglo-Americano, ao contrário, desenvolveu-se sem enfatizar conceitos abstratos como os de Estado, interesse público ou *imperium*.[160] Orgulhosos da insularidade e do caráter único e pragmático da *common law*, os operadores jurídicos ingleses – *Sir* Edward Coke à frente – têm historicamente rejeitado as influências dos Direitos Romano e Continental, que poderiam ameaçar a "pureza" do Direito Inglês, alegadamente o único sistema verdadeiramente capaz de proteger a liberdade "natural" do povo inglês (e, depois, do povo norte-americano).[161] Para Coke, soberania e *rule of law* eram incompatíveis.[162] Em 1628 Coke advertiu o Rei Charles I de que "a Magna Carta [*era*] uma companheira [*such a fellow*] que não teria nenhum soberano".[163] Não foi sem razão que Hobbes, no seu *Diálogo entre um Filósofo e um Jurista*, publicado em 1681, tenha posto na boca de Coke as seguintes palavras: "Gostamos de ter o rei entre nós, e não de ser governados por representantes, seja de nossa própria Nação, seja de outra".[164] Mais de quatro séculos depois, Albert Venn Dicey (1835-1922) ofereceu a "mais in-

---

160. Loughlin notou que a distinção clássica entre *res publica* e *dominium* foi "suprimida do pensamento político inglês", em razão da ideia lockeana de que a propriedade é uma categoria pré-política e que o Estado deve assegurá-la. E depois enfatizou: "A manutenção dessa distinção entre poder político e poder exercido via da propriedade é essencial para um entendimento da propriedade" (*The Idea of Public Law*, pp. 76-77).

161. Cf., genericamente, Kelley, "History, English Law and the Renaissance", *Past and Present* 65/25-39. Pound lembrou que *Sir* Henry Maine falava que os povos regrados pelo Direito Continental haviam "estruturado seus muros com os escombros das regras romanas!" ("What is the common law?", *The University of Chicago Law Review* 4/180, n. 2, Chicago, fevereiro/1937).

162. Cf. Friedrich, "The deification of the State", *The Review of Politics* 1/20, n. 1, janeiro/1939.

163. Cf. Beauté, "La théorie anglaise de la couronne", *Droits* 15/118. Quanto ao respeito dos americanos pela Magna Carta, é suficiente citar a seguinte passagem: "Embora a Inglaterra tenha seguido no caminho da supremacia parlamentar, os colonos americanos eram mais inclinados a ressuscitar a Magna Carta e seus suportes libertários contra um Parlamento inglês recalcitrante" (Hutchinson e Monahan, "Democracy and the rule of law", in Allan C. Hutchinson e Patrick Monahan (eds), *The Rule of Law: Ideal or Ideology*, Toronto, Carswell, 1987, p. 104).

164. Hobbes, *Diálogo entre um Filósofo e um Jurista*, trad. de Maria Cristina Guimarães Cupertino, São Paulo, Landy, 2001 [1681], pp. 20-21. Sustentando que a *common law* era uma ameaça à filosofia de Hobbes, cf. Hexter, "Thomas Hobbes and the Law", *Cornell Law Review* 65/473, n. 4, abril/1980.

fluente reformulação da *rule of law* desde o século XVIII".[165] Não surpreende que a visão de Dicey rejeitando o *droit administratif* – juntamente com tudo o que ele representa e engloba, isto é, a dicotomia "direito público *versus* direito privado", as cortes administrativas, a ideologia da superioridade do interesse público, a noção de soberania – tenha perdurado quase sem alterações durante sua vida,[166] e continua tendo muito influência tanto na Inglaterra quanto nos Estados Unidos.[167]

165. Cf. Shklar, "Political theory and the rule of law", in Allan C. Hutchinson e Patrick Monahan (eds.), *The Rule of Law: Ideal or Ideology*, Toronto, Carswell, 1987, p. 5.

166. O desentendimento na doutrina anglo-americana sobre ter, ou não, Dicey modificado sua opinião sobre o *droit administratif* permaneceu vivo. Allison apontou algumas mudanças menores e não substanciais nas posições de Dicey havidas desde a 1ª edição do clássico *Law of the Constitution* (1885) até a 8ª edição (1915), a última publicada enquanto Dicey viveu (Allison, *A Continental Distinction in the Common Law: a Historical and Comparative Perspective on English Public Law*, pp. 18-23). Contra, cf. Lobingier, "Administrative law and droit administratif. A comparative study with an instructive model", 91U. *Penn. Law Review & Am. L. Register* 36, 1942, p. 37 (afirmando, com base em citações de Robson e Jennings, que Dicey não só estava, ao final da vida, já convencido pelos trabalhos de seus "amigos franceses", Gaston Jèze principalmente, de que suas visões anteriores sobre o *droit administratif* eram obsoletas, mas também que Dicey abandonou, no último instante, essas suas posições). Cf. também Loughlin, *Public Law and Political Theory*, pp. 155-156 (sugerindo uma mudança mais substancial na posição de Dicey). De toda forma, o que importa é que, como reconhece Loughlin, foi a primeira posição de Dicey que sobreviveu na mente dos operadores jurídicos (cf. Louglin, ob. cit., p. 161, e também as duas notas de rodapé seguintes).

167. Na Inglaterra, cf., por exemplo: Allison, *A Continental Distinction in the Common Law: a Historical and Comparative Perspective on English Public Law*, pp. 11 e 23; Freedland, "The evolving approach to the public/private distinction in English Law", in Jean-Bernard Auby e Mark Freedland (eds.), *The Public Law/Private Law Divide: une Entente Assez Cordiale?*, Portland, Hart Publishing, 2006, p. 107 ("Penso que o espírito de Albert Venn Dicey ainda vive, no sentido de que o direito público ainda deve lutar por seu espaço no Direito Inglês"); Heuschling, *État de Droit, Rechtsstaat, Rule of Law*, pp. 240-241; Loughlin, *Public Law and Political Theory*, pp. 140, 156 e 161, e *The Idea of Public Law*, pp. 43 e 133. Nos Estados Unidos, cf., por exemplo: Dimock, "The development of american administrative law", *Journal of Comparative Legislation & International Law-Third Series* 15/42, 1933 ("As concepções erróneas e preconceituosas de A. V. Dicey foram transplantadas ao solo americano"); Frankfurter, "Foreword", *Yale Law Journal* 47/517-518, n. 4, fevereiro/1938 (lamentando que "gerações de *lawyers* e juízes foram educados no clima mental de Dicey", cujos "erros de concepção e miopia [...] atravessaram o Atlântico" e "fixaram cultura e autoridade nas acríticas abstrações jurídicas americanas"); Bernard Schwartz,

Avaliada historicamente, a defesa que Dicey fez da *common law*, junto com a amarga crítica do autor ao "coletivismo" ou "despotismo" alegadamente existente no Direito Francês, era uma inevitável consequência da natureza do pensamento jurídico medieval inglês.[168] Portanto, a ausência de qualquer independência teórica de um "contrato público" no Direito Anglo-Americano, em nítido contraste com o Direito Francês, nada mais é que a consequência da filosofia política do *laissez-faire* proposta por Dicey e do seu violento ataque aos princípios subjacentes ao direito administrativo francês.[169]

Em suma, as sementes do igualitarismo entre Estado e cidadãos, a falta de distinção entre direito público e direito privado e a ausência de uma alegada "supremacia do interesse público" – primeiro representada pelo rei e depois pelo Estado – no mundo da *common law* encontram-se nesse brevíssimo escorço histórico. Os Estados Unidos herdaram esse *ethos* contrário ao "público", ao "estatal".[170] As teorias políticas e sociais anglo-americanas desde muito cedo não demonstram "nenhum espaço para qualquer noção válida de Estado".[171] Nada obstante isso, a

"French and anglo-american conception of administrative law", *Miami Law Quarterly* 6/433-445, n. 3, abril/1952 (analisando o então pouco desenvolvido direito administrativo norte-americano enquanto oposto ao *droit administratif* e genericamente criticando a visão de Dicey pelo seu legado no sistema da *common law*).

168. Cf., genericamente, Loughlin, *Public Law and Political Theory*, pp. 146-153 (indicando a linha do pensamento jurídico inglês de Coke a Dicey). Cf. também Heuschling, *État de Droit, Rechtsstaat, Rule of Law*, pp. 242-246 (explicando a metodologia de Dicey e ligando-a às ideias de Coke). Não surpreende que o pioneiro administrativista inglês, William Robson (junto com outros pensadores como Harold Laski, *Sir* Ivor Jennings, J. A. Griffith e Patrick McAuslan), tenha sido considerado por Martin Loughlin como defensor de uma visão mais socialista de mundo (cf. Loughlin, *Public Law and Political Theory*, pp. 159-206). Cf. também Heuschling, *État de Droit, Rechtsstaat, Rule of Law*, pp. 262-263.

169. Cf. Mewett, "The theory of government contracts", *The McGill Law Journal* 5/233, n. 4, 1959.

170. Pound sublinhou o "elemento feudal" do Direito Norte-Americano em 1921 (*The Spirit of the Common Law*, pp. 1-31). "A essência do sistema feudal de governo era contratual" (Borchard, "Government responsibility in tort, VI", *Yale Law Journal* 36/1.059, 1927). Cf. também Dyson, *The State Tradition in Western Europe: a Study of an Idea and Institution*, p. 53.

171. Nettl, "The State as a conceptual variable", *World Politics* 20/561, n. 4, julho/1968, pp. 559-592. Para o autor essa característica "somente enfatiza um problema que é muito antigo". A reticência anglo-americana sobre a palavra "Estado" reve-

sociedade norte-americana, historicamente "sem Estado", usaria a ideia da *sovereignty immunity* (e, nos contratos administrativos, da *Sovereign Acts Doctrine* ou da *Unmistakability Doctrine*) como antídotos a essa visão não-estatal, como mostrarei em seguida.[172] Por ora, basta afirmar que o "público" encontraria o seu caminho.

1.1.2 Concepções positiva e negativa de Individualismo[173]

> "*Acima de tudo, [nos Estados Unidos] o Individualismo expressou o Universalismo e o Idealismo mais característicos da consciência nacional. Esse conceito desenvolveu-se em contradição com o Socialismo, com o caráter universal e messiânico do qual este compartilha.*" (Yehoshua Arieli[174])

> "*O mal que flagela a França não é desconhecido; todo mundo concorda em dar-lhe o mesmo nome: Individualismo* [...].

> "*Todos por um, um por todos, isso é a sociedade; cada um por si, e cada um contra todos, isso é o Individualismo.*" (Louis Veuillot[175])

Embora o termo "Individualismo" – assim como "Socialismo" e "Comunismo" – tenha surgido no século XIX,[176] a noção filosófica de Individualismo é muito mais antiga, alguns apontando sua gênese no

---

la a filosofia liberal e antiestatal (cf., por exemplo, Beaud, "La notion d'État", *Archives de Philosophie du Droit* 35/122).

172. Cf. subitem 2.1 deste Capítulo III, *infra*.

173. Minha atenção ao tema foi despertada pelo artigo de Lukes, "The meanings of 'Individualism'", *Journal of the History of Ideas* 32/45-66. Nesta seção derivo de Lukes o argumento principal.

174. Arieli, *Individualism and Nationalism in American Ideology*, pp. 345-346, citado por Lukes, "The meanings of 'Individualism'", *Journal of the History of Ideas* 32/61.

175. Veuillot, *Lettre à M. Villemain* (agosto/1843), citado por Lukes, "The meanings of 'Individualism'", *Journal of the History of Ideas* 32/49-50.

176. Cf. Lukes, "The meanings of 'Individualism'", *Journal of the History of Ideas* 32/49. Cf. também Swart, "'Individualism' in the mid-nineteenth century", 23 *Journal of History of Ideas* 77, 1962, p. 78.

Cristianismo.[177] Meu ponto, entretanto, não é traçar a origem histórica do Individualismo. Pouco importa quem seja o "pai" da noção, se Occam no século XIV, como Michel Villey insistentemente defendeu,[178] se Hobbes e Locke ou qualquer outra figura[179] ou época.[180] O fato é que, hoje, somos todos filhos do Individualismo – o problema é saber o que se entende por isso.

O Individualismo não somente é uma noção bem-vista pelos norte-americanos; mais que isso, eles construíram o país com base nessa ideia. O oposto se passa na França: ao povo francês a palavra "Individualismo" não somente gera certo desconforto mas é vista, de certa maneira, como uma ameaça à Nação.[181] Como sugerem as epígrafes desta seção, os sig-

177. Na Filosofia do Direito é essa a conhecida posição de Villey, *Philosophie du Droit: Définitions et Fins du Droit – Les Moyens du Droit*, Paris, Dalloz, 2001, pp. 96-109, seguida, na Antropologia, por Dumont, *Individualismo: uma Perspectiva Antropológica da Ideologia Moderna*, trad. de Álvaro Cabral, Rio de Janeiro, Rocco, 1985 [1983], p. 39. Cf. também Hösle, *Morals and Politics*, Notre Dame/Indiana, Notre Dame University Press, 2004, p. 23.

178. Cf.: Villey, "La genèse du droit subjectif chez Guillaume d'Occam", *Archives de Philosophie du Droit* 9/98, Paris, 1964, "Les fondateurs de l'École du Droit Naturel Moderne au XVIIe siècle", *Archives de Philosophie du Droit* 6/82, Paris, 1961, e "Essor et décadence du volontarisme juridique", *Archives de Philosophie du Droit* 3/89, Paris, 1957; e também Dumont, *Individualismo: uma Perspectiva Antropológica da Ideologia Moderna*, pp. 76-79. Estou ciente das críticas de Tierney aos trabalhos de Villey acerca das origens dos direitos individuais (Tierney, *The Idea of Natural Rights*, Michigan, William B. Eerdmans Publishing Co., 2001, Capítulo 1). Esse debate está, no entanto, além do escopo do presente estudo.

179. Brian Tierney refere-se a vários trabalhos que exploram inúmeros aspectos do Individualismo antes e depois de Ockham (*The Idea of Natural Rights*, pp. 55-56 e Capítulo 9, p. 324).

180. "[A] introdução de uma mentalidade individualista na civilização ocidental tem sido atribuída a causas tão diversas quanto o Cristianismo, as invasões germânicas ao Império Romano, a ascensão da burguesia e o do Capitalismo, o Renascimento, o Protestantismo (ortodoxo assim como liberal), a filosofia do Iluminismo e o Romantismo" (Swart, "'Individualism' in the mid-nineteenth century", 23 *Journal of History of Ideas* 77 (notas de rodapé omitidas).

181. A noção brasileira de Individualismo é complexa. Em termos gerais, entretanto, parece correto dizer que o brasileiro médio está muito mais próximo da concepção negativa francesa que da noção positiva norte-americana sobre Individualismo. Na Antropologia nacional, Roberto Damatta é da mesma opinião (cf. *A Casa & a Rua: Espaço, Cidadania, Mulher e Morte no Brasil*, 5ª ed., Rio de Janeiro, Rocco, 1997, p. 76). Minha intenção nesta seção é somente analisar os dois extremos.

nificados opostos do termo "Individualismo" revelam as fortes diferenças dos valores culturais nos sociedades norte-americana e francesa.

Meu argumento central nada tem de original: no Direito Norte-Americano uma conotação "positiva" de Individualismo tem sido imprimida no tratamento de qualquer tema (jurídico), tornando-se o Individualismo um *valor essencial* ao sistema – daí o fácil curso que nos Estados Unidos têm o Capitalismo, o livre mercado, a Democracia liberal e qualquer outra instituição ligada à exaltação do indivíduo. Como Steven Lukes descreve:

> Foi nos Estados Unidos que o 'Individualismo' veio, em primeiro lugar, celebrar o Capitalismo e a Democracia liberal. O Individualismo tornou-se um lema simbólico de significado ideológico imenso, expressando tudo o que tem sido por várias vezes sugerido na filosofia dos direitos naturais, na crença na liberdade de empreendimento e no American Dream. O Individualismo expressou, de fato, os ideais em vigor nos Estados Unidos do século XIX e início do século XX (e na verdade continua a ter um papel ideológico importante), promovendo um conjunto de reclamos universais vistos como incompatíveis com os reclamos paralelos do Socialismo e do Comunismo do Velho Mundo.[182]

De fato, não importa qual a ideologia do autor consultado, vê-se que o Individualismo sempre recebeu uma conotação positiva nos Estados Unidos. Como mostrou Arieli, ao longo da história americana o Individualismo "proveu a Nação com a racionalização de suas atitudes características, padrões de comportamento e aspirações".[183] Claro, encontram-se várias conotações do termo "Individualismo" nos Estados Unidos, conforme demonstrou Steven Lukes em estudo das concepções de Individualismo nos trabalhos de Emerson, John William Draper, Walt

---

182. Lukes, "The meanings of 'Individualism'", *Journal of the History of Ideas* 32/59.
183. Arieli, *Individualism and Nationalism in American Ideology*, p. 345. Cf. também Whitfield, "Characterizing America", 21 *The History Teacher* 479, 1988, pp. 480-481 (identificando o Individualismo como uma das marcas da cultura norte-americana e dizendo que os americanos "não viam nada de errado com a primazia do auto-interesse (*self-interest*)", aduzindo que para a maioria dos norte-americanos o "*ethos* do Individualismo" de Emerson e Lincoln permaneceu intacto ao longo do século XX).

Whitman e William Graham Summer.[184] Entretanto, as últimas palavras de Lukes são emprestadas de James Bryce, para quem "o Individualismo, o amor ao empreendimento e o orgulho pela liberdade pessoal" representam aos norte-americanos "não somente sua melhor escolha, mas também sua posse peculiar e exclusiva".[185] Seria natural que o Individualismo informasse também o direito e as decisões judiciais.

Ironicamente, foi um francês quem conferiu ao Individualismo norte-americano suas cores mais nítidas. Alexis de Tocqueville (1805-1859) apresentou o Individualismo nos Estados Unidos com conotações tão positivas que suas palavras são citadas em quase todos os trabalhos escritos sobre a cultura norte-americana e sua singularidade. Curiosamente, a obra-prima de Tocqueville, *A Democracia na América*, tida ainda como o melhor livro escrito sobre o assunto,[186] é, entre outras várias coisas, um estudo comparado brilhante no qual o autor explica a versão *negativa* do Individualismo francês.

A explanação de Tocqueville embasa o que venho chamando de "visão positiva" sobre o Individualismo norte-americano. O autor ligou Individualismo e Democracia,[187] igualdade e liberdade de mercado, e essa ligação tornou-se definitiva na cultura norte-americana. O Individualismo alimentou e foi alimentado por outras ideias com as quais andou sempre atrelado, os chamados "fatos principais" (*premier facts*) ou "fatos generativos" (*generative facts*), os quais Tocqueville pôs no centro da sua empreitada teórica.[188] Esses fatos "serviram para conectar, explicar e significar cada parte da teoria", assim exercendo "um certo tipo de poder" sobre outros fatos.[189]

---

184. Cf. Lukes, "The meanings of 'Individualism'", *Journal of the History of Ideas* 32/61-62.

185. J. Bryce, *The American Commonwealth*, II, Londres e Nova York, p. 404, *apud* Lukes, "The meanings of 'Individualism'", *Journal of the History of Ideas* 32/62-63.

186. Cf., por exemplo, Whitfield, "Characterizing America", 21 *The History Teacher* 480.

187. Cf. Tocqueville, *A Democracia na América*, vol. 2, trad. de Eduardo Brandão, São Paulo, Martins Fontes, 2004 [1840], pp. 119-121.

188. Cf. Wolin, *Tocqueville between Two Worlds: the Making of a Political and Theoretical Life*, Princeton, Princeton University Press, 2001, p. 98.

189. Idem, ibidem. Wolin refere que "dentre os mais simples desses [*fatos*] estavam: liberdade, centralização, participação, tirania da maioria, Individualismo, Cartesianismo e cultura política".

"O *Individualismo* é uma expressão recente que uma nova ideia fez surgir. Nossos pais só conhecem o egoísmo."[190] Com essas palavras Tocqueville lançou uma importante ideia. Ele estabeleceu o germe de uma comparação crucial entre "Individualismo-Democracia *versus* Egoísmo-Aristocracia", que será depois explorada no presente estudo, por representar fielmente, ainda hoje, os espíritos norte-americano e francês. O Individualismo norte-americano, para Tocqueville, "é um sentimento refletido e tranquilo", enquanto o "egoísmo é um amor apaixonado e exagerado, que leva o homem a referir tudo a si mesmo e a se preferir a tudo o mais". Alternativamente, em palavras mais definitivas: "O egoísmo é um vício tão antigo quanto o mundo. Não pertence mais a uma forma de sociedade que a outra". E, ao revés, o "Individualismo é de origem democrática, e ameaça desenvolver-se à medida que as condições se igualam".[191]

O esforço de conjugar o Individualismo com o Liberalismo democrático e o Direito vingou facilmente nos Estados Unidos. O cidadão norte-americano de Tocqueville é um individualista, não um egoísta; é um sujeito autoconfiante. E Tocqueville é um crédulo sobre esse homem moderno, descrito como um "indivíduo convencido que acredita tão dogmaticamente em sua própria singularidade quanto na santidade de sua alma individual e em sua preciosidade aos olhos de Deus".[192] O egoísmo é um Individualismo negativamente entendido. O Individualismo positivo, propriamente entendido, leva à Democracia, à liberdade e à igualdade. É esse o espírito da comparação de Tocqueville.

Não é difícil ver o caráter fortemente ideológico da concepção de Tocqueville sobre o Individualismo.[193] Ele inverteu o sentido do "estrei-

---

190. Tocqueville, *A Democracia na América*, vol. 2, p. 119. Em *O Antigo Regime e a Revolução* Tocqueville apresenta visão análoga: "Nossos ancestrais não tinham a palavra 'Individualismo', que nós criamos para o nosso próprio uso" (*The Old Regime and the Revolution*, vol. 1, pp. 162-163). O termo *Individualisme* era tão novo em 1840 que o primeiro tradutor inglês de Tocqueville não teve alternativa senão manter o termo em francês, embora parecesse estranho a um inglês (cf. Whitfield, "Characterizing America", 21 *The History Teacher* 480).

191. Tocqueville, *A Democracia na América*, vol. 2, pp. 119-120. Cf. também Wolin, *Tocqueville between Two Worlds: the Making of a Political and Theoretical Life*, p. 216.

192. Wolin, *Tocqueville between Two Worlds: the Making of a Political and Theoretical Life*, p. 351.

193. Idem, ibidem.

to" Individualismo e conferiu-lhe um significado *positivo*, o qual passou a ser "o método filosófico dos americanos".[194] Esse giro radical no significado do Individualismo – de negativo a positivo – e a vinculação do Individualismo com a Democracia e a igualdade podem muito bem servir como um marco entre as ideias francesa e norte-americana sobre o tema: enquanto os norte-americanos incentivaram o discurso e a prática sobre a igualdade, a Aristocracia francesa dividiu a Nação e ajudou os homens "a se esquecerem de si mesmos".[195] Para Tocqueville "a Aristocracia fizera de todos os cidadãos uma longa cadeia que ia do campônio ao rei; a Democracia rompe a cadeia e põe cada elo à parte".[196] Tocqueville mostrou que a memória do passado tem um papel decisivo no desenvolvimento das Nações. Cito-o uma vez mais, em passagem que se encaixa perfeitamente ao contexto ora analisado: "A grande vantagem dos norte-americanos é terem chegado à Democracia sem terem precisado passar por revoluções democráticas, e terem nascido iguais, em vez de terem se tornado".[197] A memória do passado, um passado aristocrático, teria impedido a França de fazer o mesmo giro radical acima mencionado.

A França representa o polo oposto no que toca à concepção de Individualismo. Lá a expressão "usualmente carregou, e ainda carrega, uma conotação pejorativa, uma forte ideia de que concentrar a atenção no indivíduo é prejudicar o interesse superior da sociedade".[198] Com efeito, considerando o espectro político da direita à esquerda, o povo francês tem historicamente condenado o Individualismo.

Pensadores franceses conservadores comungam um desdém pelo "'estoque privado de razão' do indivíduo".[199] Entre os Reacionários católicos teocráticos, Joseph de Maistre, tido como "o mais brilhante escritor francês contrarrevolucionário",[200] apontou em 1884 que a razão indi-

194. Idem, ibidem.
195. Tocqueville, *A Democracia na América*, vol. 2, p. 120.
196. Idem, p. 121.
197. Idem, p. 124.
198. Lukes, "The meanings of 'Individualism'", *Journal of the History of Ideas* 32/48.
199. Idem, p. 46.
200. Swart, "'Individualism' in the mid-nineteenth century", 23 *Journal of History of Ideas* 78.

vidual era "por natureza o inimigo mortal de todas as associações".[201] Em 1796 Bonald tinha já afirmado que "o homem só existe para a sociedade, e a sociedade somente o educa para o interesse dela mesma".[202] E Lamennais, argumentando contra os *philosophes* – os quais haviam, segundo ele, inspirado a Revolução –, escreveu que o homem "vive somente em sociedade" e que "as instituições, leis e governos derivam toda sua força de certa conjugação de pensamentos e vontades"; mas o Individualismo – enfatizava Lamennais – "destrói a própria ideia de obediência e dever, portanto destruindo o poder e o Direito".[203]

Steven Lukes mostrou que as ideias de Claude Henri Saint-Simon (1760-1825) tiveram um efeito pervasivo no pensamento francês. O simonismo partilhava alguns pensamentos com os contrarrevolucionários, como a crítica da glorificação ao indivíduo iluminista.[204] Locke, Reid, Condillac, Kant, d'Holbach, Voltaire e Rousseau eram, aos olhos de Saint-Simon, "defensores do Individualismo", o qual era usado para "referir ideias perniciosas e negativas que embasavam os males da época crítica moderna".[205] Mazzini, um nacionalista italiano também adepto das ideias de Saint-Simon, referiu que o Individualismo da Revolução Francesa tinha somente "um valor negativo" e havia levado ao "egotismo e à inominável imoralidade".[206] Em resumo, para o simonismo Locke *et caterva* "preconizavam o egoísmo".[207]

---

201. J. de Maistre, *Étude sur la Souveraineté*, Livro I, Capítulo X, in *Oeuvres Complètes*, vol. I, 1884, pp. 375-376, citado por Lukes, "The meanings of 'Individualism'", *Journal of the History of Ideas* 32/46.

202. L. De Bonald, *Théorie du Pouvoir* (1796), "Preface", in *Oeuvres*, vol. I, 1854, p. 103, citado por Lukes, "The meanings of 'Individualism'", *Journal of the History of Ideas* 32/47.

203. F. de Lamennais, *Des Progrès de la Révolution et de la Guerre contre l'Eglise*, 1829, Capítulo I, in *Oeuvres Complètes*, vol. IX, pp. 1.836-1.837 e pp. 17-8, *apud* Lukes, "The meanings of 'Individualism'", *Journal of the History of Ideas* 32/47.

204. Lukes, "The meanings of 'Individualism'", *Journal of the History of Ideas* 32/47.

205. Idem, p. 48.

206. *Apud* Swart, "'Individualism' in the mid-nineteenth century", 23 *Journal of History of Ideas* 80.

207. Lukes, "The meanings of 'Individualism'", *Journal of the History of Ideas* 32/48. Cf. também Swart, "'Individualism' in the mid-nineteenth century", 23 *Journal of History of Ideas* 79.

Também os socialistas franceses – diz Lukes – contrastavam o Individualismo "com uma ordem social ideal, cooperativa, descrita de forma variável como 'associação', 'harmonia', 'Socialismo' e 'Comunismo'". O autor cita vários pensadores que ligavam o Individualismo a ideias negativas – "cada um por si, e [...] todos pelos ricos, nada para os pobres" – dizia Pierre Leroux; "o remédio está na associação precisamente porque o abuso brota do Individualismo" – vociferava Constantin Pecquer; "o Comunismo é o protetor do indivíduo, e Individualismo [é] o seu extermínio" – sugeria Auguste Blanqui. Etienne Cabet colocou as coisas dicotomicamente em termos definitivos: "Dois grandes sistemas dividiram e polarizaram a Humanidade desde o princípio do mundo: o Individualismo (ou egoísmo, ou interesse pessoal) e o Comunismo (ou a associação, ou o interesse geral, ou o interesse público)".[208] Em termos genéricos, essas visões negativas do Individualismo expressam uma ideia oposta àquela carregada pelo Individualismo norte-americano. Aos olhos franceses o Individualismo destrói – e jamais fortalece – a sociedade.

É verdade que todas essas citações são de autores do século XIX, e é também verdade que Steven Lukes afirma depois que socialistas franceses usaram o termo "Individualismo" em sentidos mais complexos, nem sempre conferindo ao termo um significado negativo – caso, por exemplo, de Louis Blanc, Charles Fourier e, mesmo, Émile Durkheim. Para este último o "Individualismo significava autonomia, liberdade e sacralidade do indivíduo – valores que até então tinham uma forma negativa, opressiva e anárquica", mas que poderiam dali em diante ser preservados dentro de uma "ordem social cooperativa e racional".[209] Entretanto, pode-se facilmente perceber que para Durkheim a mudança de uma ideia "negativa" para uma ideia "positiva" de Individualismo somente poderia ser feita se o Individualismo fosse considerado *como uma fonte de cooperação da ordem social*. Durkheim, aliás, vinculava a moral à sociedade.[210] O que esses socialistas franceses deploravam

---

208. Cf. Lukes, "The meanings of 'Individualism'", *Journal of the History of Ideas* 32/50 (notas de rodapé omitidas).
209. Idem, p. 51.
210. Em sua obra sobre *A Educação Moral*, lê-se: "Para que sejamos um homem digno desse nome, é preciso, tão brevemente quanto possível, estabelecer um relacionamento com a fonte dessa vida mental que é característica da Humanidade. Ora, essa fonte não está em nós; ela está na sociedade" (p. 83).

não era a revolução *per se* (como faziam os Reacionários), mas sim a crua exploração do homem pelo homem na indústria moderna e a doutrina econômica do *laissez-faire*.[211] Para os Socialistas não era na França, mas na Inglaterra, que o espírito do "Individualismo sem rédeas" (*unfettered Individualism*) encontrara sua mais inteira expressão.[212]

O estudo de Steven Lukes, então, apresenta o pensamento francês liberal, representado por Benjamim Constant, "o mais eloquente expoente do Liberalismo clássico", e, claro, Tocqueville, que teria desenvolvido o "mais influente" pensamento liberal na França.[213] Embebido dessa história, não foi por acaso que a mente liberal de Tocqueville via o Individualismo com cautela, separando o presente (Estados Unidos) do passado (França), não sem lembrar que o Individualismo tinha "efeitos corrosivos" que poderiam ser "neutralizados pela participação política ao nível local".[214] Tocqueville sabia bem que o Individualismo poderia conduzir ao egoísmo sem a compensação de um *ethos* coletivo.

Explorando o que chamou de caráter "defensivo" do Individualismo do homem francês, Daniel Lerner mostrou que os franceses parecem mais introspectivos no que toca à sua individualidade; ao contrário dos norte-americanos, para quem o Individualismo conduziria a uma vida mais comunitária, o Individualismo francês revelar-se-ia num imobilismo e numa "recusa de engajar-se" (*refus de s'engager*).[215] O que se-

---

211. Cf. Swart, Swart, "'Individualism' in the mid-nineteenth century", 23 *Journal of History of Ideas* 81.
212. Cf. Lukes, "The meanings of 'Individualism'", *Journal of the History of Ideas* 32/51.
213. Idem, p. 52. Sobre as ideias de Constant e Augusto Comte, o corifeu do Positivismo Sociológico, na formação do Brasil, cf. Carvalho, "Entre a liberdade dos antigos e a dos modernos: a República no Brasil", in *Pontos e Bordados: Escritos de História e Política*, Belo Horizonte, UFMG, 2005, p. 83. Sobre Constant, cf. Nemo, *Histoire des Idées Politiques aux Temps Modernes et Contemporains*, 2ª ed., Paris, PUF, 2003, pp. 620-669.
214. Cf. Joshua Mitchell, *The Fragility of Freedom: Tocqueville on Religion, Democracy, and the American Future*, Chicago, University of Chicago Press, 1995, p. 6.
215. Daniel Lerner, "Interviewing Frenchmen", *The American Journal of Sociology* 62/189-190, n. 2, setembro/1956. Cf. também Brault, "French culture: some recent anthropological and sociological findings", *The French Review* 36/44-54, n. 1, outubro/1962 (concordando com Lerner e explicando a noção de "Individualismo defensivo"). Para uma crítica da metodologia empregada por Daniel Lerner, cf. Leite,

gue desse comportamento passivo é outro aspecto do mesmo sentido negativo de Individualismo, mais introspectivo e mais egoísta.

Com efeito, os franceses têm expressado o Individualismo utilizando-se dos tipos-ideais durkheimianos "anomia" e "egoísmo", os quais representam "o isolamento social, moral e político dos indivíduos, sua dissociação de propósitos e regras sociais, o colapso da solidariedade social".[216] Não quero dizer com isso que os norte-americanos são indivíduos egoístas,[217] sem senso de comunidade, e que os franceses, ao contrário, são altruístas – uma cuidadosa pesquisa sociológica pode bem provar o contrário. Meu único ponto é que a característica positiva ou negativa da noção de Individualismo joga um papel forte em ambas as sociedades e, por consequência, nos seus sistemas jurídicos, inclusive no direito dos contratos administrativos, os quais operam como se o Individualismo, enquanto *valor* positivo ou negativo, fosse uma assunção *a priori*, impondo o ônus da prova àquele que se desvia desse valor.

Nos Estados Unidos o *ethos* positivo do Individualismo tem atuado como fator-chave para que teóricos sociais dispensem, sem mais, qualquer ideia que porventura ameace o reino do *self*. Qualquer teoria que carregue uma ideia de "coletivismo", "Estado" ou, pior, "Socialismo" tende a não se firmar na mentalidade norte-americana.[218] Nesse sentido, o Individualismo serve como uma barreira a qualquer tentativa de introduzir um princípio jurídico como o da "supremacia do interesse público". A ideia de uma esfera pública (o Estado) sobrepondo-se à esfera privada (o indivíduo) soa aos norte-americanos como uma agressão ao *american self*. Na França, ao contrário, a noção de Individualismo implica algo negativo. O indivíduo é parte de um todo, um "público", que

O Caráter Nacional Brasileiro: História de uma Ideologia, 6ª ed., São Paulo, UNESP, 2002 [1968], pp. 124-126.

216. Lukes, "The meanings of 'Individualism'", *Journal of the History of Ideas* 32/53. Swart concorda, dizendo: "[*Na França*] até o dia de hoje o temo 'Individualismo' reteve muito da sua antiga conotação desfavorável" ("'Individualism' in the mid-nineteenth century", 23 *Journal of History of Ideas* 84).

217. Mas essa ideia não pareceu frívola a Lawrence Mitchell em *Stacked Deck: a Story of Selfishness in America*, Filadélfia, Temple University Press, 1998.

218. Cf., genericamente, Hartz, *The Liberal Tradition in America: an Interpretation of American Political Thought Since the Revolution*, 2ª ed., San Diego, Harvest/Harcourt Brace & Co., 1991 [1955], pp. 8-9.

por vezes deve destronar o privado *sem que para isso seja necessária uma norma positivada* – ideia que ao francês é familiar, natural e, mesmo, necessária.

1.2 Combinando os dois fatores. Breves exemplos

> "*Nos Estados Unidos, quando um cidadão tem algumas luzes e alguns recursos, procura enriquecer-se no comércio e na indústria, ou então compra uma terra coberta de florestas e se faz pioneiro. Tudo o que ele pede ao Estado*[219] *é não vir perturbá-lo em seus labores e garantir-lhe os frutos destes.*
>
> "*Na maioria dos povos europeus, quando um homem começa a sentir suas forças e a ampliar seus desejos, a primeira ideia que se apresenta a ele é conseguir um emprego público.*" (Alexis de Tocqueville, em 1840[220])
>
> "*O Governo* [nos Estados Unidos] *é aceito, na melhor das hipóteses, como um mal necessário, que devemos suportar, embora indignados com a necessidade. Nós [norte-americanos] queremos o menor* [Estado] *possível, uma vez que qualquer coisa além desse mínimo necessário instantaneamente suprime uma ou outra liberdade.*" (Garry Wills[221])

A força do Individualismo positivo e a da *statelessness* nos Estados Unidos operam juntas como um ímã, para repetir a metáfora que usei antes. O Individualismo norte-americano rejeita ideias com um *ethos* coletivo e atrai teorias calcadas no indivíduo. Aos norte-americanos, tudo que exalte seu autoconfiante Individualismo e tenha um sabor antiestatal parece sedutor. A cultura norte-americana favorece o indivíduo

---

219. *État*, com maiúscula no original (Tocqueville, *De la Démocratie en Amérique*, vol. 2, Gallimard, 2004 [1840], p. 342), mantida na tradução brasileira (nota de rodapé abaixo), mas grafada com minúscula (*state*) na tradução norte-americana que utilizo para comparar (*Democracy in America*, Londres, Penguin Books, 2003 [1835, 1840], p. 735).

220. Tocqueville, *A Democracia na América*, vol. 2, p. 311.

221. Wills, *A Necessary Evil: a History of American Distrust of Government*, Nova York, Touchstone, 2002, p. 15.

sobre a comunidade e o Estado, e é a força daquele que é compreendida como capaz de manter a coesão destes, não o contrário. Coke, Dicey e Pound encarnaram este espírito em seus escritos. Uma vez que o Direito deve ser aplicado igualmente, nenhuma prerrogativa ao rei ou ao Estado deve ser admitida. Nenhuma distinção entre direito público e direito privado deve ser sustentada. O indivíduo, não o Estado, deve ser o protagonista da vida social. O Estado tem, principalmente, obrigações negativas, não positivas; o que lhe cabe é *não invadir* a esfera privada. Os direitos individuais, ou direitos fundamentais chamados de "primeira geração" (isto é, direitos *negativos*, aqueles que requerem, principalmente, a *inação* do Estado), merecem alta consideração. Entretanto, direitos sociais, chamados direitos fundamentais de "segunda geração" (isto é, direitos *positivos*, que requerem, principalmente, a *ação* do Estado, como direito à moradia, educação e saúde), parecem estar fora do centro de atenção jurídica norte-americana.[222] Em termos genéricos, os Direitos Francês e Brasileiro apresentam características opostas ao Direito Norte-Americano.

Louis Hartz escreveu cruamente que a linguagem liberal norte-americana "não *entende* o sentido do poder soberano".[223] Poder-se-ia aduzir, sem exagero, que os norte-americanos também não "entendem" a ideia de Estado. Noções como "soberania" e "Estado" correm na contramão do "lockianismo irracional" ou, mais sugestivamente, vão contra o "americanismo"[224] – para tomar emprestadas, mais uma vez, as pala-

---

222. No Direito Continental qualquer alusão à bibliografia sobre os "direitos sociais" seria incompleta, e o que foi dito acima no texto é um resumo pobre do tema. Em Inglês, sobre os direitos sociais, cf. o estudo de Fabre, *Social Rights under the Constitution*, Oxford, Oxford University Press, 2000. Cf. também Gerwith, *The Community of Rights*, Chicago, Chicago University Press, 1996, pp. 33-38. Vale somente lembrar que a oposição comum entre direitos "positivos" e "negativos" foi criticada por Holmes e Sunstein, *The Cost of Rights: Why Liberty Depends on Taxes*, Nova York, W. W. Norton & Co., 1999 – trabalho, este, já bem conhecido no Brasil. O debate extrapola em muito a análise do presente estudo. Minha intenção é somente enfatizar que nos Estados Unidos a principal ideia é a de que o Estado tem basicamente o papel negativo de não interferir nos direitos privados.

223. Hartz, *The Liberal Tradition in America: an Interpretation of American Political Thought Since the Revolution*, 2ª ed., p. 7 [grifo nosso]. O contrário acontece na França e no Brasil.

224. Hartz, *The Liberal Tradition in America: an Interpretation of American Political Thought Since the Revolution*, 2ª ed., p. 11.

vras de Hartz.[225] O termo "entender" carrega forte significado, aqui. Primeiro, não "entender" significa que a ideia de "poder soberano" (ou de Estado) não faz parte da mentalidade liberal norte-americana.[226] Segundo, o termo "entender" sugere, em Hartz, que os norte-americanos não *aceitam* a noção de soberania (ou de Estado).

A veneração norte-americana ao valor da propriedade individual, como sabido, tem origem em Locke,[227] e o extremo Individualismo no Direito Norte-Americano pode ser visto em vários ramos jurídicos, desde o direito sucessório das crianças (*children's inheritance rights*),[228] passando pela responsabilidade pré-contratual,[229] para citar alguns exem-

225. Hartz identificou o fenômeno do "Liberalismo natural" como "uma força extraordinária", ou como "o fundamento secreto do qual derivaram muitos dos mais enigmáticos fenômenos culturais americanos" (*The Liberal Tradition in America: an Interpretation of American Political Thought Since the Revolution*, 2ª ed., p. 9).

226. Não surpreende que todas as citações acima tenham sido retiradas da parte do livro clássico de Hartz no qual o autor explica a "estrutura da mente" (*frame of mind*) norte-americana (cf. Hartz, *The Liberal Tradition in America: an Interpretation of American Political Thought Since the Revolution*, 2ª ed., pp. 5-14). O item no livro é chamado "'Liberalismo Natural': a Estrutura da Mente".

227. "A finalidade maior e principal, portanto, de os homens unirem-se em Estado e submeterem-se a um governo é a *preservação de sua propriedade*, para o quê o estado de natureza carece de muitas coisas" (John Locke, "Segundo tratado sobre o Governo", in Clarence Morris (org.), *Os Grandes Filósofos do Direito*, São Paulo, Martins Fontes, 2002 [1690], § 124, p. 149 – grifos nossos). Escrevendo sobre o "Liberalismo natural" norte-americano, L. Hartz afirmou que "uma sociedade que começa com Locke, e assim o transforma, permanece com ele, graças a uma absoluta e irracional fixação que desenvolveu por ele" (Hartz, *The Liberal Tradition in America: an Interpretation of American Political Thought Since the Revolution*, 2ª ed., p. 6).

228. Cf. Hauser, "Born a eunuch? Harmful inheritance practices and human rights". *Law & Inequality* 21/22, n. 1, 2003 ("[*Nos países de Direito Continental*] as leis concedem automaticamente direitos hereditários iguais às crianças. Nos Estados Unidos o Individualismo é enfatizado e a pessoa tem completa liberdade para deserdar patrimonialmente a criança, com a exceção do Estado da Louisiana, o qual seguiu o Direito Francês quando foi estabelecido") (notas de rodapé omitidas).

229. Ao contrário da maioria dos sistemas continentais, o Direito Norte-Americano é mais relutante em impor responsabilidade pré-contratual. "As Cortes americanas [...] recusaram-se a ver uma obrigação geral que proibisse a parte de interromper as negociações, mesmo quando na perspectiva do sucesso da avença. A relutância das Cortes tem suporte na formulação de um dever geral de boa-fé e justa negociação previstas no *Uniform Commercial Code* e no *Restatement (Second) of Contracts*, que, ao menos para as implicações negativas, não se estende às negociações [*isto é, à fase pré-contratual*]" (Farnsworth, "Precontractual liability e preliminary agreements: fair

plos mais específicos e bem diversificados, chegando até o processo penal, com o chamado *jury system* e a possibilidade do *plea bargaining*,[230] ambos hoje também presentes nos sistemas francês e brasileiro, mas de forma muito limitada se comparada ao Direito Norte-Americano. Ainda no campo do processo penal, a quase-total discricionariedade do acusador norte-americano em processar o autor do ilícito criminal e a tendência dos atores processuais a contentar-se com a verossimilhança contrastam com o princípio continental da obrigatoriedade da ação penal e com a busca de uma suposta Verdade real. Embora recentemente mitigado o referido princípio no Direito Brasileiro, ele é revelador de uma mentalidade que crê haver uma Justiça abstrata e atingível, uma Verdade e uma Ordem que, uma vez maculada, *deve ser* restaurada; abalado o mundo abstrato da norma – mundo, esse, bem distante do fato, comumente negligenciado por nós, continentais –, esse mundo há de *obrigatoriamente* ser reconstruído, e a Ordem refeita. Se entendida a mentalidade dos povos, nenhum desses contrastes nos deve surpreender, porque os princípios jurídicos aplicáveis em cada sistema nada mais fazem que refletir o amor anglo-americano ao Individualismo, ao Empirismo e ao Pragmatismo, ou, no contrastante Direito Continental, a predileção pelo Conceitualismo abstrato e pelos valores coletivos.

Se quisermos um exemplo mais revelador, embora breve, do Individualismo norte-americano, vamos encontrá-lo facilmente num dos mais sensíveis ramos do Direito, quem sabe o mais próximo à Moral: o direito penal. Não é coincidência que o direito criminal norte-americano seja, entre as Democracias ocidentais modernas, o único que por longo período sustentou, e ainda aplica, a pena capital – noutras pala-

---

dealing e failed negotiations", *Columbia Law Review* 87/239, n. 2, março/1987). Cf. também Lake, *Letters of Intent and other Precontractual Documents: Comparative Analysis and Forms*, 2ª ed., Salem/N.H., Butterworths Legal Publishers, 1994, p. 178 (citando decisão afirmando que "o dever de boa-fé é fraco na fase de formação do contrato, se é que pode ser dito que existe"; "First Nationall Bank of Chicago *vs.* Atlantic Tele-Network", 946 F.2d 516, 520 (7th Cir. 1991); e também "a tese [*da "culpa in contrahendo"*] [...] nunca foi aceita na teoria do Direito Anglo-Americano" ("Racine & Laramie *vs.* Department of Parks", 14 Cal Rptr.2d 335, 339 (Cal. App. 4 Dist. 1992)).

230. Cf. a sensível contraposição dos sistema francês e norte-americano feita por Garapon, *Bem Julgar: Ensaio sobre o Ritual Judiciário*, pp. 168-170. O que segue no texto deste parágrafo também encontra respaldo, direto e indireto, no estudo de Garapon.

vras, a mais retributiva e individualista sanção jurídica.[231] O moderno direito penal (considerado aqui, arbitrariamente, desde Beccaria, 1764) desenvolveu-se também como resposta às formas de punição da Idade Média, que passaram a ser vistas como "bárbaras" e desumanas; e a visão moderna dessa barbárie é, para muitos, a pena de morte. Não parece ser assim em várias partes dos Estados Unidos, país no qual a filosofia moral individualista não atribui a responsabilidade pelo ato do indivíduo ao Estado ou à sociedade. Em termos muito genéricos, é como se o indivíduo devesse suportar, *para o bem e para o mal*, as consequências de seus atos. A ideia é simples: se o Estado não deve interferir na vida do indivíduo, então, também não deve ser responsável pelos erros desse indivíduo. A responsabilidade "social" ou "coletiva" vai de encontro à filosofia individualista norte-americana. É o indivíduo culpado que deve suportar sozinho as consequências do ato ilícito, e não o grupo social ou o Estado ao qual o indivíduo pertence.

Nada obstante isso, é no direito constitucional – a instituição de excelência da cultura jurídica norte-americana – que se percebe mais claramente a marca do Individualismo.[232] É lugar-comum que a filosofia individualista, enquanto produto do Iluminismo,[233] teve papel importante na elaboração da Constituição e no direito constitucional norte-americano, o qual sempre enfatizou e fez cumprir, como já foi dito, as obrigações negativas do Estado, e não as positivas. Em breves palavras, pede-se mais uma vez que o Estado *não interfira* nas liberdades individuais. Ao contrário de muitas Constituições europeias e sul-americanas que abarcam em seus textos direitos sociais, a Constituição nor-

---

231. O problema filosófico da sanção criminal é um sem-fim e passa longe do escopo deste trabalho. Para um estudo brilhante sobre a sanção criminal nos Estados Unidos e na Europa, cf. Whitman, *Harsh Justice: Criminal Punishment and the Widening Divide between America and Europe*, 2003 (os argumentos desse livro estão resumidos em Whitman, "A plea against retributivism", *Buffalo Criminal Law Review* 7/85-107, n. 1, 2003).

232. Para uma visão crítica do Individualismo no Direito Norte-Americano, cf. Lawrence Mitchell, *Stacked Deck: a Story of Selfishness in America*, Capítulos 3 e 4 (analisando criticamente exemplos de Individualismo nos direitos público e privado).

233. "Esclarecimento (*Aufklärung*) é a saída do homem de sua menoridade, da qual ele próprio é culpado. A menoridade é a incapacidade de fazer uso de seu entendimento sem a direção de outro indivíduo" (Kant, "Resposta à pergunta: o que é o esclarecimento?", in *Textos Seletos*, 2005 [1784], p. 63).

te-americana é silente em relação às obrigações ditas positivas do Estado, deixando o tema inteiramente à arena política. A filosofia individualista que sustenta essa visão alimenta a seguinte ideia clara: o Estado não existe para, via ação, desenvolver as capacidades dos cidadãos; o Estado existe para, via inação, deixar que o indivíduo as desenvolva por si. O indivíduo autônomo tem o direito de não ser perturbado pelo Estado – direito de desenvolver livremente sua personalidade. Em suma, a Constituição norte-americana "incorpora uma teoria da personalidade que é individualista e voltada ao sujeito (*self-regarding*)"; teoria, essa, que "exalta a ética do Individualismo e, ao mesmo tempo, exibe uma profunda desconfiança no poder do Estado".[234]

No caso "Deshaney *v.* Winnebago County", decidido em 1989,[235] a Suprema Corte defendeu essa teoria de forma dramática,[236] numa decisão cujo argumento central causa desconforto à mentalidade continental. O objeto da discussão era este: se o Estado havia, ou não, falhado ao não dar proteção a uma criança que estava sendo há dois anos maltratada pelo pai, considerando que os maus-tratos não só haviam sido reportados pelo serviço social às autoridades competentes, mas também causado na criança, além de sérias consequências físicas, um grave retardo mental. O Ministro-Presidente Rehnquist, em nome da maioria da Corte, declarou sonoramente quanto ao ponto nodal da questão – a proteção da liberdade, suscitado pela autora (a mãe da criança) –, que envolvia a Emenda 14 à Constituição:

> Não [há] nada no texto da cláusula do devido processo legal [que] obrigue o Estado a proteger a vida, a liberdade e a propriedade dos cidadãos contra violação causada por atores privados. A cláusula é elaborada como uma limitação ao poder do Estado de agir, e não como uma garantia a um nível mínimo de segurança. [...]. [A] linguagem do texto não pode ser estendida para impor uma obrigação positiva ao Estado de assegurar que aqueles interesses não sejam violados de outras maneiras.[237]

---

234. Kommers, "German Constitutionalism: a prolegomenon", *Emory Law Journal* 40/866-867, n. 3, 1991.
235. 489 U.S. 189 (1989).
236. Cf. Kommers, "German Constitutionalism: a prolegomenon", *Emory Law Journal* 40/867-868.
237. Idem, p. 868 (notas de rodapé omitidas) [grifos nossos].

O meu ponto é simples. Tivessem os Estados Unidos adotado diferentes concepções sobre o Individualismo e sobre o Estado, provavelmente a sorte da criança teria sido diferente no caso "Deshaney". É bom lembrar que a decisão não seria melhor nem pior *por si só*, apenas seria *diferente*, embora essa decisão alternativa possa soar "mais social" ou "mais humana" e, sem dúvida, menos "individualista" à mentalidade dos juristas continentais.

Com esse quadro em mente, seria estranho se o direito dos contratos administrativos nos Estados Unidos aceitasse de bom grado uma teoria como a Doutrina dos Atos Soberanos, a *Sovereign Acts Doctrine*. Para a comunidade jurídica norte-americana em geral a *Sovereign Acts Doctrine* e sua variante, a *Unmistakability Doctrine*, tendem a ser vistas mais negativa que positivamente. Como o próprio Estado ou a doutrina da *sovereign immunity*, a *Sovereign Acts Doctrine* e a *Unmistakability* são vistas como um "mal necessário" – para tomar emprestada novamente a sugestiva expressão de Gary Wills, a qual, em suma, revela um senso comum norte-americano. *Sovereign Acts Doctrine* e *Unmistakability*, portanto, são teorias que vão contra – repito – as raízes do Liberalismo norte-americano, a força motriz do "americanismo". Se o Direito implica cultura, então, doutrinas jurídicas devem amoldar-se à mesma filosofia social reinante.

Na França, em contraste, encontra-se uma ideia mais social do Direito, apesar de a filosofia individualista – mas um Individualismo *à la française* – também ter influenciado o Código Napoleônico, um documento igualmente inspirado no Iluminismo[238] e visto como a real "Constituição" do povo francês. Como escreveu Léon Duguit em

---

238. Himmelfarb mostrou recentemente que houve mais de um "Iluminismo" (*The Roads to Modernity. The British, French, and American Enlightenments*, Nova York, Alfred A. Knopf, 2004). A autora exalta as diferentes características da *Encyclopédie* francesa e do *The Federalist* norte-americano. Enquanto a *Enciclopédie*, cujo principal editor foi Denis Diderot, pretendia ser um documento aplicável ao homem "deste e de todos os tempos", o *The Federalist* não tinha essa ambição e era "designado a um propósito específico para um país específico" (pp. 150-151). Essa diferença é somente o corolário do espírito francês e de seu amor pelas abstrações e pelo universal, em oposição à filosofia pragmática e empirista anglo-americana. Sobre diferentes concepções acerca do Iluminismo, cf. também C. Dawson, "The historical origins of Liberalism", *Review of Politics* 16/267-282, n. 3, julho/1954.

1912,[239] o Individualismo do *Code Civil* de 1804 nunca esteve livre de ataques, porém.[240] O sistema jurídico francês como um todo é embebido de uma filosofia mais social ou coletiva, a qual não poderia deixar de refletir-se no direito dos contratos administrativos.

Esse arcabouço é fundamental para o meu propósito, porque ele estrutura tudo o que segue. Sociedades sem Estado (*stateless*) e individualistas como a norte-americana tendem a não aceitar ideias sociais e coletivas – é o indivíduo, e não o Estado, o foco central. Ao contrário, a filosofia francesa favorece o social e o coletivo em detrimento do indivíduo. A sociedade liberal norte-americana não se utiliza e não tolera a retórica do Estado forte, e a linguagem liberal "não entende o significado de poder soberano",[241] como Louis Hartz sugestivamente escreveu em obra clássica. O "intenso", "extremo", "obstinado" Individualismo[242] do Direito Norte-Americano, o qual Pound explicou no seu também clássico *O Espírito da "Common Law"*, é o resultado de uma filosofia que tem sempre suspeitado do poder do Estado e de noções como a de "soberania". O oposto ocorre na França e, em menor grau e por diversos motivos, no Brasil.

239. Cf., genericamente, Duguit, *Les Transformations Générales du Droit Privé Depuis de Code Napoléon*, Paris, Mémoire du Droit, 1999 [1920] (consultei e cito a 2ª ed. do livro; a 1ª ed. é de 1912, sobre a qual Duguit escreveu o seguinte: "Tentei mostrar noutro lugar [*referindo-se à 1ª ed.*] como essa concepção do *Code Napoléon* puramente individualista e inteiramente metafísica desapareceu progressivamente e como o nosso direito civil desenvolveu-se em direção a um sistema realista e social" – "The Law and the State", *Harvard Law Review* 31/21, Cambridge, novembro/1917).

240. Sobre o Individualismo francês e o Direito, cf. Waline, *L'Individualisme et le Droit*, 2ª ed., Paris, Domat Montchrestien, 1949. Em perspectiva histórico-filosófica sobre as burguesias francesa e inglesa, C. Dawson escreveu: "A burguesia francesa procurava por emprego e avanço social no Estado, e não na empresa privada" ("The historical origins of Liberalism", *Review of Politics* 16/276). Essa ideia ilustra e ajuda a entender por que o Estado teve na França, historicamente, tanto poder. Algumas linhas antes, na mesma página, Dawson escrevera: "O financista francês típico era um servo do Estado, um tesoureiro ou um coletor de impostos; e mesmo os banqueiros, como Samuel Bernard, o grande Huguenote capitalista no reinado de Luís XIV, estavam mais preocupados com a negociação de empréstimos públicos que com créditos comerciais e industriais comuns".

241. Hartz, *The Liberal Tradition in America: an Interpretation of American Political Thought Since the Revolution*, 2ª ed., p. 7.

242. Todos os rótulos são de Pound, *The Spirit of the Common Law*, pp. 13-15.

O problema da responsabilidade do Estado por atos soberanos deve ser entendido nesse contexto. E o que desafia o comparatista é explicar o seguinte paradoxo: o princípio básico da responsabilidade do Estado nos Estados Unidos aparentemente vai de encontro à ideia de proteção da propriedade privada, uma vez que o Direito Norte-Americano ainda mantém a *sovereign immunity* como ideia fundamental do sistema. Ao contrário, França e Brasil adotam – e aqui o paradoxo – o princípio oposto, qual seja, o da responsabilidade sem culpa do Estado.

2. A responsabilidade do Estado comparativamente contextualizada

> "A questão sobre se o Estado provê serviços [públicos] por ele mesmo (por exemplo, serviços de eletricidade, gás, transporte, água), ou se ele meramente [os] regulamenta para assegurar uma mínima provisão [deixando a execução] ao mercado, estabelece uma crucial diferença no papel do Estado. Essa questão afeta o tamanho do Estado, seu poder e seus servidores. Se o Estado é um provedor, então, sua gama de responsabilidades e expectativas cresce, e isso irá moldar o papel que o Direito exercerá na sociedade. Em contraste, num Estado regulador, o principal recurso [do cidadão] dá-se contra o setor privado provedor [de serviços públicos], ficando o Estado como um árbitro e possivelmente garantidor em último plano." (John Bell[243])

> "Claro, a recusa ou inabilidade de ver que o Direito age como uma rede de refração ideológica de disposições culturais profundamente arraigadas não faz a realidade desaparecer: bananas existem de fato mesmo se eu não goste delas [...]." (Pierre Legrand[244])

---

243. Bell, "Comparing public law", in Andrew Harding e Esin Örücü, *Comparative Law in the 21st. Century*, p. 245.
244. Legrand, "Public law, Europeanisation and convergence: can comparatists contribute?", in Paul Beaumont *et al.* (eds.), *Convergence and Divergence in European Public Law*, p. 243.

Até aqui enfatizei que na mentalidade norte-americana o indivíduo é "forte", enquanto o Estado é "fraco"; que os norte-americanos preferem aquele em detrimento deste; que no mundo anglo-americano o Estado não deve responsabilizar-se pelo destino dos cidadãos, nem é o Estado o protagonista da cena pública. Se o indivíduo deve *ter o direito de* controlar seu destino; se o Estado deve *laisser-faire*; se o indivíduo deve decidir sua própria vida, então, o indivíduo sozinho deve ter responsabilidade pelos seus próprios atos. Portanto, no que toca à responsabilidade do Estado meu ponto torna-se mais fácil de ser defendido e compreendido: sustento que a filosofia norte-americana sobre a responsabilidade civil do Estado é somente um corolário da cultura individualista reinante no país.

Na França, como se viu, a visão oposta é dominante. O Estado está no epicentro do fenômeno social, sendo *o* protagonista de toda a cena pública. Ele planeja a economia (*économie dirigée*) – o que está, aliás, entre seus "deveres morais".[245] Ele reúne os indivíduos num plano comum. Se o Estado coordena a vida das pessoas; se ele tem a função moral de dirigir a economia; se ele deve prover os serviços públicos; se ele é considerado *responsável* pelo destino social, então, o Estado deve também ser responsável por todas as suas ações, lícitas ou ilícitas. O Brasil, como se sabe, seguiu de perto o modelo francês.

Qual a pertinência dessas considerações abstratas para doutrinas como a da *sovereign immunity* e, mais especificamente no campo dos contratos administrativos, doutrinas como a da responsabilidade do Estado por atos soberanos? A pertinência é total. A *Sovereign Acts Doctrine* e a *Unmistakability Doctrine* (nos Estados Unidos), assim como as teorias do fato do príncipe e da imprevisão (na França e no Brasil) são teorias que tratam de atividades lícitas do Estado,[246] e não de atos ilícitos. O Estado *pode* e às vezes *deve* agir de forma que indiretamente causa dano ao contratado. A Administração Pública exerce uma atividade contínua, não estática, e as necessidades públicas ou, mesmo, in-

---

245. Cf. Dyson, *The State Tradition in Western Europe: a Study of an Idea and Institution*, p. 97. Cf. também Cohen-Tanugi, *Le Droit sans l'État. Sur la Démocratie en França et en Amérique*, 3ª ed., pp. 114-115.
246. Sobre o caráter lícito do ato que desencadeia o fato do príncipe, cf. Laubadère, Moderne e Delvolvé, *Traité des Contrats Administratifs*, 2ª ed., vol. 2, Paris, LGDJ, 1984, § 1.295, p. 520.

teresses políticos não esperam o tempo certo para aparecer. O que dizer se o Estado, por exemplo, não age para controlar a inflação e, suponhamos, deixa de elevar a taxa de juros em período de inflação alta e crescente causada por uma crise mundial motivada pela alta do preço do barril de petróleo, ou se não toma medidas de política monetária ou fiscal diante da crise econômica mundial provocada em tempos de globalização, quando a queda das Bolsas asiáticas tem reflexo na economia dos países emergentes? Consideremos meus exemplos hipotéticos no Capítulo I deste estudo.[247] Se o Estado deixa de agir em todas aquelas situações, não hesitaremos em atribuir-lhe alguma responsabilidade.

Ao longo dos dois últimos séculos a França, país ocidental no qual mais se preza e enaltece a figura do Estado, desenvolveu um sistema de responsabilidade pública que difere da responsabilidade privada, adotada como regra no mundo da *common law*. O Direito Francês desenvolveu um sistema objetivo e público de responsabilidade do Estado baseado na ligação entre a atividade estatal e o particular. O Brasil é somente um dos vários países que seguiram o modelo francês. Como será demonstrado, o Direito Francês foi lançado cedo à vanguarda da responsabilidade civil do Estado muito em função do seu papel pioneiro na construção de teorias que favorecem, ao menos teoricamente, uma abrangente responsabilidade do ente público, a qual promove, no mais das vezes, uma completa reparação de danos causados pelo Estado. Mas essa filosofia é somente a contraparte, ou uma compensação, da "estatalidade" francesa e da ideia coletiva da sociedade.

Obviamente, essa é uma simplificação crua de um tema complexo. Entretanto, ela é suficiente para servir de ponto de partida para a tese dialética aqui sustentada: a contraface do Individualismo e da não-estatalidade norte-americana aparece no ainda vivo espírito da doutrina da *sovereign immunity*, a qual age como fator compensador ao Individualismo. Assim, o Estado Norte-Americano, em certo sentido, utiliza a doutrina da *sovereign immunity* como uma ferramenta para impor sua força a uma cultura jurídica ultraindividualista que nunca aceitou qualquer forma de "supremacia do interesse público", seja a dos reis, do Estado ou do direito público. O Direito Anglo-Americano, relutante, como tem sido, em aceitar a metodológica – a par de altamente ideológica e histo-

---

247. Cf. subitem 1.2 do Capítulo I, *supra*.

ricamente situada – dicotomia "direito público *versus* direito privado", em verdade *necessita* do espírito da doutrina da imunidade soberana e de suas ideias correlatas, como a *Sovereign Acts Doctrine* e a *Unmistakability Doctrine*.

A sociedade coletivista francesa, pró-Estado como nenhuma outra no mundo ocidental, deveria também encontrar suas formas de compensar sua "estatalidade". Na França, mais que em qualquer outro lugar, a dicotomia "direito público *versus* direito privado" ajudou a moldar a estrutura do Estado e facilitou a ideia de um *droit exorbitante*, de um *droit administratif*, do qual o *contrat administratif* é uma parte importante. E aqui o paradoxo emerge: depois de ter construído toda uma sociedade sobre um conceito de Estado forte, a França construiu um sistema de Direito que protege o indivíduo de uma forma vista por muitos como mais justa e integral que as Nações anglo-americanas. A instituição francesa por excelência, o Conselho de Estado, napoleônico e totalitário em sua concepção originária e desenhado para manter vivo o poder estatal,[248] desenvolveu, ao lado da influente doutrina produzida pelos *publicistes*, uma teoria relativamente coerente de direito público, que ganhou a atenção do mundo. A assunção básica por trás da filosofia do Conselho de Estado tem sido a de balancear o princípio *confesso e historicamente aceito* da supremacia do interesse público, representado pelo Estado, e os direitos do indivíduo. As teorias do fato do príncipe e da imprevisão devem ser entendidas nesse contexto.

Em linhas muito gerais, o Brasil seguiu o modelo francês – sem, no entanto, dispor da cultura e do *ethos* franceses. A doutrina e os tribunais brasileiros fizeram muito pouco além de imitar as ideias francesas no que toca aos temas da responsabilidade do Estado por atos soberanos. As teorias brasileiras do fato do príncipe e da imprevisão são, *grosso modo*, meras cópias das doutrinas francesas do *fait du prince* e da *imprévision* – observação que valeria, no limite, ao direito administrativo em geral.[249] Recentemente, entretanto, o Brasil começou a mudar sua

---

248. Cf., genericamente, Burdeau, *Histoire de l'Administration Française. Du 18ᵉ au 20ᵉ Siècle*, Paris, Montchrestien, 1989, pp. 29-88.

249. "Se for analisada a fundo a evolução do direito administrativo brasileiro, poder-se-á caminhar no seguinte sentido: trabalho da doutrina (fortemente inspirada no Direito Francês), acolhido pela jurisprudência e consagrado no direito positivo" (Di Pietro, *Direito Administrativo*, 22ª ed., São Paulo, Atlas, 2009, p. 24. Cf. também p. 26).

concepção de Estado em direção a uma filosofia político-econômica liberal (no sentido do Liberalismo anglo-americano), movimento perceptível nos textos legislativos, na linguagem dos tribunais e nos bancos acadêmicos. Esses tópicos serão ligeiramente tocados mais adiante.

Agora, passo a contrastar as ideias de *sovereign immunity* e responsabilidade sem culpa (*responsabilité sans faute*), as quais estão no coração da responsabilidade do Estado por atos soberanos nos Estados Unidos, França e Brasil.

*2.1 Os Estados Unidos e o permanente espírito
da imunidade soberana*

> "A história da sovereign immunity *nos Estados Unidos é uma história de enganos.*" (Susan Randall[250])

"O ponto de partida da jurisdição anglo-americana – disparou Gillian Hadfield, referindo-se à quebra do contrato administrativo – é o conceito de *sovereign immunity*".[251] Sob a doutrina da *sovereign immunity* o Estado não pode ser processado sem seu consentimento, isto é, o Estado só pode ser processado se o Congresso renuncia ao direito de imunidade soberana do Estado.[252] A simplicidade dessa afirmação esconde um importante princípio no Direito Norte-Americano, dificilmente superestimado.[253] A primeira e necessária observação é que a

250. Randall, "Sovereign immunity and the uses of History", *Nebraska Law Review* 81/2.

251. Hadfield, "Of sovereignty and contract: damages for breach of contract by government", *Southern California Interdisciplinary Law Journal* 8/471.

252. Cf., por exemplo: Nash e Cibinic, "Sovereignty: is our government an honest person?", *Nash & Cibinic Repport* 6/72-78, n. 12, dezembro/1992 (indicando "Williams *vs*. U.S.", 289 U.S. 553 (1933), para uma discussão da doutrina); Randall, "Sovereign immunity and the uses of History", *Nebraska Law Review* 81/8; Sisk, *Litigation with the Federal Government: Cases and Materials*, 4ª ed., p. 73.

253. A literatura sobre a origem ou sobre o significado atual da *sovereign immunity* é abundante, sendo impossível citar toda. Alguns estudos devem ser mencionados, entretanto. Para as origens da doutrina no mundo da *common law*, cf.: Borchard, "Government responsibility in tort", *Yale Law Journal* 34/1-45, 1924; Pugh, "Historical approach to the Doctrine of Sovereign Immunity", *Louisiana Law Review* 13/476-494, n. 3, Baton Rouge, março/1953. Para uma análise dos fundamentos his-

sovereign immunity não é, como sua definição parece implicar, um mero escudo processual ao alcance do Estado. O conteúdo da *sovereign immunity* é substantivo, e o espírito dessa imunidade, a despeito de ela ter sido gradualmente dispensada pelo Congresso ao longo do tempo, permanece vivo e encontra sempre uma forma de reaparecer quando a situação (ou o "interesse público", se quisermos pensar com na retórica da linguagem continental) assim o requer. Do ponto de vista do Direito Comparado, e no que toca ao direito dos contratos administrativos, a função de impedir ou limitar a responsabilidade civil do Estado emerge por meio das doutrinas dos atos soberanos (*Sovereign Acts Doctrine* e *Unmistakability Doctrine*), as quais têm a mesma função da doutrina da *sovereign immunity*. Se o comparatista pode usar a noção de "equivalente funcional" *dentro* do mesmo sistema, seria correto dizer eu que a *Sovereign Acts Doctrine* e a *Unmistakability Doctrine* são equivalentes funcionais da doutrina da *sovereign immunity*.[254]

---

tóricos, políticos e filosóficos da doutrina, em perspectiva comparada, cf. Borchard, "Government responsibility in tort, IV", *Yale Law Journal* 36/1-41, n. 1, New Haven, novembro/1926; "Government responsibility in tort, V", *Yale Law Journal* 36/757-807, n. 6, New Haven, abril/1927; "Government responsibility in tort, VI", *Yale Law Journal* 36/1.039-1.100, n. 8, New Haven, junho/1927; e "Governmental responsibility in tort, VII", *Columbia Law Review* 28/577-617, n. 5, maio/1928. Para uma abordagem mais recente na doutrina norte-mericana, cf. Jackson, "Suing the federal government: sovereignty, immunity, and judicial independence", *George Washington International Law Review* 35/521-608; Randall, "Sovereign immunity and the uses of History", *Nebraska Law Review* 81/1-114.

254. Anote-se que no caso "U. S. *vs.* Winstar Corp." (1996), comentado no subitem 2.1.3 do deste Capítulo, *infra* – o caso mais recente e importante decidido pela Suprema Corte sobre o assunto –, o espírito da *sovereign immunity* foi vinculado à *Unmistakability Doctrine* expressamente pelo contratado na sua petição perante a Corte: "Na verdade, a noção do Estado sobre a *unmistakability* faz mau uso de uma venerável e sensível regra interpretativa – de que os direitos contratuais contra o Estado não podem ser implícitos ou presumidos, mas devem ser 'expressados em termos muito claros para não serem confundidos' ('Jefferson Branch Bank *vs.* Skelly', 66 U.S. (1 Black) 436, 446 (1862)) – e vincula [*essa regra interpretativa*] a uma extraordinária pretensão de imunidade do Estado por responsabilidade civil por qualquer violação contratual causada por um ato do Congresso" (fonte: *WestLaw* 17013389, "Brief of Winstar Corp. and the Statesman Group, Inc., *et al.*, in Opposition to Petition for Writ of Certiorari", p. 16).

A consequência da *Sovereign Acts Doctrine* e da *Unmistakability Doctrine* é a mesma da *sovereign immunity*. Cf. Sisk, *Litigation with the Federal Government: Cases and Materials*, 4ª ed., pp. 321-326 (tratando a *Sovereign Acts Doctrine* dentro

Aqui emerge uma diferença importante e já mencionada entre as teorias norte-americanas e as noções francesa e brasileira do fato do príncipe e imprevisão. Nos Estados Unidos, *Sovereign Acts Doctrine* e *Unmistakability Doctrine* são *defesas* usadas *pelo Estado* para se eximir da responsabilidade contratual.[255] Na França e no Brasil, ao contrário, as teorias do fato do príncipe e da imprevisão são construções do Conselho de Estado (adotadas pelo Direito Brasileiro) destinadas a *proteger o contratado* e a permitir a justa compensação dos danos causados pela chamada álea administrativa (*aléa administratif*).[256] Essa diferença ocorre por razões epistemológicas na estrutura dos sistemas jurídicos, e gera resultados práticos por vezes diversos na solução de casos concretos. No entanto, para o comparatista o que importa é entender as razões que estão por trás dessas diferenças epistemológicas. Devo, portanto, explorar as origens e o significado da doutrina da *sovereign immunity* a fim de compará-la com a filosofia contrastante da *responsabilité sans faute*.

Não é pacífico o real significado da máxima inglesa *the king can do no wrong*.[257] Mas estudo histórico brilhante de Janelle Greenberg mostrou ser indisputável que a máxima serviu, no passado, *a diferentes fins ideológicos e políticos*.[258] O sentido da máxima variou ao longo da

do escopo da *sovereign immunity*). Cf.: Speidel, "Implied duties of cooperation and the defense of sovereign acts in government contracts", *The Georgetown Law Journal* 51/537, n. 3, 1963 (corretamente referindo que a *Sovereign Acts Theory* "reflete mais claramente o conflito inerente entre os interesses público e privado nos contratos administrativos" e demonstrando preocupação com a possível "imunidade absoluta em relação a processos indenizatórios por danos resultantes desses atos [soberanos]"); Stack, "The liability of the United States for breach of contract", *The Georgetown Law Journal* 44/77-98, n. 1, Washington/D.C., novembro/1955 (tratando "Horowitz vs. U. S." como a "regra Horowitz da *sovereign immunity*"). Portanto, discutir se o Estado renunciou à sua imunidade em disputas sobre contratos administrativos é outro e mais simples problema. Obviamente, o Estado renunciou à sua imunidade. Meu ponto é sobre a função que a *sovereign immunity* ainda exerce.

255. Cf., por exemplo, Morgan, "Identifying protected government acts under the Sovereign Acts Doctrine: a question of acts e actors", *Public Contracts Law Journal* 22/226-232, 1992.

256. Cf. Gaudemet, *Traité de Droit Administratif*, 16ª ed., t. 1, Paris, LGDJ, 2001, § 1.485, p. 710.

257. Cf., por exemplo, Fairgrieve, *State Liability in Tort: a Comparative Law Study*, Oxford, Oxford University Press, 2003, p. 8.

258. Cf. Greenberg, "Our grand maxim of State, 'the king can do no wrong'", *History of Political Thought* 12/209-228, n. 2, 1991.

História de acordo com as necessidades dos *lawyers* que advogavam a favor ou contra os vários e conflitantes interesses de sucessivos governantes.[259] Os *lawyers* dos Tudor e dos primeiros Stuart usavam a máxima para garantir a imunidade real e ao mesmo tempo permitir que os súditos pudessem processar os oficiais do Rei.[260] Ao final da Guerra Civil, porém, os membros do Parlamento combinavam a máxima com a doutrina dos "dois corpos do rei",[261] transformando a máxima em um instrumento muito diferente: ela deveria, então, "proteger somente um governante que respeita a lei [*lawful ruler*], deixando um tirano sujeito ao processo ordinário, inclusive à pena capital".[262] A máxima seria importante também na Revolução Gloriosa, e sinais precoces de utilização da mesma máxima apareceram igualmente no destronamento e na transferência do reinado de James II (1633-1701) a William III (1650-1702) e Mary II (1662-1694).[263] É, portanto, um erro histórico basear a doutrina da *sovereign immunity* na ideia única e simples de que ela pretendia evitar a responsabilidade do rei. Da mesma forma que vários outros conceitos e concepções (a dicotomia "público *versus* privado" é um bom exemplo), a máxima inglesa foi usada por *lawyers* de acordo com suas preferências políticas.

Algo similar parece ter ocorrido no Direito Norte-Americano,[264] que fez um uso interessado da *Sovereign Immunity Doctrine* em vários

259. Idem, p. 228.
260. Idem, p. 216.
261. Idem, p. 220. Sobre a teoria dos "dois corpos do rei", cf. Kantorowics, *The King's Two Bodies: a Study in Mediaeval Political Theology*, Princeton, Princeton University Press, 1997 [1957].
262. Greenberg, "Our grand maxim of State, 'the king can do no wrong'", *History of Political Thought* 12/223.
263. Idem, p. 225. William e sua esposa Mary, filha de James II, reinaram em conjunto na Inglaterra e Escócia de fevereiro/1689 até a morte de Mary em 1694, quando William passou a reinar sozinho até sua morte, em 1702. Usualmente se usa a combinação *William and Mary* para designar o período do reinado conjunto.
264. Cf.: Davis, "Sovereign immunity must go", *Administrative Law Review* 22/395 ("Dificilmente outra parte da jurisprudência da Suprema Corte seja tão permeada de sofisticação quanto a da *sovereign immunity*"); Jackson, "Suing the federal government: sovereignty, immunity, and judicial independence", *George Washington International Law Review* 35/522 ("Ao longo do seu tempo de desenvolvimento, a doutrina encontrou suporte em alguns aspectos da arquitetura constitucional e também em extensões desarrazoadamente equivocadas de outras versões da *sovereign immunity*"); Pierce Jr., *Administrative Law Treatise*, 5ª ed., vol. 3, p. 1.748 ("A atitude da Suprema Corte em relação à *sovereign immunity* tem variado ao longo do tempo").

aspectos.²⁶⁵ A aplicação da doutrina da imunidade soberana pelas Cortes norte-americanas tem sido ambígua e fluida desde mais ou menos 1820. O caso "Cohens v. State of Virginia",²⁶⁶ decidido em 1821, é considerado o primeiro no qual a Suprema Corte abordou – e denegou – a imunidade,²⁶⁷ embora a Corte tenha usado uma linguagem débil e considerado somente a imunidade dos Estados-membros, não a imunidade da União.²⁶⁸ Em 1857, quando a Suprema Corte norte-americana decidiu o caso "Beers v. Arkansas", o Ministro-Presidente Taney afirmou que a *sovereign immunity* era "um princípio da Teoria do Direito (*jurisprudence*) estabelecido em todas as Nações civilizadas".²⁶⁹ Em 1879,

---

265. Cf. Jackson, "Suing the federal government: sovereignty, immunity, and judicial independence", *George Washington International Law Review* 35/531-532 e 542-543. Cf. também: Pfander, "Sovereign immunity and the right to petition: toward a First Amendment right to pursue judicial claims against the Government", *Northwestern University Law Review* 91/914, n. 3, Chicago, 1997; Randall, "Sovereign immunity and the uses of History", *Nebraska Law Review* 81/26-30. Para começar, como lembrou Vicki Jackson, a ideia segundo a qual o Estado não pode ser processado sem o seu consentimento está "em tensão com a asserção de 'Marbury *vs*. Madison' de que a 'essência da liberdade' é a de que o Direito provê o remédio para a violação do direito subjetivo" ("Suing the federal government: sovereignty, immunity, and judicial independence", *George Washington International Law Review* 35/523, citando "Marbury", 5 U.S. (1 Cranch) 137, 163 (1803)).

266. "Cohens *vs*. State of Virginia", 19 U.S. 264 (1821).

267. Cf.: Jackson, "Suing the federal government: sovereignty, immunity, and judicial independence", *George Washington International Law Review* 35/523, nota de rodapé 5; Randall, "Sovereign immunity and the uses of History", *Nebraska Law Review* 81/31.

268. As palavras do *Chief Justice* Marshall no caso "Cohens" são estas ("Cohens *vs*. State of Virginia" (1821), p. 380): "Mas o consentimento [*do Estado-membro soberano da Virgínia para ser processado*] não é requisito em cada caso particular. Ele pode ser dado em uma lei geral. E, se o Estado tiver renunciado a alguma porção de sua soberania, a questão acerca de a possibilidade de [*o Estado*] ser processado fazer parte dessa porção depende do instrumento pelo qual essa renúncia foi feita. Se, por uma interpretação apropriada [*just*] desse instrumento, for manifesto que o Estado se tenha submetido ao processo, então, o Estado abandonou seu direito soberano de decidir cada caso conforme a justiça de suas próprias pretensões, e entregou aos cuidados de um tribunal em cuja imparcialidade o Estado confia". Para uma análise histórica de "Cohens", cf. Randall, "Sovereign immunity and the uses of History", *Nebraska Law Review* 81/90-91.

269. "Beers *vs*. Arkansas", 61 U.S. 527 (1857), p. 529. As palavras do *Justice* Taney são estas (idem): "É um princípio estabelecido da Teoria do Direito (*jurisprudence*) em todas as Nações civilizadas que o soberano não pode ser processado em

entretanto, no caso "Langford v. U. S.",[270] que tratava sobre desapropriação, escrevendo em nome de uma Corte unânime, o Min. Miller afirmou, categoricamente: "Nós não pensamos que, seja em relação à União, seja em relação aos vários Estados-membros, seja em relação a qualquer dos seus servidores, a máxima inglesa [*da imunidade soberana*] tenha aplicação neste país".[271] Mas dois anos depois, em 1881, no caso "U. S. v. Lee",[272] a Corte afirmou que a *sovereign immunity* tinha "sempre sido tratada como uma doutrina consagrada",[273] embora reconhecendo que havia "abundantes decisões" que a limitavam.[274] Essas inconsistências na doutrina da *sovereign immunity* permaneceram ao longo do século XX. A análise de Richard Pierce sobre as decisões da Suprema Corte é reveladora:

suas próprias Cortes, ou em qualquer outra, seu consentimento e permissão; mas ele pode, se pensa ser apropriado, renunciar a esse privilégio e permitir a si próprio ser feito réu em processo cujos autores são indivíduos ou qualquer outro Estado. E, como essa permissão é inteiramente deixada ao soberano, segue-se que ele pode prescrever os termos e condições sob as quais ele consente em ser processado, e a maneira pela qual o processo será conduzido, podendo retirar seu consentimento sempre que imaginar que a justiça ao público o requer".

270. "Langford *vs*. U.S.", 101 U.S. 341 (1879).

271. Idem, p. 343.

272. "U.S. *vs*. Lee", 106 U.S. 196 (1882). Kenneth C. Davis anotou que em "Lee" a Corte professou a doutrina "sem discussão sobre os prós e contras" ("Sovereign immunity must go", *Administrative Law Review* 22/385). Sobre o caso "Lee", cf. também Jackson, "Suing the federal government: sovereignty, immunity, and judicial independence", *George Washington International Law Review* 35/527 e 533-534.

273. "U.S. *vs*. Lee" (1882), p. 250 (citando "U. S. *vs*. Clarke", 33 U.S. 436 (1834); "U.S. *vs*. McLemore", 45 U.S. 286 (1846); "Hill *vs*. U.S.", 50 U.S. 386 (1850); "Nations *vs*. Johnson", 65 U.S. 195 (1960); "The Siren", 74 U.S. 152 (1868); "The Davis", 77 U.S. 15 (1869)).

274. "U.S. *vs*. Lee" (1882), p. 250. As palavras do *Justice* Miller são estas (sem citar qualquer precedente): "Por um lado, embora consentindo com a proposição geral de que em nenhuma Corte os Estados Unidos podem ser processados enquanto réus, há evidências abundantes nas decisões desta Corte de que a doutrina [*da "sovereign immunity"*], se não é absolutamente limitada aos casos em que os Estados Unidos são réus, não pode opor-se ao cumprimento judicial de um direito subjetivo estabelecido do autor quando os Estados Unidos não são réus ou parte necessária no processo". Para uma análise aprofundada de casos do século XIX, cf.: Jackson, "Suing the federal government: sovereignty, immunity, and judicial independence", *George Washington International Law Review* 35/523-552; Randall, "Sovereign immunity and the uses of History", *Nebraska Law Review* 81/30-61 e 85-98.

Nos últimos dois séculos [...] o alcance da potencial responsabilidade do Estado depende em alguma medida dos propósitos de juízes e ministros acerca da doutrina da imunidade soberana. Um ministro que entenda que a imunidade soberana é uma ideia boa, seja em geral ou em um contexto particular, está inclinado a adotar uma interpretação restrita de uma lei que renuncie à imunidade. Um ministro que tenha a visão oposta está inclinado a adotar uma interpretação extensiva da renúncia à imunidade soberana

Mais recentemente, Susan Randall culpou as Cortes, os *scholars* e a lei pelo que ela disse ser uma história de erros históricos e não-históricos.[275] Quanto à parte histórica, Randall estudou detalhadamente *O Federalista*, os vários documentos da época e as várias decisões da Suprema Corte anteriores a 1820, concluindo que a *sovereign immunity* não fazia parte da intenção dos constituintes de 1787. De acordo com Randall, o art. 3º da Constituição norte-americana, na sua primeira interpretação jurisprudencial, representava o consentimento do soberano (fosse um Estado-membro ou a União Federal) para ser processado, e mesmo casos no século XX viram no mesmo artigo uma renúncia à imunidade soberana.[276] Quanto à parte não-histórica, Randall também concluiu, depois de escrutinar as decisões da Suprema Corte sobre o tema, que nem a frequentemente invocada "eficiência do Estado" nem a "proteção ao Tesouro" seriam razões com força suficiente a suportar a imunidade soberana.[277]

De toda forma, qualquer que tenha sido o *conteúdo* da *sovereign immunity* ao longo dos últimos dois séculos no Direito dos Estados Unidos, a discussão e o debate havidos na academia e, principalmente, a acesa celeuma nos tribunais sobre a extensão da "renúncia" (*waiver*) à imunidade são evidências de que ela está bem viva. Em *leading cases* sobre contratos administrativos, por exemplo, a tensão entre "congruência" e "excepcionalismo" é, em alguma medida, a tensão entre responsabilidade e a extensão da imunidade soberana.

---

275. Cf. Randall, "Sovereign immunity and the uses of History", *Nebraska Law Review* 81/1-114, e a epígrafe desta seção.
276. Idem, pp. 85-92. Randall exemplifica citando e comentando "Monaco *vs.* Mississipi", 292 U.S. 313 (1934), e "Pennsylvania *vs.* Union Gas", 491 U.S. 1 (1989).
277. Cf. Randall, "Sovereign immunity and the uses of History", *Nebraska Law Review* 81/96-101.

Meu ponto – insisto – é que o sistema jurídico norte-americano se tem aproveitado da tradição da doutrina da imunidade soberana e de sua força retórica para compensar a filosofia individualista que reina na cultura dos Estados Unidos. Quanto ao direito dos contratos administrativos em particular – repito –, a *sovereign immunity* sobrevive na *Sovereign Acts Doctrine* e na *Unmistakability Doctrine*, as quais servem ao mesmo propósito, isto é, servem como um contrapeso público à filosofia ultraindividualista dominante. Essencialmente, *Sovereign Acts Doctrine* e *Unmistakability Doctrine* servem como instrumentos ao Estado (e às Cortes) para permitir que a noção de interesse público seja catapultada para o interior do direito público; epistemologicamente, essas doutrinas têm a mesma função que a doutrina da imunidade soberana.

Portanto, sob a perspectiva do Direito Comparado, e considerando que a cultura norte-americana rejeita abertamente a ideia de uma supremacia do interesse público ou qualquer outra que possa servir para conduzir valores públicos, o direito dos contratos administrativos norte-americano *necessita* de doutrinas como a *Sovereign Acts Doctrine* e a *Unmistakability Doctrine* para proteger o poder soberano, permitindo sua ação em nome do bem-estar geral. Nessa perspectiva, não é errado pensar que *Sovereign Acts Doctrine* e *Unmistakability Doctrine* têm, sub-repticiamente, no sistema jurídico liberal norte-americano, o mesmo papel que o princípio não escrito da supremacia do interesse público tem nos sistemas jurídicos francês e brasileiro.

Nada similar ocorre na França ou no Brasil, "culturas de Estado" em que a supremacia do interesse público encontra curso fácil e até "natural". Nesses países, ao contrário, o que o Direito necessita são aparatos teóricos que sirvam como contrapeso ao poder do Estado; as teorias do fato do príncipe e da imprevisão são, basicamente, esses aparatos, os quais protegem, então, não o Estado, mas os contratados, *ainda que sob justificativas públicas*. Passo,agora,a explicar essa dialética.

2.1.1 A "Sovereign Acts Doctrine"

> *"Reconhecer que o direito dos contratos públicos é e deve ser distinto do direito dos contratos privados – de fato,*

que aquele é parte do direito público, não privado – resolve o aparente conflito entre Estado contratante (government--as-contractor) *e Estado soberano* (government-as-sovereign)." (Gillian Hadfield[278])

Como afirmado antes, a *Sovereign Acts Doctrine* "sustenta que o Estado não pode ser contratualmente responsável por atos praticados em sua condição soberana".[279] A importância prática dessa doutrina é evidente. Desde seu surgimento em dois casos seminais no século XIX (comentados no próximo parágrafo) a *Sovereign Acts Doctrine* tem sido a defesa mais frequentemente invocada pelo Estado Norte-Americano perante as Cortes em casos envolvendo contratos públicos.[280]

A doutrina foi proclamada pela primeira vez em duas decisões de 1865,[281] "Deming *v.* U. S." e "Jones *v.* U. S.",[282] ambas julgadas pela *Court of Claims*. Em "Deming" o contratado havia se comprometido por contrato com a União a fornecer comida diariamente aos fuzileiros navais ao longo dos anos de 1861 a 1882. Durante a execução do contrato, entretanto, o Congresso norte-americano aprovou duas leis que impunham tributos adicionais sobre alguns itens fornecidos, aumentando, assim, os custos dos alimentos que o contratado se havia obrigado a fornecer. Tendo cumprido inteiramente o contrato, o contratado buscou judicialmente uma indenização, alegando que as novas condições impostas pela lei superveniente haviam alterado a situação originária do contrato. O breve argumento da Corte merece citação integral:

278. Hadfield, "Of sovereignty and contract: damages for breach of contract by government", *Southern California Interdisciplinary Law Journal* 8/470.
279. Latham, "The Sovereign Act Doctrine in the law of government contracts: a critique and analysis", *University of Toledo Law Review* 7/30.
280. Idem, ibidem.
281. Cf. J. Schwartz, "Liability for sovereign acts: congruence and exceptionalism in government contracts law", *The George Washington Law Review* 64/636. Cf. também Morgan, "Identifying protected government acts under the Sovereign Acts Doctrine: a question of acts e actors", *Public Contracts Law Journal* 22/224.
282. Respectivamente, "Deming *vs.* U. S.", 1 Ct. Cl. 190 (1865), e "Jones *vs.* U. S.", 1 Ct. Cl. 383 (1865). Para uma análise cuidadosa de "Deming" e "Jones" e suas implicações para o "excepcionalismo" no Direito Norte-Americano, cf. J. Schwartz, "Liability for sovereign acts: congruence and exceptionalism in government contracts law", *The George Washington Law Review* 64/651-671.

E aqui está sua falácia: supõe-se que leis gerais do Congresso devam ser interpretadas como evasões do contrato particular [*do Estado*]. Esse é um erro grave. Um contrato entre o Estado e uma parte privada não pode ser afetado *especificamente* pela edição de uma lei *geral*. A lei dirige-se ao contrato entre o Estado e o particular da mesma forma que a todos os contratos similares entre cidadãos, afetando [*o contrato público*] da mesma maneira. Formalmente, o autor move a presente ação contra o Estado por este ter imposto novas condições ao contrato; de fato, o autor move a ação porque o Estado exerceu o seu direito soberano de editar leis. Mas o Governo [*Government*], ao contratar, não está na posição de Governo exercendo o seu poder soberano de prover leis para o bem-estar do Estado [*State*]. *Os Estados Unidos enquanto contratante não são responsáveis pelos Estados Unidos enquanto legislador*. Fosse a presente ação movida contra um cidadão privado, contra uma pessoa jurídica, contra um Estado estrangeiro, ela possivelmente não teria êxito. Nesta Corte os Estados Unidos não podem submeter-se a responsabilidade maior que a de qualquer outro contratante em outra Corte.[283]

O caso "Jones" tratou de um problema similar. Dois engenheiros civis contrataram com o Diretor do Departamento de Assuntos Indígenas a realização de um levantamento topográfico de alguns distritos descritos em tratados entre os Estados Unidos e certas tribos indígenas. Os contratados cumpriram inteiramente os termos contratuais, e o preço foi integralmente pago. Entretanto, os contratados alegaram que, durante a execução do contrato, certas dificuldades e obstáculos por parte do Estado Norte-Americano tornaram a execução do levantamento topográfico mais difícil e onerosa, assim dando causa a uma indenização em dinheiro. Em jogo estava um ato administrativo, e não uma lei. O raciocínio da *Court of Claims* no caso "Jones" foi um pouco mais longo do que havia sido em "Deming". Cito as partes mais relevantes:

> As *duas naturezas que o Estado possui, enquanto contratante e enquanto soberano*, não podem fundir-se; *nem podem os Estados Unidos, quando processados enquanto contratante, ser responsabilizados por danos causados por atos praticados enquanto soberano*. Quaisquer atos

---

283. "Deming *vs.* U. S." (1865), p. 190 [grifos nossos, exceto *especicificamente* e *geral*, que são do original].

que possa o Estado praticar, sejam legislativos ou executivos, conquanto sejam públicos e gerais, não podem ser tidos como especiais para alterar, modificar, obstruir ou violar os contratos específicos firmados pelo Estado com pessoas privadas. [...]. Essa distinção entre atos públicos e contratos privados do Estado – nem sempre delineada em prévias decisões desta Corte, frequentemente mal-compreendida pelos entes públicos e constantemente perdida de vista por autores que batem à porta desta Corte –, desejamos agora deixar claro e nítido que doravante as duas [*naturezas*] não podem ser confundidas; *e nós repetimos, como princípio aplicável a todos os casos, que os Estados Unidos enquanto contratante não podem ser responsáveis direta ou indiretamente por atos públicos praticados pelo Estado enquanto soberano*.[284]

Isso foi tudo o que a Corte referiu sobre os atos soberanos em "Deming" e "Jones". A Suprema Corte dos Estados Unidos deu o seu *imprimatur* à *Sovereign Acts Doctrine* em "Horowitz v. U. S.", julgado em 1925,[285] o primeiro caso em que a mais alta Corte norte-americana tratou expressamente da matéria. Em "Horowitz" o Estado havia contratado a venda e a expedição de seda dentro de um ou dois dias, mas não cumpriu sua promessa porque sobreveio, no curso do contrato, um embargo sobre a entrega de seda pela Administração Férrea dos Estados Unidos. O autor da ação, então, pleiteou indenização pelas perdas sofridas em razão do atraso na entrega da mercadoria. A Suprema Corte citou os casos "Deming" e "Jones", mas nada acresceu aos argumentos oferecidos nesses dois casos,[286] e desde então a *Sovereign Acts Doctrine*

---

284. "Jones *vs.* U. S." (1865), pp. 384-385 [grifos nossos]. Como se pode ver, em "Deming" a proteção cobria somente atos legislativos; mas em "Jones" a Corte estendeu a imunidade também aos atos administrativos. Cf.: Morgan, "Identifying protected government acts under the Sovereign Acts Doctrine: a question of acts e actors", *Public Contracts Law Journal* 22/233; J. Schwartz, "Liability for sovereign acts: congruence and exceptionalism in government contracts law", *The George Washington Law Review* 64/665.

285. "Horowitz *vs.* U. S.", 267 U.S. 458 (1925). Para a importância do caso "Horowitz" no "excepcionalismo" norte-americano, cf. J. Schwartz, "Liability for sovereign acts: congruence and exceptionalism in government contracts law", *The George Washington Law Review* 64/671-674. Cf. também Stack, "The liability of the United States for breach of contract", *The Georgetown Law Journal* 44/77-98.

286. Cf. J. Schwartz, "Liability for sovereign acts: congruence and exceptionalism in government contracts law", *The George Washington Law Review* 64/671. Em

tem experimentado quase nenhuma mudança nos tribunais.[287] Em suma, é da linguagem transcrita acima, nos dois casos decididos em 1865, que a *Sovereign Acts Doctrine* se desenvolveu.

A doutrina norte-americana tem tentado construir um melhor sentido à *Sovereign Acts Doctrine* desde a segunda metade do século passado. Os estudos de D. Stack,[288] P. S. Latham,[289] R. E. Speidel,[290] R. Morgan,[291] J. Schwartz[292] e M. W. Graf[293] são os melhores exemplos desse esforço doutrinário.[294] No que diz com a coerência de argumentos

---

"Horowitz" a Suprema Corte limitou seus argumentos à longa citação do caso "Jones", já transcrita no corpo do texto acima, somada à seguinte parte, também retirada do caso "Jones" ("Horowitz *vs.* U. S." (1925), p. 461): "Neste feito, os Estados Unidos aparecem como contratantes; e eles devem ser responsabilizados somente dentro dos limites que qualquer outro réu seria em outra Corte. Embora os atos soberanos [*do Estado*] praticados em nome do bem geral possam causar dano a alguns contratantes privados, essas partes nada ganham por ter os Estados Unidos como réu".

287. Cf.: Latham, "The Sovereign Act Doctrine in the law of government contracts: a critique and analysis", *University of Toledo Law Review* 7/32; Morgan, "Identifying protected government acts under the Sovereign Acts Doctrine: a question of acts e actors", *Public Contracts Law Journal* 22/224.

288. Aparentemente, a primeira tentativa foi feita por Daniel Stack em um *comment* de 1955, no qual o autor analisa a jurisprudência depois de "Horowitz", ou do que Stack chama de "Horowitz rule". O autor concluiu vagamente que "a doutrina da *sovereign immunity* de 'Horowitz' é uma doutrina equitativa [*équitable*]. [...]. Essa imunidade é necessária para evitar que o Estado seja indevidamente onerado ou dominado na execução de suas funções soberanas" (Stack, "The liability of the United States for breach of contract", *The Georgetown Law Journal* 44/97).

289. Latham, "The Sovereign Act Doctrine in the law of government contracts: a critique and analysis", *University of Toledo Law Review* 7/29-58.

290. Speidel, "Implied duties of cooperation and the defense of sovereign acts in government contracts", *The Georgetown Law Journal* 51/516-557.

291. Morgan, "Identifying protected government acts under the Sovereign Acts Doctrine: a question of acts e actors", *Public Contracts Law Journal* 22/223-274.

292. J. Schwartz, "Liability for sovereign acts: congruence and exceptionalism in government contracts law", *The George Washington Law Review* 64/633-702.

293. Graf, "The determination of property rights in public contracts after 'Winstar *vs.* Unites States': where has the Supreme Court left us?", *Natural Resources Journal* 38/197-276, n. 2, 1998.

294. Cf. também: Madden e Gold, "Supreme Court holds Government to same standard as private party in breach action: future of 'Sovereign Acts Doctrine' in doubt. 42 n. 27", *Government Contractor* 277, 2000; Nash e Cibinic, "The Sovereign Acts Defense: is it being fairly applied?", *Nash & Cibinic Repport* 5/55-59, n. 10, outubro/1991; Roe, "'Conoco Inc. *vs.* United States': a narrowing of the Sovereign

para fins de melhor e mais substantiva orientação para futuras decisões judiciais, os artigos de Stack e Latham apresentam uma visão mais otimista sobre as decisões judiciais das Cortes judiciais e administrativas,[295] enquanto as posições de Morgan, Schwartz e Graf oferecem um entendimento menos otimista sobre o tema.[296] Como demonstrarei depois, se tomarmos em conta a mais recente decisão da Suprema Corte na área, "U. S. v. Winstar Corp.", caso decidido em 1996,[297] devemos seguir a posição dos últimos.

De toda forma, a *Sovereign Acts Doctrine* é, como demonstrado, uma doutrina enunciada em palavras muito vagas. Ela sustenta que o Estado é imune à responsabilidade na medida em que um ato externo ao contrato for "público e geral". É fácil antever que uma fórmula expressa em termos assim fluidos é capaz de acomodar qualquer arbítrio – exatamente como as Cortes norte-americanas têm feito com a doutrina da *Sovereign Immunity*, *principalmente* se considerarmos que a Suprema Corte não forneceu jamais qualquer norte mais substancial para a matéria.[298] Meu objetivo não é preencher essa lacuna. Para o comparatista há outro aspecto da *Sovereign Acts Doctrine* que merece mais atenção, nomeadamente a invenção da *common law* sobre a "dupla personalidade" ou "dupla capacidade" (*dual capacity*) do Estado.

Acts Doctrine?", *Ocean and Coastal Law Journal* 3/275-292, ns. 1-2, 1997. Os trabalhos citados nesta nota e nas seis notas de rodapé anteriores não impediram G. Hadfield de afirmar que "a responsabilidade do Estado pela quebra do contrato [*público*] é um tópico que recebeu surpreendentemente pouca atenção na literatura jurídica" ("Of sovereignty and contract: damages for breach of contract by government", *Southern California Interdisciplinary Law Journal* 8/468).

295. Cf.: Stack, "The liability of the United States for breach of contract", *The Georgetown Law Journal* 44/77-98 (ousando indicar, após análise de 30 anos de jurisprudência após "Horowitz", uma direção na qual a doutrina deveria seguir); Latham, "The Sovereign Act Doctrine in the law of government contracts: a critique and analysis", *University of Toledo Law Review* 7/34 ("As Cortes judiciais e administrativas desenvolveram a *Sovereign Act Doctrine* ao ponto de ser hoje possível com certeza substancial identificar quais atos são soberanos por natureza e quais não são").

296. Ronald Morgan empreendeu exaustiva pesquisa nas Cortes administrativas (*boards*) e judiciais e encontrou inúmeras inconsistências, insinuando que um "caos aparente" reina no campo ("Identifying protected government acts under the Sovereign Acts Doctrine: a question of acts e actors", *Public Contracts Law Journal* 22/273).

297. "U. S. *vs*. Winstar Corp.", 518 U.S. 839 (1996).

298. Cf. os comentários sobre o caso "Winstar" no subitem 2.1.3 do Capítulo III, *infra*.

Na falta de uma estrutura teórica baseada na dicotomia "direito público *versus* direito privado" – a qual permitiria, como ocorre na França e no Brasil, um tratamento mais "natural" dos contratos administrativos como contratos públicos, isto é, contratos governados por princípios diferentes dos princípios jusprivados, princípios que carregam "valores públicos" mais facilmente –, as Cortes norte-americanas viram-se forçadas a inventar a teoria da *dual capacity* para permitir um tratamento "desigual" do Estado em certas ocasiões. A ideia da *dual capacity*, derivada da linguagem utilizada nos casos "Deming" e "Jones", acima citada, é a de que o Estado pode agir como contratante (*government-as-contractor*) e como soberano (*government-as-sovereign*). Como contratante o Estado é tão responsável por eventual quebra de contrato quanto qualquer parte privada; como soberano, entretanto, o Estado não é responsável.

Essa figura bifronte de um Estado-Janus tem uma força retórica enorme. Por um lado, ela permite que o credo liberal permaneça livre de críticas, na medida em que ela afirma categoricamente que o *government-as-contractor* é equivalente a um contratante privado – o Estado não é "superior", no sentido empregado pelos Direitos Francês e Brasileiro. Em outros termos, o Estado é *igual* à parte privada, e não tem privilégios. Por outro lado, a figura do Estado-Janus também permite que o Estado promova e persiga suas funções públicas sem a responsabilidade própria das partes privadas, na medida em que o Estado também pode e deve agir como soberano. Esse mecanismo é muito sugestivo ao ponto de vista comparado. Porque o claro escopo da teoria da *dual capacity* é livrar o Estado da responsabilidade contratual em casos em que o interesse público reclame uma ação do Estado enquanto soberano (um ato legislativo ou administrativo). Em algumas situações durante a execução do contrato é necessário ao Estado agir em nome do interesse púbico – a teoria da *dual capacity* veio "permitir" essa ação,[299] sem utilizar-se da ideia de superioridade do Estado ou do princípio da supremacia do interesse público.

Aos olhos do jurista continental a teoria da *dual capacity* seria dispensável se a estrutura teórica da dicotomia "direito público *versus* di-

---

299. Cf. J. Schwartz, "Assembling 'Winstar': triumph of the ideal of congruence in government contracts law?" 26/558, 1997.

reito privado" tivesse sido aceita nos Estados Unidos.[300] De fato, no sistema liberal norte-americano, no qual a dicotomia é em geral negligenciada, foi necessário criar outros mecanismos para servir de veículo aos propósitos do soberano (ou de "interesse público"). A engenhosa noção da *dual capacity*, como parte necessária da *Sovereign Acts Doctrine*, cumpre exatamente essa função. Teorias jurídicas nunca são neutras; elas sempre têm um propósito.[301] Sob a luz do Direito Comparado, o que determinou a criação da *Sovereign Acts Doctrine* e do seu componente da *dual capacity* foi a cultura não-estatal da sociedade americana, com a sua desconfiança no poder do Estado e, principalmente, com a ausência de um princípio como o da "supremacia do interesse público", o qual na França e no Brasil foi corolário da *summa divisio*. Em resumo, a *Sovereign Acts Doctrine* (e a *dual capacity*) é um subproduto do "americanismo", a contraface de uma cultura que – para repetir novamente a sugestiva expressão de L. Hartz – "não entende o sentido do poder soberano".

Na França e no Brasil, entretanto, a tensão entre o Estado contratante (*government-as-contractor*) e o Estado soberano (*government-as-sovereign*) não é resolvida pela teoria da *dual capacity*. Como já foi referido, o problema é posto sob o ângulo da dicotomia "direito público *versus* direito privado": os contratos administrativos e os atos administrativos, governados por normas de direito público, corresponderiam, *grosso modo*, ao Estado soberano (*government-as-sovereign*), enquanto os contratos privados da Administração corresponderiam, em termos gerais, ao Estado contratante (*government-as-contractor*). A estrutura mental é a seguinte: nos contratos administrativos a ideia básica é a de que o soberano age a fim de proteger o interesse público, o qual é presumivelmente superior ao interesse privado. A "estatalidade" dessa ideia é patente. Como a cultura norte-americana suporta a visão oposta, foi necessário criar a doutrina da *dual capacity* para dar vez e voz ao "público", evitando a responsabilidade contratual do Estado. O segundo e necessário passo seria afirmar isto: sempre que o ato do Estado for

---

300. Hadfield chega à mesma conclusão ("Of sovereignty and contract: damages for breach of contract by government", *Southern California Interdisciplinary Law Journal* 8/467-537). Cf. a epígrafe desta seção.
301. Cf. Moore, "Theories of areas of Law", *San Diego Law Review* 37/731-741, n. 3, 2000.

"público e geral" ele será considerado um ato "soberano" – portanto, imune à responsabilidade.

2.1.2 *"Unmistakability Doctrine"*

A outra doutrina que abarca o espírito da imunidade soberana e serve para contrabalançar o "americanismo" é a chamada *Unmistakability Doctrine*, também vista como uma variação da *Sovereign Acts Doctrine*.[302] Tal como se deu com esta doutrina, a origem da *Unmistakability Doctrine* pode ser encontrada em casos do século XIX nos quais as Cortes apelavam à autoridade do Estado para dispensá-lo de obrigações contratuais assumidas em virtude de leis anteriores;[303] ou seja, a *Unmistakability Doctrine* surge em questões de direitos adquiridos.

Em poucas palavras, a história de proteção dos direitos adquiridos em processos envolvendo contratos públicos inicia com o caso "Fletcher *v.* Peck" (1810),[304] no qual a chamada Cláusula Contratual da Constituição norte-americana,[305] originalmente pensada para proteger contratos privados, foi estendida para o fim de também proteger os direitos adquiridos dos contratados contra os Estados-membros em contratos públicos.[306] Entretanto, as Cortes frequentemente se recusaram a

---

302. Tomo o termo a J. Schwartz, "Liability for sovereign acts: congruence and exceptionalism in government contracts law", *The George Washington Law Review* 64/683-697. Mas cf. Graf, "The determination of property rights in public contracts after 'Winstar *vs.* Unites States': where has the Supreme Court left us?", *Natural Resources Journal* 38/197-276 (considerando a *Sovereign Acts Doctrine* e a *Unmistakability Doctrine* como teorias diferentes em propósito, a serem aplicadas a situações diferentes; a *Sovereign Acts Doctrine* seria aplicável a contratos que no Brasil mais se aproximam de contratos privados da Administração (*market participant model of contract*), enquanto a *Unmistakability Doctrine* seria aplicável aos contratos administrativos (*quasi-regulatory model*).
303. Graf, "The determination of property rights in public contracts after 'Winstar *vs.* Unites States': where has the Supreme Court left us?", *Natural Resources Journal* 38/207.
304. "Fletcher *vs.* Peck", 10 U.S. (6 Cranch) 87 (1810).
305. Constituição dos Estados Unidos, art. I, § 10, cl. 1 ("Nenhum Estado-membro poderá ... aprovar leis ... que alterem as obrigações contratadas ...").
306. Cf.: Zigler, "Takings law and the contract clause: a taking law approach to legislative modification of public contracts", *Stanford Law Review* 36/1.447 e 1.449-1.451, n. 6, julho/1984; "The determination of property rights in public con-

adotar esta posição liberal em vários casos subsequentes, a despeito dos votos divergentes do Min. Marshall nos casos "New Jersey v. Wilson" (1812),[307] "Sturges v. Crowninshield" (1919),[308] "Trustees of Dartmouth College v. Woodward" (1819)[309] e "Ogden v. Saunders" (1827).[310] Em todos esses casos, se a Suprema Corte tivesse adotado a interpretação liberal de Marshall sobre a *contract clause*, o poder dos Estados-membros de legislar contrariamente aos interesses econômicos eventualmente incorporados nos contratos teria sido restringido.[311]

Todos esses casos, entretanto, referiam-se a contratos dos Estados-membros da Federação com particulares, e não a contratos da União Federal. Segundo Graff,[312] as primeiras sementes da *Unmistakability Doctrine* em contratos da União foram plantadas nos chamados *Sinking-Fund Cases*.[313] Nesses feitos a questão centrava-se na interpretação de uma lei que modificara as regras aplicáveis a certos *bonds* com garantia federal, além de impor a uma empresa privada da área de transporte ferroviário (criada com finalidade pública e cuja propriedade era, de fato, assim utilizada) que reservasse uma parte de seu lucro para pagar suas obrigações com garantias reais. Dita lei estaria desapropriando a empresa de sua propriedade sem seguir os necessários procedimentos requeridos pelo devido processo legal; ou, pelo menos, estaria impropriamente interferindo nos direitos adquiridos da mesma empresa.[314] A Suprema Corte, em que pese a ter afirmado que os "Estados Unidos estão tão obrigados a cumprir seus contratos quanto estão os

tracts after 'Winstar *vs.* Unites States': where has the Supreme Court left us?", *Natural Resources Journal* 38/207.

307. "New Jersey *vs.* Wilson", 11 U.S. (7 Cranch) 164 (1812).

308. "Sturges *vs.* Crowninshield", 17 U.S. (4 Wheat) 122 (1819).

309. "Trustees of Dartmouth College *vs.* Woodward", 17 U.S. (4 Wheat) 518 (1819).

310. "Ogden *vs.* Saunders", 25 U.S. (12 Wheat) 213 (1927). Todos os exemplos são de Zigler, "Takings law and the contract clause: a taking law approach to legislative modification of public contracts", *Stanford Law Review* 36/1.451.

311. Cf. Zigler, "Takings law and the contract clause: a taking law approach to legislative modification of public contracts", *Stanford Law Review* 36/1.451.

312. Cf. Graf, "The determination of property rights in public contracts after 'Winstar *vs.* Unites States': where has the Supreme Court left us?", *Natural Resources Journal* 38/208.

313. "Union Pacific Rail Road Co. *vs.* U. S.", 99 U.S. 700 (1878).

314. Idem, p. 719.

indivíduos",³¹⁵ decidiu que o Congresso tinha reservado o seu poder de alterar o contrato de concessão (*charter*).³¹⁶ A Corte sustentou que as cláusulas contratuais não eram aplicáveis à União (*federal government*) e que era "desnecessário decidir quais os poderes que o Congresso teria tido sobre o contrato de concessão (*charter*) se o direito de alterá-lo não tivesse sido reservado; porque, segundo pensamos, essa reserva foi feita".³¹⁷ Esse caso, entretanto, tratou da *Unmistakability Doctrine* somente de forma indireta, e a Corte não anunciou expressamente a imunidade do Estado.

O nascimento oficial da *Unmistakability Doctrine* deu-se somente em 1982, quando a Suprema Corte decidiu o já mencionado caso "Merrion *v*. Jicarilla Apalache Tribe".³¹⁸ O caso "Merrion" era o seguinte: vinte e uma pessoas exploravam e produziam gás e óleo no interior de uma reserva indígena chamada "Jicarilla Apalache". Essas pessoas, nenhuma delas indígena, arrendavam as terras exploradas, o que havia sido permitido pelo Secretário do Interior. A Tribo Apalache, entretanto, passou a cobrar uma taxa pela exploração do local. No entendimento dos Ministros, a Tribo indígena tinha autoridade, em razão de sua soberania, a qual poderia ser comparada à soberania de um ente público (Município, Estado-membro ou União), em relação ao qual uma situação análoga não afetaria seu poder de cobrar tributos simplesmente porque o ente público teria supostamente esquecido de reservar expressamente esse poder em um acordo comercial.³¹⁹ A Suprema Corte, então,

---

315. Idem, ibidem. A Corte continuou: "Se eles negam suas obrigações, essa negação, com todo o dano e reprovação que ela implica, vale o mesmo se a negação é feita por um Estado-membro, uma Municipalidade ou um cidadão. Nenhuma alteração pode ser feita no título criado pela outorga das terras, ou no contrato pelos *subsidy bonds*, sem o consentimento da empresa. Tudo isso é indisputável". Esse tributo pago à "congruência" não impediu a Corte, entretanto, de alcançar um resultado "excepcionalista".
316. Cf. "Union Pacific Rail Road Co. *vs*. U. S.", 99 U.S. 719-720. Cf. também Graf, "The determination of property rights in public contracts after 'Winstar *vs*. Unites States': where has the Supreme Court left us?", *Natural Resources Journal* 38/208.
317. "Union Pacific Rail Road Co. *vs*. U. S.", 99 U.S. 719.
318. "Merrion *vs*. Jicarilla Apalache Tribe", 455 U.S. 130 (1982). Cf. Graf, "The determination of property rights in public contracts after 'Winstar *vs*. Unites States': where has the Supreme Court left us?", *Natural Resources Journal* 38/209.
319. "Merrion *vs*. Jicarilla Apalache Tribe" (1982), p. 148. Cf. também: Graf, "The determination of property rights in public contracts after 'Winstar *vs*. Unites

proclamou: "Independentemente de sua fonte, o poder soberano, mesmo quando não exercido, é uma presença permanente em todos os contratos sujeitos à jurisdição do soberano e assim permanecerá, a menos que renunciado em termos inequívocos [*surrendered in unmistakable terms*]".[320]

Como doutrina, entretanto, a *Unmistakability* foi mais bem articulada no já mencionado caso "Bowen *v*. Public Agencies Opposed to Social Security Entrapment (*POSSE*)", decidido unanimemente pela Suprema Corte em 1986.[321] Em *POSSE* a Suprema Corte sustentou que era válida uma alteração legislativa na Lei da Previdência Social (*Social Security Act*) proibindo que os governos estaduais e locais desvinculassem os servidores do sistema previdenciário, embora a lei antes permitisse a desvinculação, desde que comunicada com dois anos de antecedência. Sob a norma anterior, Estados-membros e governos locais poderiam optar por vincular seus servidores ao sistema, desde que houvesse um acordo com o governo federal, permitindo-se o desligamento mediante a notificação com a referida antecedência. Ao proibir a desvinculação a alteração legislativa também previu que a regra poderia ter também aplicação retroativa. As palavras são estas:

> Enquanto o governo federal, como soberano, tem o poder de firmar contratos que conferem [*aos indivíduos*] direitos adquiridos, tendo assim o concomitante dever de honrar esses direitos, v. 'Perry *v*. U. S.', 294 U.S. 330, 350-354 (1935); 'Lynch *v*. U. S.', 292 U.S. 571 (1934), nos recusamos a afirmar, no contexto de contratos comerciais, que 'um soberano sempre renuncia a seu direito de exercer seu poder soberano *a menos que ele expressamente reserve o direito de exercer tal poder no*' contrato. 'Merrion Jicarilla Apache Tribe', 455 U.S. 130, 148 (1982). Ao invés disso, enfatizamos que, '*independentemente de sua fonte, o poder soberano, mesmo quando não exercido, é uma presença permanente em todos os contratos sujeitos à jurisdição do soberano e assim permanecerá, a menos que renunciado em termos inequívocos*'. Ibidem.

States': where has the Supreme Court left us?", *Natural Resources Journal* 38/209; J. Schwartz, "Liability for sovereign acts: congruence and exceptionalism in government contracts law", *The George Washington Law Review* 64/687.
    320. "Merrion *vs*. Jicarilla Apalache Tribe" (1982), p. 148.
    321. "Bowen *vs*. POSSE", 477 U.S. 41 (1986).

Portanto, alterações contratuais, incluindo aquelas em que o soberano é parte, 'permanecem sujeitas à alteração legislativa subsequente' pelo soberano. Idem p. 147.[322]

É interessante notar que permanece a mesma tensão entre direitos subjetivos e o poder do Estado e que a Corte, embora tendo alcançado um resultado "exorbitante", não deixou de registrar expressamente a filosofia da igualdade ("congruência"), consistente em honrar os "direitos adquiridos". Mas nenhum norte concreto foi dado para dizer qual "capacidade", se a "soberana" ou a "proprietária" (*sovereign* ou *proprietary*) deveria prevalecer, nem qual espectro do polo deveria ser enfatizado, nem como. Essa nebulosidade teórica permanece presente em ambas as doutrinas utilizadas como defesas pelo Estado Norte-Americano.

Seja como for, em *POSSE* a Suprema Corte invocou dois outros casos que merecem menção: "Lynch *v.* U. S."[323] e "Perry *v.* U. S.",[324] os quais são importantes para uma análise comparada, por várias razões.

Primeiro, nos casos "Lynch" e "Perry" a Suprema Corte não só deu expressa voz à doutrina da *Unmistakability*, mas também usou uma linguagem pró-Estado, assim enaltecendo a tradição do excepcionalismo. A retórica usada em ambos os casos, porém, foi aberta o suficiente para acomodar também a ideia da congruência, sem indicar qual dos polos deveria, em princípio, prevalecer. Ao pôr as questões às quais a Suprema Corte deveria responder, os casos "Lynch" e "Perry" indicaram, ao mesmo tempo, que existem limites à imunidade soberana, mas que esta é também, em algum grau, desejável.

Segundo, esses dois casos são importantes porque, se analisados em conjunto, oferecem uma boa ideia da maior força retórica da filosofia da igualdade no direito dos contratos públicos nos Estados Unidos. De fato, ambos os casos mostram como a força do Liberalismo, aliada a uma boa dose de vontade pessoal dos Ministros, conduz a Corte à congruência, e não à exorbitância. Nesse sentido, "o alcance da potencial responsabilidade do Estado", quando se trata de aplicar a *Unmistakability Doctrine* (ou a *Sovereign Acts Doctrine*), é *dependente* – para

---

322. "Bowen *vs.* POSSE" (1986), p. 52 [grifos nossos].
323. "Lynch *vs.* U. S.", 292 U.S. 571 (1934).
324. "Perry *vs.* U. S.", 294 U.S. 330 (1935).

usar a linguagem de Richard Pierce sobre a imunidade soberana, citada acima – "em alguma medida dos propósitos de juízes e ministros acerca da doutrina [*da Unmistakability*]". Como veremos, "Lynch" e "Perry" foram os *leading cases* a suportar os argumentos dos autores em "Winstar",[325] caso no qual a Suprema Corte rejeitou a tese do Estado baseada na *Sovereign Acts Doctrine* e na *Unmistakability Doctrine*, as duas variações da imunidade soberana. Nesse sentido, "Lynch" e "Perry" são bons exemplos do que venho sustentando ser a filosofia liberal norte-americana, sendo, assim, mais "naturalmente" norte-americanos do que são, por exemplo, "Jones", "Deming" e "Horowitz". Por isso, para uma perspectiva comparada, "Lynch" e "Perry", em conjunto com "Winstar", são os melhores exemplos da mentalidade norte-americana. Meu ponto é que, na ausência de um norte mais claro da Suprema Corte acerca de qual filosofia deve prevalecer, "Lynch" e "Perry" – e, hoje, "Winstar" – são decorrências naturais do "americanismo".

Resumidamente, em "Lynch" os autores buscavam o pagamento de uma apólice de seguro emitida durante a I Guerra Mundial em consequência do *War Risk Insurance Act*, de 1917.[326] Entretanto, em 1933 o Congresso editou o *Economy Act*, que expressamente ab-rogou todas as leis que instituíam ou fossem pertinentes a seguros anuais renováveis. A questão, da forma apresentada pela Corte, era saber se as *War Risk Policies* eram "gratuidades", as quais poderiam, então, "ser redistribuídas ou retiradas a qualquer tempo, de acordo com a discricionariedade do Congresso", ou se eram "propriedade", e, portanto, aptas a "criar direitos adquiridos".[327] A Corte julgou unanimemente que as *War Risk*

---

325. Cf. Schwartz, "Liability for sovereign acts: congruence and exceptionalism in government contracts law", *The George Washington Law Review* 64/637-674. Em "Winstar" a mais importante defesa apresentada pelo Estado foi a *Unmistakability Doctrine*, e não a *Sovereign Acts Doctrine*. Cf. Schwartz, "Assembling 'Winstar': triumph of the ideal of congruence in government contracts law?", *Public Contracts Law Journal* 26/487, n. 4, 1997.

326. Cf. "Lynch *vs*. U. S." (1934), p. 572.

327. Cf. "Lynch *vs*. U. S." (1934), pp. 576-577. Insisto no fato de que, apesar da pouca atenção dispensada pelos operadores do Direito da *common law* ao tema, a "classificação" pode ser crucial a *qualquer* análise jurídica. Em Inglês, cf. Moore, "Theories of areas of Law", *San Diego Law Review* 37/735. O caso "Lynch" é um exemplo revelador da crucial importância da classificação jurídica, de sua função epistemológica e da função produtiva das teorias jurídicas.

Policies, "sendo contratos", eram propriedade dos segurados: "*Contratos válidos são propriedade, seja o devedor da obrigação uma parte individual, uma Municipalidade, um Estado-membro, ou os Estados Unidos*. Os direitos subjetivos contra a União que derivem de contratos com ela firmados estão protegidos pela Quinta Emenda".[328] E, então, a Corte articulou sua filosofia: "Quando os Estados Unidos se engajam numa relação contratual, *seus direitos e obrigações dela decorrentes são governados em regra pelo Direito aplicável aos contratos havidos entre partes privadas*".[329]

É interessante que essa "versão forte da congruência"[330] em "Lynch" tenha sido depois, entretanto, impregnada com uma linguagem "excepcionalista". A Corte afirmou que "contratos entre indivíduos ou empresas são prejudicados no sentido da Constituição (art. 1º, sec. 10, cl. 1) sempre que o direito de fazê-los cumprir via processo judicial é suprimido ou materialmente diminuído. Uma regra diferente prevalece com respeito aos contratos dos soberanos".[331] A Corte, então, invocou, de forma marcante, a famosa passagem escrita por Alexander Hamilton em *O Federalista* 81: "Os contratos entre a Nação e um indivíduo somente obrigam na consciência do soberano e não têm nenhuma pretensão de força compulsória. Eles não conferem nenhum direito subjetivo de ação independente da vontade do soberano".[332] Tais dizeres encontram-se no parágrafo que inicia pela invocação da imunidade soberana: "É inerente à natureza do soberano não estar sujeito a processo de um indivíduo *sem o seu consentimento*".[333] Essas palavras, em conjunto com as de James Madison nos debates da Convenção Ratificatória de Virgínia (1788) e com as afirmações de John Marshall na mesma ocasião, têm sido a fonte mais importante invocada pela Suprema Corte a fim de sustentar a imunidade soberana desde 1820.[334]

---

328. "Lynch *vs.* U. S." (1934), p. 579 (citações omitidas) [grifos nossos].
329. Idem, ibidem [grifos nossos].
330. J. Schwartz, "Liability for sovereign acts: congruence and exceptionalism in government contracts law", *The George Washington Law Review* 64/677.
331. "Lynch *vs.* U. S." (1934), p. 580.
332. Hamilton, *The Federalist Papers*, 2003 [1787-88], n. 81, p. 496.
333. Idem, ibidem.
334. Cf. Randall, "Sovereign immunity and the uses of History", *Nebraska Law Review* 81/10-13 e 71. A autora critica, convincentemente, a interpretação da Corte no que toca à intenção dos *fauding fathers* (cf. pp. 14-26, 30-61 e 70-85).

A conhecida frase do Min. Brandeis em "Lynch", escrevendo para uma Corte unânime, é o mais claro exemplo da filosofia excepcionalista: "A regra de que os Estados Unidos não podem ser processados sem o seu consentimento é inteiramente admitida".[335] Depois, a Corte completou sua peroração:

> Embora o consentimento [*do Estado*] a ser processado tenha sido dado quando a política foi implementada, o Congresso manteve o poder de voltar atrás a qualquer tempo. Porque a possibilidade de processar o Estado é um privilégio concedido, e não um direito de propriedade protegido pela Quinta Emenda. O consentimento pode ser retirado, embora dado após muita deliberação e por razões pecuniárias. *A imunidade soberana existe independentemente do caráter da natureza do processo ou da fonte do Direito invocado*. Ela é aplicável da mesma forma a casos em que se invoca a violação de um direito infraconstitucional ou constitucional. [...]. *Porque a imunidade é um atributo do soberano que não pode ser negociado*.[336]

Dito de outro modo, a Suprema Corte em "Lynch" decidiu o caso em favor do indivíduo, aplicando a filosofia da congruência, mas *in dicta* pagou seu tributo à retórica da imunidade soberana.

Em "Perry" a filosofia da igualdade também foi invocada. A questão principal em "Perry" centrava-se na possibilidade de o Congresso norte-americano ab-rogar normas que estabeleciam as chamadas "cláusulas ouro" (*gold clauses*), inseridas em anteriores obrigações ou títulos (*bonds*) emitidos pelo governo federal, as quais dispunham que tais *bonds* adquiridos "seriam pagos no futuro em moeda de ouro com valor corrente no momento da emissão".[337] Uma posterior resolu-

---

335. "Lynch *vs*. U. S." (1934), p. 580.
336. Idem, p. 582 [citações omitidas] [grifos nossos].
337. "Perry *vs*. U. S." (1935), pp. 347-350. Sobre "Perry" há uma curiosidade: a fim de exemplificar a tese de que "o repúdio de obrigações [*contratuais*] resulta em uma confiscação da propriedade e esta não pode ser tomada a ninguém senão mediante prévia indenização", Francisco Campos citou o caso "Perry" em parecer proferido em 1950 ("Concessão de serviço público – Alteração de tarifas por ato unilateral do poder concedente – Reajustamento da equação financeira do contrato – Pagamento em moeda estrangeira", *RF* 47/382-383, n. 132, Rio de Janeiro, novembro-dezembro/1950).

ção conjunta do Congresso, entretanto, dispôs que as "cláusulas ouro" eram "contrárias ao interesse público" e que os *bonds* deveriam ser quitados em moeda com curso legal no momento do pagamento. A Corte, que tinha antes, em "Norman *v.* Baltimore & Ohio R.R.", sustentado que o Congresso tinha o poder de ab-rogar as "cláusulas ouro", estabeleceu um limite adicional à autoridade do Estado de alterar os próprios contratos, assim estendendo a filosofia da igualdade uma vez mais:

> Há uma clara distinção entre o poder do Congresso de controlar ou proibir os contratos entre partes privadas quando eles interferem no exercício da autoridade constitucional do Congresso e o poder deste de alterar ou repudiar a substância dos seus próprios contratos quando o Congresso tenha tomado dinheiro emprestado valendo-se da autoridade conferida pela Constituição [...]. Dizer que o Congresso pode retirar ou ignorar essa garantia é assumir que a Constituição contempla uma promessa vã; uma promessa que não tem qualquer sanção a não ser o prazer e a conveniência do promitente. Essa Corte não tem conferido força a tais concepções de obrigação do Estado.[338]

A Corte, então, proclamou a filosofia da congruência: "Quando os Estados Unidos, com autoridade constitucional, celebram contratos, passam a ter direitos e obrigações similares àqueles dos indivíduos que são partes nesses contratos".[339] Mas os Ministros também aludiram à *sovereign immunity*, ao referir que "não há diferença [...] *exceto a de que os Estados Unidos não podem ser processados sem o seu consentimento*".[340] Finalmente, ao analisar o argumento da União Federal de que o Estado não poderia, por contrato, restringir sua própria soberania, a Corte claramente referiu que "o direito de contrair obrigação é prerrogativa inerente à soberania".[341]

Esse era, em palavras simples, o cenário no Direito Norte-Americano até 1996. Para ser preciso, os casos mencionados não ajudam o intérprete. Pouco se pode inferir de uma série de casos nos quais as

---

338. "Perry *vs.* U. S." (1935), pp. 350-351.
339. Idem, p. 352 [grifos nossos].
340. Idem, ibidem (citações internas omitidas) [grifos nossos].
341. Idem, p. 353 (citação interna omitida).

Cortes dizem simplesmente, por um lado, que nas suas relações contratuais o Estado é responsável *como se fosse* uma parte privada mas, por outro lado, que o Estado, nas mesmas relações contratuais, conserva sua capacidade soberana, podendo ser processado somente quando inequivocamente abrir mão dessa imunidade. Não me parece ser possível extrair uma norma dessas contraditórias afirmações.

Quanto à diferença epistemológica entre os sistemas jurídicos brasileiro, norte-americano e francês, os casos "Merrion", "POSSE", "Lynch" e "Perry" são bons exemplos não só da batalha entre as "tradições" de "congruência" e "excepcionalismo", mas também entre os valores incorporados pela dicotomia "público *versus* privado". Um jurista francês ou brasileiro jamais duvidaria de que o Estado *sempre* conserva seu poder de alterar as leis e suas obrigações contratuais, mesmo se esse poder não seja explicitamente reservado em algum ato normativo. Se o indivíduo deverá ser depois compensado em razão do ato estatal (soberano) é outra questão.

Em todo caso, parece claro que no Direito Norte-Americano nem a *Sovereign Acts Doctrine* nem a *Unmistakability Doctrine* são claramente concebidas e explicadas. Tinha razão J. Schwartz quando referiu em 1996 que a *Sovereign Acts Doctrine* era delineada pobremente; também por isso J. Schwartz inventou o espectro "congruência-excepcionalismo", propondo, assim, alguns *standards* interpretativos para auxiliar a compreensão do problema.[342] Em "Winstar", o caso no qual poderiam ter sido oferecidos mais claros parâmetros interpretativos, a Suprema Corte, entretanto, deixou de fazê-lo, e a incerteza quanto ao tema permanece nos dias atuais.

---

342. Cf. J. Schwartz, "Liability for sovereign acts: congruence and exceptionalism in government contracts law", *The George Washington Law Review* 64/691-702. Na era pós-"Winstar", Michael Graf propôs diferentes princípios para resolver o problema (cf. "The determination of property rights in public contracts after 'Winstar vs. Unites States': where has the Supreme Court left us?", *Natural Resources Journal* 38/255-276). J. Schwartz criticou o caso "Winstar" em "Assembling 'Winstar': triumph of the ideal of congruence in government contracts law?", *Public Contracts Law Journal* 26/481-565, e depois comentou mais detidamente os pontos ambíguos da decisão em "The status of sovereign acts and unmistakability doctrines in the wake of 'Winstar': an interim report", *Alabama Law Review* 51/1.177-1.237, n. 3, Tuscaloosa, 2000.

2.1.3 "U. S. v. Winstar Corp." (1996) e sua importância ao Direito Comparado

> "O conflito entre as prerrogativas do legislador e os direitos individuais não ocorre somente quando os direitos são infringidos por uma lei que trate de contratos públicos: toda lei potencialmente gera uma tensão entre o poder [command] da maioria e os direitos dos indivíduos." (David Toscano[343])

"U. S. v. Winstar Corp.", julgado em 1996, é o último e mais importante caso a ser referido. A *Sovereign Acts Doctrine* chegava até a Suprema Corte pela segunda vez em "Winstar",[344] e aparentemente seria a quarta oportunidade que a Corte teria para se manifestar sobre a *Unmistakability Doctrine*.[345] Em "Winstar", instituições financeiras processavam a União Federal alegando quebra de contrato pelo seguinte motivo: em resposta a uma crise no sistema de poupança e empréstimo, o *Federal Home Loan Bank Board* e a *Federal Savings and Loan Insurance Corp.*, instituições financeiras criadas na década de 1930 para regular a indústria de associações de poupança e empréstimo (chamadas *thrifts*) e segurar os depósitos feitos nessas associações, encorajaram *thrifts* saudáveis a assumir o controle acionário de *thrifts* insolventes. Esse encorajamento foi feito por meio da permissão, pelos entes reguladores, do uso de técnicas contábeis mais favoráveis a fim de recuperar financeiramente as *thrifts* insolventes. Em 1989, entretanto, o Congresso norte-americano editou uma lei federal, intitulada *Financial Institutions Reform, Recovery, and Enforcement Act* (FIRREA), destinada à recuperação da economia após a crise iniciada no final dos anos 1970. Essa lei limitou consideravelmente o uso das referidas técnicas

---

343. David B. Toscano, "Forbearance agreements: invalid contracts for the surrender of sovereignty", *Columbia Law Review* 92/450, n. 2, março/1992.

344. Cf. Nash e Cibinic, "Supreme Court decides 'Winstar': 'Unmistakability' Doctrine and 'Sovereign Acts' Defense deliberated", *Nash & Cibinic Repport* 10/42-49, n. 8, agosto/1996.

345. Além dos casos "Merrion" e "POSSE", a Suprema Corte tratou expressamente da *Unmistakability Doctrine* no caso "U. S. *vs.* Cherokee Nation of Oklahoma", 480 U.S. 700 (1987). Cf. Graf, "The determination of property rights in public contracts after 'Winstar *vs.* Unites States': where has the Supreme Court left us?", *Natural Resources Journal* 38/211-212.

contábeis, das quais dependia a viabilidade das operações de controle societário. Diante dessa alteração normativa, várias *thrifts*, entre as quais a "Winstar Corp.", moveram ações judiciais sob o argumento de que a aplicação dos novos requisitos impostos pelo FIRREA consubstanciava uma quebra do contrato firmado pelas *thrifts* com os órgãos reguladores federais.[346]

Pouco antes do julgamento do caso "Winstar", J. Schwartz anotou que a Corte teria de "aplicar e clarificar um princípio antigo, mas pobremente delineado, conhecido como *Sovereign Acts Doctrine*".[347] O alerta baseava-se nas decisões antes citadas (principalmente "Jones", "Deming", "Horowitz", "Lynch", "Perry", "Merrion" e "POSSE"), as quais ofereciam, como foi demonstrado, somente vagos e conflitantes jargões sobre o que seriam "atos soberanos". A Corte, entretanto, frustrou expectativas e não contribuiu para a melhor compreensão do assunto. Depois da decisão, os comentadores em uníssono referiram que nenhum norte claro foi proposto em "Winstar".[348] A Corte rejeitou as defesas do Estado, tanto a *Sovereign Acts Doctrine* quanto a *Unmis-*

---

346. Para uma completa explanação dos complexos fatos em "Winstar", cf. Schwartz, "Assembling 'Winstar': triumph of the ideal of congruence in government contracts law?", *Public Contracts Law Journal* 26/484-485. Cf. também: Graf, "The determination of property rights in public contracts after 'Winstar vs. Unites States': where has the Supreme Court left us?", *Natural Resources Journal* 38/198-200; Wimberly e Amerling, "The Sovereign Acts Doctrine after 'Winstar'", *The Federal Circuit Bar Journal* 6/127, 1996. Para uma análise detalhada da intenção da política governamental no que toca à indústria das associações de poupança e empréstimo (*thrift institutions*) nos anos 1980, cf. Toscano, "Forbearance agreements: invalid contracts for the surrender of sovereignty", *Columbia Law Review* 92/427-447.

347. J. Schwartz, "Liability for sovereign acts: congruence and exceptionalism in government contracts law", *The George Washington Law Review* 64/634 (cf. também pp. 637-638, 650-651 e 697-702), e *The Centrality of Military Procurement: Explaining the Exceptionalist Character of United States Government Procurement Law*, p. 2.

348. Cf., por exemplo: Graf, "The determination of property rights in public contracts after 'Winstar vs. Unites States': where has the Supreme Court left us?", *Natural Resources Journal* 38/197-276; J. Schwartz, "Assembling 'Winstar': triumph of the ideal of congruence in government contracts law?", *Public Contracts Law Journal* 26/481-565, e "The status of sovereign acts and unmistakability doctrines in the wake of 'Winstar': an interim report", *Alabama Law Review* 51/1.177-1.237; Sisk, *Litigation with the Federal Government: Cases and Materials*, 4ª ed., pp. 325-326; Wimberly e Amerling, "The Sovereign Acts Doctrine after 'Winstar'", *The Federal Circuit Bar Journal* 6/128.

takability Doctrine, revelando intensa divisão entre os Ministros, que terminaram por produzir uma decisão confusa, baseada em argumentos pobres e ambíguos.

Não vou, aqui, explicar pormenorizadamente os múltiplos argumentos apresentados no caso, o que talvez fosse interessante somente a um operador do Direito norte-americano, e ainda sob o ponto de vista do seu Direito interno. Ainda assim, um escrutínio analítico dos muito divergentes votos em "Winstar" (ou em qualquer outro caso) seria, do ponto de vista comparativo, infrutífero e potencialmente enganoso,[349] além de ir de encontro ao espírito geral que governa todo estudo comparado.

Nada obstante isso, o caso "Winstar" é sugestivo e revelador para o comparatista, por várias razões. Primeiro porque "Winstar" menciona virtualmente todos os casos importantes decididos até então pelas Cortes norte-americanas no que toca às defesas do Estado em casos envolvendo o tema de responsabilidade civil, configurando-se num ótimo inventário sobre a história jurisprudencial das doutrinas *Sovereign Acts* e *Unmistakability*. Nesse aspecto, como será visto, "Winstar" reflete a característica mais "reativa" do raciocínio jurídico empreendido na *common law*. Segundo, os votos em "Winstar", principalmente os votos que compuseram a maioria vencedora, embora apresentando incoerências notórias, em sua maioria indicam que os valores predominantes na sociedade norte-americana são os jusprivados, com ênfase no indivíduo. Terceiro, os argumentos apresentados por vários Ministros de-

---

349. Para uma análise cuidadosa e crítica dos votos dos *Justices* em "Winstar", cf.: Schwartz, "Assembling 'Winstar': triumph of the ideal of congruence in government contracts law?", *Public Contracts Law Journal* 26/481-565; Graf, "The determination of property rights in public contracts after 'Winstar vs. Unites States': where has the Supreme Court left us?", *Natural Resources Journal* 38/200-206. Para uma crítica acurada da filosofia privatista adotada pela Corte em 'Winstar', cf. Hadfield, "Of sovereignty and contract: damages for breach of contract by government", *Southern California Interdisciplinary Law Journal* 8/467-537. Para uma crítica sobre os potenciais problemas criados pela Suprema Corte no que toca a futuras decisões sobre a forma de liquidação dos danos, o que deverá ser resolvido por Cortes inferiores, cf. Citron, "Lessons from the damages decisions following 'United States *vs.* Winstar Corp.'", *Public Contracts Law Journal* 32/1-38, n. 1, 2002. Para uma crítica sobre a confusão feita pelos *Justices* quanto à relação entre a *Sovereign Acts Doctrine* e a *Unmistakability Doctrine*, cf. Graf, "The determination of property rights in public contracts after 'Winstar vs. Unites States': where has the Supreme Court left us?", *Natural Resources Journal* 38/206-238.

monstram quão pragmático e não-teórico é o direito dos contatos administrativos nos Estados Unidos. Quarto, a decisão demonstra quão insignificante é o impacto do argumento em favor de uma eventual "supremacia do interesse público" na Suprema Corte. Finalmente, e por tudo isso, o caso oferece paradigmática referência a uma perspectiva comparada no que toca às raízes epistemológicas da exorbitância.[350] Ao enfatizar esses aspectos, vou tratá-los em conjunto e exagerar algumas passagens dos votos proferidos pelos Ministros, bem como suas implicações. Minha intenção não é sugerir uma fórmula apta a resolver o problema da responsabilidade do Estado em casos envolvendo contratos públicos. São dois os meus pontos nas observações que seguem: primeiro, tentar mostrar as razões ocultas pelas quais a Corte fez as afirmações que fez; segundo, encontrar as perguntas em resposta às quais a Corte fez as referidas afirmações.[351]

A primeira observação atinge o cerne do excepcionalismo norte-americano. Diante da oportunidade incomum de afirmar qual a filosofia que deveria *principalmente* governar o direito dos contratos públicos, a maioria da Corte em "Winstar" parece ter indicado que a igualdade (*congruence*) deve ser preferida à exorbitância.[352] De acordo

350. O voto do Min. Souter, seguido em parte por outros Ministros, iniciou indicando claramente que a Suprema Corte estava ciente do alcance e da importância do problema posto: "Nós decidimos analisar este caso para apreciar em que medida normas especiais, geralmente não aplicáveis aos contratos privados, governam o cumprimento dos contratos públicos em questão" ("Winstar", 518 U.S. p. 860). O Ministro segue dizendo que a Corte enfrentaria quatro teses formuladas pelo Estado, *entre elas* a *Unmistakability Doctrine* do caso "POSSE" e a *Sovereign Acts Doctrine* do caso "Horowitz".

351. "Um dos *insights* mais férteis da hermenêutica moderna é o de que toda afirmação deve ser vista como resposta a uma questão e que a única forma de entender uma afirmação é compreender a questão à qual a afirmação responde" (Gadamer, *Gadamer in Conversation: Reflections and Commentary*, trad. de Richard E. Palmer, Yale University Press, 2001, p. 106).

352. Escrevi "parece ter indicado" porque os votos dos Juízes foram tão confusos e refletiram uma tamanha incerteza argumentativa que, como J. Schwartz sugeriu, é necessário "cautela antes de concluir que 'Winstar' representa o triunfo do ideal da congruência nos contratos públicos" ("Assembling 'Winstar': triumph of the ideal of congruence in government contracts law?". *Public Contracts Law Journal* 26/481-565, n. 4, *Summer*/1997, p. 491; cf. também J. Schwartz, *The Centrality of Military Procurement: Explaining the Exceptionalist Character of United States Government Procurement Law*, p. 2, nota de rodapé 3). Em todo caso, os votos vencidos claramente

com a Suprema Corte, são as regras e princípios jusprivados que devem prevalecer, mesmo nos contratos públicos. "Uma objeção ainda mais séria" – escreveu o Min. Souter, invocando a autoridade do caso "Lynch" – é a de que "permitir que o Estado se livre de suas responsabilidades contratuais *meramente* aprovando uma lei regulamentadora zombaria do *princípio geral* segundo o qual, 'quando os Estados Unidos se engajam numa relação contratual, seus direitos e obrigações dela decorrentes são governados em regra pelo Direito aplicável aos contratos havidos entre partes privadas'".[353] Depois, embora a Corte tenha também reconhecido que os contratos administrativos tenham algumas peculiaridades, a maioria dos Juízes enfatizou o discurso da igualdade presente nos casos "Lynch" e "Perry".[354]

Esse paradigma da congruência – insisto – é revelador da opção histórica norte-americana por valores jusprivados liberais. De fato, "Winstar" confirma as ideias de Coke, Dicey e Pound, os mais genuínos exemplos da filosofia anticoletivista anglo-americana, uma visão que depois foi adotada, no campo dos contatos públicos, por R. P. Shealey e J. F. Donnelly, os dois primeiros autores que trataram da matéria nos Estados Unidos, e pela maioria dos *scholars* norte-americanos de hoje. Nesse sentido, o paradigma argumentativo de "Winstar" é uma genuína representação o espírito da *common law*.

Além de "Lynch" e "Perry", o voto do Min. Breyer citou dois casos do século XIX que se utilizaram da mesma filosofia da igualdade – os chamados *Sinking-Fund Cases*, mencionados acima, dos anos 1870. "Os Estados Unidos – disse, então, a Corte – vinculam-se aos contratos

---

referiram que a Suprema Corte, na opinião da maioria, "reduz drasticamente o escopo da *Unmistakability Doctrine*, escondendo o resíduo com nuvens de incerteza, e [*o voto da maioria*] limita tanto a *Sovereign Acts Doctrine* que ela virtualmente não terá qualquer aplicação no futuro" ("Winstar", 518 U.S. p. 924 – voto vencido do Ministro-Presidente Rehnquist).

353. "Winstar", 518 U.S. p. 895 (citando "Lynch *vs.* U. S." (1934), p. 579) (voto do Min. Souter) [grifos nossos]. J. Schwartz fez a mesma observação e sublinhou que a maioria da Corte foi quase sempre dominada pelo ideal da congruência (cf. ("Assembling 'Winstar': triumph of the ideal of congruence in government contracts law?". *Public Contracts Law Journal* 26/481-565, n. 4, *Summer*/1997, p. 491).

354. Relembre-se, porém, que, como foi acima enfatizado no texto, os mesmos casos "Lynch" e "Perry" (sem falar em "Horowitz") poderiam ter sido utilizados para enfatizar a tradição oposta, a do excepcionalismo.

por eles firmados tanto quanto os indivíduos. Se eles [*os Estados Unidos*] recusam suas obrigações, isso é tanto uma recusa, com todos os gravames e reprovações que o termo implica, quanto seria se quem repudiasse suas obrigações tivesse sido um Estado-membro, uma Municipalidade ou um cidadão".[355] Assim como a Corte poderia ter feito em "Lynch" e "Perry", o Min. Souter poderia em "Winstar" ter escolhido o ideal "excepcionalista" consagrado nos *Sinking-Fund Cases*, nos quais a *Unmistakability Doctrine* foi vencedora.

Mais importante, o caso "Winstar" revela que uma suposta supremacia do interesse público não faz parte da estrutura de raciocínio norte-americana. Facilmente invocável nos sistemas jurídicos francês e brasileiro para suportar posições pró-Estado, a ideia de um interesse público superior simplesmente não tem vez nos Estados Unidos. Se "palavras são *slogans*",[356] nos Estados Unidos, ao contrário de França e Brasil, o *slogan* do interesse público não se aplica a qualquer realidade jurídico-social, não faz parte do vocabulário do homem comum ou do operador do Direito. Não que o Estado não tenha invocado uma "finalidade pública" (*public purpose*) do FIRREA para livrar-se da responsabilidade de indenizar os prejuízos alegados pelos autores no caso "Winstar." O Estado certamente o fez.[357] Uma leitura atenta, entretanto, das petições do Estado no referido caso revela que mesmo os advogados da União não gastaram muita tinta na ideia de um suposto interesse público superior, assim indicando que o uso dessa retórica não faz parte da sua argumentação e não teria sucesso perante a Corte. Em termos de

---

355. "Winstar", 518 U.S. p. 912 (voto vencedor do Min. Breyer) (citando os chamados *Sinking-Fund Cases*, 99 U.S. 700, 719, 25 L.Ed. 496 (1879); e "U. S. *vs.* Klein", 13 Wall. 128, 144, 20 L.Ed. 519 (1872)).

356. Gadamer, *Gadamer in Conversation: Reflections and Commentary*, p. 102 ("Palavras são *slogans*. Elas frequentemente expressam o que está ausente e o que deveria estar").

357. Dos argumentos do Estado na petição levada à Suprema Corte (*Brief of Petitioners*) no caso "U. S. *vs.* Winstar Corp." transcrevo as seguintes passagens: "Contratos firmados por entes reguladores com partes privadas prometendo um tratamento regulatório específico no futuro podem perniciosamente limitar o poder do Estado de agir em nome do interesse público"; e "a *Unmistakability Doctrine* serve a propósitos públicos importantes. Contratos nos quais o Estado promete não exercer seu poder regulatório no futuro constituem uma debilitação do poder do Estado de servir ao interesse público" (fonte eletrônica *WestLaw* 1996 WL 99716 **11, 18 [March 1, 1996]).

mentalidade, esse ceticismo não é somente revelador e digno de nota, mas também historicamente justificável. Uma sociedade "sem Estado" como a norte-americana não iria argumentar em favor da imunidade do Estado utilizando-se de uma argumentação cujas palavras-chave que a conduzem vão de encontro à filosofia liberal dominante. Em suma, o "americanismo" não se amolda à retórica da "supremacia do interesse público".

O argumento utilizado pelo Estado no caso recente mais rumoroso sobre a exorbitância dos contratos públicos deveria vincular-se, como de fato se passou, a outra tradição da *common law*, a *sovereign immunity* – ou aos seus equivalentes funcionais, a *Sovereign Acts Doctrine* e a *Unmistakability Doctrine* –, a qual, embora tendo sido criticada e frequentemente mal-compreendida, tem tido, como se viu, alguma força nas Cortes norte-americanas. Em suma, a única arma que o Estado tinha em mãos em "Winstar" era invocar casos que mencionavam, diretamente ou não, a autoridade da *sovereign immunity*. Em termos comparados, o Estado em "Winstar" teve que circundar a retórica (francesa) do interesse público e seu ideal estatista, coletivista, para defender, ironicamente, o mesmo interesse público.[358]

358. "Esse ceticismo não surpreende – escreveu J. Schwartz antes de ser decidido o caso "Winstar" –, porque o critério do interesse público é sujeito a fortes objeções baseadas na teoria política e na capacidade institucional das Cortes de apreciar [*o interesse público*]" ("Liability for sovereign acts: congruence and exceptionalism in government contracts law", *The George Washington Law Review* 64/668). O raciocínio de J. Schwartz revela claramente a *mentalité* de um operador do Direito da *common law*. Em suporte à sua posição sobre a dificuldade de determinar o que seja o interesse público, J. Schwartz cita, como não poderia deixar de ser, autores que advogam uma visão pragmática do que seja o interesse público, relacionado-o a grupos de interesses ou a teorias econômicas (em regra, utilitaristas). Esse ponto de vista sobre o interesse público é bem diverso da ideia francesa clássica sobre o *intérêt général*, que está na base do *droit public*. Sobre o assunto, cf. Cohen-Tanugi, *Le Droit sans l'État. Sur la Démocratie em França et em Amérique*, 3ª ed., pp. 110-123. Essa diferença entre a compreensão norte-americana e francesa do que seja ou possa ser o interesse público está no coração do problema principal do presente estudo. Por trás das assunções de J. Schwartz nas palavras acima está toda a cultura individualista e empirista da *common law*, embora as posições de J. Schwartz sejam, entre os *scholars* norte-americanos citados neste estudo, as que mais se aproximam do *ethos* francês. A maioria dos *publicistes* franceses, porém, não concordaria com a genérica premissa do raciocínio de Schwartz sobre o interesse público, e não adotar essa premissa faz *toda a diferença*. O problema sempre está nas assunções, que revelam as pré-compreensões

Em contraste, na França e no Brasil a ideia da supremacia do interesse público tem sido diuturnamente utilizada pelo Estado, pelas Cortes e por juristas para legitimar a ação do Estado no que toca aos contratos públicos.[359] Sociedades que historicamente têm aceitado o Estado como líder e como condutor e indutor da política pública e da coletividade são mais propensas a aceitar o argumento de que o Estado age "naturalmente" em favor do (superior) interesse público.

Nada obstante, a relutância norte-americana em usar a retórica do interesse público a fim de justificar as ações do Estado significa que essa específica linguagem não é utilizada e é inaceitável à mentalidade daquele povo. Mas o Estado sempre encontrou argumentos, no caso dos contratos públicos, para agir em nome do interesse público mesmo sem utilizar essas palavras. As doutrinas *Sovereign Acts* e *Unmistakability* têm nos Estados Unidos, bem compreendido, papel similar ao da ideia continental da supremacia do interesse público. Em "Winstar" essas teorias não tiveram sucesso.

A segunda observação comparada pretende sublinhar a importância da forma com que a maioria dos Juízes apresentou o problema da responsabilidade do Estado por atos soberanos, isto é, a forma pela qual a maioria montou o argumento contra as teses do Estado. A linguagem utilizada pela Suprema Corte encampou uma série de princípios individualistas, típicos da *common law*, que levariam inexoravelmente a um resultado contrário às pretensões do Estado. Imbuídos da filosofia jusprivada e do *ethos* individualista, a maioria dos Juízes iniciou enfatizando o caráter de promessa contido nos acordos prévios havidos entre as partes contratantes (*thrifts* com os órgãos reguladores federais).[360] A linha de argumento, daí partindo, tornou-se silogística, e a importância da classificação jurídica emergiu.

De fato, o silogismo aplicado em "Winstar" foi claro: se, de acordo com o espírito da *common law*, o Estado deve submeter-se às mesmas

---

culturais de cada um. Um estudo muito elucidativo da forma anglo-americana de compreender o conceito político-filosófico de "interesse público" encontra-se em Douglass, "The common good and the public interest", *Political Theory* 8/103-117, n. 1, fevereiro/1980.

359. Nos Tribunais brasileiros, cf. casos citados na nota 12 da "Introdução", *supra*.

360. Cf. "Winstar", 518 U.S. pp. 868-869 (voto do Min. Souter).

normas que regem os indivíduos, então, uma promessa do Estado equivale a uma promessa feita por um particular. "Nós lemos essa promessa [*do Estado*] – escreveu o Min. Souter – como o direito contratual tem sempre tratado as promessas de fazer algo que esteja fora do controle absoluto do promissário, isto é, como uma promessa de ressarcimento dos danos em caso de inadimplemento".[361] A citação, pela Corte, de um exemplo de Holmes é sintomática: "O exemplo de Holmes é famoso: 'no caso de uma promessa de que irá chover amanhã, o efeito jurídico imediato do ato do promitente é que este assume os riscos do evento, dentro de certos limites, entre ele e o promissário'".[362]

O aparato retórico da congruência usado pela Suprema Corte não deve surpreender. É, porém, digno de nota que a justificativa "holmesiana" não toque diretamente no ponto crucial da questão, qual seja, o de haver, ou não, razões para tratar diferentemente uma promessa feita pelo Estado de uma promessa feita pelo particular.[363] Tendo a Corte

---

361. Idem, ibidem (voto do Min. Souter).

362. Idem, ibidem (voto do Min. Souter, citando Holmes, *The Common Law*, 1881, p. 268, in *The Collected Works of Justice Holmes*, 1995, omitida a nota de rodapé). É digno de nota, entretanto, que o voto vencido do Min. Rehnquist tenha também citado um aforismo famoso do mesmo Holmes: "Mas 75 anos atrás *Justice* Holmes [...] referiu que 'os homens devem acautelar-se quando negociam com o Estado'" (idem, p. 937 – voto vencido do Ministro-Presidente Rehnquist, citações internas omitidas). "A sabedoria desse princípio emerge – continuou Rehnquist – não de algum antigo privilégio de soberania, mas da necessidade de se proteger o fisco federal – e os cidadãos que pagam impostos e que terminam arcando com o prejuízo – das possíveis improvidências de parte de um sem-número de servidores públicos que devem ser autorizados a contratar em nome do Estado" (idem). Vê-se facilmente que a verborragia de Holmes provê a munição para ambos os lados. Aliás, o próprio Holmes foi tido por Borchard como "o mais vigoroso defensor da santidade da doutrina da imunidade do Estado" ("Government responsibility in tort", *Yale Law Journal* 34/23-24, 1924). Cf. também Alschuler, *Law without Values: the Life, Work, and Legacy of Justice Holmes*, Chicago, University of Chicago Press, 2000, p. 54, citando a retórica de Holmes no caso "Heard *vs.* Sturgis", de 1888 ("Não há uma coisa como um direito [*right*]) criado pela lei [*law*], em comparação com o soberano que faz a lei pela qual o Direito deve ser criado"), e no caso "The Western Maid", de 1922 ("A autoridade que faz a lei é superior à lei. ... Soberania é uma questão de poder"). Para uma crítica da visão de Holmes, cf. Borchard, "Government responsibility in tort, VI", *Yale Law Journal* 36/1.039-1.100, 1927. A questão, parafraseando Laski, é "saber de onde a munição provém". Em "Winstar" nenhum Ministro ofereceu resposta a essa questão.

363. J. Schwartz notou que a invocação da visão de Holmes "essencialmente frustra a aplicação da maioria das defesas excepcionalistas apresentadas pelo Estado"

optado por uma premissa igualitária (algo como "contratos públicos equivalem a contratos privados; portanto, promessas feitas por entes públicos equivalem a promessas feitas por particulares"), a questão mais importante foi, por consequência, posta de lado e sequer foi enfrentada: não haveria uma razão plausível, baseada no "interesse público", ou uma razão "soberana", para tratar promessas feitas por entes públicos diferentemente de promessas feitas por particulares?[364] A dificuldade com os silogismos sempre é alcançar o consenso sobre as premissas.[365] Nesse caso, todo o problema está em aceitar a premissa da Corte de que o Estado deveria ser tratado como se fosse um particular, e de que nenhuma diferença há entre contratos públicos e privados.

O terceiro aspecto de "Winstar" que deve ser sublinhado é o da linguagem individualista dos direitos adquiridos adotada pela maioria dos Juízes numa parte importante de sua (um tanto incoerente) argumentação. Embora o tema dos direitos subjetivos (*rights*) seja amplo e multifacetado demais para ser tratado com maior cuidado, devo aqui enfatizar que, não por acaso, a filosofia política que sustenta o discurso dos direitos (*rights talk*) tem sido extremamente forte nos Estados Unidos e muito menos contundente na França. O Brasil está, novamente, no meio do caminho, mas desta vez bem mais perto do sistema norte-americano. Meu ponto, aqui, é o de que o argumento apresentado pela Suprema Corte, articulado no âmbito da filosofia individualista dos direitos subjetivos (*rights*), é liberal (lockeano) em sua estrutura.[366] Mais que isso, uma leitura atenta do argumento da maioria dos Juízes mostra

("Assembling 'Winstar': triumph of the ideal of congruence in government contracts law?". *Public Contracts Law Journal* 26/481-565, n. 4, *Summer*/1997, p. 495).

364. Cf. Schwartz, "Assembling 'Winstar': triumph of the ideal of congruence in government contracts law?", *Public Contracts Law Journal* 26/495.

365. Cf. Nieto, *El Arbitrio Judicial*, Barcelona, Ariel Derecho, 2000, p. 121 (citando Bobbio).

366. Sobre a relação entre *rights* e Individualismo, cf., por exemplo, Raz, *The Morality of Freedom*, Oxford, Oxford University Press, 1986, pp. 198-203. "A Filosofia do Direito de Locke não via o Direito como uma ordem de normas das quais direitos subjetivos individuais derivam por necessidade intrínseca; os direitos do indivíduo são prioritários, e deles origina-se qualquer ordem que possa existir". Cf. também H. A. Rommen, *The Natural Law: a Study in Legal and Social History and Philosophy*, trad. de Thomas R. Hanley, Indianapolis, Liberty Fund, 1998 [1936], p. 79. Para uma crítica avassaladora da concepção lockeana dos *rights*, cf. Villey, *Le Droit et les Droits de l'Homme*, Paris, PUF, 1983, principalmente pp. 149-154.

que o raciocínio jurídico baseado nos direitos subjetivos surpreendentemente deriva direitos adquiridos da soberania, num movimento que mostra quão fluida pode ser a ideia de soberania nos Estado Unidos. Em "Winstar" a maioria dos Juízes da Suprema Corte, *na intenção, consciente ou não, de limitar a doutrina da imunidade soberana*, referiu-se à capacidade do Estado de se vincular por meio de um contrato prévio, o que limitaria o Congresso no futuro, bem como à capacidade do Estado de *criar direitos adquiridos*.[367] A maioria da Corte sugestivamente atrelou a noção de soberania à capacidade do Estado de contratar – o ato de contratar seria "da essência da soberania".[368] O expediente argumentativo é sugestivo, porque transforma a noção de soberania e põe-na *a serviço dos direitos individuais*. Em nota de rodapé a Corte faz um movimento importante, torcendo a lógica, ao citar o caso "Perry": "[O] direito de contrair obrigações é uma capacidade ínsita à soberania".[369] Se levarmos o argumento ao extremo, seremos obrigados a concluir que a soberania, ao invés de imunizar o Estado em suas relações contratuais, requer do Estado o cumprimento do contrato ou a compensação do contratado. Em suma, a Suprema Corte em "Winstar" fez com que os direitos adquiridos fossem não antagônicos à soberania, mas sim um subproduto dela.[370]

Muitos *scholars*, que na França e no Brasil seriam identificados como partidários de uma visão mais "coletiva" ou "pública" do Direito, criticaram a decisão da Suprema Corte em "Winstar".[371] Não surpreen-

---

367. "É claro que a União Federal tem competência para fazer acordos que obriguem futuras legislaturas ao criar direitos adquiridos" ("Winstar", 518 U.S. p. 876 – voto do Min. Souter, citando "Perry" e "Lynch").
368. "Winstar", 518 U.S. p. 884 (voto do Min. Souter, citação omitida, nota de rodapé citando "POSSE" e "Perry").
369. Idem, p. 885 (voto do Min. Souter, citando "Perry").
370. Esse compromisso entre *rights* e *sovereignty* está presente mesmo naqueles que, como Martin Loughlin, são favoráveis a uma ideia autônoma de direito público e pensam que a soberania é um "conceito fundante" do direito público (cf. Loughlin, *The Idea of Public Law*, pp. 86-87).
371. Os melhores exemplos desse ponto de vista são Graf ("The determination of property rights in public contracts after 'Winstar vs. Unites States': where has the Supreme Court left us?", *Natural Resources Journal* 38/197-276), Hadfield ("Of sovereignty and contract: damages for breach of contract by government", *Southern California Interdisciplinary Law Journal* 8/467-537) e Schwartz ("Assembling

de que esses críticos ou identifiquem o problema da argumentação da Suprema Corte com a falta de coerência do sistema e uma carência epistemológica da dicotomia "público *versus* privado" (Hadfield), ou advoguem uma espécie de abordagem "proprietário *versus* soberano" para resolver o intrincado problema da responsabilidade do Estado por atos soberanos (Graf e Schwartz).

2.2 A França e a "responsabilité sans faute": "fait du prince" e "imprévision"

> "Os entes públicos não são partes contratantes idênticas às outras; eles não alienam, ao contratar, qualquer das suas atribuições de poder público [puissance publique]." (Philippe Terneyre[372])

Antes de estudar as teorias francesas do *fait du prince* e da *imprévision* mais especificamente, precisamos ter uma visão mais ampla sobre a responsabilidade do Estado na França, a fim de melhor compreendermos a diferença estrutural dos sistemas. A primeira e óbvia observação é que o fato do príncipe e a imprevisão são teorias do direito público, no qual se aplicam princípios que diferem dos aplicados em casos sobre a responsabilidade civil no direito privado. Ao contrário do que se passa na *common law*, que não abandonou as ideias privatistas de responsabilidade, a França construiu, como sabemos, um sistema de responsabilidade inteiramente diferente para o direito público.

Essa divisão entre "responsabilidade pública *versus* responsabilidade privada" é marcada inicialmente pelo famoso e já mencionado caso "Blanco", de 1873, no qual o *Tribunal des Conflits* estabeleceu que as normas que governam a responsabilidade do Estado seriam diferentes das normas que vigorariam no direito privado. Para mencionarmos a opinião de um autor norte-americano, o caso "Blanco" emancipou o direito público francês das restrições impostas pelo direito

---

'Winstar': triumph of the ideal of congruence in government contracts law?", *Public Contracts Law Journal* 26/481-565).

372. Terneyre, *La Responsabilité Contractuelle des Personnes Publiques en Droit Administratif*, p. 76.

privado.³⁷³ Essa ideia é crucial para os propósitos deste trabalho, e um exemplo ajuda a qualificá-la.

Na França, também há uma teoria do fato do príncipe no direito privado, mas seus significado e escopo são diferentes da teoria do fato do príncipe no direito público. No direito privado o fato do príncipe é tido como uma variação da força maior (*force majeure*).³⁷⁴ Fato do príncipe e força maior provêm, no direito privado, da mesma categoria jurídica, operam sob as mesmas condições (deve haver uma total impossibilidade de cumprimento do contrato oriunda de um fato imprevisível para que não haja responsabilidade) e produzem os mesmos efeitos – quais sejam, o término do contrato, liberando o devedor da obrigação de indenizar.³⁷⁵ No direito administrativo, ao contrário, as condições e as consequências são diferentes. Quanto às condições, a aplicação da teoria do fato do príncipe necessita que o agravamento da situação do contratado seja causado por uma *regular* atividade do Estado, e não por uma total impossibilidade de cumprimento do contrato. Quanto às consequências, em alguns casos o fato do príncipe obrigará o Estado a indenizar.³⁷⁶ Assim, a dicotomia "direito público *versus* direito privado" permite que a responsabilidade pública pelo fato do príncipe seja distinta da responsabilidade privada pelo mesmo fato. O ponto será saber em quais circunstâncias a responsabilidade pública existirá, mas as diferenças básicas entre responsabilidade pública e privada estão fixadas desde o início.

O segundo ponto é que fato do príncipe e imprevisão são teorias que se subsumem à categoria que o Direito Francês chama de responsa-

---

373. Cf. Bernard Schwartz, "The Code and public law", in *The Code Napoléon and the Common Law World: the Sesquicentennial Lectures Delivered at the Law Center of New York University, December 13-15, 1954*, Nova York, New York University Press, 1956, p. 251. Cf. também Pinto Correia, *Responsabilidade do Estado e Dever de Indenizar do Legislador*, pp. 64-65 e 74.

374. Cf.: Badaoui, *Le Fait du Prince dans les Contrats Administratifs en Droit Français et en Droit Égyptien*, p. 1; Guettier, *Droit des Contrats Administratifs*, 2ª ed., p. 417.

375. Cf.: Badaoui, *Le Fait du Prince dans les Contrats Administratifs en Droit Français et en Droit Égyptien*, p. 1; Richer, *Droit des Contrats Administratifs*, 6ª ed., Paris, LGDJ, 2008, p. 296.

376. Cf. Badaoui, *Le Fait du Prince dans les Contrats Administratifs en Droit Français et en Droit Égyptien*, p. 2.

bilidade sem culpa (*responsabilité sans faute*). Essa responsabilidade floresceu no século XX e representa uma importante diferença entre o sistema francês (ou brasileiro) de responsabilidade pública e o sistema anglo-americano,[377] contratual ou delitual. Ela também marca uma importante diferença no interior do sistema jurídico francês entre *droit administratif* e *droit civil*.[378] A coexistência de duas responsabilidades, *responsabilité pour faute* (responsabilidade por culpa) e *responsabilité sans faute* (sem culpa) nas relações contratuais é "a grande originalidade da teoria da responsabilidade contratual no *droit administratif*. Ela não tem equivalente no direito privado".[379]

Na verdade, a responsabilidade sem culpa é, como venho sustando, mas agora dito por um *publiciste*, "a consequência, se não a contraparte, dos poderes exorbitantes inerentes à natureza do poder público e das funções que [*a Administração Pública*] desempenha".[380] Numa palavra, o fato do príncipe e a imprevisão, enquanto teorias construídas dentro de um ideal de responsabilidade sem culpa, são o expresso reconhecimento de que os poderes exorbitantes da Administração Pública, "inerentes à natureza" do Estado, requerem diferentes princípios de responsabilidade. O aparecimento de um sistema com base inteiramente diferente da responsabilidade do Estado tornou-se possível na França *porque* a cultura francesa aceitou e incorporou o caráter excepcional e soberano do Estado no seu sistema jurídico, fazendo disso a essência de seu Direito.[381] Nesse sentido, fato do príncipe e imprevisão são nada mais que a resposta necessária, em favor do indivíduo, à "estatalidade" da cultura francesa. Só um sistema jurídico que enfatiza o coletivo precisa de teorias como a do fato do príncipe e da imprevisão. O sistema individualista norte-americano delas não necessita; ao contrário, um

---

377. No Direito Inglês, sobre o Direito Francês, cf., por exemplo, Fairgrieve, *State Liability in Tort: a Comparative Law Study*, pp. 136-137.
378. Cf. Gaudemet, *Traité de Droit Administratif*, 16ª ed., t. 1, §§ 1.666 e 1.697, pp. 803 e 819.
379. Laubadère, Moderne e Delvolvé, *Traité des Contrats Administratifs*, 2ª ed., vol. 1, § 766, p. 761; cf. também § 757, p. 749; Terneyre, *La Responsabilité Contractuelle des Personnes Publiques en Droit Administratif*, p. 141.
380. Terneyre, *La Responsabilité Contractuelle des Personnes Publiques en Droit Administratif*, p. 141.
381. Cf., genericamente, Beaud, *La Puissance de l'État*, p. 46.

sistema que enfatiza o indivíduo precisa, para reequilibrar-se, de teorias "coletivistas" que defendam o Estado, ou o "público".

Aqui é necessária uma pausa, para enfatizar a primeira diferença importante na estrutura e na metodologia de compreensão entre os sistemas de contratos administrativos francês (ou brasileiro) e norte-americano. Como seria de imaginar, o Direito Norte-Americano nunca sistematizou o domínio da responsabilidade pública e permaneceu sempre muito arraigado aos princípios do direito privado, enquanto que o Direito Público Francês se emancipou do direito privado e tentou sistematizar o tema da responsabilidade do Estado. Como se sabe, esse papel de sistematização foi feito na França pela doutrina, que também teve papel importante no movimento intelectual mais amplo que englobou inclusive uma teoria política sobre o Estado Francês. Nos Estados Unidos a *Sovereign Acts Doctrine* e a *Unmistakability Doctrine* não são doutrinas entendidas como parte de uma teoria mais ampla sobre o Estado, nem são governadas por uma teoria de responsabilidade pública sem culpa ou outro princípio especial. A mentalidade reinante no Direito Norte-Americano não opera, como se viu, em termos de "direito público *versus* privado" ou de "responsabilidade pública *versus* responsabilidade privada"; nem têm os norte-americanos uma teoria como a da igualdade ante os encargos públicos (*égalité devant les charges publiques*), adiante analisada. Todas essas ideias têm um *ethos* coletivista, e para os norte-americanos o Estado não merece um tratamento especial – desde Coke, a *common law* deve ser aplicada indiscriminadamente a entes públicos e ao cidadão. Uma cultura não-estatal como a norte-americana não combinaria com uma doutrina tão "exorbitante" sobre a responsabilidade pública, com uma gama de normas diferentes aplicáveis ao Estado. Isso seria aceitar os princípios "autoritários" – para usar palavras de Dicey – do *droit administratif*, que são alheios ao credo liberal da *common law*. Em termos mais abstratos, o direito público carrega – para lembrar a fórmula de Radbruch – um sentido de "direito da subordinação"[382] que repulsa o espírito da *common law*, para mencionar uma vez mais o famoso título da obra de Pound. Para a visão liberal, a "relação de categoria do direito privado ao público manifesta-se na representação de coordenação jusprivatista no direito público, que perten-

---

382. Cf. Radbruch, *Filosofia do Direito*, p. 184.

ce à essência do Estado de Direito".[383] Como disse sugestivamente Pound: "consociação, e não subordinação", é a marca da *common law*; "nós [*na common law*] estamos um com o outro, e não um sobre o outro".[384] Portanto, qualquer sistema de responsabilidade pública nos termos franceses é contrário à ideia anglo-americana de responsabilidade. Para a visão liberal – disse, acuradamente, Radbruch –, "[o] Estado mesmo coloca-se sob o direito privado na condição de fisco. Situa-se como parte no processo no mesmo patamar que os indivíduos no processo penal e administrativo". Ele, então, aduz a frase antes mencionada: "A controvertida figura do contrato de direito público significa que nele *o Estado se coloca no mesmo plano jurídico que o indivíduo*".[385]

Nada obstante essas observações, dizer que o Direito Francês construiu um sistema próprio de responsabilidade pública ou que desenvolveu princípios de responsabilidade sem culpa diversos e opostos ao conceito norte-americano de responsabilidade privada é uma afirmação predominantemente descritiva. É necessário saber por que isso se passou e sob quais assunções e princípios isso se deu.

2.2.1 *"Responsabilité sans faute" e a concepção francesa de Estado*

> *"As vontades dos indivíduos são suspeitas; elas podem ser boas ou más. Mas a vontade geral é sempre boa."* (Denis Diderot, nos anos 1750[386])

> *"Sem a intervenção do Estado, um desenvolvimento econômico forte não é possível na França. Nós não temos em nosso país uma verdadeira classe de homens de negócios."* (Lionel Jospin, em 24.10.1984[387])

---

383. Idem, p. 185.
384. Pound, "Public law and private law", *Cornell Law Quarterly* 24/475.
385. Radbruch, *Filosofia do Direito*, p. 185 [grifos nossos].
386. Diderot, *Enciclopédie*, vol. V, p. 116, citado por Himmelfarb, *The Roads to Modernity. The British, French, and American Enlightenments*, p. 168.
387. Lionel Jospin, ex-Primeiro Ministro francês (1997-2002), em entrevista ao Jornal *Le Monde*, citado por Cohen-Tanugi, *Le Droit sans l'État. Sur la Démocratie en França et en Amérique*, 3ª ed., p. 203, nota 16.

"*Há o Reino, a Coroa, a Monarquia, o Estado, essas abstrações. Há a França, esta pessoa, que vive uma vida de pessoa porque recebeu – e desde que recebeu – um nome de pessoa, um nome próprio.*" (Lucien Febvre, entre 1945 e 1947[388])

Por volta do final do século XIX e início do século XX o mundo ocidental vivia um tempo agitado. O desenvolvimento industrial e a concentração dos modos de produção, tumultos sociais, perturbações e pressões políticas, descontrolado crescimento econômico e toda sorte de problemas sociais demandavam maior justiça social.[389] Uma nova Teoria do Estado fazia-se necessária, e foram os publicistas – Léon Duguit à frente – que a ofereceram.[390] O Estado Francês deveria engajar-se nessa luta por mudança, tornar-se um Estado *engagé*.

Era a época da Terceira República (1870-1940), tempo em que o direito público francês viveu seu apogeu. Ao longo desses anos da chamada "Idade de Ouro" (*l'Âge d'Or*) a roupagem do direito público francês foi reconstruída – embora não integralmente, tendo mantido muitos de seus aspectos iniciais, como já se viu –, e as ideias sobre o direito administrativo, sobre o contrato administrativo e a responsabilidade do Estado, por conseguinte, foram também afetadas. As ideias liberais e individualistas do século XIX deram lugar a uma ideia mais coletiva e social, *à la française*, do Direito.[391] Os Estados Unidos não fizeram esse movimento, que foi crucial para o desenvolvimento, na França, de um princípio de responsabilidade sem culpa do Estado, dentro da qual as teorias do fato do príncipe e da imprevisão tomaram lugar.

---

388. Febvre, *Honra e Pátria*, trad. de Eliana Aguiar, Rio de Janeiro, Civilização Brasileira, 1998 [1945-1947], p. 47.

389. Cf., por exemplo: Belleau, "The 'juristes inquiets': legal classicism and criticism in early twentieth-century France", *Utah Law Review* 2/381, 1997; Jacques Chevallier, "Regards sur une évolution", *L'Actualité Juridique – Droit Administratif*, número especial, 20.6.1997, p. 9.

390. Cf., genericamente, por exemplo, Allison, *A Continental Distinction in the Common Law: a Historical and Comparative Perspective on English Public Law*, pp. 59-66.

391. Cf. Bigot, *Introduction Historique au Droit Administratif Depuis 1789*, Paris, PUF, 2002, p. 232. Cf. também: Monnier, "Justice administrative", *Droits* 34/110-111, Paris, 2001; Ellul, *Histoire des Institutions: le XIXe Siècle*, Paris, PUF, 1962, pp. 332-333.

Não que a Terceira República francesa fosse socialista em seu *ethos*; afirmar o contrário talvez fosse até mais apropriado. A Terceira República transcorreu na época do Liberalismo então reinante, o qual já nos anos 1820 havia influenciado a fundação do curso de *droit administratif* em Paris.[392] Nas palavras certeiras de Richard Bellamy, a Terceira República "marcou o triunfo tardio dos valores liberais burgueses".[393] Portanto, o desenvolvimento do direito administrativo francês, da forma com que hoje o conhecemos e que foi adotado por vários países, entre eles o Brasil, é, em termos gerais, liberal em seu âmago.[394]

Nada obstante isso, não se pode perder de vista – e este é ponto crucial – que a concepção do "Liberalismo" na França *nunca* teve a mesma força ou sentido do Liberalismo norte-americano. O Liberalismo francês *sempre* esteve impregnado de valores sociais,[395] assim se distinguindo da tradição liberal anglo-americana.[396] Como referiu James Kloppenberg, "enquanto o Liberalismo anglo-americano parecia culminar naturalmente num *laissez-faire*, na tradição republicana francesa, governo negativo, Individualismo e subordinação de questões sociais e políticas à economia representaram somente uma aberração temporária".[397] A fim de em-

---

392. Cf. Burdeau, *Histoire du Droit Administratif*, p. 107.

393. Bellamy, *Liberalismo e Sociedade Moderna*, trad. de Magda Lopes, São Paulo, Editora da UNESP, 1994 [1992], p. 110.

394. Cf., genericamente: Burdeau, *Histoire du Droit Administratif*, pp. 106-108 e 121-122; Monnier, "Justice administrative", *Droits* 34/111.

395. Cf., genericamente, Bellamy, *Liberalismo e Sociedade Moderna*, pp. 107-185. Cf. também Cohen-Tanugi, *Le Droit sans l'État. Sur la Démocratie en França et en Amérique*, 3ª ed., p. 11 (afirmando a "ideologia pública" francesa).

396. Cf. Kloppenberg, *Uncertain Victory: Social Democracy and Progressivism in European and American Thought, 1870-1920*, Oxford, Oxford University Press, 1986, pp. 174-177. Para um estudo histórico consistente sobre o Liberalismo, examinando as visões francesa e americana, cf. Dawson, "The historical origins of Liberalism", *Review of Politics* 16/267-282.

397. Kloppenberg, *Uncertain Victory: Social Democracy and Progressivism in European and American Thought, 1870-1920*, p. 175. Tocqueville é um bom exemplo do caráter social do Liberalismo francês. No seu aspecto econômico, o Liberalismo de Tocqueville era *sui generis*, uma vez que Tocqueville advogava a intervenção do Estado em vários campos, como para a diminuição da pobreza, construção de estradas de ferro, direção da economia, evitar os perigos de um "Capitalismo absoluto". Sobre o negligenciado pensamento econômico de Tocqueville, cf. a antologia crítica organizada por Benoît e Keslassy, *Alexis de Tocqueville. Textes Economiques: Anthologie Critique*, Paris, Pocket, 2005.

preender essa comparação, precisamos contextualizar a atmosfera liberal sócio-política na qual a ideia de *responsabilité sans faute* emergiu na França.

No direito público do final do século XIX dois dogmas inter-relacionados dominavam: o poder do Estado soberano e a irresponsabilidade do Estado, a qual era a regra mesmo na França até pouco mais da metade do referido século.[398] Soberania era um tópico debatido apaixonadamente no início da Terceira República.[399] Os publicistas conduziram o debate ao seguinte ponto:[400] quem era o soberano? A Terceira República reclamava encarnar a real herança da Revolução. Entretanto, embora os revolucionários não fizessem qualquer diferença entre soberania popular e soberania nacional,[401] os publicistas da Terceira República tentaram opor as duas noções. *La Nation Française*, o soberano, não era – assim diziam os publicistas – os poucos que votaram e viveram em uma época específica, isto é, não era o corpo eleitoral. A Nação deveria ser uma entidade abstrata, desvinculada da população contingente. Portanto, *la souveraineté* deveria ser *nationale*, e não *populaire*.[402] A soberania nacional representaria o equilíbrio para estabelecer um regime representativo, enquanto a soberania popular implicaria um despotismo convencional. Rousseau, o arquiinimigo de muitos publicis-

---

398. Sobre a irresponsabilidade do Estado no século XIX, cf., por exemplo: Burdeau, *Histoire du Droit Administratif*, p. 294; Dufau, *Les Sujétions Exorbitantes du Droit Commun en Droit Administratif: l'Administration sous la Contrainte*, Paris, L'Harmattan, 2000, pp. 220-223; Gaudemet, *Traité de Droit Administratif*, 16ª ed., t. 1, § 1663, p. 802.

399. Cf. Bigot, *Introduction Historique au Droit Administratif Depuis 1789*, p. 229.

400. O que segue nos próximos dois parágrafos do texto foi derivado livremente, além das fontes abaixo citadas, de Bigot, *Introduction Historique au Droit Administratif Depuis 1789*, pp. 229-237.

401. François Furet cita as palavras do Pastor Rabaut Saint-Etienne, um deputado de Nîmes que compunha o Terceiro Estado, falando "em nome de todos" em 4.9.1789: "O soberano é uma única e simples entidade, uma vez que é todos os homens coletivamente, sem qualquer exceção: portanto, o Poder Legislativo é uma única e simples entidade: e, se o soberano não pode ser dividido, também não o pode ser o Poder Legislativo" (*The French Revolution, 1770-1814*, 1996, p. 77).

402. Hauriou resumiu essa visão dizendo que "o corpo eleitoral não era soberano, porque ele não é a Nação" (*La Souveraineté Nationale*, Paris, Sirey, 1912, p. 29, citado por Bigot, *Introduction Historique au Droit Administratif Depuis 1789*, p. 230).

tas (e também de muitos *philosophes*)⁴⁰³ – entre eles Maurice Hauriou e Léon Duguit –, havia confundido, assim seguia o argumento, a "vontade geral" com a "vontade legislativa". Esta não correspondia à vontade geral. Posta essa premissa, o próximo passo era fácil de ser dado: *la souveraineté nationale* foi embutida, amalgamada, na ideia de Estado. Em suma, *la Nation* e *l'État*, *l'État Souverain*, a Nação Francesa e o Estado, o Estado Soberano, formavam um único e mesmo ente – Nação e Estado eram a mesma coisa.⁴⁰⁴

Esse passo permitiu o florescimento de três consequências importantes e de um último movimento crucial. Primeiro, o Estado passou a substituir o papel do Parlamento e dos cidadãos. Segundo, tendo encarnado *la Nation* e suas necessidades, o Estado legitimava-se a organizar, proteger e conduzir o interesse coletivo, o que ajudou a diminuir a força do credo novecentista num Individualismo egoísta e a favorecer uma visão mais coletiva e social do Direito. Por fim, o poder público (*la puissance publique*) que caracterizava as atividades do Estado ao longo do século XIX estava justificado: a soberania legítima do Estado representava a Nação, diluída na *puissance publique*. Qualquer semelhança com a filosofia de fundo da época de Loyseau e Delamare, que exaltavam o poder do rei (aqui, do Estado) e do coletivo, não é coincidência. O próximo e crucial movimento seria a passagem do *État Souverain* para o *État de Droit*, isto é, do Estado Soberano ao Estado de Direito.⁴⁰⁵

Conquanto esse movimento tenha sido, na França, essencial, não se pode, aqui, contar toda sua história. Deve-se, entretanto, enfatizar que o Direito Francês foi singular ao submeter o Estado ao Direito. Em ter-

---

403. Himmelfarb, baseada em John Lough, nota que "Rousseau foi rejeitado por Voltaire como um 'Judas' e por Diderot como um '*anti-philosophe*'" (*The Roads to Modernity. The British, French, and American Enlightenments*, p. 151).

404. Cf. Redor, "L'État dans la doctrine publiciste française du début du siècle", *Droits* 15/93, Paris, 1992 (sublinhando as doutrinas de Carré de Malberg e Michoud e examinando sua importância para a construção da identificação da Nação com o Estado Francês).

405. O *État de Droit* francês não equivale à *rule of law* dos anglo-americanos, como sabido. De longe, o melhor trabalho que conheço sobre o tema é a tese doutoral de Luc Heuschling, *État de Droit, Rechtsstaat, Rule of Law*, 2002. Cf. também: Mockle, "L'État de Droit et la théorie de la *rule of law*", *Les Cahiers de Droit* 35/823-904, n. 4, dezembro/1994; Troper, "Le concept d'État de Droit", *Droits* 15/51-63, Paris, 1992.

mos muito genéricos, pode-se dizer que o Estado pôde manter seu prestígio e, ao mesmo tempo, proteger os cidadãos. Podemos, agora, retornar ao tema da responsabilidade do Estado no começo do século XX.

À época, todas as Nações civilizadas haviam debatido o problema da responsabilidade do Estado,[406] e também na França a regra básica, como já referido, era a da irresponsabilidade. *Le roi ne peut mal faire* ("O rei não pode fazer o mal") – era a versão francesa da máxima medieval anglo-saxã (*the king can do no wrong*).[407] No direito privado era dominante a ideia aquiliana da culpa, cujo *ethos* subjetivo foi catapultado pelo Código Napoleônico à teoria geral da responsabilidade delitual[408] ou mesmo contratual.[409] É claro que essa forma teórica, baseada numa visão individualista da responsabilidade, não poderia ser aplicada ao Estado, incapaz de agir com culpa.

O já lembrado caso "Blanco", decidido em 1873, havia dado novo tom à temática e separado a responsabilidade pública da responsabilidade privada ao dizer que elas eram governadas por princípios distintos; mas a decisão em "Blanco" nada disse sobre quais eram e em que consistiam esses princípios. A fim de proteger os "direitos" dos indivíduos contra o poder soberano do Estado – esse era um dos objetivos dos publicistas franceses –, um poder que, entretanto, jamais deixou de ser reconhecido e mesmo *querido*, foi necessário criar uma teoria "objetiva" à responsabilidade do Estado. Daqui em diante a história é, em geral, bem conhecida: o Conselho de Estado desenvolveu uma gama de princípios próprios ao direito público ao longo do século XX, sempre guiado pelo inestimável trabalho de sistematização teórica da doutrina, cujos líderes eram Edouard Laferrière,[410] Maurice Hauriou e Léon Du-

---

406. Cf., genericamente, Pinto Correia, *Responsabilidade do Estado e Dever de Indenizar do Legislador*, p. 56.
407. Cf.: Allison, *A Continental Distinction in the Common Law: a Historical and Comparative Perspective on English Public Law*, p. 171; Borchard, "Governmental responsibility in tort: VII", *Columbia Law Review* 28/598, 1928.
408. Cf., genericamente, Pound, *An Introduction to the Philosophy of Law*, New Haven, Yale University Press, 1953, pp. 80-81.
409. Cf. Samuel, *Epistemology and Method in Law*, 2003, pp. 264-265.
410. E. Lafferrière não era professor, mas membro eminente do *Conseil d'État*. Seu *Traité de la Jurisdiction Administrative et des Recours Contentieux*, um trabalho de dois volumes publicado em 1887-1888, tornou-se uma "bíblia" aos membros

guit. Serão lembradas somente algumas características das teorias surgidas à época, enfatizando-se que *nenhuma noção equivalente foi desenvolvida no Direito Norte-Americano*.[411]

Já se pode notar o seguinte contraste entre a cultura francesa e a anglo-americana: enquanto no pensamento juspolítico inglês e norte-americano os juristas, salvo raras exceções, tiveram diminuto papel, na França ocorreu o oposto, particularmente com respeito à Teoria do Estado.[412] Essa contribuição dos juristas franceses não é acidental; ao invés, "ela era inseparável da sua identidade enquanto juristas".[413] Dos juspublicistas franceses da chamada Idade de Ouro, os dois mais importantes, como sabemos, foram Léon Duguit (1859-1928), Professor em Bordeaux entre 1986 e 1928, e Maurice Hauriou (1856-1929), Professor em Toulouse de 1882 a 1929.[414] Não seria exagero dizer que, juntos, Hauriou e Duguit construíram os fundamentos do mais famoso e imita-

---

do *Conseil*. Cf. Burdeau, *Histoire du Droit Administratif*, p. 330. Sobre a importância de Lafferrière à emancipação da responsabilidade pública dos parâmetros privatistas, cf. Plessix, *L'Utilisation du Droit Civil dans l'Élaboration du Droit Administratif*, p. 745.

411. Sobre o desenvolvimento de uma diferente gama de princípios sobre responsabilidade do Estado no Direito Francês, cf. Plessix, *L'Utilisation du Droit Civil dans l'Élaboration du Droit Administratif*, pp. 744-750.

412. Cf. Stuart Jones, *The French State in Question: Public Law and Political Argument in the Third Republic*, Cambridge/UK, Cambridge University Press, 1993, p. 149. Cf. também: Allison, *A Continental Distinction in the Common Law: a Historical and Comparative Perspective on English Public Law*, p. 74; Caillosse, "Droit public-privé: sens et portée d'un partage académique", *L'Actualité Juridique – Droit Administratif*, 20.12.1996, p. 958.

413. Stuart Jones, *The French State in Question: Public Law and Political Argument in the Third Republic*, p. 149.

414. É surpreendente que haja tão poucos trabalhos de Hauriou disponíveis em Inglês. Até onde sei, conheço os seguintes: "Interpretation of the principles of public law", *Harvard Law Review* 31/813-821, n. 6, Cambridge, abril/1918; "Tradition", in *Social Sciences*, Ann Arbor, 1983; e *The French Institutionalists: Maurice Hauriou, Georges Renard, Joseph T. Delos*, trad. de Mary Welling, Cambridge, Harvard University Press, 1970. Entretanto, pode-se consultar o interessante artigo de Christopher Gray, "Critique of legal theory. From Rousseau to Kelsen: Maurice Hauriou on his predecessors", *Rechtstheorie* 14/401-417, Berlim, 1983, que oferece uma boa ideia da teoria jurídica de Hauriou. E ainda mais impressionante é a completa ausência de traduções ao Português da obra de Hauriou. Em Português, cf. Castro Farias, *A Teoria do Estado no Fim do Século XIX e no Início do Século XX: os Enunciados de Léon Duguit e de Maurice Hauriou*, Rio de Janeiro, Lumen Juris, 1999.

do sistema de direito público do mundo ocidental moderno. O trabalho de Duguit vai nos interessar mais de perto, por duas razões. Primeiro porque Duguit, baseado nas ideias de Durkheim, fundou sua teoria e filosofia jurídicas sobre a ideia-força da "solidariedade social" (*solidarité sociale*), a qual caracteriza a cultura francesa, da qual o Brasil se abeberou formalmente. Segundo porque Duguit lançou e desenvolveu a ideia do "serviço público" (*service public*), concepção que se tornou crucial à teoria francesa de Estado e um dos maiores lemas da França,[415] igualmente com grande influência no Brasil. Juntas, as ideia de solidariedade social e de serviço público contribuíram para a fundação da *responsabilité sans faute*, a qual era, em suma, uma responsabilidade *coletivista*, uma ideia *social* da responsabilidade do Estado.[416] As teorias do *fait du prince* e da *imprévision* devem ser entendidas neste cenário mais amplo.

2.2.2 *Léon Duguit e as ideias da "solidarité sociale" e do "service public". O "ethos" social francês "versus" o Individualismo norte-americano*

> "*O Estado diz: eu sou uma personalidade viva, eu sou a vida da Nação, o interesse geral está encarnado em mim, e todo o seu poder, qualquer que seja a origem que tenha, deve ser exercido em meu nome, isto é, em nome do interesse geral.*" (Maurice Hauriou[417])

> "*Todas as evidências atestam que os fins domésticos devem ser subordinados aos fins nacionais, motivo pelo qual a pátria é um grupo social de ordem mais elevada.*" (Émile Durkheim[418])

---

415. Cf., genericamente, Chevallier, "Regards sur une évolution", *L'Actualité Juridique – Droit Administratif*, número especial, 20.6.1997, pp. 10-11.

416. Cf. Burdeau, *Histoire du Droit Administratif*, pp. 320-321. Entre nós, cf. Castro Farias, *A Teoria do Estado no Fim do Século XIX e no Início do Século XX: os Enunciados de Léon Duguit e de Maurice Hauriou*, p. 68.

417. Hauriou, *La Science Sociale Traditionnelle*, Paris, 1896, pp. 384-385, apud Stuart Jones, *The French State in Question: Public Law and Political Argument in the Third Republic*, p. 203.

418. Durkheim, *A Educação Moral*, p. 85.

"*Seria procurar em vão, no Direito Norte-Americano, [...] pela noção de serviço público. Entretanto, sabe-se que a noção de service public no sentido da jurisprudência francesa não é equivalente à noção [americana] de serviço universal [universal service].*" (Lucien Rapp[419])

Foi referido antes que o direito administrativo francês foi construído não somente pela jurisprudência do Conselho de Estado, mas também pelo trabalho dos publicistas. Também foi afirmado que durante a Idade de Ouro o direito público francês necessitou de uma base teórica diferente da teoria privada da culpa aquiliana para fundar um sistema de responsabilidade pública. Léon Duguit ofereceu essa base teórica.[420] Aqui serão enfatizados somente os pontos importantes à construção do aspecto objetivo da responsabilidade sem culpa do Estado, salientando-se desde já – e isto é crucial – que *nenhuma* das ideias de Duguit teve curso nos Estados Unidos,[421] país no qual a filo-

---

419. Rapp, "L'expérience américaine", *L'Actualité Juridique – Droit Administratif*, número especial, 20.6.1997, p. 159.

420. Cf., genericamente, Bigot, *Introduction Historique au Droit Administratif Depuis 1789*, pp. 226-48. Cf. também Pinto Correia, *Responsabilidade do Estado e Dever de Indenizar do Legislador*, pp. 74-75.

421. Para uma visão geral da influência de Duguit no direito administrativo, cf. Jèze, "L'influence de Léon Duguit sur le droit administratif français", *Archives de Philosophie du Droit et de Sociologie Juridique* 1-2/135-151, 1932. A importância dada por alguns *scholars* da *common law* no começo do século XX ao trabalho de Duguit é digna de nota. Pode-se encontrar parte do primeiro importante trabalho de Duguit, *L'État, le Droit Objectif et la Loi Positive*, Paris, Dalloz, 1901, traduzido para o Inglês em 1916 junto com outros trabalhos de jusfilósofos franceses, nomeadamente Alfred Fouillée, Joseph Charmont e René Demogue (cf. *Modern French Legal Philosophy*, by Alfred Fouillée *et al.*, Nova York, MacMillan, 1921 [1910], trad. de Franklin W. Scott e Joseph P. Chamberlain das pp. 1-52, 80-137 e 613-18 do original). Em 1916 Jethro Brown publicou um estudo acurado sobre a Filosofia do Direito de Duguit (cf. "The jurisprudence of M. Duguit", *The Law Quarterly Review* 32/168-183, Londres, abril/1916). Em 1918 os editores da *Illinois Law Review* forneceram um pequeno inventário dos trabalhos de Duguit em nota de rodapé na abertura de artigo de Duguit intitulado "Compensation for losses of war", mencionando os editores quais os trabalhos de Duguit que haviam sido até então traduzidos ao Inglês. Um desses trabalhos, "The Law and the State", é um estudo de 185 páginas publicado no vol. 31 da *Harvard Law Review*, de 1917, artigo que contém boa parte da Filosofia do Direito e da Teoria Política de Duguit. Em 1920-1921 a *Columbia Law Review* publicou outros quarto artigos, em sequência, chamados "Objective law". Em 1922

sofia individualista não vê com simpatia noções como solidariedade social ou serviço público.[422]

Duguit era um positivista sociológico. Émile Durkheim (1858-1917), o grande sociólogo francês, foi colega de Duguit em Bordeaux de 1901 a 1914 e teve enorme influência no pensamento de Duguit.[423] Uma das ideias fundamentais de Durkheim, a *solidarité sociale*, exposta no seu livro seminal de 1893, *De la Division du Travail Social*, inspirou o primeiro capítulo do primeiro grande livro de Duguit, *L'État, le Droit Objectif et la Loi Positive*, escrito em 1901.[424] Ali Duguit lança as suas (ou de Durkheim) famosas ideias sobre solidariedade social, princípio que Duguit nunca abandonou e sobre o qual fundou toda a sua teoria jurídica.[425] O papel do Estado, segundo Duguit, era promover a

---

W. Y. Elliott escreveu sobre a metafísica do conceito pragmático de Direito de Duguit (cf. "The metaphysics of Duguit's pragmatic conception of Law", *Political Science Quarterly* 37/639-654, n. 4, dezembro/1922). Surpreendentemente, Duguit é mencionado raramente nos estudos jurídicos americanos hoje em dia, sendo virtualmente desconhecido dos estudantes de Direito norte-americanos.

422. Não estou sugerindo que a noção de serviço público não exista nos Estados Unidos. O que sustento é que a concepção francesa de *service public* é estranha ao Liberalismo norte-americano. Na França, como se sabe, a concepção de *service public* serviu de fundamento ao direito público (cf. Chevallier, "Regards sur une évolution", *L'Actualité Juridique – Droit Administratif*, número especial, 20.6.1997, pp. 9-10).

423. O próprio Duguit reconheceu expressamente essa influência, como explico na nota de rodapé abaixo. Em Bordeaux, Duguit assistiu às aulas de Durkheim. Cf. Bigot, *Introduction Historique au Droit Administratif Depuis 1789*, p. 228. Sobre essa influência, cf., em Inglês: Allison, *A Continental Distinction in the Common Law: a Historical and Comparative Perspective on English Public Law*, p. 61; Stuart Jones, *The French State in Question: Public Law and Political Argument in the Third Republic*, Capítulo 6; Loughlin, *Public Law and Political Theory*, p. 110. Na doutrina brasileira, cf. Farias, *A Teoria do Estado no Fim do Século XIX e no Início do Século XX: os Enunciados de Léon Duguit e de Maurice Hauriou*, Rio de Janeiro, Lumen Juris, 1999.

424. Cf. Duguit, *L'État, le Droit Objectif et la Loi Positive*, pp. 23-79. Duguit abre a obra referindo em rodapé que foi "largamente inspirado, neste capítulo, pelo belo livro de M. Durkheim, *De la Division du Travail Social*, 1893, ainda que nós rejeitemos muitas das ideias ali expostas" (p. 23).

425. Cf., por exemplo: Le Fur, "Le fondement du Droit dans la doctrine de Léon Duguit", *Archives de Philosophie du Droit et de Sociologie Juridique* 1-2/175, 1932; Loughlin, *Public Law and Political Theory*, pp. 110-111; Pinto Correia, *Responsabilidade do Estado e Dever de Indenizar do Legislador*, pp. 76-77.

solidariedade social, a qual se situava acima do Estado.[426] O Estado era somente um meio para atingir um fim, a *solidarité sociale*.[427] Para Duguit a solidariedade social era um fato, não uma regra moral, um dever cristão de caridade ou um *slogan* republicano; a solidariedade social poderia muito bem fundar indiretamente uma norma, mas não era primeiramente uma norma.[428] Baseado em Durkheim, Duguit viu na solidariedade social um moto objetivo que poderia substituir as noções subjetivas, quiméricas, improváveis e metafísicas de "soberania", "vontade geral" ou "direitos individuais", as quais fundavam – e fundam – a maioria das Repúblicas Democráticas modernas (como, à época, os Estados Unidos). Duguit enfatizava, em suma, o *caráter social* do Direito, opondo esse caráter às raízes individualistas do Direito (Norte-Americano).[429]

A primeira observação a ser feita é comparativa. O Positivismo Sociológico de Duguit (e de Durkheim) é baseado em uma ideologia coletivista, e não em uma ideologia individualista como o Liberalismo norte-americano.[430] Durante a Terceira República, período em que a teoria clássica do *contrat administratif* foi construída (e no qual as teorias do *fait du prince* e da *imprévision* foram desenvolvidas),[431] valores li-

---

426. Cf. Laski, "La conception de l'État de Léon Duguit", *Archives de Philosophie du Droit et de Sociologie Juridique* 1-2/122-123, 1932.
427. Idem, p. 124. Cf. também Farias, *A Teoria do Estado no Fim do Século XIX e no Início do Século XX: os Enunciados de Léon Duguit e de Maurice Hauriou*, pp. 59-63.
428. Cf. Duguit, *L'État, le Droit Objectif et la Loi Positive*, pp. 23-24. Cf. também Laski, "La conception de l'État de Léon Duguit", *Archives de Philosophie du Droit et de Sociologie Juridique* 1-2/122.
429. Cf. Laski, "La conception de l'État de Léon Duguit", *Archives de Philosophie du Droit et de Sociologie Juridique* 1-2/126. Entre nós, P. A. Pasqualini refere que Duguit foi, sem dúvida, "o crítico mais acerbo do Individualismo" (in Cirne Lima, *Princípios de Direito Administrativo*, 7ª ed., revista e reelaborada por Paulo Alberto Pasqualini, São Paulo, Malheiros Editores, 2007, p. 408).
430. Cf.: Loughlin, *Public Law and Political Theory*, pp. 112-113; Laski, "La conception de l'État de Léon Duguit", *Archives de Philosophie du Droit et de Sociologie Juridique* 1-2/126.
431. Cf. Drago, "Paradoxes sur les contrats administratifs", in *Études Offertes à Jacques Flour*, Répertoire du Paris, Répertoire du Notariat Defrénois, 1979, p. 152 ("A *Belle Époque* da jurisprudência no que diz aos contratos administrativos teve lugar entre 1890 e 1930").

berais dominaram, como se viu. Entretanto, como expliquei antes, o Liberalismo francês, ao contrário do Liberalismo norte-americano, erigiu a *solidariedade* a um fenômeno moral,[432] pondo-a no epicentro da teoria que visava a evitar o egoísmo (ou o Individualismo no seu sentido negativo) e a promover valores comunitários.[433] Foi na defesa desses valores comunitários e sociais que Duguit objetivava destronar a "soberania" e colocar em seu lugar, no cume do sistema jurídico, o conceito de *service public*, o qual é, portanto, carregado de ideologia. É nessa atmosfera coletivista que se pode melhor compreender o segundo importante movimento na Terceira República, qual seja, a construção de uma Teoria do Estado baseada na ideia de serviço público.[434]

Como Jacques Chevallier explicou, na França a ideia de serviço público é um mito.[435] Ela é tão forte e unicamente francesa que se tornou um modelo social. Por trás da expressão *service public* há toda uma concepção de Estado que tornaria enganosa qualquer comparação; e é bem sabido, como referido na epígrafe desta seção, que seria procurar em vão por um conceito análogo no Direito Anglo-Americano.[436]

O conceito de "serviço público" é altamente ideológico. O que os franceses orgulhosamente chamam de *service public à la française* foi

---

432. Cf. Durkheim, *Da Divisão do Trabalho Social*, trad. de Eduardo Brandão, São Paulo, Martins Fontes, 1999 [1893], p. 21.

433. As opiniões contrastantes de Durkheim e Herbert Spencer (1820-1903) – ambos positivistas – são reveladoras: para o francês o social ou público deve suplantar o individual, e a mudança social era inerentemente liderada por uma "solidariedade orgânica", e não, como o liberal inglês proclamava, por forças morais. Para Durkheim, Spencer errava ao deduzir a sociedade do indivíduo; Durkheim entendia que o contrário era verdadeiro (cf. Bellamy, *Liberalismo e Sociedade Moderna*, pp. 94-96).

434. Cf., genericamente, Guénaire, "Le service public au cœur du modèle de développement français", *Le Débat* 134/52, 2005. O autor identifica serviço público e solidariedade coletiva (p. 55).

435. Chevallier, "Regards sur une évolution", *L'Actualité Juridique – Droit Administratif*, número especial, 20.6.1997, p. 8. O que segue nos próximos dois parágrafos do texto foi derivado do estudo de Chevalier. Cf. também Caillosse, "Sur les enjeux idéologiques et politiques du droit administratif", *La Revue Administrative* 208/361-368.

436. Para a experiência inglesa com a noção de serviço público, cf. Bell, "L'expérience britannique", *L'Actualité Juridique – Droit Administratif*, número especial, 20.6.1997, pp. 130-135. Para a experiência norte-americana, cf. Rapp, "L'expérience américaine", *L'Actualité Juridique – Droit Administratif*, número especial, 20.6.1997, pp. 159-164.

recentemente resumido por Michel Guénaire como sendo o resultado de uma conjugação de uma realidade política, econômica e jurídica,[437] mas é digno de nota que a noção foi primeiramente concebida no campo jurídico. Politicamente, a noção foi vinculada ao lugar ocupado pelo Estado no desenvolvimento da Nação.[438] Economicamente, o *service public* designou a combinação de intervenções na economia por parte do Estado, das coletividades locais e das empresas públicas, as quais tiveram enorme impacto na economia nacional.[439] Legalmente, o conceito de serviço público era, quando estabelecido, a base da nova noção de Estado. Duguit ofereceu essa nova teoria, a qual pretendia apresentar uma concepção eminentemente *objetiva* do direito público.

O que importa aos nossos propósitos é notar que por meio da concepção de serviço público, baseada como era na solidariedade social, a França pôde desvincular a responsabilidade privada da responsabilidade pública. A responsabilidade privada era baseada no *standard* subjetivo da culpa, enquanto na responsabilidade pública não poderia ser assim.[440] O argumento, este: uma vez que o Estado se baseia na solidariedade social e deve prover o cidadão com serviços públicos, deve, então, haver uma espécie de "seguro social" a fim de proteger eventuais perdas que o indivíduo possa sofrer quando utiliza os serviços públicos. Em termos comparados, é importante notar que a primeira preocupação não é com um

---

437. Cf. Guénaire, "Le service public au cœur du modèle de développement français", *Le Débat* 134/52-53.

438. O autor anota a dificuldade dos parceiros europeus em entender a concepção francesa de serviço público (cf. Guénaire, "Le service public au cœur du modèle de développement français", *Le Débat* 134/52). De fato, a má compreensão do *service public à la française* pelos estrangeiros é causada pelo fraco conhecimento histórico sobre o Direito Francês. A civilização francesa tem sido, desde a Idade Média, embebida com "a inserção da vida pública no plano do Direito", elemento fundamental acuradamente apanhado por Jean-Louis Mestre na sua pesquisa histórica (cf. Mestre, *Introduction Historique au Droit Administratif Français*, p. 19).

439. Cf. Guénaire, "Le service public au cœur du modèle de développement français", *Le Débat* 134/52-53. Durkheim reconhecia um dever positivo do Estado, que tinha um papel moral e econômico no desenvolvimento da sociedade (cf., genericamente, Durkheim, *A Educação Moral*, pp. 76-89; cf. também Allison, *A Continental Distinction in the Common Law: a Historical and Comparative Perspective on English Public Law*, p. 60).

440. Cf. Duguit, *Traité de Droit Constitutionnel*, 3ª ed., vol. 1, Paris, E. de Boccard, 1927, pp. 178-179. Cf. também Duez e Debeyre, *Traité de Droit Administratif*, Paris, Dalloz, 1952, p. 419.

supostamente existente "direito subjetivo" do indivíduo a ser compensado ou ressarcido por eventual dano, mas sim com o dever do Estado não somente de prover o serviço público, como também de prover pela compensação quando esse mesmo serviço é provido impropriamente. Com essa filosofia antiindividualista em mente podemos melhor compreender a enorme diferença de princípio que governa o sistema norte-americano de responsabilidade do Estado e o sistema francês ou brasileiro.

Na base da responsabilidade sem culpa do Estado está o princípio fundamental da igualdade ante os encargos públicos (*égalité devant les charges publiques*),[441] retirada do art. 13 da Declaração dos Direitos do Homem de 1789; igualdade que se tornou, para vários autores, o alicerce de toda responsabilidade civil do Estado, com ou sem culpa.[442] Se a Nação – igualada ao Estado – era soberana; se ela se fundava sobre uma solidariedade social; se ela devia prover serviços públicos a todos; e se todos os cidadãos deviam suportar os encargos públicos, então, o indivíduo singularmente considerado não podia suportar sozinho o eventual dano sofrido por toda a coletividade, isto é, pelo Estado (ou pela Nação).

Portanto, a concepção francesa (ou brasileira) da responsabilidade sem culpa do Estado é embebida numa teoria mais ampla do Estado, o qual deve ser responsável e sujeito ao Direito. As ideias interconectadas de solidariedade e serviço público formaram a base dessa nova estrutura e carregavam uma ideologia oposta ao Liberalismo anglo-americano.[443] A teoria da responsabilidade sem culpa do Estado é somente uma parte desse *ethos* coletivista. O paradoxo é que a *consequência prática* dessa diferente teoria francesa é, em suma, a mesma daquela buscada pelos princípios individualistas do sistema anglo-americano: proteger o cidadão contra atos do poder público. O que se passa é que o sistema francês, por assumir de bom grado a superioridade do Estado, viu-se na contingência de criar a si um *dever* de reparar os seus atos.

---

441. Cf. Gaudemet, *Traité de Droit Administratif*, 16ª ed., t. 1, § 1.669, p. 804. Em Inglês, cf. Brown e Bell, *French Administrative Law*, 5ª ed., p. 194. Em Português, cf. Pinto Correia, *Responsabilidade do Estado e Dever de Indenizar do Legislador*, pp. 80-83.

442. Cf. Pinto Correia, *Responsabilidade do Estado e Dever de Indenizar do Legislador*, p. 83 (citando Laubadère, Vedel, Duez e Debeyre e Waline).

443. Cf. Guénaire, "Le service public au cœur du modèle de développement français", *Le Débat* 134/61.

Ao comparatista é importante salientar o seguinte: é esse arcabouço ideológico social, mas protetor dos interesses individuais, que deu margem aos muitos elogios de vários autores anglo-americanos de diversos matizes ao sistema francês de *droit administratif*, o qual agradava tanto aos socialistas, como Laski, em razão dos princípios coletivos, como aos liberais, pela sua proteção ao indivíduo; proteção, essa, negada na *common law* em razão da doutrina da imunidade soberana.

Trazendo essas ideias ao campo dos contratos administrativos e tomando o Individualismo norte-americano como parâmetro, o comparatista que estuda os sistemas jurídicos norte-americano e francês depara-se com dois cenários teóricos distintos. Numa "sociedade com Estado", na qual o Estado orienta a vida privada e dirige a economia (*économie dirigée*), os indivíduos precisam de proteção quando o Estado onipresente, por atividades externas, acaba por ofender "direitos" ou "expectativas" dos contratados. O Conselho de Estado francês, então, passa a responder a essas necessidades e inventa as teorias do fato do príncipe e da imprevisão.

2.2.3 *"Fait du prince" e "imprévision": teorias para proteger o contratado, com base no "équilibre financier" do contrato, mas sob a justificava do "intérêt général"*

Foi dito que *fait du prince* e *imprévision* são, ao contrário da *Sovereign Acts Doctrine* e da *Unmistakability Doctrine*, teorias originalmente construídas pelas Cortes para proteger os contratados dos poderes exorbitantes do Estado. A razão básica para essa diferença crucial foi também mencionada: uma "sociedade de Estado" como a francesa necessitava compensar o *ethos* coletivo que nela reina. Tratarei antes da teoria do fato do príncipe e depois da teoria da imprevisão. O que se deve ressaltar é que ambas as teorias se fazem sob a capa do interesse público, embora se possa já notar críticas a esse fundamento, deslocando-o para o polo da igualdade.

2.2.3.1 "Fait du prince"

Resumidamente, a teoria do *fait du prince* insere-se num contexto maior de uma ideia de responsabilidade estatal por atos lícitos, ideia que brotou, como antes referido, em uma cultura cuja visão sobre o Estado é positiva.[444] A filosofia por trás da teoria do *fait du prince* é a de que toda a comunidade deve suportar os encargos do serviço público, e por isso o Estado – isto é, toda a Nação (na concepção da Terceira República, período no qual a teoria se desenvolveu) –, deve custear os eventuais prejuízos que o contratado vier a sofrer acaso sobrevenha um "fato do príncipe". Ocorrendo esse fato, o contratado deve ser totalmente indenizado (*indemnisation intégrale*).[445] Numa perspectiva comparada, entretanto, é importante abordar as diferenças epistemológicas entre a teoria do *fait du prince* e seus "equivalentes funcionais", a fim de compreender o que está em jogo quando o operador do Direito trata com o problema dos atos soberanos.

Ao contrário da *Sovereign Acts Doctrine*, o *fait du prince* requer do intérprete uma construção *ativa*, no sentido de que o jurista parte da ideia de que o Estado *pode*, em nome do interesse geral, alterar a situação jurídica do contratado sem ter de indenizá-lo por isso, a menos que ocorram algumas condições, como, por exemplo o próprio fato do príncipe. A diferença fundamental está na assunção feita pelo intérprete. Enquanto o jurista francês parte da ideia de que no contrato administra-

---

444. Sobre o *fait du prince*, o livro clássico na doutrina francesa é ainda o estudo de Badaoui, *Le Fait du Prince dans les Contrats Administratifs en Droit Français et en Droit Égyptien*, 1955. Cf. também: Duez e Debeyre, *Traité de Droit Administratif*, pp. 570-572; Guettier, *Droit des Contrats Administratifs*, 2ª ed., pp. 417-419 e 561-564; André de Laubadère, "Les éléments d'originalité de la responsabilité contractuelle de l'Administration", in *L'Évolution du Droit Public: Études Offertes à Achille Mestre*, Paris, Sirey, 1956, pp. 390-394; Laubadère, Moderne e Delvolvé, *Traité des Contrats Administratifs*, 2ª ed., vol. 2, §§ 1.290-1.323, pp. 515-551; Richer, *Droit des Contrats Administratifs*, 6ª ed., pp. 296-300; Terneyre, *La Responsabilité Contractuelle des Personnes Publiques en Droit Administratif*, pp. 150-166. Em Inglês, sobre o Direito Francês, cf.: Brown e Bell, *French Administrative Law*, 5ª ed., pp. 207-208; Langrod, "Administrative contracts: a comparative study", *The American Journal of Comparative Law* 4/344; Mewett, "The theory of government contracts", *The McGill Law Journal* 5/232-233; J. D. B. Mitchell, *The Contracts of Public Authorities. A Comparative Study*, pp. 193-198. Na doutrina nacional, cf., por exemplo: Justen Filho, *Comentários à Lei de Licitações e Contratos Administrativos*, 14ª ed., São Paulo, Dialética, 2010, pp. 858-859; Meirelles, *Licitação e Contrato Administrativo*, 14ª ed., 2ª tir., São Paulo, Malheiros Editores, 2007-2008, pp. 253-255; Lúcia Valle Figueiredo, *Curso de Direito Administrativo*, 9ª ed., São Paulo, Malheiros Editores, 2008, pp. 540-541.

445. Cf. Gaudemet, *Traité de Droit Administratif*, 16ª ed., t. 1, § 1.487, p. 712.

tivo o Estado pode indiretamente alterar a situação do contratado em nome do interesse geral, *porque* se está diante de uma relação de direito público, o operador do Direito norte-americano parte da assunção de que o Estado deve ser tratado em igualdade de condições com a parte privada. Assim, o francês teve de construir uma teoria que protegesse o contratado e compensasse as reconhecidas prerrogativas do Estado, as quais se baseiam na predominância dos princípios do direito público.

Por seu turno, tendo em vista que as assunções do operador do Direito norte-americano são diametralmente opostas às do francês, nos Estados Unidos foi necessária a construção de uma teoria para proteger o Estado e compensar um *ethos* individualista, que sustenta predominantemente princípios jusprivados; daí emergiram a *Sovereign Acts Doctrine* e a *Unmistakability Doctrine*.

É interessante notar que, seja nos Estados Unidos ou na França (ou no Brasil), o problema da responsabilidade do Estado por atos soberanos é sempre fluido e de contornos pouco claros. Com efeito, assim como a *Sovereign Acts Doctrine*, a teoria do *fait du prince* (por vezes chamada de *fait de l'Administration*)[446] é também tida por ser um "problema obscuro",[447] o que é constatado desde a metade do século passado, quando André de Laubadère referiu ser o *fait du prince* "uma das mais confusas"[448] teorias do *droit administratif*, o que permanece até hoje.[449]

---

446. Não há consenso sobre a equivalência entre fato da administração e fato do príncipe no Brasil. Por exemplo, Hely os distingue (cf. *Licitação e Contrato Administrativo*, 14ª ed., 2ª tir., pp. 255-256), enquanto Lúcia Valle Figueiredo parece equipará-los (*Curso de Direito Administrativo*, 9ª ed., p. 536). Na jurisprudência, tratando-os distintamente, com base em Hely, cf., por exemplo, TJRS, 1ª Câmara Cível, ACi 70007212087, DAER/RS *vs*. Auto Viação Venâncio Aires, rel. Des. Irineu Mariani, j. 20.10.2004.

447. Badaoui, *Le Fait du Prince dans les Contrats Administratifs en Droit Français et en Droit Égyptien*, p. 199.

448. Laubadère, *Traité Théorique et Pratique des Contrats Administratifs*, t. 3, Paris, LGDJ, 1956, § 910, p. 24.

449. Os doutrinadores franceses são unânimes sobre a fluidez dos elementos que compõem a teoria do *fait du prince*. Cf., por exemplo: Chapus, *Droit Administratif General*, 15ª ed., t. 1, Paris, Montchrestien, 2001, § 1.384, p. 1.211 (anotando que a jurisprudência é muito incerta); Gaudemet, *Traité de Droit Administratif*, 16ª ed., t. 1, § 1.486, p. 711 (referindo-se à complexidade da jurisprudência acerca da noção do *fait du prince*); Laubadère, Moderne e Delvolvé, *Traité des Contrats Administratifs*, 2ª

A primeira e já mencionada confusão diz com a própria extensão da teoria do *fait du prince*, que é por vezes entendida em senso lato, a ponto de abarcar todo o *pouvoir de modification unilatérale*, isto é, todo o poder de alteração unilateral dos contratos. Nesse caso, todas as modificações ocorridas na execução do contrato administrativo, internas ou externas, seriam um *fait du prince*, a manifestação de um "ato soberano";[450] é essa, por exemplo, a posição do clássico na matéria, Saroit Badaoui.[451] Outros adotam uma visão mais estreita da teoria. Entre os autores já clássicos, por exemplo, André de Laubadère, Franck Moderne, Georges Vedel e Pierre Delvolvé;[452] mais recentemente, Philippe Terneyre, o último que tentou sistematizar a matéria da responsabilidade contratual do Estado,[453] e Christophe Guettier.[454] Esta última posição, mais restrita, é a aqui adotada. É que a teoria do *fait du prince* e o *pouvoir de modification unilatérale* variam em espécie, escopo e consequências. A principal diferença é esta: o *fait du prince* requer que o contratado sofra um "dano especial" para ser indenizado, enquanto no *pouvoir de modification unilatérale* o contratado deve ser sempre inde-

---

ed., vol. 2, § 1.291, p. 516 ("A teoria do *fait du prince* é uma das mais confusas teorias do direito dos contratos administrativos"); Richer, *Droit des Contrats Administratifs*, 6ª ed., pp. 297-298 (sumariando as controvérsias sobre a teoria, examinando a jurisprudência e concluindo que não há certeza sobre o tema). Em Inglês, cf., por exemplo, J. D. B. Mitchell, *The Contracts of Public Authorities. A Comparative Study*, p. 198 (reconhecendo a incerteza da teoria).

450. Cf. a explicação de Terneyre, *La Responsabilité Contractuelle des Personnes Publiques en Droit Administratif*, pp. 115 e 150. Cf. também: Gaudemet, *Traité de Droit Administratif*, 16ª ed., t. 1, § 1.485, pp. 710-711; Laubadère, *Traité Théorique et Pratique des Contrats Administratifs*, t. 3, § 910, pp. 24-25; Laubadère, Moderne e Delvolvé, *Traité des Contrats Administratifs*, 2ª ed., vol. 2, § 1.292, p. 516; Richer, *Droit des Contrats Administratifs*, 6ª ed., pp. 297-298.

451. Badaoui, *Le Fait du Prince dans les Contrats Administratifs en Droit Français et en Droit Égyptien*, 1955.

452. Cf.: Laubadère, *Traité Théorique et Pratique des Contrats Administratifs*, t. 3, § 911, pp. 25-26; Laubadère, Moderne e Delvolvé, *Traité des Contrats Administratifs*, 2ª ed., vol. 2, § 1.292, pp. 516-517; Georges Vedel e Pierre Delvolvé, *Droit Administratif*, 1992, p. 426, citados por Guettier, *Droit des Contrats Administratifs*, 2ª ed., p. 418. Cf. também: Gaudemet, *Traité de Droit Administratif*, 16ª ed., t. 1, § 1.486, pp. 711-712; Richer, *Droit des Contrats Administratifs*, 6ª ed., pp. 297-298.

453. Cf. Terneyre, *La Responsabilité Contractuelle des Personnes Publiques en Droit Administratif*, pp. 150-151.

454. Cf. Guettier, *Droit des Contrats Administratifs*, 2ª ed., pp. 417-419.

nizado.⁴⁵⁵ Além disso, o *fait du prince*, como já foi dito no Capítulo I, refere-se a uma alteração externa do contrato, enquanto o *pouvoir de modification unilatérale* é interno ao contrato administrativo.⁴⁵⁶

Para os propósitos deste trabalho é importante ressaltar que, no seu espírito sistematizador, a doutrina francesa elaborou, com base na jurisprudência, alguns elementos ou condições à aplicação da doutrina do *fait du prince*,⁴⁵⁷ o que não ocorre nos Estados Unidos. Esses elementos serão aqui relembrados de forma breve, uma vez que conhecidos. Primeiro, o ato que gera compensação sob a invocação do *fait du prince* deve ser imputável à Administração contratante, e não a qualquer outra autoridade pública. Segundo, o ato deve ser imprevisível ao tempo da formação do contrato. Finalmente – e principalmente –, a "natureza" do ato deve ser apta a gerar compensação. Direi poucas palavras sobre as primeiras e tratarei mais longamente da última condição. Além de delinear minimamente os elementos do instituto no Direito Francês, o propósito comparado que move principalmente a abordagem que segue é minha intenção de chamar a atenção, quanto possível, para a fonte de determinadas afirmações encontradas na doutrina brasileira.

A primeira condição diz que o ato deve ser imputado ao ente estatal contratante (*collectivité contractante*). Se o ato (*fait dommageable*) não emana da *collectivité contractante*, mas de outro ente estatal, então, o contratado não pode invocar a teoria do *fait du prince*,⁴⁵⁸ embora ele possa obter ressarcimento pela teoria da *imprévision*,⁴⁵⁹ a qual por vezes se confunde com o *fait du prince*, mas difere em pontos importantes,

---

455. Cf. Terneyre, *La Responsabilité Contractuelle des Personnes Publiques en Droit Administratif*, p. 115.

456. Há quem veja aí uma diferença no fundamento da responsabilidade: extracontratual no fato do príncipe; contratual no poder de modificação unilateral. No Direito Brasileiro assim pensam, por exemplo: Di Pietro, *Direito Administrativo*, 23ª ed., pp. 279-280; Guimarães, *Alteração Unilateral do Contrato Administrativo (Interpretação de Dispositivos da Lei 8.666/1993)*, São Paulo, Malheiros Editores, 2003, pp. 129-132.

457. Tomo as condições de Laubadère, Moderne e Delvolvé, *Traité des Contrats Administratifs*, 2ª ed., vol. 2, §§ 1.296-1.323, pp. 521-551, e de Terneyre, *La Responsabilité Contractuelle des Personnes Publiques en Droit Administratif*, pp. 151-154.

458. Cf. Long *et al.*, *GAJA*, 2007, Paris, Dalloz, n. 31, p. 193.

459. Cf., por exemplo, Laubadère, Moderne e Delvolvé, *Traité des Contrats Administratifs*, 2ª ed., vol. 2, § 1.300, p. 523.

como veremos. As Cortes, porém, nem sempre requerem essa primeira condição. No caso "Tanti", decidido em 1924 pelo Conselho de Estado, seguindo a orientação de caso anterior, "Cie. Marseillaise de Navegation", julgado em 1904, foi dito que os prejuízos eram indenizáveis sob a doutrina do *fait du prince*, "qualquer que fosse a autoridade causadora dos prejuízos".[460] Obviamente, essa interpretação mais ampla favorece o contratado, e ela vem sendo restringida desde então. O ponto crucial, aqui, é saber o que significa "ente estatal contratante", ou seja, "quem" é o contratante.

Desde a metade do século passado essa primeira condição parece estar sendo interpretada mais restritamente que no caso "Tanti". André de Laubadère escreveu em seu *Traité* de 1956, atualizado em 1984 por Franck Moderne e Pierre Delvolvé, que a questão era clara: era impossível aplicar a teoria do *fait du prince* quando o ato não proviesse da Administração contratante (*Administration contractante*), para isso citando o caso "Ville de Toulon", decidido em 1949 pelo Conselho de Estado. Em "Ville de Toulon" a *Societé du Gaz et de l'Électricité du Sud-Est* invocou a teoria do *fait du prince* buscando compensar perdas causadas por uma medida estatal que ordenara o desligamento da energia elétrica durante a guerra. O Conselho de Estado negou o pedido, referindo que "a redução da receita se deu unicamente por circunstâncias excepcionais, [as quais eram] independentes das partes".[461] É interessante reparar que nem a decisão do *Conseil* nem os comentários doutrinários clássicos fazem qualquer referência às circunstâncias de guerra para negar a compensação ao contratado.[462] Embora fosse clara a influência da circunstância na decisão, foi a estatalidade do Direito

460. Idem, ibidem. Terneyre cita outros vários casos na mesma direção (cf. *La Responsabilité Contractuelle des Personnes Publiques en Droit Administratif*, p. 151).

461. Cf.: Laubadère, *Traité Théorique et Pratique des Contrats Administratifs*, t. 3, § 919, p. 33; Laubadère, Moderne e Delvolvé, *Traité des Contrats Administratifs*, 2ª ed., vol. 2, § 1.300, p. 524; e Guettier, *Droit des Contrats Administratifs*, 2ª ed., p. 562.

462. Isso não significa que as circunstâncias da guerra não tiveram impacto nas decisões do *Conseil d'État*. Como referiu Burdeau, "é uma ideia bem comprovada na tradição ocidental que existe um Direito adaptado aos períodos de paz e outro para os tempos de necessidade e de perigo" (*Histoire du Droit Administratif*, p. 304). Burdeau, então, passa a analisar a jurisprudência do tempo da guerra e sua influência (pp. 313-315).

Francês que predominou na argumentação do *Conseil*. Nada obstante essa retórica, o Conselho de Estado aludiu à possibilidade da recuperação parcial do prejuízo sob a teoria da *imprévision*,[463] oferecendo ao contratado a possibilidade de algum alívio econômico. Situação análoga deu-se no caso "Cie. du Chemin de Fer de Bayonne à Biarritz", decidido pelo Conselho de Estado em 1971.[464] Em "Biarritz" o concessionário buscava indenização por ter sido obrigado a transportar pessoas gratuitamente em tempo de guerra. O Conselho rejeitou o pedido, dizendo que a obrigação foi imposta independentemente da vontade da autoridade concedente.[465] Mais uma vez as circunstâncias de guerra não jogaram papel algum, ao menos explicitamente, na decisão do Conselho ou nos comentários dos publicistas. Mais recentemente o Conselho de Estado proferiu decisão similar no caso "Société Civile des Néo-Polders", julgado em 1997.[466] Em "Néo-Polders" o autor reclamou indenização por *fait du prince* baseado em consequências danosas supostamente causadas por um plano diretor; como a regulamentação emanara de autoridade diversa daquela contratante, o pedido foi negado.

Mas quem é, afinal, a "autoridade contratante"? A doutrina clássica refere que a expressão deve ser entendida em sentido largo; isto é, para a invocação do *fait du prince* é suficiente que o ato soberano emane de um órgão do ente público (*personne publique*) contratante.[467] Isso significa que atos de autoridades da União são "estranhos" ao contrato firmado por *départements*, *communes* e *établissements publics*, não dando margem à aplicação da teoria;[468] entretanto, um

---

463. Cf.: Laubadère, *Traité Théorique et Pratique des Contrats Administratifs*, t. 3, § 919, p. 33; Laubadère, Moderne e Delvolvé, *Traité des Contrats Administratifs*, 2ª ed., vol. 2, § 1.300, p. 524.
464. CE 20.10.1971, Rec. 624, citado por Laubadère, Moderne e Delvolvé, *Traité des Contrats Administratifs*, 2ª ed., vol. 2, § 1.300, p. 524, e por Richer, *Droit des Contrats Administratifs*, 6ª ed., p. 298.
465. Cf.: Laubadère, Moderne e Delvolvé, *Traité des Contrats Administratifs*, 2ª ed., vol. 2, § 1.300, p. 524; Richer, *Droit des Contrats Administratifs*, 6ª ed., p. 298.
466. CE, "Néo-Polders", j. 29.12.1997, citado por Richer, *Droit des Contrats Administratifs*, 6ª ed., p. 298.
467. Cf. Laubadère, Moderne e Delvolvé, *Traité des Contrats Administratifs*, 2ª ed., vol. 2, § 1.301, p. 525.
468. Os dois primeiros (*départements* e *communes*) são terceiros em relação ao governo local. Para uma breve explicação da estrutura estatal francesa, cf., em Inglês, Brown e Bell, *French Administrative Law*, 5ª ed., pp. 34-40. *Établissements publics* são

contrato assinado por Ministro de Estado não é estranho ao ato de outro Ministro.[469]

É fácil notar que o tema tem a ver com a estrutura do Estado e, consequentemente, com a relação entre poder federal, seus departamentos e os poderes locais, com a estrutura dos entes federativos formadores da Administração direta e indireta, das agências, sua independência em relação ao Estado e ao governo; em última análise, o problema diz com o grau de centralização do poder. Quanto mais descentralizado o Estado Francês se torna, mais independente o poder local se torna, e assim mais "estranhos" se tornam os entes públicos um dos outros; entes dos quais o ato soberano eventualmente deriva. Sendo assim – e aqui está o paradoxo –, quanto mais centralizado o Estado Francês, maior a possibilidade de aplicação da teoria do *fait du prince*, isto é, maior, em tese, a proteção do contratado. Parece-me que essa consequência é o corolário da cultura estatista francesa: um Estado forte e centralizado deve proteger os contratados.

Na doutrina nacional o leitor encontrará, sem maiores explicações, frases como a seguinte: "Nos países federados, como o nosso, o fato do príncipe somente se configura se o ato ou fato provir [*sic*] da própria Administração Pública contratante. Se o ato tiver outra origem, os inconvenientes que causar serão resolvidos pela teoria da imprevisão".[470] A explicação disso está acima; e é francesa. Poder-se-ia, aqui, questionar, por exemplo, se é razoável que um país continental como o nosso importe *tout court* fórmulas estrangeiras surgidas em países de dimensões muito menores para solucionar problemas político-jurídicos como o do dever do Estado de indenizar; é uma questão em aberto. Mas o fundamento dos argumentos franceses deve ser conhecido para que se possa melhor compreender o instituto do *fait du prince* no Brasil.

A segunda condição é que o fato deve ser imprevisível ao tempo em que o contrato foi firmado. Laubadère explicava a condição em 1956:

também *personnes publics*, mas são governados por um "princípio de especialidade" (*principe de spécialité*) que limita seu poder de intervenção a certos domínios estabelecidos em lei (cf. Gaudemet, *Traité de Droit Administratif*, 16ª ed., t. 1, § 86, p. 52).

469. Cf. Laubadère, Moderne e Delvolvé, *Traité des Contrats Administratifs*, 2ª ed., vol. 2, § 1.301, p. 525.

470. Gasparini, *Direito Administrativo*, 13ª ed., São Paulo, Saraiva, 2009, pp. 749-750. No mesmo sentido: Di Pietro, *Direito Administrativo*, 23ª ed., p. 280.

"Se a medida interveniente podia ter sido prevista no momento da conclusão do contrato, é de presumir-se que o contratado a teria levado em consideração, notadamente ao estabelecimento do preço".[471] O *leading case* citado é o caso "Pouillard", decidido em 1926, no qual o Conselho de Estado referiu: "Em outubro de 1919 o autor *não poderia ignorar* as condições tais como o alto custo da mão-de-obra e o preço do carvão que obrigaram os poderes públicos a autorizar novo aumento dos preços do transporte ferroviário".[472] Terneyre anota corretamente que a aplicação dessa condição muitas vezes é extremamente danosa aos contratados. Por exemplo, o Conselho de Estado decidiu que, se uma cláusula adicional é incorporada ao contrato após o ato estatal supostamente ensejador do dano, o contratado não pode beneficiar-se da teoria do *fait du prince*.[473] Pior, nenhuma compensação é devida quando o contratado, de boa-fé, ignora a existência do ato estatal.[474]

O problema maior recai na última condição. Por várias razões, todas as pessoas públicas que podem contratar se deparam com situações práticas nas quais devem agir enquanto "príncipe", isto é, enquanto soberano, em nome do chamado "bem comum". Em alguns caso, entretanto, o "ato soberano" não pode ser praticado sem a compensação ao contratado – daí se aplica a teoria do *fait du prince*. Uma vez que são vários os atos administrativos e legislativos que podem dar ensejo à com-

---

471. Laubadère, *Traité Théorique et Pratique des Contrats Administratifs*, t. 3, § 916, p. 30. Encontra-se a mesma frase na 2ª edição da obra (Laubadère, Moderne e Delvolvé, *Traité des Contrats Administratifs*, 2ª ed., vol. 2, § 1.298, p. 522). Cf. também: Guettier, *Droit des Contrats Administratifs*, 2ª ed., p. 563; Terneyre, *La Responsabilité Contractuelle des Personnes Publiques en Droit Administratif*, p. 153.
472. "Pouillard", CE 14.5.1926, Rec. p. 498, citado por Laubadère, *Traité Théorique et Pratique des Contrats Administratifs*, t. 3, § 916, p. 30; Terneyre, *La Responsabilité Contractuelle des Personnes Publiques en Droit Administratif*, p. 153; e Guettier, *Droit des Contrats Administratifs*, 2ª ed., pp. 418-419. Aqui, a doutrina, entretanto, divide-se sobre a certeza dessa condição. Terneyre refere que a jurisprudência é "certa", citando quatro outros casos decididos pelo *Conseil d'État* (ob. cit., p. 153); Guettier advoga que uma generalização seria enganosa, mas não oferece razões para essa afirmação (ob. cit., pp. 563-564).
473. CE, "Ville de Rennes", j. 15.12.1922, e "Ministre des Travaux Publics *vs.* Société Nacionale de Construction", j. 13.12.1961, citados por Terneyre, *La Responsabilité Contractuelle des Personnes Publiques en Droit Administratif*, p. 153.
474. Cf. Terneyre, *La Responsabilité Contractuelle des Personnes Publiques en Droit Administratif*, p. 153.

pensação sob a teoria do *fait du prince*, a doutrina entendeu conveniente dividir as possibilidades em duas grandes categorias: (1) medidas gerais (leis, regulamentos) e (2) medidas particulares (atos administrativos individuais e materiais).[475]

Sob a categoria das medidas gerais (*mesures générales*), a doutrina as classifica em (1) tomadas pelo Estado e (2) tomadas por todas as *collectivités publiques*. Os dois exemplos comuns de medidas gerais tomadas pelo Estado são os atos legislativos e administrativos. As *collectivités publiques* tomam regularmente medidas gerais capazes de indiretamente afetar os contratos administrativos, principalmente no exercício do poder de polícia. Como nos Estados Unidos, essas medidas podem ser nomeadas de "atos soberanos".[476]

Quanto aos atos legislativos,[477] a regra geral é a de que o contratado pode sempre ser indenizado por dano causado por um ato legislativo se o contrato assim dispõe; ao contrário, se o contrato exclui essa possibilidade, então, o *fait du prince* não pode ser invocado.[478] O problema surge quando o contrato silencia. Na França as primeiras respostas dadas à questão sobre se o Estado deveria ser responsabilidade por atos legislativos que viessem a prejudicar indiretamente os contratados foram negativas – somente medidas particulares poderiam dar causa à aplicação da teoria do *fait du prince*. Medidas gerais estabelecidas por lei eram consideradas um ato de soberania (*acte de souveraineté*), e como tal o Estado não poderia ser responsável.[479] Dois casos ilustram

---

475. Tomo a classificação de Terneyre, *La Responsabilité Contractuelle des Personnes Publiques en Droit Administratif*, pp. 154-163. No que segue derivo livremente do trabalho sistemático desse autor. Classificação similar pode ser encontrada em Laubadère, Moderne e Delvolvé, *Traité des Contrats Administratifs*, 2ª ed., vol. 2, § 1.303, pp. 527-528.

476. Em termos de casos concretos, os casos análogos nos Estados Unidos são "Deming" e "Jones", analisados no subitem 2.1.1, *supra*.

477. A própria lei pode, evidentemente, estabelecer compensação ao co-contratante, o que não é incomum (cf. Laubadère, Moderne e Delvolvé, *Traité des Contrats Administratifs*, 2ª ed., vol. 2, § 1.305, p. 530 – citando três casos).

478. Cf. Terneyre, *La Responsabilité Contractuelle des Personnes Publiques en Droit Administratif*, p. 155 (citando vários casos em ambos os sentidos). Cf. também Laubadère, Moderne e Delvolvé, *Traité des Contrats Administratifs*, 2ª ed., vol. 2, §§ 1.308-1.310, pp. 533-535 (citando vários casos).

479. Cf. Laubadère, Moderne e Delvolvé, *Traité des Contrats Administratifs*, 2ª ed., vol. 2, § 1.307, p. 531 (citando os clássicos trabalhos de Laferrière e Teissier).

essa posição. Em 1908 a decisão tomada em "Noiré et Beyssac" referiu que quando uma lei tivesse um "caráter geral" nenhuma compensação seria devida pelo Estado.[480] Em 1928 o Conselho de Estado decidiu na mesma linha de pensamento em "Cie. des Scieries Africaines", sustentando que somente um fato específico, uma medida particular, poderia dar causa à compensação do contratado em nome da doutrina do *fait du prince*.[481] Nesse sentido, o Conselho de Estado francês utilizou-se de retórica muito similar à usada pela *Court of Claims* norte-americana no caso "Jones".[482] Entretanto, essa posição não é mais sustentada pelas Cortes ou pela doutrina francesas. Em alguns casos no quais estavam em jogo medidas legislativas gerais o *fait du prince* foi reconhecido e compensação integral foi deferida aos contratados.[483]

É bem verdade que as Cortes não deferem com muita frequência compensações com base na teoria do *fait du prince* por atos legislativos. E não é menos verdade que os elementos da teoria permanecem, como já anotado, pouco claros e difíceis de definir.[484] Mas é também certo que desde 1906 a responsabilidade do Estado nesses casos é ao menos tida como possível,[485] e a doutrina, embora reconhecendo na matéria, desde então, o "largo Empirismo da jurisprudência",[486] foi capaz de definir alguns *standards* para ajudar na análise da aplicação do *fait du prince* em casos de responsabilidade contratual do Estado por atos legislativos. Para a perspectiva comparada aqui desenvolvida, é importante enfatizar que por trás ideia da compensação, mais favorável, claro, aos contrata-

---

480. Cf. Laubadère, Moderne e Delvolvé, *Traité des Contrats Administratifs*, 2ª ed., vol. 2, § 1.307, p. 531.

481. CE, "Cie. des Scieries Africaines", j. 9.3.1928. Cf.: Laubadère, *Traité Théorique et Pratique des Contrats Administratifs*, t. 3, § 922, pp. 36-37; Laubadère, Moderne e Delvolvé, *Traité des Contrats Administratifs*, 2ª ed., vol. 2, § 1.304, pp. 528-529. Os autores referem que os atos genéricos cairiam sob o domínio da teoria da imprevisão.

482. Cf. subitem 2.1.1 deste Capítulo III, *supra*.

483. Cf. Laubadère, Moderne e Delvolvé, *Traité des Contrats Administratifs*, 2ª ed., vol. 2, § 1.305, p. 529.

484. Cf. Terneyre, *La Responsabilité Contractuelle des Personnes Publiques en Droit Administratif*, p. 156.

485. Idem, pp. 155-156.

486. Laubadère, *Traité Théorique et Pratique des Contrats Administratifs*, t. 3, § 932, p. 51; Laubadère, Moderne e Delvolvé, *Traité des Contrats Administratifs*, 2ª ed., vol. 2, § 1.314, p. 541.

dos, está o princípio da "igualdade ante os encargos públicos" (*égalité devant les charges publiques*), o qual é baseado – e aqui está o aparente paradoxo – na filosofia estatal e coletivista francesa.

Desde "La Fleurette", o *leading case* decidido pelo Conselho de Estado em 1938,[487] a regra geral é que a responsabilidade extracontratual do Estado por atos legislativos pode ser reconhecida desde que o dano seja, primeiro, "especial" e de "suficiente gravidade" e, segundo, que a lei não tenha excluído, explícita ou implicitamente, a compensação.[488] Em "La Fleurette" o art. 1º de uma lei de 29.6.1934 que pretendia proteger as indústrias leiteiras proibiu a fabricação e o comércio de todo os produtos que não eram feitos exclusivamente de leite puro. *La Fleurette*, empresa que manufaturava um produto chamado "Gradine", composto de leite, óleo de amendoim e gema de ovo, teve de parar a produção em razão da lei. O Conselho de Estado decidiu que esse encargo de parar a produção havia sido criado em nome do interesse geral, e por isso toda a comunidade, não a empresa *La Fleurette* sozinha, deveria suportá-lo.[489] Por trás da decisão do Conselho de Estado em "La Fleurette" está o *ethos* coletivo consubstanciado na ideia da igualdade ante os encargos públicos. O dano causado pela lei era tão importante e grave (a empresa foi obrigada a parar a produção) e tão particular (*La Fleurette* parece ter sido a única empresa atingida) que o Conselho de Estado decidiu que o encargo público deveria ser suportado por toda a comunidade;[490] ou, se quisermos, pela Nação.

No mesmo diapasão está o caso "Cie. des Chemins de Fer de l'Ouest", decidido pelo Conselho de Estado em 1939, um caso típico de medida geral tomada pelo legislador causando dano a um contratado, isto é, um típico caso de *fait du prince législatif*. Em 1935 um decre-

---

487. CE, "Société Anonyme des Produits Laitiers 'La Fleurette'", j. 14.1.1938, cf. *GAJA*, 2007, n. 52, pp. 326-333.
488. Cf.: Terneyre, *La Responsabilité Contractuelle des Personnes Publiques en Droit Administratif*, pp. 154-155; M. Long *et al.*, *GAJA*, 2007, n. 52, pp. 329-333. Cf. também Guettier, *Droit des Contrats Administratifs*, 2ª ed., p. 419.
489. Cf. *GAJA*, 2007, n. 52, p. 326.
490. Cf. M. Long *et al.*, *GAJA*, 2007, n. 52, p. 328. Em Inglês, cf. Allison, *A Continental Distinction in the Common Law: a Historical and Comparative Perspective on English Public Law*, p. 174. Na doutrina pátria, cf. Pires, *Direito Adquirido e Ordem Pública: Segurança Jurídica e Transformação Democrática*, Belo Horizonte, Del Rey, 2005, pp. 680-681.

to-lei impondo a dedução de 10% de todas as despesas públicas (*dépenses publics*) obrigou o Estado a reduzir o pagamento anual devido à *Cie. des Chemins de Fer de l'Ouest* – pagamento, esse, estabelecido por um contrato firmado pelas partes em 1909. A conclusão do comissário de governo Josse, adotada pelo *Conseil*, seguiu esta linha: o mero fato de haver um contrato entre as partes não poderia impedir o Estado de baixar o decreto deduzindo a despesa pública; mas isso não poderia afetar o contratado, que deveria ter o direito à reparação. Em jogo estava, segundo Josse, a intervenção legislativa em um contrato administrativo; a indenização era devida pelo Estado, a menos que houvesse uma expressa disposição legal excluindo a possibilidade de compensação.[491]

Isso não significa, entretanto, que qualquer ato geral, legislativo ou executivo, dê causa, na França, à plena compensação do contratado, conclusão que talvez contrariasse a "cultura estatal" francesa. Como referiu Guettier, é necessário notar que o fato do príncipe "não foi instituído somente no interesse [*do co-contratante*], mas no interesse de toda a coletividade (é comparando o regime do fato do príncipe no direito público e no direito privado que se entende toda sua dimensão)".[492] O Conselho de Estado tem frequentemente afirmado que a teoria do *fait du prince* não pode ser aplicada ao domínio das medidas fiscais (*mesures fiscales*, como o aumento de impostos), de medidas sociais (*mesures sociales*, como leis estabelecendo a compensação por acidentes de trabalho, máxima jornada de trabalho ou salário-mínimo) ou medidas monetárias e econômicas (*mesures économiques ou monétaires*, como regulamentações sobre exportações).[493]

Em termos comparados, diga-se que, embora a jurisprudência brasileira trate da matéria sob o signo do equilíbrio econômico-financeiro e da imprevisão, não é casual que seja firme o posicionamento dos tribunais pátrios no sentido de que convenções coletivas de trabalho não

---

491. Cf.: Laubadère, *Traité Théorique et Pratique des Contrats Administratifs*, t. 3, § 923, pp. 37-38; Laubadère, Moderne e Delvolvé, *Traité des Contrats Administratifs*, 2ª ed., vol. 2, § 1.305, pp. 529-530. Cf. também Terneyre, *La Responsabilité Contractuelle des Personnes Publiques en Droit Administratif*, p. 156.
492. Guettier, *Droit des Contrats Administratifs*, 2ª ed., p. 419.
493. Cf. Laubadère, Moderne e Delvolvé, *Traité des Contrats Administratifs*, 2ª ed., vol. 2, § 1.307, p. 532 (citando vários casos).

dão ensejo à revisão do contrato administrativo.[494] Da mesma forma, ao menos em sentido amplo, pode ser que um escrutínio nas decisões jurisprudenciais revelasse que, com respeito a casos envolvendo medidas sociais, fiscais e econômicas, os Direitos Francês, Brasileiro e Norte-Americano alcançam resultados similares. O Direito Francês, porém, tem apresentado vários exemplos de casos em que compensações têm sido deferidas aos contratados, como em breve veremos. O que deve interessar ao comparatista, insisto, são as diferenças na epistemologia, nos valores sustentados e na forma de pensamento.

De fato, o Direito Francês tem mitigado o poder do Estado de tomar medidas gerais, legislativas ou administrativas, por meio da teoria do *fait du prince*. Com respeito às medidas legislativas o Direito Francês estabeleceu outros critérios à aplicação da teoria: a compensação é devida tanto quando a lei "afeta um elemento que pode ser considerado essencial, determinante na conclusão do contrato",[495] isto é, um elemento sem o qual o contratado não teria firmado o contrato ao tempo de sua assinatura, ou quando a lei "modifica um elemento essencial do contrato".[496] Além deste elemento, outro deve estar presente: o prejuízo sofrido pelo contratado deve ser *especial*.[497] Como se pode ver, essas palavras são abertas, e não ajudam muito o intérprete. Poder-se-ia imaginar que os parâmetros franceses são tão ou mais lassos que os norte-americanos, que, como vimos, indicam que o ato soberano deve ser

---

494. Cf., por exemplo, no TRF-5ª Região: 2ª Turma, ACi 341.792, CEFT/CE *vs.* Conservadora Amazonas Ltda., rel. Juiz Francisco Cavalcanti, j. 21.9.2004; REO em AC 300.103, Conservadora Amazonas Ltda. *vs.* CEFT/CE, rel. Juiz Francisco Cavalcanti, j. 3.2.2004 (citando inúmeras decisões do STJ).

495. Laubadère, *Traité Théorique et Pratique des Contrats Administratifs*, t. 3, § 929, p. 43; Laubadère, Moderne e Delvolvé, *Traité des Contrats Administratifs*, 2ª ed., vol. 2, § 1.311, p. 536; Terneyre, *La Responsabilité Contractuelle des Personnes Publiques en Droit Administratif*, p. 156.

496. Cf. Terneyre, *La Responsabilité Contractuelle des Personnes Publiques en Droit Administratif*, p. 156.

497. Idem, ibidem. Se quisermos encontrar similitudes entre os sistemas francês e norte-americano, podemos comparar este elemento com os *standards* da *Sovereign Acts Doctrine*. Nos Estados Unidos, onde reina uma cultura "sem Estado", a *Sovereign Acts Doctrine* é aplicável – e o Estado se escuda de indenizar – se e somente se a lei é "pública e geral". Na França, onde se sobrepõe uma "cultura de Estado", o fato do príncipe é aplicável – e o Estado passa a ter o dever de indenizar – se e somente se o dano é "especial" e mostra uma "suficiente gravidade".

"público e geral". É sempre bom enfatizar, entretanto, que na França o propósito da doutrina ao sistematizar o direito dos contratos administrativos é o de proteger o contratado, e não escudar o Estado de responsabilidade. Em contrapartida, o intérprete francês trabalha em um ambiente no qual o *ethos* coletivo requer menos esforço justificativo para *não conferir* indenização ao particular. Assim, é preciso não esquecer que, se, por um lado, toda a construção teórica francesa se deu em favor do contratado, o espírito do Direito Francês aceita mais facilmente que, em nome do interesse público, o Estado imponha determinados ônus ao mesmo contratado. A imagem já utilizada do ímã pode ser novamente útil: utiliza-se uma doutrina pró-contratante, mas num caldo cultural pró-Estado. O pêndulo penderá mais para um lado ou outro, dependendo, evidentemente, das circunstâncias concretas, mas é evidente que o peso a ser posto na exorbitância ou na igualdade será decisivo – entender a cultura que sustenta o sistema ajuda a compreender isso.

Parâmetros interpretativos similares podem ser aplicados se um ato de governo (*acte de gouvernement*), como uma convenção internacional, e não uma lei, está em jogo. O caso paradigmático acerca do tema da responsabilidade do Estado por um ato "internacional" é "Cie. Générale d'Énergie Radio-Eléctrique", decidido pelo Conselho de Estado em 1966,[498] no qual a Corte pôs no mesmo plano, no que toca aos efeitos, as convenções internacionais (desde que legalmente incorporadas ao sistema jurídico) e as leis do país. Noutras palavras, convenções internacionais também podem gerar responsabilidade ao Estado sob a teoria do *fait du prince*, com inteira compensação do contratado, caso o prejuízo seja especial e apresente especial gravidade. Em "Radio-Eléctrique", por exemplo, o autor era proprietário dos equipamentos de radiodifusão do *Post Parisien*, utilizado pelos alemães quando da ocupação de Paris durante a II Guerra. Finda a Guerra, a empresa *Radio-Eléctrique* processou o Estado Francês por danos, alegando que a Convenção de Haia de 1907 possibilitava a indenização pedida. A Corte concordou com o argumento de que uma convenção internacional legalmente incorporada ao sistema jurídico (como era o caso da Convenção de Haia) poderia dar causa à responsabilidade do Estado, mas negou o pedido sob o argumento de que o autor não havia provado ter sofrido um espe-

---

498. Cf. *GAJA*, 2007, n. 85, pp. 582-589.

cial prejuízo ou um dano suficientemente grave. Quanto à responsabilidade contratual por atos "internacionais", no sentido de que eles poderiam suscitar a aplicação da teoria do *fait du prince*, parece isso ser possível, embora as estritas exigências da jurisprudência.[499]

Há também medidas gerais que podem ser tomadas por outras *collectivités publiques*. Philippe Terneyre didaticamente classifica essas medidas em duas espécies, ambas sendo expressão do poder de polícia: medidas referentes à polícia administrativa (*police administrative*) e à polícia econômica (*police économique*).[500] Quanto às primeiras, é certo que, em termos de responsabilidade extracontratual, o Direito Francês afirma claramente a responsabilidade civil do Estado, seja quando a Administração opera com culpa grave (*faute lourde*), seja quanto violado o princípio da igualdade ante os encargos públicos (*égalité devant les charges publiques*).[501] Em termos de responsabilidade contratual a jurisprudência mais é escassa, mas é possível encontrar exemplos afirmando a responsabilidade do Estado.

No caso "Société du Parking de la Place de la Concorde", decidido pelo Conselho de Estado em 1982, deu-se o seguinte: o Município de Paris havia concedido a uma empresa privada a operação de um estacionamento de veículos (*concession de stationnement*) nos arredores da *Place de la Concorde*. Entretanto, o Município não tomou qualquer medida (*mesure de police*) para prevenir o estacionamento irregular nas cercanias da área concedida, assim modificando o "elemento essencial" do contrato administrativo.[502] O que importava para a aplicação da teoria do *fait du prince*, portanto, era o fato de que a *mesure de police administrative* tinha, positiva ou, no caso, negativamente, "modificado o elemento essencial do contrato", não tendo sido meramente "incidental" às condições de sua execução.[503] Em suma, o *fait du prince* "deve ter modificado um estado de coisas em função das quais o contrato foi firmado".[504]

---

499. Cf.: Terneyre, *La Responsabilité Contractuelle des Personnes Publiques en Droit Administratif*, pp. 158-159; Long *et al.*, *GAJA*, 2007, n. 85, p. 587.

500. Cf. Terneyre, *La Responsabilité Contractuelle des Personnes Publiques en Droit Administratif*, pp. 159-162.

501. Idem, p. 159 (citando CE Dec. 7, 1979, "Société Les Fils Henri Ramel").

502. Cf. Terneyre, *La Responsabilité Contractuelle des Personnes Publiques en Droit Administratif*, p. 160.

503. Idem, ibidem.

504. Idem, ibidem.

O campo mais vasto, entretanto, para a aplicação da teoria do *fait du prince* é a diuturna atividade de polícia econômica (*police économique*) exercida pelo Estado. Numa "sociedade estatal" como a francesa, na qual a economia é ainda dirigida (*dirigé*), a probabilidade de o contrato administrativo ser afetado por uma medida econômica provinda da ação do Estado é alta. Pode haver dois tipos de medidas sob a categoria de *police économique*: medidas fiscais (*mesures fiscales*) e medidas de planejamento econômico (*mesures d'économie dirigée*).

No início do século XX o Conselho de Estado teve várias oportunidades de decidir que certas medidas fiscais específicas, tendo alterado a economia geral do contrato, davam causa à responsabilidade contratual do Estado.[505] As condições de aplicar a teoria nesses casos eram de duas ordens: primeiro, deveria haver uma alteração significativa do contrato (*bouleversement du contrat*); depois, haveria de existir um dano especial (*spécialité*).[506] Hoje a maioria dos contratos contém cláusulas que tratam especificamente dessa temática, mas impedem que as Cortes utilizem os mesmos critérios para decidir sobre a responsabilidade do Estado se assim for necessário.

O campo por excelência da teoria é a área econômica, notavelmente o chamado congelamento de preços (*blocage de prix*).[507] Philippe Terneyre afirma que, embora sejam estritas as condições para estabelecer a responsabilidade da Administração, o Conselho de Estado decidiu que o *fait du prince* devia ser aplicado, por exemplo, em caso no qual o Estado cortou benefícios fiscais para bens de exportação, considerando que tais benefícios faziam parte das condições essenciais do contrato, sem as quais o contratado não teria aceito o contrato.[508] O mesmo raciocínio foi aplicado em caso em que o Estado congelou preços de pedágio, assim causando perdas à concessionária de rodovias, que havia firmado contrato no qual se acordara que não haveria qualquer controle

---

505. Cf. Terneyre, *La Responsabilité Contractuelle des Personnes Publiques en Droit Administratif*, p. 161 (citando vários casos decididos pelo *Conseil* no início do século XX).
506. Terneyre, *La Responsabilité Contractuelle des Personnes Publiques en Droit Administratif*, p. 161.
507. Idem, ibidem.
508. Cf. Terneyre, *La Responsabilité Contractuelle des Personnes Publiques en Droit Administratif*, p. 162 (citando CE, "Lavigne", j. 7.10.1970).

de preços.[509] Nesses casos, o que importava era definir se uma condição essencial do contrato havia sido modificada e, *se não fosse por aquela condição*, o contratado não se teria comprometido contratualmente. Mas o que fundamenta, afinal, a teoria do *fait du prince*? Se o Estado é soberano e sua ação é lícita, qual a razão de o Estado ser obrigado a compensar os danos do contratado? A doutrina clássica francesa apresenta duas teorias principais.[510] A primeira, defendida, entre outros,[511] por Gaston Jèze[512] e Georges Péquignot[513] (os dois primeiros publicistas a sistematizarem a temática dos contratos administrativos), é a de que na base de qualquer relação contratual existiria um equilíbrio financeiro a ser respeitado. Em termos gerais, esse equilíbrio, também chamado amiúde de "equação financeira" (*équation financière*), estaria presente explícita ou implicitamente em todos os contratos administrativos. O efeito desse equilíbrio seria o seguinte: sempre que o equilíbrio inicial do contrato é quebrado, o contratado tem o direito a uma compensação integral do prejuízo, desde que certas condições ocorram.[514] Essa é a justificação mais comum para o *fait du prince*, considerando a figura típica da noção de equilíbrio financeiro,[515] adiante melhor analisada.

---

509. Cf. Terneyre, *La Responsabilité Contractuelle des Personnes Publiques en Droit Administratif*, p. 162 (citando CE, "Cie. Financière et Industrialle des Autoroutes", j. 13.5. 1977, e "Société des Autoroutes Rhône – Alpes", j. 9.2.1979).

510. Cf.: Laubadère, *Traité Théorique et Pratique des Contrats Administratifs*, t. 3, § 943, p. 63; Terneyre, *La Responsabilité Contractuelle des Personnes Publiques en Droit Administratif*, p. 163.

511. Cf., por exemplo: Gaudemet, *Traité de Droit Administratif*, 16ª ed., t. 1, § 1.471, p. 705; Terneyre, *La Responsabilité Contractuelle des Personnes Publiques en Droit Administratif*, p. 163.

512. Jèze, *Les Contracts Administratifs de l'État, des Départements, des Communes et des Établissements Publics*, vol. 1, M. Giard, 1927, p. 230.

513. Péquignot, *Théorie Générale du Contrat Administratif*, Paris, Pédone, 1945, p. 452.

514. Para uma visão geral da matéria, cf., por exemplo, Gaudemet, *Traité de Droit Administratif*, 16ª ed., t. 1, § 1.473, p. 706. Em Inglês: cf. Brown e Bell, *French Administrative Law*, 5ª ed., pp. 206-207; Langrod, "Administrative contracts: a comparative study", *The American Journal of Comparative Law* 4/343-344.

515. Cf. Laubadère, *Traité Théorique et Pratique des Contrats Administratifs*, t. 3, § 943, p. 63. Cf. também Laubadère, "Les éléments d'originalité de la responsabilité contractuelle de l'Administration", in *L'Évolution du Droit Public: Études Offertes à Achille Mestre*, p. 391. Alguns entendem que a teoria do equilíbrio financeiro deve ser exposta da seguinte forma: em todos os contratos haveria uma cláusula im-

A segunda explicação vê o *fait du prince* simplesmente como uma consequência da responsabilidade contratual da Administração. O Estado é responsável porque contratou e causou prejuízo ao contratado no decorrer da execução do contrato. Essa posição foi apresentada pelo comissário de governo Jean Romieu no caso "Bardy", de 1905, e por Achille Mestre em trabalho doutrinário.[516]

Parece, entretanto, que a hoje mais prestigiada posição teórica ainda seja a desenvolvida por André de Laubadère em 1956, que se constitui numa combinação das duas posições anteriores.[517] O *fait du prince* deve ser classificado como um exemplo de responsabilidade contratual objetiva do Estado.[518] De um lado, o aspecto "contratual" aparece quando notamos o primeiro elemento, antes explicado, da teoria do *fait du prince*, qual seja, o de que ela só pode ser invocada se o ato lesivo (*fait dommageable*) provier da autoridade pública contratante. De outro lado, o aspecto "objetivo", ou "sem culpa", é explicado por uma analogia funcional entre as noções de equilíbrio financeiro (*équilibre financier*) e da igualdade ante os encargos públicos (*égalité devant les charges publiques*). Como explicou Laubadère, a noção de equilíbrio financeiro exerce na responsabilidade contratual do Estado função análoga àquela exercida pelo princípio da igualdade ante os encargos públicos na responsabilidade extracontratual do Estado.[519] Como resume Phillipe Ter-

plícita reveladora de uma vontade presumida das partes no sentido de que o equilíbrio financeiro do contrato jamais poderia ser quebrado. Não é difícil notar que essa intenção presumida é ainda uma reminiscência da teoria da vontade no direito contratual. Essa ideia dá ao equilíbrio financeiro um sabor privatista, sugerindo uma relação subjetiva, assim levando o pêndulo ao lado do direito privado. Laubadère diria que a relação sugerida é "gratuita" e que tal exposição da teoria é "fácil" (cf. Laubadère, "Les éléments d'originalité de la responsabilité contractuelle de l'Administration", in *L'Évolution du Droit Public: Études Offertes à Achille Mestre*, p. 392).

516. Cf.: Laubadère, *Traité Théorique et Pratique des Contrats Administratifs*, t. 3, § 943, p. 64; Terneyre, *La Responsabilité Contractuelle des Personnes Publiques en Droit Administratif*, p. 164.

517. Cf. Laubadère, *Traité Théorique et Pratique des Contrats Administratifs*, t. 3, § 943, pp. 64-66.

518. Cf. Laubadère, "Les éléments d'originalité de la responsabilité contractuelle de l'Administration", in *L'Évolution du Droit Public: Études Offertes à Achille Mestre*, p. 392. Cf. também Terneyre, *La Responsabilité Contractuelle des Personnes Publiques en Droit Administratif*, pp. 165-166.

519. Cf.: Laubadère, "Les éléments d'originalité de la responsabilité contractuelle de l'Administration", in *L'Évolution du Droit Public: Études Offertes à Achille*

neyre, a ideia da *égalité devant les charges publiques* recebeu no domínio contratual o nome de *fait du prince*.[520] Ela serve a dois propósitos: (1) funciona tanto como um critério objetivo que não requer qualquer escrutínio subjetivo de culpa para acionar a responsabilidade do Estado e (2) confere um aspecto coletivo ao tema. Em termos comparados, importa salientar que essa estrutura teórica é totalmente estranha à mentalidade norte-americana.

Adiante abordarei o problema do equilíbrio financeiro do contrato. Antes faço uma breve análise da teoria da imprevisão na França.

2.2.3.2 "Imprévision"

A outra principal teoria construída pelo direito público francês para proteger o contratado é a teoria da imprevisão (*imprévision*),[521] originariamente formulada pelas Cortes.[522] Como se sabe, a *imprévision* sustenta basicamente o seguinte: se circunstâncias anormais imprevisíveis surgirem após a formação do contrato, tornando sua execução excessivamente custosa ao contratado, este, embora não possa rescindir o contrato, passa a ter direito a uma indenização (chamada *indemnité d'imprévision*) do Estado, o qual deve "dividir o prejuízo" com o contratado. As circunstâncias imprevisíveis devem ser *externas* às partes do contrato e não podem ser severas a ponto de tornar impossível sua

---

Mestre, p. 393; Terneyre, *La Responsabilité Contractuelle des Personnes Publiques en Droit Administratif*, pp. 165-166.

520. Cf. Terneyre, *La Responsabilité Contractuelle des Personnes Publiques en Droit Administratif*, p. 165.

521. Sobre a *imprévision*, cf., na doutrina clássica francesa: Laubadère, Moderne e Delvolvé, *Traité des Contrats Administratifs*, 2ª ed., vol. 2, §§ 1.332-1.402, pp. 559-630; Chapus, *Droit Administratif Général*, 15ª ed., t. 1, §§ 1.385-1.389, pp. 1.211-1.215; Gaudemet, *Traité de Droit Administratif*, 16ª ed., t. 1, §§ 1.488-1.493, pp. 712-716. Na doutrina mais moderna e especializada, cf.: Guettier, *Droit des Contrats Administratifs*, 2ª ed., pp. 422-437; Richer, *Droit des Contrats Administratifs*, 6ª ed., pp. 277-283. Em Inglês, cf.: Brown e Bell, *French Administrative Law*, 5ª ed., pp. 208-209; Langrod, "Administrative contracts: a comparative study", *The American Journal of Comparative Law* 4/344; Mewett, "The theory of government contracts", *The McGill Law Journal* 5/230-232; J. D. B. Mitchell, *The Contracts of Public Authorities. A Comparative Study*, pp. 197-198. Na nossa doutrina, cf. nota de rodapé 527, *infra*.

522. Cf. Laubadère, Moderne e Delvolvé, *Traité des Contrats Administratifs*, 2ª ed., vol. 2, § 1.334, p. 565.

execução. Se a alteração das circunstâncias torna impossível a execução do contrato, então, a teoria aplicável é a da força maior (*force majeure*), a qual isenta as partes de qualquer obrigação.[523] Além disso, o estado de imprevisão (*l'état d'imprévision*), ou estado de imprevisibilidade, é sempre provisório, não podendo perdurar indefinidamente.[524]

A teoria da *imprévision* é um tópico vasto.[525] Seus principais contornos, porém, nos são familiares,[526] e por isso serão enfatizados aqui somente os aspectos relevantes a uma abordagem comparativa, os quais dizem mais uma vez com a dicotomia "direito público *versus* direito privado" e a ideia de serviço público – isto é, dizem o coração do problema da autonomia do contrato público em relação ao contrato privado e, por consequência, com a exorbitância. A primeira observação comparativa é a de que, ao contrário da teoria do *fait du prince*, a teoria da *imprévision*, na França, é uma teoria sem equivalente no direito privado, tendo sido por muito tempo aplicável exclusivamente ao direito administrativo,[527] diferentemente do que ocorre entre nós. No Brasil, como sabido, a ideia veiculada pela *imprévision* – a de que os contratos são revisáveis por circunstâncias supervenientes – pode ser encontrada na cláusula *rebus sic stantibus*, consubstanciada no art. 317 do CC brasileiro de 2002, sem similar no Código Civil anterior.[528]

---

523. Cf. M. Long *et al.*, *GAJA*, 2007, n. 31, p. 193.

524. Cf.: Laubadère, Moderne e Delvolvé, *Traité des Contrats Administratifs*, 2ª ed., vol. 2, § 1.397, pp. 625-626; M. Long *et al.*, *GAJA*, 2007, n. 31, pp. 195-197.

525. E é também tema menos simples que o fato do príncipe (cf. Laubadère, Moderne e Delvolvé, *Traité des Contrats Administratifs*, 2ª ed., vol. 2, § 1.332, p. 560).

526. Na doutrina brasileira, sobre a teoria da imprevisão no direito administrativo francês, embora com pontos de divergência, cf., por exemplo: Justen Filho, *Comentários à Lei de Licitações e Contratos Administrativos*, 14ª ed., pp. 778–781; Meirelles, *Licitação e Contrato Administrativo*, 14ª ed., 2ª tir., pp. 250-252; Lúcia Valle Figueiredo, *Curso de Direito Administrativo*, 9ª ed., pp. 537-540.

527. Cf.: Laubadère, Moderne e Delvolvé, *Traité des Contrats Administratifs*, 2ª ed., vol. 2, §§ 1.333 e 1.337, pp. 563-564 e 570; Guettier, *Droit des Contrats Administratifs*, 2ª ed., p. 422; M. Long *et al.*, *GAJA*, 2007, n. 31, p. 192. Em Inglês, cf. Mewett, "The theory of government contracts", *The McGill Law Journal* 5/231.

528. "Art. 317. Quando, por motivos imprevisíveis, sobrevier desproporção manifesta entre o valor da prestação devida e o do momento de sua execução, poderá o juiz corrigi-lo, a pedido da parte, de modo que assegure, quanto possível, o valor real da prestação". Jorge Cesa Ferreira da Silva diz ser falso afirmar que esse artigo

Sabemos que o *Code Napoléon*, de 1804, reflexo do sistema filosófico individualista reinante à época, não consagrou a teoria da imprevisão, nem qualquer outra teoria que diga com a revisibilidade dos contratos por circunstâncias supervenientes, o que permanece na França até hoje como princípio geral,[529] muito pela força do art. 1.134 do *Code*,[530] segundo o qual o contrato faz lei entre as partes – *pacta sunt servanda*. Embora o princípio de recusa à revisão dos contratos comporte várias exceções, a ponto de se ter tornado, segundo um comentador, uma "casca vazia",[531] a ideia básica no Direito Francês é a de que a intervenção judicial indiscriminada para revisar contratos privados com base na mudança de circunstâncias imprevisíveis seria uma intervenção indevida na política econômica geral, devendo o assunto ser deixado ao legislador, e não ao juiz.[532]

---

acolhe a teoria da imprevisão (*Adimplemento e Extinção das Obrigações: Comentários aos Arts. 304 a 388 do Código Civil*, São Paulo, Ed. RT, 2007, p. 179). Daí eu ter afirmado no texto que o art. 317 consagra a cláusula *rebus sic stantibus*, não a teoria da imprevisão.

529. Cf.: Bénabent, *Droit Civil. Les Obligations*, 9ª ed., Paris, Montchrestien, 2003, p. 213; Malinvaud, *Droit des Obligations*, 7ª ed., Paris, Litec, 2001, p. 195. Na doutrina nacional, cf.: Ferreira da Silva, *Adimplemento e Extinção das Obrigações: Comentários aos Arts. 304 a 388 do Código Civil*, pp. 169-170; Borges, *A Teoria da Imprevisão no Direito Civil e no Processo Civil*, São Paulo, Malheiros Editores, 2002, pp. 110-111 e 485-494; Martins-Costa, "A teoria da imprevisão e a incidência dos planos econômicos governamentais na relação contratual", *RT* 670/43, Ano 80, São Paulo, Ed. RT, agosto/1991. Em Inglês, cf.: Farnsworth, "Comparative contract law", in Mathias Reimann e Reinhard Zimmer (eds.), *The Oxford Handbook of Comparative Law*, Oxford, Oxford University Press, 2008, pp. 926-927; Zweigert e Kötz, *Introduction to Comparative Law*, 3ª ed., trad. de Tony Weir, Oxford, Clarendon Press, 1998, pp. 524-527.

530. "Art. 1.134. As convenções legalmente constituídas têm valor de lei entre as partes que as fizeram. As convenções não podem ser revogadas senão pelo consentimento mútuo das partes ou pelas causas que a lei admite. Devem ser executadas de boa-fé."

531. Bénabent, *Droit Civil. Les Obligations*, 9ª ed., p. 214.

532. Cf. Ferreira da Silva, *Adimplemento e Extinção das Obrigações: Comentários aos Arts. 304 a 388 do Código Civil*, pp. 169-170. Os administrativistas franceses referem que, se o direito privado francês aplicará no futuro a teoria da imprevisão, isso ocorrerá provavelmente sob diversos fundamentos e por diferentes razões, como a equidade e a boa-fé (cf. Laubadère, Moderne e Delvolvé, *Traité des Contrats Administratifs*, 2ª ed., vol. 2, § 1.333, p. 564. Cf. também Gaudemet, *Traité de Droit Administratif*, 16ª ed., t. 1, § 1.489, pp. 712-713).

Essa histórica desconfiança dos franceses no Judiciário não parece justificar, por si só, a relutância francesa em aplicar a *imprévision* aos contratos privados. Mas a estrutura epistemológica do Direito Francês, veiculada pela dicotomia "público *versus* privado", ajuda a explicar esse fenômeno. De certa forma, a *imprévision* diminui a força adquirida pela autonomia da vontade, princípio "essencialmente civilista"[533] que comanda o princípio da força obrigatória das convenções, consubstanciado no mencionado art. 1.134 do *Code*. Esse princípio, embora existente, não vigora com a mesma força nos contratos públicos, comandados por um *ethos* diverso. Ora, a carga valorativa da *summa divisio* facilita essa diferente forma de pensamento entre contratos públicos e privados, não sendo casual a relutância francesa em aplicar aos contratos entre particulares uma teoria que fundamentalmente vai de encontro ao princípio da força obrigatória das convenções, um dos pilares jusprivados.

A mesma dicotomia – e esta é a segunda observação comparativa – serve de ponto de partida para explicar a principal razão pela qual a *imprévision* se desenvolveu mais facilmente no direito administrativo francês: a de que ela serve às necessidades do serviço público, tendo a autonomia privada menor relevância. Foi em razão da continuidade do serviço que se tem sustentado, com sabor de lugar-comum, o dever do Estado de compensar o contratado por prejuízos sofridos quando abruptas e imprevisíveis mudanças de circunstâncias ocorrem durante a execução do contrato.[534] A ideia básica é, hoje, bem conhecida: ao direito privado, *pacta sunt servanda*; ao direito administrativo, *rebus sic stantibus*.[535]

Por outro lado, sabe-se que o espírito – ao menos o espírito propalado e tido por justificador do argumento – que serve de amálgama

---

533. A expressão é do próprio Conselho de Estado francês no caso "Langlois", j. 28.11.1958, citado por Richer, *Droit des Contrats Administratifs*, 6ª ed., p. 18.
534. Cf. Laubadère, Moderne e Delvolvé, *Traité des Contrats Administratifs*, 2ª ed., vol. 2, §§ 1.333 e 1.376, pp. 562-563. Cf. também: Chapus, *Droit Administratif Général*, 15ª ed., t. 1, § 1.385, p. 1.212; Gaudemet, *Traité de Droit Administratif*, 16ª ed., t. 1, § 1.489, pp. 712-713; Guettier, *Droit des Contrats Administratifs*, 2ª ed., p. 423. Cf. também Vidal, *L'Équilibre Financier du Contrat dans la Jurisprudence Administrative*, Bruxelas, Bruylant, 2005, p. 826 (citando doutrina e jurisprudência, mas iniciando a seção que critica essa ideia).
535. Na nossa doutrina, cf., por exemplo, Lúcia Valle Figueiredo, *Curso de Direito Administrativo*, 9ª ed., p. 526.

entre Estado e contratado é o da *colaboração* visando ao bem comum; a ideia de serviço público sempre encampou com naturalidade esse espírito.[536] Como se sabe, por trás da ideia de colaboração está a antes mencionada filosofia da solidariedade social de Durkheim e Duguit, acolhida por Léon Blum, tida por "uma forma de filosofia oficial" da Terceira República.[537] Em suma, o interesse geral requer a continuidade do serviço público; essa ideia, ausente no direito privado – e aqui entra o papel epistemológico da *summa divisio* –, é que primeiramente conduz a responsabilidade do Estado de compensar eventuais prejuízos do contratado.[538] Daí segue que o contratado, que tem o "direito subjetivo" à compensação, não pode interromper a prestação do serviço.[539] Se o contratado, ao deparar-se com uma *alea* que supostamente daria ensejo à *imprévision*, interrompe a prestação do serviço, ele será considerado inadimplente e não mais terá direito à compensação.[540] Assim, é fácil ver que a *imprévision* é aplicável principalmente a um tipo de contrato público, a concessão, embora possa também ser invocada em outras espécies de contrato administrativo, como será visto em breve.

As mudanças imprevisíveis de circunstâncias aptas a ensejar compensação pela *imprévision* podem originar-se de medidas genéricas ou específicas, legislativas ou administrativas.[541] Embora alguns autores

---

536. Cf.: Laubadère, Moderne e Delvolvé, *Traité des Contrats Administratifs*, 2ª ed., vol. 2, § 1.373, p. 606; Gaudemet, *Traité de Droit Administratif*, 16ª ed., t. 1, § 1.489, p. 713. Em seu estudo comparado, Langrod observou em 1955 o aspecto da colaboração ("Administrative contracts: a comparative study", *The American Journal of Comparative Law* 4/341-342, nota 81).

537. Cf. Grand, *Léon Blum (1872-1950): Gouverner la République*, Paris, LGDJ, 2008, p. 489.

538. Cf. Laubadère, Moderne e Delvolvé, *Traité des Contrats Administratifs*, 2ª ed., vol. 2, § 1.333, p. 564.

539. Idem, § 1.371, pp. 604-605. Cf. também: Gaudemet, *Traité de Droit Administratif*, 16ª ed., t. 1, §§ 1.489 e 1.492, pp. 713 e 715; Guettier, *Droit des Contrats Administratifs*, 2ª ed., p. 427; M. Long *et al.*, *GAJA*, 2007, n. 31, p. 194.

540. CE, "Société Propetrol", j. 5.11.1982, citado por M. Long *et al.*, *GAJA*, 2007, n. 31, p. 194.

541. Sobre a aplicação da *imprévision* causada pelo aumento em preços ou salários ou medidas gerais tomadas pelo Estado, sejam legislativas ou executivas, cf. Laubadère, Moderne e Delvolvé, *Traité des Contrats Administratifs*, 2ª ed., vol. 2, § 1.348, pp. 582-584 (citando várias decisões).

tenham identificado a origem da teoria já no século XIX,[542] é hoje lugar-comum que a *imprévision* tenha sido primeiramente construída pelo Conselho de Estado no caso "Cie. Générale d'Éclairage de Bordeaux", também conhecido como "Gaz de Bordeaux", decidido em 1916.[543] Em "Gaz de Bordeaux" havia um contrato de concessão entre uma companhia de gás e a cidade de Bordeaux, segundo o qual a companhia deveria fornecer gás à iluminação das ruas e avenidas locais. Entretanto, em função do abrupto aumento do preço do carvão causado pela I Guerra Mundial (uma tonelada de carvão subiu de 35 francos em janeiro/1915 para 117 francos em março/1916), a companhia buscou compensação. O Conselho de Estado, depois de estabelecer as condições essenciais do contrato de concessão, afirmou que o poder concedente (o Município de Bordeaux) deveria proteger o interesse público, e a única forma de fazê-lo seria compensar o contratado pelas perdas a este impostas pela abrupta mudança de circunstâncias. Não seria razoável – referiu o Conselho de Estado – antever a mudança de circunstâncias ao tempo da formação do contrato de concessão.

Algumas comparações cabem, aqui. A primeira e mais evidente é relacionada com as circunstâncias de guerra, as quais poderiam levar o comparatista a aproximar as origens da exorbitância nos contratos administrativos norte-americano e francês. Essa aproximação, entretanto, deve ser olhada com cuidado, por três razões. Primeiro porque na França a circunstância de guerra haveria de ser interpretada *em favor do contratado*, o qual passou a ter direito à compensação. Segundo porque o que move o raciocínio do francês é o *dever do Estado de prover serviços públicos*, os quais seriam suspensos se o contrato fosse rescindido. A terceira razão é a de que, ao contrário do Direito Norte-Ame-

---

542. Para a indicação e as teorias desses autores, bem como as razões de seus equívocos, cf. Vidal, *L'Équilibre Financier du Contrat dans la Jurisprudence Administrative*, pp. 119-126.

543. CE Mar. 30, 1916. Cf. *GAJA*, 2007, n. 31, pp. 189-197. Cf.: Laubadère, Moderne e Delvolvé, *Traité des Contrats Administratifs*, 2ª ed., vol. 2, § 1.334, p. 565; Guettier, *Droit des Contrats Administratifs*, 2ª ed., p. 422; Vidal, *L'Équilibre Financier du Contrat dans la Jurisprudence Administrative*, pp. 127-129. Em Inglês, cf.: Brown e Bell, *French Administrative Law*, 5ª ed., pp. 208-209; Mewett, "The theory of government contracts", *The McGill Law Journal* 5/230. Na doutrina nacional, a melhor explanação do caso é de Borges, *A Teoria da Imprevisão no Direito Civil e no Processo Civil*, pp. 115-123.

ricano, o Direito Francês, desde o caso "Gaz de Bordeaux", embora obviamente tenha considerado as circunstâncias de guerra nos casos posteriores,[544] jamais pôs a ênfase nessas circunstâncias para desenvolver a teoria da imprevisão, mas sim *na própria mudança das circunstâncias*, não importando o que tivesse causado essa alteração.

Embora a *imprévision* se tenha originado em caso que envolvia um contrato de concessão, ela passou a ser aplicada a vários outros contratos administrativos, e hoje é aplicável a todos eles.[545] Na prática, entretanto, alguns contratos são insuscetíveis de aplicação da teoria, por ela ser incompatível com o objeto do contrato. Por exemplo, se o objeto do contrato é uma atividade cujo caráter principal é industrial ou comercial (*activité de caractère industriel ou commercial*) a *imprévision* não pode ser aplicada, porque ela requer que o contratado tenha sofrido um déficit relacionado com as atividades exercidas em virtude do contato administrativo, chamado "déficit de exploração" (*déficit d'exploitation*).[546]

Tentando sistematizar a *imprévision*, a doutrina francesa indica alguns elementos necessários à sua aplicação. Primeiro, a grave perturbação ou alteração (*bouleversement*) do contrato deve ser causada por uma álea econômica, isto é, a mudança de circunstância que suscita a *imprévision* deve ser econômica em sua origem.[547] O segundo elemento é a imprevisibilidade da álea[548] – imprevisibilidade, essa, que deve exis-

---

544. O mais completo estudo desses casos foi feito por Vidal, *L'Équilibre Financier du Contrat dans la Jurisprudence Administrative*, pp. 169-274.

545. Cf. Laubadère, Moderne e Delvolvé, *Traité des Contrats Administratifs*, 2ª ed., vol. 2, §§ 1.338-1.339, pp. 570-572. Cf. também: Gaudemet, *Traité de Droit Administratif*, 16ª ed., t. 1, § 1.490, p. 713 (citando a aplicação da *imprévision* a casos de *marchés de fournitures* – CE, "Société Éclairage de Poissy", j. 8.2.1918 – e de *marchés de travaux publics* – CE, "Granchamp", j. 3.2.1924); M. Long *et al.*, *GAJA*, 2007, n. 31, p. 192 (citando casos de *marchés de transport* – CE, "Cie. Générale des Automobiles Postales", j. 21.7.1917 –, de *marchés de travaux publics* – CE, "Mas-Gayet", j. 30.10.1925 – e de *marchés de fourniture* – CE, "Gaz de Poissy", j. 8.2.1918).

546. Cf. Laubadère, Moderne e Delvolvé, *Traité des Contrats Administratifs*, 2ª ed., vol. 2, § 1.340, p. 572. Sobre o *déficit d'exploitation*, idem, § 1.359, pp. 595-596. Esse déficit não é uma simples perda, ou mesmo a ausência total de lucro do co-contratante.

547. Cf. Laubadère, Moderne e Delvolvé, *Traité des Contrats Administratifs*, 2ª ed., vol. 2, § 1.345, pp. 578-579. Cf. também M. Long *et al.*, *GAJA*, 2007, n. 31, pp. 193-194.

548. Cf. Laubadère, Moderne e Delvolvé, *Traité des Contrats Administratifs*, 2ª ed., vol. 2, §§ 1.350-1.351, pp. 585-590.

tir no momento da formação do contrato.⁵⁴⁹ O terceiro elemento está relacionado com o *déficit d'exploitation*. Para a aplicação da *imprévision* é necessário que a perda do contratado exceda o "limite de preço" (*dépassement du prix-limite*), o qual, em resumo, é a margem de aumento razoável no custo do contrato.⁵⁵⁰ O quarto elemento é a própria grave alteração da economia do contrato (*bouleversement de l'économie du contrat*), a qual é tida não por uma simples perda ou uma álea "ordinária", mas sim por uma álea "extraordinária". Assim como o elemento do "preço-limite", o *bouleversement* não pode ser definido *a priori* e conceituado em termos abstratos.⁵⁵¹ Embora esses elementos sejam bem conhecidos, cabem, aqui, breves comentários, para lançar uma luz comparada sobre o tema.

A álea econômica pode ser causada por um aumento de preços ou salários (fatores mais comuns), por uma queda nos rendimentos e assim por diante. Essas mudanças podem ter origem em causas estritamente econômicas (*e.g.*, um aumento de preços devido à escassez do produto, ou à regra da oferta e da procura ou à depreciação da moeda) ou em causas naturais (cataclismos, ciclones).⁵⁵² A questão necessária que se põe é esta: se a *imprévision* pode ser invocada pelo contratado em razão de uma álea econômica, qual a diferença entre ela a o *fait du prince*? Qual a relação entre ambas as teorias?

De fato, as teorias da *imprévision* e do *fait du prince* alguns vezes se sobrepõem, como nos casos de aumento de preços.⁵⁵³ Entretanto, um norte geral é este: o *fait du prince* é aplicável quando o ato soberano

---

549. Idem, § 1.351, p. 586 (citando vários outros casos além de "Gaz de Bordeaux"). Claro que, dependendo do tipo de contrato, o momento de apreciar a imprevisibilidade pode variar (idem, ibidem).
550. Cf. Laubadère, Moderne e Delvolvé, *Traité des Contrats Administratifs*, 2ª ed., vol. 2, § 1.360, pp. 596-597.
551. Idem, § 1.361, pp. 597-598. Cf. também Guettier, *Droit des Contrats Administratifs*, 2ª ed., pp. 369-371.
552. Cf. Laubadère, Moderne e Delvolvé, *Traité des Contrats Administratifs*, 2ª ed., vol. 2, §§ 1.345-1.346, pp. 578-579. O Conselho de Estado reconheceu a imprevisão em função de um cataclismo em "Cie. Française des Câbles Télégraphiques", j. 21.4.1944 (cf. Laubadère, Moderne e Delvolvé, ob. cit., 2ª ed., vol. 2, §§ 1.345-1.346, pp. 579-580). Cf. também Guettier, *Droit des Contrats Administratifs*, 2ª ed., p. 424.
553. Cf. Laubadère, Moderne e Delvolvé, *Traité des Contrats Administratifs*, 2ª ed., vol. 2, § 1.347, p. 582. Cf. também Guettier, *Droit des Contrats Administratifs*, 2ª ed., pp. 427-429.

emana da autoridade contratante, enquanto a imprevisão é aplicável quanto o ato soberano emana de outro ente público ou autoridade pública, ou quando é causado por fatores externos às partes contratantes.[554] É certo que o *fait du prince* é mais interessante ao contratado, por gerar a este plena compensação, diferentemente da *imprévision*. Portanto, a *imprévision* é subsidiária ao *fait du prince*; se este não se aplica, aquela ainda pode ser invocada.[555]

É interessante considerar que o Conselho de Estado julgou ser a *imprévision* (e o *fait du prince*) uma teoria "de ordem pública" (*d'ordre public*), não podendo sua aplicabilidade ser convencionada pelas partes,[556] sendo ilícita cláusula contratual nesse sentido. Na mesma direção, o Conselho de Estado decidiu que, embora cláusulas-padrão acerca do reajuste de preços e tarifas sejam comuns em todos os contratos administrativos hoje em dia (o que faria da imprevisão uma teoria obsoleta), é ainda possível aplicar a *imprévision* em favor do contratado.[557]

Mas aqui é necessário cautela. O caráter "estatal" da cultura francesa sempre está presente, e por isso é simples para as Cortes limitar a aplicação da *imprévision*. É que cada elemento da teoria pode ser lido e interpretado de forma tão estrita que impedirá ou limitará a compensação do contratado. Basta que fale mais alto a mentalidade francesa para uma Corte inclinar-se, por exemplo, a enfatizar o caráter público de uma concessão e entender que o prejuízo sofrido pelo contratado

---

554. Sobre esse elemento, cf. Laubadère, Moderne e Delvolvé, *Traité des Contrats Administratifs*, 2ª ed., vol. 2, §§ 1.353-1.354, pp. 590-503.

555. Cf. Laubadère, Moderne e Delvolvé, *Traité des Contrats Administratifs*, 2ª ed., vol. 2, §§ 1.353-1.354, pp. 590-593. Cf. também Guettier, *Droit des Contrats Administratifs*, 2ª ed., pp. 424-425. Entre nós, sobre o Direito Francês, cf. Justen Filho, *Comentários à Lei de Licitações e Contratos Administrativos*, 14ª ed., pp. 781-782.

556. Cf. Laubadère, Moderne e Delvolvé, *Traité des Contrats Administratifs*, 2ª ed., vol. 2, § 1.364, p. 600. Cf. também Gaudemet, *Traité de Droit Administratif*, 16ª ed., t. 1, § 1.490, p. 713 (citando CE, "Hospice de Vienne", j. 10.3.1948). Em Inglês, cf. Langrod, "Administrative contracts: a comparative study", *The American Journal of Comparative Law* 4/344.

557. Cf. Laubadère, Moderne e Delvolvé, *Traité des Contrats Administratifs*, 2ª ed., vol. 2, § 1.365, pp. 600-601. Cf. também: Chapus, *Droit Administratif Général*, 15ª ed., t. 1, § 1.389, p. 1.214 (citando CE, "S/A Dragages et Travaux Publics", j. 19.2.1992); Guettier, *Droit des Contrats Administratifs*, 2ª ed., p. 428 (idem).

não era imprevisível ao tempo da formação do contrato[558] ou que a perda não causou uma "grave alteração" da economia do contrato para que o contratado, ao final, fique sem compensação do prejuízo. Um comentador referiu recentemente que o *bouleversement* tem um "papel seletivo draconiano" em limitar a compensação sob a *imprévision*.[559] Meu ponto aqui, novamente, não é advogar a favor ou contra o sistema jurídico francês (ou brasileiro) sobre o norte-americano. Mais que isso, não creio que o comparatista possa definitivamente dizer, em abstrato ou, mesmo, pela análise de casos concretos, que um sistema promove maior ou menor proteção ao contratado que o outro sistema jurídico. O que importa – e este é o meu ponto – é que o *ethos* coletivo do direito público francês originou a *imprévision*, a qual, em última análise, é mais uma "compensação" a esse *ethos*. Por outro lado, a estatalidade da cultura francesa sempre estará por trás, informando a mentalidade do julgador, influenciando na apreciação dos elementos que formam a teoria da *imprévision* (ou do *fait du prince*), o que poderá acarretar a limitação da aplicação da referida teoria.

Deve ser relembrado, entretanto, que hoje os contratos administrativos usualmente contêm cláusulas dispondo sobre o reajuste de preços e tarifas. Esse fenômeno, se quisermos, é uma forma de "incorporação" da teoria da *imprévision* pela sistemática contratual,[560] tanto assim que Guettier escreveu recentemente que a *imprévision* parece destinada a ser posta "no museu das criações jurisprudenciais, onde ela terminou por ter lugar no departamento de peças raras".[561]

---

558. Por exemplo, cf. CE, "Aurran", j. 10.2.1943 ("ruling that variation in price was foreseeable p. the formation of the *contrat*"), citado por M. Long *et al.*, *GAJA*, 2007, n. 31, pp. 187-188.

559. Cf. Guettier, *Droit des Contrats Administratifs*, 2ª ed., pp. 426 e 428. Como uma "rara aplicação" da teoria, entretanto, o autor cita um caso decidido pelo *Conseil d'État* em 14.6.2000, "Commune de Staffelfelden", no qual a *Commune de Staffelfelden* foi obrigada a pagar danos compensatórios de 850.000 Francos à contratada *Société Sogest*, empresa que abastecia de água a comunidade, depois de ficar comprovado que o *déficit d'exploitation*, relacionado a uma poluição acidental, havia causado à empresa um aumento no custo de produção que excedia o preço pago pelos consumidores (cf. ob. cit., p. 426).

560. Cf. Chapus, *Droit Administratif Général*, 15ª ed., t. 1, § 1.388, p. 1.214.

561. Guettier, *Droit des Contrats Administratifs*, 2ª ed., p. 428. Mas cf.: Chapus, *Droit Administratif Général*, 15ª ed., t. 1, § 1.388, p. 1.214; M. Long *et al.*, *GAJA*, 2007, n. 31, p. 197 (referindo que "os princípios postos pelo caso 'Gaz de Bordeaux' conservam todo o seu alcance e todo o seu valor").

Seja como for, a *imprévision* sempre foi entendida e veiculada na França como um mecanismo necessário a compensar o contratante e manter o equilíbrio do contrato, *mas sempre mantendo uma determinada ideia de Estado*, um Estado que provê os serviços públicos e que, por isso, não pode deixar seus colaboradores – os contratados – sem auxílio quando isso for necessário para manter a execução dos serviços públicos. A ênfase sempre foi posta na continuidade do serviço público, que nada mais é que uma *manifestação particular do interesse geral*.[562] Não é casual que essa *concepção filosófico-política* tenha nascido e se desenvolvido no país que mais cedo elaborou e seguiu uma concepção positiva de Estado, do "absolutista" Luís XIV, o mesmo país de Delamare, Domat, Gérando, Lafferière, Hauriou, Duguit, Jèze e Laubadère. O Direito produzido por eles é fundado em premissas não-individualistas as quais socialistas ingleses, como Laski e outros tantos, admiravam e pregavam, sob o argumento paradoxal de que o Direito Francês protege mais os indivíduos que o Direito da *common law*.

Uma visão crítica poderia, entretanto, lançar alguns questionamentos. Se é fato que a vinculação da *imprévision* com a ideia de continuidade do serviço público virou lugar-comum, não é difícil notar que, despida de sua ideologia filosófico-política, a vinculação parece frágil. O que dizer dos contratos administrativos que não se vinculam a uma prestação de serviço público? Nesses casos temos que admitir que o fundamento da compensação não pode ser a continuidade do serviço público, a menos que se lance mão de argumentos duvidosos do tipo "todo contrato administrativo diz ao menos mediatamente com um serviço público, considerado em sentido amplo". O fundamento, nesses casos, seria o equilíbrio financeiro do contrato *per se*, isto é, um fundamento ligado a fatores de economia interna do contrato e a princípios como o da boa-fé e o da confiança; só mediatamente, ou em segundo plano, estaria a continuidade do serviço público.[563]

Mas mesmo nos contratos administrativos vinculados diretamente à prestação de serviços públicos é razoável questionar se a continuidade do serviço é o real fundamento da compensação do contratante no caso

---

562. Cf. Vidal, *L'Équilibre Financier du Contrat dans la Jurisprudence Administrative*, p. 831.

563. Neste e nos próximos parágrafos derivo livremente e resumo os muitos argumentos de Vidal, ob. cit., pp. 778-846.

de *imprévision*. É fato que a doutrina clássica entende que o "interesse público" se identifica com a "causa e a finalidade" (*cause* e *but*) de todo contrato administrativo;[564] e a continuidade do serviço público nada mais é que o corolário dessa ideia-força. Mas por que seria assim? Da necessidade de continuação do serviço em razão do interesse público não segue *tout court* o dever de compensação por parte do Estado, a menos que se insira na equação, ou que se considere implícito, o fundamento do equilíbrio financeiro. Numa palavra: o Estado não deve compensar *em razão* da continuidade do serviço; o Estado deve compensar *porque deve equilibrar o contrato para que possa, em nome do interesse público, dar continuidade ao serviço*. Assim, ao deixar em segundo plano a ideia-chave da continuidade do serviço público, suplantando-a pela noção de equilíbrio financeiro do contrato, desloca-se o pêndulo ao polo da igualdade, razão pela qual se poderia, mesmo, sustentar que a clássica ideia da desigualdade nos contratos administrativos ficaria prejudicada.[565] Não seria isso uma mudança notável de paradigma?

A mudança da ênfase no nível argumentativo é tão sutil quanto crucial, tem razões político-filosóficas e consequências notáveis. A ênfase na continuidade do serviço público pode, por exemplo, sugerir que a interpretação de cláusulas que tratam dos interesses financeiros do contratante deve seguir uma ideia de solidariedade e colaboração com as cláusulas de serviço, distanciando, assim, se quisermos, o norte interpretativo de um patamar de justiça comutativa e aproximando-o da justiça distributiva. Quantas vezes, diante de um impasse em decidir sobre *se* haverá compensação (ou sobre seu valor), os juízes não lançam mão de argumentos "de princípio" do tipo "o contratante não tem direito em razão do interesse público predominante" ou, então, "o contratante deve ser indenizado em razão do seu direito ao equilíbrio financeiro do contrato?" Deslocar a ênfase no fundamento da indenização, portanto, faz toda a diferença. Não é um mero jogo de palavras pôr a ênfase na continuidade do serviço público ou no equilíbrio financeiro. Daí que passo a abordar, embora brevemente, este último.

---

564. É a tese de François Delmas apresentada em 1945, *Du Pouvoir de l'Administration de Modifier les Prévisions du Marche de Travail Public et des Obligations Financières en Résultant pour Elle*, citado por Vidal, *L'Équilibre Financier du Contrat dans la Jurisprudence Administrative*, p. 838.

565. É a conclusão de Vidal, ob. cit., p. 771.

2.2.3.3 "L'équilibre financier du contrat administratif"

A noção de equilíbrio econômico-financeiro é central às teorias do *fait du prince* e da *imprévision*. Em verdade, ela é a mola propulsora da dimensão de igualdade que equilibra o contrato administrativo, concebido amiúde como desigual. Tendo o Direito Brasileiro retirado do Direito Francês essa noção, alçando-a, para muitos, ao nível constitucional (como mostrado adiante), é importante uma análise crítica, posto que sucinta, do instituto no Direito Francês.

Como sabemos, a ideia de equilíbrio financeiro do contrato foi articulada pela primeira vez nas conclusões do comissário de governo Léon Blum (1872-1950)[566] – conclusões, essas, adotadas pelo Conselho de Estado no já mencionado caso "Cie. Générale Française des Tramways", de 1910,[567] decisão amiúde lembrada também pela doutrina brasileira.[568] Nessa decisão havia um contrato de concessão entre o Estado e a empresa de transporte ferroviário. O Prefeito de Bouches-du-Rhône, usando do poder de regulamentar o horário de partidas e chegadas dos trens, aumentou o número de trens que deveriam operar, em função do aumento da demanda pelo serviço. Poucos anos antes o Conselho de Estado havia decidido dois casos análogos, "Cie. des Chemins de Fer Économique du Nord", de 1903, e "Cie. des Tramways de Paris", de 1905, nos quais a Corte entendeu que a autoridade administrativa não poderia impor ao concessionário qualquer dever que

---

566. Ao lado de Jean Romieu, Léon Blum, um socialista, foi um dos grandes comissários de governo franceses. Suas posições serviram de base a inúmeros casos decididos pelo Conselho de Estado durante a Terceira República, a chamada "Idade de Ouro" do direito administrativo. Sobre Léon Blum, cf. o trabalho de Grand, *Léon Blum (1872-1950): Gouverner la République*, 2008.

567. CE, "Cie. Générale Française des Tramways", j. 11.3.1910, Rec. 216, concl. Blum, *GAJA*, 2007, n. 22, pp. 134-140.

568. Cf., por exemplo: Di Pietro, *Parcerias na Administração Pública: Concessão, Permissão, Franquia, Terceirização, Parceria Público-Privada e outras Formas*, 6ª ed., São Paulo, Atlas, 2008, p. 97, e "Equilíbrio econômico-financeiro do contrato administrativo", in Telles e Araújo (coords.), *Direito Administrativo na Década de 90: Estudos Jurídicos em Homenagem ao Professor José Cretella Jr.*, São Paulo, Ed. RT, 1997, pp. 109-110; Justen Filho, *Teoria Geral das Concessões de Serviço Público*, pp. 51 e 384; F. A. de Oliveira, "Contratos administrativos e suas alterações", in Telles e Araújo (coords.), *Direito Administrativo na Década de 90: Estudos Jurídicos em Homenagem ao Professor José Cretella Jr.*, p. 174.

excedesse as obrigações contratuais. Em suma, tendo o contrato de concessão estipulado que o concessionário deveria pôr em circulação determinado número de trens, o poder concedente não poderia unilateralmente determinar que o concessionário aumentasse o número de trens em circulação.[569]

A conclusão de Léon Blum no citado caso "Cie. Générale Française des Tramways", porém, alterou essa visão e causou uma revolução na ideia de concessão de serviço público[570] – ideia que era, para Blum, a "única expressão jurídica aceitável da filosofia republicana".[571] Para Blum a autoridade pública deveria ter o poder de alterar o contrato de acordo com a necessidade do interesse público; mas, *em contrapartida* – este é o ponto –, o ente público deveria compensar o concessionário. Léon Blum daria, então, início à teoria de que o poder do Estado (*puissance publique*) não pode chegar ao ponto de ameaçar ou destruir a economia financeira do contrato; o contratado deve ter direito à compensação.[572] O contrato de concessão, não sendo um contrato privado, teria peculiaridades, as quais estariam sempre vinculadas ao interesse público. Essa ideia de serviço público – dizia Blum – deveria governar todas as alterações, internas ou externas, do contrato administrativo, mas o contratado deveria ter sempre o direito à compensação. A linguagem usada por Léon Blum, hoje conhecida por todos, afirmava a existência no contrato administrativo de uma "equivalência honesta" (*équivalence honnête*), a qual seria "da essência do contrato" e deveria ser mantida.[573] Essa noção de equilíbrio financeiro, embora originariamen-

569. Cf. Burdeau, *Histoire du Droit Administratif*, p. 282.
570. Idem, p. 283.
571. Grand, *Léon Blum (1872-1950): Gouverner la République*, p. 476.
572. Cf. M. Long *et al.*, *GAJA*, 2007, n. 22, pp. 135-137. Cf. também Brown e Bell, *French Administrative Law*, 5ª ed., p. 207. Entre nós, Justen Filho vincula corretamente o princípio da intangibilidade da equação econômico-financeira do contrato administrativo a uma necessidade de compensação, "uma espécie de contrapartida" ao que venho chamando de estatismo francês (cf. *Teoria Geral das Concessões de Serviço Público*, p. 362).
573. Cf. Laubadère, Moderne e Delvolvé, *Traité des Contrats Administratifs*, 2ª ed., vol. 1, § 718, p. 717. Os autores do *Traité* citam as palavras de L. Blum, as quais, entre nós, Di Pietro traduz oportunamente (*Parcerias na Administração Pública: Concessão, Permissão, Franquia, Terceirização, Parceria Público-Privada e outras Formas*, 6ª ed., p. 97): "É da essência mesma do contrato de concessão buscar e realizar, na medida do possível, uma igualdade entre as vantagens que se concedem ao conces-

te relacionada ao contrato de concessão de serviço público,[574] foi logo aplicada a todos os contratos administrativos.[575]

Ocorre que, embora tenha representado uma importante virada principiológica no Direito Francês, a expressão "equivalência honesta" diz pouco. Ela exprime somente um "princípio muito geral de equilíbrio de exploração e traduz na realidade uma visão essencialmente contábil e estática do equilíbrio" – como escreveu Laurent Vidal, autor que pôs a nu o assunto em 2005.[576] Até então, porém, pouco se avançara em termos de parâmetros materiais para melhor identificar o conteúdo do princípio, e a confusão na doutrina e na jurisprudência sempre se deu, a ponto de alguns autores negarem qualquer valia ao *équilibre financier*.[577] Repete-se ainda, amiúde, que a equivalência honesta não tem sido nem pode ser entendida na forma de uma equação matemática; que, ao invés disso, deve ser encarada como uma questão de "equidade", um cálculo sujeito à "razoável interpretação" do contrato.[578] Também se apregoa que "equilíbrio financeiro" não se confunde com "lucro" ou com "igualdade econômica", sendo indispensável perscrutar qual o risco assumido pelo contratante.[579] Todos esses parâmetros foram e são referidos pela doutrina pátria.[580] São parâmetros, claro; mas são frágeis.

---

sionário e as obrigações que lhe são impostas. As vantagens e as obrigações devem compensar-se para formar a contrapartida entre benefícios prováveis e perdas previsíveis. Em todo contrato de concessão está implícita, como um cálculo, uma honesta equivalência entre o que se concede ao concessionário e o que dele se exige. É o que se chama equivalência comercial, a equação financeira do contrato de concessão".

574. Mewett viu no contrato de concessão semelhança com o contrato *franchise* norte-americano ("The theory of government contracts", *The McGill Law Journal* 5/224).

575. Cf. Laubadère, Moderne e Delvolvé, *Traité des Contrats Administratifs*, 2ª ed., vol. 1, § 717, pp. 717-718.

576. Cf. Vidal, *L'Équilibre Financier du Contrat dans la Jurisprudence Administrative*, p. 7. Até então o tema, mesmo na França, não havia merecido a devida atenção. Seria de admirar que tivesse recebido entre nós.

577. Cf. Laubadère, Moderne e Delvolvé, *Traité des Contrats Administratifs*, 2ª ed., vol. 1, § 719, pp. 718-720 (sumariando as condições vagas de aplicação e referindo que Badaoui era um forte crítico do princípio).

578. Cf. Laubadère, Moderne e Delvolvé, *Traité des Contrats Administratifs*, 2ª ed., vol. 1, § 718, p. 718 (citando CE, "Ville de Toulon", j. 10.4.1935).

579. Cf. Guettier, *Droit des Contrats Administratifs*, 2ª ed., pp. 262-267.

580. Cf. Justen Filho, *Comentários à Lei de Licitações e Contratos Administrativos*, 14ª ed., pp. 775–776, e *Teoria Geral das Concessões de Serviço Público*, p. 388.

Meu propósito não é oferecer parâmetros novos e mais seguros para o trato do tema no Direito Francês (ou mesmo Brasileiro) – o que, à luz do Direito Comparado, seria dificilmente realizável. O que importa, aqui, é ressaltar o valor epistemológico do *équilibre financier* para o desenvolvimento do direito dos contratos administrativos.

Que o *équilibre financier* seja uma compensação ao poder exorbitante do Estado ninguém discute, nem que seja esse equilíbrio uma das causas "mais originais" de indenização do contratante.[581] O problema de fundo, aqui, é que, dependendo da ênfase que se lhe empreste e da configuração que se adote desse "princípio", ele pode simplesmente anular a decantada filosofia exorbitante dos contratos administrativos, quebrando o pilar argumentativo da desigualdade das partes.

Basta que se confira ao *équilibre financier* um valor comutativo maior ou que se entenda, no plano dos valores, que o equilíbrio financeiro do contrato é *antes de tudo* um direito do contratado, o qual se *sobrepõe* ao "interesse público". Uma visão analítica e descontextualizada – em regra, a-histórica – do *équilibre financier* pode começar a minar mentalidades de séculos, alterando as bases do *droit politique*.[582] A mais que indeterminada "equivalência honesta" das prestações, expressão que abriga um mundo e convida a todos os arbítrios, contém o germe da "igualdade" – o que ela significa é outro *e principal* problema. Mas a discussão desse problema é sempre carregada na França de um estatismo e um coletivismo que, aos olhos de um norte-americano, não são compreendidos, porque veiculados por uma ideia de Estado-guia, um Estado *engagé*, protetor do cidadão, o que foi, ao longo dos séculos, indispensável ao povo francês.

Daí que um *lawyer* que embarca no estudo do *équilibre financier* não teria dificuldade de ver nesse instituto um *right*, um direito subjetivo à compensação, um corolário da autonomia da vontade das partes. Esse *lawyer* verá desconfiado, se não com certo desprezo, a ideia de que o contrato público *contém* um grau maior de solidariedade ou de colaboração. O contratado que presta o "serviço público" (algo que o *lawyer* compreende mal) não *colabora* com o Estado, ou só o faz mediatamente. O contratado, entende o *lawyer*, visa *antes de tudo ao lucro*, e é à prote-

---

581. Sobre a originalidade, cf. Gaudemet, *Traité de Droit Administratif*, 16ª ed., t. 1, § 1.471, p. 705.

582. A obra de Vidal, *L'Équilibre Financier du Contrat dans la Jurisprudence Administrative*, pode, s.m.j., ser lida nessa perspectiva.

ção deste lucro que o contratado dirigirá seus esforços, seus valores e – consequência – seu arsenal retórico em caso de um ato soberano estatal bulir com o equilíbrio do contrato. Dizer esse não-dito, que pode mesmo parecer um truísmo, é o principal papel do comparatista.

2.3 Brasil: fato do príncipe, teoria da imprevisão e equilíbrio financeiro contextualizados

"No Direito Brasileiro, os estudiosos se assentaram nos autos franceses [sobre a teoria dos contratos administrativos].

Como os administrativistas franceses pouco mais fazem – em sua maioria e já há muitos anos – senão sistematizar sua jurisprudência, os doutrinadores brasileiros, por vias indiretas, teorizam sobre a jurisprudência francesa na matéria." (Celso Antônio Bandeira de Mello, em 1980 e 2009[583])

"O estudo meramente theorico do direito administrativo também não podia encontrar aqui o seu habitat.

"Não temos dilletantes que cultivem o estudo das sciencias juridicas e sociaes unicamente por amor da arte; os nossos jurisconsultos são homens de trabalho, sem tempo disponivel para as especulações doutrinarias, não susceptiveis de immediata applicação." (Jacintho Ribeiro dos Santos, em 1914[584])

"Nesta barafunda que é o Brasil, os críticos são impelidos a ajuntar as personalidades e as obras, pela precisão ilusória de enxergar o que não existe ainda, a Nação. [...] porque, como sucede com os outros povos norte-americanos, a nossa formação nacional não é natural, não é espontânea, não é, por assim dizer, lógica. Daí a imundície de contrastes que somos." (Mário de Andrade[585])

---

583. C. A. Bandeira de Mello, *Elementos de Direito Administrativo*, São Paulo, Ed. RT, 1980, p. 140. O autor repete a mesma frase na 26ª ed. de seu *Curso de Direito Administrativo*, São Paulo, Malheiros Editores, 2009, pp. 610-611.

584. Santos, na "Introdução" ao livro de Viveiros de Castro, *Tratado de Sciencia da Administração e Direito Administrativo*, 3ª ed., Rio de Janeiro, Jacintho Ribeiro dos Santos Editor, 1914, pp. VI-VII.

585. Mário de Andrade, *Aspectos da Literatura Brasileira*, p. 8, citado por Brandão, *Linhagens do Pensamento Político Brasileiro*, São Paulo, Aderaldo & Rothschild Editores, 2007, pp. 59-60.

A fim de compreender o fenômeno da exorbitância no Direito Brasileiro (dos contratos administrativos), e especialmente o problema dos "atos soberanos", devo manter a linha de argumento utilizada até aqui. Analiso, embora brevemente, a importância da tradição do Estado na cultura brasileira e tento encontrar sua relevância à ideia de exorbitância.

O Brasil nunca teve uma concepção própria de Estado. Desde o Império – para não falar da época colonial[586] – o Brasil procurou por um modelo estrangeiro.[587] Mais que isso, a avidez por reproduzir em solo brasileiro o que ocorria no exterior não foi um fenômeno restrito à concepção do Estado; essa avidez começou pela importação de uma ou muitas filosofias. Mas esse fenômeno de importação de sistemas políticos e mesmo de culturas não deve causar espanto, principalmente tratando-se de países-colônias e em desenvolvimento. A História não é uma sucessão de eventos independentes, e heranças culturais sempre quebraram fronteiras geográficas. O entusiasmo brasileiro em reproduzir outras culturas, portanto, está longe de ser único.

Os dois modelos culturais seguidos mais de perto pelo Brasil desde antes de sua independência foram o anglo-americano e o francês.[588] A elite brasileira foi desde sempre influenciada pelas culturas inglesa (depois norte-americana) e francesa, seja em Política, Economia, Moral ou Direito – o que deixou profundas marcas na nossa cultura e, consequentemente, no nosso Direito. Importa, aqui, enfatizar a predominância do modelo francês de direito público na formação do Brasil independente. Essa influência perdura desde o Império, centralizado como era,[589] pas-

---

586. F. Weffort sugere que vem do Marquês do Pombal a mania brasileira de buscar "lá fora" modelos e diretrizes (cf. *Formação do Pensamento Político Brasileiro: Ideias e Personagens*, São Paulo, Ática, 2006, pp. 135-136).

587. Cf. Carvalho, *A Construção da Ordem: a Elite Política Imperial – Teatro de Sombras: a Política Imperial*, 2ª ed., Rio de Janeiro, Civilização Brasileira, p. 381.

588. Cf., genericamente, Cruz Costa, *Contribuição à História das Ideias no Brasil*, Rio de Janeiro, Livraria José Olympio, 1956, pp. 49-75. Cf. também Carvalho, *A Construção da Ordem: a Elite Política Imperial – Teatro de Sombras: a Política Imperial*, 2ª ed., p. 382.

589. Cf. Carvalho, "Federalismo e centralização no Império Brasileiro: história e argumento", in *Pontos e Bordados: Escritos de História e Política*, Belo Horizonte, UFMG, 2005, p. 155. Dizia o Visconde do Uruguai: "Herdamos a centralização da Monarquia Portuguesa" (Paulino José Soares de Souza, *Ensaio sobre o Direito Administrativo*, Rio de Janeiro, 1960 [1862], p. 429).

sando pela formação da República e continuando hoje. Mas o Ecletismo brasileiro, brevemente explicado abaixo, sempre ofereceu espaço, paralelamente, à influência anglo-americana, com sua cultura antiestatal, compensando, assim, a "tradição de Estado" francesa. A cultura anglo-americana, que jamais cessou de ter alguma influência em partes importantes da elite nacional, ganhou corpo, como sabido, nas duas últimas décadas do século passado, e a influência norte-americana tornou-se mais forte que nunca. Isso deve ser levado em consideração se quisermos entender a exorbitância no Direito Brasileiro (dos contratos administrativos).

2.3.1 O caráter estatal (ou francês) do Direito Brasileiro e sua relevância aos contratos administrativos

> "A França é importante no plano deste livro porque Paris, graças à superioridade das suas conversas e sua literatura, é e continuará sempre sendo o salão da Europa.

> "Três quartos dos bilhetes matinais, em Viena ou em Londres, são escritos em Francês, ou cheios de alusões ou de citações também em Francês, e Deus sabe em que Francês." (Stendhal, em 1822[590])

> "O desenvolvimento não pode ser a matéria de decretos, nem é assim que uma Nação aprende de outra. Uma elite não pode pela compulsão, pela ideologia, gerar uma Nação." (Raymundo Faoro[591])

> "E o que era esse blablablá? Uma maneira de produzir pretensas construções teóricas sem qualquer conexão conceitual rigorosa. É como colocar imagens, umas ao lado de outras, provocando certa fricção, determinando efeito no espectador. [...]. É algo que se parece mais a fogos de artifício. A fricção tem efeitos efêmeros." (Marcos Nobre e Ricardo Terra, sobre a Filosofia Brasileira anterior ao final dos anos 1970[592])

---

590. Stendhal, *Do Amor*, trad. de Roberto Leal Ferreira, São Paulo, Martins Fontes, 1999 [1822], pp. 129-330.

591. Faoro, "Existe um pensamento político brasileiro?", in Fábio Konder Comparado (org.), *A República Inacabada*, São Paulo, Globo, 2007, p. 139.

592. Nobre e Terra, *Ensinar Filosofia: uma Conversa sobre Aprender a Aprender*, Campinas/SP, Papirus, 2007, p. 19.

Ao tempo do Brasil-Colônia Portugal era um país no qual a revolução burguesa havia chegado tarde e cujo governo era baseado em uma burocracia centralizada. Ao contrário da Inglaterra e dos Estados Unidos, países nos quais a elite era formada por indivíduos que trabalhavam no setor privado, a elite portuguesa, formada por nobres e aristocratas, dependia materialmente da estrutura do Estado, o qual era, frequentemente, a única fonte de renda de muitas pessoas.[593] Uma parte desse aparato estatal desembarcou no Brasil em 1808, quando a Família Real Portuguesa, escapando a Napoleão, procurou refúgio na Colônia. Essa história é bem conhecida. Mas vale enfatizar, aqui, a forte herança portuguesa de uma concepção centralista e "absolutista" de Estado.

No início da fase do Brasil "independente" o papel do Estado tornou-se central ao nosso desenvolvimento como país. A elite brasileira era formada pelo Estado, trabalhava para o Estado e vivia do Estado. De certa forma, a formação da cultura brasileira dependia do Estado. A própria instalação dos cursos jurídicos no Brasil tinha como principal intenção "formar elites para manter em funcionamento o Estado herdado e implantar o novo Estado, e não propriamente para articular e mobilizar a sociedade civil".[594] A marca do nascimento dos estudos jurídicos no Brasil, portanto, é a marca do Estado, não a da sociedade civil ou do indivíduo.

Nessa perspectiva, o modelo francês de Estado centralizado tornou-se muito útil ao Brasil. A base cultural da filosofia política brasileira e do desenvolvimento do direito administrativo brasileiro tornou-se – e permaneceu – principalmente francesa.[595] No início do século XIX a França exportava sua cultura ao resto da Europa e ao mundo ocidental. Roger Picard referia que a missão da França era instruir e guiar as

593. Cf., genericamente, Carvalho, *A Construção da Ordem: a Elite Política Imperial – Teatro de Sombras: a Política Imperial*, 2ª ed., pp. 25-47. Cf. também Caccia, Ambrosini, e Ferreira, "Os juristas e a construção do Estado Imperial", in Carlos Guilherme Mota (coord.), *Os Juristas na Formação do Estado-Nação Brasileiro*, São Paulo, Quarter Latin, 2006, *passim*.

594. Mota, "Do Império Luso-Brasileiro ao Império Brasileiro", in Carlos Guilherme Mota (coord.), *Os Juristas na Formação do Estado-Nação Brasileiro*, p. 135 (embasado em Wander Bastos).

595. Sobre a influência cultural francesa no Brasil, cf., genericamente, Cruz Costa, *Contribuição à História das Ideias no Brasil*, *passim*, principalmente pp. 56-58, 74-75 e 80.

outras Nações.[596] Uma vez independente, o Brasil aceitou ser instruído e guiado. Essa influência durou mais de um século. No final do século XIX o cidadão culto aqui nascido não almejava ser um "brasileiro"; ele queria parecer um europeu, principalmente se fosse francês.[597]

No que toca às influências filosóficas, o Brasil, a partir do século XIX, importou e encampou uma miríade de ideias contraditórias, o que seria mais tarde chamado de Ecletismo. Mas as principais filosofias vieram de Paris.[598] No seu livro *Um Departamento Francês de Ultramar* – título que fala por si –, Paulo Eduardo Arantes escreveu: "Nossa bruxuleante curiosidade filosófica sempre viveu à mercê das marés ideológicas da Metrópole"[599] – isto é, da França. Isso não significa que o Brasil teve uma filosofia linear ao longo da história, ou mesmo que teve *alguma* filosofia. Muitos sugerem que o contrário parece mais verdadeiro,[600] e é

---

596. A menção é de Cruz Costa, *Contribuição à História das Ideias no Brasil*, p. 80.

597. Cf. Rolland, "A crise de um certo universalismo: o modelo cultural e político francês no século XX", in Leila Perrone-Moisés (org.), *Do Positivismo à Desconstrução: Ideias Francesas na América*, São Paulo, EDUSP, 2004, p. 239. A literatura da época mostra que mesmo um crítico genial e gozador como Stendhal não era capaz de negar isso, como se nota da epígrafe desta seção. Lê-se no *Jornal Zero Hora*, de Porto Alegre, a notícia de que 2009 será "o ano da França no Brasil", em retribuição ao ano de 2005, "ano do Brasil na França". O final da matéria é sugestivo: "A comemoração da data da Independência Brasileira [*em 2009*] será em homenagem à França" (*Jornal Zero Hora*, edição 15.947, de 22.4.2009).

598. Cf. Cruz Costa, *Contribuição à História das Ideias no Brasil*, p. 81. Em Inglês, cf. Vita, "The meaning and direction of philosophical thought in Brazil", *Philosophy and Phenomenological Research* 33/531-546, n. 4, junho/1973.

599. Arantes, *Um Departamento Francês de Ultramar: Estudos sobre a Formação da Cultura Filosófica Uspiana (Uma Experiência dos Anos 60)*, São Paulo, Paz e Terra, 1994, p. 61.

600. O Brasil não teve uma filosofia genuína, e mesmo hoje não tem uma grande tradição filosófica. Ricardo Terra e Marcos Nobre concordam que só a partir do final dos anos 1970 é que se pode falar em padrões nacionais de produção filosófica. Antes disso o que se tinha era, no dizer desses autores, um "blablablá", hoje renovado em um "neoblablablá" (cf. *Ensinar Filosofia: uma Conversa sobre Aprender a Aprender*, *passim*). Como se vê da epígrafe desta seção, esse bláblábá só poderia produzir efeitos efêmeros. Também por isso, no Brasil todos os rótulos podem "colar" – e depois cair. Essa carência de identidade e consistência filosófica talvez se explique *também* pela natureza colonial da cultura brasileira. Seja como for, é digno de nota que uma "mentalidade colonial" permanecesse por tanto tempo incrustada na filosofia nacional. Sobre isso, cf. Coutinho, "Some considerations on the problem of Philosophy in

interessante lembrar, ainda que isto seja uma simplificação, que a alternativa ao modelo francês sempre foi o Liberalismo anglo-americano. Como anota Carlos Guilherme Mota: "O Brasil da primeira metade do século XIX, na prática um verdadeiro 'protetorado' inglês, tornara-se parte integrante do Império informal Britânico".[601] Consequentemente, a batalha entre as culturas francesa (e sua "estatalidade" em filosofia política) *versus* anglo-americana (e sua aversão ao Estado) tem sido sempre presente na mentalidade brasileira. Não impressiona que, hoje, permaneçamos vagando entre um modelo de Estado e outro.

Como antes referido, no Brasil do século XIX o Ecletismo (*Éclectisme*) era a filosofia mais influente.[602] Em 1973 a asserção de Luís Vita dá o tom: "O Ecletismo foi a única tentativa de hegemonia filosófica em toda a história do país e foi praticamente 'oficializada' no Brasil Imperial".[603] André Lalande explica que o Ecletismo é um método ou uma escola: enquanto método, pode ser visto como a reunião de partes compatíveis de diferentes sistemas filosóficos pela mera justaposição desses mesmos sistemas, negligenciando suas partes incompatíveis, ou

Brazil", *Philosophy and Phenomenological Research* 4/187, n. 2, dezembro/1943. "Não se pode falar em filosofia brasileira ou filósofos brasileiros enquanto pensadores. Não temos nem um, nem outro. Nem ao menos temos uma mente filosófica" – escreveu Coutinho, que tentava libertar a filosofia brasileira de seu "complexo colonial" e construir uma "autonomia cultural" (p. 192). Em 1973 Luís Vita fez eco a essa afirmação ao dizer que a historiografia filosófica brasileira era "predominantemente destituída de teorias" ("The meaning and direction of philosophical thought in Brazil", *Philosophy and Phenomenological Research* 33/542). Paulo Arantes aduziu em 1994 que a Filosofia sempre ocupou no Brasil "um lugar subalterno na evolução de conjunto da cultura nacional" (*Um Departamento Francês de Ultramar: Estudos sobre a Formação da Cultura Filosófica Uspiana (Uma Experiência dos Anos 60)*, p. 21). Que o leitor não me compreenda mal: não quero dizer que o Brasil não tem filósofos, e muito menos quero culpar a filosofia brasileira ou a falta dela pelo nível da produção jurídica nacional –minha impressão, aliás, é a de que os juristas da minha geração teríamos ganho muito se tivéssemos nos aproximado mais dos filósofos brasileiros. O meu ponto é que o Direito começa pela Filosofia; se esta é inconsistente ou não-original ou blablablá, não é de se estranhar que o Direito siga a mesma trilha.

601. Mota, "Do Império Luso-Brasileiro ao Império Brasileiro", in Carlos Guilherme Mota (coord.), *Os Juristas na Formação do Estado-Nação Brasileiro*, p. 100.

602. Sobre o Ecletismo, cf., genericamente, Cruz Costa, *Contribuição à História das Ideias no Brasil*, pp. 89-111.

603. Vita, "The meaning and direction of philosophical thought in Brazil", *Philosophy and Phenomenological Research* 33/539.

como a conciliação de teses filosóficas aparentemente opostas pela descoberta de um ponto de vista superior; enquanto escola, o Ecletismo foi uma vez ligado à Escola de Alexandria (*l'École d'Alexandrie*), sendo hoje – e principalmente – sinônimo da Escola de Victor Cousin, também chamada de Ecletismo Espiritualista, o qual se tornou parte da história das ideias francesas do século XIX.[604]

Victor Cousin era uma figura proeminente e, à época, "não somente o fundador, mas também o diretor da escola dominante da filosofia francesa".[605] Como Ministro da Educação da França depois de 1840 e Professor da Sorbonne, seu livro *Du Vrai, du Beau et du Bien* (1853) era, então, a obra central do pensamento francês.[606] As ideias de Cousin, entretanto, parecem ter sido mais retórica e eloquência que qualquer outra coisa,[607] e sua doutrina, "se se pode chamar doutrina essa *fusão sem método e sem crítica*",[608] esvaneceu depois da morte de seu criador.[609] Claro, o que importa, aqui, não é perquirir sobre a pertinência da filosofia de Cousin, mas sim lembrar a influência que essa filosofia teve no Brasil. Em poucas palavras, meu ponto, aqui, é que o "Ecletismo brasileiro" sempre encontrou um forma de *acomodar, sem método e sem crítica, filosofias opostas*. Em certo sentido, a explicação por ter o Brasil tentado – e continuar tentando – conciliar as filosofias políticas francesa e anglo-americana é, portanto, histórica.[610]

---

604. Cf. Lalande, *Vocabulaire Téchnique et Critique de la Philosophie*, verbete "Éclétisme", Paris, PUF, 2002 [1921], pp. 258-260; cf. também Abbagnano, *Dicionário de Filosofia*, verbete "Ecletismo", 5ª ed., trad. de Alfredo Bosi e Ivone Castilho Bendeti, São Paulo, Martins Fontes, 2007, p. 350.
605. W. M. Simon, "The 'two cultures' in nineteenth-century France: Victor Cousin and Auguste Comte", *Journal of the History of Ideas* 26/46, n. 1, janeiro-março/1965.
606. Cf. Kloppenberg, *Uncertain Victory: Social Democracy and Progressivism in European and American Thought*, 1870-1920, p. 17.
607. Idem, ibidem.
608. Cruz Costa, *Contribuição à História das Ideias no Brasil*, p. 94.
609. Cf. Kloppenberg, *Uncertain Victory: Social Democracy and Progressivism in European and American Thought, 1870-1920*, p. 17. Luís Vita associa o Eclectismo com "verbalismo oco, lirismo elegíaco e superficialidade retórica" ("The meaning and direction of philosophical thought in Brazil", *Philosophy and Phenomenological Research* 33/538).
610. Ana Lúcia Tavares vê no Ecletismo brasileiro algo de positivo (cf. "A crescente importância do Direito Comparado", *Revista Brasileira de Direito Comparado*

De fato, imitando o modelo francês de Estado e de Direito, o Brasil criou, em seu período monárquico, um Conselho de Estado,[611] o qual, embora colorido com peculiaridades nacionais – funcionou tropegamente e sem qualquer influência análoga ao seu homônimo francês –,[612] foi obviamente inspirado no modelo francês e pela concepção francesa de Estado. É interessante notar que os mesmos debates que ocorriam na França sobre a legitimidade do *Conseil d'État* tiveram lugar também no Brasil, principalmente as acusações sobre a alegada usurpação das funções do Judiciário pelo Conselho.[613]

Também como na França, o Império Brasileiro alimentou a ideia de que um grupo forte de servidores públicos guiaria o Estado e administraria a coisa pública.[614] O Brasil formou seus primeiros servidores públicos em Coimbra, a mais famosa Universidade portuguesa, a qual era, desde o século XIV, guiada pela orientação francesa e baseada no estudo do Direito Romano.[615] Esse fato é importante se notarmos que os juristas do Brasil Imperial tornaram-se, como na França, mais importantes que qualquer outra categoria profissional, sendo indispensáveis na formação político-ideológica e institucional

19/186, Rio de Janeiro, janeiro/2001). Mais que isso, Tavares parece ligar o Ecletimo ao "jeitinho" brasileiro, o qual vem confundido, na visão de Tavares, com a "arte de convivência dos heterogêneos" – convivência, essa, buscada pela autora em Gilberto Freyre. O tema não tem espaço aqui. Mas não posso concordar com a ideia geral sugerida, se bem a compreendi. O "jeitinho" está mais para uma deformação do caráter que para virtude. Qual seria esta? A tolerância?

611. Durante a Monarquia o Brasil teve três Conselhos de Estado. O primeiro, chamado Conselho de Procuradores, foi criado por D. Pedro I em 1822 e dissolvido em 1823. O segundo durou de 1823 a 1834; e o último, de 1842 a 1899. De 1834 a 1841 o Conselho não existiu, e em 1899 – 10 anos após a proclamação da República – o Conselho de Estado foi abolido. Em 1910, 1920 e 1933 houve tentativas frustradas de recriá-lo, sob o nome de Conselho Federal da República. Sobre o Conselho de Estado brasileiro, cf.: Rodrigues, *Conselho de Estado. O Quinto Poder?*, Brasília, Senado Federal, 1978; Carvalho, *A Construção da Ordem: a Elite Política Imperial – Teatro de Sombras: a Política Imperial*, 2ª ed., Capítulo 4, pp. 357-390.

612. Cf. Jacintho Ribeiro dos Santos, "Introdução" a Viveiros de Castro, *Tratado de Sciencia da Administração e Direito Administrativo*, 3ª ed., p. VI.

613. Cf., genericamente, por exemplo, Rodrigues, *Conselho de Estado. O Quinto Poder?*, pp. 231-233.

614. Cf. Cruz Costa, *Contribuição à História das Ideias no Brasil*, p. 79.

615. Cf. Carvalho, *A Construção da Ordem: a Elite Política Imperial – Teatro de Sombras: a Política Imperial*, 2ª ed., p. 65.

do país.⁶¹⁶ Isso não escapou à genialidade irônica de Machado de Assis, que fez, no seu *Brás Cubas*, pôr estas palavras na boca do pai: "Desta vez, disse ele, vais para a Europa; vais cursar uma Universidade, provavelmente Coimbra; quero-te para homem sério, e não para arruador e gatuno".⁶¹⁷

Todos esses fatores teriam uma forte influência no Direito Brasileiro, particularmente no direito público. Com a estrutura importada da França, o direito administrativo brasileiro tornar-se-ia muito similar ao *droit administratif.* Como referiu Lafayete Pondé, "o nosso direito administrativo permaneceu inteiramente no figurino francês".⁶¹⁸ Essa história é por demais conhecida, e eu já enfatizei a influência francesa sobre os juspublicistas brasileiros do Império, principalmente Pimenta Bueno e Visconde do Uruguai. Relembro aqui outros breves aspectos.

O método silogístico era o apregoado no Brasil do século XIX. Antônio Joaquim Ribas, o Conselheiro Ribas, um dos pioneiros do nosso direito administrativo do Império, escreveu em 1866 que a ciência do direito administrativo deveria ser explicada por meio do "methodo synthetico [...] devendo-se sempre proceder das mais geraes para as menos geraes", isso em razão de ser "incontestavel a superioridade do methodo synthetico para a exposição didática de qualquer sciencia".⁶¹⁹ Daí se segue na obra uma série de definições de conceitos dados por juristas franceses (Gérando e Laferrière) e brasileiros.⁶²⁰ Em contraste marcante com a filosofia de Estado anglo-americana, o Conselheiro Ribas, escre-

---

616. Idem, Capítulos 3 e 4, pp. 61-117. Cf. também Caccia, Ambrosini e Ferreira, "Os juristas e a construção do Estado Imperial", in Carlos Guilherme Mota (coord.), *Os Juristas na Formação do Estado-Nação Brasileiro*, passim, especialmente pp. 240-250 e 301-302.

617. Machado de Assis, *Memórias Póstumas de Brás Cubas*, São Paulo, Globo, 2008 [1899], Capítulo XVII, p. 79.

618. Pondé, "A doutrina e a jurisprudência na elaboração do direito administrativo", in Antônio A. Queiroz Telles e Edmir Netto de Araújo (coords.), *Direito Administrativo na Década de 90: Estudos Jurídicos em Homenagem ao Professor José Cretella Jr.*, p. 42.

619. Ribas, *Direito Administrativo Brasileiro*, Rio de Janeiro, F. L. Pinto & Cia., 1866, p. 12. Sobre o método dedutivo na cultura jurídica brasileira no século XIX, cf. Lima Lopes, *O Direito na História: Lições Introdutórias*, 2ª ed., São Paulo, Max Limonad, 2002, p. 338.

620. Cf. Ribas, *Direito Administrativo Brasileiro*, pp. 12-17.

vendo sobre o poder político, dispara: "O poder não é, pois, mal necessário, que convém sómente supportar tanto quanto fôr indispensavel; não é inimigo implacavel, sempre ávido de conquistas, que cumpre circumvallar em linhas cada vez mais apertadas, e contra o qual a sociedade deve estar constantemente armada e de atalaia; não, o poder é instituição ligada indissoluvelmente á substancia da sociedade e indispensavel á sua existencia; é principio protector de todos os interesses licitos; auxiliador da actividade humana, emquanto se esforça para alcançar os seus fins dentro da esphera do Direito; e tutelador das individualidades physicas ou moraes, que não tem a inteligencia, a vontade, ou as forças precisas para velarem por si mesmas".[621]

Essas palavras são reveladoras. Para o Conselheiro Ribas o Estado deve *tutelar* as individualidades físicas e morais, as quais *não têm inteligência, vontade ou força* para velarem por si mesmas. Depois, ecoando a fé napoleônica numa Administração centralizada e professando os mesmos credos advogados pelo Visconde do Uruguai, o Conselheiro Ribas advertia: "A centralização não póde sofrer serias objecções; é condição da vida, da força e da gloria nacional".[622]

Esses são os conceitos de "indivíduo" e de "Estado" que serviram de esteio à exorbitância no Direito Brasileiro. De Viveiros de Castro,[623] o primeiro administrativista da República, aos atuais publicistas brasi-

---

621. Idem, pp. 47-48.
622. Idem, p. 85. Uma abordagem histórico-política mais detalhada poderia, evidentemente, problematizar essa afirmação. Ribas era um conservador, tal como era o Visconde do Uruguai. Mas mesmo um liberal como Oliveira Viana veio a sustentar, em *Populações Meridionais do Brasil* (1920), a necessidade de um Estado forte e centralizado, à moda francesa, para o Brasil, em oposição ao modelo anglo-saxão. Para uma análise das influências culturais de Oliveira Viana à referida obra, cf. o texto introdutório de José Murilo de Carvalho a *Populações Meridionais do Brasil*, de Oliveira Viana, in Silviano Santiago (org.), *Intérpretes do Brasil*, 2ª ed., vol. 1, Rio de Janeiro, Nova Aguilar, 2002, pp. 899-914. Particularmente interessante para o propósito comparatista do presente estudo, cf. também a análise reveladora da obra de Oliveira Viana feita por Carvalho, "A utopia de Oliveira Viana", in *Pontos e Bordados: Escritos de História e Política*, Belo Horizonte, UFMG, 2005, pp. 202-231.
623. "O Estado não é um mal necessario, um espantalho, e sim um factor poderosissimo do bem-estar social; não é um instituto de segurança publica, uma força negativa, é uma actividade ao mesmo tempo conservadora e aperfeiçoadora, promovendo incessantemente o progresso social" (Viveiros de Castro, *Tratado de Sciencia da Administração e Direito Administrativo*, 3ª ed., p. 27).

leiros costumeiramente mais "à esquerda" do espectro político, esses conceitos permanecem, na essência, os mesmos. Ora, esses são conceitos originalmente franceses: como ensina Norbert Foulquier, no século XIX, *l'Administration* francesa também era concebida para tutelar o administrado, *l'administré*, o qual era, em certo sentido, "desvalorizado e infantilizado", uma vez que a Administração, tal qual o bom pai de família, existia para promover o bem-estar dos membros da sociedade e o bem comum.[624] É claro que os liberais brasileiros de ontem e de hoje têm aversão a essa visão, a qual tingem de paternalista e tudo de mais negativo que possa dela advir. Mas esse é só um lado da questão. Não podemos esquecer que, na história brasileira, o Estado – despótico muitas vezes, quase sempre promotor de desigualdade e, em regra, pouco eficiente – foi, nada obstante tudo isso, o indutor de políticas progressistas e o autor de iniciativas que, como diz Francisco Weffort em estudo indispensável, "embora influenciado pela mentalidade cultural dominante, consegui[u] agir como se estivesse fora da sociedade, introduzindo novos vetores que, no longo prazo, haveriam de modificá-la".[625]

As obras de Pimenta Bueno, Visconde do Uruguai ou do Conselheiro Ribas, porém, nada diziam sobre contratos administrativos. Na França nenhuma teoria sobre o assunto havia sido desenvolvida. A matriz ainda fundava as premissas do direito administrativo, não tirava conclusões. Benoît Plessix explica que a teoria dos contratos administrativos *não* foi mera imitação da teoria dos contratos privados. Historicamente, do final do século XVIII ao início do século XX nenhum esforço foi feito pelos publicistas para conceituar os *contrats administratifs*. Não havia uma teoria dos *contrats administratifs* porque não havia uma teoria do *droit administratif*, embora já houvesse uma teoria dos contratos privados – estes não têm as mesmas raízes do contrato administrativo.[626] O Brasil não tomaria a frente. O que impressiona é que o Brasil desde sempre tenha consagrado no direito administrativo (e, por conse-

---

624. Foulquier, *Les Droits Publics Subjectifs des Administrés: Émergence d'un Concept en Droit Administratif Français du XIXe au XXe Siècle*, Paris, Dalloz, 2003, p. 42.
625. F. Weffort, *Formação do Pensamento Político Brasileiro: Ideias e Personagens*, p. 334.
626. Cf. Plessix, *L'Utilisation du Droit Civil dans l'Élaboration du Droit Administratif*, pp. 723-744.

quência, no direito dos contratos públicos) o princípio da supremacia do interesse público e a ideia da desigualdade das partes, que se tornaram axiomas tanto para a doutrina[627] quanto para as Cortes, as quais passaram a pronunciá-los desde então. Seria isso mera retórica? Enquanto princípios jurídicos, eles estão embebidos na nossa mentalidade.

A ideia francesa de serviço público também foi importada pelo Brasil.[628] De fato, a teoria do serviço público recebeu aqui, como na França, forte acolhida. Em 1938 Themístocles Brandão Cavalcanti, depois Ministro do STF, definiu o direito administrativo como "o conjuncto de principios e normas juridicas que presidem á organização e funccionamento dos serviços publicos".[629] Como na França, a teoria do serviço público facilitou a aceitação da responsabilidade do Estado sem culpa no Direito Brasileiro. Quanto ao contrato público, Cavalcanti seguia a mesma linha e referia que a distinção entre contratos públicos e privados se encontrava no fato de a Administração prestar serviços públicos.[630]

A obra de Cavalcanti é uma marca importante no direito dos contratos administrativos. Assim como na França da época (década de 1930), na qual somente Duguit, Hauriou e Gaston Jèze (só este de forma sistemática) haviam refletido mais longamente sobre o tema, a doutrina brasileira sobre o contrato administrativo era muito incipiente. Cavalcanti referiu-se a todos os franceses, embora muito brevemente,[631] concluindo que o assunto mereceria "estudo mais aprofundado", aduzindo faltarem "maiores elementos para firmar uma doutrina".[632] Ainda

---

627. Mas cf. Gama e Silva, "Dos contratos administrativos", *RDA* 1/726, n. 2, Rio de Janeiro, abril/1945 (sugerindo que a dicotomia estava de alguma forma turva e que todas as discussões sobre o tópico sempre terminariam em um círculo vicioso).

628. O mais completo estudo é de Grotti, *O Serviço Público e a Constituição Brasileira de 1988*, São Paulo, Malheiros Editores, 2003.

629. Cavalcanti, *Instituições de Direito Administrativo Brasileiro*, 2ª ed., vol. 2, Rio de Janeiro, Freitas Bastos, 1938, p. 3.

630. Idem, p. 100. "Para concluir, portanto, podemos dizer que o conceito do contracto administrativo está intimamente ligado ao do serviço publico" (pp. 100-101).

631. Cf. Cavalcanti, *Instituições de Direito Administrativo Brasileiro*, 2ª ed., vol. 2, pp. 92-95.

632. Idem, p. 100. No primeiro livro específico sobre contratos administrativos, Augusto Tavares de Lyra Filho conduziu um inventário dos trabalhos brasileiros sobre a matéria antes de 1940 (cf. *Contratos Administrativos*, s/i., s/ed., 1941, pp. 37-57). O autor enumerou as Faculdades de Direito brasileiras nas quais a matéria de contratos administrativos era lecionada. De 15 Faculdades, 11 ofereciam ao menos um curso

que Cavalcanti não tenha construído uma teoria brasileira sobre contratos administrativos (seu livro tratava do direito administrativo), ele veio a firmar as bases sobre as quais nosso Direito seria depois estabelecido. Ao falar sobre a dicotomia "direito público *versus* direito privado" Cavalcanti referia que sérias críticas poderiam ser feitas a ela. O autor, entretanto, não pretendia exaltar a esfera privada (como os liberais norte-americanos fariam), nem abolir a dicotomia (como os *legal realists* fariam), mas sim, ao contrário, enaltecer o poder público.[633] A separação dos dois campos era difícil, reconhecia o autor, porque "a predominancia do interesse publico é de tal ordem, que theoricamente só é possível caracterisar o direito privado, segundo Wachter, por exclusão".[634] Aqui, Cavalcanti somente dava voz à fórmula de Francis Bacon, citada, sem surpresa, por Radbruch: *Jus privatum sub tutela juris publici latet* ("O direito privado resta sob a tutela do direito público").[635]

Desde então, seja em obras genéricas sobre direito administrativo ou em livros específicos sobre contratos administrativos, as bases francesas, com seus axiomas e corolários, estão presentes no Direito Brasileiro, em nível doutrinário e jurisprudencial[636] ou, mesmo, positivadas. É impossível citar todos os autores. O ponto que pretendo enfatizar é muito simples, e de certa forma já bem arraigado na cultura jurídica pátria e componente da nossa mentalidade: seguindo a matriz francesa, o Brasil incorporou uma gama de princípios, valores e ideias que formaram um sistema de Direito no qual muito se cita e pouco se critica no que toca a fontes e coerência interna (aí também a influência do Ecletismo). A dicotomia "público *versus* privado" tornou-se inerente à epis-

---

sobre o assunto. Lyra Filho, então, analisa os trabalhos dos professores brasileiros de direito administrativo que haviam tratado da matéria de contratos administrativos. Todos os autores citados por Lyra Filho fizeram pouco ou nada além de copiar a doutrina estrangeira.

633. Cf., genericamente, Cavalcanti, *Instituições de Direito Administrativo Brasileiro*, 2ª ed., vol. 2, pp. 11-14.

634. Cf. Cavalcanti, *Instituições de Direito Administrativo Brasileiro*, 2ª ed., vol. 2, p. 12 (Cavalcanti menciona Wachter indiretamente, *apud* Gianturco, *Sistema di Diritto Civile*, vol. 1, p. 108).

635. Citações retiradas de Radbruch, *Filosofia do Direito*, p. 152.

636. Um bom exemplo da época é o acórdão proferido pelo STF no RMS 1.138, rel. Min. Orozimbo Nonato, j. 24.5.1950, *RF* 50/144-151, n. 150, Rio de Janeiro, novembro/1953 (citando, além de Cavalcanti, vários doutrinadores franceses).

temologia jurídica brasileira; a ideia de que o direito público deveria tratar do interesse público, que seria superior ao direito privado, tornou-se corrente; diferentes princípios governariam o direito público; o direito dos contratos administrativos, sendo parte do direito público, seguiria, portanto, normas que tratariam, em suma, de interesses superiores aos interesses individuais.

Escrevendo um artigo sobre contratos administrativos em 1941, Franco Sobrinho referiu expressamente que as partes contratantes não estariam no mesmo nível. "A Administração Pública em tudo é a privilegiada"[637] – vociferou o autor –, derivando, depois, suas concepções da obra de Gaston Jèze, o corifeu da matéria na França, à época.[638] Franco Sobrinho, então, aduziu que era "a tendência do pensamento jurídico moderno aceitar o contrato de direito público como inigual, diferente do contrato civil ou comercial, do contrato de direito privado".[639] O contrato público – continuava Franco Sobrinho – era dominado pela ideia de serviço público, e o direito privado haveria de ser publicizado, ou, melhor, socializado.[640] Pode-se perceber onde terminaria a linha de pensamento: "Qualquer teoria socializante que surja inclui em seu programa a ação convulsiva, a conversão do direito privado em direito público".[641]

Franco Sobrinho, depois, invocou a doutrina de Radbruch (ou, acrescento eu, dos inúmeros autores franceses acima lembrados quando foi abordado o Individualismo) e sua visão de que o indivíduo existe para o todo, e não o contrário.[642] Coroando sua peroração, o autor referiu que o "sentimento jurídico da escola francesa reside na tentativa louvável de desindividualização do direito privado"[643] – com isso sugerindo que o Individualismo – ou o egoísmo, bem entendido – deveria ser comba-

---

637. Cf. Franco Sobrinho, *Contrato Administrativo*, p. 425, São Paulo, Saraiva, 1981.
638. Franco Sobrinho escreve que Jèze era, "dos tratadistas franceses, o mais realista" (*Contrato Administrativo*, p. 430).
639. Franco Sobrinho, *Contrato Administrativo*, p. 426. O autor reforça a ideia na p. 429. Quando o autor se refere ao "pensamento jurídico moderno" ele quer significar o pensamento continental.
640. Cf. Franco Sobrinho, *Contrato Administrativo*, pp. 426-429.
641. Idem, p. 427.
642. Idem, ibidem.
643. Idem, p. 431.

tido. "O sentido civilista não interessa ao Estado."[644] Por fim, depois de uma rápida análise dos sistemas italiano, alemão e francês (glorificando este), o autor citou, com aplauso, um doutrinador francês, Bernatzik: "Rigorosamente falando, *o indivíduo não tem direitos contra a sociedade*".[645] Todo ato administrativo regulador de um contrato deveria ser estudado não com lentes jusprivadas, mas sim "em razão do 'interesse maior' e como uma espécie de intervenção autoritária do Estado na esfera das atividades particulares".[646]

Em 1951 Oswaldo Aranha Bandeira de Mello escreveu artigo intitulado "Do serviço público" no qual ele destila a influência de várias ideias de Duguit (sem citá-lo), repudiando o Individualismo egoísta e a filosofia do *laissez-faire*, enfatizando a vida em sociedade, o caráter social do homem, o solidarismo e o interesse coletivo.[647]

Outro bom exemplo da vassalagem cultural brasileira é o primeiro artigo a tratar especificamente da teoria do fato do príncipe no Brasil, escrito em 1964 por José Cretella Jr.[648] O artigo é puramente laudatório e não cita qualquer caso concreto ou, mesmo, algum doutrinador brasileiro. Cretella deriva virtualmente tudo da doutrina francesa, e cita um só caso francês. O que o autor fez foi simplesmente informar os brasileiros o que o *fait du prince* significava aos franceses: Cretella descreve a teoria, suas complexidades, questões postas, origem, fases e efeitos. Enfatizo, aqui, parte da retórica de Cretella, para sublinhar a diferença entre o Direito Brasileiro e o Norte-Americano.

Cretella escreve cruamente que o princípio da autonomia da vontade "não existe no contrato administrativo" e que a superioridade da Administração é "evidente".[649] Pelo fato de a Administração agir "tutelando o interesse público", ela pode "jogar com seu *imperium* a fim de *modificar*, *executar compulsivamente* ou mesmo *rescindir* o pactuado,

---

644. Idem, p. 432.
645. Idem, p. 434 [grifos nossos].
646. Idem, p. 435.
647. O. A. Bandeira de Mello, "Do serviço público", *RF* 48/353-359, n. 133, Rio de Janeiro, janeiro/1951.
648. Cretella Jr., "Teoria do 'fato do príncipe'", *RDA* 75/23-30, janeiro-março/1964.
649. Idem, pp. 23-24.

quando entram em risco os altos interesses da coletividade".[650] Curiosidade: essa mesma ideia geral sobre a desigualdade aparece ainda hoje como dominante em boa parte da doutrina e das Cortes nacionais.[651]

Em 1968 Cretella foi também pioneiro ao escrever um artigo sobre os princípios do direito administrativo, artigo no qual o autor tenta sistematizar e organizar os princípios e cânones que deveriam guiar o direito administrativo brasileiro, o qual era, nas palavras do autor, "ainda inestruturado".[652] Claramente expondo a mente cartesiana e dedutiva do jurista continental – da qual o Conselheiro Ribas fora o modelo no século XIX –, Cretella referiu que um esforço deveria ser feito para construir uma "pirâmide articulada, partindo-se da matriz suprema orientadora – o *predomínio do interesse público* sobre o interesse privado, acompanhado do *princípio da legalidade* –, até os princípios menores e secundários".[653] Para Cretella o princípio da supremacia do interesse público não seria restrito ao direito administrativo, mas sim "comum a todo o direito público, em seus diferentes desdobramentos".[654] Esse esforço em hierarquizar os princípios do direito público serviria para fundar uma disciplina científica "dignificada", "autônoma" e "legítima" a fim de estremar os institutos do direito administrativo "dos con-

---

650. Idem, p. 24.
651. Na doutrina, cf., por exemplo: Araújo, *Contrato Administrativo*, São Paulo, Ed. RT, 1987, p. 129; Meirelles, *Direito Administrativo Brasileiro*, 36ª ed., São Paulo, Malheiros Editores, 2010, pp. 217-223; Tanaka, *Concepção dos Contratos Administrativos*, São Paulo, Malheiros Editores, 2007, pp. 44-45, 111 e 123.
A ideia também é firme na jurisprudência: cf. TJPR, 7ª Câmara Cível, ACi 161.005-9, rel. Des. Expedito Reis do Amaral, j. 11.4.2006, Construtora Tozetto Ltda. contra Instituto de Saúde do Paraná (do voto do Relator extrai-se: "E, assim sendo, determinadas regras do contrato administrativo são *interpretadas em fator da Administração, não se encontrando o particular em pé de igualdade com ela*, pois o poder público está a representar toda uma coletividade – no caso, os pacientes necessitados de atendimento de saúde" – grifos nossos); TRF-4ª Região, 3ª Turma, AMS 2000.04.01.088862-7-SC, Biostar Com. de Produtos Científicos Ltda. contra UFSC, rela. Juíza Taís S. Ferraz, j. 25.9.2001 (do voto da Relatora: "Nos contratos administrativos, a Administração exerce posição de supremacia frente aos particulares").
652. Cretella Jr., "Princípios informativos do direito administrativo", *RDA* 93/1-10, Rio de Janeiro, outubro/1968, p. 1. Para o autor esse esforço de sistematização seria "uma preliminar necessária, num dado momento da elaboração científica, quando certa disciplina supera a fase empírica, estruturando-se em plano mais rigoroso" (p. 2).
653. Cretella Jr., "Princípios informativos do direito administrativo", *RDA* 93/2.
654. Idem, p. 4.

gêneros privatísticos, estranhos a uma problemática típica do direito público".⁶⁵⁵

Este artigo de Cretella é hoje pouco lembrado, mas o estudo marcou época, por três razões principais. A primeira e óbvia é que o artigo confirma a enorme influência do Direito Francês sobre o nosso. Exceto por um autor italiano citado em rodapé (Ranelletti), todas as fontes usadas por Cretella são francesas. A segunda é que o artigo não somente representa o espírito de um século de pensamento, mas também ajudou na propagação de uma ideologia que acompanhou as próximas três décadas, tendo sobrevivido intocado até recentemente,⁶⁵⁶ com força ainda viva. A terceira razão é que o artigo de Cretella revelou uma característica marcante da metodologia administrativista no Direito Brasileiro: são raras e recentes as exceções de casos concretos citados e comentados pela doutrina para explicar o direito administrativo; nossa doutrina por muito tempo se contentou em citar os principais *arrêts* mencionados pela primeira doutrina francesa à mão. Pode-se, aqui, perceber que a metodologia anglo-americana de comentar casos teve menor influência no Brasil.⁶⁵⁷

A primeira tentativa séria de organizar teoricamente o material dos contratos administrativos no Brasil foi feita em 1973 por Hely Lopes Meirelles,⁶⁵⁸ sem dúvida o maior sistematizador do direito administrati-

---

655. Idem, p. 10.
656. Além dos trabalhos já citados no rodapé 10 da "Introdução", *supra*, é digna de nota a tese de doutoramento de Binenbojm, a qual pretende refundar as bases do direito administrativo pátrio. Um dos arquiinimigos do autor é o princípio (ou paradigma, como referido na obra) da supremacia do interesse público (cf. *Uma Teoria do Direito Administrativo: Direitos Fundamentais, Democracia e Constitucionalização*, Rio de Janeiro, Renovar, 2006, pp. 81-124). Esse movimento gerou uma reação. Na doutrina mais recente, cf., por exemplo, Di Pietro, *O princípio da supremacia do interesse público sobrevivência diante dos ideais do neoliberalismo*, 2004; Alice Gonzales Borges, "Supremacia do interesse público: desconstrução ou reconstrução?", *Revista de Direito do Estado* 3/137-153, Ano 1, Rio de Janeiro, julho-setembro/2006.
657. A situação, hoje, começa a mudar. A obra coordenada por Sundfeld e Monteiro é um ótimo exemplo dessa salutar mudança (*Introdução ao Direito Administrativo*, São Paulo, Saraiva, 2008). No passado, uma exceção digna de nota é Caio Tácito, "Presença norte-americana no direito administrativo brasileiro", *RDA* 129/21-22, Rio de Janeiro, julho-setembro/1977.
658. Cf. Meirelles, *Licitação e Contrato Administrativo*, São Paulo, Ed. RT, 1973.

vo brasileiro da segunda metade do século XX.[659] No seu trabalho o autor fez pouco além de repetir a doutrina francesa, reconhecendo o poder da Administração e seus privilégios nos contratos administrativos, os quais seriam marcados pelas cláusulas exorbitantes e pelo caráter público.[660] Jèze, Laubadère e Bonnard são as principais fontes utilizadas por Hely, que jamais abandonou seus princípios básicos. Mesmo depois do intercurso de duas Constituições Federais (1967 e 1988) e dois diplomas normativos (Decreto-lei 2.300/1986 e Lei federal 8.666/1993) tratando da matéria, suas ideias básicas sobre os contratos administrativos são veiculadas da mesma maneira.[661]

Em 1981 Franco Sobrinho, em livro específico sobre a matéria, iniciou dizendo que eventuais dificuldades na teoria dos contratos administrativos não mais existiam. O autor dava por certo que os contratos públicos deveriam guiar-se por normas diferentes daquelas que regiam os contratos privados, uma vez que os contratos públicos tinham como objetivo promover ou um interesse público ou um serviço público.[662] Em poucas palavras, o que diferenciaria os contratos públicos dos privados é que nos primeiros o elemento básico seria uma *ratio publicae utilitas*, "razão de utilidade pública".[663] O interesse público deveria, então, dominar as relações jurídicas envolvendo contratos públicos,[664] e a interpretação desses contratos – repetia o autor, como um solilóquio – deveria partir de e levar em conta duas

---

659. Não devo estar longe da verdade se afirmar que Hely é ainda o autor mais citado pelas Cortes brasileiras. Seu livro sobre contratos administrativos é de 1973 e está na 14ª ed. (2ª tir. São Paulo, Malheiros Editores), de 2006, reimpressa em 2008. É um trabalho pouco crítico, mas ainda útil, e que deixa claras as fontes francesas do nosso Direito na temática. Como se sabe, Hely foi o autor intelectual da Lei paulista 10.395/1970, um dos primeiros diplomas legais a tratar do tema dos contratos administrativos mais sistematicamente, entre nós. Essa lei serviu de base à Lei federal 8.666/1993, atualmente em vigor.
660. Cf. Meirelles, *Licitação e Contrato Administrativo*, 1973, pp. 182-193.
661. Cf. Meirelles, *Licitação e Contrato Administrativo*, 14ª ed., 2ª tir, pp. 193-206. A Lei federal 8.666/1993 é posterior à morte de Hely Meirelles, mas a influência do autor é inegável.
662. Franco Sobrinho, *Contratos Administrativos*, São Paulo, Saraiva, 1981, pp. 3-4, 56-57 e 67-68. O autor iguala "interesse público" e "bem comum" (cf. p. 31). Essa equivalência, embora fluida, tem livre curso no discurso jurídico brasileiro.
663. Cf. Franco Sobrinho, *Contratos Administrativos*, p. 58.
664. Idem, p. 153.

básicas noções: o interesse público como *motivo* e o serviço público como *fim*.[665]

No Brasil de hoje, ligar a ideia de contrato público com os assim chamados "princípios de direito público" e com o "interesse público" é um truísmo.[666] Além disso, a dicotomia "direito público *versus* direito privado", como já se viu na "Introdução", foi consagrada no art. 44 do revogado Decreto-lei 2.300/1986, primeiro diploma normativo a tratar sistematicamente da matéria entre nós,[667] e no vigente art. 54 da Lei 8.666/1993: "Os contratos administrativos de que trata esta Lei regulam-se pelas suas cláusulas e pelos preceitos de direito público, aplicando-se-lhes, supletivamente, os princípios da teoria geral dos contratos e as disposições de direito privado".

Nada obstante esse caráter teórico exorbitante do direito dos contratos administrativos brasileiro, é também evidente que o Brasil, inspirado sempre no Direito Francês, também deu curso aos antídotos dessa exorbitância. De fato, todos os esforços feitos pela doutrina francesa para compensar o poder do Estado, isto é, todos os princípios de responsabilidade sem culpa e todas as teorias que acompanharam a teoria do serviço público, foram largamente aceitos no Brasil. A ideia básica é, agora, bem conhecida. O Brasil importou princípios como o da igualdade ante os encargos públicos (*égalité devant les charges publiques*), o da responsabilidade por risco, a ideia do equilíbrio financeiro do contrato e a adoção das teorias do fato do príncipe e da imprevisão, os quais, em razão dos desmandos do Estado Brasileiro, foram positivados ou na Constituição ou nas leis.

O que pretendo salientar no próximo item, entretanto, é algo diverso do já decantado gosto brasileiro em importar da França teorias básicas sobre o direito administrativo. Pretendo salientar que doutrina e jurisprudência brasileiras não apresentam grande sistematicidade na ex-

---

665. Idem, p. 275.

666. Na doutrina mais moderna, além das muitas obras já citadas, cf., por exemplo, Tanaka, *Concepção dos Contratos Administrativos*, *passim*, e "Contratos administrativos", in José Eduardo Martins Cardozo, João Eduardo Lopes Queiroz e Márcia Walquíria Batista dos Santos, *Curso de Direito Administrativo Econômico III*, São Paulo, Malheiros Editores, 2006, pp. 706-707.

667. Essa é a opinião de Hely Meirelles, *Licitação e Contrato Administrativo*, 14ª ed., 2ª tir., p. 199.

posição da matéria e que muito da confusão existente na temática é fruto do Ecletismo jurídico, do amor pela forma e pelos estrangeirismos que reinam, ainda hoje, no campo dos contratos administrativos. Devo enfatizar também algumas diferenças entre os Direitos Francês e Brasileiro no que toca aos institutos ora analisados, bem como apontar algumas consequências da importação *tout court* da doutrina francesa.

2.3.2 Fato do príncipe, teoria da imprevisão e equilíbrio econômico-financeiro do contrato no Direito Brasileiro

Vimos até aqui que as palavras de Celso Antônio Bandeira de Mello na epígrafe desta seção resumem apropriadamente o que tem sido o direito dos contratos administrativos no Brasil: pouco mais que uma repetição acrítica da doutrina francesa.[668] Isso é assim desde a primeira obra sobre o assunto, escrita em 1941, do positivista confesso Tavares de Lyra Filho.[669]

Uma exceção digna de nota é Caio Tácito, que tratou do assunto com cuidado em 1960,[670] quando ofereceu uma visão comparativa sobre o equilíbrio financeiro nas concessões nos sistemas francês e norte-americano. A tese de Tácito era a seguinte: o Brasil teria herdado dos Direitos Francês e Norte-Americano a ideia de equilíbrio financeiro da

---

668. No mesmo sentido, cf., por exemplo, Di Pietro, "Equilíbrio econômico-financeiro do contrato administrativo", in Antônio A. Queiroz Telles e Edmir Netto de Araújo (coords.), *Direito Administrativo na Década de 90: Estudos Jurídicos em Homenagem ao Professor José Cretella Jr.*, p. 109. Não seria exagero ampliar essa afirmação para o âmbito do ensino jurídico no Brasil, o qual, além de acrítico, é, como afirmou Sabadell, "ainda dominado pela retórica vazia de conteúdo" (*Manual de Sociologia Jurídica: Introdução a uma Leitura Externa do Direito*, 3ª ed., São Paulo, Ed. RT, 2005, p. 250). Se transportarmos essas realidades para o âmbito do direito dos contratos administrativos, veremos que há pouca crítica e muita retórica vazia no ensino do tema e na prática dos tribunais.

669. Cf. Lyra Filho, *Contratos Administrativos*, p. 136 (exaltando o positivismo de Gaston Jèze).

670. Cf. Tácito, "O equilíbrio financeiro na concessão de serviço público", in *Temas de Direito Público (Estudos e Pareceres)*, vol. 1, Rio de Janeiro, Renovar, 1997 [1960], pp. 199-255. O primeiro autor a tratar das concessões no Brasil foi Mário Mazagão, *Natureza Jurídica da Concessão de Serviço Público*, São Paulo, Saraiva, 1933, em livro que não tem uma só palavra sobre equilíbrio econômico-financeiro dos contratos, fato do príncipe ou imprevisão.

concessão; Tácito comparou a ideia francesa de *équation financière* (a qual estava, para alguns autores, na base da teoria do *fait du prince*) com a instituição norte-americana das *public utilities*.[671] Tácito alertou, porém, que um exato paralelo entre os Direitos Francês e Norte-Americano não poderia ser traçado. É que nos Estados Unidos se entende que os serviços são todos "privados"; daí que o Estado não os "concede".[672] O autor, entretanto – não sem cautelas –, sugere que o conceito norte-americano de *public utility* serviria como o melhor instituto análogo à comparação. Para usar a linguagem do presente estudo, Tácito usou a *public utility* como um equivalente funcional da concessão. É interessante relembrar que o autor já alertava para e criticava a falta de interesse e conhecimento da doutrina brasileira sobre o Direito Norte-Americano, o qual teria tido maior influência no Direito pátrio do que a que lhe era conferida.[673] Nessa parte, a visão de Tácito, à época, era quase estranha ao resto da doutrina brasileira, que não deu qualquer importância aos dizeres de Tácito no que toca à influência do conceito de *public utilities* no Direito pátrio.

Nada obstante isso, e fiel às fontes francesas, o autor informou sobre as similitudes e diferenças entre os Direitos Francês e Brasileiro no que toca às teorias do fato do príncipe e da imprevisão, principalmente quanto ao aspecto da compensação – integral naquele, parcial nesta.[674] Mas já ali se via o germe da igualdade bem delineado, embora num autor que jamais poderia ser taxado de (neo-)liberal: Tácito identificava no equilíbrio financeiro um "dogma fundamental" do direito administrativo francês.[675] "Repugna ao conteúdo jurídico e ético das relações entre o Estado e os seus contratados o rompimento da equação financeira, a qual se constitui pela comum e lícita intenção das partes."[676]

671. Cf. Tácito, "O equilíbrio financeiro na concessão de serviço público", in *Temas de Direito Público (Estudos e Pareceres)*, vol. 1, p. 213. Anote-se que Francisco Campos já fizera a relação entre concessão e *public utilities* em parecer em 1937 ("Concessão de serviço público – Energia elétrica – Situação da concessionária após a expiração do prazo contratual – Direito de opção do devedor nas obrigações alternativas", *RF* 34/239-248, n. 70, Rio de Janeiro, maio/1937).

672. Cf. Tácito, "O equilíbrio financeiro na concessão de serviço público", in *Temas de Direito Público (Estudos e Pareceres)*, vol. 1, pp. 213-232.

673. Idem, p. 235.
674. Idem, p. 206.
675. Idem, p. 212.
676. Idem, p. 213.

Minha intenção, entretanto, não é analisar se Tácito estava correto na sua comparação entre os sistemas jurídicos francês e norte-americano, mas, sim, enfatizar dois pontos. Primeiro, o de que a doutrina brasileira pouco evoluiu na análise das teorias do fato do príncipe e da imprevisão desde então. A visão de Caio Tácito foi mais tarde incorporada em diplomas legislativos e depois seguida pelas Cortes. O segundo ponto é observar que a lei brasileira atual trata do fato do príncipe e da imprevisão da mesma forma, ou ao menos no mesmo *locus* legislativo, como já referido. Isso certamente é uma das causas da confusão doutrinária no assunto em discernir ambas as teorias e suas consequências.[677]

Algumas peculiaridades do direito positivo brasileiro revelam ainda que, entre nós, os antídotos à estatalidade no direito dos contratos administrativos são ainda mais fortes que na França. O art. 37, XXI, da Constituição Brasileira de 1988, ao expressamente referir que a expressão "mantidas as condições efetivas da proposta, nos termos da lei", dá razoável margem à sustentação pela doutrina de que o equilíbrio econômico-financeiro dos contratos administrativos tem sede constitucional,[678]

677. Por exemplo, Sônia Tanaka considera o fato do príncipe como um desdobramento da teoria da imprevisão (*Concepção dos Contratos Administrativos*, p. 169, e "Contratos administrativos", in José Eduardo Martins Cardozo, João Eduardo Lopes Queiroz e Márcia Walquíria Batista dos Santos, *Curso de Direito Administrativo Econômico III*, p. 716). A autora afirma que o art. 65, § 5º, da Lei 8.666/1993 encampa a teoria do fato do príncipe, e não a da imprevisão (*Concepção dos Contratos Administrativos*, p. 175). No mesmo sentido F. A. de Oliveira, "Contratos administrativos e suas alterações", in Antônio A. Queiroz Telles e Edmir Netto de Araújo (coords.), *Direito Administrativo na Década de 90: Estudos Jurídicos em Homenagem ao Professor José Cretella Jr.*, p. 180.

678. Nesse sentido, cf., por exemplo: Gasparini, *Direito Administrativo*, 13ª ed., p. 745; Justen Filho, *Comentários à Lei de Licitações e Contratos Administrativos*, 14ª ed., p. 776; Meirelles, *Licitação e Contrato Administrativo*, 14ª ed., 2ª tir., p. 208; Sundfeld, *Licitação e Contrato Administrativo*, 2ª ed., São Paulo, Malheiros Editores, 1995, p. 239. Mas cf. Di Pietro, "Equilíbrio econômico-financeiro do contrato administrativo", in Antônio A. Queiroz Telles e Edmir Netto de Araújo (coords.), *Direito Administrativo na Década de 90: Estudos Jurídicos em Homenagem ao Professor José Cretella Jr.*, p. 112 (sustentando que o fato de a Constituição Federal de 1988 "não fazer referência ao equilíbrio econômico-financeiro não significa que ela deixou de reconhecer a exigência; significa apenas que mudou o critério para que esse equilíbrio seja mantido, possibilitando o chamado 'preço político'"), e *Direito Administrativo*, 22ª ed., p. 283 (referindo que o art. 37, XXI, da CF de 1988 é "uma garantia de âmbito restrito", embora a norma venha sendo "interpretada como fazendo referência ao equilíbrio financeiro").

o que já foi mesmo decidido pelo STJ.[679] A Constituição Federal de 1969, aliás, dispunha de forma expressa, no art. 167, II, que as tarifas do serviço público deveriam assegurar o equilíbrio financeiro dos contratos.[680] Em nível infraconstitucional, a Lei federal 8.666/1993 refere-se expressamente e no mesmíssimo local (art. 65, II, "d") ao fato do príncipe e ao equilíbrio econômico-financeiro,[681] bem como define as hipóteses de aplicação da teoria da imprevisão,[682] assim não só conferindo o *imprimatur* às ideias francesas, mas sugerindo ao intérprete que fato do príncipe e imprevisão devem ter, entre nós, o mesmo efeito prático, ambos gerando a responsabilidade de inteira compensação ao contratado – o que, como se viu, não ocorre no sistema francês, no qual somente o fato do príncipe gera a compensação integral[683] –, embora parte da

---

679. A 1ª Turma do STJ encampou essa ideia no ROMS 15.154-PE, Moura Informática Ltda. contra Juiz-Presidente do TRF-5ª Região, rel. Min. Luiz Fux, j. 19.11.2002, inclusive vinculando, sem maiores justificativas, o equilíbrio financeiro ao princípio da moralidade administrativa do art. 37 da CF.

680. "Art. 167. A lei disporá sôbre o regime das emprêsas concessionárias de serviços públicos federais, estaduais e municipais, estabelecendo: [...] II – tarifas que permitam a justa remuneração do capital, o melhoramento e a expansão dos serviços e assegurem o *equilíbrio econômico e financeiro do contrato*" [grifos nossos].

681. O art. 65, II, "d", da Lei 8.666/1993 refere que poderá haver alteração do contrato por acordo das partes "para restabelecer a relação que as partes pactuaram inicialmente entre os encargos do contratado e a retribuição da Administração para a justa remuneração da obra, serviço ou fornecimento, objetivando a *manutenção do equilíbrio econômico-financeiro inicial do contrato, na hipótese de sobrevirem fatos imprevisíveis, ou previsíveis porém de consequências incalculáveis, retardadores ou impeditivos da execução do ajustado*, ou, ainda, em caso de força maior, caso fortuito ou *fato do príncipe*, configurando álea econômica extraordinária e extracontratual" [grifos nossos].

Art. 65, § 6º: "Em havendo alteração unilateral do contrato que aumente os encargos do contratado, a Administração deverá restabelecer, por aditamento, o *equilíbrio econômico-financeiro inicial*" [grifos nossos].

682. Art. 65, § 5º: "Quaisquer tributos ou encargos legais criados, alterados ou extintos, bem como a superveniência de disposições legais, quando ocorridas após a data da apresentação da proposta, de comprovada repercussão nos preços contratados, implicarão a revisão destes para mais ou para menos, conforme o caso". Parte da doutrina vê nesse artigo a definição do fato do príncipe.

683. Cf.: Justen Filho, *Teoria Geral das Concessões de Serviço Público*, p. 387 ("A diferença fundamental entre o Direito Brasileiro e o Francês consiste na concentração adotada entre nós, abarcando todas as concepções vigentes na França"), e *Comentários à Lei de Licitações e Contratos Administrativos*, 14ª ed., pp. 749-750; Di Pietro, *Direito Administrativo*, 23ª ed., p. 278.

doutrina brasileira deixe de observar essa peculiaridade ou, mesmo, dela discorde.

É possível arriscar uma explicação sobre as razões pelas quais essas garantias individuais em prol do contratante foram *positivadas* na Constituição e nas leis. Fiel à ideia de que a autoridade da lei positiva ajudaria a evitar os desmandos do Estado no campo dos contratos administrativos, o Direito Brasileiro entendeu que a melhor forma de evitar o abuso de poder estatal seria a positivação de normas que protegessem os contratados. Assim, no intuito de compensar ou contrabalançar as prerrogativas exorbitantes conferidas ao Estado no campo dos contratos públicos, o Brasil quis resolver o problema com a menção expressa, na legislação específica, dos institutos franceses criados para proteger o contratado, notadamente o fato do príncipe e a imprevisão (previstos no art. 65, II, "d", da Lei 8.666/1993). Quanto ao equilíbrio econômico-financeiro do contrato –instituto que, como referido antes, pode comprometer a ideia da desigualdade das partes e carregar o germe da igualdade[684] –, o legislador brasileiro ergueu-o ao nível constitucional.

Não me interessa, aqui, a discussão semântica sobre se seria preferível que a atual Constituição tivesse mantido as palavras do texto constitucional anterior. Parece-me até que a expressão "mantidas as condições efetivas da proposta" seja infeliz, porque ela não só sugere uma visão *estática* do fenômeno do equilíbrio financeiro, como também parece dar à intenção inicial das partes uma importância indevida. Considerando que o princípio do equilíbrio financeiro em regra terá vez em contratos cuja execução se protrai no tempo, a vontade das partes poderá e geralmente irá alterar-se.[685] Depois, vincular o reequilíbrio à vontade das partes pode conduzir à seguinte conclusão: quando os critérios de revisão estão no contrato (ou seja, quando o contrato prevê a vontade das partes), então, não é possível o reequilíbrio; do contrário, se se entende cabível a revisão do contrato *ainda que* haja cláusulas de revisão, então, é porque a noção de equilíbrio econômico não se baseia na vontade das partes.[686]

---

684. Na França essa é a ideia de Vidal, *L'Équilibre Financier du Contrat dans la Jurisprudence Administrative*, pp. 880 e ss.
685. Cf., genericamente, Vidal, *L'Équilibre Financier du Contrat dans la Jurisprudence Administrative*, pp. 809 e ss.
686. Cf. genericamente, Vidal, *L'Équilibre Financier du Contrat dans la Jurisprudence Administrative*, p. 784.

Seja como for, o fato de o "princípio" do reequilíbrio do contrato ter sido erguido no Brasil ao nível constitucional tem, para além do evidente resultado prático de poder ter seu conteúdo escrutinado pelo STF, o significado latente do germe da igualdade erguido *expressamente* ao patamar mais alto do direito positivo, o que dá aos teóricos liberais munição para tentar solapar a retórica (?) dominante no país, calcada na supremacia do interesse público, desigualdade das partes, exorbitância e todo o arsenal argumentativo que tem, antes de mais, explicação histórico-cultural.

Tudo que acima foi referido, da vassalagem cultural à fragilidade argumentativa, pode ser encontrado, sem qualquer surpresa, na jurisprudência. O STJ tem várias decisões confirmando a posição central do instituto do equilíbrio econômico-financeiro no direito dos contratos administrativos, embora o faça de forma confusa. O caso "Moura Informática Ltda.",[687] decidido em 2002, é um bom exemplo disso. A Corte afirmou, então, em singela retórica, que "a novel cultura do contrato administrativo encarta, como nuclear no regime do vínculo, a proteção do equilíbrio econômico-financeiro do negócio jurídico de direito público, assertiva que se infere do disposto na legislação infralegal específica".[688] A "novel cultura", como se viu, tem quase 100 anos na França, constava expressa da Constituição brasileira de 1967 e é há muito incorporada ao nosso ordenamento jurídico.

Moura Informática Ltda., uma empresa de computadores, havia vencido a licitação promovida pelo TRF da 5ª Região para o fornecimento, instalação e configuração de *softwares* de proteção para acesso externo daquela Corte. Entre a homologação do certame e a execução do objeto do contrato, entretanto, sobreveio alteração abrupta do câmbio levada a efeito pelo Banco Central em 18.1.1999, o que causou forte desvalorização da moeda brasileira frente ao Dólar norte-americano, moeda na qual era cotado o preço do *software* a ser instalado, todo importado dos Estados Unidos. A empresa ingressou com ação buscando o reajuste do preço contratado, a fim de reequilibrar o contrato, alegan-

---

687. STJ, 1ª Turma, ROMS 15.154-PE, Moura Informática Ltda. contra Juiz-Presidente do TRF 5ª Região, rel. Min. Luiz Fux, j. 19.11.2002, *DJU* 2.12.2002.

688. Os artigos citados são: arts. 57, § 1º, 58 §§ 1º e 2º, 65, II, "d", e 88, §§ 5º e 6º, da Lei 8.666/1993.

do ter ocorrido álea extraordinária imprevisível. A discussão, portanto, era sobre se a desvalorização do Real seria de tal monta a configurar uma excepcional mudança no contrato, isto é, uma álea extraordinária, e se isso era previsível às partes. Embora reconhecendo que a empresa havia sido prejudicada pela nova política econômica implementada, o Tribunal de origem havia entendido que a álea ocorrida fazia parte do risco do negócio. O STJ reverteu esse entendimento. De forma confusa, e após laudatória citação doutrinária acerca da cláusula *rebus sic stantibus*, o STJ afirmou a "incidência irrefutável da teoria da imprevisão, que exonera o contratado de sua responsabilidade, posto que [sic] a mudança da política econômica para o câmbio flutuante produziu álea administrativa, equiparável ao caso fortuito e à força maior luzentes nos arts. 1.058 e 1.277 do CC, impondo o restabelecimento do equilíbrio econômico-financeiro rompido".

Nada, porém, no raciocínio da Corte foi aduzido para explicar o motivo pelo qual a mudança da política econômica para o câmbio flutuante poderia ser considerada uma alteração significativa (*bouleversement*) no contrato, deixando a impressão de que toda alteração em plano econômico encerraria uma álea extraordinária, dando ensejo à aplicação da teoria da imprevisão – o que não é correto afirmar em abstrato. Só as circunstâncias concretas poderão indicar uma diferença significativa de conteúdo entre mudanças políticas de planos econômicos e fenômenos inflacionários, lembrando-se que nestes o próprio STJ não costuma deferir pedidos de reajuste com base na teoria da imprevisão, por entender (também genericamente, sujeitando-se à mesma crítica de impropriedade pela abstração) que a inflação é álea ordinária.[689]

Ademais, a equiparação da álea extraordinária ao caso fortuito e à força maior "luzentes" no Código Civil é descabida. Isso porque, como já se viu, a teoria da imprevisão do direito público, de matriz francesa, nada tem a ver com a homônima teoria do direito privado. O STJ teria feito melhor vinculação se houvesse citado expressamente a própria linguagem da alínea "d" do inciso II do art. 65 da Lei 8.666/1993, a qual

---

689. Cf., por exemplo, STJ, 2ª Turma, REsp 744.446-DF, Mendes Jr. S/A contra Eletronorte, rel. Min. Humberto Martins, j. 17.4.2008, *DJU* 5.5.2008. O item 5 da ementa diz: "Não se mostra razoável o entendimento de que a inflação possa ser tomada, no Brasil, como álea extraordinária, de modo a possibilitar algum desequilíbrio na equação econômica do contrato, como há muito afirma a jurisprudência do STJ".

(também de forma confusa) faz menção conjunta a "força maior, caso fortuito ou fato do príncipe, configurando álea econômica extraordinária extracontratual". Em todo caso, é claro que o raciocínio aplicado pela Corte revela a tentativa de, amontoando conceitos estrangeiros e citando doutrina pátria, aplicar a teoria da imprevisão.

Por outro lado, é curioso que em "Moura Informática" o STJ tenha deixado a impressão de que, quanto à possibilidade de ressarcimento de eventuais prejuízos decorrentes de mudança cambial, o particular acaba gozando de maiores garantias quando contrata com o Estado do que se o faz com outro particular. Essa conclusão é necessária ao lermos dois julgados do STJ (Moinhos de Trigo Indígena S/A contra União Federal e BACEN[690] e Têxtil Renaux S/A contra União Federal[691]). Em ambos os casos as empresas pediam ressarcimento de danos havidos pela mesma mudança da política cambial de 18.1.1999. Em ambas as decisões o argumento da Corte que aqui interessa foi o de que essa maxidesvalorização do Real não podia ser tida como inesperada no mercado de câmbio, que é variável por natureza. Nenhum contrato administrativo estava em jogo em "Moinhos de Trigo" ou em "Têxtil Renaux". Entretanto, a responsabilidade objetiva do Estado veio à tona sob a invocação, muito genérica e confusa, da doutrina do fato do príncipe.

Como em "Moura Informática", em "Moinhos de Trigo" e em "Têxtil Renaux" os autores, empresas importadoras que haviam contraído obrigações em moeda estrangeira, sofreram perdas em razão da abrupta alteração cambial de janeiro/1999, e buscavam ressarcimento da União Federal e do BACEN. O STJ, em contraste com a decisão tomada em "Moura Informática" (um caso envolvendo um contrato administrativo), sustentou que o Estado não poderia ser responsabilizado por ter implementado uma política pública legítima que intentava beneficiar toda a população e salvar o país de uma crise econômica. Nos *consideranda* a Corte ambiguamente afirmou, em ambas as decisões, que "o fato do príncipe é arguível intramuros entre os particulares e extraterritorialmente pelo Estado, desde que o suposto fato imprevisível e danoso dependa de conjunturas internacionais, imprevisíveis, *ad substantia*".

---

690. STJ, 1ª Turma, REsp 614.048-RS, Moinhos de Trigo Indígena S/A contra União Federal e BACEN, rel. Min. Luiz Fux, j. 15.3.2005, *DJU* 2.5.2005.

691. Cf. STJ, 1ª Turma, REsp 549.873-SC, Têxtil Renaux S/A contra União Federal, rel. Min. Luiz Fux, j. 10.8.2004, *DJU* 25.10.2004.

É difícil determinar o significado dessa passagem. O voto-vista auxilia um pouco. Ali se afirma que "os prejuízos sofridos por empresas em decorrência de variações cambiais são riscos decorrentes das atividades negociais desenvolvidas" e que "em nosso sistema econômico não há amparo para, em face de variações cambiais, chamar o Estado à responsabilidade numa forma de socialização de prejuízos e privatização de lucros". Contrastando essas decisões com o caso "Moura Informática", vê-se que uma mesma realidade – qual seja, a mudança abrupta do câmbio (certamente, um ato "público e geral") levada a efeito por legítima política econômica feita em nome do interesse público – é interpretada diversamente, para efeito de ressarcimento de danos, tratando-se de contratos públicos e privados. Somente em "Moura Informática", caso envolvendo um contrato administrativo, o autor viu sua pretensão confortada sob a teoria da imprevisão – o que vai ao encontro da tese de que algumas vezes o contratado se beneficia por haver contratado com um ente público.[692]

Outro caso paradigmático é "Palheta Refeições Coletivas Ltda. v. Petrobrás", decidido pelo STJ em 11.6.2002.[693] A empresa contratada, *Palheta Refeições Coletivas Ltda.*, firmara contrato de fornecimento de alimentos com a Petrobrás – contrato, esse, que continha cláusulas de reajustamento. Em face de forte inflação, sobreveio, no curso do contrato, a Lei federal 8.880/1994, que instituiu a URV e determinou a suspensão, por um ano, das cláusulas contratuais de reajuste de valor por índice de preços que refletisse a variação ponderada dos custos e insumos. A empresa contratada queria que fosse aplicada a cláusula contratual, e não a lei superveniente, para isso invocando as teorias da imprevisão e do fato do príncipe, ambas negadas pela Corte pelo fundamento básico de que não estariam provadas a imprevisibilidade do fato e a gravidade do desequilíbrio do contrato. Interessa, entretanto, analisar os argumentos utilizados pela Corte e a forma de raciocínio empregada.

692. Nos Estados Unidos, Cibinic, Nash e Nagle referem que a *Sovereign Acts Doctrine* é baseada "na teoria de que os co-contratantes não devem ser mais beneficiados que os contratantes privados quando o Estado edita uma lei ou toma outras medidas que afetem o público" (*Administration of Government Contracts*, 4ª ed., p. 361). Na França é certo que os *contrats administratifs* oferecem, nalguns casos, mais proteção que os contratos privados.

693. STJ, 2ª Turma, REsp 169.274-SP, Palheta Refeições Coletivas Ltda. contra Petrobrás, rel. Min. Faciulli Neto, j. 11.6.2002, *DJU* 23.6.2003.

Após citar a definição de Cretella Jr. sobre contratos administrativos e de Maria Sylvia Di Pietro sobre cláusulas exorbitantes no intuito de distinguir contratos públicos de contratos privados, o argumento da Corte guiou-se pelo princípio – enunciado expressamente – de que na Lei de Licitações "prepondera o interesse público sobre o interesse privado". Depois, embora tenha afirmado que o equilíbrio econômico-financeiro é "cláusula imutável", a Corte não definiu nem delineou no que consistia, no caso, o referido equilíbrio, preferindo afirmar o que ele *não* era: os pagamentos em URV preservariam o equilíbrio econômico-financeiro do contrato, que não se confundiriam com a "aplicação deste ou daquele índice atualizador, fixado soberanamente pelo Governo como ato de império". Em suma, o Estado haveria de soberanamente aplicar o índice corretivo, o qual não decorre do equilíbrio econômico-financeiro do contrato.

Em "Palheta Refeições Coletivas Ltda.", portanto, a filosofia do raciocínio parece ter sido a seguinte: se há uma cláusula contratual de reajuste de preços, então, ela *é suficiente* para completar o conteúdo do "princípio" constitucional do equilíbrio econômico-financeiro do contrato. Não é casual, no caso, a invocação retórica (?) do princípio da supremacia do interesse público. Ora, poderia *dar outro conteúdo* ao equilíbrio econômico-financeiro do contrato: bastaria referir que a cláusula contratual de reajuste não esgota o conteúdo de igualdade material que o referido princípio pretende carregar. Em "Palheta Refeições Coletivas Ltda.", portanto, a Corte parece ter *optado* pela exorbitância sobre a igualdade, tendo para isso aplicado uma argumentação tipicamente estatal (francesa) para enfatizar o *imperium* do interesse público, a despeito de ter pago seu tributo ao princípio do equilíbrio financeiro. O comparatista atento diria que em "Palheta Refeições Coletivas Ltda." são encontradas as mesmas ambiguidades com as quais o operador do Direito norte-americano se deparou em "Lynch" e "Perry". Ao final, entretanto, a Corte brasileira optou pela exorbitância, enquanto a Corte norte-americana optou pela igualdade.[694]

Outra decisão que bem demonstra a vassalagem cultural brasileira foi tomada em 2005 pelo TRF da 4ª Região no caso do Estado do Paraná

---

694. Claro que não estou comparando os casos "Palheta", "Lynch" e "Perry", mas somente os argumentos lançados pró e contra a exorbitância nesses casos.

contra a Rodovia das Cataratas S/A.[695] No caso, a empresa Rodovia das Cataratas S/A, concessionária para obras e serviços rodoviários de um dos lotes do "Anel de Integração" do sistema rodoviário paranaense, alegou ter completado a duplicação da Rodovia BR-277 e não ter obtido do contratado (Departamento de Estradas de Rodagem do Estado do Paraná – DER/PR) a autorização para o reajuste das tarifas praticadas no trecho. Por conta dessa falta de autorização ao aumento de tarifas, a empresa ajuizou a demanda, na qual pediu a declaração da legitimidade da cobrança da tarifa postulada (tarifa de pista dupla) e o pagamento de danos provocados.

O ponto de discussão em "Cataratas" parecia ser fático, e não jurídico: ou teria havido a duplicação, e assim a tarifa deveria ser aumentada, ou a duplicação não teria havido (ou teria ocorrido insatisfatoriamente). Esse *fato* crucial recebeu pouca atenção da Corte, a qual preferiu citar e comentar, embora muito superficialmente, parte da obra de alguns doutrinadores franceses, desde o *Traité des Contrats Administratifs* de Laubadère, Moderne e Delvolvé até Jean de Soto, Marcel Waline, Jean Rivero e outros sobre a óbvia importância, na concessão, do princípio do equilíbrio econômico-financeiro do contrato. De forma ainda mais reveladora, o acórdão mantém as várias citações francesas no original, sem qualquer tradução, como que dando um verniz de erudição à decisão. A decisão da Corte, favorável ao contratado sob o argumento óbvio de que a Administração não pode alterar unilateralmente o contrato sem reequilibrá-lo econômico-financeiramente, é menos relevante aqui; em verdade, pouco se consegue saber acerca *do que estava em jogo* no caso "Cataratas". O que interessa, aqui, é realçar a forte influência francesa na confusa (e retórica) argumentação da Corte brasileira, que, na espécie, se utilizou da clássica doutrina francesa para justificar a necessidade de aplicação e dar conteúdo a um princípio expresso na Constituição Federal brasileira.

---

695. TRF-4ª Região, AgR no AI 2004.04.01.017706-6-PR, Estado do Paraná contra Rodovia das Cataratas S/A, rel. Des. Carlos E. Thompson Flores Lenz, j. 30.6.2005, *DJU* 20.7.2005.

Capítulo IV
A EXTINÇÃO DO CONTRATO ADMINISTRATIVO POR INTERESSE PÚBLICO

1. Estados Unidos: "termination for convenience". 2. França: "pouvoir de résiliation unilatérale sans faute". 3. Brasil: rescisão unilateral do contrato em nome do interesse público.

Como referido antes, os três sistemas jurídicos aqui estudados permitem, de alguma forma, que o Estado extinga o contrato administrativo por razões de "interesse público". À primeira vista, os três sistemas parecem muito similares. Mas essa aparência é apenas a ponta do *iceberg*, porque, na sua estrutura, os sistemas são díspares. Meu objetivo neste último capítulo é mostrar que a extinção do contrato por interesse público nos Estados Unidos, França e Brasil é instituto baseado em diferentes assunções e responde a diferentes perguntas, seguindo diferentes caminhos.

Em razão de não haver nos Estados Unidos um princípio similar ao da supremacia do interesse público, o Direito Norte-Americano parece lutar e resistir, doutrinária a culturalmente, a aceitar a extinção do contrato administrativo por interesse público, ou *termination for convenience of the government*, a qual é estranha ao *ethos* individualista da *common law* e à mentalidade norte-americana.

Uma vez que a *convenience termination* é tida como vinculada aos contratos públicos firmados nos tempos de guerra, alguns pensam que o instituto deve ser confinado a tempos excepcionais. Em outras palavras, *se não fosse pela guerra* – diz o argumento –, a *termination for convenience* não deveria existir. Não haveria um interesse público tutelado pelo Estado capaz de autorizar a rescisão (*termination*) de um contrato por conveniência do governo ou pelo interesse público. O Direito Norte-Americano – conclui o argumento – não deve favorecer o Estado a expensas dos indivíduos; se a guerra, que é o elemento "exorbitante", um dia autorizou esse favorecimento, isso não pode ser estendido aos contratos havidos em tempos de paz. Como será demonstrado, muito do debate jurídico nas Cortes norte-americanas e na academia restringe-se a isto: dever, ou não, a *convenience termination* circunscrever-se a contratos firmados ou alterados sob circunstâncias de guerra. O "interesse público" é visto como conceito movediço que termina por conferir ao Estado um poder discricionário indesejável. Na sociedade individualista norte-americana a retórica do interesse público jamais serviu para liderar a Nação; jamais foi abraçada pela doutrina ou pelas Cortes. Ao contrário, o chamado interesse geral só poderia servir a propósitos que vão de encontro ao credo individualista norte-americano.

A França, em contraste, aceita o interesse geral ou público – *l'intérêt public ou général* – como um produto natural de sua tradição de "sociedade de Estado". Como refere Cohen-Tanugi, a França é "esse país singular no qual cada um – e o Estado primeiro – sabe, ou acredita saber, com uma remarcável naturalidade, onde se encontra o interesse geral".[1] Nada disso se encontra na mentalidade norte-americana. O Brasil está de alguma forma *entre* ambos, embora mais perto do polo francês. O paradoxo aparente, entretanto, é este: os sistemas francês e brasileiro *parecem oferecer*, ao menos em nível teórico, mais proteção ao contratado que o individualista sistema jurídico norte-americano.

Na França a *résiliation unilateral sans faute* é o "equivalente funcional" da *termination for convenience* norte-americana. A *résiliation sans faute* tem sido largamente aceita, sendo o ponto de partida, portanto, oposto ao ponto de partida norte-americano, sistema no qual foi necessário um texto normativo expresso permitindo a *termination* para que esta fosse aplicada. Muito dessa fundamental diferença de princípio está na ideia coletiva de Estado. Como referido antes, o Estado Francês é concebido para guiar a Nação. Os debates sobre o *pouvoir de résiliation unilatérale* dão-se, portanto, sobre os limites desse *sempre reconhecido* poder, e ninguém se preocupou até hoje em limitar-lhe a incidência a circunstâncias de guerra. A visão de que um Estado deva conduzir o interesse público facilitou a instituição e tornou *necessária*, e não arbi-

---

1. Cohen-Tanugi, *Le Droit sans l'État. Sur la Démocratie en França et en Amérique*, 3ª ed., Paris, PUF, 1985, p. 117.

trária, a ideia de que o Estado deve ter o poder de extinguir o contrato administrativo em nome do interesse público. O Brasil apresenta uma terceira e híbrida visão sobre o assunto. Após ter adotado, como explicado ao longo deste trabalho, as concepções francesas de Estado e direito público, com a consequente importação dos institutos juspublicistas franceses, o Brasil, seguindo a tendência das duas últimas décadas, também foi tomado pela onda neoliberal que assolou o mundo. O direito administrativo serve de exemplo a essa afirmação.[2] Tentarei demonstrar que o direito brasileiro dos contratos administrativos é também caudatário dessa guinada ideológica.

A extinção do contrato por interesse público é um tópico multifacetado nos três sistemas jurídicos aqui examinados. Nenhum comentário será feito sobre as várias particularidades e procedimentos que devem ser seguidos para a extinção dos contratos em cada sistema – o que nos levaria a infindáveis caminhos. Muito pode ser dito sobre como, quando, se e quais passos devem ser seguidos para que o Estado extinga o contrato em nome do interesse público. E reconheço que um estudo minucioso desses procedimentos poderia indicar uma maior ou menor tendência à igualdade ou à exorbitância. Questões processuais ou procedimentais têm impacto em questões substantivas, e uma questão, por exemplo, sobre quem deve suportar o ônus da prova em determinado ponto discutido faz toda a diferença no resultado final. Uma análise das tecnicalidades procedimentais de cada sistema jurídico seria maçante e pouco pertinente ao presente estudo,[3] e uma leitura atenta das leis e regulamentos aplicáveis em cada país, acredito, é suficiente para satisfazer a curiosidade do jurista prático sobre o tema.[4]

---

2. Há exceções. Cf., por exemplo, Grau, "O Estado, a liberdade e o direito administrativo", *Revista da Faculdade de Direito da USP* 97/262, São Paulo, janeiro-dezembro/2002: "O fato é que essa doutrina se perde dentro de si própria, porque construída desde a visão do individual, incapaz de perceber que urge reconstruirmos o direito administrativo como regulação da ação do Estado, voltada à satisfação do social, e não apenas como conjunto de regras que regula as relações dos particulares com a autoridade administrativa".

3. Para o tema "procedimento necessário à *termination for convenience*" nos Estados Unidos, cf., por exemplo, Henderson, "Termination for convenience and the termination costs clause", *The Air Force Law Review* 53/103-134, 2002.

4. Comparar essas regras técnicas seria como comparar manuais de carros. Isso não significa dizer que essa forma de comparação é inútil. Significa dizer, entretanto, que o Direito Comparado não deve importar-se tanto com esse tipo de comparação.

Ao invés disso, faço breves comentários sobre alguns casos relevantes em cada país. O principal objetivo é extrair desses casos a filosofia dominante por trás do instituto analisado. Como os tópicos mais relevantes sobre a epistemologia do direito dos contratos administrativos já foram vistos, este capítulo será muito mais curto que o anterior.

1. Estados Unidos: "termination for convenience"

Como já foi dito, a *Standard Termination for Convenience Clause* nos Estados Unidos encontra-se nas FARs 52.249-1 até 52.249-7.[5] Em linguagem aberta, a cláusula-padrão confere ao Estado o *direito* de rescindir o contrato quando isso for "do interesse do Estado" (*in the Government's interest*).

A linguagem aberta utilizada pela FAR é reveladora. Não há no texto da norma o apelo a um ideal e abstrato "interesse público", mas sim ao interesse do Estado – ou, aqui mais apropriadamente, do governo. O governo, um ente *concreto*, é visto como um ente que tem interesses concretos, que abertamente podem ser modificados. Esses interesses podem ditar a necessidade de, quando vinculados a contratos públicos, serem extintos, se assim entender o governo. Não é o mundo ideal do "interesse público" que está por trás do instituto. É o mundo concreto do interesse do governo.

O texto da cláusula é também "um dos mais singulares dispositivos" do direito dos contratos públicos.[6] Não há qualquer critério, legal ou regulamentar, para guiar o intérprete sobre o se e o quando extinguir um contrato.[7] Até aí, nenhum problema ao jurista, porque se pode aceitar que estaríamos diante de um caso de discricionariedade administrativa. O que é interessante ao comparatista é que, ao contrário da França e do Brasil – países nos quais o poder do Estado de extinguir os contratos, embora caracterize a exorbitância, tem sido considerado natural –, nos Estados Unidos o mesmo poder é extremamente criticado. De fato,

---

5. Cf. item 1.1 do Capítulo I, *supra*.
6. Cibinic, Nash e Nagle, *Administration of Government Contracts*, 4ª ed., Washington/D.C., George Washington University, 2006, p. 1.049.
7. Cf. Keyes, *Government Contracts under the Federal Acquisition Regulation*, 3ª ed., Saint Paul, West, 2003, p. 1.091.

scholars têm denunciado o direito do Estado de extinguir os contratos como sendo "quase irrestrito",[8] "virtualmente ilimitado",[9] referindo que em teoria "o contratado é colocado na mesma posição que ele estaria se não houvesse firmado o contrato".[10] Um comentador escreveu que a *termination for convenience* confere ao Estado uma "quase incontrolada discricionariedade".[11]

Na prática, a pior consequência ou "maior impacto"[12] ao contratado – e aqui, em suma, reside a exorbitância – quando invocada a *termination for convenience* é que ele não tem direito ao lucro que teria se fosse cumprido o contrato (*anticipatory profit*). Enquanto em contratos privados da *common law* todo o lucro que seria percebido pela parte inocente seria a esta devido em caso de rescisão,[13] no *government procurement* a compensação ao contratante é baseada em custos assumidos mais um montante razoável do lucro sobre esses custos.[14] Noutras palavras, o ressarcimento do contratado é limitado aos pagamentos pela execução do contrato até a data da rescisão, aos custos até então havidos, ao lucro auferido e aos custos da rescisão.

Ao longo deste trabalho enfatizei a filosofia individualista que governa a sociedade norte-americana e particularmente o direito dos contratos administrativos. Mencionei já no Capítulo I a ideia de James

---

8. Andrews e Peacock, "Terminations: an outline of the parties rights and remedies", *Public Contracts Law Journal* 11/274, n. 2, junho/1980.

9. Petrillo e Conner, "From 'Torncello' to 'Krygoski': 25 years of the government's termination for convenience power", *The Federal Circuit Bar Journal* 7/338, n. 4, 1997.

10. Perlman e Goodrich, "Termination for convenience settlements – The government's limited payment for cancellation of contracts", *Public Contracts Law Journal* 10/4, n. 1, agosto/1978.

11. Lawrence Lerner, "Tying together termination for convenience in government contracts", *Pepperdine Law Review* 7/711, 1980.

12. Cibinic, Nash e Nagle, *Administration of Government Contracts*, 4ª ed., p. 1.089.

13. Andrews e Peacock, "Terminations: an outline of the parties rights and remedies", *Public Contracts Law Journal* 11/282 (citando vários casos); cf. também Perlman e Goodrich, Perlman e Goodrich, "Termination for convenience settlements – The government's limited payment for cancellation of contracts", *Public Contracts Law Journal* 10/4 (citando doutrina apropriada).

14. Cibinic, Nash e Nagle, *Administration of Government Contracts*, 4ª ed., p. 1.089.

Donnelly, nos anos 1920, referente à *termination for convenience*. As palavras do autor merecem transcrição neste passo do estudo:

> Entes públicos não têm o direito soberano de rescindir acordos ao seu mero prazer. Tais contratos só podem ser rescindidos nas mesmas condições e sujeitos às mesmas responsabilidades das pessoas naturais. Não há uma lei para o soberano e outra para o súdito. Quando o soberano se engaja em negócios e contrata com indivíduos privados, [e] quando esses contratos devem ser interpretados pelas Cortes, os direitos e obrigações das partes devem ser ajustados sob os mesmos princípios, como se ambas as partes contratantes fossem pessoas privadas. Ambas são iguais perante a lei, e o soberano converte-se em negociante, contratante e autor. Depois que um contrato é legalmente firmado, ele não pode ser anulado por um ente público. Um contrato cria obrigações fixas e perfeitas, totalmente destacadas de um *locus pænitenciæ* e não sujeitas a reconsideração. É uma contradição em termos falar em contrato revogável ao bel-prazer de uma das partes.[15]

Logo depois, em seu *Tratado*, Donnelly escreveu uma seção específica curta, de um único parágrafo, sobre o direito de rescindir o contrato ("Reserved Right to Terminate"),[16] no qual o autor aduziu o adjetivo *arbitrary* à palavra *termination*: "Quando o ente público reserva-se o direito de rescindir o contrato, o exercício dessa opção será interpretado restritivamente. O ente público poderá reservar-se o direito discricionário (*arbitrary right*) de rescindir o contrato por cumprimento irregular do objeto contratado".[17] A posição do autor parece refletir bem o espírito da *common law*. Donnelly sugestivamente omite o caso "U. S. *v.* Corliss Steam Engine Co.",[18] decidido em 1875, no qual a Suprema Corte afirmou, aparentemente pela primeira vez, o direito do Estado de rescindir o contrato por sua conveniência.

Se essa omissão foi deliberada e refletia uma *escolha* do autor, eu não estou pronto a afirmar. Mas o *Tratado* de Donnelly revela uma mentalidade sobre o direito dos contratos administrativos que pode ser

---

15. Donnelly, *A Treatise on the Law of Public Contracts*, Boston, Little Brown, 1922, p. 353. Passagem análoga é referida no § 82 da mesma obra.
16. Cf. Donnelly, *A Treatise on the Law of Public Contracts*, pp. 354-355.
17. Idem, p. 354 (citações internas omitidas).
18. "U. S. *vs.* Corliss Steam Engine Co.", 91 U.S. 321 (1875).

percebida ainda hoje na maioria da doutrina norte-americana. O texto revela a predisposição do Direito Norte-Americano de suportar mais enfaticamente a igualdade entre as partes, repudiando a ideia da exorbitância, ainda que várias decisões judiciais e mesmo normas regulamentares tenham posteriormente conferido ao Estado o poder expresso de rescindir os contratos públicos por sua conveniência. De uma perspectiva comparada, portanto, o importante é salientar que a filosofia igualitária de Donnely ainda aparece por trás de todos os casos envolvendo contratos administrativos, embora a *termination for convenience* esteja inteiramente consagrada na FAR. Doutrinariamente, esse "americanismo" revela-se nas palavras utilizadas para descrever o fenômeno da *termination for convenience*: um autor ideologicamente mais identificado com valores coletivos ou públicos como Joshua Schwartz foi quem cunhou o termo "excepcionalismo" para designar, entre outras, a prerrogativa do Estado de rescindir contratos; em contraste, aqueles autores ideologicamente identificados com o setor privado (a maioria, com o exemplo paradigmático de Cibinic e Nash) parecem meramente tolerar o instituto da *termination for convenience* (como também a *Sovereign Acts Doctrine* e a *Unmistakability Doctrine*).

A história da *termination for convenience* e sua filosofia já foi brevemente contada. No Capítulo II foi explorada a relevância da dicotomia "direito público *versus* direito privado" para a teoria dos contratos administrativos, e os fatores histórico e ideológico foram combinados na tentativa de explicar o motivo pelo qual a *termination for convenience* ficou restrita aos contratos militares. Agora desenvolvo o assunto com mais vagar.

Embora a origem precisa da *termination for convenience* seja obscura,[19] a doutrina norte-americana menciona que o instituto apareceu pela primeira vez no já mencionado caso "U. S. *v.* Corliss Steam Engine Co." (1875).[20] Como já foi dito, *Corliss* foi um caso havido durante a

19. Cf. Petrillo e Conner, "From 'Torncello' to 'Krygoski': 25 years of the government's termination for convenience power", *The Federal Circuit Bar Journal* 7/338.

20. "Corliss Steam Engine Co.", 91 U.S. 321 (1875). A maioria dos doutrinadores refere que "Corliss Steam" foi o primeiro caso a tratar da *termination for convenience*. Cf., por exemplo: Cibinic, Nash e Nagle, *Administration of Government Contracts*, 4ª ed., p. 1.049; Lawrence Lerner, "Tying together termination for convenience

Guerra Civil Americana (1861-1865). O Min. Stephen J. Field, em nome de toda a Suprema Corte, sustentou que o Secretário da Marinha, tendo o poder de firmar "inúmeros contratos em nome do serviço público", tinha também o poder de ordenar a extinção do contrato "quando alguma causa de *interesse público* exigi[sse] tal interrupção".[21] A autoridade soberana inerente ao Estado foi claramente invocada.[22] Como notou J. Schwartz, entretanto, a linguagem da Corte, embora enfática, deixou clara a importância do contexto militar no resultado do feito.[23]

Nada obstante isso, como antes advertido, a *termination for convenience* não foi estendida aos contratos administrativos civis por quase um século. Entre 1875 e a II Guerra Mundial leis e regulamentos foram editados, a maioria deles em resposta ou originados por circunstâncias de guerra, conferindo ao Estado o poder de extinguir ou modificar contratos militares. Esse foi, por exemplo, o caso do *Urgent Deficiency Appropriation Act* (1917), do *Dent Act* (1919), do *Contract Settlement Act* (1944) e do *Armed Services Procurement Act* (1947).[24] Uma explicação possível que o comparatista pode oferecer para compreender esse cenário francamente favorável ao espectro da igualdade (*congruence*)

---

in government contracts", *Pepperdine Law Review* 7/712; Petrillo e Conner, "From 'Torncello' to 'Krygoski': 25 years of the government's termination for convenience power", *The Federal Circuit Bar Journal* 7/338; J. Schwartz, *The Centrality of Military Procurement: Explaining the Exceptionalist Character of United States Government Procurement Law*, Washington/D.C., George Washington University Law School, 2005, p. 56. É digno de nota, porém, que em "U. S. *vs.* Speed", 75 U.S. 77 (1868), um caso que igualmente dizia respeito a contrato firmado durante a Guerra Civil, a Suprema Corte já tenha lidado com o problema da *termination for the government's convenience* (cf. LaBrum, "Termination of the war contracts for the government's convenience", *Temple University Law Quarterly* 18/7, n. 1, dezembro/1943).

21. "Corliss Steam Engine Co.", 91 U.S. (1875), p. 322.

22. Cf. Lawrence Lerner, "Tying together termination for convenience in government contracts", *Pepperdine Law Review* 7/714.

23. Cf. J. Schwartz, *The Centrality of Military Procurement: Explaining the Exceptionalist Character of United States Government Procurement Law*, p. 59. "'Corliss Steam Engine Co.', dessa forma, atesta fortemente o particular impacto do contexto militar do contrato no desenvolvimento da doutrina excepcionalista" (p. 63).

24. Tomo a sequência de leis de Petrillo e Conner, "From 'Torncello' to 'Krygoski': 25 years of the government's termination for convenience power", *The Federal Circuit Bar Journal* 7/339. Cf. também Young, "Limiting the government's ability to terminate for its convenience following 'Torncello'", *The George Washington Law Review* 52/894-896, ns. 4-5, Washington/D.C., maio-agosto/1984.

deve basear-se na filosofia jusprivada, tão bem representada pela clara frase de Donnelly em 1922: "Nosso conceito de Estado é fundado no princípio do *Individualismo*".[25]

Depois da II Guerra, entretanto, a *termination for convenience* espraiou-se gradualmente para contratos administrativos firmados em tempos de paz e para contratos administrativos civis, sendo hoje obrigatória à maioria dos contratos públicos.[26] Investigar as razões dessa expansão é trabalho que extrapola minha capacidade. Mas não seria longe da verdade estimar que – Pragmatismo à parte – a ideia de um Estado mais efetivo e ativo teve papel importante nessa maior abrangência da *termination for convenience*.[27] De toda forma, o que parece claro ao comparatista é que, mesmo se normas exorbitantes conferindo ao Estado o poder de rescindir o contrato em nome do interesse público fossem editadas, a reação das Cortes e da doutrina ainda favoreceria a filosofia da igualdade.

Na jurisprudência, dois casos merecem menção,[28] ambos decididos pela *Court of Claims*: "Colonial Metals Co. *v.* U. S." (1974)[29] e "Torn-

---

25. Donnelly, *A Treatise on the Law of Public Contracts*, p. 50.

26. Cf. Petrillo e Conner, "From 'Torncello' to 'Krygoski': 25 years of the government's termination for convenience power", *The Federal Circuit Bar Journal* 7/339-340.

27. Quanto ao Estado mais "ativo", é importante salientar que o Presidente Franklin Roosevelt tentou, em 1944, introduzir nos Estados Unidos o chamado *Second Bill of Rights*, o qual conferiria ao cidadão uma série de direitos sociais e econômicos (alimentação, vestuário, moradia, saúde, educação e outros) (cf., genericamente, Sunstein, *The Second Bill of Rights: FDR's Unfinished Revolution and why We Need it More than Ever*, Nova York, Basic Books, 2004). Não foi por acaso que durante o *New Deal* alguns autores referiam que os Estados Unidos haviam adotado a ideia de que existiria um interesse geral objetivo, detectável por burocratas especializados competentes e experimentados. Essa visão, entretanto, foi abandonada (cf. Cohen-Tanugi, *Le Droit sans l'État. Sur la Démocratie en França et en Amérique*, 3ª ed., p. 114 – citando Breyer e Stewart, *Administrative Law and Regulatory Policy*, Little, Brown, 1979, p. 104). Cohen-Tanugi defende a ideia de que a França, *grosso modo*, não abandonou esse modelo de Estado no qual os tecnocratas seriam os capacitados a identificar o interesse geral (cf. p. 115).

28. Todos os manuais, artigos e casos principais nessa área (citados no texto que segue e nas notas de rodapé respectivas) suportam a ideia de que "Colonial Metals" e "Torncello" são os casos mais importantes na temática.

29. 204 Ct. Cl. 320, 494 F.2d 1.355 (1974).

cello *v.* U. S." (1982).[30] Nesses casos a Corte decidiu sobre os limites do direito do Estado de rescindir unilateralmente o contrato. O ponto principal era decidir se o uso da cláusula que permite a rescisão deveria restringir-se a casos nos quais se dá uma mudança nas circunstâncias originais dos contratos – como ocorre nos tempos de guerra. Em "Colonial Metals" a Corte entendeu desnecessária essa condição, assim levando o pêndulo ao polo da exorbitância; mas foi, nesse tocante, expressamente reformada pelo Tribunal Pleno da mesma Corte em "Torncello", caso no qual o pêndulo retornou ao polo da igualdade. Comento ambos os casos, brevemente.

Em "Colonial Metals" a Corte decidiu que o texto normativo constante do regulamento havia concedido ao *contracting officer* uma discricionariedade pura para rescindir contratos no interesse do governo.[31] Em breves palavras, a Marinha de Guerra contratara com certa empresa o fornecimento de barras de metal fundido, mas logo depois a Marinha rescindiu o contrato a fim de obter o mesmo fornecimento por um preço melhor junto a outro contratante.[32] A Corte decidiu que, se o Estado encontrou melhor preço, ou um contrato mais vantajoso, o *contracting officer* poderia ter rescindido o contrato, em nome do "melhor interesse" do Estado, não importando se o Estado "sabia ou devia saber" que um melhor preço existia antes de o contrato ser firmado. "Somente o Estado – referiu expressamente a Corte – é o juiz do melhor interesse em rescindir o contrato por sua conveniência, no exercício no poder discricionário reservado pela cláusula [*da "termination for convenience"*] ao *contracting officer*".[33]

"Colonial Metals" é um caso importante, porque ele, em certo sentido, como referem os comentaristas, "confere ao Estado o direito subjetivo de unilateralmente repudiar contratos – mesmo retrospectivamen-

---

30. 231 Ct. Cl. 20, 681 F.2d 756 (1982).

31. "A linguagem da cláusula dá ao *contracting officer* a 'mais ampla discricionariedade de rescindir o contrato' no interesse do governo" ("Colonial Metals", 494 F.2d p. 1.361 – citação interna omitida).

32. Aqui, tomo o resumo a Claybrook, Jr., "Good faith in the termination and formation of federal contracts", *Maryland Law Review* 56/564, n. 2, 1997.

33. "Uma *termination* a fim de comprar [*o produto de outro fornecedor*] mais barato é essencialmente uma *termination* que vem sendo repetidamente aprovada" ("Colonial Metals", 494 F.2d p. 1.361). Essa linguagem parece francesa.

te – a qualquer tempo, por qualquer razão, e sem pagar pelos prejuízos".[34] Uma crítica baseada na igualdade é fácil de ser feita: se o contratado não pode rescindir o contrato quando os preços aumentam, então, por que o Estado poderia?[35] Em todo caso, "Colonial Metals" levou o pêndulo ao polo da exorbitância, como se referiu. A mesma Corte, entretanto, impôs limites à *termination for convenience*. Fora os casos em que o Estado age com má-fé (cuja prova pode bem ser "virtualmente impossível"),[36] ou "alguma outra lesão a direito do contratado ou conduta ilegal",[37] o limite mais comum imposto ao Estado para rescindir o contrato por sua conveniência veio envolto em um argumento histórico oferecido no caso "Torncello".

É digno de nota que em "Torncello" a Corte tenha citado oito vezes o trabalho de Cibinic e Nash, dois renomados autores críticos do poder discricionário do Estado de rescindir os contratos, autores claramente identificados com o setor privado.[38] A decisão em "Torncello", entretanto, foi tomada pelo Tribunal Pleno (*en banc*, como se diz em Inglês), o qual expressou forte dissonância interna, tendo três Juízes formado a maioria relativa (*plurality*), com três outros Juízes concordando com o resultado mas divergindo nos fundamentos. Como no caso "Winstar",[39] a Corte não ofereceu um norte claro sobre o assunto. O raciocínio dos Juízes não somente revela falta de consistência sobre o que pensam acerca da *convenience termination*, mas também possibilita, com sua confusão argumentativa, o surgimento de outras decisões confusas e contraditórias sobre o assunto.[40]

---

34. Petrillo e Conner, "From 'Torncello' to 'Krygoski': 25 years of the government's termination for convenience power", *The Federal Circuit Bar Journal* 7/343-344.

35. Cf. Perlman e Goodrich, "Termination for convenience settlements – The government's limited payment for cancellation of contracts", *Public Contracts Law Journal* 10/6.

36. Cibinic, Nash e Nagle, *Administration of Government Contracts*, 4ª ed., p. 1.060.

37. "Colonial Metals", 494 F.2d 1.361.

38. As Cortes norte-americanas, ao contrário das francesas e brasileiras, raramente citam trabalhos doutrinários.

39. Cf. *supra*, Capítulo III, subitem 2.1.3.

40. Cf. Petrillo e Conner, "From 'Torncello' to 'Krygoski': 25 years of the government's termination for convenience power", *The Federal Circuit Bar Journal* 7/346.

De toda forma, a maioria em "Torncello" levou o pêndulo ao lado da igualdade (*congruence*), uma vez mais. "Torncello" revelou a forte visão igualitária da *common law* e ofereceu um bom argumento aos críticos da *termination for convenience*. A Corte enfatizou as já mencionadas circunstâncias históricas em que a *termination for convenience* floresceu, sublinhando a origem do instituto (a Guerra Civil Americana) e o fato de que a *termination* era restrita aos contratos militares.[41] Depois de mencionar as decisões mais significativas sobre o assunto, a Corte, em "Torncello", afirmou que "Colonial Metals" parecia ser "uma aberração" em relação aos precedentes dos tribunais bem como marcar "um dramático abandono do desenvolvimento da *convenience termination* enquanto método de alocação de riscos".[42] Em resumo, o raciocínio da Corte sugeriu que em tempo de guerra as circunstâncias mudam dramaticamente, e que nesses casos seria "muito claramente [...] contra o interesse público" manter um contrato. Assim, ligando a mudança de circunstâncias *somente* à guerra, a filosofia da igualdade suporta uma forma bem específica e restrita do chamado "teste das circunstâncias alteradas".[43] Os adeptos da igualdade e críticos da exorbitância insistem que os contratos administrativos firmados e executados em tempos de paz devem "imitar a prática comercial", limitando-se a *convenience termination* "aos contratos sobre armamentos, exigências havidas em tempo de guerra ou outras necessidades exclusivas do Estado".[44]

Teoricamente, porém, o raciocínio não ajuda muito. Isso porque os parâmetros a serem utilizados para aquilatar a mudança de circunstâncias permanecem incertos, assim como a própria vinculação entre a guerra e a mudança de circunstância. O critério do preço é o mais óbvio exemplo: qual "mudança" deveria ser considerada apta a legitimar o uso da *termination for convenience*? Haveria um limite mínimo ou má-

---

41. Cf. "Torncello", 681 F.2d 764.
42. Idem, p. 768.
43. "Da forma como entendemos os votos, entretanto, uma maioria de quatro Juízes advogou uma forma do teste das 'circunstâncias alteradas'" (Petrillo e Conner, "From 'Torncello' to 'Krygoski': 25 years of the government's termination for convenience power", *The Federal Circuit Bar Journal* 7/347).
44. Perillo & Conner, "From 'Torncello' to 'Krygoski': 25 years of the government's termination for convenience power", *The Federal Circuit Bar Journal* 7/371-372.

ximo de alteração do preço? Esse limite poderia variar de acordo com a espécie de contrato? Quanto à ligação entre guerra e mudança de circunstâncias, não seria razoável pensar que uma recessão na economia (como a recente crise econômica mundial) pode causar tantos danos a uma Nação quanto uma guerra? Se é assim, não seria razoável estender a possibilidade do uso da *termination for convenience* por razões outras que não a guerra? Em todo caso, a doutrina, refletindo as decisões das Cortes, sugere que o ensinamento de "Torncello" é ambíguo[45] e que outras várias decisões posteriores estreitaram seu alcance.[46]

O jurista francês ou o brasileiro facilmente formulariam uma crítica à premissa maior do silogismo norte-americano aplicado em "Torncello": um contrato administrativo não é um contrato privado; portanto, não se lhe podem aplicar as mesmas normas jurídicas. O Estado – diria o jurista continental – *sempre* pode alterar os contratos em nome do interesse público, não importando se as condições da avença foram alteradas por forças externas ou internas. Por trás dessa forma de pensar está não uma ideia individualista de Estado, mas uma ideia coletiva.

Finalmente, deve-se mencionar o caso "Krygoski Construction Co. v. U. S.", decidido pela *Court of Appeals for the Federal Circuit* em 1996.[47] "Krygoski" estreitou o alcance de "Torncello" e sugeriu que o Estado pode rescindir contratos por sua conveniência, sem se referir a qualquer mudança de circunstâncias, assim afastando o pêndulo uma vez mais do polo da igualdade.[48]

Depois de "Krygoski", entretanto, o cenário tornou-se ainda mais obscuro.[49] O "teste das circunstâncias alteradas" sugerido pela maioria

---

45. Idem, p. 348.
46. Cf., por exemplo, Cibinic, Nash e Nagle, *Administration of Government Contracts*, 4ª ed., pp. 1.064-1.067 (citando várias decisões limitando o escopo de "Torncello").
47. 94 F.3d 1537 (Fed. Cir. 1996), *cert. denied*, 117 S. Ct. 1691 (1997). A *Court of Appeals for the Federal Circuit* é, na estrutura do Judiciário norte-americano, equivalente ao Tribunal Regional Federal no Brasil.
48. Como anotou Schwartz, "'Krygorski' independently underscores the key role played by military procurement in the development of the termination for convenience doctrine" (*The Centrality of Military Procurement: Explaining the Exceptionalist Character of United States Government Procurement Law*, p. 65, nota 101).
49. Cf. Petrillo e Conner, "From 'Torncello' to 'Krygoski': 25 years of the government's termination for convenience power", *The Federal Circuit Bar Journal*

em "Torncello" foi repudiado; a crítica favorável à filosofia da igualdade afirmou que "'Krygoski' não delineia limites significativos ao direito do Estado de rescindir os contratos por sua conveniência" e pugnou por um "simples retorno ao 'teste das circunstâncias alteradas' proposto em 'Torncello'",[50] enquanto defensores da exorbitância insinuaram que esta filosofia mantinha sua força.[51]

2. *França: "pouvoir de résiliation unilatérale sans faute"*

Na França o equivalente funcional da *termination for convenience* é o chamado poder de rescisão unilateral sem culpa do contratado (*pouvoir de résiliation unilatérale sans faute*). A linguagem utilizada é, um tanto diferente dos Estados Unidos, o "interesse geral", e o raciocínio é muito simples e por nós conhecido: um contrato administrativo, uma vez firmado em nome do *intérêt général*, também pode ser rescindido em nome do *intérêt général*.[52] "Assim como o poder de alterar os contratos, o poder de rescindir os contraltos encontra sua força e limites no interesse geral."[53]

Como já mencionei no subitem 1.1 do Capítulo I, a *résiliation sans faute* sempre foi reconhecida como uma regra geral aplicável aos contratos administrativos, mesmo no silêncio do contrato.[54] Assim afirmam

---

7/360. Os autores destacam que "Krygoski", julgado por uma Câmara Julgadora (*panel*) do *Federal Circuit*, não poderia sobrepor-se à decisão em "Torncello", decidido por um Grupo de Câmaras (*en banc decision*) da extinta *Court of Claims*, Tribunal que antecedeu o *Federal Circuit* (cf. p. 362, citando "South Corp. *vs.* U. S.", 690 F.2d 1.368, 1.370 n. 2 (Fed. Cid. 1982)).

50. Petrillo e Conner, "From 'Torncello' to 'Krygoski': 25 years of the government's termination for convenience power", *The Federal Circuit Bar Journal* 7/369-370.

51. Cf. J. Schwartz, *The Centrality of Military Procurement: Explaining the Exceptionalist Character of United States Government Procurement Law*, pp. 66-67.

52. Cf. Richer, *Droit des Contrats Administratifs*, 6ª ed., Paris, LGDJ, 2008, p. 248. Cf. também Richer, "La résiliation unilatérale: motifs et procedures de rupture", *L'Actualité de la Commande et des Contrats Publics* 16/22, 2002 (referindo-se igualmente à existência desse poder na "Administration Fédéral américaine").

53. M. Long *et al.*, *GAJA*, 2007, n. 22, p. 139. Cf. também Richer, "La résiliation unilatérale: motifs et procedures de rupture", *L'Actualité de la Commande et des Contrats Publics* 16/29.

54. Cf., por exemplo, Richer, "La résiliation unilatérale: motifs et procedures de rupture", *L'Actualité de la Commande et des Contrats Publics* 16/27.

as doutrinas geral e especializada, refletindo as decisões das Cortes. Além dos casos mais recentes, Laurent Richer cita dois casos julgados na metade do século XIX.[55] Christophe Guettier refere um caso decidido pelo Conselho de Estado em 1925,[56] caso também mencionado por Yves Gaudemet, que aduz outra decisão de 1930.[57] Philippe Terneyre lembra que o poder de rescindir os contratos em nome do interesse geral é reconhecido "em todas as categorias de contratos administrativos", aludindo a várias decisões tomadas desde o início do século passado.[58]

De toda forma, é dito em uníssono pela doutrina que o *leading case* francês na matéria data de 2.5.1958, quando o Conselho de Estado decidiu o caso "Distillerie de Magnac-Laval".[59] Em nenhum outro caso o poder de *résiliation unilateral pour intérêt général* é tido por tão bem ilustrado. A clareza de raciocínio usada pelo Conselho de Estado, somada à conclusão do comissário de governo Khan, faz de "Magnac-Laval" a "melhor solução" na temática,[60] e recentes decisões parecem confirmar isso.[61]

Para uma perspectiva comparada, "Magnac-Laval" é interessante por várias razões. Primeiro, ninguém na doutrina menciona, nem de forma breve, quais os fatos envolvidos no caso. O que parece ser relevante é que em "Magnac-Laval" o Conselho de Estado somente confirmou uma filosofia preconcebida na qual está embebida a cultura francesa: a de que o Estado tem o poder *inerente* de rescindir o contrato. O Estado tem esse poder em qualquer fase do contrato (*en tout état de cause*), *em razão* das normas de direito público aplicáveis (*en vertu des*

---

55. Cf. Richer, *Droit des Contrats Administratifs*, 6ª ed., pp. 248-249 (citando CE, "Paul Dupont", j. 17.3.1864; CE, "Gargiulo", j. 9.12.1927).

56. Cf. Guettier, *Droit des Contrats Administratifs*, 2ª ed., Paris, PUF, 2008, p. 394 (citando CE, "Demouchy", j. 6.2.1925).

57. Cf. Gaudemet, *Traité de Droit Administratif*, 16ª ed., t. 1, Paris, LGDJ, 2001, § 1.468, p. 704 (citando CE, "Min. de la Guerre", j. 13.2.1930).

58. Cf. Terneyre, *La Responsabilité Contractuelle des Personnes Publiques en Droit Administratif*, Paris, Economica, 1989, pp. 145-146.

59. Cf. *L'Actualité Juridique – Droit Administratif*, 1958, p. 282.

60. Cf. Terneyre, *La Responsabilité Contractuelle des Personnes Publiques en Droit Administratif*, p. 147.

61. Cf. casos citados em: Chapus, *Droit Administratif Général*, 15ª ed., t. 1, Paris, Montchrestien, 2001, § 1.377, p. 1205; Richer, *Droit des Contrats Administratifs*, 6ª ed., pp. 249-254.

règles applicables) aos contratos administrativos.⁶² O silogismo é muito simples e sela a filosofia da exorbitância aceita *a priori*.

As expressões e palavras-chave para analisar o instituto da *résiliation sans faute* são "poder do Estado", "caráter especial do direito público", "intrínseca desigualdade das partes". Em suma, a premissa maior do silogismo francês sustenta a ideologia oposta à filosofia norte-americana. O Estado *pode* em princípio rescindir qualquer contrato em nome do interesse público; essa premissa é, como exaustivamente demonstrado, um reflexo da ideia *positiva* de Estado havida na França. Em "Magnac-Laval" estava em jogo o poder do Estado de regulamentar a economia de produtos agrícolas e industriais, entre eles o álcool. O raciocínio empregado pelo comissário de governo Kahn, seguido de alguma forma pelo Conselho de Estado, é o melhor testemunho da referida filosofia francesa empregada na decisão. Vale uma maior atenção ao caso.

A produção e o comércio de álcool estavam à época sob o controle do Estado Francês (*production planifiée*). Leis e decretos⁶³ – dizia o argumento do *commissaire* Khan – haviam conferido ao Estado o poder de reduzir o contingente de álcool produzido, e a ênfase havia de ser posta no poder de regulamentar e planejar a economia, e não no eventualmente existente direito contratual. "A produção de álcool é uma produção planejada (*production planifiée*)" – referiu Khan; sob essa perspectiva, "o contrato ocupa necessariamente, na comparação com o regulamento, um lugar secundário".⁶⁴ Mas o *commissaire* Khan foi além; referiu ele – revelando a filosofia francesa dos contratos públicos – que, mesmo se a situação não fosse aquela, a natureza jurídica dos contratos administrativos não seria afetada, e a Administração poderia

---

62. Cf. *Actualité Juridique – Droit Adminitratif*, 1958, p. 290. As palavras francesas em itálico no texto foram usadas pelo *Conseil d'État* e são as mais comumente citadas pela doutrina francesa para explicar o instituto da *termination for convenience* na França.

63. Na Constituição francesa de 1958 o Primeiro Ministro divide com o Presidente o poder regulamentar (*pouvoir réglementaire*), o qual, em termos largos, é o poder de baixar decretos (*décrets*) para fazer cumprir as leis. O Primeiro Ministro divide com o Presidente as mesmas atribuições administrativas (*attributions administratives*). Os *décrets* estão no topo da hierarquia dos atos administrativos (*acts administratifs*) (cf. Chapus, *Droit Administratif Général*, 15ª ed., t. 1, § 261, p. 208).

64. As citações são das conclusões do comissário do governo Khan, publicadas in *L'Actualité Juridique – Droit Administratif*, 1958, p. 285.

sempre rescindir o contrato.[65] A *résiliation sans faute* é, portanto, uma "prerrogativa normal"[66] da Administração, e a doutrina francesa, ao contrário da norte-americana, não tem qualquer dificuldade em aceitar essa prerrogativa como "discricionária"[67] e "quase imune".[68]

A linguagem utilizada em "Magnac-Laval" é o segundo ponto a ser enfatizado numa perspectiva comparada. Como se viu, não há qualquer problema ao francês em aceitar que o Estado tem o poder de alterar ou rescindir contratos administrativos; ao contrário, esse poder lhe parece natural. O raciocínio é mais ou menos este: se "por natureza" a Administração pode dar fim (*mettre fin*) a um contrato, o que pode o homem fazer contra isso? Ao francês não é necessário invocar a guerra ou outro fator externo excepcional para que seja aceita a filosofia da exorbitância. Essa estrutura é ínsita à sua forma de pensamento.

Se partirmos dessa premissa, não é difícil aceitar a ideia de interesse público como sendo a razão de ser do poder de *résiliation sans faute*. De fato, a jurisprudência não tem confinado esse poder ao "bom funcionamento do serviço público". O *intérêt général* pode ser invocado quando a Administração abandona um projeto prévio, ou quando há uma mudança na regulação aplicável, ou existe uma necessidade de reorganizar, ou mesmo suprimir, um serviço público.[69]

Intérêt général e *intérêt du service* são, portanto, equiparados,[70] embora, evidentemente, não se confundam. O equilíbrio financeiro não é, sob essa perspectiva, o único fundamento no qual se fundará a reparação do contratado. O Estado deverá compensar o contratado também "no interesse do próprio serviço público para o qual o contratante é o *colaborador*".[71] A ideia por trás disso é coletiva, baseada nas filosofias

---

65. Cf. *L'Actualité Juridique – Droit Administratif*, 1958, p. 285.

66. Idem, p. 286.

67. Cf. Gaudemet, *Traité de Droit Administratif*, 16ª ed., t. 1, § 1.468, p. 704.

68. Richer, "La résiliation unilatérale: motifs et procedures de rupture", *L'Actualité de la Commande et des Contrats Publics* 16/28.

69. Cf. Richer, *Droit des Contrats Administratifs*, 6ª ed., pp. 252-254 (citando *appropriated cases*).

70. Cf. Chapus, *Droit Administratif Général*, 15ª ed., t. 1, § 1.377. Cf. também Cohen-Tanugi, *Le Droit sans l'État. Sur la Démocratie en França et en Amérique*, 3ª ed., pp. 110-111.

71. Cf. Laubadère, Moderne e Delvolvé, *Traité des Contrats Administratrifs*, 2ª ed., vol. 2, Paris, LGDJ, 1984, § 720, p. 721 [grifo nosso].

de Durkheim e Duguit. Para o francês, não é que exista um "direito subjetivo" (*right*) do contratado ao equilíbrio econômico-financeiro do contrato; o que existe é um *interesse do próprio serviço público*. O contratado é um colaborador, e não uma parte *contra a qual* o Estado age. Uma breve digressão sobre o significado dessa linguagem é necessária, aqui.

A linguagem utilizada em "Magnac-Laval" – e ainda hoje repetida e ensinada – é tipicamente francesa, e as aspas que apus no parágrafo anterior à expressão "direito subjetivo" não são casuais. No seu objetivismo, Duguit negava, como se sabe, a ideia "direito subjetivo" e criticava essa doutrina por ser individualista, a qual ele atribuía a Locke.[72] Para Duguit a doutrina dos *rights* era "teoricamente inadmissível" e se baseava numa "proposição puramente metafísica", a qual não era "suportada por qualquer prova direta".[73] O homem "não pode viver sozinho, nunca viveu sozinho, pode viver somente em sociedade, e nunca viveu exceto em sociedade" – Duguit vociferava.[74] "Portanto, a ideia do homem social é o único ponto de partida possível de uma doutrina jurídica."[75] Para ele a doutrina individualista dos direitos subjetivos, a qual sustenta que os homens nascem com direitos *contra* a sociedade e o Estado, é contraditória, porque nenhum homem pode ter direitos *antes* de entrar em sociedade; se os homens têm direitos é *porque* vivem em sociedade.[76] De fato – Duguit afirma –, a doutrina individualista "supõe e opõe duas contradições, a soberania do Estado e a autonomia do indivíduo".[77] Para Duguit essa contradição é a razão pela qual países como a França e a Alemanha fizeram um "esforço prodigioso [...] para manter intacta a soberania do Estado e ao mesmo tempo proteger a autonomia do indivíduo".[78]

---

72. Cf. Duguit, "The Law and the State", *Harvard Law Review* 31/10-26 e 103-108, Cambridge, novembro/1917.
73. Idem, p. 23.
74. Idem, pp. 23-24: "Não se pode considerar o homem independente e isolado; pode-se pensá-lo somente como um ser social ou se pode somente pensar em sociedade. O homem não existe antes da sociedade; ele existe na e por meio da sociedade".
75. Duguit, "The Law and the State", *Harvard Law Review* 31/24.
76. Idem, pp. 24-25.
77. Idem, p. 25.
78. Idem, p. 26.

Correta ou não essa filosofia, a qual guarda pontos em comum com o que se convencionou chamar hoje, em Filosofia Política, de "Comunitarismo", o que interessa para os propósitos deste trabalho é enfatizar que as ideias de Duguit contra a doutrina metafísica e individualista dos direitos subjetivos facilitaram as concepções em favor do poder do Estado na França e – mais importante – dificultaram em muito a aceitação da filosofia dos direitos subjetivos no direito público francês.[79] Não que a teoria de Duguit fosse entusiasta das ideias de soberania e de Estado; o contrário é verdadeiro.[80] Duguit era um crítico de ambos os conceitos, bem como da ideia de *imperium*.[81] Nessa tocante, entretanto, suas ideias não foram seguidas. Mas o Estado deveria ser limitado, e Duguit encontrou o limite na ideia de serviço público, não na ideia de direito subjetivo. A transformação do direito público – escreveu Duguit – deveria ser feita pela substituição da ordem metafísica e individualista por um sistema jurídico realista e socialista.[82] O comparatista deve notar, aqui, que os fins perseguidos por Duguit e pelos liberais norte-americanos, especialmente limitar o poder do Estado, eram os mesmos; os meios e as filosofias eram, entretanto, muito diferentes, se não contrários.

Outra observação comparada deve ser feita. A permanente discussão travada no Direito Norte-Americano sobre a ligação entre os contratos militares de guerra (ou havidos em tempos de guerra) e a exorbitância é estranha à mentalidade francesa. O fermento à ideia de *résiliation sans faute* nada tem com as circunstâncias do contrato, mas sim com a "natureza" do poder do Estado e com a ideia do serviço público. É o Estado que, tendo autoridade, organiza o serviço e pode, se necessário, suprimi-lo. Uma mudança na política pública, portanto, po-

---

79. Para um estudo brilhante sobre os direitos subjetivos dos administrados (*administrés*) no direito administrativo francês, cf. Foulquier, *Les Droits Publics Subjectifs des Administrés: Émergence d'un Concept en Droit Administratif Français du XIXᵉ au XXᵉ Siècle*, Paris, Dalloz, 2003. O autor analisa a contribuição de Duguit nas pp. 58-62, 146-151, 181-185 e 470-472.

80. Cf. Duguit, *L'État, le Droit Objectif et la Loi Positive*, Paris, Dalloz, 2003 [1901], pp. 227-318.

81. Cf. Duguit, *Les Transformations du Droit Public*, Paris, Armand Colin, 1913. Neste ponto as ideias de Duguit não frutificaram. A ideia francesa de Estado sempre permaneceu forte. O que importa aqui, porém, é a rejeição de Duguit à ideia individualista de direitos subjetivos (*rights*).

82. Cf. Léon Duguit, *Les Transformations du Droit Public*, pp. XI e 281.

de muito bem ser vista como uma justa razão para a rescisão do contrato em nome do interesse público.[83]

Se descermos, porém, à vida prática, podemos encontrar um paradoxo. O Direito Francês pode, por alguns ângulos, ser visto como oferecedor de maior garantia ao contratado que o Direito Norte-Americano nesse tocante, ao menos desde 1874. É que, embora as Cortes venham concedendo ao Estado um poder discricionário de rescindir os contratos em nome do *intérêt général*, também é bem claro nas decisões das Cortes que o contratado deve ter integral compensação; é o princípio da compensação integral (*réparation ou compensation intégrale*),[84] de acordo com o qual o contratado tem o direito de ser compensado não somente pelo trabalho efetuado, mas também pelos lucros cessantes.[85] E *é isso que muitas vezes desperta a admiração de alguns juristas da common law*.

É bem verdade que a (alegadamente) mais ampla compensação do contratado na França pode ser atribuída, embora não exclusivamente, a princípio estabelecido muito cedo no direito administrativo francês, qual seja, o princípio do equilíbrio econômico-financeiro. Mais uma vez, assim como se deu com o estudo da *Sovereign Acts Doctrine* e da *Unmistakability Doctrine*, parece apropriado ligar o equilíbrio econômico-financeiro à filosofia da igualdade (*congruence*), a qual nesse caso tem sido utilizada para contrabalançar o poder do Estado.[86] E novamente a dialética dos argumentos jogará um papel fundamental na busca dos valores que controlam o princípio: ou o argumento "público" da continuidade do serviço, ou o argumento "privado" da igualdade.

83. Cf. Richer, "La résiliation unilatérale: motifs et procedures de rupture", *L'Actualité de la Commande et des Contrats Publics* 16/28.

84. Cf. Chapus, *Droit Administratif Général*, 15ª ed., t. 1, § 1.382, p. 1.210.

85. Cf.: M. Long *et al.*, *GAJA*, 2007, n. 22, p. 140; Gaudemet, *Traité de Droit Administratif*, 16ª ed., t. 1, § 1.468, p. 704 (citando CE, "Guinard", j. 10.11.1927); Guettier, *Droit des Contrats Administratifs*, 2ª ed., p. 395 (citando CE, "Ministre des Finances des Affaires Économiques c/Société Financière d'Exploitation Industrielle", j. 23.5.1962); Richer, *Droit des Contrats Administratifs*, 6ª ed., p. 254 (citando CE, "Clerc-Ranaud", j. 24.1.1975); Terneyre, *La Responsabilité Contractuelle des Personnes Publiques en Droit Administratif*, p. 301; Symcowics, "L'indemnité de résiliation", *L'Actualité de la Commande et des Contrats Publics* 16/32, 2002 (citando CE, "Hotchkiss et Koolidge", j. 7.8.1874). Os danos incertos e indiretos são, entretanto, excluídos (cf. Symcowics, ob. e loc. cits.).

86. Cf. Laubadère, Moderne e Delvolvé, *Traité des Contrats Administratrifs*, 2ª ed., vol. 2, § 720, p. 721.

3. Brasil: rescisão unilateral do contrato em nome do interesse público

É escassa a fonte doutrinária ou jurisprudencial disponível para contar a história da rescisão unilateral do contrato administrativo no direito brasileiro. Na verdade, uma verdadeira história do direito dos contratos administrativos no Brasil está ainda por ser feita. Essa história certamente deveria abarcar uma pesquisa não somente sobre os casos concretos eventualmente existentes nos tribunais e no Conselho de Estado da época imperial, mas também sobre as posições político-jurídicas dos autores daquelas decisões, decretos e leis existentes, suas influências intelectuais e leituras, comparando-se depois o material com o que se dispunha à época sobre o assunto em outros sistemas político-jurídicos. O presente trabalho não pretende suprir essa lacuna, mas quer apontar alguns caminhos.

Nos limites deste estudo, porém, é possível anotar oscilações entre os polos da exorbitância e da igualdade, com a predominância do primeiro, ao menos em nível (retórico?) teórico, assim refletindo a influência da filosofia francesa de Estado (certamente até o início dos anos 1990), ainda que seguida, mais recentemente, de uma maior tendência à igualdade, reflexo do movimento em direção à filosofia norte-americana de Estado. Imagino que o instituto ora em análise, o poder de alterar unilateralmente os contratos, é um bom exemplo desse movimento. Procuro, aqui, mostrar, em breves linhas, como ele ocorreu. É importante, entretanto, frisar o reflexo da vassalagem cultural brasileira ao Direito Francês, ainda facilmente notada na doutrina e nas Cortes, bem como a força do princípio da supremacia do interesse público, que permanece clara, seja em nível doutrinário, seja em nível jurisprudencial.

Conforme referido logo acima, as fontes doutrinárias e jurisprudenciais disponíveis ao comparatista sobre o direito brasileiro dos contratos administrativos no século XIX são tão ou mais escassas quanto são as fontes dos direitos norte-americano e francês do mesmo período. Lembremos da afirmação já feita no Capítulo III: nenhum doutrinador brasileiro do Império tratou do tema dos contratos públicos.[87] O Brasil teve de esperar por trabalhos de sua matriz intelectual, e não foi antes da segun-

---

87. Cf. subitem 2.3.1 do Capítulo III, *supra*. Cf. também Franco Sobrinho, *Contratos Administrativos*, São Paulo, Saraiva, 1981, p. 125.

da metade do século passado que o Brasil começou a cuidar mais sistemática e especificamente do tema dos contratos administrativos,[88] quando predominou inteiramente o publicismo francês, embora a ideia da igualdade norte-americana tenha sempre se feito presente.

No início do século XX, um liberal como Ruy Barbosa, por exemplo, não poderia deixar de advogar (em retórica eloquente e confusa) a responsabilidade do Estado pelo não-cumprimento dos contratos, de certa forma equiparando contratos públicos e privados;[89] opinião que ganhou voz nos tribunais.[90] Ruy era enfático ao afirmar, em 1918, que "o Estado, quanto contrata, está sujeito às normas de direito civil, si lei especial não houver, que reja a materia no caso".[91] No mesmo sentido, Carvalho de Mendonça, em parecer de setembro de 1916, referiu que o Estado não tinha o "inconstitucional, o exhorbitante, o odioso poder de [...] decretar por ato arbitrário de natureza administrativa a sua [*de uma concessão*] rescisão ou caducidade".[92]

Aqui, porém, a exposição de Cirne Lima auxilia na compreensão desse tom "liberal" (aparentemente) anglo-americano que, dissonante dos padrões franceses pregados pelos administrativistas do Império, e que depois viriam a consolidar-se no país, se insinuou no Direito Brasileiro com a Proclamação da República até a década de 1930. Nessa fase do desenvolvimento do direito administrativo pátrio imperava um "exotismo, mais político que jurídico"; isso teria decorrido, segundo Cirne Lima, via Decreto 848, de 11.10.1890, que tomava os princípios da

---

88. Cf. Meirelles, *Direito Administrativo Brasileiro*, 36ª ed., São Paulo, Malheiros Editores, 2010, p. 224 (sustentando que antes do Decreto-lei 2.300/1986 a matéria dos contratos administrativos era regulada no Brasil de modo "incompleto e assistemático, propiciando errôneas aplicações da lei e hesitação da jurisprudência na interpretação de suas normas").

89. Cf. Ruy Barbosa, "Parecer" in *RT* 1/39-54, n. 1, São Paulo, Ed. RT, 1912.

90. Cf. a sentença publicada na seção "Casos Judiciários" da *RT* 33/3-17, n. 176, São Paulo, Ed. RT, fevereiro/1920. A referida sentença cita o primeiro parecer de Ruy Barbosa, mencionado na nota de rodapé anterior, e menciona várias decisões análogas, todas enfatizando a igualdade.

91. Cf. Ruy Barbosa, parecer intitulado "Contrato de empreitada – Responsabilidade civil do Estado", *RF* 29/75-91, Rio de Janeiro, janeiro-junho/1918 (citação da ementa do parecer).

92. J. X. Carvalho de Mendonça, "A cláusula resolutiva expressa nos contratos" (parecer), *RF* 33/75, Rio de Janeiro, janeiro-junho/1920.

common law para fundamentar nosso incipiente regime. O resultado teria sido: "a incerteza dessa contradição é a incerteza das categorias jurídicas no nosso direito administrativo".[93]

Ainda que assim não tivesse sido, é interessante não perder de vista que o "Liberalismo" brasileiro, que segundo Raymundo Faoro "*bem merece figurar entre aspas, havido como peculiar*", foi, desde sua origem, "oficial e dirigido do alto, como apêndice do Estado". Um Liberalismo de fachada – acrescento eu –, ou ao menos de muitos rostos: "Na prática brasileira, o liberal, além da distorção sofrida pelo tipo de Estado, perdia-se em máscaras de muitos feitios e cores".[94]

A primeira fonte normativa a tratar do assunto parece ter sido o Código de Contabilidade da União (Decreto 4.536, de 28.1.1922), o qual disse pouco sobre contratos públicos.[95] Esse decreto foi logo depois regulamentado pelo Decreto federal 15.783, de 8.11.1922, o qual dispunha, no art. 766, que "os contratos administrativos regulam-se pelos mesmos princípios gerais que regem os contratos de direito comum, no que concerne ao acordo de vontades e ao objeto, observadas, porém, quanto à sua estipulação, aprovação e execução, as normas prescritas no presente Capítulo". Esse dispositivo contribuiu para que alguns advogassem a tese liberal da similitude entre contratos públicos e privados, mesmo os contratos de concessão.[96]

No art. 788, entretanto, o mesmo Decreto 15.783/1922 referia que o Estado podia não dar execução ao contrato no caso de "grave motivo

---

93. Cirne Lima, *Princípios de Direito Administrativo*, 7ª ed., revista e reelaborada por Paulo Alberto Pasqualini, São Paulo, Malheiros Editores, 2007, p. 64. E depois: "A República, na sua primeira fase, não contribuiu grandemente pelo adiantamento da ciência do direito administrativo" (p. 96). Di Pietro também lembra a influência do modelo anglo-americano no primeiro período da República (cf. *Direito Administrativo*, 23ª ed., São Paulo, Atlas, 2010, pp. 22-23).

94. Faoro, "Existe um pensamento político brasileiro?", in Fábio Konder Comparato (org.), *A República Inacabada*, São Paulo, Globo, 2007, respectivamente pp. 102 (grifos no original), 74 e 158.

95. Um breve inventário sobre a nada sistemática legislação brasileira antes de 1922 encontra-se em Tácito, "A nova Lei das Licitações", in *Temas de Direito Público (Estudos e Pareceres)*, vol. 1, Rio de Janeiro, Renovar, 1997, p. 744.

96. Cf., por exemplo, Carlos M. Silva, "Empreitada – Contratos administrativos – Teoria da imprevisão – Cláusula *rebus sic stantibus*", *RF* 46/66, n. 122, Rio de Janeiro, março/1949.

de interesse público e do Estado".[97] Seria temerário, entretanto, inferir muito de um único dispositivo. Ao menos não se encontravam ainda nos tribunais ou na doutrina julgados suficientemente consistentes sobre o tema. Mas é razoável imaginar que a filosofia francesa de Estado, a qual inspirou o Brasil desde a infância, tenha já tomado forma e *positivado* ali a semente da exorbitância em solo brasileiro. "O Estado – afirmava o STF em 1908 –, sem embargo de entrar em relação contratual com a pessôa privada, não se despe por isso, jamais, dos seus direitos e faculdades que constituem a sua propria qualidade de poder".[98] Themístocles Cavalcanti escreveu já em 1936: "E esta é a doutrina universalmente acceita".[99] Dois anos depois o Tribunal de Apelação de Goiás já deixava clara a ideia que iria sedimentar-se ao longo do século XX, em passagem que vale a longa transcrição:

"A verdade é que hoje, á vista das transmudações por que têm passado o mundo e as novas formas de organização política, *fazendo que prepondere em tudo o interêsse social, está desprezada a anacrônica teoria segundo a qual a concessão de serviço público seria um contrato de direito privado*, como vêm sustentando os apelantes.

"A teoria que se apresenta hoje e geralmente aceita é a de que a natureza da concessão de serviço público é a de um contrato de direito público.

97. O art. 788 rezava: "Por grave motivo de interêsse público e do Estado, o ministro pode abster-se de tornar exequível *qualquer contrato*, embora reconhecido regular" [grifos nossos] (cf. também Barros Jr., *Contratos Administrativos*, São Paulo, Saraiva, 1986, p. 84). O art. 797, por sua vez, autorizava modificões nos contratos "a bem do serviço público", as quais deveriam ser executadas somente "depois de autorizadas pelo ministro competente", referindo também que, quando as modificações fossem "autorizadas, no exclusivo interêsse da Administração", o ministro deveria dar conhecimento disso ao Tribunal de Contas. É interessante que O. A. Bandeira de Mello não tenha notado essas "exorbitâncias", peferindo afirmar, embora a clareza do texto, que "nenhum dos preceitos [*do Decreto federal 15.783/1922*] [...] prev[*ia*] a modificação unilateral pela Administração Pública das suas cláusulas na conformidade do interêsse público" ("Contrato de direito público ou administrativo", *RDA* 88/32, Rio de Janeiro, abril-junho/1967). O mesmo lapso foi cometido por Guimarães (*Alteração Unilateral do Contrato Administrativo (Interpretação de Dispositivos da Lei 8.666/1993)*, São Paulo, Malheiros Editores, 2003, pp. 74-75), que parece ter confiado no trabalho de O. A. Bandeira de Mello.

98. Citado por Cavalcanti (*Instituições de Direito Administrativo Brasileiro*, Rio de Janeiro, Freitas Bastos, 1936, p. 183) e por Franco Sobrinho (*Contrato Administrativo*, p. 436), que, por sua vez, toma a citação de Cavalcanti.

99. Cavalcanti, *Instituições de Direito Administrativo Brasileiro*, p. 183.

"E com razão: *preponderando, como prepondera, como na espécie, o interêsse geral, representado pelo serviço público, não pode ser sobrepujado pelo interêsse particular do concessionário. A própria noção de serviço público, como afirma Jèze, opõe-se a isto.*"[100]

O livro de Tavares de Lyra Filho de 1941, o primeiro escrito no Brasil especificamente sobre o assunto, sugere a enorme influência estrangeira (mormente francesa) sobre nosso Direito.[101] O que importa, aqui, é anotar que Lyra Filho advogava, como fora "natural" a um brasileiro, a adoção da dicotomia "direito público *versus* direito privado"; enquanto o primeiro era direcionado ao interesse público, o último era conduzido pelo interesse privado.[102] Mas o autor nada disse sobre a extinção unilateral do contrato por interesse público.

O Código de Contabilidade da União de 1922 foi seguido do Decreto-lei 200, de 25.5.1967, trouxe algum norte sobre a temática dos contratos públicos como um todo mas silenciou sobre a rescisão por interesse público.[103] O primeiro diploma normativo a tratar da matéria dos contratos públicos mais sistematicamente foi o Decreto-lei 2.300/1986. Na 1ª edição do seu livro sobre licitação e contratos administrativos publicada depois do referido decreto, Hely Meirelles escreveu que o Decreto-lei 2.300/1986 introduzira pela primeira vez regras específicas sobre a rescisão (e alteração) do contrato, "validando assim o que antes era apenas recomendação da doutrina".[104]

É importante referir que o Decreto-lei federal 2.300/1986 já expõe cruamente a enorme influência do Direito Francês – o qual, em verda-

---

100. Tribunal de Apelação de Goiás, 2ª Câmara, n. 620, rel. Des. José Campos, *RF* 36/321, n. 78, Rio de Janeiro, maio/1939.

101. Cf. Lyra Filho, *Contratos Administrativos*, s/i., s/ed. 1941. O trabalho de Lyra Filho é repleto de citações estrangeiras, seja de autores europeus (principalmente franceses e italianos), seja de autores da *common law*. É interessante ressaltar que as citações em Francês, Italiano e Espanhol não foram traduzidas pelo autor.

102. Cf. Lyra Filho, *Contratos Administrativos*, p. 37.

103. Durante a Ditadura (1964 a 1985) e antes da publicação do Decreto-lei 200/1967 houve dois decretos dignos de nota: Decreto-lei 185, de 23.2.1967, que estabeleceu normas para contratação de obras e para revisão de preços em contratos de obras ou serviços a cargo do Governo Federal; e Decreto 60.407, de 11.3.1967, que estabeleceu teto para reajustes de contratos e dispôs sobre sua rescisão.

104. Meirelles, *Licitação e Contrato Administrativo*, 7ª ed., São Paulo, Ed. RT, 1987, p. 158. Essa ideia é incorreta, como se viu antes.

de, já havia influenciado e dominado a doutrina e mesmo as Cortes brasileiras.[105] No capítulo referente aos contratos, como se referiu no início deste estudo, o primeiro artigo (art. 44) já estabelece com clareza a distinção entre contratos públicos e privados,[106] o que seria depois repetido no art. 54 da Lei federal 8.666/1993. No que toca à extinção do contrato por interesse público, a "Exposição de Motivos" do decreto-lei, assinada por Saulo Ramos,[107] cita a doutrina de Carlos S. de Barros Jr., chamada pelo autor de rescisão.[108] A "Exposição" também cita um dos principais trabalhos franceses acerca do direito administrativo, de André de Laubadère, *Traité du Droit Administratif* (1973),[109] e refere, em linguagem sugestiva e repetindo as palavras do decreto-lei, que a rescisão unilateral do contrato é uma prerrogativa da Administração e que se dá "por razões de interesse do serviço público" (art. 68, XIII, combinado com o art. 69, I), sendo o contratado "um real colaborador do serviço público".[110] Hely Meirelles, responsável intelectual pelo decreto-lei, escreveu que o poder da Administração de alterar ou extinguir o contrato era inerente ao Estado e poderia ser exercido mesmo no silêncio da lei ou do contrato,[111] assim fazendo eco à doutrina majoritária francesa.

---

105. "Muito antes de haver uma lei disciplinando os contratos administrativos (o que só foi feito de forma mais completa pelo Decreto-lei 2.300, de 1986), nós já aplicávamos tudo o que hoje está no direito positivo" (Di Pietro, *Direito Administrativo*, 23ª ed., p. 24).

106. "Art 44. Os contratos administrativos de que trata este Decreto-lei [n. 2.300/1986] regulam-se pelas suas cláusulas e pelos preceitos de direito público, aplicando-se-lhes, supletivamente, disposições de direito privado."

107. A própria "Exposição de Motivos" do Decreto-lei 2.300/1986 refere que o decreto-lei se inspirou, "basicamente, no ordenamento jurídico do Estado de São Paulo [...] e na experiência jurídica proporcionada pela aplicação das normas do Decreto-lei n. 200, [...], enriquecida pela interpretação" do STF, do TFR e do TCU (cf. Meirelles, *Licitação e Contrato Administrativo*, 7ª ed., p. 296). O texto consta já da 7ª edição da obra de Hely Meirelles, a primeira publicada após a entrada em vigor do Decreto-lei 2.300/1986. Hely é citado várias vezes na "Exposição de Motivos" desse decreto-lei.

108. Barros Jr., *Contratos Administrativos*, pp. 83-85. No seu conjunto, a obra é meramente descritiva e laudatória.

109. Cf. Meirelles, *Licitação e Contrato Administrativo*, 7ª ed., p. 301.

110. Idem, ibidem.

111. Idem, p. 158. Cf. também Pellegrino, "Os contratos da Administração Pública", *RDA* 179-180/81, Rio de Janeiro, janeiro-junho/1990. Essa visão permanece até hoje na obra clássica de Hely (cf. Meirelles, *Direito Administrativo Brasileiro*, 36ª ed., p. 218).

Não surpreende que Hely Meirelles se valesse da "supremacia do interesse público", a qual governaria o instituto da extinção unilateral do contrato.[112]

Nesse ínterim a doutrina brasileira fez pouco mais que glosar a doutrina francesa. Em 1987, um ano após a entrada em vigor do Decreto-lei 2.300/1986, um comentador escreveu que os contratos privados eram caracterizados pela *horizontalidade* da relação jurídica, ou "posição jurídica em nível de igualdade", enquanto o contrário, isto é, a *verticalidade*, tipificaria o contrato de direito público.[113] Assim – continuava o autor –, a parte privada não pode alterar ou extinguir o contrato privado, enquanto que o contrário ocorre no contrato administrativo, alterável e extinguível pela Administração; o que funda essa prerrogativa é o "preceito central informativo de toda a estrutura do direito administrativo, que é a prevalência do *interesse público* sobre o *interesse privado*".[114] É digno de nota que o autor, depois, invoque, para coroar sua explicação acerca da distinção entre o contrato privado e o contrato público, a autoridade da máxima romana *salus populi suprema lex est* ("o bem-estar do povo é a suprema lei").[115]

A Lei federal 8.666/1993 é, como sabemos, a primeira lei sobre a matéria; até então as demais normas haviam sido decretos do Poder Executivo.[116] A lei atual contém regra expressa sobre a rescisão unilateral do contrato por "razões de interesse público" (arts. 58, II, e 78, XII), o que equivaleria à *termination for convenience* norte-americana.[117] Conforme já referido, o art. 78, XII, diz que a Administração pode rescindir o contrato unilateralmente por "razões de interesse pú-

---

112. Cf. Meirelles, *Licitação e Contrato Administrativo*, 7ª ed., pp. 156-157 ("As cláusulas exorbitantes ... visam a estabelecer prerrogativas em favor de uma das partes para o perfeito atendimento do interesse público, que se sobrepõe sempre aos interesses particulares").
113. Cf. Araújo, *Contrato Administrativo*, São Paulo, Ed. RT, 1987, p. 135. Essa ideia é ainda hoje exposta por vários autores. Cf., por exemplo, Di Pietro, *Direito Administrativo*, 23ª ed., pp. 251 e 257.
114. Araújo, *Contrato Administrativo*, p. 139. Cf. também p. 140.
115. Idem, p. 140.
116. Cf. Cretella Jr., *Das Licitações Públicas*, 18ª ed., Rio de Janeiro, Forense, 2006, p. 46.
117. Todos os demais incisos do art. 78 da Lei 8.666/1993 corresponderiam nos Estados Unidos à *termination for default*.

blico, de alta relevância e amplo conhecimento, justificadas e determinadas pela máxima autoridade da esfera administrativa a que está subordinado o contratante e exaradas no processo administrativo a que se refere o contrato".

Embora seja clara a influência francesa no texto legal, é também indisputável que o legislador brasileiro quis restringir o poder do Estado de rescindir unilateralmente os contratos. O mais citado comentador da matéria refere que a lei "procurou reduzir o âmbito de liberdade da Administração Pública para extinguir o contrato mediante a *mera* invocação de um 'interesse público', *abstrato e desconhecido*".[118]

As qualificações que seguem à expressão "razões interesse público" revelam uma sutil e importante mudança. A linguagem da lei sugere que a "mera" referência ao interesse público deve ser tida por insuficiente para rescindir o contrato administrativo: o aberto conceito de "interesse público" deve ser de "alta relevância e amplo conhecimento". Essas palavras não são vazias, ou ao menos não pretendem sê-lo. Menos ainda em uma cultura juspositivista como a nossa, na qual a autoridade da *lei positiva* é indesmentível. Devo qualificar essa ideia.

É claro que os qualificativos "de alta relevância" e "amplo conhecimento", que pela lei atual foram atrelados à expressão "razões interesse público", não significam, por si sós, que o Direito Brasileiro tenha passado a ser menos "exorbitante" ou mais favorável ao interesse privado; nem isso indica que o poder do Estado de rescindir contratos tenha, *na prática*, diminuído, ou que os tribunais tenham começado a exercer um escrutínio mais fino do que o Estado alega ser um "interesse público" apto a rescindir contratos em casos específicos. Não tenho essa amostra empírica, e seria ingênuo imaginar que a adição de duas locuções adjetivas à letra da lei teria imediato reflexo prático num ramo do Direito tão sensível a vultosos interesses econômicos e tão propenso a disputas ideológicas como é o dos contratos administrativos. Embora

---

118. Justen Filho, *Comentários à Lei de Licitações e Contratos Administrativos*, 11ª ed., São Paulo, Dialética, 2005, p. 591, e *Comentários à Lei de Licitações e Contratos Administrativos*, 14ª ed., São Paulo, Dialética, 2010, p. 852 [grifos nossos]. É interessante notar que até 2004 o autor omitia as expressões "mera" e "abstrato e desconhecido", que grifei (cf. Justen Filho, *Comentários à Lei de Licitações e Contratos Administrativos*, 10ª ed., São Paulo, Dialética, 2004, p. 573).

seja às vezes determinante, a mudança da lei não se mostra, no mais das vezes, suficiente para alterar comportamentos e mentalidades.

Parece-me, entretanto, que a inclusão desses qualificativos às "razões de interesse público" revela uma nova e inexplorada filosofia por trás da lei – o que não deveria ser desprezível. Visto com lentes estáticas e sem um viés histórico, a simples adição de expressões abertas como "de alta relevância e amplo conhecimento", mesmo que se exija devam ser as razões de interesse público "justificadas e determinadas pela máxima autoridade da esfera administrativa a que está subordinado o contratante e exaradas no processo administrativo a que se refere o contrato", podem significar pouco *para o fim específico pretendido*, qual seja, identificar o que seja o "interesse público". Afinal, estaríamos diante de mais conceitos jurídicos indeterminados, que, embora sejam em princípio sindicáveis pelo Poder Judiciário, não alterariam substancialmente a situação no que toca à identificação do interesse público. Quando vista em perspectiva histórica, porém, a mudança parece sugerir uma alteração não só na retórica, mas na filosofia aplicável aos contratos administrativos: não sendo possível abandonar a linguagem – reveladora de uma visão de mundo – do interesse público, a "ideia liberal" fez-se inserir no texto da lei por meio dos qualificativos "de alta relevância e amplo conhecimento". Sem adentrar o tormentoso terreno do estudo dogmático do controle da discricionariedade administrativa (o que renderia outro trabalho), é possível enxergar na comentada alteração um reflexo da visão antiestatal anglo-americana – visão, essa, que não se está, aqui, a aplaudir, mas a sugerir se tenha embrenhado no espírito da lei.

A exigência de que as razões de interesse público, de alta relevância e amplo conhecimento, sejam "justificadas e determinadas" em um "processo administrativo a que se refere o contrato" também se insere num mesmo contexto e poderia facilmente ser vista por um jurista da *common law*, não sem razão, como uma influência do movimento liberal em favor da igualdade (*congruência*), com o intuito de limitar as prerrogativas do Estado. Nesse processo (ou procedimento) administrativo, o contratado haverá de ser ouvido,[119] podendo reclamar e discutir

---

119. Cf. TJRS, 1ª Câmara Cível, ACi 597232651, Sérgio L. M. Ferreira contra Estado do Rio Grande do Sul, rel. Des. Irineu Mariani, j. 31.3.1999. Neste caso, o Estado havia rescindido um contrato de concessão para a exploração de serviços de lancheria e bar dentro do Presídio Central de Porto Alegre com base em infração con-

a extensão da compensação devida pelo Estado, cujo poder de extinguir o contrato não é discricionário, devendo a decisão ser motivada e estando em princípio sujeita ao controle judicial.[120]

Quanto à extensão da compensação, também é possível notar uma tendência à igualdade no Direito Brasileiro, ao menos no plano teórico. Note-se que o art. 79, § 2º, I a III, da Lei 8.666/1993, repetindo as palavras do art. 69, § 2º, I a III, do Decreto-lei 2.300/1996, refere que, no caso de rescisão do contrato por razões de interesse público, o contratado será ressarcido dos "prejuízos regularmente comprovados que houver sofrido", tendo ainda direito à "devolução de garantia", aos "pagamentos devidos pela execução do contrato até a data da rescisão" e ao "pagamento do custo da desmobilização". A lei, porém, nada diz sobre os lucros cessantes. A despeito disso, a tendência da doutrina e da jurisprudência parece ser – o que à primeira vista destoaria do estatismo brasileiro – a de garantir ao contratado também o direito à indenização do que deixou de lucrar.[121] O fundamento desse direito encontra-se antes na garantia constitucional do equilíbrio econômico-financeiro dos contratos – germe ideológico e cavalo de troia da igualdade nos contratos públicos –, e só mediatamente nas disposições jusprivadas sobre "perdas e danos", como vem decidindo o STJ.

No caso "Construtora Passarelli Ltda. v. DER/SP", decidido em 9.11.1999 pelo STJ,[122] a Corte reconheceu o direito do contratante à

tratual pelo particular (art. 78, I, da Lei 8.666/1993), mas deixou de formalizar por escrito a resolução e não oportunizou qualquer defesa ao contratado. O Des. Relator afirmou, *in dicta*, que, embora não conste do art. 79 da Lei 8.666/1993 a necessidade de oportunizar defesa ao contratado, isso decorre do art. 5º, LV, da CF, que assegura o "direito de no mínimo receber a oportunidade de ser ouvido e de ser informado a respeito da atividade do antagonista".

120. Na doutrina, cf., por exemplo: Justen Filho, *Comentários à Lei de Licitações e Contratos Administrativos*, 14ª ed., p. 852; Lúcia Valle Figueiredo, *Extinção dos Contratos Administrativos*, 3ª ed., São Paulo, Malheiros Editores, 2002, pp. 47-48.

121. Na doutrina, cf.: Justen Filho, *Comentários à Lei de Licitações e Contratos Administrativos*, 14ª ed., pp. 865–866; Meirelles, *Licitação e Contrato Administrativo*, 14ª ed., 2ª tir., São Paulo, Malheiros Editores, 2007-2008, pp. 271-272; Lúcia Valle Figueiredo, *Extinção dos Contratos Administrativos*, 3ª ed., p. 72.

122. SJT, 1ª Turma, REsp 190.354-SP, Construtora Passarelli Ltda. contra DER/SP, rel. Min. Humberto Gomes de Barros, j. 9.11.1999, *DJU* 14.2.2000. Esse acórdão foi usado como paradigma pela 1ª Seção do STJ para prover os EDv no REsp 737.741-RJ, Le Tortue Produtos Alimentícios Ltda. contra EMBRATEL, rel. Min. Teori Zavascki,

indenização com base nas disposições do Código Civil que tratam do direito obrigacional. Em "Passarelli" o STJ afirmou na ementa que "o empreiteiro inocente tem direito a indenização por lucros cessantes, resultantes do rompimento injusto do contrato administrativo, efetivamente comprovados". No corpo do acórdão a Corte afirmou que os "prejuízos sofridos regularmente comprovados", aludidos pelo § 2º do art. 79 da Lei 8.666/1993, "abrangem, evidentemente, danos emergentes e lucros cessantes (Lei n. 8.666/1993, art. 54, e art. 1.059 do CC [*de 1916, art. 402 do CC/2002*])". Essa identificação *tout court* entre contratos públicos e privados no que toca à ressarcibilidade do dano emergente e do lucro cessante parece-me pouco refletida, e a invocação dos arts. 54 da Lei 8.666/1993[123] e 1.059 do CC/1916 (art. 402 do CC/2002),[124] a qual foi mais de uma vez adotada pelo STJ,[125] pode ser problematizada. É que os lucros cessantes, se efetivamente devidos em casos de rescisão por interesse público – o que me parece temerário afirmar como regra geral *a priori* –, são devidos não porque as normas obrigacionais jusprivadas são aplicáveis supletivamente aos contratos administrativos, mas porque há uma garantia constitucional e legal de equilíbrio econômico-financeiro do contrato administrativo, instituto de direito público que tem fundamentos diversos dos fundamentos que embasam

---

j. 12.11.2008. O REsp 737.741-RJ, da 2ª Turma, EMBRATEL contra Le Tortue Produtos Alimentícios Ltda., rel. Min. Castro Meira, j. 3.10.2006, *DJU* 1.12.2006, havia negado ao contratado o direito à indenização por perdas e danos e lucros cessantes em contrato administrativo rescindido pela Administração por razões de interesse público. Os embargos de divergência expressamente afirmaram que são devidos os danos emergentes e os lucros cessantes, com base no CC/1916, art. 1.059 (CC/2002, art. 402). Além de outras decisões de ambas as Turmas da 1ª Seção do STJ, o acórdão cita as posições doutrinárias de Marçal Justen Filho e Lúcia Valle Figueiredo.

123. "Art. 54. Os contratos administrativos de que trata esta Lei regulam-se pelas suas cláusulas e pelos preceitos de direito público, aplicando-se-lhes, supletivamente, os princípios da teoria geral dos contratos e as disposições de direito privado."

124. Art. 1.059 do CC/1916 (e art. 402 do CC/2002): "Salvo as exceções previstas neste Código, de modo expresso, as perdas e danos devidas ao credor abrangem, além do que ele efetivamente perdeu, o que razoavelmente deixou de lucrar".

125. Cf. TJSC, 2ª Câmara de Direito Público, ACi 2003.016652-1, Valdira Rupp Argenta contra Município de Campos Novos, rel. Des. Luiz Cézar Medeiros, j. 4.5.2004. Transcrevo parte da ementa: "O contratado, nos casos de rescisão por ato unilateral da Administração, deve ser ressarcido dos prejuízos regularmente comprovados que houver sofrido (Lei n. 8.666/1993, art. 79, § 2º), nestes incluídos os gastos com a desmobilização e os lucros cessantes".

a teoria geral das obrigações jusprivadas.[126] Não creio, porém, que os Ministros tenham descido às preocupações teóricas aqui sugeridas acerca do melhor fundamento ao ressarcimento do dano.

O TJMG parece ter apreendido melhor a questão e percebido a diferença de fundamentação à reparação do dano no caso "Município de Itabira v. Frigoita Ltda.", decidido em 18.12.2001.[127] Embasando a argumentação inteiramente na teoria do equilíbrio econômico-financeiro do contrato administrativo (e nada referindo quanto às normas jusprivadas), a Corte mineira afirmou expressamente que em casos de rescisão unilateral do contrato por razões de interesse público, baseadas nos arts. 78, XII, e 79, I, da Lei 8.666/1993, o Estado deve pagar integral compensação, o que inclui lucros cessantes, mas não dano moral.

A diferença de fundamento para a indenização dos lucros cessantes não é acadêmica. Saber se o fundamento está no Código Civil ou se decorre da garantia constitucional do equilíbrio econômico-financeiro do contrato administrativo importa para determinar a possibilidade de controle da questão pelo STF, o que não é pouco. Mas há outra razão, mais importante no plano teórico: fundar em normas jusprivadas a indenização de lucros cessantes pela rescisão de contrato público por razões de interesse público é dar ao contrato administrativo uma conotação *comutativa* mais forte, própria do direito privado; ao contrário, se o fundamento do mesmo dever de indenizar for o equilíbrio econômico-financeiro dos contratos – o qual, lembremos, tem como ideia-força o princípio público da igualdade perante os encargos públicos – o *ethos* que envolve essa relação pode ganhar uma conotação mais *distributiva*, própria das relações de direito público.

Essa temática "justiça comutativa *versus* justiça distributiva" no campo dos contratos privados e públicos mereceria um estudo à parte, e não cabe neste espaço. Ela fala mais diretamente à Filosofia do Direito, e poderia muito ajudar a desvendar alguns valores essenciais da teoria do contrato. Mas é possível antever que a dicotomia "direito público *versus* direito privado" pode também ter importante papel aqui. Seja como for, esse estudo ficará para um momento futuro.

---

126. Hely Meirelles sempre sustentou que os lucros cessantes são devidos com base no Código Civil (cf. *Licitação e Contrato Administrativo*, 14ª ed., 2ª tir., p. 271).

127. TJMG, 1ª Câmara Cível, ACi 000.220.259-6/00, Município de Itabira contra Frigoita Ltda., rel. Des. Páris Peixoto Pena, j. 18.12.2001.

CONCLUSÃO

"*O estudo da história das ideias, levado a cabo autenticamente, envolve a descoberta simultânea do passado e do eu no presente. O passado, consequentemente, é transportado ao presente, e a identidade é constituída por este olhar para* trás *e olhar para o* interior." (Joshua Mitchell[1])

"*E talvez não seja fácil, mesmo hoje, compreender que essas transformações* [de instituições e pessoas] *não devem ser explicadas por algo que, em si, permanece inalterado, e ainda menos fácil compreender que, na História, nenhum fato isolado produz por si mesmo qualquer transformação, mas apenas em combinação com outros.*" (Norbert Elias[2])

"*[A] comparação jurídica deve sempre estar além de onde esperamos que estivesse: ela deve desarrumar a ideia fixa* (distraire l'idée fixe). *Talvez, então, possa a comparação jurídica enfim colocar o jurista doméstico em posição de aceitar que o seu Direito não é senão uma imposição que lhe parece verdadeira. Ademais, no fundo, o único objetivo da comparação, como vetor de circulação de ideias, é promover, em sua admirável materialidade, a* descentralização *do horizonte do jurista.*" (Pierre Legrand[3])

---

1. Joshua Mitchell, *Not By Reason Alone: Religion, History, and Identity in Early Modern Political Thought*, Chicago, University of Chicago Press, 1993, p. 153.

2. Elias, *O Processo Civilizador*, vol. 2, trad. de Ruy Jungmann, Rio de Janeiro, Jorge Zahar, 1993 [1939], p. 37.

3. Legrand, *Le Droit Comparé*, Paris, PUF, 1999, pp. 70-71.

Neste trabalho desenvolvi uma análise comparada de como norte-americanos, franceses e brasileiros *compreendem* a exorbitância, fenômeno central do direito dos contratos administrativos. Não tentei, aqui, fornecer elementos ou critérios para saber qual sistema é melhor ou pior, do ponto de vista de oferecer melhor proteção ao contratante ou ao Estado. E, embora eu entenda que uma melhor compreensão dos fundamentos da exorbitância possa contribuir indiretamente para a resolução de casos específicos, eu não quis diretamente oferecer ao operador do Direito alguma fórmula para a resolução de casos difíceis na matéria estudada. O objetivo aqui perseguido foi oferecer os elementos necessários à compreensão do porquê os fundamentos epistemológicos do direito dos contratos administrativos nos Estados Unidos, França e Brasil deitam sobre diferentes assunções não somente acerca do papel do Estado na sociedade, mas também sobre concepções diferentes sobre o Individualismo. Em outras palavras, tentei fornecer elementos para elucidar as condições de possibilidade de compreensão dos fundamentos do direito dos contratos administrativos nos três sistemas jurídicos; não tentei mostrar somente que os Direitos Norte-Americano, Francês ou Brasileiro se desenvolveram neste ou naquele sentido, mas, sim, explicar *como* e *por que* eles assim se desenvolveram.

Assim sendo, tentei levar a análise para além da comparação tradicional, a qual justapõe normas jurídicas e decisões judiciais e as explica; não porque essa comparação seja desimportante, mas porque um escrutínio analítico de normas e decisões judiciais *sozinho* ajuda pouco à compreensão das razões pelas quais o Estado é tratado diferentemente quando contrata com os particulares. A origem dos fenômenos jurídicos nunca está na superfície das normas e dos casos concretos; como penso ter demonstrado, a origem da exorbitância está na cultura na qual o sistema jurídico está embebido.

Tendo examinado os contornos gerais do fenômeno da exorbitância, penso que algumas ideias podem ser enfatizadas brevemente, no mesmo espírito dialético que moveu o estudo até aqui. O objetivo é reforçar os fundamentos epistemológicos da exorbitância, já explorados. Também ensaio alguns poucos e breves pensamentos mais livres, para, quem sabe, retomá-los noutra oportunidade.

Em nível superficial há várias semelhanças entre os sistemas jurídicos norte-americano, francês e brasileiro dos contratos administrativos no que toca às prerrogativas conferidas ao Estado. Quando aprofundamos a análise, porém, vimos que fatores históricos e culturais revelam raízes muito díspares sobre a exorbitância nos três sistemas jurídicos. Nos Estados Unidos os *lawyers* operam num sistema que em regra negligencia a dicotomia ideológico-estrutural "direito público *versus* direito privado" ou, nas raras vezes em que a dicotomia tem algum papel metodológico, ela prefere os valores privados aos públicos, contrastando, assim, com os sistemas jurídicos francês e brasileiro. Nestes, como sabemos, os juristas operam mentalmente com a estrutura "direito público *versus* direito privado", central à epistemologia dos contratos administrativos. Consequentemente, os *lawyers*, ao interpretar o fenômeno da exorbitância (*excepcionalism*), ficam confinados mentalmente a uma ideia "unitária" de contrato, na qual a igualdade das partes predomina, sendo-lhes estranha qualquer filosofia que insinue abertamente uma "supremacia do interesse público", expressão que sequer é compreendida, escapando-lhes ao sistema cognitivo, por vaga e talvez ininteligível.

Em contraste, os juristas franceses e brasileiros operam com diversa mentalidade; eles trabalham num sistema dual de princípios: contratos privados obedecem aos ditames da igualdade, enquanto que os contratos públicos obedecem aos ditames de um superior interesse público, ideia-força que vem sendo hoje discutida e posta em xeque, na França e no Brasil.

Essas características estruturais e ideológicas refletem-se na linguagem utilizada para proteger os contratantes. Não é acidental que em "sociedades sem Estado" (*stateless societies*), como a norte-americana, a filosofia dos direitos subjetivos (*rights*) seja usada abertamente e tenha exercido fortíssima influência. Em contrapartida, nas "sociedades de Estado" (*State societies*), como a francesa, a filosofia (ou retórica?) dos direitos subjetivos torna-se mais contestável e até de difícil trânsito. É mesmo impressionante que o *droit administratif* francês tenha evitado dar curso e referir os "direitos públicos subjetivos" (*les droits publics subjectifs*) dos administrados até a década de 1990,[4] quando o

---

4. Cf., genericamente, Foulquier, *Les Droits Publics Subjectifs des Administrés: Émergence d'un Concept en Droit Administratif Français du XIXᵉ au XXᵉ Siècle*, Paris, Dalloz, 2003. Isso não significa que o direito administrativo francês não tenha protegido ou proteja os direitos subjetivos (*rights*). Ele o fez, mas a linguagem individualista dos direitos subjetivos foi evitada na França até os anos 1990 (cf. Folquier,

Liberalismo estendeu de vez seus tentáculos sobre as Nações ocidentais, a França entre elas.

Nessa linha, atacar a dicotomia do *droit administratif* tornou-se objetivo importante de alguns publicistas franceses no século passado, principalmente na segunda metade.[5] A ideia de que os princípios jusprivados deveriam conduzir também o *droit administratif* passou a ser força-motriz daqueles que pretendiam negar a autonomia deste ramo do Direito. Negar a autonomia do *droit administratif* era, em teoria, equivalente a opor-se ao *Ancien Régime* e a todo o "autoritarismo" que esse regime implicava.[6] A origem "autoritária" do *droit administratif* tornou-se, então, um veneno que contaminaria a árvore e depois a floresta, devendo ser cortada pela raiz. Para isso, oponentes do sistema de jurisdição dual francesa pretenderam demolir o pilar fundamental do *droit administratif*, isto é, a dicotomia "direito público *versus* direito privado", e, claro, pretenderam eliminar o fundamento básico da teoria dos *contrats administratifs*.[7] Em poucas palavras, se o Estado não poderia mais ser considerado *superior*, a teoria dos *contrats administratifs* não teria mais razão de ser.

De fato, no século passado influentes juristas franceses lançaram fortes ataques ao "mito" da autonomia do *droit administratif* e, consequentemente, um ataque igualmente contra a teoria do *contrat adminis-*

---

ob. cit., p. 694). O discurso dos direitos (*rights-talk*) é "muito norte-americano" para ser aceito sem mais e fazer parte da *mentalité* francesa.

5. Mas o Brasil, como antes referido, não questionava a dicotomia até o final do século passado.

6. Essa linha de pensamento, cuja miopia histórica tentei demonstrar neste estudo, foi também professada por parte considerável da doutrina pátria, que, no seu ecletismo habitual, buscou nos "direitos fundamentais" ou na "dignidade da pessoa humana" seus novos fanais. Cf., por exemplo, Binenbojm, *Uma Teoria do Direito Administrativo: Direitos Fundamentais, Democracia e Constitucionalização*, Rio de Janeiro, Renovar, 2006, principalmente pp. 9-17.

7. Cf., genericamente, Plessix, *L'Utilisation du Droit Civil dans l'Élaboration du Droit Administratif*, Paris, Panthéon-Assas, 2003, pp. 715-721. Não surpreende que Tocqueville fosse um opositor da Justiça Administrativa, a qual, para ele, era uma instituição do Antigo Regime (cf. Tocqueville, *The Old Regime and the Revolution*, vol. 1, Chicago, University of Chicago Press, 1998 [1856], pp. 132-135). Cf. também Jaume, "Tocqueville dans le débat entre le Droit de l'État et le Droit de la Société", in Manuel Carius, Charles Coutel e Tanguy Le Marc'hadour (eds.), *La Pensée Juridique d'Alexis de Tocqueville*, Arras, Artois Université Press, 2005, pp. 32-38.

tratif.⁸ Baseando seus argumentos na ideia da igualdade, os oponentes da "exorbitância" advogam que o direito civil oferece um conceito "comum" e "superior" de contrato, o qual deveria guiar tanto os contratos privados quanto os públicos.⁹ O argumento não revelado é a crença de que o indivíduo, e não o Estado, deve prevalecer. Essa corrente de pensamento *nega* que o interesse público deva ser o fundamento dos contratos administrativos.¹⁰ Instituições como a Justiça Administrativa, o direito administrativo e o contrato administrativo são o subproduto – dizem os publicistas dessa corrente – de um Estado autoritário que não respeita os direitos subjetivos dos indivíduos.¹¹

Para recapitular brevemente, nos Estados Unidos esse viés de pensamento estava no coração da filosofia jurídica de Roscoe Pound, assim como estivera nas de Coke e Dicey.¹² No campo dos contratos administrativos essa era, embora não expressa e filosoficamente sustentada, a chave do pensamento de Donnelly e Shealey nos anos 1920. E é essa, não por acaso, a filosofia da maioria dos autores norte-americanos que

---

8. Benoît Plessix refere que Roland Drago, Jean Waline e François Llorens estiveram ou estão particularmente interessados em negar a autonomia do *droit administratif* em favor do domínio do *droit privé* (cf. *L'Utilisation du Droit Civil dans l'Élaboration du Droit Administratif*, pp. 716-718). Talvez se pudesse incluir nesse rol também Laurent Vidal. Sobre a "privatização" teoria do contrato administrativo, cf., por exemplo, Brenet, "La théorie du contrat administratif", *L'Actualité Juridique – Droit Administratif*, 12.5.2003, pp. 923-924.

9. Cf. Plessix, *L'Utilisation du Droit Civil dans l'Élaboration du Droit Administratif*, pp. 719-720.

10. Cf. Fabrice Gartner, "Des rapports entre contrats administratifs et intérêt general", *Revue Française de Droit Administratif*, janeiro-fevereiro/2006, pp. 19-23.

11. A tendência liberal da União Europeia é a mais recente versão da filosofia da igualdade a pôr em xeque a legitimidade do *droit administratif* e do *contrat administratif*. Para estudos sobre o impacto do direito comunitario sobre os princípios básicos do direito público francês e da estrutura jurídica francesa, cf.: Dubouis, "Le droit communautaire a-t-il un impact sur la définition du droit administratif?", *L'Actualité Juridique – Droit Administratif*, número especial, 20.6.1996, pp. 102 e ss.; E. Picard, "L'influence du droit communautaire sur la notion d'ordre public", *L'Actualité Juridique – Droit Administratif*, número especial, 20.6.1996, pp. 55-75; Terneyre, "L'influence du droit communautaire sur le droit des contrats administratifs", *L'Actualité Juridique – Droit Administratif*, número especial, 20.6.1996, pp. 84-108.

12. Mas não na teoria de J. D. B. Mitchell. Nos dias de hoje, Ronald Dworkin parece ser o jusfilósofo que mais aprovaria a causa de Dicey. Cf., genericamente, T. R. S. Allan, "Dworkin and Dicey: the rule of law as integrity", *Oxford Journal of Legal Studies* 8/266-277, n. 2, 1988.

escrevem hoje sobre o tema.[13] Aparentemente, é essa também a doutrina mais recente da Suprema Corte. Nessa perspectiva, pode-se ver, olhando para *trás* e para *dentro* do sistema jurídico norte-americano, que a filosofia jusprivada apresentada em "Winstar" é simplesmente o curso natural do Direito de um país de cultura "ultraindividualista".

Parece claro que no direito dos contratos administrativos nos Estados Unidos (*government procurement law*) prevalece a jusfilosofia individualista e que esse ramo jurídico é mais atrelado aos valores do mercado que em qualquer sociedade ocidental. Essa filosofia norte-americana é alimentada e alimenta um conceito positivo de indivíduo e é embebida numa cultura que favorece a igualdade. Assim, o sistema jurídico norte-americano acomoda, aplaude e aceita mais facilmente decisões como a tomada em "Winstar" que em "Horowitz". Nessa senda, podemos compreender o porquê das "origens militares" da exorbitância do *government procurement law*: se o Estado Norte-Americano não pode ser superior ao indivíduo em "circunstâncias normais", ele pode e deve sê-lo, porém, em "circunstâncias de guerra". Isso é assim porque a "superioridade" do Estado em tempos de guerra não é diretamente ligada ao indivíduo em si, mas sim a uma ameaça exterior.

É inegável, entretanto, que no regime de contratos públicos norte-americano há uma gama de doutrinas "exorbitantes", e quiçá mais exorbitantes, diriam uns (essa é a tese do Prof. Joshua Schwartz), que as existentes no regime francês ou brasileiro. Daí que uma análise mais ousada poderia sugerir que, se os *scholars* norte-americanos tivessem a mentalidade sistematizadora dos juristas franceses, talvez também nos Estados Unidos houvesse um corpo teórico de normas de direito público que pudessem facilitar a aceitação, pela comunidade jurídica, da exorbitância nos contratos administrativos. Mas essa análise seria tão linear e logicamente correta quanto ingênua e destituída de consciência histórica: mentalidades não se transportam como mercadorias; culturas jurídicas e tradições não são *commodities* que se podem adquirir no mercado globalizado.

Por outro lado, a História parece ter mostrado que o *droit administratif* não foi tão injusto com os cidadãos e que o *contrat administratif* não foi tão desigual ao contratado como alguns liberais anglo-america-

---

13. Mas não é a jusfilosofia de J. Schwartz e G. Hadfield.

nos costumavam e ainda costumam pensar. Influenciado por um Liberalismo *à la française*, o Direito Francês desenvolveu, independentemente da teoria dos contratos privados – esse ponto é crucial –, uma gama de teorias que estruturam um corpo minimamente coerente de normas que formam o instituto autônomo do contrato administrativo. Ao invés de negar a existência de um ramo autônomo do Direito, *le droit public*, com variados princípios, a teoria dos *contrats administratifs* confirma a característica única da cultura estatal francesa, estruturada na dicotomia metodológica *droit privé "versus" droit public*, a qual possibilitou o desenvolvimento do princípio da supremacia do interesse público. Isso possibilitou aos publicistas franceses, juntamente com o Conselho de Estado, construir teorias como a do *fait du prince* e da *imprévision*, que permitiram, em contrapartida ao propalado poder de *imperium*, a compensação dos contratados, em maior ou menor grau. O interessante é que o Direito Francês assim se desenvolveu sem abandonar o espírito público – representado muito na linguagem que o conduz e lhe dá corpo e forma – que sempre o caracterizou. *Essa é a razão pela qual alguns scholars* anglo-americanos, socialistas ou liberais, libertos da sua conhecida insularidade, passaram a admirar e continuam admirando o sistema francês de *droit administratif* e seus corolários, como a teoria dos *contrats administratifs*. Aos socialistas anglo-americanos agrada o *ethos* coletivo desse *droit public*, carregado de valores publicistas; aos liberais agrada a impressão de que mesmo esse direito de espírito coletivo ainda protege melhor o cidadão e o contratado.

É preciso ressaltar uma vez mais, porém, que o presente estudo não afirma ou infirma a tese de que este ou aquele sistema jurídico oferece, na prática, maior proteção ao contratado. Essa questão necessitaria de uma pesquisa empírica complexa e talvez interdisciplinar. Mas é importante lembrar que o comparatista deveria levar a sério essa hipótese. Se assim for (o que assumo para efeitos de argumento), então, a ironia seria patente: o modelo francês de Estado forte não deveria ser tão criticado por juristas liberais e abandonado por juristas continentais, mas sim cuidadosamente melhor estudado e aperfeiçoado. E nessa esteira o comparatista deveria perguntar-se qual sistema é efetivamente exorbitante e favorece o Estado em detrimento do indivíduo.

E o Brasil, onde se situaria nesse espectro? Aqui, peço a compreensão do leitor a fim de contar com sua licenciosidade para um pensamento mais livre, na trilha até aqui seguida de explorar as mentalidades. Nosso Ecletismo virou parte de nossa cultura e reflete-se em todos os segmentos sociais. Se isso é positivo ou negativo, se ele é a parte "filosófica" do "jeitinho" brasileiro, não posso afirmar. Mas, para ficarmos com um exemplo da mais nobre das atividades públicas do homem, a Política, não parece ser casual que, depois de quase dois séculos de independência, ainda não tenhamos conseguido formar partidos políticos minimamente fortes e com alguma ideologia consolidada – talvez aqui haja uma dose de Ecletismo à brasileira. Os aglomerados de pessoas que formam os partidos políticos nacionais que deveriam representar o cidadão variam tanto de "ideologia" que podem hoje professar um "Liberalismo" nunca antes sustentado para amanhã, se isso for conveniente, dar o mesmo abraço, sempre efusivo, no "socialista" de plantão. Daí a miríade de ideologias camufladas, variantes e à deriva, que nos são ofertadas por quem nunca as empunhou de verdade; ou, pior, nunca as compreendeu. Mas isso é só uma parte da história, posto que parte importante. Claro que isso teria reflexo no direito.

No mundo jurídico, como não poderia deixar de ser, pelas razões expostas neste trabalho, copiamos daqui e de acolá teorias várias e muitas vezes díspares; nossa doutrina e mesmo nossos tribunais continuam citando, sintomaticamente sempre com aplauso, o que quer que venha do além-mar, principalmente, em direito administrativo, da França – e, nalgumas vezes, nem o obséquio da tradução se dá ao cidadão. Talvez o problema tenha sido detectado há mais de 100 anos por um dos formadores da nossa cultura político-jurídica: essas cópias de modelo foram sempre canhestras. Ao comentar o *Ensaio sobre o Direito Administrativo*, do Visconde do Uruguai, especificamente na parte sobre o "centralismo" do Estado, José Murilo de Carvalho revela que o autor da obra tinha a seguinte opinião: "O Brasil, argumenta [*o Visconde do Uruguai*], primeiro copiou mal o modelo anglo-americano, depois copiou, sempre mal, o francês. Conclui que devemos adotar o sistema francês, mas buscar aos poucos nos aproximar do anglo-americano".[14] O *Ensaio*, lembro, é de 1862. Teria o Visconde do Uruguai antecipado em mais de século o percurso do nosso direito público?

---

14. Carvalho, "Entre a autoridade e a liberdade", in Carvalho (org.), *Visconde do Uruguai* (Coleção "Formadores do Brasil"), São Paulo, Editora 34, 2002, p. 30.

CONCLUSÃO

Neste trabalho eu não quis responder a essa pergunta, nem estou tentando, agora, sugerir uma conclusão a ela. Posso, sim, entretanto, lançar algumas questões. A primeira parece evidente: será que o Brasil teve razões suficientes para adotar o modelo de Estado centralista francês que ainda hoje nos acompanha e de certa forma facilita a formação, ou pelo menos faz parte da engrenagem, da mentalidade de que existe ou deveria existir um princípio de supremacia do interesse público sobre o privado? Mas a pergunta seguinte, na dialética, não é menos necessária: teria o fundamento oposto, o do Individualismo positivo, formado nalgum momento o *ethos* da sociedade brasileira, a ponto de dispensarmos uma filosofia de valores que sobrepõe o interesse público ao privado?

Se é provável, se não certo, que os franceses puderam, ao longo dos séculos, ver no Estado, *La France*, ou na *Nation* um ente confiável e representante do interesse público superior, o mesmo não se pode afirmar com tanta certeza no Brasil, onde o Estado, indiscutivelmente propulsor de muitos dos mais relevantes avanços em toda nossa história, foi também, paradoxal e infelizmente, o núcleo de desmandos e de uma ineficiência notórios, que contribuem para formar em nossa mentalidade a ideia, em boa dose justificada, de que "o Estado" tem grande parcela da responsabilidade na nossa vergonhosa desigualdade social. Talvez por isso nossa Constituição Federal de 1988 – "um documento barroco", como escreveu um dos nossos mais sensíveis juristas[15] – não se canse de repetir, como um solilóquio, os princípios da Administração Pública e os direitos individuais. No que toca ao tema deste trabalho mais concretamente, meu ponto é que o espectro brasileiro "exorbitância *versus* igualdade" foi sempre calcado em bases importadas e mais ou menos movediças: o Estado forte e positivo dos franceses não se repetiu no Brasil, país no qual o coletivo muitas vezes se confundiu com o privado – para dizer o menos.

Assim, é fácil entender por que muitos juristas brasileiros de ontem e de hoje, liberais ou nem tanto, conseguem encontrar facilmente evidências fáticas suficientes para desconfiar desse *ethos* coletivo no seio

---

15. Almiro do Couto e Silva, no "Prefácio" de Giacomuzzi, *A Moralidade Administrativa e a Boa-Fé da Administração Pública: o Conteúdo Dogmático da Moralidade Administrativa*, São Paulo, Malheiros Editores, 2002, p. 7.

do qual o Estado Brasileiro, ao contrário do Francês, deveria servir de amálgama ou guia do interesse público superior. Daí que precisamos compreender o seguinte: não caiu do céu azul, nem é fruto de individualistas possessivos, a posição de muitos publicistas brasileiros que passaram a aderir à tese hoje em voga de que o *droit administratif* nasceu absolutista; de que suas bases devem ser refundadas em nome da dignidade da pessoa humana, dos direitos individuais ou do que mais puder aproximar a Administração, ou o Estado, de um "pluralismo" ou de uma melhor "Democracia", seja isso o que for. E vimos que um dos corolários dessa tese é questionar o real valor, ou a "existência", do princípio da supremacia do interesse público no Direito Brasileiro, o que leva alguns, mesmo, a querer extirpá-lo pela raiz, negando-o; a tese, se levada ao extremo, negaria também os fundamentos do contrato público.

Meu argumento neste estudo foi o de que essa tese é historicamente pouco consistente e que, epistemologicamente, não contribui muito à compreensão do fenômeno jurídico-administrativo, especialmente o dos contratos do Estado. Um olhar para *trás* e para o *interior* da história cultural mostra que o direito administrativo, francês ou brasileiro, não nasceu de um milagre, não é "absolutista" e não precisa necessariamente ser refundado sobre outras bases. O que precisamos é compreender as nossas raízes e, fundamentalmente, as razões pelas quais pensamos da forma como pensamos, agimos da forma como agimos e julgamos como julgamos. Antes de refundarmos a base do nosso sistema jurídico, precisamos saber de onde ele provém, por que o construímos, de quem e por quais razões o herdamos, se podíamos tê-lo feito assim, e com que propósitos. Uma ou duas palavras e expressões, digamos, "direitos subjetivos", ou "dignidade da pessoa humana", vindas do alto, mesmo sendo esse lugar tão nobre como uma Constituição, não altera mentalidades, e sei bem que nada digo de novo. Meu ponto é o de que a destruição do fundamento epistemológico do princípio da supremacia do interesse público precisa de algo mais que analíticas e descontextualizadas observações sobre a existência, ou não, de um princípio escrito ou implícito ou derivável sistematicamente do ordenamento jurídico pátrio. Os que sustentam o princípio oposto esquecem que seu fundamento último, um Individualismo positivo, aqui no Brasil não teve vez. E que talvez essa seja uma das explicações ao nosso trôpego Liberalismo – se é que ele de fato um dia existiu. Seja como for, o *ethos* anglo-americano, que funda a igualdade e que sustentaria, filosófica e culturalmente, um princípio da "supremacia do interesse privado", não nos acompanha como Nação.

Mas o problema está malposto. Importa menos saber se "existe" no nosso Direito um princípio da supremacia do interesse público que saber *de onde ele vem e para que propósitos ele serve hoje, ou serviu ontem, para formar uma cultura jurídica*. A mim agrada bem mais pensar, enquanto princípio ético, que o interesse público deve sobrepor-se ao privado. Mas simplesmente dizer e professar isso é tão vazio quanto dizer o oposto. A este trabalho interessou mais compreender por que alguém criado na cultura jurídica brasileira *tende a pensar assim* e achar "natural" a superioridade do interesse público, para depois começar a compreender as razões pelas quais alguém de *outra* cultura simplesmente não *compreende* o que significa essa superioridade que eu porventura possa defender.

A teoria do contrato administrativo brasileiro convive nesse caldo cultural fluido. Ao longo da história o Brasil sistematizou da forma que pôde – nunca com muita originalidade – a doutrina do país que lhe pareceu o melhor guia. Hoje, nosso Direito tende a alterar suas bases para seguir um modelo oposto. Não vejo nessa mudança, em si, um mal. O mal está em não saber as raízes do nosso pensamento; em não nos darmos conta do que fazemos juridicamente, e mudarmos por mudar, pura e simplesmente; em não termos consciência de onde vêm e por que nos vêm à mente tal ou qual princípio jurídico, que futuramente governará nosso Direito e formará nossa cultura e nossa identidade como Nação.

Comecei este estudo com duas histórias pessoais, e abuso do leitor para terminar com outra, embora sem qualquer intenção de colher dela alguma evidência empírica do que sustentei ao longo do trabalho. Ainda durante o LL.M., no inverno de 2004 – e, portanto, bem no início dos meus estudos nos Estado Unidos –, tive a feliz oportunidade de cursar na *GWU Law School* um seminário intitulado "Litigation with the Federal Government", algo como "Processos Contra a União Federal". O tema de fundo de todo o semestre era, como seria de imaginar, a doutrina da *sovereign immunity*. Na primeira aula, o professor, homem de vasta experiência prática na Advocacia Pública federal, deu uma visão teórica sobre o assunto, e o semestre transcorreu com o estudo pontual das várias hipóteses de casos e teorias envolvendo quando, como e por quê um particular poderia processar o Estado, e com que probabilidade de êxito. Na última aula todos os alunos foram instados a brevemente responder à pergunta simples sobre se a *sovereign immunity* era um instituto que deveria ainda existir nos Estados Unidos de hoje. Éramos não mais de 10 alunos; e eu, o único estrangeiro. Todos os alunos norte-americanos foram unânimes em responder sim à pergunta: o instituto da *sovereign immunity* era necessário à Democracia do país. O único a discordar fui eu. Só ao final das minhas pesquisas compreendi a resposta dos meus colegas; não posso ter certeza, mas suspeito de que eles pretendiam proteger o mesmo interesse público que eu propugnava. Seríamos iguais nas nossas diferenças?

A ironia de todo empreendimento teórico – observou Oakeshott, em tom hermenêutico – está em "sua propensão a gerar não uma compreensão, mas um ainda-não-compeendido".[16] Não creio que eu tenha oferecido neste trabalho elementos suficientes a uma completa compreensão sobre a exorbitância na teoria do contrato administrativo, mas espero ter podido contribuir para a melhor compreensão do que ainda não compreendemos inteiramente.

---

16. Citado por Loughlin, *The Idea of Public Law*, Oxford, Oxford University Press, 2003, p. VII.

REFERÊNCIAS BIBLIOGRÁFICAS

ABBAGNANO, Nicola. *Dicionário de Filosofia*. 5ª ed., trad. de Alfredo Bosi e Ivone Castilho Bendeti. São Paulo, Martins Fontes, 2007.

AGUIAR DIAS, José de. *Da Responsabilidade Civil*. 10ª ed., vol. 2. Rio de Janeiro, Forense, 1995.

ALEXANDER, Larry. "The public/private distinction and constitutional limits on private power". *Constitutional Commentary* 10/361-378, n. 2. Summer/1993.

ALEXY, Robert, e PECZENIK, Aleksander. "The concept of coherence and its significance for discursive rationality". *Ratio Juris* 3/130-147. Issue 1. Março/1990.

ALLAN, Trevor R. S. "Dworkin and Dicey: the rule of law as integrity". *Oxford Journal of Legal Studies* 8/266-277, n. 2. Summer/1988.

ALLISON, J. W. F. *A Continental Distinction in the Common Law: a Historical and Comparative Perspective on English Public Law*. Oxford, Oxford University Press, 1996.

ALSCHULER, Albert W. *Law without Values: the Life, Work, and Legacy of Justice Holmes*. Chicago, University of Chicago Press, 2000.

ALVES, Rogério Pacheco. *As Prerrogativas da Administração Pública nas Ações Coletivas*. Rio de Janeiro, Lumen Juris, 2007.

AMARO, Luciano. *Direito Tributário Brasileiro*. 15ª ed. São Paulo, Saraiva, 2009.

AMBROSINI, Diego Rafael, CACCIA, Natasha Schmitt, e FERREIRA, Gabriela Nunes. "Os juristas e a construção do Estado Imperial". In: MOTA, Carlos Guilherme (coord.). *Os Juristas na Formação do Estado-Nação Brasileiro*. São Paulo, Quarter Latin, 2006 (pp. 147-360).

AMERLING, Kristin, e WIMBERLY, Gerald. "The Sovereign Acts Doctrine after 'Winstar'". *The Federal Circuit Bar Journal* 6/127-150. 1996.

ANDREWS JR., Harris J., e PEACOCK, Robert T. "Terminations: an outline of the parties rights and remedies". *Public Contracts Law Journal* 11/269-321, n. 2. Junho/1980.

ANSALDI, Michael. "The german Llewellyn". *Brooklin Law Review* 58/705-777, n. 3. 1992.

ARANTES, Paulo Eduardo. *Um Departamento Francês de Ultramar: Estudos sobre a Formação da Cultura Filosófica Uspiana (Uma Experiência dos Anos 60)*. São Paulo, Paz e Terra, 1994.

ARAÚJO, Edmir Netto de. *Contrato Administrativo*. São Paulo, Ed. RT, 1987.

—————, e TELLES, Antônio A. Queiroz (coords.). *Direito Administrativo na Década de 90: Estudos Jurídicos em Homenagem ao Professor José Cretella Jr*. São Paulo, Ed. RT, 1997.

ARIELI, Yehoshua. *Individualism and Nationalism in American Ideology*. Cambridge/Mass., Harvard University Press, 1964.

ARISTÓTELES. *Ética a Nicômaco*. 4ª ed., trad. de Mário da Gama Cury. Brasília, UnB, 2001 (tradução de *Ethikon Nikomacheion*).

ARROWSMITH, Sue, e TRYBUS, Martin (eds.). *Public Procurement: the Continuing Revolution*. The Hague/Kluwer Law International, 2003.

ATIAS, Christian. *Épistémologie Juridique*. Paris, Dalloz, 2002.

ATIYAH, Patrick S. *Pragmatism and Theory in English Law*. Londres, Stevens & Sons, 1987.

AUBY, Jean-Bernard. "Le rôle de la distinction du droit public et du droit prive dans le Droit Français". In: AUBY, Jean-Bernard, e FREEDLAND, Mark (eds.). *The Public Law/Private Law Divide: une Entente Assez Cordiale?* Portland, Hart Publishing, 2006 (pp. 11-19).

—————. "Les problèmes posés par le développement du contrat en droit administratif comparé". In: CLAMOUR, Guylain, e UBAUD-BERGERON, Marion. *Contrats Publics: Mélanges en l'Honneur du Professeur Michel Guibal*. vol. 1. Montpellier, Faculté de Droit de Montpellier, 2006 (pp. 411-426).

—————, e FREEDLAND, Mark (eds.). *The Public Law/Private Law Divide: une Entente Assez Cordiale?* Portland, Hart Publishing, 2006.

ÁVILA, Humberto Bergmann. "Repensando o princípio da supremacia do interesse público sobre o particular". In: SARMENTO, Daniel (org.). *Interesses Públicos "Versus" Interesses Privados: Desconstruindo o Princípio da Supremacia do Interesse Público*. Rio de Janeiro, Lumen Juris, 2005 (pp. 171-215); *RTDP* 24/159-180. São Paulo, Malheiros Editores, 1998.

BADAOUI, Saroit. *Le Fait du Prince dans les Contrats Administratifs en Droit Français et en Droit Égyptien*. Paris, Librairie Générale de Droit et de Jurisprudence/ LGDJ, 1955.

BALKIN, J. M. "Understanding legal understanding: the legal subject and the problem of legal coherence". *Yale Law Journal* 103/105 e ss. 1993.

BANDEIRA DE MELLO, Celso Antônio. *Curso de Direito Administrativo*. 27ª ed. São Paulo, Malheiros Editores, 2010.

―――――――. *Elementos de Direito Administrativo*. São Paulo, Ed. RT, 1980; 2ª ed. São Paulo, Ed. RT, 1991.

BANDEIRA DE MELLO, Oswaldo Aranha. "Contrato de direito público ou administrativo". *RDA* 88/15-33. Rio de Janeiro, abril-junho/1967.

―――――――. "Do serviço público". *RF* 48/353-359, n. 133. Rio de Janeiro, janeiro/1951.

BANKOWSKI, Zenon, HAHN, Ulrike, e WHITE, Ian (eds.). *Informatics and the Foundations of Legal Reasoning*. Dordrecht, Kluwer Academic, 1995.

BAPTISTA, Patrícia. *Transformações do Direito Administrativo*. Rio de Janeiro, Renovar, 2003.

BARANGER, Denis. *Écrire la Constitution Non-Écrite: une Introduction au Droit Politique Britannique*. Paris, Presses Universitaires de France/PUF, 2008.

BARBOSA, Ruy. "Contrato de empreitada – Responsabilidade civil do Estado" (parecer). *RF* 29/75-91. Rio de Janeiro, janeiro-junho/1918.

―――――――. "Parecer". *RT* 1/39-54, n. 1. São Paulo, Ed. RT, 1912.

BARRETO, Vicente de Paulo (coord.). *Dicionário de Filosofia do Direito*. Rio de Janeiro, Renovar, 2006.

BARROS JR., Carlos S. de. *Contratos Administrativos*. São Paulo, Saraiva, 1986.

BATIFFOL, Henri. *Problèmes de Base de Philosophie du Droit*. Paris, LGDJ, 1979.

BEAUD, Olivier. "La distinction entre droit public et droit privé: un dualisme qui résiste aux critiques". In: AUBY, Jean-Bernard, e FREEDLAND, Mark (eds.). *The Public Law/Private Law Divide: une Entente Assez Cordiale?* Portland, Hart Publishing, 2006 (pp. 21-38).

―――――――. "La notion d'État". *Archives de Philosophie du Droit* 35/119-141. 1990.

―――――――. *La Puissance de l'État*. Paris, PUF, 1994.

BEAUMONT, Paul, *et al.* (eds.). *Convergence and Divergence in European Public Law*. Oxford, Hart Publishng, 2002.

BEAUREGARD, Henry G. "Termination for convenience as breach of a government contract". *Boston College Industrial and Commercial Law Review* 7/259-267, n. 2. *Winter*/1966.

BEAUTÉ, Jean. "La théorie anglaise de la couronne". *Droits* 15/113-122. Paris, 1992.

BEISER, Frederick C. *German Idealism: the Struggle Against Subjectivism, 1781-1801*. Cambridge/Mass., Harvard University Press, 2002.

BEISER, Frederick. *Hegel*. Londres, Routledge, 2005.

BELL, John S. "Comparing public law". In: HARDING, Andrew, e ÖRÜCÜ, Esin. *Comparative Law in the 21st Century*. Nova York, Kluwer Academic Publishers, 2002 (pp. 235 e ss.).

——————. "L'expérience britannique". *L'Actualité Juridique – Droit Administratif*, número especial, 20.6.1997 (pp. 130-135).

——————, e BROWN, L. Neville. *French Administrative Law*. 5ª ed. Oxford, Oxford University Press, 1998.

——————, e EEKELAAR, John (eds.). *Oxford Essays in Jurisprudence: Third Series*. Oxford, Oxford University Press, 1987.

BELLAMY, Richard. *Liberalismo e Sociedade Moderna*. Trad. de Magda Lopes, São Paulo, Editora da UNESP, 1994 (tradução de *Liberalism and Modern Society*. 1992).

BELLEAU, Marie-Claire. "The 'juristes inquiets': legal classicism and criticism in early twentieth-century France". *Utah Law Review* 2/379-424. 1997.

BÉNABENT, Alain. *Droit Civil. Les Obligations*. 9ª ed. Paris, Montchrestien, 2003.

BENOÎT, Jean-Louis, e KESLASSY, Éric. *Alexis de Tocqueville. Textes Économiques: Anthologie Critique*. Paris, Pocket, 2005.

BERGEL, Jean-Louis. *Métholodogie Juridique*. Paris, PUF, 2001.

BERMANN, George A. "Comparative Law in administrative law". In: *L'État de Droit: Mélanges en l'Honneur de Guy Braibant*. Paris, Dalloz 1996 (pp. 29 e ss.).

BETTI, Emilio. *Interpretação da Lei e dos Atos Jurídicos*. Trad. de Karina Jannini. São Paulo, Martins Fontes, 2007 (tradução de *Interpretazione della Legge e degli Atti Giuridici*. 2ª ed., revista e ampliada por Giuliano Crifò).

BEZANÇON, Xavier. *Essai sur les Contrats de Travaux et de Services Publics*. Paris, LGDJ, 2001.

BIENVENU, Jean-Jacques. "Tendences de la doctrine contemporaine en droit administratif". *Droits* 1/153-160. Paris, 1985.

BIGOT, Grégoire. *Introduction Historique au Droit Administratif Depuis 1789*. Paris, PUF, 2002.

——————. "Les mythes fondateurs du droit administratif". *Revue Française de Droit Administratif* 16/527-536, n. 3. Maio-junho/2000.

BINENBOJM, Gustavo. *Uma Teoria do Direito Administrativo: Direitos Fundamentais, Democracia e Constitucionalização*. Rio de Janeiro, Renovar, 2006.

BIROCCHI, Italo. "La distinzione *ius publicum/ius privatum* nella dottrina della Scuola Culta (François Connan, Hugues Doneau, Louis Charondas Le Caron)". *Ius Commune* 23/139-176. 1996.

BLUNTSCHLI, J. K. *The Theory of the State*. Oxford, Oxford University Press, 1885.

BOBBIO, Norberto. "A grande dicotomia". In: *Da Estrutura à Função: Novos Estudos de Teoria do Direito*. Trad. de Daniela Beccaccia Bersiani. Barueri/SP, Manole, 2007.

——————. *Estado, Governo, Sociedade: para uma Teoria Geral da Política*. 4ª ed., trad. de Marco Aurélio Nogueira. Rio de Janeiro, Paz e Terra, 1992.

——————. *O Positivismo Jurídico: Lições de Filosofia do Direito*. Trad. de Márcio Pugliesi, Edson Bini e Carlos E. Rodrigues. São Paulo, Ícone, 1995.

BOESCHE, Roger. "Why could Tocqueville predict so well?". *Political Theory* 11/79-103, n. 1. Fevereiro/1983.

BORCHARD, Edwin M. "Government responsibility in tort". *Yale Law Journal* 34/1-45, n. 1. New Haven, novembro/1924.

——————. "Government responsibility in tort, IV". *Yale Law Journal* 36/1-41, n. 1. New Haven, novembro/1926.

——————. "Government responsibility in tort, V". *Yale Law Journal* 36/757-807, n. 6. New Haven, abril/1927.

——————. "Government responsibility in tort, VI". *Yale Law Journal* 36/1.039-1.100, n. 8. New Haven, junho/1927.

——————. "Government responsibility in tort, VII". *Columbia Law Review* 28/577-617. Maio/1928.

——————. "Theories of governmental responsibility in tort". *Columbia Law Review* 28/734-775, n. 6. Junho/1928.

BORGES, Nelson. *A Teoria da Imprevisão no Direito Civil e no Processo Civil*. São Paulo, Malheiros Editores, 2002.

BORRADORI, Giovana. *A Filosofia Americana: Conversações com Quine, Davidson, Putnam, Nozick, Danto, Rorty, Cavell, MacIntyre, Kuhn*. Trad. de Álvaro Loencini. São Paulo, UNESP, 2003.

BOURDIEU, Pierrre. *A Distinção: Crítica Social do Julgamento*. Trad. de Daniela Kern e Guilherme J. F. Teixeira. São Paulo/Porto Alegre, EDUSP/Zouk, 2008 (tradução de *La Distinction: Critique Sociale du Jugement*).

——————. "The peculiar history of scientific reason". *Sociological Forum* 6/3-26, n. 1. Março/1991.

BOWIE, Andrew. *Introduction to German Philosophy: from Kant to Habermas*. Cambridge/UK, Polity, 2003.

BRAIBANT, Guy, DELVOLVÉ, Pierre, GENEVOIS, Bruno, LONG, Marceu, e WEIL, Prosper. *Les Grands Arrêts de la Jurisprudence Administrative*. 16ª ed. Paris, Dalloz, 2007.

BRANDÃO, Gildo Marçal. *Linhagens do Pensamento Político Brasileiro*. São Paulo, Aderaldo & Rothschild Editores, 2007.

BRAULT, Gerald J. "French culture: some recent anthropological and sociological findings". *The French Review* 36/44-54, n. 1. Outubro/1962.

BRÉCHON-MOULÈNES, Christine. "Liberté contractuelle des personnes publiques". *L'Actualité Juridique – Droit Administratif* 20.9.1998 (pp. 643-650).

BRENET, François. "La théorie du contrat administratif". *L'Actualité Juridique – Droit Administratif* 12.5.2003 (pp. 919-924).

BRODERICK, Albert (comp.). *The French Institutionalists: Maurice Hauriou, Georges Renard, Joseph T. Delos*. Trad. de Mary Welling. Cambridge/MA, Harvard University Press, 1970.

BROWN, Jethro W. "The jurisprudence of M. Duguit". *The Law Quarterly Review* 32/168-183. Londres, abril/1916.

BROWN, L. Neville, e BELL, John S. *French Administrative Law*. 5ª ed. Oxford, Oxford University Press, 1998.

BRUM TORRES, João Carlos. *Figuras do Estado Moderno*. São Paulo, Brasiliense, 1989.

BUCCI, Maria Paula Dallari. *Direito Administrativo e Políticas Públicas*. São Paulo, Saraiva, 2002.

BURDEAU, François. *Histoire de l'Administration Française. Du 18ᵉ au 20ᵉ Siècle*. Paris, Montchrestien, 1989.

—————. *Histoire du Droit Administratif*. Paris, PUF, 1995.

BUSSANI, Mauro, e MATTEI, Ugo (eds.). *The Common Core of European Private Law*. The Hague/Nova York, Kluwer Law International, 2003.

CACCIA, Natasha Schmitt, AMBROSINI, Diego Rafael, e FERREIRA, Gabriela Nunes. "Os juristas e a construção do Estado Imperial". In: MOTA, Carlos Guilherme (coord.). *Os Juristas na Formação do Estado-Nação Brasileiro*. São Paulo, Quarter Latin, 2006 (pp. 147-360).

CAILLOSSE, Jacques. "Droit public-privé: sens et portée d'un partage académique". *L'Actualité Juridique – Droit Administratif* 20.12.1996 (pp. 955-964).

—————. "Sur les enjeux idéologiques et politiques du droit administratif". *La Revue Administrative* 208/361-368. Julho-agosto/1982.

CAMPOS, Francisco. "Concessão de serviço público – Alteração de tarifas por ato unilateral do poder concedente – Reajustamento da equação financeira do contrato – Pagamento em moeda estrangeira". *RF* 47/371-383, n. 132. Rio de Janeiro, novembro-dezembro/1950.

—————. "Concessão de serviço público – Energia elétrica – Situação da concessionária após a expiração do prazo contratual – Direito de opção do devedor nas obrigações alternativas". *RF* 34/239-248, n. 70. Rio de Janeiro, maio/1937.

CANARIS, Claus-Wilhelm. *Función, Estructura y Falsación de las Teorías Jurídicas*. Trad. de Daniela Brückner e José Luiz de Castro. Madri, Civitas, 1995.

_____. *Pensamento Sistemático e Conceito de Sistema na Ciência do Direito*. 3ª ed., trad. de António Menezes Cordeiro. Lisboa, Fundação Calouste Gulbenkian, 2002 (tradução de *Systemdenken und Systembegriff in der Jurisprudenz*. 2ª ed. 1983).

CANE, Peter. "Public law and private law: a study of the analysis and use of a legal concept". In: EEKELAAR, John, e BELL, John S. (eds.). *Oxford Essays in Jurisprudence: Third Series*. Oxford, Oxford University Press, 1987 (pp. 57 e ss.).

CARDOZO, Benjamin. *The Nature of the Judicial Process*. New Haven, Yale University Press, 1921.

CARDOZO, José Eduardo Martins, QUEIROZ, João Eduardo Lopes, e SANTOS, Márcia Walquíria Batista dos. *Curso de Direito Administrativo Econômico I*. São Paulo, Malheiros Editores, 2006.

_____. *Curso de Direito Administrativo Econômico III*. São Paulo, Malheiros Editores, 2006.

CARIUS, Manuel, COUTEL, Charles, e MARC'HADOUR, Tanguy Le (eds.). *La Pensée Juridique d'Alexis de Tocqueville*. Arras, Artois Université Press, 2005.

CARVALHO, José Murilo de. *A Construção da Ordem: a Elite Política Imperial – Teatro de Sombras: a Política Imperial*. 2ª ed. Rio de Janeiro, Civilização Brasileira, 2006.

_____. "A utopia de Oliveira Viana". In: *Pontos e Bordados: Escritos de História e Política*. Belo Horizonte, UFMG, 2005 (pp. 202-231).

_____. "Entre a autoridade e a liberdade". In: CARVALHO, José Murilo de (org. e "Introdução"). *Visconde do Uruguai*. Coleção "Formadores do Brasil". São Paulo, Editora 34, 2002.

_____. "Entre a liberdade dos antigos e a dos modernos: a República no Brasil". In: *Pontos e Bordados: Escritos de História e Política*. Belo Horizonte, UFMG, 2005 (pp. 83-106).

_____. "Federalismo e centralização no Império Brasileiro: história e argumento". In: *Pontos e Bordados: Escritos de História e Política*. Belo Horizonte, UFMG, 2005 (pp. 155-188).

_____. "Introdução a 'Populações Meridionais do Brasil', de Oliveira Viana". In: SANTIAGO, Silviano (org.). *Intérpretes do Brasil*. 2ª ed., vol. 1. Rio de Janeiro, Nova Aguilar, 2002 [1920] (pp. 899-917).

_____ (org. e "Introdução"). *Visconde do Uruguai*. Coleção "Formadores do Brasil". São Paulo, Editora 34, 2002.

CARVALHO DE MENDONÇA, José Xavier. "A cláusula resolutiva expressa nos contratos" (parecer). *RF* 33/74-77. Rio de Janeiro, janeiro-junho/1920.

CASSAGNE, Juan Carlos. "La superveniencia de la figura del contrato administrativo y su categorización jurídica". In: CASSAGNE, Juan Carlos, e YSERN, Enrique Rivero (orgs.). *La Contratación Pública*. t. 1. Buenos Aires, Hammurabi, 2006 (pp. 53-87).

—————, e YSERN, Enrique Rivero (orgs.). *La Contratación Pública*. ts. 1 e 2. Buenos Aires, Hammurabi, 2006.

CASSESE, Sabino. *La Construction du Droit Administratif: France et Royaume-Uni*. Trad. de Jeannine Morvillez-Maigret. Paris, Montchrestien, 2000.

CASTRO FARIAS, José Fernando. *A Teoria do Estado no Fim do Século XIX e no Início do Século XX: os Enunciados de Léon Duguit e de Maurice Hauriou*. Rio de Janeiro, Lumen Juris, 1999.

CAVALCANTI, Themístocles Brandão. *Instituições de Direito Administrativo Brasileiro*. Rio de Janeiro, Freitas Bastos, 1936; 2ª ed., vol. 2. Rio de Janeiro, Freitas Bastos, 1938.

CHAPUS, René. *Droit Administratif Général*. 15ª ed., t. 1. Paris, Montchrestien, 2001.

—————. "Signification de l'arrêt 'Blanco'". In: *L'Administration et son Juge*. Paris, PUF, 1999 (pp. 29-36).

CHARMONT, Joseph. "Recent phases of french legal philosophy". In: *Modern French Legal Philosophy*, by Alfred Fouillée *et al*. (translated by W. Scott and Joseph P. Chamberlain). Nova York, Macmillan Co., 1921 [1910] (pp. 65-146) (tradução de *La Renaissance du Droit Naturel*. "Modern Legal Philosophy Series", vol. 7. 1910).

CHATENET, P. "The civil service in France". In: ROBSON, William A. (ed.). *The Civil Service in Britain and France*. Londres, Hogarth Press, 1956 (pp. 161-190).

CHAUÍ, Marilena. *Brasil: Mito Fundador e Sociedade Autoritária*. São Paulo, Fundação Perseu Abramo, 2000.

CHEVALLIER, Jacques. "Doctrine or science?". *L'Actualité Juridique – Droit Administratif* 57/603 e ss., ns. 7-8. Julho-agosto/2001.

—————. "Le droit administratif, droit de privilège?". *Pouvoirs* 46/57-70. 1988.

—————. "Les fondements idéologiques du droit administratif français". In: CHEVALLIER, Jacques (org.). *Variations autour de l'Idéologie de l'Intérêt Général*. vol. 2. Paris, PUF, 1979 (pp. 3-57).

—————. "Presentation". In: CHEVALLIER, Jacques (org.). *Public/Privé*. Paris, PUF, 1995 (pp. 5-18).

—————. "Regards sur une évolution". *L'Actualité Juridique – Droit Administratif*, número especial, 20.6.1997 (pp. 8-15).

—————. *Science Administrative*. 3ª ed. Paris, PUF, 2002.

————— (org.). *Public/Privé*. Paris, PUF, 1995.

————— (org.). *Variations autour de l'Idéologie de l'Intérêt Général*. vol. 2. Paris, PUF, 1979.

CHEVRIER, Georges. "Remarques sur l'introduction et les vicissitudes de la distinction du *jus privatum* et du *jus publicum* dans les œuvres des anciens juristes françaises". *Archives de Philosophie du Droit* 1/5-77. Paris, 1952.

CHURCH, William F. "The decline of the french jurists as political theorists, 1660-1789". *French Historical Studies* 5/1-40, n. 1. *Spring*/1967.

CIBINIC, John, e NASH, Ralph C. "Sovereignty: is our government an honest person?". *Nash & Cibinic Repport* 6/72-78, n. 12. Dezembro/1992.

—————. "Supreme Court decides 'Winstar': 'Unmistakability' Doctrine and 'Sovereign Acts' Defense deliberated". *Nash & Cibinic Repport* 10/42-49, n. 8. Agosto/1996.

—————. "The Sovereign Acts Defense: is it being fairly applied?". *Nash & Cibinic Repport* 5/55-59, n. 10. Outubro/1991.

CIBINIC JR., John, e NASH JR., Ralph C. *Formation of Government Contracts*. 3ª ed. Washington/D.C., George Washington University, 1998.

—————, e NAGLE, James F. *Administration of Government Contracts*. 4ª ed. Washington/D.C., George Washington University, 2006.

CIRNE LIMA, Ruy. *Princípios de Direito Administrativo*. 7ª ed., revista e reelaborada por Paulo Alberto Pasqualini. São Paulo, Malheiros Editores, 2007.

CITRON, Roger D. "Lessons from the damages decisions following 'United States *v.* Winstar Corp.'". *Public Contract Law Journal* 32/1-38, n. 1. *Fall*/2002.

CLAMOUR, Guylain, e UBAUD-BERGERON, Marion. *Contrats Publics: Mélanges en l'Honneur du Professeur Michel Guibal*. vol. 1. Montpellier, Faculté de Droit de Montpellier, 2006.

CLARK, David Scott. *Comparative and Private International Law: Essays in Honor of John Henry Merryman on his Seventieth Birthday*. Berlim, Duncker & Humblot, 1990.

—————. "The use of Comparative Law by american Courts". In: DROBNIG, Ulrich, e ERP, Sjef van (eds.). *The Use of Comparative Law by Courts – XIVth International Congress of Comparative Law*. The Hague/Boston, Kluwer Law International, 1999 (pp. 297 e ss.).

—————, HALEY, John O., e MERRYMAN, John Henry. *The Civil Law Tradition: Europe, Latin America, and East Asia. Cases and Materials*. LexisNexis, 1994.

CLARK, David Scott (ed.). *Comparative and Private International Law: Essays in Honor of John Henry Merryman on his Seventieth Birthday*. Berlim, Duncker & Humblot, 1990.

CLAYBROOK JR., Frederick W. "Good faith in the termination and formation of federal contracts". *Maryland Law Review* 56/555-603, n. 2. 1997.

COHEN, Morris R. "On Absolutism in legal thought". *University of Pennsylvania Law Review* 84/681-715, n. 6. Filadélfia, abril/1936.

——————. "Property and sovereignty". *Cornell Law Quarterly* 13/8-30, n. 1. Dezembro/1927.

COHEN-TANUGI, Laurent. *Le Droit Sans l'État. Sur la Démocratie en França et en Amérique*. 3ª ed. Paris, PUF, 1985.

COLLINS, Hugh. "Methods and aims of comparative contract law". *Oxford Journal of Legal Studies* 11/396-406, n. 3. Oxford. *Autumn*/1991.

COMPARATO, Fábio Konder. *Ética: Direito, Moral e Religião no Mundo Moderno*. São Paulo, Cia. das Letras, 2006.

—————— (org. e "Prefácio"). *A República Inacabada*. São Paulo, Globo, 2007.

CONNER, William E., e PETRILLO, Joseph J. "From 'Torncello' to 'Krygoski': 25 years of the government's termination for convenience power". *The Federal Circuit Bar Journal* 7/337-372, n. 4. *Winter*/1997.

COOK, Charles M. *The American Codification Movement: a Study of Antebellum Legal Reform*. Westport/Conn., Greenwood Press, 1981.

COUTEL, Charles, CARIUS, Manuel, e MARC'HADOUR, Tanguy Le (eds.). *La Pensée Juridique d'Alexis de Tocqueville*. Arras, Artois Université Press, 2005.

CRUZ COSTA, João. *Contribuição à História das Ideias no Brasil*. Rio de Janeiro, Livraria José Olympio, 1956.

COUTINHO, Afrânio. "Some considerations on the problem of Philosophy in Brazil". *Philosophy and Phenomenological Research* 4/186-193, n. 2. Dezembro/1943.

CRETELLA JR., José. *Das Licitações Públicas*. 18ª ed. Rio de Janeiro, Forense 2006.

——————. *Direito Administrativo Comparado*. 3ª ed. Rio de Janeiro, Forense, 1990.

——————. *Dos Contratos Administrativos*. Rio de Janeiro, Forense, 2001.

——————. "Princípios informativos do direito administrativo". *RDA* 93/1-10. Rio de Janeiro, outubro/1968.

——————. "Teoria do 'fato do príncipe'". *RDA* 75/23-30. Rio de Janeiro, janeiro-março/1964.

CREVELD, Martin van. *The Rise and Decline of the State*. Cambridge, Cambridge University Press, 1999.

CURRAN, Vivian Grosswald. "Comparative Law and language". In: REIMANN, Mathias, e ZIMMER, Reinhard (eds.). *The Oxford Handbook of Comparative Law*. Oxford, Oxford University Press, 2008 (pp. 676-707).

——————. "Cultural immersion, difference and categories in U.S. Comparative Law". *The American Journal of Comparative Law* 46/43-92, n. 1. *Winter*/1998.

―――――. "Dealing in difference: Comparative Law's potential for broadening legal perspective". *The American Journal of Comparative Law* 46/657-668, n. 4. *Autumn*/1998.

D'AGOSTINI, Franca. *Analíticos e Continentais: Guia à Filosofia dos Últimos Trinta Anos.* Trad. de Benno Dischinger. São Leopoldo, Unisinos, 2003.

D'ALBERTI, Marco. *I "Public Contracts" nell'Esperienza Britannica.* Nápoles, Eugenio Jovene, 1984.

DAMATTA, Roberto. *A Casa & a Rua: Espaço, Cidadania, Mulher e Morte no Brasil.* 5ª ed. Rio de Janeiro, Rocco, 1997.

DANNEMANN, Gerhard. "Comparative Law: study of simlarities or differences?". In: REIMANN, Mathias, e ZIMMER, Reinhard (eds.). *The Oxford Handbook of Comparative Law.* Oxford, Oxford University Press, 2008 (pp. 383 e ss.).

DAVID, René. *French Law: its Structure, Sources, and Methodology* (translated by Michael Kindred). Baton Rouge/Louisiana, State University Press, 1972.

DAVIS, Kenneth Culp. "Sovereign immunity must go". *Administrative Law Review* 22/383-406. 1970.

DAWSON, Christopher. "The historical origins of Liberalism". *Review of Politics* 16/267-282, n. 3. Julho/1954.

DEBEYRE, Guy, e DUEZ, Paul. *Traité de Droit Administratif.* Paris, Dalloz, 1952.

DELVOLVÉ, Pierre, BRAIBANT, Guy, GENEVOIS, Bruno, LONG, Marceu, e WEIL, Prosper. *Les Grands Arrêts de la Jurisprudence Administrative.* 16ª ed. Paris, Dalloz, 2007.

DELVOLVÉ, Pierre, LAUBADÈRE, André de, e MODERNE, Franck. *Traité des Contrats Administratrifs.* 2ª ed., vols. 1 e 2. Paris, LGDJ, 1983 e 1984.

DESCARTES, René. *Discurso sobre o Método.* Trad. de Márcio Pugliesi e Norberto de Paula Lima. São Paulo, Hemus, 1998 [1637].

DI PIETRO, Maria Sylvia Zanella. *Direito Administrativo.* 23ª ed. São Paulo, Atlas, 2010.

―――――. "Equilíbrio econômico-financeiro do contrato administrativo". In: ARAÚJO, Edmir Netto de, e TELLES, Antônio A. Queiroz (coords.). *Direito Administrativo na Década de 90: Estudos Jurídicos em Homenagem ao Professor José Cretella Jr.* São Paulo, Ed. RT, 1997 (pp. 108-122).

―――――. *Parcerias na Administração Pública: Concessão, Permissão, Franquia, Terceirização, Parceria Público-Privada e outras Formas.* 7ª ed. São Paulo, Atlas, 2009.

―――――. "O princípio da supremacia do interesse público: sobrevivência diante dos ideais do neoliberalismo". *Revista Trimestral de Direito Público*, 48/63-76. São Paulo, Malheiros Editores. Outubro-dezembro/2004.

DIAMANT, Alfred. "The french Council of State; comparative observations on the problem of controlling the bureaucracy of the Modern State". *The Journal of Politics* 13/562-588, n. 4. Novembro/1951.

DICKENS, Charles. *Hard Times*. Nova York/Barnes & Noble Classics, 2004 [1854].

DICKSON, Julie. "Methodology in jurisprudence: a critical survey". *Legal Theory* 10/117-156. 2004.

DIMOCK, Marshall E. "The development of american administrative law". *Journal of Comparative Legislation & International Law-Third Series* 15/35-46. 1933.

DIMOULIS, Dimitri. *Manual de Introdução ao Direito*. 3ª ed. São Paulo, Ed. RT, 2010.

——————. *Positivismo Jurídico: Introdução a uma Teoria do Direito e Defesa do Pragmatismo Jurídico-Político*. São Paulo, Método, 2006.

DOLINGER, Jacob. "The influence of american constitutional law on brazilian legal system". *The American Journal of Comparative Law* 38/803-837, n. 4. Autumn/1990.

DONNELLY, James Francis. *A Treatise on the Law of Public Contracts*. Boston, Little, Brown & Co., 1922.

DOUGLASS, Bruce. "The common good and the public interest". *Political Theory* 8/103-117, n. 1. Fevereiro/1980.

DRAGO, Roland. "Le contrat administratif aujourd'hui". *Droits* 12/117-128. Paris, 1990.

——————. "Paradoxes sur les contrats administratifs". In: *Études Offertes à Jacques Flour*. Répertoire du Paris, Répertoire du Notariat Defrénois, 1979 (pp. 151-162).

DROBNIG, Ulrich. "The use of Comparative Law by Courts". In: DROBNIG, Ulrich, e ERP, Sjef van (eds.). *The Use of Comparative Law by Courts – XIVth International Congress of Comparative Law*. The Hague/Boston, Kluwer Law International, 1999 (pp. 3 e ss.).

——————, e ERP, Sjef van (eds.). *The Use of Comparative Law by Courts — XIVth International Congress of Comparative Law*. The Hague/Boston, Kluwer Law International, 1999.

DUBOUIS, Louis. "Le droit communautaire a-t-il un impact sur la définition du droit administratif?". *L'Actualité Juridique – Droit Administratif*, número especial, 20.6.1996 (pp. 102 e ss.).

DUEZ, Paul, e DEBEYRE, Guy. *Traité de Droit Administratif*. Paris, Dalloz, 1952.

DUFAU, Valérie. *Les Sujétions Exorbitantes du Droit Commun en Droit Administratif: l'Administration sous la Contrainte*. Paris, L'Harmattan, 2000.

DUGUIT, Léon. *L'État, le Droit Objectif et la Loi Positive*. Paris, Dalloz, 2003 [1901].

———. *Les Transformations du Droit Public*. Paris, Armand Colin, 1913.

———. *Les Transformations Générales du Droit Privé Depuis de Code Napoléon*. Paris, Mémoire du Droit, 1999 [reimpr. 2ª ed. 1920].

———. "The Law and the State". *Harvard Law Review* 31/1-185. n. 1. Cambridge/MA, novembro/1917.

———. *Traité de Droit Constitutionnel*. 3ª ed., vol. 1. Paris, E. de Boccard, 1927.

DUMONT, Louis. *Individualismo: uma Perspectiva Antropológica da Ideologia Moderna*. Trad. de Álvaro Cabral. Rio de Janeiro, Rocco, 1985 [1983].

DURKHEIM, Émile. *A Educação Moral*. Trad. de Raquel Weiss. Petrópolis/RJ, Vozes, 2008 (tradução de *L'Éducacion Morale*, 1963 – Aulas na Sorbonne em 1902-19030).

———. *Da Divisão do Trabalho Social*. Trad. de Eduardo Brandão. São Paulo, Martins Fontes, 1999 (tradução de *De la Division du Travail Social*, 1930 [1893]).

DUXBURY, Neil. *Jurists and Judges: an Essay on Influence*. Portland, Hart Publishing, 2001.

DWORKIN, Ronald. *O Império do Direito*. Trad. de Jefferson Luiz Camargo. São Paulo, Martins Fontes, 1999 (tradução de *Law's Empire*, 1986).

———. "In praise of theory". In: *Justice in Robes*. Cambridge/Mass., Harvard University Press, 2006.

DYSON, Kenneth H. F. *The State Tradition in Western Europe: a Study of an Idea and Institution*. Nova York, Oxford University Press, 1980.

EEKELAAR, John, e BELL, John S. (eds.). *Oxford Essays in Jurisprudence: Third Series*. Oxford, Oxford University Press, 1987.

ELGIE, Robert (ed.). *The Changing French Political System*. Londres, Frank Cass, 2000.

ELIAS, Norbert. *A Sociedade de Corte: Investigação sobre a Sociologia da Realeza e da Aristocracia de Corte*. Trad. de Pedro Süssekind. Rio de Janeiro, Jorge Zahar, 2001 (tradução de *Die höfische Gesellschaft*).

———. *O Processo Civilizador*. vols. 1 e 2. Trad. de Ruy Jungmann. Rio de Janeiro, Jorge Zahar, 1993 [1939] (tradução de *The Civilizing Process. Sociogenetic and Psychogenetic Investigations*).

ELLIOTT, W. Y. "The metaphysics of Duguit's pragmatic conception of Law". *Political Science Quarterly* 37/639-654, n. 4. Dezembro/1922.

ELLUL, Jacques. *Histoire des Institutions: le XIXe Siècle*. Paris, PUF, 1962.

ENTERRÍA, Eduardo García de. "La figura del contrato administrativo". In: *Studi in Memoria di Guido Zanobini*. vol. 2. Milão, Giuffrè Editore, 1965 (pp. 637-672).

ERP, Sjef van, e DROBNIG, Ulrich (eds.). *The Use of Comparative Law by Courts — XIV*[th] *International Congress of Comparative Law*. The Hague/Boston, Kluwer Law International, 1999.

ESKRIDGE, William N. "Gadamer/statutory interpretation". *Columbia Law Review* 90/609-681, n. 3. Abril/1990.

—————, e PELLER, Gary. "The new public law movement: moderation as a postmodern cultural form". *Michigan Law Review* 89/707-791, n. 4. Ann Arbor, fevereiro/1991

ESTORNINHO, Maria João. *A Fuga para o Direito Privado: Contributo para o Estudo da Actividade de Direito Privado da Administração Pública*. Coimbra, Livraria Almedina, 1999.

—————. *Réquiem pelo Contrato Administrativo*. Coimbra, Livraria Almedina, 1990.

EWALD, William B. "Comparative jurisprudence (I): what was it like to try a rat?". *University of Pennsylvania Law Review* 143/1.889-2.150. 1995.

—————. "The american revolution and the evolution of Law". *American Journal of Comparative Law Supplement* 42/1-14. 1994.

FABRE, Cécile. *Social Rights under the Constitution*. Oxford, Oxford University Press, 2000.

FAIRGRIEVE, Duncan. *State Liability in Tort: a Comparative Law Study*. Oxford, Oxford University Press, 2003.

—————, e WATT, Horatia Muir. *"Common Law" et Tradition Civiliste*. Paris, PUF, 2006.

—————, et al. (orgs.). *Tort Liability of Public Authorities in Comparative Perspective*. British Institute of International & Comparative Law, 2002.

FAORO, Raymundo. "Existe um pensamento político brasileiro?". In: COMPARATO, Fábio Konder (org. e "Prefácio"). *A República Inacabada*. São Paulo, Globo, 2007 (pp. 25-165).

—————. *Os Donos do Poder: Formação do Patronato Político Brasileiro*. 3ª ed. São Paulo, Globo, 2001.

FARIA, José Eduardo. "A definição de interesse público". In: SALLES, Carlos Alberto de (org.). *Processo Civil e Interesse Público: o Processo como Instrumento de Defesa Social*. São Paulo, Ed. RT, 2003 (pp. 79-90).

FARIAS, José Fernando de Castro. *A Teoria do Estado no Fim do Século XIX e no Início do Século XX: os Enunciados de Léon Duguit e de Maurice Hauriou*. Rio de Janeiro, Lumen Juris, 1999.

FARNSWORTH, Allan E. "Comparative contract law". In: REIMANN, Mathias, e ZIMMER, Reinhard (eds.). *The Oxford Handbook of Comparative Law*. Oxford, Oxford University Press, 2008 (pp. 899-935).

———————. "Precontractual liability e preliminary agreements: fair dealing e failed negotiations". *Columbia Law Review* 87/217-294, n. 2. Março/1987.

FEBVRE, Lucien. *Honra e Pátria*. Trad. de Eliana Aguiar. Rio de Janeiro, Civilização Brasileira, 1998 [1945-1947].

FERREIRA, Gabriela Nunes, AMBROSINI, Diego Rafael, e CACCIA, Natasha Schmitt. "Os juristas e a construção do Estado Imperial". In: MOTA, Carlos Guilherme (coord.). *Os Juristas na Formação do Estado-Nação Brasileiro*. São Paulo, Quarter Latin, 2006 (pp. 147-360).

FERREIRA DA SILVA, Jorge Cesa. *Adimplemento e Extinção das Obrigações: Comentários aos Arts. 304 a 388 do Código Civil*. São Paulo, Ed. RT, 2007.

FIGUEIREDO, Lúcia Valle. "Contratos administrativos: a equação econômico-financeira do contrato de concessão. Aspectos pontuais". In: *Direito Público: Estudos*. Belo Horizonte, Fórum, 2007 (pp. 93-120).

———————. *Curso de Direito Administrativo*. 9ª ed. São Paulo, Malheiros Editores, 2008.

———————. *Extinção dos Contratos Administrativos*. 3ª ed. São Paulo, Malheiros Editores, 2002.

FLETCHER, George P. "Comparative Law as a subversive discipline". *The American Journal of Comparative Law* 46/683-700, n. 4. *Autumn*/1998.

———————. "What Law is like?". *Southern Methodist University Law Review* 50/1.599-1.612, n. 5. Julho-agosto/1997.

FONTANA, David. "Refined comparativism in constitutional law". *University of California Law Review* 49/539-623, n. 2. Dezembro/2001.

FORTIN, Yvonne (ed.). *Le Contractualisation dans le Secteur Public des Pays Industrialisés Depuis 1980*. L'Harmattan, 1999.

FORTSAKIS, Théodore. *Conceptualisme et Empirisme en Droit Administratif Français*. Paris, LGDJ, 1987.

FOULQUIER, Norbert. *Les Droits Publics Subjectifs des Administrés: Émergence d'un Concept en Droit Administratif Français du XIXe au XXe Siècle*. Paris, Dalloz, 2003.

FRANCO SOBRINHO, Manoel de Oliveira. *Contratos Administrativos*. São Paulo, Saraiva, 1981.

———————. "O contrato administrativo: noção e fundamentos". *RT* 30/416-437, n. 133. São Paulo, Ed. RT, outubro/1941.

FRANKENBERG, Günter. "Critical comparisons: re-thinking Comparative Law". *Harvard International Law Journal* 26/411-456, n. 2. *Spring*/1985.

———————. "Remarks on the philosophy and politics of public law". *Legal Studies* 18/177-187, n. 2. Março/1998.

———. "Stranger than Paradise: identity & politics in Comparative Law". *Utah Law Review* 1997, n. 2 (pp. 259-274).

FRANKFURTER, Felix. "Foreword". *Yale Law Journal* 47/515-518, n. 4. Fevereiro/1938.

FREDMAN, Sandra, e MORRIS, Gillian S. "The cost of exclusivity: public and private re-examined". *Public Law* 1994 (pp. 69-85).

FREEDLAND, Mark. "The evolving approach to the public/private distinction in English Law". In: AUBY, Jean-Bernard, e FREEDLAND, Mark (eds.). *The Public Law/Private Law Divide: une Entente Assez Cordiale?* Portland, Hart Publishing, 2006 (pp. 93-112).

———, e AUBY, Jean-Bernard (eds.). *The Public Law/Private Law Divide: une Entente Assez Cordiale?* Portland, Hart Publishing, 2006.

FREUND, Julien. "Droit et Politique. Essai de définition du Droit". *Archives de Philosophie du Droit* 16/15-33. Paris, 1971.

FRIEDMAN, Lawrence M. "Some thoughts on comparative legal culture". In: CLARK, David (ed.). *Comparative and Private International Law: Essays in Honor of John Henry Merryman on his Seventieth Birthday*. Berlim, Duncker & Humblot, 1990 (pp. 49 e ss.).

FRIEDRICH, Carl J. "The deification of the State". *The Review of Politics* 1/18-30, n. 1. Janeiro/1939.

FRUG, Gerald E. "The city as a legal concept". *Harvard Law Review* 93/1.057-1.154, n. 6. Cambridge/MA, abril/1980.

FURET, François. *In the Workshop of History* (translated by Jonathan Mandelbaum). Chicago, University of Chicago Press, 1984 (tradução de *L'Atelier de l'Histoire*).

———. *The French Revolution, 1770-1814* (translated by Antonia Nevill). Oxford, Blackwell, 1996.

FURTADO, Lucas Rocha. *Curso de Licitações e Contratos Administrativos*. Belo Horizonte, Fórum, 2007.

GADAMER, Hans-Georg. *Elogio da Teoria*. Trad. de João Tiago Proença. Lisboa, Edições 70, 2001 (tradução de *Lob der Theorie*. 1983).

———. *Gadamer in Conversation: Reflections and Commentary*. Trad. de Richard E. Palmer. Yale University Press, 2001.

———. "Hermeneutics as practical philosophy". In: *Reason in the Age of Science*. Trad. de Frederick G. Lawrence. Cambridge/MA, Massachusetts Institute of Technology Press, 2001 (pp. 88-112).

———. *La Dialéctica de Hegel: Cinco Ensayos Hermeneuticos*. 6ª ed. Trad. de Manuel Garrido. Madri, Cátedra, 2005 (tradução de *Hegels Dialektik. Fünf hermeneutische Studien*).

———————. *Truth and Method* (translated by Joel Weinsheimer e Donald G. Marshall). 2ª ed. Londres, Continuum, 2004 (tradução de *Wahrheit und Methode*).

GAMA E SILVA, José Saldanha da. "Dos contratos administrativos". *RDA* 1/717-728, n. 2. Rio de Janeiro, abril/1945.

GARAPON, Antoine. *Bem Julgar: Ensaio sobre o Ritual Judiciário*. Trad. de Pedro Filipe Henriques. Lisboa, Instituto Piaget, 1999.

GARCÍA MÁYNEZ, Eduardo. *Introducción al Estudio del Derecho*. 51ª ed. Ciudad de México, Porrúa, 2000 [1940].

GARCÍA-VILLEGAS, Mauricio. "Comparative sociology of law: legal fields, legal scholarships, and social sciences in Europe and the United States". *Law & Social Inquiry* 31/343-382. *Spring*/2006.

GARNER, James W. "Administrative reform in France". *The American Political Science Review* 13/17-46, n. 1. Fevereiro/1919.

GARNER, J. F. "Public law and private law". *Public Law* 1978 (pp. 230-238).

GARTNER, Fabrice. "Des rapports entre contrats administratifs et intérêt general". *Revue Française de Droit Administratif*. Janeiro-fevereiro/2006 (pp. 19-23).

GASPARINI, Diógenes. *Direito Administrativo*. 13ª ed. São Paulo, Saraiva, 2009.

GAUDEMET, Jean. "*Dominium – Imperium*. Les deux pouvoirs dans la Rome Ancienne". *Droits* 22/3-17. Paris, 1995.

GAUDEMET, Yves. "Le droit administratif en France". *Revue Internationale de Droit Comparé* 4/899-905. 1989.

———————. *Traité de Droit Administratif*. 16ª ed., t. 1. Paris, LGDJ, 2001.

GAVISON, Ruth. "Feminism and the public/private distinction". *Stanford Law Review* 45/1-45. Novembro/1992.

GENEVOIS, Bruno, BRAIBANT, Guy, DELVOLVÉ, Pierre, LONG, Marceu, e WEIL, Prosper. *Les Grands Arrêts de la Jurisprudence Administrative*. 16ª ed. Paris, Dalloz, 2007.

GÉRANDO, Joseph-Marie. *Institutes du Droit Administratif Français, ou Éléments du Code Administratif, Réunis et Mis en Ordre*. vol. 1. Paris, Nève, 1829.

GERBER, David J. "Idea-systems in law: images of nineteenth-century Germany". *Law & History Review* 10/153-167, n. 1. *Spring*/1992.

———————. "System dynamics: toward a language of Comparative Law?". *The American Journal of Comparative Law* 46/719-737, n. 4. *Autumn*/1998.

GERWITH, Alan. *The Community of Rights*. Chicago, Chicago University Press, 1996.

GIACOMUZZI, José Guilherme. *A Moralidade Administrativa e a Boa-Fé da Administração Pública: o Conteúdo Dogmático da Moralidade Administrativa*. São Paulo, Malheiros Editores, 2002.

———. "As raízes do realismo americano: breve escorço acerca de dicotomias, ideologia e pureza no direito dos USA". *RDA* 239/359-388. Rio de Janeiro, janeiro-março/2005.

GIERKE, Otto von. *Political Theories of the Middle Age* (translated by Frederick William Maitland). Cambridge/UK, Cambridge University Press, 1900 (tradução parcial de *Die publicistischen lehren des mittelalters*. vol. 3. 1881).

GIESEY, Ralph E. "State building in early modern France". *The Journal of Modern History* 55/191-207, n. 2. Junho/1983.

GLENDON, Mary Ann, GORDON, Michael Wallace, e OSAKE, Christopher. *Comparative Legal Traditions: Texts, Materials and Cases*. 2ª ed. West Group, 1994.

GLENN, H. Patrick. *Legal Traditions of the World: Sustainable Diversity in Law*. Oxford, Oxford University Press, 2000.

GOLD, Andrew S., e MADDEN, Thomas J. "Supreme Court holds government to same standard as private party in breach action: future of 'Sovereign Acts Doctrine' in Doubt. 42 n. 27". *Government Contractor* 277. 2000.

GONZALES BORGES, Alice. "Supremacia do interesse público: desconstrução ou reconstrução?". *Revista de Direito do Estado* 3/137-153, ano 1. Rio de Janeiro, julho-setembro/2006.

GOODRICH JR., William W., e PERLMAN, Matthew S. "Termination for convenience settlements – The government's limited payment for cancellation of contracts". *Public Contracts Law Journal* 10/1-52, n. 1. Agosto/1978.

GOPNIK, Adam. *Paris to the Moon*. Nova York, Random House, 2000.

GORDLEY, James. "Codification and legal scholarship". *University of California Davis Law Review* 31/735-744, n. 3. Spring/1998.

———. "Comparative legal research: its function in the development of harmonized Law". *The American Journal of Comparative Law* 43/555-567, n. 4. *Autumn*/1995.

———. "European codes and american restatements: some difficulties". *Columbia Law Review* 81/140-157, n. 1. Janeiro/1981.

———. "Why look backward". *The American Journal of Comparative Law* 50/657-670, n. 4. *Fall*/2002.

GORDON, Michael Wallace, GLENDON, Mary Ann, e OSAKE, Christopher. *Comparative Legal Traditions: Texts, Materials and Cases*. 2ª ed. West Group, 1994.

GORDON, Robert. "Legal thought and legal practice in the age of american enterprise, 1870-1920". In: *Professions and Professional Ideologies in America*. N.C.U. Press, 1983.

GOUTAL, Jean Louis. "Characteristics of judicial style in France, Britain and the USA". *The American Journal of Comparative Law* 24/43-72, n. 1. *Winter*/1976.

GOYARD-FABRE, Simone. *Os Princípios Filosóficos do Direito Político Moderno.* Trad. de Irene A. Paternot. São Paulo, Martins Fontes, 1999.

GRAF, Michael W. "The determination of property rights in public contracts after 'Winstar *v.* Unites States': where has the Supreme Court left us?". *Natural Resources Journal* 38/197-276, n. 2. *Spring*/1998.

GRAND, Vincent Le. *Léon Blum (1872-1950): Gouverner la République.* Paris, LGDJ, 2008.

GRAU, Eros Roberto. "O Estado, a liberdade e o direito administrativo". *Revista da Faculdade de Direito da USP* 97/255-266. São Paulo, janeiro-dezembro/2002.

GRAY, Christopher B. "Critique of legal theory. From Rousseau to Kelsen: Maurice Hauriou on his predecessors". *Rechtstheorie* 14/401-417. Berlim, 1983.

GRAZIADEI, Michele. "The functionalist heritage". In: LEGRAND, Pierre, e MUNDAY, Roderick (eds.). *Comparative Legal Studies: Traditions and Transitions.* Cambridge/UK, Cambridge University Press, 2003 (pp. 100-130).

GREENBERG, Janelle. "Our grand maxim of State, 'the king can do no wrong'". *History of Political Thought* 12/209-228, n. 2. *Summer*/1991.

GREENBERGER, Gerald A. "Lawyers confront centralized government: political thought of lawyers during the reign of Louis XIV". *The American Journal of Legal History* 23/144-181, n. 2. Abril/1979.

GROSSFELD. *The Strength and Weakness of Comparative Law.* Oxford, Clarendon Press, 1990.

GROTTI, Dinorá Adelaide Musetti. *O Serviço Público e a Constituição Brasileira de 1988.* São Paulo, Malheiros Editores, 2003.

GUÉNAIRE, Michel. "Le service public au cœur du modèle de développement français". *Le Débat* 134/52 e ss. 2005.

GUETTIER, Christophe. *Droit des Contrats Administratifs.* 2ª ed. Paris, PUF, 2008.

GUGLIELMI, Gilles J. *La Notion d'Administration Publique dans la Théorie Juridique Française: de la Révolution à l'Arrêt "Cadot" (1789-1889).* Paris, LGDJ, 1991.

GUIMARÃES, Fernando Vernalha. *Alteração Unilateral do Contrato Administrativo (Interpretação de Dispositivos da Lei 8.666/1993).* São Paulo, Malheiros Editores, 2003.

GUTTERIDGE, H. C. "The value of Comparative Law". *Journal of the Society of Public Teachers of Law* 1931 (pp. 26-32).

HAARSCHER, Guy. "Autorité et raison en Philosophie". In: VASSART, Patrick, *et al.* (eds.). *Arguments d'Autorité et Arguments de Raison en Droit.* Bruxelas, Nemesis, 1988 (pp. 249-258).

HADFIELD, Gillian. "Of sovereignty and contract: damages for breach of contract by government". *Southern California Interdisciplinary Law Journal* 8/467-537, n. 2. *Spring*/1999.

HAHN, Ulrike, BANKOWSKI, Zenon, e WHITE, Ian (eds.). *Informatics and the Foundations of Legal Reasoning*. Dordrecht, Kluwer Academic, 1995.

HALEY, John O., CLARK, David S., e MERRYMAN, John Henry. *The Civil Law Tradition: Europe, Latin America, and East Asia. Cases and Materials*. LexisNexis, 1994.

HALL, Jerome. "Culture, Comparative Law and jurisprudence". In: *Studies in Jurisprudence and Criminal Theory*. Nova York, Oceana Publications, 1958 (pp. 103. e ss.).

HAMILTON, Alexander, JAY, John, e MADISON, James. *The Federalist Papers*. Nova York, Bantam Classics, 2003 [1787-1788].

HARDING, Andrew, e ÖRÜCÜ, Esin. *Comparative Law in the 21st Century*. Nova York, Kluwer Academic Publishers, 2002.

HARLOW, Carol. "'Public' and 'private' law: definition without distinction". *Modernn Law Review* 43/241. 1980.

HART, H. L. A. *The Concept of Law*. 2ª ed. Oxford, Clarendon Press, 1994.

HARTKAMP, Arthur, *et al.* (eds.). *Towards a European Civil Code*. 3ª ed. Boston, Kluwer Law International, 2004.

HARTZ, Louis. *The Liberal Tradition in America: an Interpretation of American Political Thought Since the Revolution*. 2ª ed. San Diego, Harvest/Harcourt Brace & Co., 1991 [1955].

HASTINGS-MARCHADIER, Antoinette. "Les contrats de droit privé des personnes publiques et la liberté contractuelle". *L'Actualité Juridique – Droit Administratif*, 20.9.1998 (pp. 683-700).

HAURIOU, Maurice. "Interpretation of the principles of public law". *Harvard Law Review* 31/813-821, n. 6. Cambridge/MA, abril/1918.

—————. "Tradition". In: *Social Sciences* (translated by Christopher B. Gray). Ann Arbor, 1983.

HAUSER, Barbara R. "Born a eunuch? Harmful inheritance practices and human rights". *Law & Inequality* 21/1-64, n. 1. *Winter*/2003.

HEGEL, G. W. F. *Princípios de Filosofia do Direito*. Trad. de Norberto de Paula Lima. São Paulo, Ícone, 1997 [1821].

HELMHOLZ, R. H. "Use of civil law in post-revolutionary american jurisprudence". *Tulane Law Review* 66/1.649. 1992.

HENDERSON, Graeme S. "Termination for convenience and the termination costs clause". *The Air Force Law Review* 53/103-134. 2002.

HEUSCHLING, Luc. *État de Droit, Rechtsstaat, Rule of Law*. Paris, Dalloz, 2002.

HEXTER, J. H. "Thomas Hobbes and the Law". *Cornell Law Review* 65/471-490, n. 4. Abril/1980.

HILL, Jonathan. "Comparative law, law reform and legal theory". *Oxford Journal of Legal Studies* 9/101-115. 1989.

HIMMELFARB, Gertrude. *The Roads to Modernity: the British, French, and American Enlightenments*. Nova York, Alfred A. Knopf, 2004.

HOBBES, Thomas. *Diálogo entre um Filósofo e um Jurista*. Trad. de Maria Cristina Guimarães Cupertino. São Paulo, Landy, 2001 [1681].

――――――. *Leviatã*. Trad. de João Paulo Monteiro e Maria Beatriz Nizza da Silva. São Paulo, Martins Fontes, 2003 [1668].

HOECKER, Mark van, e WARRINGTON, Mark. "Legal cultures, legal paradigms and legal doctrine: towards a new model for Comparative Law". *International and Comparative Law Quarterly* 47/495-536, n. 3. Julho/1998.

HOEFLICH, M. H. *Roman & Civil Law and the Development of Anglo-American Jurisprudence in the Nineteenth Century*. Atenas/Georgia, Georgia University Press, 1997.

HOLDSWORTH, W. S. *Sources and Literature of English Law*. Buffalo/NY, William S. Hein & Co., 1983 [1925].

HOLMES, Stephen, e SUNSTEIN, Cass R. *The Cost of Rights: why Liberty Depends on Taxes*. Nova York, W. W. Norton & Co., 1999.

HORWITZ, Morton J. "The history of the public/private distinction". *University of Pennsylvania Law Review* 130/1.423-1.428, n. 6. Junho/1982.

――――――. *The Transformation of American Law, 1780-1860*. Cambridge/Mass., Harvard University Press, 1977.

――――――. *The Transformation of American Law, 1870-1960: the Crisis of Legal Orthodoxy*. Nova York, Oxford University Press, 1992.

HÖSLE, Vittorio. *Morals and Politics* (translated by Steven Rendall). Notre Dame/Indiana, Notre Dame University Press, 2004.

HOWE, Mark DeWolfe (ed.). *Holmes-Laski Letters: the Correspondence of Mr. Justice Holmes and Harold J. Laski, 1916-1935*. vols. 1 e 2. Cambridge/Mass., Harvard University Press, 1953.

HUTCHINSON, Allan C. "Work-in-progress: Gadamer, tradition and the common law". *Chigago-Kent Law Review* 76/1.015-1.082, n. 2. 2000.

HUTCHINSON, Allan C., e MONAHAN, Patrick. "Democracy and the rule of law". In: HUTCHINSON, Allan C., e MONAHAN, Patrick (eds.). *The Rule of Law: Ideal or Ideology*. Toronto, Carswell, 1987 (pp. 97-122).

―――――― (eds.). *The Rule of Law: Ideal or Ideology*. Toronto, Carswell, 1987.

HUTTON, Patrick H. "The history of mentalities: the new map of cultural history". *History and Theory* 20/237-259, n. 3. Outubro/981.

JACKSON, Vicki C. "Suing the federal government: sovereignty, immunity, and judicial independence". *George Washington International Law Review* 35/521-608. 2003.

JAMES, Herman G. *The Protection of the Public Interest in Public Contracts*. Chicago, Public Administration Service, 1946.

JAMES, William. "Pragmatism". In: *Pragmatism and the Meaning of Truth*. Cambridge/Mass., Harvard University Press, 1975 [1907].

JANSEN, Nils. "Comparative Law and comparative knowledge". In: REIMANN, Mathias, e ZIMMER, Reinhard (eds.). *The Oxford Handbook of Comparative Law*. Oxford, Oxford University Press, 2008 (pp. 305-338).

JAUME, Lucien. "Tocqueville dans le débat entre le Droit de l'État et le Droit de la Société". In: CARIUS, Manuel, COUTEL, Charles, e MARC'HADOUR, Tanguy Le (eds.). *La Pensée Juridique d'Alexis de Tocqueville*. Arras, Artois Université Press, 2005 (pp. 27-39).

JAY, John, HAMILTON, Alexander, e MADISON, James. *The Federalist Papers*. Nova York, Bantam Classics, 2003 [1787-1788].

JÈZE, Gaston. "L'influence de Léon Duguit sur le droit administratif français". *Archives de Philosophie du Droit et de Sociologie juridique* 1-2/135-151. 1932.

——————. *Les Contracts Administratifs de l'État, des Départements, des Communes et des Établissements Publics*. vol. 1. M. Giard 1927-1936. 1927.

JHERING, Rudolf von. *El Espíritu del Derecho Romano* (abreviatura por Fernando Vela). Madri, Marcial Pons, 2005 [1858].

JOLOWICZ, Herbert Felix. *Roman Foundations of Modern Law*. Greenwood Press, 1978 [1957].

JONES, J. Walter. *Historical Introduction to the Theory of Law*. Westport, Greenwood Press, 1970.

JOUANJAN, Olivier. "Science juridique et codification en Allemagne (1850-1900)". *Droits* 27/65-86, n. 2. Paris, 1998.

JOUVENEL, Bertrand de. *On Power: the Natural History of its Growth*. Trad. de J. F. Huntington. Indianápolis, Liberty Fund, 1993 (tradução de *Du Pouvoir: Histoire Naturelle de sa Croissance*. 1945).

JUSTEN FILHO, Marçal. *Comentários à Lei de Licitações e Contratos Administrativos*. 10ª ed. São Paulo, Dialética, 2004; 11ª ed. São Paulo, Dialética, 2005; 12ª ed. São Paulo, Dialética, 2008; 13ª ed. São Paulo, Dialética, 2009; 14ª ed. São Paulo, Dialética, 2010.

——————. "Conceito de interesse público e a 'personalização' do direito administrativo". *RTDP* 26/115-136. São Paulo, Malheiros Editores, 1999.

——————. *Curso de Direito Administrativo*. 2ª ed. São Paulo, Saraiva, 2006.

——————. *O Direito das Agências Reguladoras Independentes*. São Paulo, Dialética, 2002.

―――――. *Teoria Geral das Concessões de Serviço Público*. São Paulo, Dialética, 2003.

JUSTINIANO. *Institutas do Imperador Justiniano*. Trad. de José Cretella Jr. e Agnes Cretella. 2ª ed. São Paulo, Ed. RT, 2005.

KAHN-FREUND, Otto. "On uses and misuses of Comparative Law". *The Modern Law Review* 37/1-27, n. 1. Janeiro/1974.

KALFLÈCHE, Grégory. *Des Marchés Publics à la Commande Publique. L'Évolution du Droit de Marchés Publics*. Tese (Doutorado em Direito), Universidade de Paris II, Panthéon-Assas, 2004.

KAMBA, W. J. "Comparative Law. A theoretical framework". *International and Comparative Law Quarterly* 23/485-519. Londres, julho/1974.

KANT, Immanuel. *A Metafísica dos Costumes*. Trad. de José Lamego. Lisboa, Fundação Calouste Gulbenkian, 2005 [1797] (tradução de *Metaphysik der Sitten*).

―――――. *Political Writings*. 2ª ed. Trad. de H. B. Nisbet, editado por H. S. Reiss. Cambridge/UK, Cambridge University Press, 1991.

―――――. "Resposta à pergunta: o que é o esclarecimento?". In: *Textos Seletos*. Petrópolis, Vozes, 2005 [1784].

KANTOROWICS, Ernst H. *The King's Two Bodies: a Study in Mediaeval Political Theology*. Princeton, Princeton University Press, 1997 [1957].

KANTOROWICS, Hermann. "The concept of the State". *Economica* 35/1-21. Fevereiro/1932.

KAUFMANN, Arthur. *Filosofia do Direito*. Trad. de António Ulisses Cortês. Lisboa, Fundação Calouste Gulbenkian, 2004 (tradução de *Rechtsphilosophie*. 1997).

KELLEY, Donald R. "History, English Law and the Renaissance". *Past and Present* 65/24-51. Novembro/1974.

KELSEN, Hans. *Teoria Pura do Direito*. 6ª ed. Trad. de João Baptista Machado. São Paulo, Martins Fontes, 1998 (tradução de *Reine Rechtslehre*. 1960).

KENNEDY, Duncan. *A Critique of Adjudication*. Cambridge/MA, Harvard University Press, 1997.

―――――. "The stages of the decline of the public/private distinction". *University of Pennsylvania Law Review* 130/1.349-1.357, n. 6. Junho/1982.

KEOHANE, Nannerl O. *Philosophy and the State in France: the Renaissance to the Enlightenment*. Princeton University Press, 1980.

KERCHOVE, Michel van de, e OST, François. *The Legal System between Order and Disorder*. Trad. de Iain Stewart. Oxford, Oxford University Press, 1994.

KESLASSY, Éric, e BENOÎT, Jean-Louis. *Alexis de Tocqueville. Textes Economiques: Anthologie Critique*. Paris, Pocket, 2005.

KEYES, W. Noel. *Government Contracts Under the Federal Acquisition Regulation*. 3ª ed. Saint Paul, West, 2003.

KLINGHOFFER, Hans. "Direito público e direito privado (resumo da teoria de Hans Kelsen)". *RF* 39/395-399, n. 89. Rio de Janeiro, fevereiro/1942.

KLOPPENBERG, James T. *Uncertain Victory: Social Democracy and Progressivism in European and American Thought, 1870-1920*. Oxford, Oxford University Press, 1986.

KOMMERS, Donald P. "German Constitutionalism: a prolegomenon". *Emory Law Journal* 40/837-874, n. 3. *Summer*/1991.

KÖTZ, Heinz. "The Trento Project and its contribution to the europeanization of private law". In: BUSSANI, Mauro, e MATTEI, Ugo (eds.). *The Common Core of European Private Law*. The Hague/Nova York, Kluwer Law International, 2003 (pp. 209 e ss.).

——————, e ZWEIGERT, Konrad. *Introduction to Comparative Law*. 3ª ed. Trad. de Tony Weir. Oxford, Clarendon Press, 1998.

KRAMER, Matthew H. "In praise of the critique of the public/private distinction". In: *In the Realm of Legal and Moral Philosophy: Critical Encounters*. Nova York, St. Martin's Press, 1999 (Capítulo 7, pp. 112-134).

KRENT, Harold J. "Reconceptualizing sovereign immunity". *Vanderbilt Law Review* 45/1.529-1.580, n. 6. Novembro/1992.

KRYGIER, Martin. "Law as tradition". *Law and Philosophy* 5/237-262. 1986.

KUKLICK, Bruce. *A History of Philosophy in America, 1720-2000*. Oxford, Oxford University Press, 2001.

LaBRUM, J. Harry. "Termination of the war contracts for the government's convenience". *Temple University Law Quarterly* 18/1-60, n. 1. Dezembro/1943.

LAKE, Ralph B. *Letters of Intent and Other Precontractual Documents: Comparative Analysis and Forms*. 2ª ed. Salem/N.H., Butterworths Legal Publishers, 1994.

LALANDE, André. *Vocabulaire Téchnique et Critique de la Philosophie*. Paris, PUF, 2002 [1921].

LANGROD, Georges. "Administrative contracts: a comparative study". *The American Journal of Comparative Law* 4/325-364, n. 3. *Summer*/1955.

——————. "The French Council of State: its role in the formulation e implementation of administrative law". *The American Political Science Review* 49/673-692, n. 3. Setembro/1955.

LARENZ, Karl. *Metodologia da Ciência do Direito*. 3ª ed. Trad. de José Lamego. Lisboa, Fundação Calouste Gulbenkian, 1997 (tradução de *Methodenlehre der Rechtswissenshchaft*. 6ª ed. 1991).

LASKI, Harold. *Authority in the Modern State*. New Haven, Yale University Press, 1919.

——————. "La conception de l'État de Léon Duguit". *Archives de Philosophie du Droit et de Sociologie Juridique* 1-2/121-134. 1932.

LATHAM, Peter S. "The Sovereign Act Doctrine in the Law of government contracts: a critique and analysis". *University of Toledo Law Review* 7/29-58, n. 1. Fall/1975.

LAUBADÈRE, André de. "Les éléments d'originalité de la responsabilité contractuelle de l'Administration". In: *L'Évolution du Droit Public: Études Offertes à Achille Mestre*. Paris, Sirey, 1956 (pp. 383-394).

——————. *Traité Théorique et Pratique des Contrats Administratifs*. t. 3. Paris, LGDJ, 1956.

——————, DELVOLVÉ, Pierre, e MODERNE, Franck. *Traité des Contrats Administratrifs*. 2ª ed., vols. 1 e 2. Paris, LGDJ, 1983 e 1984.

LAURENT, Alain. *Le Libéralisme Américain: Histoire d'un Détournement*. Paris, Les Belles Lettres, 2006.

LAWSON, Craig M. "The family affinities of common law and civil law legal systems". *Hastings Internationl and Comparative Law Review* 6/85-131, n. 1. Fall/1982.

LE FUR, Louis. "Le fondement du Droit dans la doctrine de Léon Duguit". *Archives de Philosophie du Droit et de Sociologie Juridique* 1-2/175-211. 1932.

LEGOHÉREL, Henri. *Histoire du Droit Public Français, des Origines à 1789*. 2ª ed. Paris, PUF, 1991.

LEGRAND, Pierre. "A diabolical idea". In: HARTKAMP, Arthur, *et al.* (eds.). *Towards a European Civil Code*. 3ª ed. Boston, Kluwer Law International, 2004 (Capítulo 14, pp. 245 e ss.).

——————. "Antiqui juris civilis fabulas". *University of Toronto Law Journal* 45/311-362, n. 3. Summer/1995.

——————. "Comparative legal studies and commitment to theory". *Modern Law Review* 58/262-273, n. 1. Janeiro/1995.

——————. "Comparer". *Revue Internationale de Droit Comparé* 2/279-318. 1996.

——————. "European legal systems are not converging". *International and Comparative Law Quarterly* 45/52-81, n. 1. Janeiro/1996.

——————. "How to compare now". *Legal Studies* 16/232-242, n. 2. Julho/1996.

——————. "John Henry Merryman and comparative legal studies: a dialogue". *The American Journal of Comparative Law* 47/3-66, n. 1. Winter/1999.

——————. *Le Droit Comparé*. Paris, PUF, 1999.

————. "Public law, Europeanisation and convergence: can comparatists contribute?". In: BEAUMONT, Paul, *et al.* (eds.). *Convergence and Divergence in European Public Law*. Oxford, Hart Publishng, 2002 (pp. 225-256).

————. "The impossibility of 'legal transplants'". *Maastricht Journal of European and Comparative Law* 4/111 e ss., n. 2. 1997.

————. "The same and the different". In: LEGRAND, Pierre, e MUNDAY, Roderick (eds.). *Comparative Legal Studies: Traditions and Transitions*. Cambridge/UK, Cambridge University Press, 2003 (pp. 240-311).

————, MUNDAY, Roderick (eds.). *Comparative Legal Studies: Traditions and Transitions*. Cambridge/UK, Cambridge University Press, 2003.

LEITE, Dante Moreira. *O Caráter Nacional Brasileiro: História de uma Ideologia*. 6ª ed. São Paulo, UNESP, 2002 [1968].

LEITER, Brian. *Naturalizing Jurisprudence: Essays on American Legal Realism and Naturalism in Legal Philosophy*. Oxford, Oxford University Press, 2007 ("Beyond the Hart/Dwokin debate" e "Rethinking legal Realism").

LERNER, Daniel. "Interviewing Frenchmen". *The American Journal of Sociology* 62/187-194, n. 2. Setembro/1956.

LERNER, Lawrence. "Tying together termination for convenience in government contracts". *Pepperdine Law Review* 7/711-736. 1980.

LICHÈRE, François. *Droit des Contrats Publics*. Paris, Dalloz, 2005.

LIMA LOPES, José Reinaldo de. "A definição de interesse público". In: SALLES, Carlos Alberto de (org.). *Processo Civil e Interesse Público: o Processo como Instrumento de Defesa Social*. São Paulo, Ed. RT, 2003 (pp. 91-99).

————. *As Palavras e a Lei*. São Paulo, Editora 34, 2004.

————. *Direitos Sociais: Teoria e Prática*. São Paulo, Método, 2006.

————. "Juízo jurídico e a falsa solução dos princípios e regras". *Revista de Informação Legislativa* 160/49-64. 2003.

————. *O Direito na História: Lições Introdutórias*. 2ª ed. São Paulo, Max Limonad, 2002.

LLEWELLYN, Karl. *The Case Law System in America*. Trad. de Michael Ansaldi. Chicago, University of Chicago Press, 1989 (tradução de *Präjudizienrecht und Rechtsprechung in Amerika*. 1933).

LLORENS, François. "Le pouvoir de modification unilatérale et le principe de l'équilibre financier dans les contrats administratifs (commentaire de l'arrêt du Conseil d'État du 2 février 1983, 'Union des Transports Publics Régionaux et Urbains')". *Revue Française de Droit Administratif*, maio-junho/1984, pp. 45-51.

LOBINGIER, C. Sumner. *Administrative Law and Droit Administratif. A Comparative Study with an Instructive Model*. 91U. *Penn. Law Review & Am. L. Register* 36. 1942.

LOCKE, John. *Dois Tratados sobre o Governo* [1690]. In: MORRIS, Clarence (org.). *Os Grandes Filósofos do Direito*. São Paulo, Martins Fontes, 2002.

LOGOFF, Martin A. "A comparison of Constitutionalism in France and the United States". *Maine Law Review* 49/21-83. 1997.

LONG, Marceu, BRAIBANT, Guy, DELVOLVÉ, Pierre, GENEVOIS, Bruno, e WEIL, Prosper. *Les Grands Arrêts de la Jurisprudence Administrative*. 16ª ed. Paris, Dalloz, 2007.

LOUGHLIN, Martin. *Public Law and Political Theory*. Oxford, Oxford University Press, 1992.

——————. *Sword & Scales: an Examination of the Relationship between Law & Politics*. Oxford, Hart Publishing, 2000.

——————. *The Idea of Public Law*. Oxford, Oxford University Press, 2003.

LOUREIRO FILHO, Lair da Silva. "Evolução e fundamentos da responsabilidade pública no Direito Brasileiro". *RTDP* 36/203-233. São Paulo, Malheiros Editores, 2001.

LUCY, William N. R. "The common law according to Hegel". *Oxford Journal of Legal Studies* 17/685-704, n. 4. Oxford. *Winter*/1997.

LUKES, Steven. "The meanings of 'Individualism'". *Journal of the History of Ideas* 32/45-66, n. 1. Janeiro-março/1971.

LYRA FILHO, Augusto Tavares de. *Contratos Administrativos*. S/i., s/ed. 1941.

MACHADO DE ASSIS, Joaquim Maria. *Memórias Póstumas de Brás Cubas*. São Paulo, Globo, 2008 [1899].

MacINTYRE, Alasdair. *Justiça de Quem? Qual Racionalidade?* 2ª ed. Trad. de Marcelo Pimenta Marques. São Paulo, Loyola, 1991 (tradução de *Whose Justice? Which Rationality?*. 1988).

MacMILLAN, Hugh Pattison. *Law & Other Things*. Cambridge/UK, Cambridge University Press, 1937.

MADDEN, Thomas J., e GOLD, Andrew S. "Supreme Court holds government to same standard as private party in breach action: future of 'Sovereign Acts Doctrine' in Doubt. 42 n. 27". *Government Contractor* 277. 2000.

MADISON, James, HAMILTON, Alexander, e JAY, John. *The Federalist Papers*. Nova York, Bantam Classics, 2003 [1787-1788].

MAFFINI, Rafael. *Direito Administrativo*. 2ª ed. São Paulo, Ed. RT, 2008.

MAIRAL, Héctor A. "Government contracts under Argentine Law: a Comparative Law overview". *Fordham International Law Journal* 26/1.716-1.753, n. 6. Junho/2003.

MALINVAUD, Philippe. *Droit des Obligations*. 7ª ed. Paris, Litec, 2001.

MARC'HADOUR, Tanguy Le, CARIUS, Manuel, e COUTEL, Charles (eds.). *La Pensée Juridique d'Alexis de Tocqueville*. Arras, Artois Université Press, 2005.

MARTINS-COSTA, Judith. *A Boa-Fé no Direito Privado*. São Paulo, Ed. RT, 1999.

——————. "A teoria da imprevisão e a incidência dos planos econômicos governamentais na relação contratual". *RT* 670/41-48. Ano 80. São Paulo, Ed. RT, agosto/1991.

MATTEI, Ugo. "An opportunity not to be missed: the future of Comparative Law in the United States". *The American Journal of Comparative Law* 46/709-718, n. 4. Autumn/1998.

——————. *"Common Law". Il Diritto Anglo-Americano*. Turim, Unione Tipografico-Editrice Torinese/UTET, 1992.

——————, e BUSSANI, Mauro (eds.). *The Common Core of European Private Law*. The Hague/Nova York, Kluwer Law International, 2003.

MAUGÜÉ, Christine. "Les variations de la liberté contractuelle dans les contrats administratifs". *L'Actualité Juridique – Droit Administratif*, 20.9.1998 (pp. 694-700).

MAZAGÃO, Mário. *Natureza Jurídica da Concessão de Serviço Público*. São Paulo, Saraiva, 1933.

MEHREN, Arthur T. von. "An academic tradition for Comparative Law?". *The American Journal of Comparative Law* 19/624-632, n. 4. Autumn/1971.

MEIRELLES, Hely Lopes. *Direito Administrativo Brasileiro*. 36ª ed. São Paulo, Malheiros Editores, 2010.

——————. *Licitação e Contrato Administrativo*. São Paulo, Ed. RT, 1973; 7ª ed. São Paulo, Ed. RT, 1987; 14ª ed., 2ª tir. São Paulo, Malheiros Editores, 2007-2008.

MENDES, Conrado Hübner. "Reforma do Estado e agências reguladoras: estabelecendo os parâmetros de discussão". In: SUNDFELD, Carlos Ari (coord.). *Direito Administrativo Econômico*. São Paulo, Malheiros Editores, 2000 (pp. 99-139).

MERRYMAN, John Henry. "The public law-private law distinction in European and American Law". *Journal of Public Law* 17/3-19. 1968.

——————, CLARK, David S., e HALEY, John O. *The Civil Law Tradition: Europe, Latin America, and East Asia. Cases and Materials*. LexisNexis, 1994.

——————, e PÉREZ-PERDOMO, Rogelio. *The Civil Law Tradition: an Introduction to the Legal Systems of Europe e Latin America*. 3ª ed. Stanford, Stanford University Press, 2007.

MESTRE, Jean-Louis. *Introduction Historique au Droit Administratif Français*. Paris, PUF, 1985.

MEWETT, Alan W. "The theory of government contracts". *The McGill Law Journal* 5/222-246, n. 4. 1959.

MICHAELS, Ralf. "The functional method of Comparative Law". In: REIMANN, Mathias, e ZIMMER, Reinhard (eds.). *The Oxford Handbook of Comparative Law*. Oxford, Oxford University Press, 2008 (pp. 339-382).

MITCHELL, John David Bawden. "Limitations on the contractual liability of public authorities". *The Modern Law Review* 13/318-339, n. 3. Julho/1950.

——————. "Limitations on the contractual liability of public authorities (*continued*)". *The Modern Law Review* 13/455-459, n. 4. Outubro/1950.

——————. "The causes and effects of the absences of a system of public law in the United Kingdom". *Public Law* 1965 (pp. 95-118).

——————. *The Contracts of Public Authorities. A Comparative Study*. Londres, University of London, 1954.

——————. "The treatment of public contracts in the United States". *University of Toronto Law Journal* 9/194-249, n. 2. 1952.

MITCHELL, Joshua. *Not by Reason Alone: Religion, History, and Identity in Early Modern Political Thought*. Chicago, University of Chicago Press, 1993.

——————. *The Fragility of Freedom: Tocqueville on Religion, Democracy, and the American Future*. Chicago, University of Chicago Press, 1995.

MITCHELL, Lawrence E. *Stacked Deck: a Story of Selfishness in America*. Filadélfia, Temple University Press, 1998.

MOCKLE, Daniel. "L'État de Droit et la théorie de la *rule of law*". *Les Cahiers de Droit* 35/823-904, n. 4. Dezembro/1994.

MODERNE, Franck, DELVOLVÉ, Pierre, e LAUBADÈRE, André de. *Traité des Contrats Administratrifs*. 2ª ed., vols. 1 e 2. Paris, LGDJ, 1983 e 1984.

MONAHAN, Patrick, e HUTCHINSON, Allan C. "Democracy and the rule of law". In: HUTCHINSON, Allan C., e MONAHAN, Patrick (eds.). *The Rule of Law: Ideal or Ideology*. Toronto, Carswell, 1987 (pp. 97-122).

—————— (eds.). *The Rule of Law: Ideal or Ideology*. Toronto, Carswell, 1987.

MONNIER, François. "Justice Administrative". *Droits* 34/105-118. Paris, 2001.

MONTESQUIEU, Barão de. *O Espírito das Leis* [1748]. In: MORRIS, Clarence (org.). *Os Grandes Filósofos do Direito*. São Paulo, Martins Fontes: 2002.

MOORE, Michael S. "Theories of areas of Law". *San Diego Law Review* 37/731-741, n. 3. 2000.

MOREIRA NETO, Diogo de Figueiredo. *Curso de Direito Administrativo*. 14ª ed. Rio de Janeiro, Forense, 2005.

MORGAN, Ronald G. "Identifying protected government acts under the Sovereign Acts Doctrine: a question of acts e actors". *Public Contracts Law Journal* 22/223-274. 1992.

MORRIS, Clarence (org.). *Os Grandes Filósofos do Direito*. São Paulo, Martins Fontes, 2002.

MORRIS, Gillian S., e FREDMAN, Sandra. "The cost of exclusivity: public and private re-examined". *Public Law* 1994 (pp. 69-85).

MOTA, Carlos Guilherme. "Do Império Luso-Brasileiro ao Império Brasileiro". In: MOTA, Carlos Guilherme (coord.). *Os Juristas na Formação do Estado-Nação Brasileiro*. São Paulo, Quarter Latin, 2006 (pp. 21-146).

——————. (coord.). *Os Juristas na Formação do Estado-Nação Brasileiro*. São Paulo, Quarter Latin, 2006.

MUNDAY, Roderick. "Accounting for an Encounter", in LEGRAND, Pierre, e MUNDAY, Roderick (eds.). *Comparative Legal Studies: Traditions and Transitions*. Cambridge, Cambridge University Press, 2003 (p. 3).

——————, e LEGRAND, Pierre (eds.). *Comparative Legal Studies: Traditions and Transitions*. Cambridge, Cambridge University Press, 2003.

NAGLE, James F. *A History of Government Contracting*. 2ª ed. Washington/D.C., GWU Press, 1999.

——————, CIBINIC JR., John, e NASH JR., Ralph C. *Administration of Government Contracts*. 4ª ed. Washington/D.C., George Washington University, 2006.

NASH, Ralph C., e CIBINIC, John. "Sovereignty: is our government an honest person?". *Nash & Cibinic Repport* 6/72-78, n. 12. Dezembro/1992.

——————. "Supreme Court decides 'Winstar': 'Unmistakability' Doctrine and 'Sovereign Acts' Defense deliberated". *Nash & Cibinic Repport* 10/42-49, n. 8. Agosto/1996.

——————. "The Sovereign Acts Defense: is it being fairly applied?". *Nash & Cibinic Repport* 5/55-59, n. 10. Outubro/1991.

NASH JR., Ralph C., e CIBINIC JR., John. *Formation of Government Contracts*. 3ª ed. Washington/D.C., George Washington University, 1998.

——————, e NAGLE, James F. *Administration of Government Contracts*. 4ª ed. Washington/D.C., George Washington University, 2006.

NÉGRIER, Emmanuel. "The changing role of french local government". In: ELGIE, Robert (ed.). *The Changing French Political System*. Londres, Frank Cass, 2000 (pp. 120-140).

NEMO, Philippe. *Histoire des Idées Politiques aux Temps Modernes et Contemporains*. 2ª ed. Paris, PUF, 2003.

NETTL, J. P. "The State as a conceptual variable". *World Politics* 20/559-592, n. 4. Julho/1968.

NIETO, Alejandro. *El Arbitrio Judicial*. Barcelona, Ariel Derecho, 2000.

NOBRE, Marcos, e TERRA, Ricardo. *Ensinar Filosofia: uma Conversa sobre Aprender a Aprender*. Campinas/SP, Papirus, 2007.

OLIVEIRA, Fernando Andrade de. "Contratos administrativos e suas alterações". In: ARAÚJO, Edmir Netto de, e TELLES, Antônio A. Queiroz (coords.). *Direito*

Administrativo na Década de 90: Estudos Jurídicos em Homenagem ao Professor José Cretella Jr. São Paulo, Ed. RT, 1997 (pp. 167-183).

OLIVEIRA, José Roberto Pimenta. *Os Princípios da Razoabilidade e da Proporcionalidade no Direito Administrativo Brasileiro.* São Paulo, Malheiros Editores, 2006.

ÖRÜCÜ, Esin. "An exercise on the internal logic of legal systems". *Legal Studies* 7/310-318, n. 3. Novembro/1987.

——————, e HARDING, Andrew. *Comparative Law in the 21st Century.* Nova York, Kluwer Academic Publishers, 2002.

OSAKE, Christopher, GLENDON, Mary Ann, e GORDON, Michael Wallace. *Comparative Legal Traditions: Texts, Materials and Cases.* 2ª ed. West Group, 1994.

OST, François, e KERCHOVE, Michel van de. *The Legal System between Order and Disorder.* Trad. de Iain Stewart. Oxford, Oxford University Press, 1994.

PALERMO, Fernanda Kellner de Oliveira. *Regime Jurídico Público e Privado nos Contratos Administrativos: Pontos de Aproximação e Afastamento.* Rio de Janeiro, Lumen Juris, 2008.

PALMER, Richard E. *Hermenêutica.* Trad. de Maria Luíza Ribeiro Ferreira. Lisboa, Edições 70, 2006 [1969].

PALMER, Vernon Valentine. "From Lerotholi to Lando: some examples of Comparative Law methodology". *The American Journal of Comparative Law* 53/261-290, n. 1. *Winter*/2005.

PARKER, David. "Sovereignty, Absolutism and the function of the Law in seventeenth-century France". *Past and Present* 22/36-74. Fevereiro/1989.

PEACOCK, Robert T., e ANDREWS JR., Harris J. "Terminations: an outline of the parties rights and remedies". *Public Contracts Law Journal* 11/269-321, n. 2. Junho/1980.

PECZENIK, Aleksander, e ALEXY, Robert. "The concept of coherence and its significance for discursive rationality". *Ratio Juris* 3/130-147. *Issue* 1. Março/1990.

PEKELIS, Alexander H. "Legal techniques and political ideologies: a comparative study". *Michigan Law Review* 41/665-692, n. 4. Ann Arbor, fevereiro/1943.

PELLEGRINO, Carlos Roberto. "Os contratos da Administração Pública". *RDA* 179-189/68-91. Rio de Janeiro, janeiro-junho/1990.

PELLER, Gary, e ESKRIDGE, William N. "The new public law movement: moderation as a postmodern cultural form". *Michigan Law Review* 89/707-791, n. 4. Ann Arbor, fevereiro/1991.

PÉQUIGNOT, Georges. *Théorie Générale du Contrat Administratif.* Paris, Pédone, 1945.

PÉREZ-PERDOMO, Rogelio, e MERRYMAN, John Henry. *The Civil Law Tradition: an Introduction to the Legal Systems of Europe e Latin America*. 3ª ed. Stanford, Stanford University Press, 2007.

PERLMAN, Matthew S., e GOODRICH JR., William W. "Termination for convenience settlements – The government's limited payment for cancellation of contracts". *Public Contracts Law Journal* 10/1-52, n. 1. Agosto/1978.

PERRIQUET, E. *Les Contrats de l'État*. Paris, LGDJ, 1884.

PERRONE-MOISÉS, Leyla (org.). *Do Positivismo à Desconstrução: Ideias Francesas na América*. São Paulo, EDUSP, 2004.

PETRILLO, Joseph J., e CONNER, William E. "From 'Torncello' to 'Krygoski': 25 years of the government's termination for convenience power". *The Federal Circuit Bar Journal* 7/337-372, n. 4. Winter/1997.

PFANDER, James E. "Government accountability in Europe: a comparative assessment". *George Washington International Law Review* 35/611-652, n. 3. 2003.

PFANDER, James. "Sovereign immunity and the right to petition: toward a First Amendment right to pursue judicial claims against the government". *Northwestern University Law Review* 91/899-990, n. 3. Chicago, 1997.

PFERSMANN, Otto. "Le Droit Comparé comme interpretation et comme Théorie du Droit". *Revue International de Droit Comparé* 53/275-288, n. 2. Abril-junho/2001.

PICARD, Étienne. "L'influence du droit communautaire sur la notion d'ordre public". *L'Actualité Juridique – Droit Administratif*, número especial, 20.6.1996 (pp. 55-75).

——————. "La liberté contractuelle des personnes publiques constitue-t-elle un droit fundamental?". *L'Actualité Juridique – Droit Administratif*, 20.9.1998 (pp. 651-666).

PIERCE JR., Richard J. *Administrative Law Treatise*. 5ª ed., vol. 3. Aspen Law & Business, 2010.

PIERCE JR., Richard J., SHAPIRO, Sidney A., e VERKUIL, Paul R. *Administrative Law and Process*. 3ª ed. Foundation Press, 1999.

PIMENTA BUENO, José Antônio. *Direito Público Brasileiro e Análise da Constituição do Império*. Brasília, Senado Federal, 1978 [1857].

PINTO CORREIA, Maria Lúcia C. A. Amaral. *Responsabilidade do Estado e Dever de Indenizar do Legislador*. Coimbra, Coimbra Editora, 1998.

PIRES, Maria Coeli Simões. *Direito Adquirido e Ordem Pública: Segurança Jurídica e Transformação Democrática*. Belo Horizonte, Del Rey, 2005.

PITKIN, Hanna Fenichel. *Wittgenstein and Justice*. Los Angeles/CA, University of California Press, 1993.

PLESSIX, Benoît. *L'Utilisation du Droit Civil dans l'Élaboration du Droit Administratif.* Paris, Panthéon-Assas, 2003.

——————. "Nicolas Delamare ou les fondations du droit administratif français". *Droits* 38/113-133. Paris, 2003.

POGREBINSCHI, Thamy. "A normatividade dos fatos, as consequências políticas das decisões judiciais e o pragmatismo do Supremo Tribunal Federal (comentários à ADI 2.240-7-BA)". *RDA* 247/181-193. São Paulo, janeiro-abril/2008.

POLLOCK, Frederick. "The contact of public and private law". *Cambridge Law Journal* 1/255-260, n. 3. Grã-Bretanha, 1923.

PONDÉ, Lafayete. "A doutrina e a jurisprudência na elaboração do direito administrativo". In: ARAÚJO, Edmir Netto de, e TELLES, Antônio A. Queiroz (coords.). *Direito Administrativo na Década de 90: Estudos Jurídicos em Homenagem ao Professor José Cretella Jr.* São Paulo, Ed. RT, 1997 (pp. 41-50).

PONTHOREAU, Marie-Claire. "Le Droit Comparé en question(s) entre pragmatisme et outil épistemologique". *Revue International de Droit Comparé* 57/7 e ss., n. 1. Janeiro-março/2005.

PORTO, Sérgio José. "Considerações sobre a estrutura do Direito nos sistemas jurídicos comparados". *Estudos Jurídicos* 5/5-22, n. 12. São Leopoldo, janeiro/1975.

POUND, Roscoe. *An Introduction to the Philosophy of Law.* New Haven, Yale University Press, 1953.

——————. "Codification in Anglo-American Law". In: SCHWARTZ, Bernard (ed.). *The Code Napoléon and the Common Law World.* New York/USA, New York University Press, 1956.

——————. "Comparative Law in space and time". *The American Journal of Comparative Law* 4/70-84, n. 1. *Winter*/1955.

——————. "Law and the State: jurisprudence and politics". *Harvard Law Review* 57/1.193-1.236, n. 8. Cambridge/MA, outubro/1944.

——————. "Public law and private law". *Cornell Law Quarterly* 24/469-482, n. 4. Junho/1939.

——————. "The Influence of French Law in America". *Illinois Law Review* 3/354-363, n. 6. Chicago, janeiro/1909.

——————. *The Spirit of the Common Law.* New Brunswick/NJ, Transaction Publishers, 1999 [1921].

——————. "The revival of Comparative Law". *Tulane Law Review* 5/1-16, n. 1. Dezembro/1930.

——————. "What is the common law?". *The University of Chicago Law Review* 4/176-189, n. 2. Chicago, fevereiro/1937.

PUGH, George W. "Historical approach to the Doctrine of Sovereign Immunity". *Louisiana Law Review* 13/476-494, n. 3. Baton Rouge, março/1953.

QUEIROZ, João Eduardo Lopes, CARDOZO, José Eduardo Martins, e SANTOS, Márcia Walquíria Batista dos. *Curso de Direito Administrativo Econômico I*. São Paulo, Malheiros Editores, 2006.

——————. *Curso de Direito Administrativo Econômico III*. São Paulo, Malheiros Editores, 2006.

RADBRUCH, Gustav. *Filosofia do Direito*. Trad. de Marlene Holzhausen. São Paulo, Martins Fontes, 2004 (tradução de *Rechtsphilosophie*. 1993 [1932]).

——————. *Lo Spirito del Diritto Inglese*. Trad. de Alessandro Baratta. Milão, Giuffrè Editore, 1962.

RAISER, Ludwig. "Il futuro del diritto privato". In: *Il Compito del Diritto Privato*. Trad. de Marta Graziadei. Milão, Giuffrè Editore, 1990.

RANDALL, Susan. "Sovereign immunity and the Uses of History". *Nebraska Law Review* 81/1-114. 2002.

RAPP, Lucien. "L'expérience américaine". *L'Actualité Juridique – Droit Administratif*, número especial, 20.6.1997 (pp. 159-164).

RAZ, Joseph. *The Morality of Freedom*. Oxford, Oxford University Press, 1986.

——————. *Practical Reason and Norms*. Oxford, Oxford University Press, 1975.

——————. *The Concept of a Legal System: an Introduction to the Theory of Legal System*. 2ª ed. Oxford, Oxford University Press, 1980.

——————. "The relevance of coherence". *Boston University Law Review* 72/273-321, n. 2. Março/1992.

REDOR, Marie-Joëlle. "L'État dans la doctrine publiciste française du début du siecle". *Droits* 15/91-100. Paris, 1992.

REIMANN, Mathias. "Stepping out of the european shadow: why Comparative Law in the United States must develop its own agenda". *The American Journal of Comparative Law* 46/637-646, n. 4. *Autumn*/1998.

——————. "The historical school against codification: Savigny, Carter, and the defeat of the New York Civil Code". *The American Journal of Comparative Law* 37/95-119, n. 1. *Winter*/1989.

——————. "The nineteenth century german legal science". *Boston College Law Review* 31/837-897, n. 4. Julho/1990.

——————, e ZIMMER, Reinhard (eds.). *The Oxford Handbook of Comparative Law*. Oxford, Oxford University Press, 2008.

REITZ, John C. "Political economy as a major architectural principle of public law". *Tulane Law Review* 75/1.121-1.157, n. 4. Março/2001.

RHEINSTEIN, Max. "Comparative Law – Its functions, methods, and usages". *Arkansas Law Review* 22/415-425, n. 3. *Fall*/1968.

RIBAS, Antônio Joaquim. *Direito Administrativo Brasileiro*. Rio de Janeiro, F. L. Pinto & Cia., 1866.

RICHER, Laurent. *Droit des Contrats Administratifs*. 6ª ed. Paris, LGDJ, 2008.

——————. "La résiliation unilatérale: motifs et procédures de rupture". *L'Actualité de la Commande et des Contrats Publics* 16/22 e ss. 2002.

RIGAUDIÈRE, Albert. "Pratique politique et droit public dans la France des XIV et XV siècles". *Archives de Philosophie du Droit* 41/83 e ss. 1997.

ROBSON, William A. (ed.). *The Civil Service in Britain and France*. Londres, Hogarth Press, 1956.

RODRIGUES, José Honório. *Conselho de Estado. O Quinto Poder?*. Brasília, Senado Federal, 1978.

ROE, Mary Katherine. "'Conoco Inc. *v.* United States': a narrowing of the Sovereign Acts Doctrine?". *Ocean and Coastal Law Journal* 3/275-292, ns. 1/2. 1997.

ROHR, John A. *Founding Republics in France and America: a Study in Constitutional Governance*. Lawrence/Kansas, Kansas University Press, 1995.

ROLLAND, Denis. "A crise de um certo universalismo: o modelo cultural e político francês no século XX". In: PERRONE-MOISÉS, Leila (org.). *Do Positivismo à Desconstrução: Ideias Francesas na América*. São Paulo, EDUSP, 2004 (pp. 237-297).

ROMMEN, Heinrich A. *The Natural Law: a Study in Legal and Social History and Philosophy*. Trad. de Thomas R. Hanley. Indianápolis/IN, Liberty Fund, 1998 (tradução de *Die ewige Wiederkehr des Naturrechts*. 1936).

ROUBIER, Paul. *Théorie Générale du Droit: Histoire des Doctrines Juridiques et Philosophie des Valeurs Sociales*. Paris, Dalloz, 2005 [1951].

ROWEN, Herbert H. "'L'État c'est moi': Louis XIV and the State". *French Historical Studies* 2/83-98, n. 1. *Spring*/1961.

RYAN, Magnus. "Freedom, Law, and the medieval State". In: SKINNER, Kent, e STRÅTH, Bo. *States & Citizens: History, Theory, Prospects*. Cambridge/UK, Cambridge University Press, 2003 (pp. 51 e ss.).

SABADELL, Ana Lúcia. *Manual de Sociologia Jurídica: Introdução a uma Leitura Externa do Direito*. 3ª ed. São Paulo, Ed. RT, 2005.

SABINE, George H. "The two democratic traditions". *The Philosophical Review* 61/451-474, n. 4. Outubro/1952.

SACCO, Rodolfo. *Introdução ao Direito Comparado*. Trad. de Vera Jacob de Fradera. São Paulo, Ed. RT, 2001.

SACCO, Rodolfo. *La Comparaison Juridique au Service de la Connaissance du Droit*. Paris, Economica, 1991.

SALDANHA, Nelson. "Epistemologia Jurídica". In: BARRETO, Vicente de Paulo (coord.). *Dicionário de Filosofia do Direito*. Rio de Janeiro, Renovar, 2006 (pp. 268-271).

SALLES, Carlos Alberto de (org.). *Processo Civil e Interesse Público: o Processo como Instrumento de Defesa Social*. São Paulo, Ed. RT, 2003.

SAMUEL, Geoffrey. "Classification of obligations and the impact of constructivist epistemologies". *Legal Studies* 17/448-482, n. 3. Novembro/1997.

――――――. "Comparative Law and jurisprudence". *International and Comparative Law Quarterly* 47/817-836, n. 4. Outubro/1998.

――――――. "Comparative law as a core subject". *Legal Studies* 21/444-459, n. 3. Setembro/2001.

――――――. *Epistemology and Method in Law*. Aldershot/Eng., Ashgate, 2003.

――――――. "Governmental liability in tort and the public and private law distinction". *Legal Studies* 8/277-302, n. 3. Novembro/1988.

――――――. "L'esprit de non-codification: le *common law* face au Code Napoléon". *Droits* 41/123-138. Paris, 2005.

――――――. "Le droit subjectif' and English Law". *Cambridge Law Journal* 46/264-286, n. 2. Julho/1987.

――――――. "Ontology and dimension in legal reasoning". In: BANKOWSKI, Zenon, HAHN, Ulrike, e WHITE, Ian (eds.). *Informatics and the Foundations of Legal Reasoning*. Dordrecht, Kluwer Academic, 1995 (pp. 205-224).

――――――. "Public and private law: a private lawyer's response". *The Modern Law Review* 46/558-583, n. 5. Setembro/1983.

SANDEVOIR, Pierre. *Études sur le Recours de Pleine Jurisdiction*. Paris, LGDJ, 1964.

SANTIAGO, Silviano (org.). *Intérpretes do Brasil*. 2ª ed., vol. 1. Rio de Janeiro, Nova Aguilar, 2002 [1920].

SANTOS, Márcia Walquíria Batista dos, CARDOZO, José Eduardo Martins, e QUEIROZ, João Eduardo Lopes. *Curso de Direito Administrativo Econômico I*. São Paulo, Malheiros Editores, 2006.

――――――. *Curso de Direito Administrativo Econômico III*. São Paulo, Malheiros Editores, 2006.

SARMENTO, Daniel. "Interesses públicos *versus* interesses privados na perspectiva da teoria e da filosofia constitucional". In: SARMENTO, Daniel (org.). *Interesses Públicos "Versus" Interesses Privados: Desconstruindo o Princípio da Supremacia do Interesse Público*. Rio de Janeiro, Lumen Juris, 2005 (pp. 23-116).

―――――― (org.). *Interesses Públicos "Versus" Interesses Privados: Desconstruindo o Princípio da Supremacia do Interesse Público*. Rio de Janeiro, Lumen Juris, 2005.

SCHIER, Paulo Ricardo. "Ensaio sobre a supremacia do interesse público sobre o privado e o regime jurídico dos direitos fundamentais". In: SARMENTO, Daniel (org.). *Interesses Públicos "Versus" Interesses Privados: Desconstruindo o Princípio da Supremacia do Interesse Público*. Rio de Janeiro, Lumen Juris, 2005 (pp. 217-246).

SCHMIDT, Folke. *The German Abstract Approach to Law. Comments on the System of the Bürgerliches Gesetzbuch*. Göteborg, Almqvist & Wiksell, 1965.

SCHMIDT, Lawrence K. *Understanding Hermeneutics*. Stocksfield, Acumen, 2006.

SCHOONER, Steven. "Desiderata: objectives for a system of government contract law". *Public Procurement Law Review* 11/103-110, n. 2. 2002.

SCHOONER, Steven. "Fear of Oversight". *American University Law Review*, vol. 50, n. 3, 2001.

SCHROTH, Peter W. "Legal translation". *The American Journal of Comparative Law Supplement* 34/47-65. 1986.

SCHWARTZ, Bernard. "French and anglo-american conception of administrative law". *Miami Law Quarterly* 6/433-445, n. 3. Abril/1952.

——————. "The code and public law". In: *The Code Napoleon and the Common Law World: the Sesquicentennial Lectures Delivered at the Law Center of New York University, December 13-15, 1954*. Nova York, New York University Press, 1956 (pp. 247 e ss.).

—————— (ed.). *The Code Napoléon and the Common Law World*. New York/USA, New York University Press, 1956.

SCHWARTZ, Joshua Ira. "Assembling 'Winstar': triumph of the ideal of congruence in government contracts law?". *Public Contracts Law Journal* 26/481-565, n. 4. Summer/1997.

——————. "Learning from the United States' procurement law experience: on 'law transfer' and its limitations". *Public Procurement Law Review* 11/115-125, n. 2. 2002.

——————. "Liability for Sovereign Acts: congruence and excepcionalism in government contracts law". *The George Washington Law Review* 64/633-702, n. 4. Abril/1996.

——————. "On globalization and government procurement". In: ARROWSMITH, Sue, e TRYBUS, Martin (eds.). *Public Procurement: the Continuing Revolution*. The Hague/Kluwer Law International, 2003 (pp. 23-45).

——————. "Public contracts specialization as a rationale for the Court of Federal Claims". *The George Washington Law Review* 71/863-878, ns. 4/5. Washington/D.C., setembro-outubro/2003.

——————. "The Centrality of Military Procurement: Explaining the Exceptionalist Character of United States Government Procurement Law". Washington/D.C., George Washington University Law School, 2005 (texto não publicado).

———. "The *status* of Sovereign Acts and Unmistakability Doctrines in the wake of 'Winstar': an interim report". *Alabama Law Review*, Tuscaloosa, v. 51, n. 3, pp. 1.177-1.237. *Spring*/2000.

SEFTON-GREEN, Ruth. "*Compare and contrast*: monstre a deux têtes. *Revue International de Droit Comparé* 54/85 e ss., n. 1. Janeiro-março/2002.

SENELLART, Michel. *As Artes de Governar: do Regime Medieval ao Conceito de Governo*. Trad. de Paulo Neves. São Paulo, Editora 34, 2006 (tradução de *Les Arts de Gouverner*. Paris, 1995).

SÉRVULO CORREIA, José Manuel. *Legalidade e Autonomia Contratual nos Contratos Administrativos*. Coimbra, Livraria Almedina, 1987.

SÈVE, René. "Système et code". *Archives de Philosophie du Droit* 31/77-84. Paris, 1986.

SHAPIRO, Martin. *Courts: a Comparative and Political Analysis*. Chicago, University of Chicago Press, 1981.

———. "From public law to public policy, or the 'public' in 'public law'". *Political Science* 5/410-418, n. 4. *Autumn*/1972.

SHAPIRO, Sidney A., PIERCE JR., Richard J., e VERKUIL, Paul R. *Administrative Law and Process*. 3ª ed. Foundation Press, 1999.

SHEALEY, Robert Preston. *The Law of Government Contracts*. Nova York, Ronald Press Co., 1919; 3ª ed. Washington/D.C., Federal Publishing Co., 1938.

SHIMOMURA, Floyd D. "The history of Claims against the United States: the evolution from a legislative to a judicial model of payment". *Louisiana Law Review* 45/625-700, n. 3. 1985.

SHKLAR, Judith N. "Political theory and the rule of law". In: HUTCHINSON, Allan C., e MONAHAN, Patrick (eds.). *The Rule of Law: Ideal or Ideology*. Toronto, Carswell, 1987 (pp. 1-16).

SILVA, Carlos Medeiros. "Empreitada – Contratos administrativos – Teoria da imprevisão – Cláusula *rebus sic stantibus*". *RF* 46/65-67, n. 122. Rio de Janeiro, março/1949.

SILVA, José Afonso da. *Um Pouco de Direito Constitucional Comparado: Três Projetos de Constituição*. São Paulo, Malheiros Editores, 2009.

SIMMONDS, Nigel E. *The Decline of Juridical Reason: Doctrine and Theory in the Legal Order*. Dover/N.H., USA, Manchester University Press, 1984.

SIMON, W. M. "The 'two cultures' in nineteenth-century France: Victor Cousin and Auguste Comte". *Journal of the History of Ideas* 26/45-58, n. 1. Janeiro-março/1965.

SISK, Gregory C. *Litigation with the Federal Government: Cases and Materials*. 4ª ed. Filadélfia/PA, ALI-ABA (American Law Institute/American Bar Association), 2006.

SISK, Gregory C. "The tapestry unravels: statutory waivers of sovereign immunity and Money Claims against the United States". *George Washington International Law Review* 71/602-707, ns. 4/5. Setembro-outubro/2003.

SKINNER, Quentin. "Thomas Hobbes and his disciples in France and England". *Comparative Studies in Society and History* 8/153-167, n. 2. Janeiro/1966.

SLESSER, Henry Herman. *The Law*. Londres, Longmans, Green & Co., 1936.

SMITH, Loren A. "Why a Court of Federal Claims?". *George Washington Law Review* 71/773-790, ns. 4/5. Setembro-outubro/2003.

SOUZA, Paulino José Soares de (Visconde do Uruguai). *Ensaio sobre o Direito Administrativo*. Rio de Janeiro, 1960 [1862].

SPEIDEL, Richard E. "Implied duties of cooperation and the defense of sovereign acts in government contracts". *The Georgetown Law Journal* 51/516-557, n. 3. Spring/1963.

SPITZCOVISK, Celso. "Princípios do direito administrativo econômico". In: CARDOZO, José Eduardo Martins, QUEIROZ, João Eduardo Lopes, e SANTOS, Márcia Walquíria Batista dos. *Curso de Direito Administrativo Econômico I*. São Paulo, Malheiros Editores, 2006 (pp. 33-100).

STACK, Daniel. "The liability of the United States for breach of contract". *The Georgetown Law Journal* 44/77-98, n. 1. Washington/D.C., novembro/1955.

STENDHAL. *Do Amor*. Trad. de Roberto Leal Ferreira. São Paulo, Martins Fontes, 1999 [1822].

STITH, Richard. "Can practice do without theory? Differing answers in western legal education". *Indiana International & Comparative Law Review* 4/1-14, n. 1. 1993.

STUART JONES, H. *The French State in Question: Public Law and Political Argument in the Third Republic*. Cambridge/UK, Cambridge University Press, 1993.

SUNDFELD, Carlos Ari. *Licitação e Contrato Administrativo*. 2ª ed. São Paulo, Malheiros Editores, 1995.

——————, e MONTEIRO, Vera (coords.). *Introdução ao Direito Administrativo*. São Paulo, Saraiva, 2008.

SUNDFELD, Carlos Ari (coord.). *Direito Administrativo Econômico*. São Paulo, Malheiros Editores, 2000.

SUNSTEIN, Cass R. *The Second Bill of Rights: FDR's Unfinished Revolution and why We Need it More than Ever*. Nova York, Basic Books, 2004.

——————, e HOLMES, Stephen. *The Cost of Rights: why Liberty Depends on Taxes*. Nova York, W. W. Norton & Co., 1999.

SWART, Koenraad W. "'Individualism' in the mid-nineteenth century". 23 *Journal of History of Ideas* 77. 1962.

SYMCOWICS, Nil. "L'indemnité de resilition". *L'Actualité de la Commande et des Contrats Publics* 16/31. 2002.

TÁCITO, Caio. "A nova Lei das Licitações". In: *Temas de Direito Público (Estudos e Pareceres)*. vol. 1. Rio de Janeiro, Renovar, 1997 (pp. 741-751).

——————. "Contrato administrativo". In: *Temas de Direito Público (Estudos e Pareceres)*. vol. 1. Rio de Janeiro, Renovar, 1997 (pp. 617-635).

——————. "O equilíbrio financeiro na concessão de serviço público". In: *Temas de Direito Público (Estudos e Pareceres)*. vol. 1. Rio de Janeiro, Renovar, 1997 [1960] (pp. 199-255).

——————. "Presença norte-americana no direito administrativo brasileiro". *RDA* 129/21-33. Rio de Janeiro, julho-setembro/1977.

TALLON, Denis. "L'évolution des idées en matière de contrat: survol comparatif". *Droits* 12/81-91. Paris, 1990.

——————. "La codification dans les systeme de common law". *Droits* 27/39 e ss. Paris, 1998.

——————. "Quel Droit Comparé pour le XXIe Siècle?". *Uniform Law Review/Revue de Droit Uniforme* 3/703-710, ns. 2/3. 1998.

——————. "The notion of contract: a french jurist's Naïve look at common law contract". In: CLARK, David Scott (ed.). *Comparative and Private International Law: Essays in Honor of John Henry Merryman on his Seventieth Birthday*. Berlim, Duncker & Humblot, 1990 (pp. 283 e ss.).

TANAKA, Sônia Yuriko Kanashiro. *Concepção dos Contratos Administrativos*. São Paulo, Malheiros Editores, 2007.

——————. "Contratos administrativos". In: CARDOZO, José Eduardo Martins, QUEIROZ, João Eduardo Lopes, e SANTOS, Márcia Walquíria Batista dos. *Curso de Direito Administrativo Econômico III*. São Paulo, Malheiros Editores, 2006 (pp. 705-733).

TARDIEU, André. *France and America: some Experiences in Cooperation*. Nova York, Houghton Mifflin Co., 1927.

TAVARES, Ana Lúcia de Lyra. "A crescente importância do Direito Comparado". *Revista Brasileira de Direito Comparado* 19/155-188. Rio de Janeiro, janeiro/2001.

——————. "O espírito da *common law* e os contratos". *Revista Brasileira de Direito Comparado* 18/23-57. Rio de Janeiro, janeiro/2000.

——————. "Paralelismos na construção do Direito Romano clássico e do Direito Inglês". *Revista Brasileira de Direito Comparado* 16/66-89. Rio de Janeiro, janeiro/1999.

TELLES, Antônio A. Queiroz, e ARAÚJO, Edmir Netto de (coords.). *Direito Administrativo na Década de 90: Estudos Jurídicos em Homenagem ao Professor José Cretella Jr*. São Paulo, Ed. RT, 1997.

TERNEYRE, Philippe. "L'Influence du droit communautaire sur le droit des contrats administratifs". *L'Actualité Juridique – Droit Administratif*, 20.6.1996 (pp. 84-108).

──────. *La Responsabilité Contractuelle des Personnes Publiques en Droit Administratif*. Paris, Economica, 1989.

TERRA, Ricardo, e NOBRE, Marcos. *Ensinar Filosofia: uma Conversa sobre Aprender a Aprender*. Campinas/SP, Papirus, 2007.

TIERNEY, Brian. *The Idea of Natural Rights*. Michigan, William B. Eerdmans Publishing Co., 2001.

TOCQUEVILLE, Alexis de. *A Democracia na América*. vols. 1 e 2. Trad. de Eduardo Brandão. São Paulo, Martins Fontes, 2001 [1835] e 2004 [1840] (tradução de *De la Démocratie en Amérique*. vol. 2. Gallimard, 2004 [1840]).

──────. *De la Démocratie en Amérique*. vols. 1 e 2. Paris, Gallimard, 2005 [1835 e 1840].

──────. *Democracy in America* (translated by Gerald E. Bevan). Londres, Penguin Books, 2003 [1835 e 1840].

──────. *The Old Regime and the Revolution* (translated by Alan S. Kahan). vol. 1. Chicago, University of Chicago Press, 1998 [1856].

TOSCANO, David B. "Forbearance agreements: invalid contracts for the surrender of sovereignty". *Columbia Law Review* 92/426-473, n. 2. Março/1992.

TRIEPEL, Heinrich. *Derecho Público y Política*. Trad. de José Luis Carro. Madri, Civitas, 1986 [1926].

TROPER, Michel. "Autorité et raison en droit public français". In: *Pour une Théorie Juridique de l'État*. Paris, PUF, 1994 (pp. 107-126).

──────. "La distinction public-privé et structure de l'ordre juridique". In: *Pour une Théorie Juridique de l'État*. Paris, PUF, 1994 (pp. 183-198).

──────. "Le concept d'État de Droit". *Droits* 15/51-63. Paris, 1992.

TRYBUS, Martin, e ARROWSMITH, Sue (eds.). *Public Procurement: the Continuing Revolution*. The Hague/Kluwer Law International, 2003.

TSUK MITCHELL, Dalia. *Architect of Justice: Felix S. Cohen and the Founding of American Legal Pluralism*. Ithaca, Cornell University Press, 2007.

TUBBS, J. W. *The Common Law Mind: Medieval and Early Modern Conceptions*. Baltimore, John Hopkins University Press, 2000.

TURKEL, Gerald. "The public/private distinction: approaches to the critique of legal ideology". *Law & Society Review* 22/801-823 (*special issue*: "Law and Ideology"), n. 4. 1988.

TURPIN, Colin C. "Public contracts". In: *International Encyclopedia of Comparative Law*. vol. 7 ("Contracts in General"). Tübingen, J. C. B. Mohr, 1982 (Capítulo 4).

UBAUD-BERGERON, Marion, e CLAMOUR, Guylain. *Contrats Publics: Mélanges en l'Honneur du Professeur Michel Guibal*. vol. 1. Montpellier, Faculté de Droit de Montpellier, 2006.

ULLMANN, Walter. *Law and Politics in the Middle Ages: an Introduction to the Sources of Medieval Political Ideas*. Ithaca/N.Y., Cornell University Press, 1975.

——————. *Medieval Political Thought*. Baltimore, Penguin Books, 1975.

——————. "The development of the medieval idea of sovereignty". *The English Historical Review* 64/1-33, n. 250. Janeiro/1949.

UNGER, Roberto Mangabeira. "The critical legal studies movement". *Harvard Law Review* 96/561-675, n. 3. Cambridge/MA, janeiro/1983.

VALCKE, Catherine. "Comparative Law as comparative jurisprudence: the compatibility of legal systems". *The American Journal of Comparative Law* 52/713-740, n. 3. *Summer*/2004.

VANDERBILT, Arthur T. "The reconciliation of the civil law and the common law". In: SCHWARTZ, Bernard (ed.). *The Code Napoléon and the Common Law World*. Nova York, New York University Press, 1956 (pp. 389 e ss.).

VASSART, Patrick, *et al*. (eds.). *Arguments d'Autorité et Arguments de Raison en Droit*. Bruxelas, Nemesis, 1988.

VEDEL, Georges. "Remarques sur la notion de clause exorbitante". In: *L'Évolution du Droit Public: Études Offertes à Achille Mestre*. Paris, Sirey, 1956 (pp. 527-560).

VERKUIL, Paul R., PIERCE JR., Richard J., e SHAPIRO, Sidney A. *Administrative Law and Process*. 3ª ed. Foundation Press, 1999.

VIDAL, Laurent. *L'Équilibre Financier du Contrat dans la Jurisprudence Administrative*. Bruxelas, Bruylant, 2005.

VILLA. Vittorio. *Il Positivismo Giuridico: Metodi, Teorie e Giudizi di Valore. Lezioni di Filosofia del Diritto*. Turim, Giappichelli, 2004.

VILLEY, Michel. "Essor et décadence du volontarisme juridique". *Archives de Philosophie du Droit* 3/87-136. Paris, 1957.

——————. *La Formation de la Pensée Juridique Moderne*. Paris, PUF, 2003 [1968].

——————. "La genèse du droit subjectif chez Guillaume d'Occam". *Archives de Philosophie du Droit* 9/97-127. Paris, 1964.

——————. *Le Droit et les Droits de l'Homme*. Paris, PUF, 1983.

——————. *Leçons d'Histoire de la Philosophie du Droit*. Paris, Dalloz, 1962.

—————. "Les fondateurs de l'école du droit naturel moderne au XVIIe siècle". *Archives de Philosophie du Droit* 6/73-105. Paris, 1961.

—————. *Philosophie du Droit: Définitions et Fins du Droit – Les Moyens du Droit*. Paris, Dalloz, 2001.

VITA, Luís Washington. "The meaning and direction of philosophical thought in Brazil". *Philosophy and Phenomenological Research* 33/531-546, n. 4. Junho/1973.

VIVEIROS DE CASTRO, Augusto Olympio. *Tratado de Sciencia da Administração e Direito Administrativo*. 3ª ed. Rio de Janeiro, Jacintho Ribeiro dos Santos, 1914.

VOEGELIN, Eric. "Crisis and the apocalypse of man". In: *History of Political Ideas*. vol. 8. Columbia, Missouri University Press, 1999 ("The Collected Works of Eric Voegelin". vol. 26).

—————. *The Authoritarian State: an Essay on the Problem of Austrian State* (translated by Ruth Hein). Columbia, Missouri University Press, 1999 [1936] ("The Collected Works of Eric Voegelin". vol. 4).

—————. "The later middle ages". In: *History of Political Ideas*. vol. 3. Columbia, Missouri University Press, 1998 ("The Collected Works of Eric Voegelin". vol. 21).

—————. *The New Science of Politics: an Introduction*. Chicago, University of Chicago Press, 1987 [1952].

VOVELLE. Michel. *Mentalidades e Ideologias*. 2ª ed. Trad. de Maria Júlia Cottvasser. São Paulo, Brasiliense, 2004 (tradução de *Idéologies et Mentalités*. 1985).

WALDRON, Jeremy. "Vagueness in Law and language: some philosophical issues". *California Law Review* 82/509-540, n. 3. Maio/1994.

WALINE, Marcel. *L'Individualisme et le Droit*. 2ª ed. Paris, Domat Montchrestien, 1949.

WARRINGTON, Mark, e HOECKER, Mark van. "Legal cultures, legal paradigms and legal doctrine: towards a new model for Comparative Law". *International and Comparative Law Quarterly* 47/495-536, n. 3. Julho/1998.

WATSON, Alan. "Legal Change: Sources of Law and Legal Culture". 131 *U. Pa. Law Review* 1.121. 1983.

WATSON, John. "The critical Philosophy and Idealism". *The Philosophical Review* 1/9-23, n. 1. Janeiro/1892.

WATT, Horatia Muir, e FAIRGRIEVE, Duncan. *"Common Law" et Tradition Civiliste*. Paris, PUF, 2006.

WEFFORT, Francisco C. *Formação do Pensamento Político Brasileiro: Ideias e Personagens*. São Paulo, Ática, 2006.

WEIDENFELD, Katia. "Le modèle romain dans la construction d'un droit public médiéval: 'assimilations et distinctions fondamentales' devant la Justice aux XIVe et XV**e** siècles". *Revue Historique de Droit Français et Etranger* 81/479-502, n. 4. Outubro-dezembro/2003.

WEIL, Prosper, BRAIBANT, Guy, DELVOLVÉ, Pierre, GENEVOIS, Bruno, e LONG, Marceu. *Les Grands Arrêts de la Jurisprudence Administrative*. 16ª ed. Paris, Dalloz, 2007.

WEINRIB, Ernest J. *The Idea of Private Law*. Cambridge/Mass., Harvard University Press, 1995.

WHITE, Ian, BANKOWSKI, Zenon, e HAHN, Ulrike (eds.). *Informatics and the Foundations of Legal Reasoning*. Dordrecht, Kluwer Academic, 1995.

WHITFIELD, Stephen J. "Characterizing America". 21 *The History Teacher* 479. 1988.

WHITMAN, James Q. "A plea against retributivism". *Buffalo Criminal Law Review* 7/85-107, n. 1. 2003.

——————. *Harsh Justice: Criminal Punishment and the Widening Divide between America and Europe*. Oxford, Oxford University Press, 2003.

——————. *The Legacy of Roman Law in the German Romantic Era: Historical Vision and Legal Change*. Princeton, Princeton University Press, 1990.

——————. "The neo-romantic turn". In: LEGRAND, Pierre, e MUNDAY, Roderick (eds.). *Comparative Legal Studies: Traditions and Transitions*. Cambridge/UK, Cambridge, Cambridge University Press, 2003 (pp. 312-344).

WIEAKER, Franz. *A History of Private Law in Europe, with Particular Reference to Germany*. Trad. de Tony Weir. Oxford, Oxford University Press, 1995.

WILLIG, David S. "Some observations on comparative legal education". 27 *Comp. Jurídica Rev.* 87. 1990.

WILLS, Gary. *A Necessary Evil: a History of American Distrust of Government*. Nova York, Touchstone, 2002.

WILSON, Geoffrey. "English legal scholarship". *The Modern Law Review* 50/818-854, n. 6. Outubro/1987.

WIMBERLY, Gerald, e AMERLING, Kristin. "The Sovereign Acts Doctrine after 'Winstar'". *The Federal Circuit Bar Journal* 6/127-150. 1996.

WITTGENSTEIN, Ludwig. *Tratado Lógico-Filosófico – Investigações Filosóficas*. 3ª ed. Trad. de M. S. Lourenço. Lisboa, Fundação Calouste Gulbenkian, 2002 (tradução de *Tractatus Logico-Philosophicus*. 1921; e de *Philosophische Untersuchungen*. 1953).

WOLIN, Sheldon S. *The Presence of the Past: Essays on the State and the Constitution*. Baltimore, Johns Hopkins University Press, 1989.

——————. *Tocqueville between Two Worlds: the Making of a Political and Theoretical Life*. Princeton, Princeton University Press, 2001.

YOUNG, Stephen N. "Limiting the government's ability to terminate for its convenience following 'Torncello'". *The George Washington Law Review* 52/892-912, ns. 4-5. Washington/D.C., maio-agosto/1984.

YOURCENAR, Marguerite. *Memórias de Adriano*. Trad. de Martha Calderaro. Rio de Janeiro, Nova Fronteira, 2005 (tradução de *Mémoires d'Adrien*. 1974).

YSERN, Enrique Rivero, e CASSAGNE, Juan Carlos (orgs.). *La Contratación Pública*. ts. 1 e 2. Buenos Aires, Hammurabi, 2006.

ZEKOLL, Joachim. "Kant and Comparative Law. Some reflections on a reform effort". *Tulane Law Review* 70/2.719-2.750, n. 6. Junho/1996.

ZIGLER, Michael L. "Takings law and the contract clause: a taking law approach to legislative modification of public contracts". *Stanford Law Review* 36/1.447-1.484, n. 6. Julho/1984.

ZIMMER, Reinhard, e REIMANN, Mathias (eds.). *The Oxford Handbook of Comparative Law*. Oxford, Oxford University Press, 2008.

ZWEIGERT, Konrad, e KÖTZ, Hein. *Introduction to Comparative Law*. 3ª ed. Trad. de Tony Weir. Oxford, Clarendon Press, 1998.

ZWEIGERT, Konrad, e SIEHR, Kurt. "Jhering's influence on the development of comparative legal method". *The American Journal of Comparative Law* 19/215-231, n. 2. *Spring*/1971.

* * *

00311

GRÁFICA PAYM
Tel. (011) 4392-3344
paym@terra.com.br